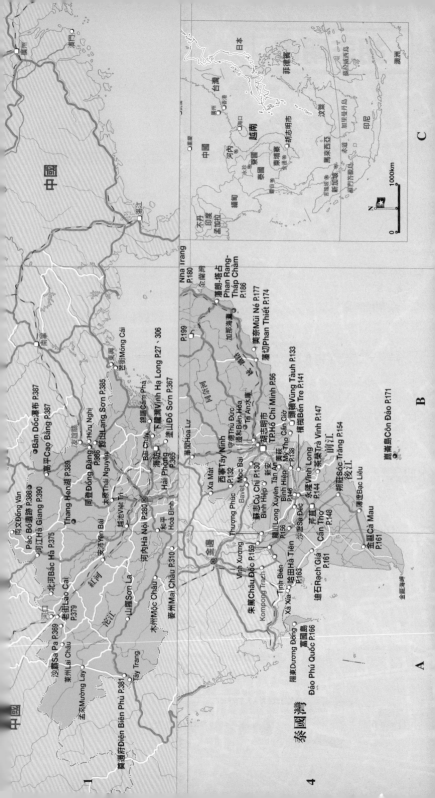

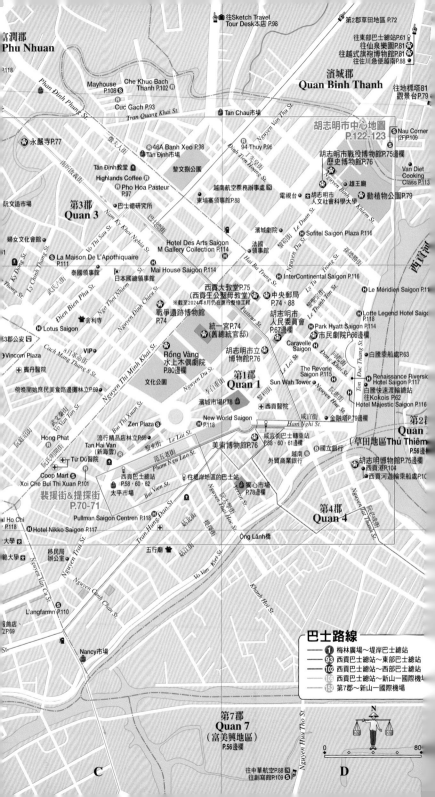

地球の歩き方

越南
Vietnam

地球の歩き方 編集室　MOOK 墨刻出版

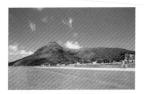
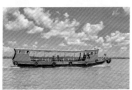
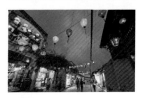
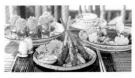
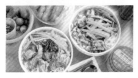
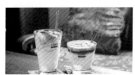
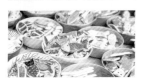
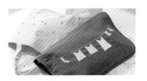

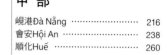
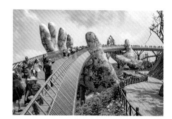
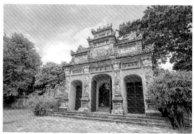
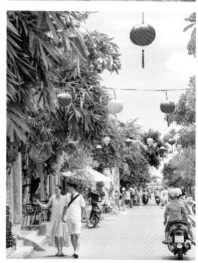
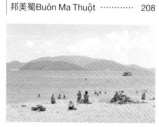
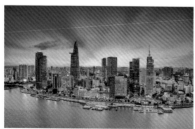

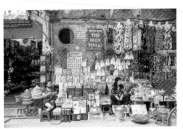
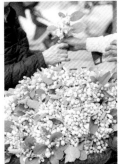
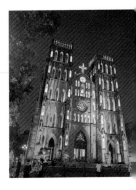

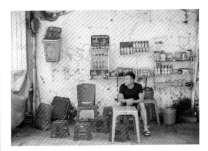
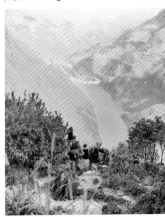
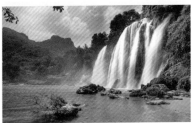

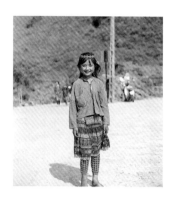

433 越南百科

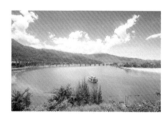

COLUMN

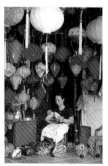
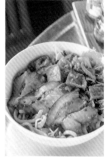
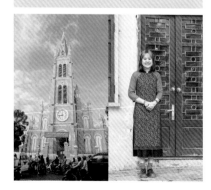

本書所使用的符號‧簡稱

住 地址
地址的記載省略路名後面的St.、Rd.，表示樓層數的〇F為當地標示的樓層數，路名之後的Q.1是Quan 1（第1郡）的縮寫，代表地區名。

☎ 電話號碼
市話的電話號碼與傳真號碼也會標示出區域號碼。

URL 網址

E-mail 電子郵件

營 營業時間
L.O.為最後點餐的時間

開 開館時間

休 公休日‧休館日
越南有許多公家機關、餐廳、商店會在節日與越南新年（農曆春節）休息3天～1週，本書刊載除了那些以外的公休日、休館日。

費 費用

Card 可使用的信用卡

預約 預約的必要性

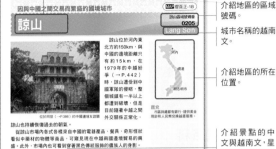

城市名稱的中文。

介紹地區的區域號碼。

城市名稱的越南文。

介紹地區的所在位置。

介紹景點的中文與越南文，星星為景點的推薦度。

指地圖上的位置。MAP P.386-1A 表示在 P.386 地圖的 1A 範圍裡，摺頁表示在書最前面的摺頁地圖。

介紹景點的英文名稱。

記載如何前往介紹地點，或是從介紹地點前往其他地方的方法。

Voice 編輯部的補充資訊

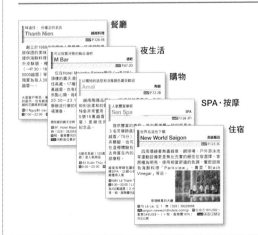

餐廳

夜生活

購物

SPA‧按摩

住宿

飯店、餐廳、商店（主要物件）的名稱原則上以英文字母標示。

在高級飯店、中級飯店等住宿設施的分級上，除了考慮費用之外，還將地點、設施齊全程度、主題等對遊客而言的便利性列入考量。

除了多人房以外，費用指的是一個房間的價格，此外，除非特別註明，都以正常價格標示（住宿資訊→P.425）。

Ⓢ單人房
Ⓦ雙人房
Ⓣ雙床房
Ⓓ多人房

地圖凡例

- 🏵 景點
- 🅷 住宿
- 🆁 餐廳、咖啡館
- 🆂 商店、美容、按摩
- 🅽 夜生活
- 🅱 銀行
- ✉ 郵局
- ➕ 醫院
- 🎓 學校
- 🚏 巴士總站、巴士站牌
- 🚻 廁所
- ⛽ 加油站
- 🚕 計程車招呼站
- ⛩ 寺、廟、祠
- ⛪ 教堂
- 🕌 清真寺
- 🏪 市場
- 🎬 電影院
- ✈ 航空公司
- 🏢 旅行社&旅遊辦事處
- 🛡 公安（警察）
- ℹ 遊客中心

基本上文章中介紹的所有景點、住宿、餐廳、商店等都會標記在地圖上，若地點不在刊載地圖的範圍內則會以 ☞指示方向。

- **住** 地址
- ☎ 電話號碼
- **URL** 網址
- **E-mail** 電子郵件
- **營** 營業時間
- **開** 開館時間
- **休** 公休日、休館日
- **費** 費用
- **Card** 可使用的信用卡
  - Ⓐ American Express（美國運通卡）
  - Ⓓ Diners Club（大來卡）
  - Ⓙ JCB
  - Ⓜ MasterCard（萬事達卡）
  - Ⓥ VISA（威士卡）
- **預約** 預約的必要性
- **Dresscode** 服裝要求

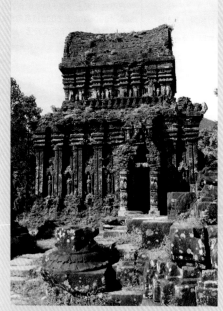

美山聖地是曾經繁盛一時的占婆(Champa)帝國的宗教中心 ©MOOK

越南基本資訊

▶ 民族國家
越南→ P.449

▶ 越南人的信仰
→ P.460

▶ 旅行越南語
→ P.462

少數民族多半居住在北部山區地帶

國 旗
越南國旗的名稱是金星紅旗（Cờ Đỏ Sao Vàng），原是舊越南民主共和國（北越）的國旗，於1945年啟用，南北統一（1976年）後繼續沿用。

正式國名
越南社會主義共和國
Socialist Republic of Vietnam

國 歌
進軍歌Tiến Quân Ca

面 積
33萬1690km²。

人 口
約1億30萬人（'24年）

首 都
河內。人口約850萬人（'23年）

國家元首（國家主席）
蘇林·Tô Lâm

共產黨總書記
蘇林·Tô Lâm

總理
范明正·Phạm Minh Chính

政治體制
社會主義共和制

民族構成
京族（越族）約占86%，其他還有53種少數民族存在。

宗教
約80％為佛教徒，此外還有基督教（9％）、伊斯蘭教、高台教、和好教、印度教等。

語言
官方語言為越南語，文字使用國語字（Quốc Ngữ）。以外國人與旅客為客群的地方通英語，有些店也能講中文、日語，有些年長者也會講法語、俄語。

貨幣與匯率

VND

▶ 旅行預算→ P.396

▶ 貨幣與匯兌→ P.419

貨幣單位為越南盾（Đồng＝VND），使用的紙鈔有100、200、500、1000、2000、5000、1萬、2萬、5萬、10萬、20萬、50萬越盾等12種，100、200越盾幾乎已不在市面上流通。硬幣則有200、500、1000、2000、5000越盾等5種，所有硬幣都已不在市面上流通。此外美金過去也曾經流通，目前除特定場所外限制使用，因此流通度慢慢降低。
1US$≒2萬5034越盾
1台幣≒776越盾
1越盾≒0.0013台幣（1000越盾≒1.3台幣）
（2024年8月的匯率）

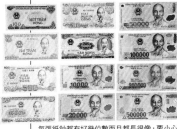

每張紙鈔都有好幾位數而且都長很像，要小心不要弄錯

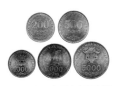

硬幣幾乎已不在市面上流通

如何撥打國際電話

▶ 電話與郵政
→ P.422

從台灣撥往越南

國際電話識別碼的電話號碼		越南國碼		區域號碼（去除開頭的0，參考各城鎮）		對方的電話號碼
002	+	**84**	+	**××-1234-5678**	+	**1234567**

出境與入境

簽證

越南的簽證分別有旅遊、商務、長期商務等類別，效期分別有1個月、3個月和半年等，各分為單次和多次兩種。

辦理方式分為另紙簽證、落地簽證、電子簽證，2024年8月的現在，1個月的單次觀光簽證可使用電子簽證，電子簽證透過網站申請、取件，所需時間為3個工作天，25US$（信用卡支付），收到E-Mail後將電子簽證列印出來，於入境時出示。

護照

在入境越南時，護照的有效期限必須要有6個月以上，如果有效期限已經很接近6個月的人，建議及早更新。

▶ 簽證→P.402

▶ 入境手續→ P.404

▶ 出境手續→ P.406

從台灣出發的飛行時間

從台灣前往越南可由桃園國際機場搭乘飛往胡志明市（新山一國際機場）、河內（內排國際機場）、峴港（峴港國際機場）、富國島（富國國際機場）的直航班機，前往上述4個地點的直航班機飛航時間約分別為約3小時25～40分、約3小時10分、約2小時40分、約4小時。從台中、高雄也可直飛上述4個城市，若要由其他城市進入越南則需要轉機。

▶如何前往越南 →P.399

營業時間

以下是一般營業時間的概況，會因店家、餐廳而異。

銀 行

週一～五8:00～11:30、13:00～16:00。週日·節日不營業，週六有些地方會營業。在營業時間內可兌幣。

商 店

8:00～21:00。

餐廳

10:00～22:00，不過有些地方6:00就開店，也有營業到24:00的地方。很多高級餐廳會在午餐與晚餐之間休息2～3小時。

時差與夏令時間

比台灣慢1小時，台灣的正午是越南的上午11:00，沒有夏令時間。

節日

月份	日期	名稱
1月	1/1	元日
	農曆的除夕與 1/1～1/3	越南新年（農曆春節）
3月	農曆的 3/10	雄王祭祖日 Ngày Giỗ tổ Hùng Vương
4月	4/30	南方解放日 Ngày Gi i Phóng
5月	5/1	勞動節 Quốc Tế Lao Động
9月	9/2	獨立日 Lễ Quốc Khánh

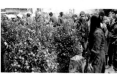

越南在新年（農曆春節）時會擺放金桔，過年前到處都有賣金桔

網路

Wi-Fi

越南擁有完善的網路環境，各個機場、飯店、餐廳、咖啡館等處都可以免費使用Wi-Fi。

▶電話與郵政 →P.422

從越南撥往台灣

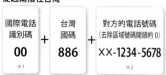

國際電話識別碼		台灣國碼		對方的電話號碼（去除區域號碼開頭的0）
00 ※1	+	886	+	××-1234-5678 ※2

※ 1 從飯店客房撥打時，必須先按下外線號碼。
※ 2 從越南撥打台灣的行動電話時，要去掉最前面的「0」。

越南的地形南北細長，
各地的氣候變化大，也
能欣賞到多變的自然景
觀。圖為芽莊

旅行的最佳季節
●南部
雨水較少，濕度也下降
的11～3月。
●中部
想到海灘戲水的話，乾
季當中晴天較多的5～
8月最好。以觀光遊覽
為主的話，剛進入3月
中旬乾季的這段短暫
期間內最好，天氣不會
太熱。
●北部
雨水較少，溫度也較
低的10～11月。

越南有明確的雨季，也
會下暴雨，因此有摩托
車、自行車專用的雨衣，
雨勢不大時穿雨衣即可

▶旅行季節與攜帶物品
　→ P.397

越南整體來說高溫多雨，屬於熱帶季
風氣候，加上國土南北細長，就算是
同一季節，地區不同氣候也截然不同，
特別是冬季（11～3月），北部早晚
寒冷，需要穿外套，然而南部卻連日
高溫超過30℃，因此出發前要調查目
的地的氣候，準備適合的服裝。

南部

胡志明市的氣溫與降雨量

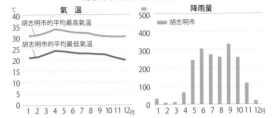

中部

峴港的氣溫與降雨量

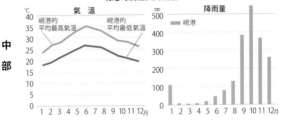

北部

河內的氣溫與降雨量

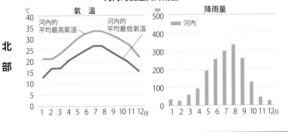

由左起為A型、C型、SE
型的轉接頭

電壓幾乎都是220V，偶爾會有
110V，頻率為50Hz，插頭多半是A
型與C型的複合型，也有A型、C型、
偶爾也看得到SE型與BF型。使用台
灣110V電器需要變壓器，有些中級
以上住宿設施可借變壓器。台灣的電
器有些也適用100V～240V，這時就
不需使用變壓器，行前可先閱讀預定
使用的電器說明書。不過就算是適用
100V～240V的電器，部分地區在使
用時仍需要轉接頭。

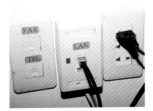

商務客居多的都市住宿設施中，有些地方除
了插座之外，也設置了電話、傳真、網路線的
接頭

沒有給小費的習慣，基本上不需要。

餐廳
除了高級餐廳之外不需要給，若已收取服務費則高級餐廳也不需要給。

飯店
可以遞1～2萬越盾左右給行李員、客房服務。

旅行團導遊與司機

私人旅行團1天給5～10萬越盾左右，便宜團不給也沒關係。

按摩與SPA
小費行情為5萬～10萬越盾左右，有些地方的費用當中已包含小費與服務費，請記得確認。

計程車
不需要。

小 費

越南的自來水屬於硬水※，且自來水有衛生方面的疑慮，建議不要飲用。礦泉水在市區商店等各種地方都能買

到，依種類不同多少有差異，大致上是500mℓ、售價5000越盾。

飲用水

※ 硬水指的是鈣、鎂含量較高的水，軟水則相對比較少。

販售各式各樣的礦泉水，有500mℓ、1ℓ、2ℓ等

台灣與越南的區域碼相同（均為3），因此在越南購買的DVD可在台灣播放。另

外要注意的是，卡通、電影等DVD盜版商品不能帶回台灣。

DVD

越南的郵局可以打電話、傳真，結合了電信局的功能。圖為胡志明市的中央郵局

郵局的營業時間大致為7:00～19:00，通常週日也營業。

郵資 寄到台灣的航空明信片、航空信則是20g以內3萬越盾，船運小包裹未滿1kg為47萬5600越盾，之後每增加1kg就追加18萬5800越盾的費用。

郵 政

▶ 電話與郵政
→ P.422

基本上需支付10～20%的VAT（附加價值稅），不過實際上一般觀光客程度的購物幾乎不需要支付，只有在支付中高級住宿設施及高級餐廳的費用時，才需要支付VAT。

國際線航班停靠的機場與港口都設有VAT退稅櫃台，只要按照規定辦理就能取得退稅金，請事先確認清楚相關的規定。

稅 金

TAX

▶ VAT 退稅制度
→ P.407

越南相對來說治安狀況良好，恐怖攻擊或暴力犯罪稀少，只不過扒手、搶錢包等輕微犯罪的發生率比台灣高，旅客需多加留意。

警察 **113**
消防 **114**
救護車 **115**

安全與糾紛

▶ 旅行糾紛對策
→ P.429

菸酒沒有法律規定，一般認為從18歲起才能抽菸喝酒。騎50cc以上的摩托車需要駕照，外國人也一樣，不過越南

並非國際駕照的簽約國，無法使用國際駕照。

年齡限制

公制。

度量衡

11

時下熱門話題！

越南最新 NEWS

分別以南、中、北部分區介紹在當地引起話題的注目景點與時下流行等等，只要掌握最新情報，絕對能挖掘出越南的新魅力。

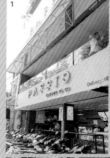
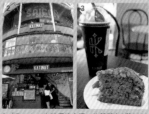

South 胡志明市

不只3大品牌咖啡館！
連鎖咖啡館
急速增加＆展店中

除了越南3大咖啡品牌外，胡志明市內新的連鎖咖啡館也如雨後春筍般迅速增加，各連鎖店也擴大展店。像是在幾年前因親民的價格和便利性深受喜愛的「Passio」、河內發跡在越南全國擁有高人氣的復古咖啡館「Cong Coffee」等其他連鎖咖啡館，特別是在這幾年迅速展店的「Katinat Saigon Kafe」和「PhinDeli Café」，蔚為人氣。在路上看到不妨買一杯試試看！

4 有許多寬敞店舖的「PhinDeli Café」5「GUTA」以站式的小店為主流。越式三明治十分美味 6, 7 人氣居高不下的「Cong Coffee」（→P.101）以加入椰奶冰淇淋的飲料聞名，筆記本和杯子周邊也很可愛

1 「Passio」咖啡價格合理，約莫落在2萬5000越盾 2, 3「Katinat Saigon Kafe」以美味的飲料和甜點吸引當地年輕人，推薦紅毛丹奶茶（6萬越盾）

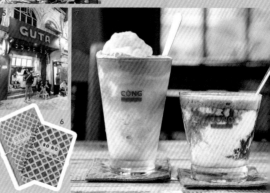

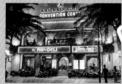

吸引喜歡攝影的年輕人
19世紀庭園建築開放
參觀
Central 順化

從市中心出發，位在距離天姥寺約1km左右的地方，這棟宅邸是19世紀育德皇帝所打造，作為他女兒的住所和招待客人的地方，之後由政府高官、皇帝的親戚等人接手，近期才開放一般民眾參觀。約1400坪的土地上，種植了大量的樹木，包含了傳統建築風格的主建築和荷花池。

安賢庭園建築 Nhà Vườn An Hiên
MAP P.266-1A 🏠 58 Nguyễn Phúc Nguyên ☎ (0234)397555
🕐 8:00～17:00 🚫 無休 💰 5萬越盾，12歲以下免費

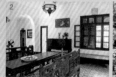
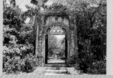

1 累積一定數量的遊客時，提供英語和越南語導覽解說 2 中央為佛堂，佛堂旁為客房 3 綠樹成蔭，入口處的古老石門也是拍照景點

想嘗試變化性的飲料
主題性咖啡館大流行

在峴港，陸續開設許多獨特的主題性咖啡館，其中特別推薦以少數民族沙霸的村落為印象設計的「Cua Go Café」、巷子裡的復古咖啡館「Goc Nha Tui Minh」，不妨試試看這些在峴港有人氣又很特別的飲料吧！

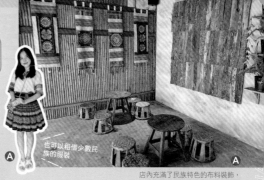

也可以租借少數民族的服裝

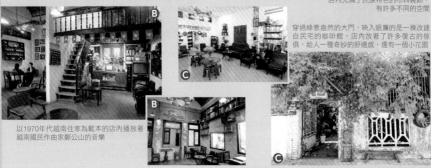

店內充滿了民族特色的布料裝飾，有許多不同的空間

穿過綠意盎然的大門，映入眼簾的是一棟改建自民宅的咖啡館，店內放著了許多復古的傢俱，給人一種奇妙的舒適感，還有一個小花園

以1970年代越南住家為範本的店內播放著越南國民作曲家鄭公山的音樂

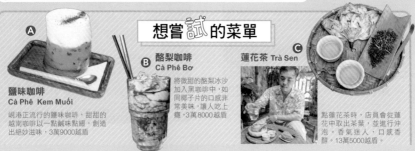

Ⓐ Cua Go Café→P.229　　Ⓑ Trinh Ca Phe→P.229　　Ⓒ Goc Nha Tui Minh→P.228

想嘗試的菜單

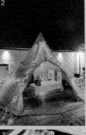

鹽味咖啡
Cà Phê Kem Muối
峴港正流行的鹽味咖啡，甜甜的越南咖啡以一點鹹味點綴，創造出絕妙滋味，3萬9000越盾

Ⓑ **酪梨咖啡**
Cà Phê Bơ
將微甜的酪梨冰沙加入黑咖啡中，如同椰子片的口感非常美味，讓人吃上癮，3萬8000越盾

Ⓒ **蓮花茶** Trà Sen
點蓮花茶時，店員會從蓮花中取出茶葉，並進行沖泡。香氣迷人，口感香醇。13萬5000越盾。

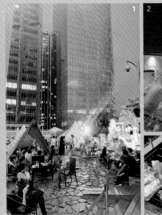

彷彿豪華露營!?
在城市享受BBQ

疫情後的河內，以寬敞的戶外露營和享受城市露營氛圍的豪華露營很受歡迎。這是於2021年開幕的豪華露營營地，位於河內樂天中心7樓，可以在這個摩天大樓環繞的露天空間用餐。

Picnic Cafe & BBQ Hanoi
Picnic Cafe & BBQ Hanoi
MAP P.342-2A　住 7F, Lotte Center Hanoi, 54 Liễu Giai, Q. Ba Đình　☎ 無　URL www.facebook.com/picnichanoi
營 18:00～22:30　休 無休　費 BBQ方案每人79萬2000越盾（酒類另計）　Card M Ⓥ　預約 需預約

1、2 設置帳篷的露營地，也提供現場演奏音樂等　3 BBQ方案最有人氣，也有小吃可以點

越南主要區域導覽

河內 Hà Nội ▶P.280

越南是一座古城，有歷史悠久的寺廟、法國統治時代的建築，散發著沉靜的氛圍。市區有昇龍皇城遺跡（→P.27、295），近郊處則有寧平的長安名勝群（→P.27、350）、胡朝城遺跡（→P.27、306），共計有以上3座世界遺產。

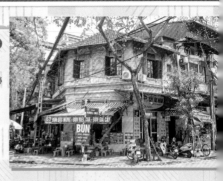

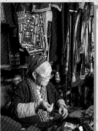

沙霸 Sa Pa ▶P.369

沙霸分布於海拔約1500m處的山區，造訪少數民族村落的健行行程很受歡迎。

會安 Hội An ▶P.28 ▶P.238

16～17世紀時也建造日本城，是繁榮的海上絲路，東方風情的舊街道讓人十分懷念，喚起造訪者的鄉愁。可從會安參加旅遊行程前往世界遺產美山聖地（→P.29、247）。

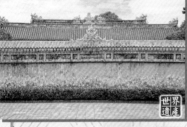

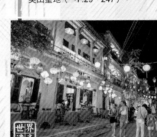

順化 Huế ▶P.28 ▶P.260

曾是阮朝首都的古都，保留著皇宮、寺廟、皇帝陵寢等特殊建築，也可以從順化前往世界遺產風牙己榜國家公園（→P.29、269）。

美荻 Mỹ Tho ▶P.138

湄公河三角洲上的城市，從胡志明市當天來回的短程旅行很受歡迎，可以在湄公河的支流上搭乘手搖小船來一趟叢林之旅。

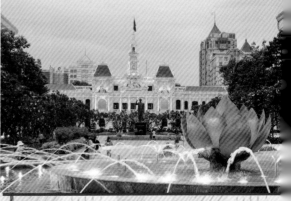

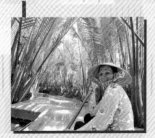

胡志明市 Hồ Chí Minh ▶P.56

引領購物及美食潮流的商業中心都市，市區裡高樓大廈櫛比鱗次，充斥著汽車與摩托車，是最能體驗到越南活力的城市。

越南的國土南北細長，首先先認識北部、中部、南部的主要都市與世界遺產（→P.26），接著再安排屬於自己的旅程吧。

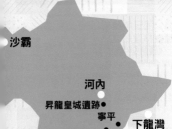

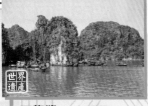

P.279

北部
North

不妨以越南首都河內為起點，將行程延伸到世界遺產下龍灣、寧平，以及少數民族生活的沙霸。

沙霸

河內

昇龍皇城遺跡●

寧平

下龍灣

胡朝城遺跡●

下龍灣 ►P.24
Vịnh Hạ Long ►P.26 ►P.356

世界遺產下龍灣的觀光船之旅，是北部觀光的焦點。

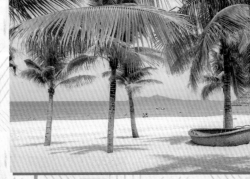

風牙己榜國家公園

順化

峴港

會安

美山聖地

P.215

中部
Central

可從台灣直飛的話題海灘渡假村——峴港，以此為起點，造訪 2 座世界遺產古都順化與會安。

峴港 Đà Nẵng ►P.216

明亮、具有開放感氛圍的越南中部最大城市，綿長的海岸線上有一片美麗的沙灘，兩旁種滿了椰子樹，是越南最受歡迎的海灘度勝地之一。

芽莊
Nha Trang ►P.180

南部代表性海灘，搭乘小船到海上欣賞島嶼的自然風景是很受歡迎的海上活動。有大漁港，以好吃的新鮮海產聞名。

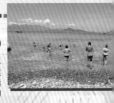

芽莊

大叻

胡志明市

美荻

P.55

南部
South

在知名的旅遊城市胡志明市，可以盡情沉浸在南國的氣氛當中，再訪的人推薦可造訪大叻或芽莊。

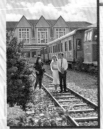

大叻
Đà Lạt ►P.199

位於海拔約1400m處，於法國統治時代開發的高原避暑勝地，有瀑布、湖泊等眾多自然景觀，歷史悠久的殖民地風格飯店深受女性的青睞。

Plan 1 胡志明市5天3夜

第1天 購物與咖啡館
住 胡志明市

11:40 抵達胡志明市的新山一國際機場

14:00 到飯店辦理入住手續，來去購物和咖啡館巡禮，如果肚子餓了，就來份越式三明治

購買喜歡的東西

越式三明治非吃不可

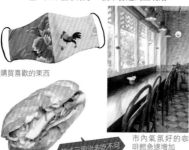
市內氣氛好的咖啡館急速增加

第2天 胡志明市市區觀光
住 胡志明市

09:00 展開市區觀光，一口氣逛遍統一宮、戰爭遺跡博物館（兩者皆為→P.74）、濱城市場（→P.78）等主要觀光景點

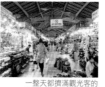
一整天都擠滿觀光客的濱城市場

法國統治時代的中央郵局建築（→P.75）必看

延伸行程 **前往柬埔寨的吳哥窟**
從胡志明市前往世界遺產吳哥窟所在的柬埔寨暹粒，搭飛機約1小時可達，時間充裕的人不妨排入行程當中，可以在機場取得簽證。
吳哥窟是世界三大佛教遺跡之一

第3天 在湄公河三角洲來趟叢林遊船之旅
住 胡志明市

08:00 從胡志明市出發

10:00 抵達美荻（→P.138），享受叢林遊船之旅與知名料理等

17:00 回到胡志明市

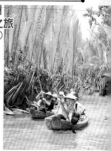
參加旅遊行程前往美荻相當方便

第4天 蘇志半日之旅
住 胡志明市

08:00 從胡志明市中心出發

10:00 10:00 抵達蘇志（→P.130），參觀古芝地道等景點

通常會參加旅遊行程前往蘇志

14:30 回到胡志明市中心後，把握最後機會購物&按摩

最後一天的晚餐也要吃越南料理

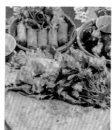

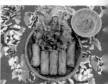

第5天 返回台灣

10:50 從新山一國際機場出發

15:20 抵達桃園機場

網羅主要觀光區 **南天北縱走13天11夜**

時間充裕的話，推薦可以一次走遍南北各地，不妨以越南主要的世界遺產為中心，規劃一趟周遊之旅。

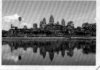

第1&2天	抵達胡志明市 胡志明市 住
第3天	順化 順化 住
第4天	風牙己榜國家公園 順化 住
第5天	會安 會安 住
第6天	美山聖地 會安 住
第7&8天	峴港 峴港 住
第8&10天	河內 河內 住
第11天	下龍灣 下龍灣 住
第12天	寧平 機上 住
第13天	從河內前往台灣

以台灣直航可達的胡志明市、峴港、河內這3座城市為起點，
介紹以下3種範例行程。

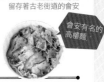

Plan2　峴港&會安5天3夜

第1天　前往度假飯店　（住 峴港）

16:35 抵達峴港國際機場

17:30 到飯店辦理入住手續，不妨在泳池悠閒放鬆

峴港的飯店提供豐富的活動

第2天　峴港觀光　（住 峴港）

10:00 全天在峴港觀光，造訪五行山（→P.223）等景點

擁有神祕洞窟的五行山

> **延伸行程　前往風牙己榜國家公園**
> 若要前往風牙己榜國家公園（→P.29、269），最好以順化為起點。推薦從峴港或會安搭乘巴士前往順化後，以順化為起點造訪風牙己榜國家公園，接著再返回峴港或會安。

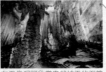

在天堂洞可欣賞鬼斧神工的石筍

第3天　會安觀光　（住 會安）

12:00 前往會安，全天在會安觀光，晚上也可在會安市區散步

留存著古老街道的會安

會安有名的高樓麵

第4天　美山聖地半日之旅　（住 峴港）

08:00 從會安出發

09:00 抵達世界遺產美山聖地（→P.29、247），參觀美山聖地

14:30 回到會安，把握最後機會在會安購物、遊逛市區

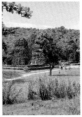

參加旅遊行程前往美山聖地相當方便

第5天　返回台灣

09:45 從峴港國際機場出發

13:40 抵達桃園機場

參加旅遊行程前往下龍灣相當方便

Plan3　河內5天3夜

第1天　在舊城區散步　（住 河內）

10:35 抵達河內的內排國際機場

12:05 到飯店辦理入住手續，之後前往舊城區（→P.288）散步

漫遊在河內舊城區相當享受

第2天　在舊城區散步　（住 河內）

09:00 展開市區觀光，造訪胡志明陵寢（→P.293）、世界遺產昇龍皇城遺跡（→P.27、294）等主要觀光景點

開啟越南首間大學的文廟（→P.296）

> **延伸行程　前往寧平、沙霸**
> 從河內搭車前往世界遺產所在地寧平（→P.27、350）約2小時，搭車前往少數民族居住的沙霸（→P.369）約5小時。雖然可當天來回寧平，但前往沙霸最好是規劃行程較輕鬆的3天2夜之旅。

蠶蠶道地越式河粉

有著優美梯田的沙霸

第3天　下龍灣半日之旅　（住 河內）

08:00 從河內出發

11:30 抵達下龍灣（→P.24、26、356），改搭小船，沿途欣賞下龍灣景觀並參觀洞窟

20:00 回到河內

第4天　前往巴莊　（住 河內）

09:00 從河內市中心出發

09:30 抵達巴莊（→P.308），採購巴莊燒陶器

12:30 回到河內市中心，繼續在河內觀光，並把握最後機會購物&按摩，晚上鑑賞水上木偶戲（→P.298）

巴莊燒的杯子

第5天　返回台灣

11:35 從內排國際機場出發

15:20 抵達桃園機場

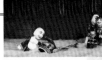

越南傳統表演藝術水上木偶戲

海龜與儒艮之海

宛若天堂的能量景點
崑崙島

透明的海浪拍打著，小販們在市場裡打盹，以及用最好的食材烹製的新鮮海鮮。
儒艮在海裡游泳，海龜在月夜來到海灘產卵。
這就是療癒天堂崑崙島。此外，它也是越南一些主要電力站的所在地。

天堂重點 1

島上有許多海灘

首先前往海邊吧！

靠近城鎮的Lo Voi 海灘（ MAP P.171，下圖-1B）已經足夠美麗，但延伸到城鎮以西的An Hai海灘（ MAP P.171，下圖-2A）更加透明。如果你是飛機愛好者，推薦位於跑道正下方的Dam Trau海灘（ MAP P.171上圖）。可以欣賞飛機從海灘起飛和降落的樂趣，但需要租腳踏車或搭乘計程車。

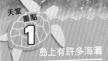

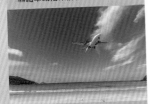

航班班次很少，如果想觀看起飛和降落，請在出發前確認時刻表。

天堂重點 2

不只有海鮮

品嘗當地風味

椰子冰淇淋

三笠貝

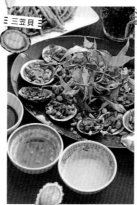

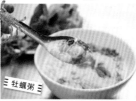
牡蠣粥

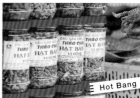
Hot Bang

當地特色菜包括口感類似鮑魚的帽貝Ốc Vú Nàng和加入大量新鮮牡蠣的粥Cháo Hàu。島上著名的堅果Hot Bang，以其濃鬱的香氣和酥脆而聞名，可以在市場裡買到。島上的小吃攤上也有很受歡迎的椰子冰淇淋Kem Dừa（3萬越盾～）

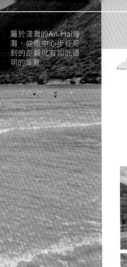

屬於淺灘的An Hai海灘，從市中心步行可到的距離就有如此透明的海灘

天堂
重點
4

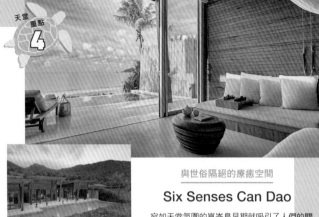

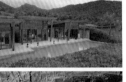

與世俗隔絕的療癒空間

Six Senses Can Dao

宛如天堂氛圍的崑崙島早期就吸引了人們的關注，「Six Senses Can Dao（→P.173）」為一座度假村，利用島上遠離市中心的優勢來建造度假村。儘管近年來飯店陸續增加，但度假村間仍保有一定距離，也有許多隱藏性的旅館。

上／從房間裡，可以看到平靜的大海　中／與自然融合為一體的為Six Senses Can Dao　下／周邊的海水透明度極高

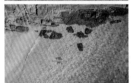

崑崙島為何？

崑崙島這個名字一般指「崑山島」，它是崑崙群島12個島嶼之一，有機場是主要的觀光地。

天堂
重點
5

難忘的神祕體驗

前往Bay Canh島看海龜

運氣好的話，在崑崙島潛水時還可以遇到儒艮。然而，這座島也是世界知名的海龜產卵處，每年6～8月越南國立公園會舉辦旅遊參觀行程。

天堂
重點
3

不只為了紀念英雄

願望得以成真

事實上，越南人前往崑崙島的目的其實不是海龜，而是前往收容所遺跡，向獨立英雄致敬，並向成為神的英雄許願。尤其入夜後，杭陽公墓Hàng Dương Cemetery（→P.172）的人潮就像尖峰列車一樣擁擠。

左／鎮上有許多供品店
下／獨立革命家們入獄的崑崙收容所遺跡（→P.172）

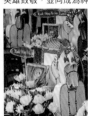

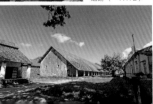

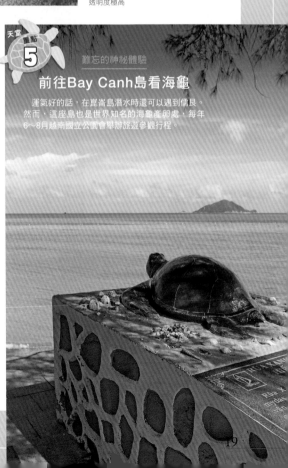

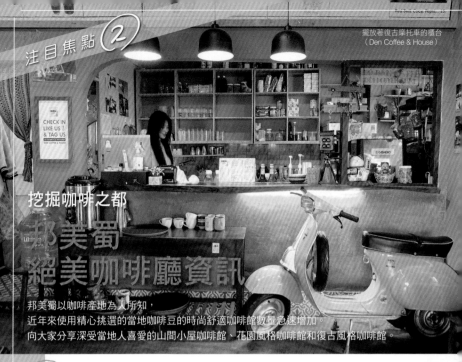

擺放著復古摩托車的櫃台
（Den Coffee & House）

注目焦点 ②

挖掘咖啡之都

邦美蜀
絕美咖啡廳資訊

邦美蜀以咖啡產地為人所知，
近年來使用精心挑選的當地咖啡豆的時尚舒適咖啡館數量急速增加。
向大家分享深受當地人喜愛的山間小屋咖啡館、花園風格咖啡館和復古風格咖啡館。

咖啡館推薦 1

受當地年輕人喜愛

Den Coffee & House

以獨棟平房改建而成的咖啡館，店內充滿了柔和的音樂，並裝飾著來自越南各地的風景照片和繪畫，讓人感覺就像來到朋友家一樣。嚴選自邦美蜀生產的咖啡豆，每杯咖啡約1萬2000越盾～。這是一間可以放鬆身心並與當地年輕人交流的咖啡館。

MAP P.209B圖 -1A
🏠 25 Tống Duy Tân, P. Tân Lợi
☎ 091-4176879（手機）
🕐 6:00～22:00
休 無休　**Card** 不可
預約 不需預約

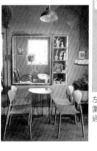

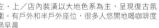

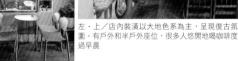

左・上／店內裝潢以大地色系為主，呈現復古氛圍。有戶外和半戶外座位，很多人悠閒地喝咖啡度過早晨

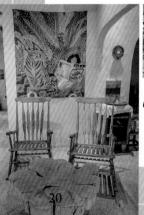

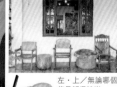

左・上／無論哪個傢具都很時尚
下／左邊為鮮榨胡蘿蔔汁3萬越盾，右邊為拿鐵咖啡3萬越盾

療癒自然色調的咖啡館

Cafe Calme

咖啡館推薦 2

入口處和庭院的熱帶綠色植物療癒眼睛，店內空間寬敞，佈置得井井有條，室內傢具很有品味，很多人都帶著筆記型電腦來工作或與親人或朋友度過安靜的時光。雖然距離市中心較遠，但卻是一家在當地有強大支持的咖啡館。

MAP P.209B圖 -2A外
🏠 17 Mai Thi Lựu, P. Ea Tam
☎ 092-4694779（手機）　休 無休
🕐 7:00～22:00
Card 不可　預約 不需預約

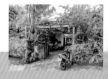

咖啡館推薦 3

童話世界展開

Moc Mong Mo

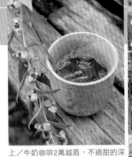

一間山間小屋風格的木造建築聳立在精心打造的小花園裡，宛如繪本裡的世界。小巧的內部空間經過精心設計，可以從窗戶欣賞花園景色的小型吧台座位，或2樓的榻榻米式座位上，放鬆身心。

DATA→P.213

上／牛奶咖啡2萬越盾，不過甜的深焙咖啡十分美味　右／飲料在迷你小屋內點餐和結帳　左下／庭院裡設置了數個座位，推薦早晨或傍晚太陽不強時選擇這裡　中下．右下／獨特裝潢的店內，小樓梯上的2樓嚴禁穿鞋進入，可以伸展雙腳放鬆

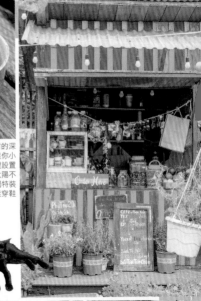

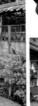

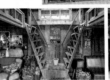

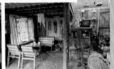

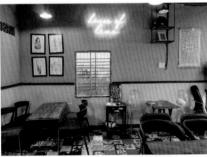

復古風格的時尚咖啡館

House of Lens Coffee

店內洋溢著獨特的懷舊氛圍，現代設計的凳子和藝術品隨意陳列在老式打字機和復古電視旁，每個房間都有不同的裝飾，也設有戶外座位。

DATA→P.213

咖啡館推薦 4

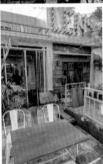

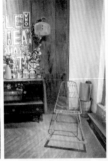

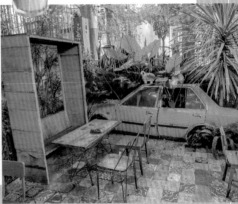

上．右下／店內每一處都像一幅畫般，可以作為裝潢的參考　左下／咖啡館外觀，「Lens」文字是用擴音器拼裝出來的　右上／推薦使用邦美蜀生產的咖啡豆製作成的白咖啡，2萬5000越盾　右／庭院座位區有一台老爺車

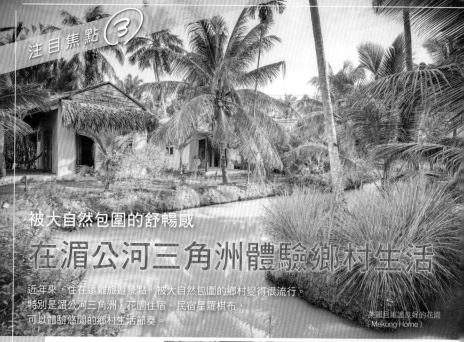

被大自然包圍的舒暢感
在湄公河三角洲體驗鄉村生活

近年來，住在遠離旅遊景點、被大自然包圍的鄉村變得很流行。
特別是湄公河三角洲，花園住宿、民宿星羅棋布，
可以體驗悠閒的鄉村生活節奏。

美麗且維護良好的花園
（Mekong Home）

被綠樹和鮮花撫慰
檳椥的花園住宿

當地人居住的檳椥村，開設了一家花園旅館，可以在那裡欣賞樹木和鮮花。想在綠樹和花朵環繞的安靜環境中舒展翅膀，放鬆身心。

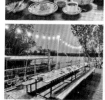

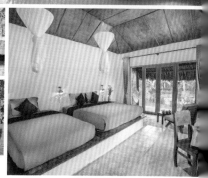

▌Mekong Home

位於很少有旅客觀光的檳椥村，可以在湄公河三角洲享受獨特的住宿體驗。除了住宿和餐飲外，還包括烹飪課程、釣魚以及參觀椰子農場和當地市場的旅行方案。

左上／餐點評價良好　左下／在河川旁享受餐點　右／使用椰子燈等天然素材的可愛房間

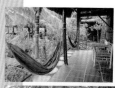

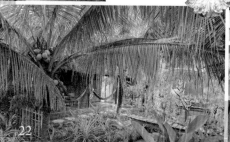

左上／每間房間均設有附吊床的陽台　左下／被雄偉椰子樹包圍的花園，周邊綠意十足　右上／房間樸素，卻也乾淨，部分房間附有空調　右下／早餐為煎蛋和越式三明治或是炒麵，飲料也可以選擇

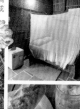

▌Ben Tre Garden Farmstay

位於美荻附近的Ben Tre村，是一座有幾間度假小屋的小旅館，座落在一個種滿熱帶植物的花園裡，營造出溫馨的氛圍。雖然工作人員不會說英語，但可以透過他們與會說英語的老闆聯繫。

MAP P.140-2A
Tổ 10, Ấp Phước Xuân, An Khánh, Châu Thành, Bến Tre
☎032-8944788（手機）
49萬9000越盾～（附早餐）
Card A D J M V　總共6間房

22

左上／An Bình島上的人大多很和
善 左下／島上到處都可以看到
手搖船 右／田園風光很有魅力

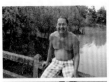

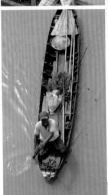

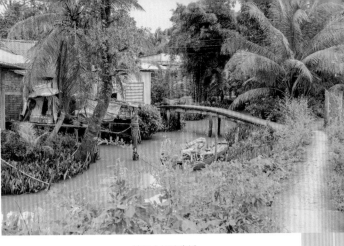

接近人們的生活

寄宿在永隆An Bình島上

距離永隆市中心搭船5分鐘的An Bình島（→P.146）遍布旅館，可以在這裡一睹當地
生活。在時間過得很慢的鄉村中，享受輕鬆的住宿。

An Bình島
是熱帶水國天堂

An Bình島是湄公河三角洲主要
的水果產區之一，不只果園，島
上到處都是水果，光是走走看看
就很樂趣。

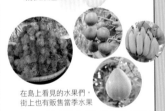

在島上看見的水果們，
街上也有販售當季水果

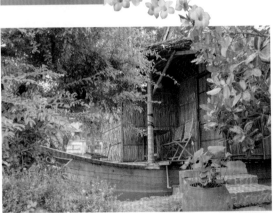

Mekong Riverside Homestay

這是一間位於河邊的旅館，距離永隆
市的渡輪碼頭步行約15分鐘。度假小屋
星羅棋布地圍繞著一個大花園，從餐廳
建築可以欣賞到湄公河三角洲的壯麗景
色。也有舉辦釣魚和乘船遊覽活動。

MAP P.146-2A 🏠145A/11 Bình Lương, An Bình,
Long Hồ, Vĩnh Long ☎090-7747305（手機）
💰35萬～60萬越盾（附早餐）**Card**不可
總共16間房

左上／由船改建而成的獨特度假小屋 左中／
每個房間都有一個小陽台。乾淨整潔，還有蚊
帳，很安全 左下／平房的內部很簡單，有
床、冰箱、桌子、衣櫃和浴室。房間保持乾
淨，有蚊帳，讓您感到安全。 右上／河川旁
為家庭使用的大圓房間 右下／傍晚河風涼爽，
依季節有時會很寒冷

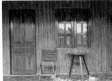

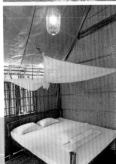

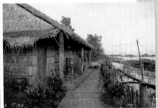

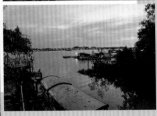

23

在世界遺產住一晚

下龍灣優雅的過夜遊輪

下龍灣是越南代表性的世界遺產。
一般多半是從河內出發的一日遊行程，
如果想充分享受下龍灣的氛圍，不妨參加可以在船上住一晚的遊輪之旅！

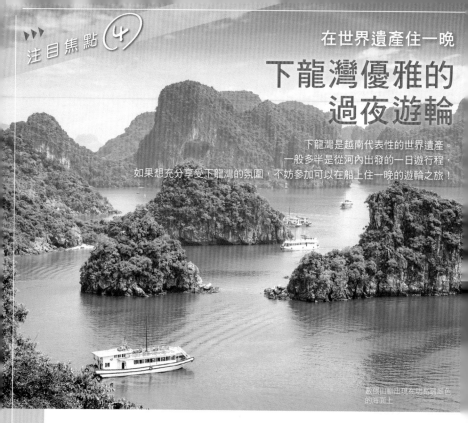

數個山巒出現在略帶黃色的海面上

推薦的遊輪

前往下龍灣的遊輪有很多，以2天1夜的過夜遊輪來說，推薦設施和服務評價良好的「Paradise」和「Bhaya」。

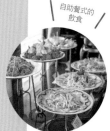

自助餐式的飲食

Paradise

可以享受豪華船旅的遊輪，共有三艘船，分別為Elegance號、Grand號和Sail號，其中Elegance號和Sail號是遊覽下龍灣並過夜的主要船隻。兩艘船的房間都稍嫌狹小，但裝潢很有品味，餐廳等公共區域也很豪華。
DATA→P.362

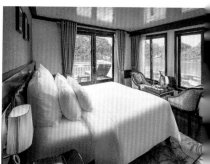

左／全白外觀的豪華遊輪
右／日光浴甲板上配有舒適的沙發和椅子

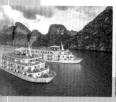
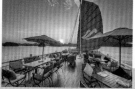

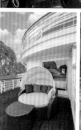
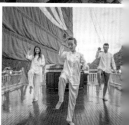

上／Sail號擁有古典裝潢，套房附有浴缸，並設有私人陽台，可以欣賞下龍灣的景色　左下／現代風格Elegance號的套房陽台　右下／早晨可以享受船上太極拳等活動

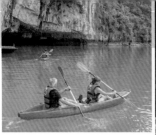

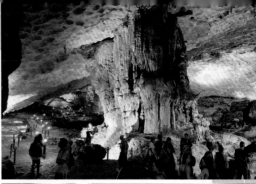

下龍灣的主要景點

依乘坐的遊輪不同，遊覽的路線和觀光景點也有所不同，在此介紹一些主要景點。

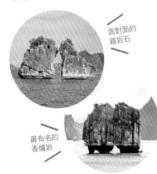

面對面的雞岩石

最有名的香爐岩

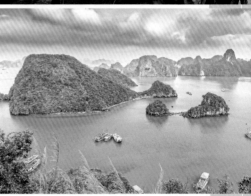

左上／乘坐獨木舟在海灣漫遊，幸運的話可以看到生活在水下的動物和漂浮在海中的水母　右上／下龍灣最大的鐘乳石「驚訝洞」　右下／從英雄島Ti Top Island眺望海灣的絕景

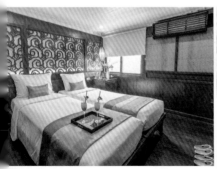

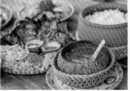

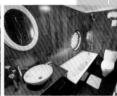

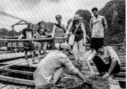

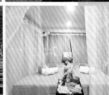

Bhaya

下龍灣歷史悠久的遊輪，以資深遊輪才能提供的安全感和熱情服務而廣受歡迎。採用越南設計風格的木質客房，全設有陽台。同時提供許多活動，例如烹飪課程和太極拳。
DATA→P.362

左上／在柔軟的床上舒適地睡覺　中上／餐點採用當地食材烹調。當然，也可以品嘗到下龍灣捕獲的海鮮　中下／乘船期間，可轉搭手搖船參觀水上人家的房屋和漁船　右上／所有的房間都有浴缸和廁所　右下／附設水療中心　右下／遊輪總共4層樓，日光浴甲板上排列著沙灘椅

也好好享受雞尾酒吧

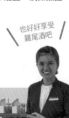

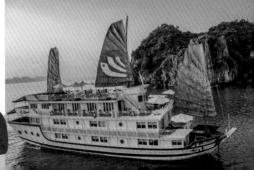

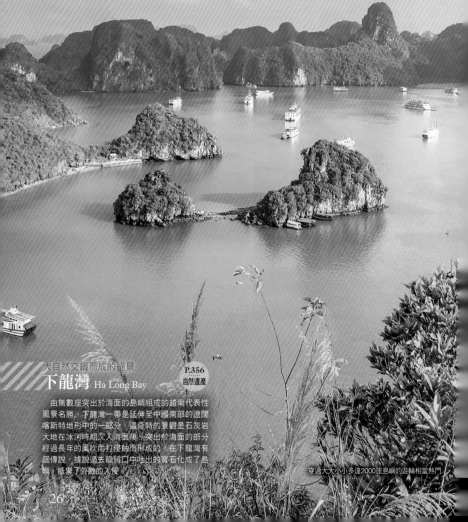

越南的世界遺產

孕育豐富自然與歷史

現在聯合國教科文組織認定的越南世界遺產共有8處，
包括可接觸大自然奧妙的自然遺產、刻劃著古人記憶的文化遺產，
以及涵蓋自然與文化這兩個要素的複合遺產，
在此介紹讓人想一探究竟的越南世界遺產。

昇龍皇城
遺跡中心地區
河內
寧平
胡朝城遺跡 　下龍灣
長安名勝群複合遺產
風牙己榜國家公園
順化古蹟群
美山聖地 　峴港
古都會安

胡志明市

大自然交織而成的絕景
下龍灣 Ha Long Bay

P.356
自然遺產

　　由無數座突出於海面的島嶼組成的越南代表性
風景名勝。下龍灣一帶是延伸至中國南部的遼闊
喀斯特地形中的一部分，這奇特的景觀是石灰岩
大地在冰河時期沉入海面後，突出於海面的部分
經過長年的風吹雨打侵蝕而形成的。在下龍灣有
個傳說，據說過去龍將口中吐出的寶石化成了島
嶼，抵禦了外敵的入侵。

穿過大大小小多達2000座島嶼的遊輪相當熱門

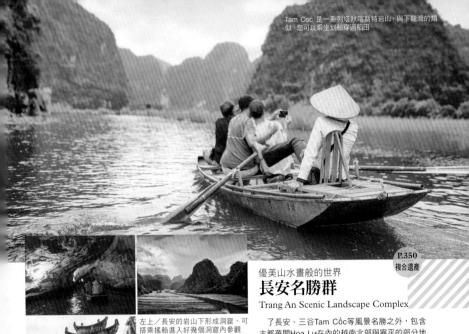

Tam Coc 是一系列塔狀喀斯特岩山，與下龍灣的類似，您可以搭乘划船穿過稻田

左上／長安的岩山下形成洞窟，可搭乘搖船進入好幾個洞窟內參觀
右上／隨著季節更迭，三谷的水道兩側可能是一整片水稻鬱鬱蔥蔥的水田，5月左右水稻便會染上金色
左／越南首座獨立王朝城址所在地會安

P.350
複合遺產

優美山水畫般的世界
長安名勝群
Trang An Scenic Landscape Complex

了長安、三谷Tam Cốc等風景名勝之外，包含古都華閭Hoa Lu在內的越南北部與寧平的部分地區登錄為世界複合遺產，這一帶區域為喀斯特地形，水田遼闊的濕地上林立著奇岩，獨特的景觀讓人印象深刻，不妨搭乘搖船悠閒遊覽長安與三谷，欣賞宛如山水畫中描繪的美麗景觀。

各王朝歷史重疊的遺跡群
昇龍皇城
遺跡中心地區
P.294
文化遺產
Central Sector of the Imperial Citadel of Thang Long - Hanoi

興盛於11～19世紀的各個越南王朝的城址所在地。1010年定都昇龍（今河內）的越南史上首座長期王朝李朝的皇宮——昇龍皇城遺構，以及在遷都順化後的阮朝時期，於1805年建為地方城市皇宮的河內城所殘留的部分遺跡，以上兩者合起來的區域登錄為世界文化遺產。

右上／從旗塔的觀景室可眺望遺跡
下／河內城的正門，端門。昇龍皇城的建築在順化遷都時被分解搬運到順化，因此只保留建築殘餘部分與遺構，另外還發現不同年代的建築殘餘部分與遺構

設有石造隧道的厚實城門，正門為南門，還有東、西、北門

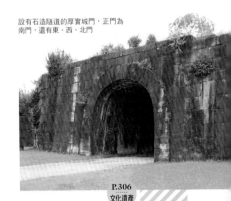

P.306
文化遺產

留存著石造城門
胡朝城遺跡
Citadel of Ho Dynasty

位在河內南部清化省村落的胡朝時代皇宮遺跡，雖然胡朝是1400～1407年僅維持7年就消失的短命王朝，但在這短暫時間內建造的石城，是當時東南亞當中規模最大的一座，高達約7m的城牆，南北延伸約900m，東西約700m，以近乎正方形的形狀包圍住四邊，但現在四邊只有剩下厚實的石造城門。

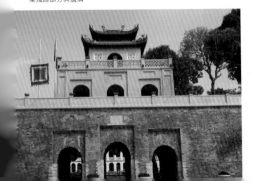

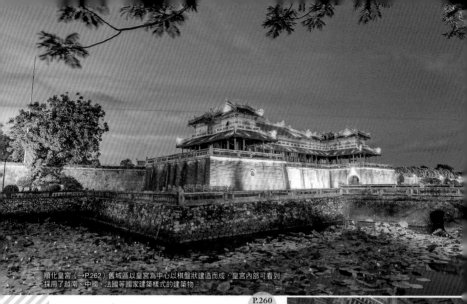

順化皇宮（→P.262）舊城區以皇宮為中心以棋盤狀建造而成，皇宮內部可看到採用了越南、中國、法國等國家建築樣式的建築物

P.260
文化遺產

宮廷文化大放異彩的古都

順化古蹟群 Complex of Hue Monuments

中部城市順化是越南最後的王朝——阮朝的首都所在地，在繁華鼎盛時期持續約150年的王朝之下，在越南傳統樣式中融入中國與法國設計的華麗建築物、料理與雅樂等華美的宮廷文化在此繁榮發展。以仿造中國紫禁城建造的皇宮為首，主要靈廟、寺院等歷史建築皆登錄為世界文化遺產。

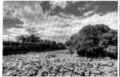
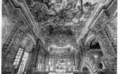
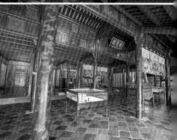

上／積極引進中國文化的明命皇帝，其明命陵（→P.266）散發著強烈中國風格　左／世界遺產‧順化古蹟群最大的亮點為皇宮前的巨大蓮花池　右／開定皇帝的陵墓（→P.267）裝飾極盡華麗

懷舊的中世紀港都

古都會安
Hoi An Ancient Town

P.238
文化遺產

15～19世紀作為亞洲與歐洲交易據點而繁盛的海港城市，江戶時代初期成為朱印船貿易的舞台，來到這片異國土地的日本商人們在此建造了日本城。經過數百年時間後的現在，這裡以完好保存著過往街道的懷舊城鎮而聞名，在燈籠柔和光線映照下的舊城區登錄為世界文化遺產。

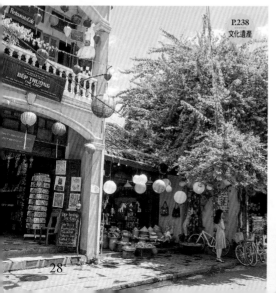

左／舊城區四處都綻放著九重葛，感覺十分漂亮　下／有屋頂覆蓋的日本橋由日本商人所建造，在日本城衰退後改建，成為現在的中國風建築

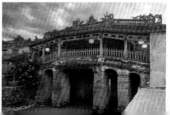

占婆王國的聖地

美山聖地
My Son Sanctuary

P.247
文化遺產

　　過去曾是支配越南中部沿岸與中部高原的占婆古國（→P.456）的聖地，是印度教濕婆神的信仰之地。在可眺望聖山Mahaparvata的盆地內，仍有紅磚塔等超過70棟遺構埋藏在草木之中，據說創建於4世紀末，並建造至13世紀左右，於1999年登錄為世界文化遺產。

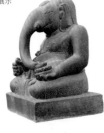

美山遺跡的部分文物於峴港占婆雕刻博物館（→P.221）展示

從7世紀左右改為紅磚建築，但毫無使用接合劑的占婆建築方式到現在都尚未解開謎底

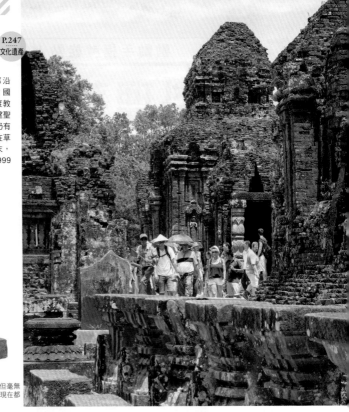

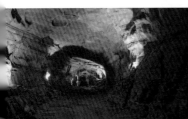

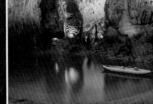

左／洞窟內被寂靜所包圍
右／宛如地底湖般的風牙洞
下／美得讓人屏息的天堂洞

擁有全世界最大的洞窟

風牙己榜
國家公園
Phong Nha-Ke Bang National Park

P.269
自然遺產

　　寮國邊境附近繁茂原生林覆蓋的國家公園，已確認這裡有約400種的越南特有植物與38種此地特有的動物。國家公園內擁有大大小小約300個鐘乳洞，約2億5000萬年前形成的風牙洞、天山洞、鬼斧神工的石筍十分優美的天堂洞等都相當聞名。2009年首度進行調查的全球最大洞窟——韓松洞則只限跟團進入。

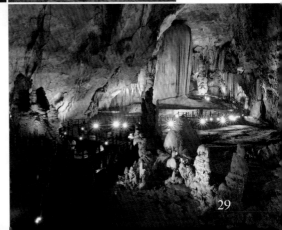

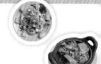

動動手指就能點！

越南料理菜單精選

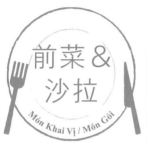

前菜&沙拉

Món Khai Vị / Món Gỏi

越式炸春捲
Nem Rán(Chả Giò) 👍

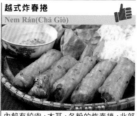

內餡有絞肉、木耳、冬粉的炸春捲，北部稱為 Nem Rán，南部稱為 Chả Giò，兩處的外型與內餡都有些許差異。

越式春捲
Bì Cuốn

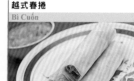

汆燙後的豬皮切成細絲，在太陽下曬乾做成珍品「Bì」，然後用米餅皮捲來吃，是很受老饕喜愛的美食。

沙拉捲
Gỏi Cuốn 👍

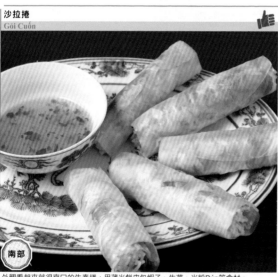

南部

外觀看起來就很爽口的生春捲，用薄米餅皮包蝦子、生菜、米粉Bún等食材。

芥菜春捲
Cuốn Diếp

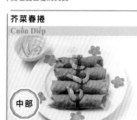

中部

用芥菜做的生春捲，以微辣的芥菜代替米餅皮，並將米粉等食材捲來吃的順化料理。

順化春捲（米粉捲）
Cuốn Huế

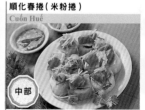

中部

用薄米皮裹冬粉，上面擺上豬肉與蝦子點綴，外觀也很講究，是順化料理的風格。

甘蔗蝦
Chao Tôm 👍

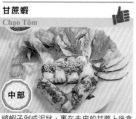

中部

將蝦子剁成泥狀，裹在去皮的甘蔗上後拿去烤的順化料理，和蔬菜等其他食材一起包在米紙皮內享用。

越式炸魚餅
Chả Cá

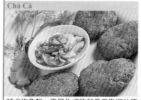

越式炸魚餅，平民化或許就是受歡迎的原因。富含豐富鈣質。

萍餅
Bánh Bèo 👍

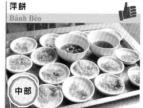

中部

中部料理，小碟子擺盤是順化料理的風格。用小碟子蒸米粉，再撒上蝦米，滑溜溜的口感相當美味。

100道

雖然受到中國、柬埔寨、法國等地的影響，但卻仍發展出自己特有美食文化的美食國度──越南，各個地區都有自己的飲食特色，特色之一就是擁有許多大量使用生菜與香草的健康料理。在豐富食材的變化下，料理出簡單又纖細的各種美食，來到越南就儘管嘗嘗試，品嘗越南能量的來源吧！

※以下菜色的越南文名稱統一使用北部方言的用法，部分菜色會在（）內附上南部方言的名稱。

👍：推薦標誌為推薦菜色

南部 中部 北部 ：起源各個地區或在該地區經常食用的菜色

水晶蝦
Bánh Bột Lọc 👍

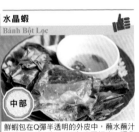

中部

鮮蝦包在Q彈半透明的外皮中，蘸水蘸汁Nước Chấm（→P.39）吃更好吃。順化料理。

雞肉沙拉
Gỏi Gà

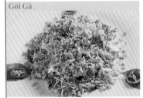

以水煮雞肉為主，搭配高麗菜絲、洋蔥絲，分量十足的沙拉。

柚子沙拉
Gỏi Bưởi 👍

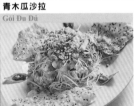

南部

以柑橘類水果──柚子製作的沙拉，一般和北魷、蝦子一起拌來吃，是常見於南部的料理。

香蕉花沙拉
Gỏi Hoa Chuối

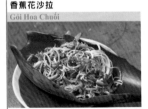

將切絲的香蕉花和蔬菜、肉類等食材一起攪拌而成，口味清爽。

青木瓜沙拉
Gỏi Đu Đủ

用還沒熟的木瓜果肉切絲製作的沙拉，是一道相當爽口的菜餚，因為電影《青木瓜之味Mùi Đu Đủ Xanh》而流行。

蓮花沙拉
Gỏi Ngó Sen 👍

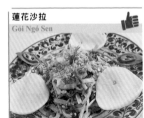

用蓮花莖製作的沙拉，大多會加入蝦肉、豬肉等食材，並以水蘸汁（→P.39）攪拌，最後再灑上碎花生。

湯品
Món Canh / Súp

魚酸湯
Canh Chua 👍

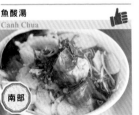

南部

酸酸甜甜的湯品，湯裡面有番茄、鳳梨、鱧魚等淡水魚，有著滿滿的食材，是越南南部媽媽的味道。

紫芋湯
Canh Khoai Mỡ

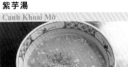

南部

將紫芋磨碎至仍保有原有口感的程度，黏稠的口感相當美味，是南部的家常料理之一。

蒔蘿湯
Canh Nghêu Thì Là

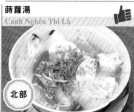

北部

蒔蘿蛤蜊湯，帶有蛤蜊高湯香氣的湯頭與番茄的酸味、蒔蘿的香味非常搭，是北部的家常菜。

烏骨雞湯
Gà Tần

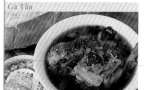

烏骨雞的藥膳湯，由烏骨雞與數種中藥熬煮而成，非常營養，是病後或產婦的滋養聖品。

蟹肉蘆筍湯
Súp Măng Cua

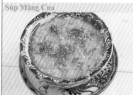

蟹肉與白蘆筍的豪華湯品，撒點黑胡椒更能襯托濃稠優雅的風味。

蔬菜料理

Món Rau

炒空心菜
Rau Muống Xào Tỏi

簡單好吃，讓人不禁一口接一口的蒜香空心菜，推薦點來當配菜。

炒夜來香
Thiên Lý Xào Tỏi

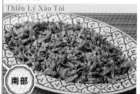

南部

蒜炒夜來香，夜來香為蘿摩科攀緣植物，以黃綠色的花和芳香香氣為特色。

炒南瓜花
Bông Bí Xào Tỏi

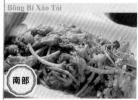

南部

蒜香南瓜花，新口感的南瓜花很好吃，蒜香也很下飯。

醃芥菜炒豬肉
Mắm Kho Quẹt

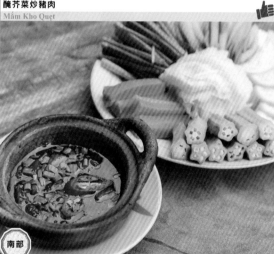

南部

大多使用豬五花或烤豬肉來炒，帶有酸味的醃芥菜與多汁的豬肉真是絕配。

燙綜合青菜
Dưa Chua Xào Thịt

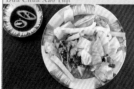

燙青菜佐魚露（→P.39）焦糖醬，將豬油和蝦米等食材加上魚露、砂糖熬煮，當作青菜的蘸醬蘸來吃，是南部的料理。

肉類料理

Món Thịt Lợn / Gà / Bò

滷豬肉
Thịt Kho Tộ

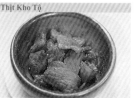

砂鍋魚露（→P.39）燉豬肉，胡椒味很重，很下飯，也很適合搭配啤酒。

滷油豆腐
Thịt Kho Đậu Phụ

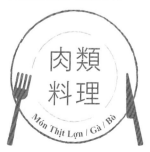

用砂鍋燉煮豬肉與油豆腐，甜辣的口味絕對下飯，也算是家常菜。

烤豬肉捲
Nem Nướng

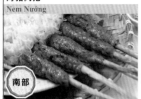

南部

烤豬肉丸，和炸過的米紙和蔬菜等食材一起用米紙皮包起來吃的芽莊名物。

豬肉片蘸越南蝦醬
Thịt Luộc Chấm Mắm Ruốc

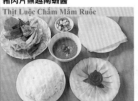

水煮豬肉片搭配醃製蘸醬，將豬肉用米紙包起來，蘸小蝦製成的發酵蝦醬「Mắm Ruốc」品嘗。

椰汁燉豬肉
Thịt Kho Nước Dừa 👍

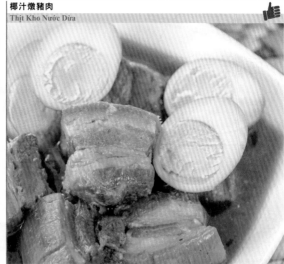

用魚露（→P.39）和椰汁燉煮的豬肉，可說是越南版的滷肉，蛋也吸滿甜甜鹹鹹的醬汁，很好吃。

烤五花肉
Thịt Ba Chỉ Quay 👍

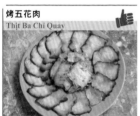

烤得酥脆的外皮香氣十足，裡頭的肉則多汁柔嫩，在食堂等處也可品嘗到。

炸雞翅
Cánh Gà Chiên Bơ

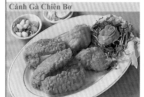

用奶油炸得香脆的雞翅，淋上檸檬，撒上胡椒鹽，口味清爽。炸魚露（→P.39）雞翅也很受歡迎。

香茅炒雞肉
Gà Xào Sả Ớt

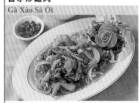

將雞肉與大量的香茅、洋蔥等食材一起拌炒，另外也有香茅炒牛肉。

烤乳鴿
Chim Bồ Câu

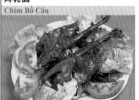

蘸醬烤的鴿子，從頭到腳都酥脆，非常適合搭配啤酒。

菠菜牛肉
Bò Xào Bó Xôi

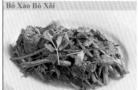

牛肉炒菠菜的一道菜。除了菠菜之外，空心菜、菜豆、花韭也很適合炒牛肉。

越式燉牛肉
Bò Kho

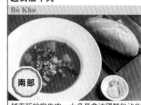

南部

越南版的燉牛肉，大多是拿法國麵包沾牛肉湯吃，或是加入粿條Hủ Tiếu來享用。

假蒟葉烤牛肉捲
Bò Lá Lốt

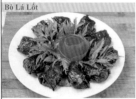

用帶有香氣的假蒟葉Lá Lốt包牛絞肉，然後放在鐵網上烤到香氣四溢，要連葉子一起吃。

越式骰子牛排
Bò Lúc Lắc

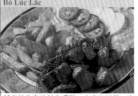

越南的牛肉比較有嚼勁，大多和洋蔥、青椒等一起拌炒。

越式牛排
Bò Bít Tết

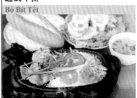

越南版的牛排，放在熱騰騰的鐵板上送上桌，大多和法國麵包一起享用。越南的牛肉偏硬。

海鮮料理

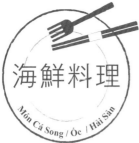

Món Cá Song / Ốc / Hải Sản

椰汁蒸蝦
Tôm Sú Hấp Nước Dừa 👍

椰汁蒸蝦，用椰子汁蒸蝦子讓蝦肉更嫩，風味柔和。

烤長臂蝦
Tôm Càng Nướng

鹽烤淡水長臂蝦，據說長長雙手（？）裡的肉最好吃。

焗龍蝦
Tôm Hùm Đút Lò

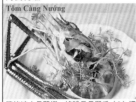

焗烤巨大龍蝦！如果想吃現撈的，就到芽莊和峴港等港都去吧。

西湖蝦餅
Bánh Tôm Hồ Tây

北部

河內知名的蝦子天婦羅，酥脆的米粉外衣上以蝦子點綴，可以當作點心享用。

烤海蝦
Tôm Sú Nướng

是越南海鮮料理的知名菜餚，不同地區的醬汁有所不同，峴港為綠辣椒醬料。

花韭炒鮮蝦
Tôm Xào Bông Hẹ

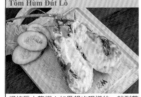

可享受花韭脆脆口感的菜餚，相當下飯。

椒鹽蟹
Cua Rang Muối 👍

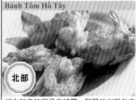

螃蟹整隻炸過之後用胡椒鹽等調味料拌炒，另外也有酸豆醬的版本。

清蒸花蟹
Ghẹ Hấp

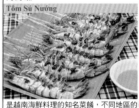

甲殼模樣很漂亮的蒸花蟹料理，清淡的螃蟹肉蘸萊姆和胡椒鹽吃，很爽口。

炸蟹螯
Càng Cua Chiên Tôm

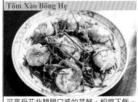

炸蟹螯與蝦漿，是在蟹腳裹上蝦泥後拿去油炸的奢侈料理，Q彈的口感相當美味。

炸軟殼蟹
Cua Lột 👍

將連殼都軟綿綿的軟殼蟹（剛脫殼的螃蟹）炸得酥脆後拿來品嚐。

乾魷魚
Mực Một Nắng 👍

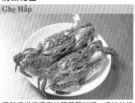

曬過一夜的魷魚，芽莊等地產的魷魚很新鮮，肉質柔嫩又多汁，很適合搭配啤酒。

炸花枝
Mực Chiên Giòn

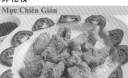

可以當啤酒的下酒菜，越南的花枝料理相較起來都比較平價。

香蒜牡蠣
Hàu Nướng Bơ Tỏi

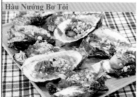

用奶油和蒜泥烤牡蠣，奶油融化在肥滋滋的牡蠣上非常對味。鐵網烤牡蠣「Hàu Nướng」也很受歡迎。

香茅蛤蜊
Nghêu Hấp Sả

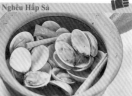

香茅蒸蛤蜊，越南產的蛤蜊比較小顆，香茅的香氣不斷竄入鼻孔。

烤赤貝
Sò Huyết Tứ Xuyên

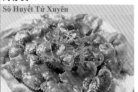

四川口味的赤貝，烤過的赤貝淋上甜辣醬，很適合搭配啤酒。赤貝雖然較小顆，不過味道很棒。

田螺鑲肉
Ốc Nhồi Thịt

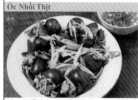

淡水田螺鑲肉，口感脆脆的田螺肉和豬絞肉等拌在一起後塞入殼中，再用薑葉、香茅等蒸煮而成。

越式砂鍋魚肉
Cá Kho Tộ

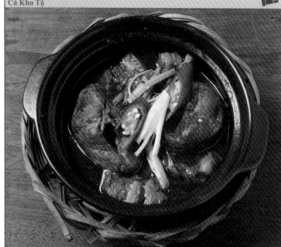

用魚露（→P.39）與椰汁熬煮的魚肉，是口味甜辣的家常菜，大多使用淡水魚烹煮。

番茄土魠魚
Cá Thu Chiên Sốt Cà

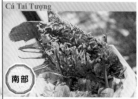

土魠魚炸過後淋上滿滿番茄醬，充滿法式口味的一道菜。

鱧魚鍋
Chả Cá Thăng Long

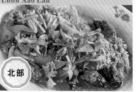

北部

白肉魚的油炸料理，將白肉魚和大量的蔥、蒔蘿等一起煎炸，和米麵一起食用，是河內的代表性料理。

清蒸魚
Cá Hấp Gừng Hành

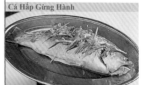

魚肉上頭的蔥薑散發濃濃香氣（圖為準備炭火蒸煮前的狀態）。

油炸象耳魚
Cá Tai Tượng

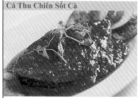

南部

油炸美萩特產「象耳魚」，魚肉可以和青菜一起用米紙皮包起來吃，只有在美萩吃得到。

炒鱔魚
Lươn Xào Lăn

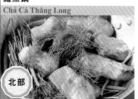

北部

香炒鱔魚，使用薑、香茅、咖哩粉等調味的異國風情熱炒料理，北部的民眾常食用鱔魚。

酥脆田雞
Ếch Chiên Bơ

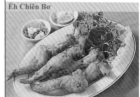

酥炸田雞，奶油口味。田雞是常出現於家常菜中的食材，以近似雞肉的清淡風味為特色。

麵類

Phở / Bún / Mì / Miến

牛肉河粉
Phở Bò 👍

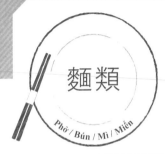

北部

牛肉河粉，分為煮過的牛肉「Chín」、生牛肉「Tái」、牛肋肉「Nạm」等，可選擇喜歡的食材。

雞肉河粉
Phở Gà

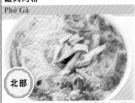

北部

雞肉河粉，味道比牛肉河粉還清爽，擠入萊姆汁後又是不一樣的味道。

越南餛飩麵
Mì Hoành Thánh

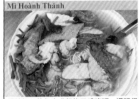

餛飩麵，黃色中式麵條口感略硬，湯頭很爽口，也稱為「Mì Vằn Thắn」。

金邊粿條
Hủ Tiếu

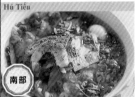

南部

與河粉不同風味的南部米麵，料很多，包含豬肝、蝦子、豬肉等，和偏甜的豬骨湯很對味。

蟹肉紅米苔目
Bánh Đa Cua 👍

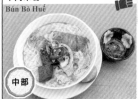

北部

寬麵螃蟹湯，使用茶色的寬扁麵bánh Đa，是海防的知名麵食，加入搗碎的螃蟹，相當美味。

雞肉冬粉
Miến Gà

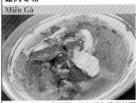

雞肉冬粉湯，滑溜順口的冬粉和清爽的湯頭非常搭，除了雞肉之外，有些地方還會加入鰻魚等食材。

蟹肉米苔目
Bánh Canh Cua 👍

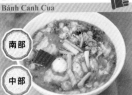

南部

中部

加入蟹肉的湯麵。這道料理使用以木薯粉、米粉等製作的Q彈麵條，勾芡的湯裡還奢侈地放入大量蟹肉。

牛肉米粉
Bún Bò Huế 👍

中部

順化名產，是加入米粉的微辣牛肉湯麵，辛辣的湯頭內有牛肉與魚漿，還可加入喜歡的蔬菜。

什錦米粉
Bún Thang

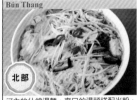

北部

河內的什錦湯麵，爽口的湯頭搭配米粉、蛋絲、汆燙雞肉、火腿等繽紛食材，外觀看來相當鮮豔。

螺肉米粉
Bún Ốc

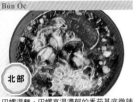

北部

田螺湯麵，田螺高湯濃郁的番茄基底微辣湯頭，搭配上米粉、汆燙田螺肉等食材，為北部特產。

豬肉米粉
Bún Mọc

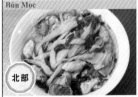

北部

發源自盒內的豬肉湯麵，豬骨湯加上米粉、豬肉丸、豬肋骨等等，口味清爽。

螃蟹米粉
Bún Riêu

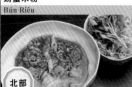

北部

螃蟹番茄湯麵，是加入田蟹泥的番茄湯麵，口感順滑的米粉更是畫龍點睛。

魚醬米粉
Bún Mắm

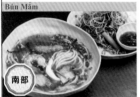

南部

用發酵魚製作的湯麵，使用發酵魚調味料的湯頭濃郁而鮮美，相當美味，是湄公河三角洲地區的知名麵食。

春捲米粉
Bún Chả 👍

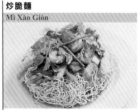

北部

河內知名的越南風沾麵，偏細的米粉和炭火燒烤的肉丸、燒豬肉、大量蔬菜一起沾魚露（→P.39）享用。

蟹肉冬粉
Miến Xào Cua

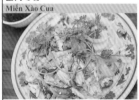

蟹肉炒冬粉，裡頭加入大量剝下來的蟹肉，是豪華的一道菜，連冬粉也吸入螃蟹的鮮味。在海鮮餐廳與螃蟹專賣店都吃得到。

炒脆麵
Mì Xào Giòn

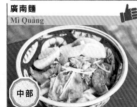

口感像廣州炒麵，可享受麵條酥脆的口感，順帶一提，軟的炒麵稱為「Mì Xào Mềm」。

燒肉米粉
Bún Thịt Nướng

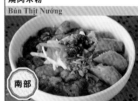

南部

擺上燒肉的乾麵。是米粉上放上烤得香氣四溢的燒肉與炸春捲，拌入水蘸汁（→P.39）後享用的南部料理。

蝦醬豆腐米粉
Bún Đậu Mắm Tôm 👍

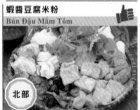

北部

米粉與炸豆腐配上蝦醬，是將壓成塊狀的米粉、炸豆腐、香草蘸發酵調味料蝦醬（→P.39）享用的北部料理。

廣南麵
Mì Quảng 👍

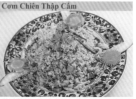

中部

寬米麵乾麵，上頭放上熬煮得甜甜辣辣的蝦子與豬肉，是中部廣南省的地方特色麵，將芝麻仙貝折碎後放入一起享用。

會安乾麵
Cao Lầu 👍

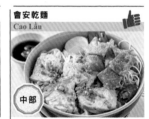

中部

會安知名的乾麵，嚼勁十足的麵條上有著蔬菜、豬肉、炸餛飩等配料，淋上甜辣的醬汁後攪拌享用。

米飯・麵包 其他
Cơm / Bánh Mì / Món Khác

什錦炒飯
Cơm Chiên Thập Cẩm

什錦炒飯，有時會加入帶有甜味且稍微有點油脂的臘腸Lạp Xưởng。

鹹魚炒飯
Cơm Chiên Cá Mặn 👍

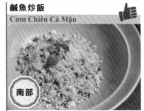

南部

鹹度超高的魚乾炒飯，食材有剝成小小塊、咬起來脆脆的魚與雞蛋等，十分簡單，在南部相當常見。

水果炒飯
Cơm Chiên Thơm

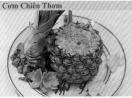

鳳梨炒飯，鳳梨容器裡裝著炒飯，因此炒飯也吸附了鳳梨香氣，有著水果風味。

蓮子飯
Cơm Sen

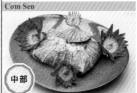

中部

蓮子飯，熱呼呼的炒飯內加入帶有口感的蓮子，是包在蓮葉內蒸煮的順化料理，蓮葉的香氣很迷人。

蜆仔飯
Cơm Hến

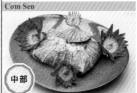

中部

順化式蜆仔飯，除了蜆仔外，還會加上楊桃、香菜、芝麻、花生等食材，一起攪拌之後食用，是順化的家常菜。

會安雞飯
Cơm Gà Hội An

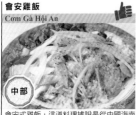

中部

會安雞飯，這道料理據說是從中國海南島傳來的，在雞高湯煮的飯上加上汆燙的雞肉。

鍋巴飯
Cơm Đập

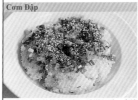

用砂鍋煮的脆脆鍋巴飯，味道很香，會讓人食指大動，可撒上蔥花、芝麻吃。

雞絲粥
Cháo Gà

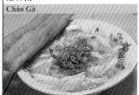

雞絲粥有著雞高湯的濃郁香氣，口味溫和，北部的粥較濃稠，南部的粥則不會煮得太過軟爛。

烤肉飯
Cơm Tấm

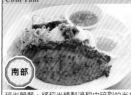

南部

碎米簡餐，將稻米精製過程中碎裂的米拿來煮，並加上炭火燒烤豬肉等配菜，是南部的料理。

越式煎餅
Bánh Xèo

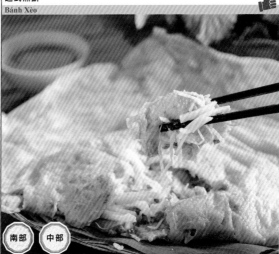

南部　中部

在米粉麵糊上放上蝦肉、豬肉等食材後煎到口感酥脆的南部知名料理，用芥菜等蔬菜包著吃。

越式三明治
Bánh Mì

越式三明治，是在法國麵包內夾入肝醬、火腿、生魚片、香菜等食材的三明治，也有夾入煎蛋、肉丸子的口味。

越南粉捲
Bánh Cuốn

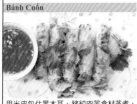

用米皮包住黑木耳、豬絞肉等食材蒸煮，感覺像可麗餅一般的料理，是很受歡迎的早餐、點心選擇。

什錦糯米飯
Xôi Thập Cẩm

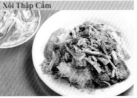

什錦糯米飯，裡頭加入鵪鶉蛋、薩拉米香腸等，另外也有玉米或綠豆糯米飯等各種豐富的口味，大多會放上配菜一起享用。

紅糯米飯
Xôi Gấc

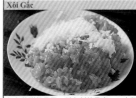

紅色的甜飯是用一種有刺的果實——木鱉果調製而成，是越南新年（農曆春節）必備的一道菜，算是越南版的紅飯？

火鍋料理

Món Lầu

越南羊肉爐
Lẩu Dê

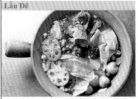

山羊火鍋，用山羊骨熬煮的高湯加上山羊肉、椰棗、枸杞等長時間燉煮的湯頭，嘗來就像藥膳湯一般。

蘑菇火鍋
Lẩu Nấm

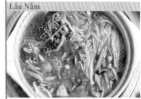

蘑菇火鍋，採用多種菇類是好吃的祕訣，並搭配芝麻、鹽味蘸醬，人氣逐漸擴散至全國各地。

什錦火鍋
Lẩu Thập Cầm

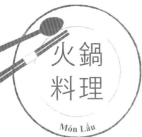

越式什錦火鍋，是滿滿放入海鮮、肉、菇類、蔬菜等食材的火鍋，最後大多會加中華麵下去煮。

田蟹番茄火鍋
Lẩu Riêu Cua

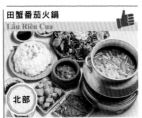

北部

田蟹與番茄的火鍋，是螃蟹米粉（→P.37）的火鍋版本，和空心菜、香蕉葉、炸豆腐、米粉等一起享用。

醋涮牛肉
Bò Nhúng Dấm

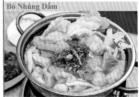

牛肉醋味涮涮鍋，將牛肉薄片放進加有醋的湯頭內快速涮熟，和蔬菜一起包在米紙內品嘗。

別以為只有魚露！

越南料理的精髓在於蘸醬

越南料理的基礎風味來自「魚露Nước Mắm」，無論是燉煮還是熱炒，任何情況都能用上，這個萬能調味料是用醃漬過的小魚發酵製作而成的，最大特徵就是強烈的臭味。

以魚露為底的蘸醬也是越南料理必備的東西，其中最普遍的是用熱水稀釋魚露，然後加入砂糖、醋（萊姆汁）、蒜頭攪拌，最後撒上辣椒的「水蘸汁Nước Chấm」。水蘸汁聞起來不臭，有點酸的風味搭配炸春捲等各式料理都很對味。如果實在不敢嘗試魚露，那麼推薦試看看醬油「Nước Tương」。

還有「花生味噌醬Tương Dầu」也很特別，這是以大豆味噌與花生醬為底調配的味噌醬，常會搭配甘蔗蝦（→P.30）、生春捲端上桌。生春捲蘸黑豆醬Tương Đến、紅甜醬Tương Ngọt都很對味，這些主要是南部的河粉餐廳用的調味料。

此外，「Mắm」也

是很重要的辣蘸醬，這種蘸醬有許多種類，其中代表性的是使用魚露中的小魚發酵製成的「魚醬Mắm Nêm」，其實魚醬沉澱後上方清澈的液體就是魚露。同樣用小蝦製作的「蝦醬Mắm Tôm」味道也很驚人，不過卻能襯托出清爽的涮豬肉、河內特產越式炸魚餅Chả Cá的風味。

在餐廳點了幾樣菜，就會送來幾盤用小碟子裝的蘸醬，或許有時會不知道哪道菜該蘸哪個醬，不過不用擔心，店員會建議「這道菜蘸這個醬」，而且其實也沒有嚴格的規定，好吃的訣竅就是以絕妙的組合調配出多變化的蘸醬，以自己的喜好去調配屬於自己的蘸醬正是越南的風格。

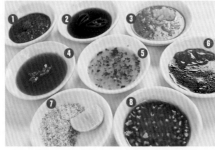

❶小蝦製作的鹹辣醬「蝦醬Mắm Tôm」味道強烈
❷也有大豆醬油「Nước Tương」（北部稱為Xì Dầu）
❸用小魚製作的代表性鹹辣醬「魚醬Mắm Nêm」
❹酸豆的酸味很濃厚的「酸醬Mắm Me」適合搭配海鮮
❺撒上辣椒的「魚露Nước Mắm」是基本
❻黑豆醬Tương Đến與紅甜醬Tương Ngọt
❼蝦蟹蘸胡椒加萊姆的Muối Tiêu
❽花生味噌醬Tương Đậu

從宮廷料理到庶民風味 品嘗纖細的順化料理

在種類豐富的越南料理當中，「順化料理」特別綻放異彩。中部的古都順化（→P.260）是越南最後的王朝阮朝（1802～1945年）的首都，當時全國各地一流的廚師都聚集在此，為了得到皇帝與皇族們的青睞不斷地比賽廚藝，於是便以大量的螃蟹、蝦子、鴨肉、蓮子等高級食材，創造出各種豪華且精緻的順化宮廷料理，甚至以蔬果做成花朵、動物的形狀，呈現出華麗的料理藝術之美。

順化的飯店餐廳等處提供可以體驗這種宮廷料理的全餐，很受歡迎，穿著王朝風格的服裝，藉由民族音樂與傳統儀式秀體驗異國風情。雖然價格也很豪華（？）不過造訪順化之際順便體驗阮朝美食也是不錯的經驗。

原本是宮廷專用的食譜，後來流傳到官吏之家，慢慢地也傳到庶民之間，就這樣

發展出順化庶民料理，代表性的有超辣的牛肉米粉（→P.36）、萍餅（→P.30）、水晶蝦（→P.31）等，便宜且種類豐富，簡單卻感覺纖細的風味應該是因為繼承了宮廷料理風格的關係吧。此外還有一項不為人知的隱藏版順化美味，那就是多樣化的傳統甜點，記得要品嘗特產Mứt Sen（糖漬蓮子）、Me Xung（花生糖）、夫妻糕Bánh Susê（椰子軟糖）等優雅的古都風味。

現在在河內、胡志明市都有許多高格調的順化料理專賣店，來到鄉下的小地方也能看到「MÓN ĂN HUÉ（順化料理）」的招牌，可見很多人愛吃順化料理，建議不妨在越南美食行程中加入風味不同的順化美食。

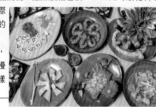

順化的餐廳「Royal」（→P.274）的宮廷料理全餐，鳳凰前菜、插在鳳梨上的炸春捲、荷葉包裹的蓮子飯非常有順化風格

超古怪？ 越南珍奇料理！

越南沒有嚴密的宗教上飲食戒律，因此牛、雞、豬就不用說了，鴨、青蛙等也常端上餐桌，甚至連狗、蛇、兔子、山羊、犰狳、豪豬、鴿子、蝙蝠、鱉、田鼠、鱷魚等，什麼都能成為食物。

不過這些在一般餐廳的菜單上看不到，普通家庭也不會吃。這些超особ味的各種料理在接待重要客人、特別的餐會時才會預定，或者要到專賣店才能品嘗得到，算是高級料理，價格當然也比普通料理昂貴，而味道方面當然就只能說「超古怪」。

以下介紹觀光客比較容易接受，充滿野趣的珍奇越南料理。

狗料理 狗肉 Thịt Chó

除了「很好吃」、「很滋補」之外，也有「驅除厄運」的意思在，因此很多人會在農曆的月底吃。

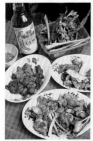

整個越南都吃狗肉，不過北部比較愛吃，河內講武湖Hồ Giảng Võ北邊的Núi Trúc街（MAP P.342-3B）有許多狗肉餐廳。然而話雖如此，北部也有許多人表明絕不吃狗肉，在原本

狗料理多半重鹹，除了圖中的炒狗肉、炸狗肉之外，狗肉火鍋也很常見

沒有那樣的飲食習慣的環境中，南部也有人明顯露出拒絕的表情（雖然這類餐廳很多……）。

蛇料理 蛇肉 Thịt Rắn

整個越南都吃，特別有名的是河內東北方約7km處的麗秘村Lệ Mật（MAP P.306-1B），村裡有幾家蛇肉專賣店，提供蛇血、蛇湯、炒蛇肉、炸蛇肉、烤蛇肉等全蛇料理。有好幾種食用蛇肉，其中也包括眼鏡蛇，只要表明，還能自行選擇蛇種。

除此之外，其他地區也有特殊的野味，著名的有北部河內的鴿子料理、高原地區大叻的鹿肉料理、湄公河三角洲的田鼠料理等等，鴨仔蛋（水煮孵化前的鴨蛋→P.42）、拿椰子蟲當下酒菜之類的完全不稀奇。

然而越南人也有絕對不吃的動物，那就是鯨魚。越南人視鯨魚為海上守護神，因此他們覺得「怎麼可以吃鯨魚！」還有另一種，他們也幾乎不吃章魚，不知道為什麼喜歡吃魷魚卻不吃章魚，越南的飲食文化真是多樣化又很深奧。

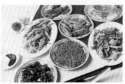

蛇料理套餐（3人份）。除了蛇肉之外，蛇血、蛇鱗、蛇骨也都會利用，毫不浪費

目標成為
大眾食堂通

以「Cơm」招牌為記號的大眾食堂「Quán Cơm Bình Dân※」，店裡會擺滿越南家常菜，點菜時只要指著自己喜歡的配菜就可以，價格方面，蔬菜料理為2萬越盾～、肉類料理3萬越盾～、海鮮料理4萬越盾～，而且還能外帶。

※有時會簡稱Cơm Bình Dân，南部的發音和北部聽起來有點不同。

簡餐
Cơm Đĩa

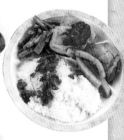

一個人用餐的話，一般都是把飯菜放在同一個盤子上。

好吃！尋找美食 三大要領

一、要拿到人氣店資訊。可以詢問在地人，行前也要做好情報收集的工作。

二、要儘早抵達店面。午餐在11:00之前，晚餐在19:00之前抵達最好，因為一旦賣完就會休息。

三、用餐時間店門口停滿摩托車就要注意，便宜又好吃的機率大。

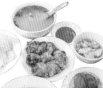

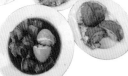

分開裝
Cơm Phần

2人以上用餐的話，也可以每道菜都分開裝。

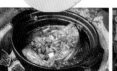

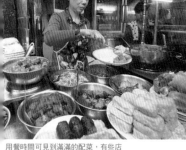

用餐時間可見到滿滿的配菜，有些店家還會供應多達數十種的配菜

也有些店家以砂鍋烹煮為賣點，可享用到點餐後現做的美味

只要告知「Mang Về」，店員就會幫忙裝進外帶容器中

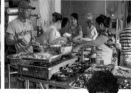

若要求分開裝的話，店員會幫忙送到座位上

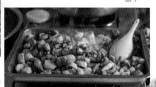

配菜都會保溫，因此都是熱呼呼地上桌

原來這麼簡單！如何在大眾食堂吃飯

❶ 店裡擺滿各種菜餚，炒青菜、烤肉、烤魚、煎蛋、湯……嗯，看得眼花撩亂

❷ 「我要這個，這個！」用手直接指著想吃的東西點，如果擔心價格，要在點之前先問

❸ 坐在座位上等幾分鐘，沒多久白飯和配菜就一起送來了

❹ 店員會告知「這道菜要蘸這個醬料」（這可不是一人份的醬料，要注意）

❺ 餐後說一聲「Tính Tiền（算錢）」，老闆就會來算錢。在位置上付錢即可

41

想吃什麼就有什麼的路邊攤

來一杯吧
啤酒類

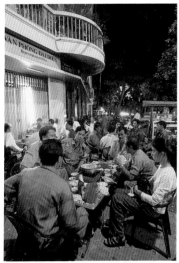

「Yo！（乾杯）」大叔們在羊肉爐店喝得正痛快

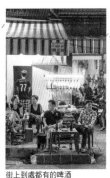

街上到處都有的啤酒屋，甚至還有烤魷魚攤車

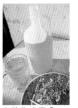

自釀生啤酒「Bia Tươi」，雖然酒精濃度低，喝起來有點像水，不過內行人就是要加冰塊喝

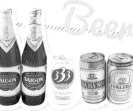

南部的代表性啤酒「SAIGON（綠色是淡啤酒，紅色是一般啤酒）」，「333」只有罐裝

北部的代表性啤酒「BIA HÀ NỘI」與「HALIDA」

啤酒之友 Best 3

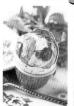

水煮孵化前的鴨仔蛋Hột Vịt Lộn，蘸胡椒鹽吃，北部叫Trứng Vịt Lộn

大顆的水煮蛤蜊，好吃到停不下來

豬肉發酵製成的酸肉捲Nem Chua，酸味中帶著辛辣的胡椒粒

種類豐富
麵店類

在濱城市場的美食街要依賴掛在上方的食物名稱招牌

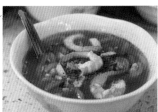

蟹肉米粉（→P.36），在路邊攤也有加蝦肉，超級豪華！

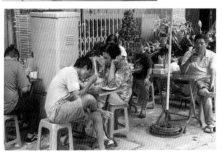

人行道上擺滿了桌子，客人一個緊接著一個，絡繹不絕

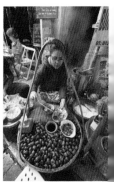

挑著扁擔的攤販每天會在固定時間出現在固定地點。圖中販售的是田螺麵（→P.36）

42

越南的路邊從早到晚都能看到美食，早餐的固定菜單是路邊攤的麵與稀飯，代替點心的小吃類，一天的結束到啤酒屋喝一杯。「這是什麼？」不經意停下腳步張望，就會發現隨性的庶民派美食在召喚你。想吃什麼就有什麼的路邊攤料理，處處都有相逢與驚喜。

肚子有點餓了

小吃
類

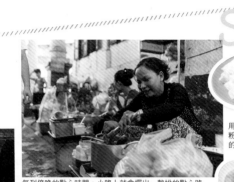

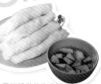

用河粉做的生春捲——河粉捲Phở Cuốn，是河內人的經典點心

每到傍晚的點心時間，小路上就會擺出一整排的點心路邊攤

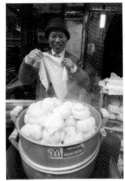

河內版的炸包子——炸豬肉冬粉包Bánh Bao（右下）等炸物和蔬菜一起品嘗

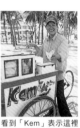

椰汁燉內臟Phá Lấu，口感滑順，味道讓人上癮

河內版的皮羅什基（東歐的一種餡餅），搭配炸肉包Bánh Gối（右下）等炸物，與蔬菜一同品嘗

看到「Kem」表示這裡有賣冰淇淋，這是賣麵包夾冰淇淋，亞洲很流行的冰淇淋三明治

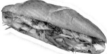

越式三明治（→P.38）一般在路邊攤也會販售

分量十足

正餐
類

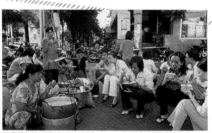

賣濃稠的蟹肉湯Súp Cua攤販，東西好吃自然就會聚集人潮

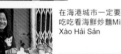

雞飯Xôi Gà，可以品嘗到雞的各個部位，飽足感十足

在海港城市一定要吃吃看海鮮炒麵Mì Xào Hải Sản

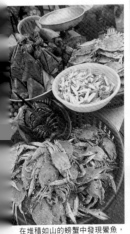

在堆積如山的螃蟹中發現鱟魚，真的好吃嗎？

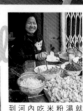

到河內吃米粉湯就要吃這個螃蟹米粉（→P.37），到處都有賣，可以多吃幾家比較看看

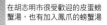

在胡志明市很受歡迎的皮蛋螃蟹湯，也有加入鳳爪的螃蟹湯

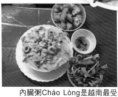

內臟粥Cháo Lòng是越南最受歡迎的粥品之一

到越南餐廳吃飯

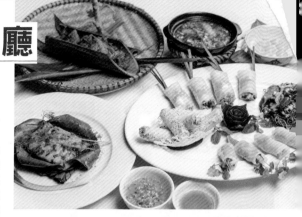

越南的餐廳（Nhà Hàng）越南的餐廳（Nhà Hàng）多半氣氛比較輕鬆，除了人數眾多或一部分的高級餐廳之外，不需要特別預約。預算方面，一個人點2～3道菜加飲料約30萬～50萬越盾，比較一般的餐廳大約20萬～30萬越盾。越南料理和中華料理一樣是一大盤大家一起吃的形式，因此多人數一起去會比較划算。

到了餐廳告知人數，店員就會帶位，然後看遞來的菜單點菜，順序跟和台灣一樣，不過要注意的是結帳在餐桌上進行。用完餐後給店員指示，店員就會馬上把帳單送過來，記得要確認後再付錢。基本上不用小費，如果想給就放消費金額的5～10%以內在桌上即可。

簡單菜單解讀法

越南料理的菜單其實滿容易看得懂，菜單一般分為牛肉、海鮮、火鍋類排列，菜名因為用食材和煮法組合，因此種類很多。如果看得懂菜單，點菜也變成一種樂趣，不妨看著以下的單字表，儘量嘗試點新菜來吃吃看！

如何看懂菜名

組合1

Bò 牛肉 （主食材）	+	**Xào** 炒 （煮法）	+	**Bó Xôi** 菠菜 （副食材）

組合2

Gỏi 涼拌 （成品的狀態）	+	**Đu Đủ** 木瓜 （食材）

越式餐桌禮儀指南

越南跟台灣一樣同為米食文化、筷子文化，因此第一次去越南旅行就算語言不通，也不懂他們的習慣，但是在飲食方面應該不會有大問題，餐桌禮儀也只要守住在台灣的常識，基本上就會不出錯。然而話雖如此，到底還是與台灣的餐桌禮儀有點差異，因此以下將大致說明飲食禮儀的常識，簡單解說差異。

在高級餐廳

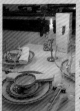

高級餐廳的餐桌、杯子、餐巾、筷子、湯匙，排列得整齊美觀

去高級餐廳要預約、稍作打扮，這些跟台灣一樣，餐桌禮儀也沒有很大的不同。

在食堂、攤販

由於不在意環境，十分放鬆，因此反而要注意的地方比在高級餐廳多。

首先人潮擁擠時段併桌是理所當然，有時忙碌時，對外國觀光客會比較冷淡，此外桌椅較小，坐起來比較擠。

桌上準備的筷子、湯匙、碗之類的餐具在使用前一定要用餐巾（有時是衛生紙）擦拭，因為一直擺在灰塵較多的地方，因此越南當地人也一定會這麼做，並非是失禮的事情。

左／筷子、牙籤、辣椒、萊姆、鹽、胡椒、醋（加辣椒）等，這家食堂的餐桌配備相當齊全
右／和不認識的人併桌也是在越南食堂吃飯的樂趣

索取濕紙巾可能會索費1000～2000越盾，並非被敲竹槓。

就算是在食堂，吃麵時發出聲音也是沒禮貌的事，要先用筷子夾到湯匙裡再吃。

碗、湯匙、筷子在使用前一定要擦拭一下

食材名稱1（肉類、海鮮類）

（以下以字母順序排列）

Ba Ba	·········	鱉
Bò	·········	牛
Cá	·········	魚
Cá Chẽm	·········	鱸魚
Cá Quả（Cá Lóc）	·········	鱧魚
Cá Trê	·········	鯰魚
Cánh Gà	·········	雞翅
Chim Bồ Câu	·········	鴿肉
Cua	·········	螃蟹
Ếch	·········	田雞
Gà	·········	雞肉
Ghẹ	·········	花蟹
Hàu	·········	牡蠣
Heo / Lợn	·········	豬肉
Lươn	·········	兔肉
Mực	·········	花枝
Nai	·········	鹿肉
Ốc	·········	田螺
Rắn	·········	蛇肉
Sò Huyết	·········	赤貝
Tép	·········	小蝦
Thịt	·········	肉
Thỏ	·········	鰻魚
Tôm	·········	蝦子
Tôm Càng	·········	長臂蝦
Tôm Hùm	·········	龍蝦
Trứng	·········	蛋
Vịt	·········	鴨肉

食材名稱2（蔬菜類）

Bắp / Ngô	·········	玉米
Bắp Cải	·········	高麗菜
Bí Đỏ	·········	南瓜
Bó Xôi	·········	菠菜
Bông Cải Xanh	·········	花椰菜
Cà Chua	·········	番茄
Cà Rốt	·········	紅蘿蔔
Cà Tím	·········	茄子
Chanh	·········	萊姆
Củ Cải	·········	蘿蔔
Đậu Bắp	·········	秋葵
Dưa Chuột / Dưa Leo	·········	小黃瓜
Giá	·········	豆芽菜
Gừng	·········	薑

Hành	·········	蔥
Khoai Tây	·········	馬鈴薯
Lạc	·········	花生
Măng	·········	竹筍
Măng Tây	·········	蘆筍
Mía	·········	甘蔗
Mướp Đắng	·········	苦瓜
Nấm	·········	蘑菇
Rau	·········	蔬菜
Rau Diếp	·········	蘿蔓萵苣
Rau Mùi / Ngò Rí	·········	香菜
Rau Muống	·········	空心菜
Rau Diếp Cá	·········	魚腥草
Rau Tía Tô	·········	紫蘇
Sen	·········	蓮子
Tỏi	·········	蒜

水果

Bưởi	·········	文旦
Chôm Chôm	·········	紅毛丹
Chuối	·········	香蕉
Dừa	·········	椰子
Đu Đủ	·········	木瓜
Khế	·········	楊桃
Măng Cầu	·········	釋迦
Măng Cụt	·········	山竹
Mít	·········	波羅蜜
Nhãn	·········	龍眼
Ổi	·········	芭樂
Sầu Riêng	·········	榴槤
Thanh Long	·········	火龍果
Vải	·········	荔枝
Vú Sữa	·········	牛奶果
Xoài	·········	芒果

煮法

Cuốn	·········	捲
Gói	·········	包
Gỏi	·········	涼拌
Hấp	·········	蒸
Kho	·········	紅燒
Luộc	·········	水煮
Nấu	·········	煮
Nướng	·········	烤
Rán / Chiên	·········	炸

Trộn	·········	攪拌
Xào	·········	炒

調味・調味料

Cà Ri	·········	咖哩
Cay	·········	辣
Chua	·········	酸
Chua Ngọt	·········	酸甜
Dấm	·········	醋
Đắng	·········	苦
Đường	·········	砂糖
Mắm	·········	魚露的鹹
Mặn	·········	鹹
Me	·········	酸豆
Muối	·········	鹽
Ngọt	·········	甜
Nước Mắm	·········	魚露
Nước Tương	·········	醬油
Ớt	·········	辣椒
Sả	·········	香茅
Tiêu	·········	胡椒

完成的狀態・其他

Bánh	·········	粉類料理的總稱
Bánh Mì	·········	麵包
Bánh Tráng	·········	米紙
Bột Sắn	·········	西米露
Bún / Phở	·········	米麵
Canh / Súp	·········	湯
Cháo	·········	稀飯
Cơm	·········	飯
Cơm Chiên	·········	炒飯
Đặc Biệt	·········	特別
Đậu Phụ	·········	豆腐
Hải Sản	·········	海鮮
Gỏi	·········	涼拌
Khai Vị	·········	前菜
Lẩu	·········	火鍋
Mì	·········	中華麵
Miến	·········	冬粉
Nem / Viên	·········	肉丸子
Salad	·········	沙拉
Thập Cẩm	·········	什錦
Tráng Miệng	·········	甜點
Xôi	·········	糯米飯

在大眾食堂Quán Cơm Bình Dân（→P.41）等處處飯和菜放在同一個盤子上的簡餐時，一般不用筷子，而是右手拿湯匙，左手拿叉子吃比較多。

食堂與高級餐廳的不同

在食堂以口就飯碗吃也無所謂，在高級餐廳則不行，不過在食堂吃麵、喝湯一樣不能碰到碗，要用湯匙。

高級餐廳會有每人一碗的盛湯服務，食堂則是端出人數分量的一大碗，而且不提供盛湯專用的碗，只能吃半碗飯後用湯匙舀進裝飯的碗裡當茶泡飯吃，或者是飯全吃光後再用同一個碗喝湯，之後再添飯。

左／喝湯用吃飯的同一個碗
右／多數人一同用餐時，白飯也會用大碗公裝出來讓客人自取想吃的分量

河粉的正確吃法

❶ 當河粉、香菜、蔬菜上桌後就可以開始準備吃了！
※ 有些店會在桌上擺一大碗香菜

❷ 首先剝想吃的香菜分量加入，南部有些地方也會提供豆芽菜

❸ 擠萊姆汁增加酸味
※ 喜歡吃辣的人可以加辣椒或辣椒醬

❹ 用筷子和湯匙仔細攪拌後就完成了

❺ 用筷子和湯匙，絕對不能發出聲音，也不能以口就碗

※ 中部、南部才會像圖中將河粉與蔬菜分別上菜，北部頂多放上一點洋蔥，不太會加蔬菜。

大力推薦的

越南甜點 & 飲料

從傳統甜品到受到法國影響的時髦甜點，越南每一項甜點都深具魅力，在街上走累的話，不妨吃個越南甜點小憩一下。

Chè

可說是「越南版蜜豆冰」，是越南的傳統甜品，分為有加碎冰、沒加碎冰2種類別。

綠豆石榴寒天 Chè
Chè Sương Sa Hột Lựu Đậu Xanh

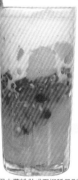

用木薯粉做成石榴種子形狀和慈姑果實加在一起的Chè。

什錦 Chè
Chè Thập Cẩm

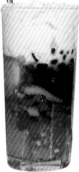

什錦Chè，在任何一家店點這個都不會錯，推薦給初嘗者。

綜合水果 Chè
Chè Hoa Quả

當季水果的什錦Chè，外觀和味道都很清爽的美食。

椰果 Chè
Chè Thạch Dừa

椰果與椰子Chè，獨特的口感與風味是南國特有的口味。

玉米 Chè
Chè Bắp

加了糯米的玉米Chè，綜合起來甜度倍增的組合其實很暢銷。

蓮子 Chè
Chè Sen

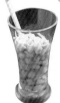

蓮子Chè，蓮子的味道很溫和，搭配什麼都對味。

綠豆 Chè
Chè Đậu Xanh

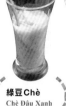

綠豆Chè，Q彈的口感，甜度適中，大家都喜歡的口味。

冰紅豆 Chè
Chè Đậu Đỏ

熬煮過的紅豆冷卻後淋上椰奶的冰Chè。

烤香蕉 Chè
Chè Chuối Nướng

烤香蕉Chè，用糯米將香蕉包起來烤，再淋上椰奶。

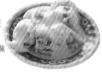

湯圓 Chè
Chè Bánh Trôi Tàu

湯圓Chè，北部熱Chè的代表性口味。

芋頭 Chè
Chè Khoai Môn

糯米加芋頭Chè，也有地瓜口味。

白豆 Chè
Chè Đậu Trắng

糯米加豆子Chè，椰奶口味，也很有嚼勁。

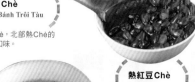

熱紅豆 Chè
Chè Đậu Đỏ

熬煮過的熱紅豆Chè，台灣人會覺得懷念，有著溫暖的滋味。

冰品・布丁・其他
Kem / Bánh Flan / Tráng Miệng Khác

從透心涼的冰品、布丁等經典甜點，到有點新奇的甜點，各式各樣玲瑯滿目。

椰子冰淇淋
Kem Dừa

分量十足的椰子冰，椰子殼內側的白色果肉也很好吃喔。

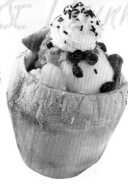

果凍
Rau Câu

椰子口味、咖啡口味等各種口味的果凍，一次可以吃2、3個。

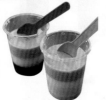

糯米冰淇淋
Kem Xôi

糯米與冰淇淋的組合，出乎意料的對味。

紫米優格
Sữa Chua Nếp Cẩm

有色米黑米與優格的組合，是一款源自河內的甜點。

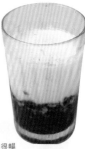

布丁
Bánh Flan

濃醇的卡士達布丁真是絕品！北部稱為Caramen。

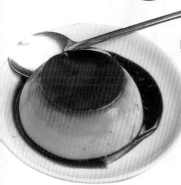

豆花
Tàu Hũ

豆花淋上用尚未成形的豆花製作的糖漿，滑溜的口感讓人很享受。

優格
Sữa Chua / Yaourt

爽口的優格，冷凍的凍優格也很暢銷。北部稱為Sữa Chua，南部為Yaourt。

飲品 Đồ Uống

街上到處看得到果汁吧，販售現榨的時令果汁，沒看過的飲料也可以試喝看看。

酪梨冰沙
Sinh Tố Bơ

酪梨冰沙，冰沙Sinh Tố是將水果、煉乳、砂糖、冰塊用果汁機打碎而成。

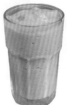

甘蔗汁
Nước Mía

帶著淡淡甜味的甘蔗汁，賣甘蔗汁的攤販到處都看得到。

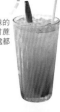

萊姆茶
Trà Chanh

萊姆茶，幾年前在出現在河內，是在綠茶中攙入萊姆汁的飲料。

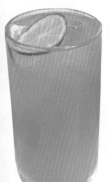

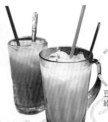

綠豆漿（後方）、豆漿（前方）
Sữa Đậu Xanh / Sữa Đậu Nành

豆漿濃郁又健康，綠色的是綠豆漿。

西瓜汁
Nước Ép Dưa Hấu

新鮮西瓜汁，除了西瓜之外還有各種豐富口味的新鮮果汁。

烘焙點心・蛋糕
Các Loại Bánh Ngọt

從樸素的傳統點心到大量運用雞蛋、牛奶的蛋糕，一定要嘗試看看這些烘焙點心與蛋糕。

香蕉蛋糕
Bánh Chuối

香蕉蛋糕，剛出爐最好吃！有些地方也會加入芋頭。

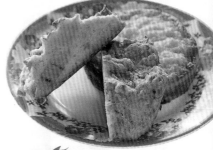

綠豆糕
Bánh Đậu Xanh

綠豆口味的寒天凍蛋糕，甜味適中，口感柔和。

鬆餅
Bánh Kẹp Mè

散發香甜氣味的鬆餅，多半在市場內營業。

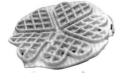

炸香蕉
Chuối Chiên

酸甜的香蕉與酥脆的米粉皮真對味的炸香蕉。

木鱉果糕
Bánh Gấc

用木鱉果製作的糯米糕，用紅色木鱉果實上色的木薯糕口感Q彈。

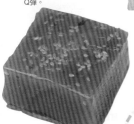

木薯糕
Bánh Khoai Mì Nướng

木薯糕，用木薯粉原料——木薯製作的蛋糕，吃起來很有彈性

泡芙
Bánh Su Kem

泡芙，在厚實的外皮內包著以大量雞蛋製作的卡士達醬。

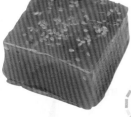

蜜蜂糕
Chè Con Ong

用薑製作的糯米糰子，是裡頭加入大量薑與砂糖後蒸熟的糯米點心。

豬皮糕
Bánh Da Lợn

三層式的蒸糯米糕，是用斑蘭葉（香蘭葉）上色的木薯粉為基底的米糕，因為外觀看起來像三層肉，因此稱為「豬皮糕」

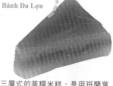

芒果糕
Bánh Xoài

用椰子和黑芝麻做成的麻糬，名稱中的Xoài為芒果之意，但裡面沒有芒果。

鴨肝蛋糕
Bánh Gan

用鴨蛋和椰奶製作烘焙的布丁。

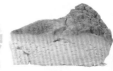

蛋糕捲
Bánh Cuộn

蛋糕捲，是讓人懷念的樸素滋味。

糯米糕
Bánh Cốm

像嫩麻糬的糯米甜點，裡面包豆沙。

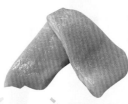

48

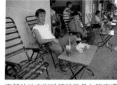

都近大叔們的聚集場所，老舊咖啡館也還健在

南部的地方咖啡館特徵是在路旁擺海灘椅，朝著馬路營業。在這裡久坐，眺望馬路，每天都能有小發現

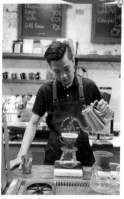

連咖啡豆烘焙方式也很講究的咖啡館正急速增加中

很多人不知道原來越南也是咖啡生產國，出口量與巴西競爭第一名寶座。剛開始是在法國統治時代，法國人看準越南的氣候適合栽培咖啡，於是開始栽培，一直到今日。也因為如此越南人愛喝咖啡，全越南就算是再小的鄉村也一定看得到咖啡店。

來到越南就稍微接觸一下越南的咖啡文化吧，從咖啡館看越南，可以看到與購物、享用美食時不同的日常生活的風景。

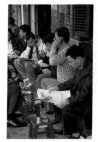

有人看報紙，有人講電話，也沒有特別做什麼，只是眺望著馬路，男人們在這裡用一杯咖啡創造出自己的世界

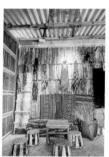

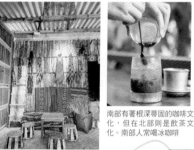

加入雞蛋的雞蛋咖啡（Cafe Pho Co→P.324），在河內誕生，胡志明市也有很人氣

南部有著根深蒂固的咖啡文化，但在北部則是飲茶文化。南部人常喝冰咖啡

說到越南咖啡，邦美蜀（→P.208）的Trung Nguyen Coffee很有名，也是很暢銷的伴手禮

都會區時髦的咖啡店急增中（Cua Go Café→P.13、229）

地方咖啡館　咖啡指南

地方咖啡館會擺出特製的鋁製、不鏽鋼製濾網，在顧客面前慢慢滴完咖啡，一開始先加入滿滿的煉乳是越南喝法。

熱牛奶咖啡
Cà Phê Sữa

❶ 點了之後會以這種狀態端上桌，要等幾分鐘才會滴完。為了不讓咖啡冷掉，碗裡會裝熱水

❷ 滴完後，把蓋子翻過來當盤子，將濾網放在上面。仔細攪拌後就完成一杯甜咖啡

冰牛奶咖啡
Cà Phê Sữa Đá

❶ 點了之後會和左邊的熱咖啡一樣的狀態端出來，因此同樣要等幾分鐘。冰塊裝在另一個杯子

❷ 滴完後仔細攪拌，加入冰塊就完成冰牛奶咖啡了

咖啡館番外篇　路邊的咖啡館

路邊也有咖啡館，逛街逛累了不妨稍作休息，腳邊就有深度越南在等著你去發掘。

特別是北部的路邊咖啡店多半也會賣茶

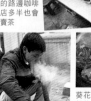

葵花子、瓜子是飲茶良友

也有男人到咖啡店來抽水菸

優雅的越南 越式旗袍

在越南旅行途中，看到越南女性穿著越式旗袍楚楚可憐的模樣，眼睛為之一亮的人應該很多。穿著上衣Áo和長褲Quần將苗條的全身包起來，只露出少許的地方更顯清秀。另一方面，從開叉的地方瞄到的肌膚與合身的身材也散發出淡淡的嬌媚。在出發旅行之前，先認識一下越南文化之一的越式旗袍Áo Dài歷史與豆知識吧！

風格的變遷

隨著時代流動產生變化的越式旗袍設計，同時也是反映出各個時代的鏡子，從風格的變化就能看出越南的文化與歷史。

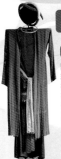

17世紀
四身襖
現在的造型是採用五身襖，但這個時候是用4塊布組合而成，設計則隱藏住身體線條。為了方便在田地、市場工作，以沒有壓迫感的輕飄飄前開式越式旗袍，並加上腰帶的風格為主流。

在越式旗袍裡面，年長的女性會穿著深色衣服，年輕女性則穿紅色或白色的衣服

19世紀
變遷為五身襖
使用5塊布料製作，以交領右衽風格為主流，這個時代的越式旗袍有5顆鈕扣，每一個分別代表禮義、知性等儒教五常。

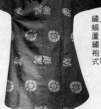

繡上鳳凰、蝙蝠、太陽、葫蘆、水果等刺繡的越式旗袍，在阮朝儀式等場合穿著

1942年當作結婚禮物贈送的越式旗袍，這個時代的越式旗袍數量不多，是很珍貴的物品

有許多用色明亮的越式旗袍，後來也開始用蕾絲等各種布料製作

1940年代
西洋風格越式旗袍登場
1887年以後的法國殖民時代，越式旗袍也納入法國文化元素，轉變成為西式的設計。也是從這個年代開始採用強調身體曲線的設計。

1950年代
接近現代造型的越式旗袍為主流
1958年首度加入連肩袖，可見到許多強調身體縫線條的設計。也出現了船型領口的越式旗袍等設計，越式旗袍進化得更有流行感。

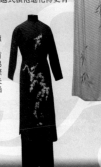

左／現在的越式旗袍大多採用連肩袖
右／越南共和國首任總統吳廷琰弟妹、同時也是實際上的第一夫人陳夫人，她所穿著的船型領越式旗袍

越式旗袍的祕密

越式旗袍適合越南人的體型，而且能掩蓋缺點。一般越南人身高較矮，身材嬌小，肩寬窄，可是只要穿上幾乎要拖地的長褲，再穿上高跟涼鞋，就能掩飾身高。此外，立領也能帶出下垂肩膀的魅力。

不過，那麼完美的外型也有祕密。穿越式旗袍時，許多人會穿有罩杯的內衣。當然，縫製越式旗袍時也會穿越式旗袍用的內衣來縫製。還有幾週後即將結婚，正在努力減肥的女性也為了穿出美美的越式旗袍，是需要咬牙忍耐努力的。

往越式旗袍博物館

位於胡志明市的越式旗袍博物館，除了有保存珍貴的越式旗袍之外，以研究、傳遞越式旗袍歷史為目標，專門鎖定在越式旗袍上的博物館意外地首度出現在越南。

開設這座博物館兼展示場的人，就是稱得上是現代越式旗袍先驅的Sĩ Hoàng，他在無數的設計大賽中獲獎，也是將越式旗袍提升為藝術作品的功臣。

耗費了12年的時間，終於成功讓越

熱情的Sĩ Hoàng有著藝術家氣息，直視的眼神與親切的笑容給人深刻印象

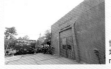

博物館占地約達2萬m²之廣

式旗袍博物館開館的Sĩ Hoàng，對我們訴說著他對博物館傾注的熱情。

請告訴我們越式旗袍的必看之處。
一定要看看我自己蒐集約100件的新舊越式旗袍收藏。博物館內有展示來自歷史名人的越式旗袍、可認識17世紀至現代越式旗袍變遷過程的資料館，以及展示越南代表性知名人物、歌手曾穿過的近代越式旗袍的資料館，希望大家兩邊都能好好參觀。

為什麼會想要開設越式旗袍博物館呢？
我原本是擔任講師，因為越式旗袍的關係，讓我得以前往全球20個以上國家的時尚秀與交流活動，因此讓我深深地想回報越式旗袍，另外就是想讓更多人愛上越式旗袍的強烈心情。

越式旗袍風格

除了穿著於特殊場合的衣服外，越式旗袍還有以下類別。

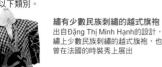

繡有少數民族刺繡的越式旗袍
出自Đặng Thị Minh Hạnh的設計，繡少少數民族刺繡的越式旗袍，也曾在法國的時裝秀上展出

越式旗袍×和服
在越南國內的慶典上展出，融入日本元素的越式旗袍

手繪風格的越式旗袍
隨著技術的進步，現在也能製作轉印圖案的越式旗袍

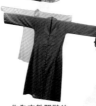

作為宗教服裝的越式旗袍
前方為越南的佛教徒、後方為基督教徒穿著的越式旗袍

1970年代

嬉皮越式旗袍蔚為風潮

從1960年代後半到1990年代中期之間，受到美國嬉皮文化的影響，相當流行用顏色鮮豔、圖案奇異的布料製作越式旗袍。在越南戰爭中也有熱愛嬉皮文化的年輕人穿著這類越式旗袍。

特色是下襬較短，較為寬鬆的剪裁

引起幻覺的幾何圖案的嬉皮越式旗袍

戰爭期間穿的越式旗袍

挑戰訂製！

也有短時間就能做出來的店，來訂製一件合身又喜愛的越式旗袍吧。

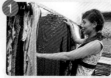

① 首先參考現成的成品或是攜帶想做的樣式的圖案、照片，決定樣式，盡可能具體地將自己的要求告訴店員。接著選擇布料，由於種類豐富，因此可以先決定大致的種類，然後實際拿起來在身上比畫挑選

② 量尺寸是縫製美麗線條的關鍵，因此要儘可能仔細丈量，最少15處，最多可達30處

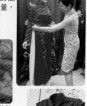

③ 刺繡、線、串珠的種類、裝飾鈕釦等，連細節都要指定

純棉、絲綢的女用襯衫也能訂製，建議可以訂製平常穿得到的衣服（30US$～）

協助採訪：Flame Tree by Zakka（→P.106）

1980年代

手繪越式旗袍登場

起源自1980年代的越式旗袍小姐大賽，越式旗袍也不再被視為古老的傳統服飾，而是成為時尚流行，開始再度受到矚目。1989年，越南代表性越式旗袍設計師Sĩ Hoàng所製作的越式旗袍因高度的藝術性而爆紅！

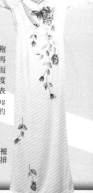

手繪越式旗袍在剛推出時被視為邪門歪道，也曾受到排斥，現在則成為經典款

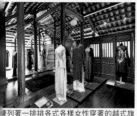

東列著一排排各式各樣女性穿著的越式旗袍，種類之多讓人驚訝不已

對Sĩ Hoàng而言越式旗袍有著怎樣的意義呢？
越式旗袍就像我的家人一樣，不是像戀人般的濃烈愛

此外，隨著外國文化的傳入，穿著代表傳統文化的越式旗袍的人愈來愈少。在這項傳統文化逐漸失傳的現在，讓我有一定要在這個時間點開設博物館的使命感。

情，對我來說有著一輩子都無法放手的強烈羈絆，讓我深深喜愛著。請一定要前來參觀這座集結我30年越式旗袍人生之大成的博物館。

※越式旗袍博物館資訊→P.81。

Sĩ Hoàng
出生於1962年，以第一名的成績畢業於藝術大學後，以藝術家、美術講師的身分活躍著。1989年，為自己在越式旗袍小姐大賽中出賽的學生製作手繪越式旗袍，嶄新的越式旗袍掀起一陣旋風潮。現在則以講師、越式旗袍設計師、藝術家、演員等身分活躍於多個領域當中。

Ao Dai House
MAP P.67-2C　住107 Đồng Khởi, Q. 1, HCMC
☎(028)38279383
營9:00～21:00　休無休　Card A J M V
展示、販售Sĩ Hoàng等6位知名越式旗袍設計師的作品。

越南
伴手禮
圖鑑

只有越南才有

從溫暖的刺繡產品到懷舊的市場氛圍款式等，替大家精選那些想帶回台灣的越南伴手禮，來入手能感受當今越南風格的品項吧！

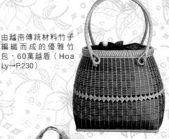

由越南傳統材料竹子編織而成的優雅竹包，60萬越盾（Hoa Ly→P.230）

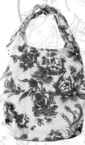

繡有燈籠等越南圖樣的手工刺繡收納包，45萬越盾（Kito→P.105）

復古大花卉的可折疊環保袋，20萬越盾（Hoa Ly→P.230）

由沙灘椅的塑膠布料製成的沙灘包，10萬越盾，也有藍色款式（Hoa Ly→P.230）

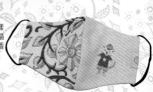

以柔和的色彩描繪峴港和河內街道的明信片，各3萬越盾（Hoa Ly→P.230）

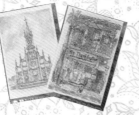

穿著越南國旗圖樣T恤的可愛刺繡貓咪口罩，45萬越盾（Kito→P.105）

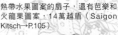

各式繡有精緻手工刺繡的商品，托特包75萬越盾（Moriko Saigon→P.328）

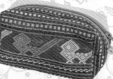

熱帶水果圖案的扇子，還有芭樂和火龍果圖案，14萬越盾（Saigon Kitsch→P.105）

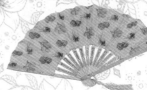

吸引人目光的鮮豔鮭魚粉收納包，由少數民族的布料製作而成，20萬越盾（Hoa Ly→P.230）

繡有優雅法式植物刺繡的太陽眼鏡盒，各20萬越盾（Timi→P.107）

圖點圖案的Song Be燒馬克杯，15萬9500越盾（Tu Hu Ceramics→P.106）

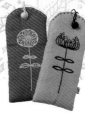

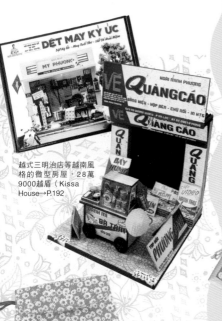

越式三明治店等越南風格的微型房屋，28萬9000越盾（Kissa House→P.192）

嚴選
美食紀念品

來看看越南特有的高品質美食紀念品，包括公平貿易產品、珍貴的酒和茶。

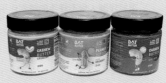

蘇志產的花生醬和腰果可可醬等，各8萬越盾（Zuzu Concept Store→P.107）

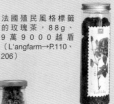

法國殖民風格標籤的玫瑰茶，88g，9萬9000越盾（L'angfarm→P.110、206）

使用棕櫚糖製成的椰子糖，右邊為鳳梨口味，各8萬越盾（Hoa Ly→P.230）

包裹椰子花蜜的微甜可可碎粒，75g，8萬越盾（Zuzu Concept Store→P.107）

小花朵圖案的可愛錢包，內裡為北極熊圖案的黃色布料，10萬越盾（Wonderlust→P.230）

水牛角製作的耳環，有豐富的顏色和圖樣，20萬越盾（Hoa Ly→P.230）

左為梅子酒，右為蘋果酒，120ml，9萬5000越盾（Goc Nha Tui Minh→P.228）

繡有越南數字1、2、3的零錢包，各20萬越盾（Hoa Ly→P.230）

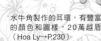

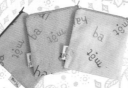

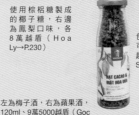

越南咖啡、三輪車等越南圖樣的徽章，各7萬越盾（Hoa Ly→P.230）

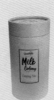

顏色宛如寶石般的軟糖，綜合口味4萬越盾（L'angfarm→P.110、206）

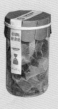

口感醇厚的烏龍奶茶，100g，36萬越盾（Goc Nha Tui Minh→P.228）

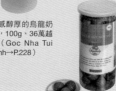

帶有自然鹹味的美味越南產澳洲胡桃（Hoa Ly→P.230）

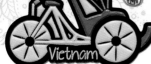

豐富又方便
來去越南超市

從香料、調味料、食品到美妝品，
價格合理且什麼都找得到的超市，
不妨善加利用超市的優點，
來找讓人愛不釋手的越南伴手禮吧！

※下列商品皆可在主要超市買到，價格為大致價格。

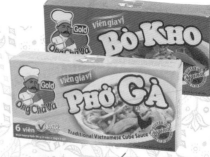

面膜
2萬5000越盾

便宜的更只要1萬
1000越盾

椰子粉
7600越盾

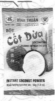

加入熱水中沖泡
就變成椰奶

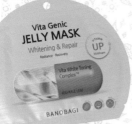

高湯塊
各1萬3200越盾

上為越式燉牛肉，
下為越南河粉

泡麵
8100越盾

南部早餐的固定
班底越式燉牛肉
泡麵

開心果
13萬9000越盾

鹹味十足，適合搭
配啤酒當下酒菜

米紙
2萬9000越盾

依品牌有不同的
尺寸和厚度

北部特產的蟹肉麵
2萬3200越盾

泡麵版的蟹
肉紅米苔目（
→P.36）

越南咖啡
12萬越盾

製作成鋁箔包的
鮮甜椰子汁

洋芋片
2萬1900越盾

中部在地啤酒
1萬1600越盾

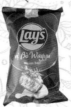

經典品牌的和牛
高級風味

南部在地啤酒
各1萬4000越盾

來自胡志明市的
Bia Saigon，有許
多種類

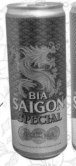

老品牌Trung
Nguyen的
Santao5

椰子汁
1萬6800越盾

順化的Huda啤酒
帶有爽口的風味，
深受喜愛

南·中 北部的 當地點心也可以在超市找到

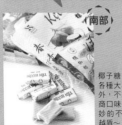

（南部）

椰子糖，除了有
各種大小與種類
外，不同的製造
商口味也會有微
妙的不同，3萬
越盾～

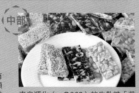

（中部）

來自順化（→P.260）的牛軋糖「花
生芝麻糖Mè Xửng」（左）等，順
化傳統點心有花生、白芝麻、黑芝麻
等各種口味，5萬越盾～

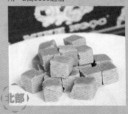

將綠豆磨碎後壓緊成形的綠豆糕
Bánh Đậu Xanh，味道與口感就
像日本的黃豆粉一般，很適合配茶享
用，2萬5000越盾～

（北部）

城市導覽

南部

河內

峴港

胡志明市象徵的胡志明市人民委員會

越南最大的商業城市
胡志明市

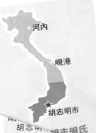

河內

峴港

胡志明市

胡志明市胡志明氏
City，在1975年之前Minh
是南越的首都西貢Sài Gòn前
至今鐵路車站名還沿用當時的
「西貢車站」。

也有很多人仍稱這裡為西
貢，而非胡志明市，有一說是
為了區分人物的胡志明與地名
的胡志明，不願意直呼名諱的
關係。本書為了區分人物的胡
志明與地名的胡志明市，地名會
標記為「胡志明市」。

逐漸擴大的都會圈

胡志明市的市中心概分為
第1郡、第3郡，不過隨著
人口的增加，都會圈也漸漸
擴大，同時在郊外也出現新
都心，其中因為胡志明市致
力於開發新都心而有顯著發
展的是隔著蓮河的第7郡
（MAP 摺頁反-3C、3D）的富
美興地區Phú Mỹ Hưng與第
2郡（MAP 摺頁反-2D）的草
田地區Thủ Thiêm。此外，
AEON Mall進駐的第4郡的
新富地區Tân Phú中，聳立著
一棟81層樓、高461.2m，越
南國內第一高的複合設施「地
標塔81Vincom Landmark
81」（→P.79），周邊的開發
也持續進行當中。

除此之外，包含市區與郊區
的胡志明市廣大遼闊，共有
22個行政區域，郊區的蘇志
（→P.130）也在其中，面積
約2095km²。

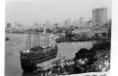

支持著城市產業發展的西貢河
流經市中心

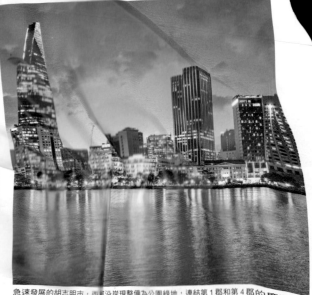

急速發展的胡志明市，西側沿岸現整備為公園綠地，連結第1郡和第4郡的慶海大橋
Cầu Khánh Hội附近則興建全新的高樓大廈

一直到越戰結束 得到解放的1975年為止都被稱為「西貢」
的胡志明市是越南最大的商業都市，人口約有907萬7158人，而
且有逐年增加的傾向。城市分布在西貢河的西側，街景優美，
過去曾被喻為「小巴黎」，不過這十幾年來變化極大，如今只
能在整齊的路樹、摩登的殖民風格建築與天主教堂中尋找過去
的影子。以市場經濟為主軸的自由競爭讓胡志明市愈來愈有活
力，現在仍不斷進化中，高樓大廈逐漸增加，街上與交通圓環
整天都擠滿汽機車。2012年開始越南首座地鐵的興建工程，在
2020年因疫情而中斷，預計於2024年第4季開通地鐵1號線。
越南觀光如果從胡志明市開始，應該會大大顛覆對「社會主義
國家越南」的印象。勇往直前的這個大都市，帶著如同炙熱陽
光般的巨大能量不停地發展著。

另一方面，在這裡也能看到一如往昔的風景。只要走進市
場，就能看到湄公河的恩賜所帶來的南國特有的蔬果堆積如
山，小路裡有氣勢十足的大嬸挑著扁擔來來回回。近年來胡志
明市逐漸發展為購物、美食天堂，不過在街角還是到處都能看
到胡志明市的原貌。

關於胡志明市的地址欄標示：關於胡志明市的地址欄標示：地址欄資訊中緊接在地名後
的是行政區域的郡，但會將越南文的郡「Quận」縮寫，如第3郡為「Q.3」一般，以
「Q.○○」標示。

抵達胡志明市新山一國際機場

能在機場做的事

●匯兌

入境大廳有EXIM銀行、BIDV銀行等，可以用美金現金換越盾。美金的匯率各銀行幾乎和市區的各總行大致相同，不過各銀行的匯率各有不同，匯兌後記得要當場仔細清點。此外，入境大廳也有ATM。銀行的營業時間全年無休，原則上從當天始發航班的抵達時間營業到最後一班航班的抵達時間，所以抵達後會有某家銀行營業，換錢應該不會有問題。

●購買SIM卡

如果使用可自由更換SIM卡的手機，推薦在這此購買所需的SIM卡。無論使用網路地圖、Grab叫車服務等，在越南停留的短短幾天也能享有格外舒適的體驗。入境大廳有Vinaphone、Viettel、Mobifone等大型手機電信業者櫃台，可以在此購買SIM卡。購買時需要提供護照，購買後即可連結電話和網路。

依電信有些微的價格和方案內容差異，以Vinaphone來說，4G的SIM卡有分為僅行動上網的SIM卡，以及通話+行動上網的SIM卡。每日5G傳輸量的行動上網SIM卡為15萬越盾（1日2GB為12萬越盾）。至於每日4GB、附國內通話50分鐘的SIM卡則為18萬越盾（國內通話200分鐘為25萬越盾）。有效期間皆為30天。

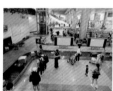 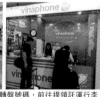 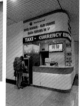

左／確認電子看板上顯示的行李轉盤號碼，前往提領託運行李　中／大型手機電信業者Vinaphone櫃台　右／入境大廳內設置了數台ATM

如何從機場前往市區

從新山一國際機場到胡志明市市中心約8km，從機場前往市中心時，搭計程車或是搭乘往來國際航廈與市區間的路線巴士都相當方便，不過沒有機場迷你巴士，也沒有摩托計程車。

●計程車

跳表計程車

走出入境大廳左轉就能看到跳表收費的計程車招呼站，有「Taxi Stand」的招牌。招呼站有各計程車公司的計費表，每家跳表收費的計程車到市區（第1郡）都大約16萬越盾～。有幾家公司的計程車會停在招呼站等客，會有穿著各公司制服的員工在場調度車輛，如欲搭乘可上前詢問。不過從機場搭乘跳表收費的計程車也遇到許多漫天喊價的問題，雖然價格較高，但還是建議在入境大廳購買計程車券Taxi Coupon，或是使用提供叫車服務的「Grab」。

如何辦理入境手續

具體入境手續請參考P.387的「入境手續」。

國際線航廈與國內線航廈相鄰

新山一國際機場的國際線航廈與國內線航廈相鄰，兩航廈間徒步約3分鐘

機場內的ATM

新山一國際機場國際線航廈的入境大廳有ATM，可以用MasterCard、VISA卡提領越盾現金，此外，緊鄰的國內線航廈1樓也有幾台ATM，也能用MasterCard、VISA卡提領越盾現金。

在機場不要換太多錢

銀行的匯率與市區總行差不多，不過市區也有匯率比機場好的匯兌處或銀行，因此不要在機場換太多錢。市區的匯兌處通常營業到22:00左右。

從機場搭乘計程車

可從機場搭乘，評價頗高的Vinasun Taxi、Mai Linh Taxi（→P.63邊欄）都是越南代表性的大計程車公司，不過最近幾年機場到市區跳表收費計程車的糾紛愈來愈多，若是擔心，建議提供叫車服務的「Grab」（→P.58），抑或是使用接受計程車券的計程車（→P.58），但價格較高。

從機場搭乘計程車或
Grab，除了基本車資外，還
需額外支付機場使用費。計程
車機場使用費為 1 萬越盾。

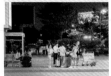

叫車服務的車會停在B車道和
停車場之間

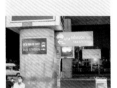

入境大廳有巴士乘車處和計程
車乘車處的資訊

計程車券計程車

入境大廳或入境大廳出口附近設有數家販售計程車券的櫃台，在櫃台告知目的地後購買票券，工作人員就會帶領顧客去搭計程車。乘坐 7 人座車前往胡志明市第 1 郡為25萬越盾～。計程車券費用包含機場使用費，因此下車時不需要付錢給司機。

叫車服務

也可以使用叫車服務Grab（→P.416邊欄），出入境大廳後，過馬路到另一側後方的B車道，即為乘車處。預約Grab時會顯示乘車處為B車道10號（Lane B Pillar 10），10號為入境大廳柱子的編號，建議先在入境大廳找到10號的柱子後，再過馬路走到正確的車道，等待駕駛的到來。有計畫使用Grab服務的人，建議事先安裝App。從機場到胡志明市第 1 郡車資通常為12萬越盾～，還需支付機場使用費 1 萬越盾。然而，雨天或尖峰時刻Grab車資可能比跳表計程車貴。若交通順暢，從機場至市區所需時間約20分。

●路線巴士

路線巴士站位在走出入境大廳右轉的地方，巴士從此處開往市區，如果沒遇上塞車，到市區約45分。最方便的就是行駛於機場與第 1 郡裝援街（→P.70）附近的范五老街Phạm Ngũ Lão之間的109號巴士，109號也有開往 9 月23日公園巴士總站（**MAP** P.122-3B），可多加利用，班次為5:45～23:40間每18分 1 班車，1 萬5000越盾（4.5km以內8000越盾）。另外還有152號巴士，行駛於機場、濱城巴士總站（**MAP** P.128-1B～129-1D）、陳興道街至第 7 郡之

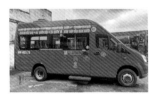

行經裝援街附近十分便利的109號巴士

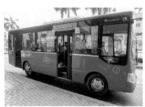

152號巴士，前往市區第 1 郡的路線與109號巴士相似

間，5:15～19:00間每隔20～30分發車，5000越盾。攜帶大型行李乘車時要多付 1 人份的車資。

●旅行社的接送車

若是參加有附機場往來市區接送服務的旅行團，那麼當地旅行社就會準備接送車，由導遊來機場接人，出發前記得要確認在機場的什麼地方如何集合。

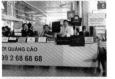

接送車會有員工在入境大廳出口附近接機，手上還會拿著寫上姓名的紙張

●飯店的接駁巴士

事先預約好飯店，並委託從機場接送，便能搭乘飯店的接駁巴士（須付費）。許多飯店員工都會在入境大廳出口舉著寫有飯店名稱與住宿者姓名的牌子等待，不過建議還是要在出發前先確認在機場的什麼地方如何集合。

ACCESS

如何前往胡志明市

飛機

國際線：從台北、高雄、台中、台南、東京、大阪、名古屋、福岡、曼谷、金邊、暹粒、永珍、吉隆坡、北京、上海、廣州、香港、首爾、釜山、新加坡等鄰近都市都有直航（→P.399）。

國內線：各地皆有越南航空（VN）、越捷航空（VJ）、越竹航空（QH）等航班。

- 從河內出發（所需時間約2小時10分）
  VN：每日21〜23班 VJ：每日22〜24班 QH：每日9〜10班
- 從廣寧（下龍灣）出發（所需時間約2小時）
  VN：每週4班 VJ：每週3班 QH：每週4班
- 從海防出發（所需時間約1小時55分）
  VN：每日6〜7班 VJ：每日7〜8班 QH：每日2班
- 從峴港出發（所需時間約1小時25分）
  VN：每日16〜18班 VJ：每日約8〜9班 QH：每日2〜3班
- 從順化出發（所需時間1小時25分）
  VN：每日6班 VJ：每日6班 QH：每日1班
- 從洞海出發（所需時間約1小時30分）
  VN：每日1班 VJ：每日2班 QH：每日1班
- 從歸仁出發（所需時間約1小時5分）
  VN：每日2〜3班 VJ：每日3班 QH：每日3班
- 從芽莊出發（所需時間約1小時）
  VN：每日4〜5班 VJ：每日3〜4班 QH：每日1班
- 從邦美蜀出發（所需時間約55分）
  VN：每日1班 VJ：每日2班 QH：每日1班
- 從大叻出發（所需時間約50分）
  VN：每日3〜4班 VJ：每日3班 QH：每日1班
- 從富國島出發（所需時間約55分）
  VN：每日7〜8班 VJ：每日8〜10班 QH：每日2〜4班
- 從崑崙島出發（所需時間約55分）
  VN：每日6〜8班 QH：每日2〜3班

● 火車

從河內方向每日4班，從河內搭乘最快列車約32小時17分車程，從順化約19小時24分，從峴港約16小時24分，芽莊約7小時21分（→P.412）。

● 巴士

主要城市每日都有班次，詳情請參閱各城市的交通介紹。

● 船

胡志明市〜頭頓間有水翼船航行（→P.62）。

前往其他地區旅行的起點

胡志明市是前往湄公河三角洲各城鎮、古芝地道Địa Đạo Củ Chi觀光、富國島Đảo Phú Quốc等地的旅行起點城市。移動的交通工具有飛機、火車、巴士、船等，可配合目的地及自己的旅遊型態選擇。

● 飛機之旅的起點

新山一國際機場　國內線航廈

國內線航廈緊鄰國際線航廈。報到櫃台在1樓，登機門在2樓。

如何辦理報到手續
詳情請參考P.411的「國內交通」。

機場稅
國內線的機場稅內含在機票費用裡，在機場不用再繳納。

從國內線航廈前往市區的叫車服務乘車處
若從國內線航廈出發，欲使用Grab等叫車服務，出入境大廳後，穿越跳表計程車乘車處後，前方停車場1樓的D1車道即是乘車處。乘車處地點很容易讓人一頭霧水，也有可能變更還請事先確認。

提早前往機場
從市區前往機場的道路有些時間常會塞車，花費的時間會比預期的還久，此外國內線行李檢查人潮眾多，建議時間不要抓太緊，提早出發。如果是搭乘可事先網路報到的航空公司的話，建議可事先報到。

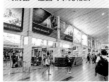

新山一國際機場的國內線航廈依航空公司劃分不同入口，從市區搭乘計程車前往機場時，最好能先跟司機說航空公司的名稱

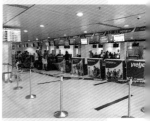

新山一國際機場的國內線航廈。搭乘國內線時，如果沒有事先網路報到，最晚要在2小時前報到

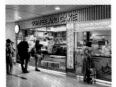

新山一國際機場的國內線航廈
出境大廳有美食街與紀念品店

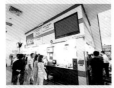

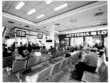

上／西貢車站1樓售票處，要
抽號碼牌等候　下／車站內還
有咖啡館與商店

西貢車站
MAP P.122-1A
🏠1 Nguyễn Thông, Q. 3
☎1900-1520（熱線）
售票處
🕐5:00～21:00　🛌無休
Card M V
託運行李櫃台
🕐7:00～17:00
🛌無休
🚚到河內1kg為2554越盾，所
需時間3～5天。
　火車票可從越南鐵路網站
（→P.61邊欄）預約、線上付
款，詳細資訊請參考P.412。
從市區前往西貢車站，搭乘計
程車、摩托計程車約10～15
分，摩托計程車4萬越
盾～。

火車票代售店
MAP P.71-1C
🏠269 Đề Thám, Q. 1
☎（028）38367640
🕐6:30～22:00
🛌無休　**Card** M V
　位於范五老街上，可於1個
月前預約往來西貢車站發車
的火車票（須洽詢）。收取
5美元的手續費，發車前4
小時可退票，但有可能無法及
時應對，建議至少1天前確
認，且會依發車時間差距收取
20～40%取消費。

如何從市區前往機場
計程車
　從市中心搭乘跳表計程車到機場，從同起街搭乘為14萬越盾～，
若使用Grab叫車服務（→P.416邊欄）則為14萬越盾～。若沒遇上塞
車，所需時間約20分。
路線巴士
　從9月23日公園的西貢巴士總站（**MAP** P.122-3B）搭乘109號巴
士，5:45～23:40間每18分1班，1萬5000越盾（4.5km以內8000越
盾）。濱城巴士總站（**MAP** P.128-1B～129-1D）搭乘152號巴士，
5:15～19:00間每隔12～30分鐘發車，5000越盾。所需時間約45分。
摩托計程車
　從市中心到機場8萬越盾～，到機場一般約25分。
飯店的接駁巴士
　如果飯店有接駁巴士，這是最安心且穩當的方法。

從胡志明市出發的直航航班
　各地皆有越南航空（VN）、越捷航空（VJ）、越竹航空（QH）
等航班。
●往河內（所要約2時間5分）
　VN：每日21～23班　VJ：每日22～24班　QH：每日9～10班
●往廣寧（下龍灣）（所需時間約2小時）
　VN：每日1班　VJ：每日1班　QH：每週4班
●往海防（所需時間約2小時）
　VN：每日6～7班　VJ：每日7～8班　QH：每日2班
●往峴港（所需時間約1小時20分）
　VN：每日15～16班　VJ：每日約9～10班　QH：每日2～3班
●往順化（所需時間1小時25分）
　VN：每日6班　VJ：每日6班　QH：每日1班
●往洞海（所需時間約1小時35分）
　VN：每日1班　VJ：每日2班　QH：每日1班
●往歸仁（所需時間約1小時10分）
　VVN：每日2～3班　VJ：每日4班　QH：每日2班
●往芽莊出發（所需時間約1小時）
　VN：每日5～6班　VJ：每日3～4班　QH：每日1班
●往邦美蜀出發（所需時間約1小時）
　VN：每日1班　VJ：每日2班　QH：每日1班
●往大叻出發（所需時間約50分）
　VN：每日3～4班　VJ：每日3班　QH：每日1班
●往富國島出發（所需時間約1小時）
　VN：每日5～8班　VJ：每日8～10班　QH：每日2～4班
●往崑崙島出發（所需時間約1小時）
　VN：每日6～7班　QH：每日2～3班

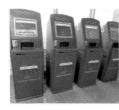
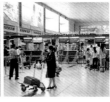

左／國內線出境大
廳有自動發券機，
若無法網路報到或
者櫃台人潮多，可
以使用　右／國內
線出境大廳

●火車之旅的起點

胡志明市的車站是西貢車站，從位於市中心西北方約3km處的西貢車站出發的火車經由芽莊、峴港、順化前往河內。

西貢車站（**Ga Sài Gòn**）**MAP** P.122-1A

從胡志明市出發的火車

●往河內　每日4班，所需時間32小時30分～，途中停靠芽莊、峴港、順化等站（→P.412）。　※車班數會依季節改變。

西貢～芽莊間的豪華火車

西貢與芽莊之間，有車廂裝潢華麗的豪華火車SNT 1、SNT 2，由西貢發車的SNT 2，週四～五一天1班；由芽莊發車的SNT 1，週五～日每日1班。車資皆為68萬3000越盾～。會依時間調整班次，費用也可能不同。

●巴士之旅的起點

越南的鐵路網並不完善，因此巴士是非常方便的交通工具，不僅大城市，連鄉下的小地方都有巴士路線。市區有4個主要的巴士總站，根據目的地而有區別。Phuong Trang（→P.91）等巴士公司的價格雖然比在地巴士略高，不過服務比較好，可以放心搭乘。

臥鋪巴士

有些路線也有臥鋪巴士，雖然會依車型而有所不同，但一般是車內有多張上下兩層的簡易床，電視、廁所、飲水機等設備也都很完善。

東部巴士總站（**Bến Xe Miền Đông**）　**MAP** 摺頁反-1D

2020年遷移至市中心東北方約22km處的平陽省（**住**Bình Thắng, Dĩ An, Bình Dương），是往北部的長途巴士的起迄站。從咸宜街巴士轉乘站（→邊欄）或西貢巴士總站（→P.62）轉乘93號，於終點站下車。4:45～19:15間每20～30分鐘1班，車資為7000越盾，所需時間75分。搭乘計程車則為34萬越盾，所需時間40分。

●往河內　7:00～21:30間臥鋪巴士13班，70～100萬越盾，所需時間約35～40小時。

●往峴港　7:00～18:00間臥鋪巴士9班，60萬越盾～，所需時間約22小時。

●往順化　6:00～18:00間臥鋪巴士14班，60～70萬越盾，所需時間約19～25小時。

●往芽莊　7:00～22:30間豪華臥鋪巴士每30分～1小時1班，30～70萬越盾，所需時間約8～10小時。

●往潘切　7:00～22:30間臥鋪巴士37班，25～45萬越盾，所需時間約6小時。

●往邦美蜀　6:30～23:00間臥鋪巴士每30分～1小時1班，30～50萬越盾，所需時間約9小時。

●往大叻　7:45、22:30、23:00發共3班，30萬越盾，所需時間約7小時30分。

●往頭頓　6:00～17:00間每小時2班，17萬越盾～，所需時間約2小時。

（→P.412）

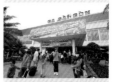

南部火車之旅的起點西貢車站

火車車票的購買方法、火車之旅的注意事項

關於詳細的車票購買方法和搭乘火車的注意事項與糾紛，請參考P.411的「國內交通」章節。

另外，也可至下列的越南鐵路網站確認時刻表與費用，也可在此訂票。

URLdsvn.vn

火車之旅的注意事項

關於搭乘火車的注意事項與糾紛請參考P.412邊欄。

如何購買巴士車票，如何搭乘？

詳細的巴士車票購買方式與巴士搭乘方法請參考P.413。

咸宜街巴士轉運站

Trạm Trung Chuyển Trên Đường Hàm Nghi

MAP P.128-1B～129-1D

位於咸宜街Hàm Nghi上，依目的地不同，巴士轉運站的巴士站也會不一樣，各個巴士站都會標示路線號碼。主要是開往堤岸Chợ Lớn的1號巴士、開往機場的152號巴士等市區路線巴士的起訖站，也可以到各中程巴士總站。

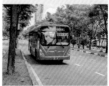

集結數個巴士站的咸宜街巴士轉運站

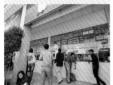
依巴士公司的不同，售票處也有所不同（西部巴士總站）

在長途巴士總站要小心小偷、搶匪

長途巴士總站有很多小偷、搶匪，特別是東部巴士總站、西部巴士總站，除了外國人，連越南本國人也會受害，注意貴重物品不要放在口袋、腰袋、背包的外側口袋等容易取出的地方。

在長途巴士總站用餐

東部巴士總站有咖啡廳、食堂、商店，提供簡單的餐點，此外，售票處的2樓有超市。西部巴士總站沒有食堂，只有商店。

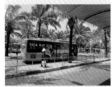
位於9月23日公園的西貢巴士總站

船公司
Greenlines DP
MAP P.127-3D
10B Tôn Đức Thắng, Q. 1
（白騰高速渡輪總站內）
☎098-8009579（手機、熱線）
URL greenlines-dp.com
營7:00～17:00
休無休 Card M V

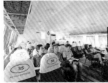
船位是對號座，要按照車票上的號碼，找套著相同號碼椅套的座位坐

西部巴士總站（Bến Xe Miền Tây）MAP 摺頁反-3A外

位於市中心西南方約10km處，是往湄公河三角洲各城鎮等西南方向的中、長途巴士的起迄站。從西貢巴士總站（→下述）搭乘102號巴士，終點站下車，5:00～18:00之間每20～30分1班，7000越盾，所需時間80分。計程車26萬越盾～，所需時間約35分。

● 往美萩　僅16:00發車1班，4萬5000越盾～，所需時間約1小時30分。

● 往檳椥　7:15～16:00間6～7班，6萬5000越盾～，所需時間約2小時。

● 往芹苴　0:00～23:00間臥鋪巴士每30分～1小時1班，16萬5000越盾～，所需時間約4小時。

● 往朔莊　0:30～23:30間臥鋪巴士每30分～1小時1班，17萬越盾～，所需時間約5小時。

● 往龍川　3:00～23:15間臥鋪巴士每30分1班，17萬越盾～，所需時間約5小時。

● 往朱篤　0:00～23:30間臥鋪巴士每1小時1班，21萬越盾～，所需時間約6小時。

● 往金甌　7:00～22:00間12班，19萬越盾～，所需時間約7小時35分～8小時。

● 往迪石　僅7:55發車1班，15～16萬越盾～，所需時間約6小時。

● 往哈田　臥鋪巴士於8:00、10:30、12:30、21:30、23:30發車共5班，20萬5000越盾～，所需時間約7小時。

堤岸巴士總站（Bến Xe Chợ Lớn）MAP P.84-2A

位於市中心西南方約5km處，是蘇志的巴士起迄站。從濱城巴士總站（→P.61邊欄）搭乘1號巴士，終點站下車。5:00～19:00間每18～26分1班，5000越盾，所需時間約30分。

● 往蘇志　94號巴士，4:30～19:00間每12～20分1班，2萬越盾，所需時間約1小時15分。

西貢巴士總站（Bến Xe Sài Gòn）MAP P.70-1B

從濱城市場徒步約15分，設置於范五老街9月23日公園的巴士總站。主要是市區路線巴士的起迄站，也可以到各中程巴士總站。

● 往蘇志　13號巴士，4:00～19:00間每25～30分1班，2萬越盾，所需時間約1小時25分。前往古芝地道Địa Đạo Củ Chi（濱藥Bến Dược）要在終點轉乘79號巴士，7000越盾。

● 往Mộc Bài（西寧方向）　70-3號巴士，5:40～15:005間0分1班，5萬越盾，所需時間約2小時30分。

● 船之旅的起點

連結胡志明市與頭頓Vũng Tàu的水翼船從孫德勝街Tôn Đức Thắng上的高速船碼頭（MAP P.127-3D）出發，由Greenlines DP公司營運。

週一～四有2班船，分別於9:00、12:00發船，週五有3班船，分別於9:00、12:00、14:00發船，週六有4班船，分別於8:00、10:00、12:00、14:00發船，週日則有3班船，分別於8:00、10:00、14:00發船。週一～五票價32萬越盾，週六‧日35萬越盾。6～11歲週一～五27萬越盾，週六‧日29萬越盾，5歲以下免費。所需時間約2小時。依天候會停開或變更時刻，週末搭乘建議提早2～3天預約。

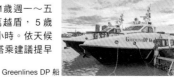
Greenlines DP 船

Voice 同樣開往頭頓的白騰高速渡輪總站（→上述）與水上巴士雖然地址相同，但乘船處並不同，前者靠近同起街，後者在北側的梅林廣場前。

市區交通

　胡志明市很大，觀光時搭乘交通工具比較方便。觀光客較常利用的是計程車和摩托計程車。

●計程車→P.415

　胡志明市有超過10家跳表計程車公司，有小型汽車、轎車、廂型車等，使用的車種很多。車資常隨汽油費用不同而變動，且每間公司的收費標準也各有不同，以Vinasun Taxi的7人座車為例，起跳價1萬2000越盾，30km內每1km收費1萬9600越盾，根據移動距離增加費用。也可使用叫車服務Grab（→P.416），通常會比計程車便宜。

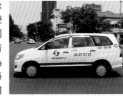
在廣大的胡志明市區要聰明使用計程車

●摩托計程車→P.417

　事故與糾紛不少，如果不需要節省預算，建議還是搭乘計程車。如欲搭乘，建議可使用叫車服務（→P.417）。路邊攔下的摩托計程車車資採事前交涉，外籍觀光客1km大約2萬越盾左右。

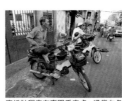
摩托計程車有專門乘車處，通常在各路口等待乘客。

●三輪車→P.418

　只有屬於旅行社或公會的三輪車能進入市區。在觀光地區常見三輪車的糾紛，要搭乘三輪車旅行最好透過旅行社較為安心。

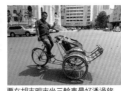
要在胡志明市坐三輪車最好透過旅行社

●路線巴士→P.416

　市區有許多路線巴士，幾乎所有巴士都是有冷氣的大型巴士，車資多半為6000越盾、7000越盾，部分為5000越盾。行駛時間依路線不同，大致上從5:00左右～19:00左右，約每5～30分1班車。

●水上巴士

　連結起位在第1郡白騰碼頭的白騰Bạch Đằng乘船處與胡志明市北部守德Thủ Đức的玲東Linh Đông乘船處，是橫跨5個郡的水上巴士。白騰～第2郡平安Bình An的路線8:30～21:00間有13班（週六・日8:30～21:30間為6班）。

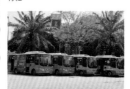
路線號碼及路線有時會變更，搭乘前最好先確認

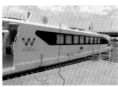
黃色船體為其特徵

●租自行車、摩托車→P.418

　台灣國際駕照無法於越南使用，租車時需多加留意。1天15萬越盾（汽油另計），提探街Đề Thám周邊有許多租車公司。至於租自行車，可下載公共自行車App「TNGO」，30分5000越盾、1天5萬越盾（圍5:00～20:00）。

城市導覽　南部

胡志明市 TP.Hồ Chí Minh　交通

關於市區的交通工具

　關於如何利用市區的計程車、摩托計程車、三輪車、路線巴士、租自行車與摩托車，請參考P.415。

較不容易發生糾紛的計程車公司

　相對較少發生糾紛的是以下2家公司。
Vinasun Taxi
☎（028）38272727
Mai Linh Taxi
☎1055

避免搭乘白牌計程車

　千萬要注意車身沒有標註計程車公司、電話的白牌計程車，因為常會發生糾紛，不建議搭乘。

假計程車增加

　近來增加許多車身標誌和顏色與大型計程車公司Mai Linh Taxi、Vinasun Taxi相似的計程車，常發生車資特別貴、繞遠路的糾紛，請注意。因為乍看很難分辨，因此若是要從餐廳、飯店搭乘，建議請服務人員代叫比較保險。

市區交通的糾紛

　有關計程車、摩托計程車、三輪車的糾紛請參閱P.429的「旅行糾紛」。

摩托計程車的車資怎麼算？

　從濱城市場～同起街約1萬5000越盾左右。

三輪車的車資？

　要看個人的交涉能力和路程，一般一個人搭乘，繞行市區約1小時23萬越盾～。

市區巴士路線圖

　可從下列網址確認市區巴士車資與行駛路線（可以用智慧型手機下載App使用）。
ＵＲＬ map.busmap.vn

水上巴士

西貢水上巴士
Saigon Water Bus
ＭＡＰ P.127-3D
住10B Tôn Đức Thắng, Q. 1（白騰碼頭內）
☎1900-636830（熱線）
圖售票處7:00～20:00
圖無休
圖1萬5000越盾

公共自行車

TNGO
☎1900-633548（熱線）
ＵＲＬ tngo.vn

左サイドバー

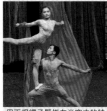

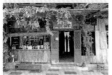
右側本文

　胡志明市的市區南北約15km，東西約12km，是一個很大的城市，不過對外國觀光客而言有意義的區域很有限，這裡將沿著大馬路概略說明觀光區域，可以大致掌握胡志明市的概況。

首先逛逛胡志明市的市中心

　胡志明市的第1郡市中心是以同起街Đồng Khởi、黎利街Lê Lợi、咸宜街Hàm Nghi為3邊的三角地區（雖然正確來說並不是三角形……）所形成，先用自己的腳逛一逛這個西貢三角地區吧。

●同起街～孫德勝街　　　MAP P.123-1D～2D

　從西貢大教堂前往西貢河Sông Sài Gòn的那條路就是同起街，是三角地區的第1邊，行道樹很美的同起街是很早就開發的繁華大街，但因為疫情的緣故，伴手禮店少了很多。即便如此，與這條路交叉的道路，商店及餐廳櫛比鱗次，周邊一帶是胡志明市最熱鬧的地區（→P.66）。

　從同起街往東南走到西貢河就能在右手邊看到殖民風格的建築物Majestic飯店（→P.116），接著再右轉走到孫德勝街Tôn Đức Thắng，然後沿著西貢河畔走到咸宜街，沿途整備成白騰公園，清風拂來十分舒暢，這裡每到傍晚都是情侶、家人乘涼的好去處，而清晨則是市民運動的廣場。

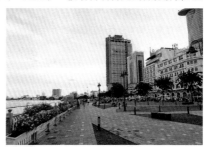

西貢河沿岸設置著徒步道，現整備為白騰公園。從咸宜街延續至二徵街Hai Bà Trưng。

●咸宜街～濱城市場前　　　MAP P.123-3C～3D

　來到咸宜街右轉是三角形的第2邊，咸宜街是條高樓林立的大道，周邊有當地人光顧的食品店和小市場。咸宜街以南，有許多餐廳、路邊攤，特別是市場陽新市場（→P.78邊欄）周邊，在地韻味濃厚，最近連鎖咖啡廳、時尚餐廳、精品店增多，是新舊交融的區域。

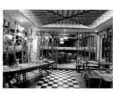
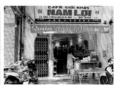

左／「Bep Nha Luc Tinh」店內（→P.92邊欄）
右／以魚麵知名的「NAM LOI」（MAP P.129-1C）

咸宜街往西走，可以看到遠方的胡志明市中央市場濱城市場，截至2024年8月，市場前的圓環仍因地下鐵工程而封閉。圓環右轉就是三角地帶的第3邊黎利街。

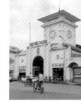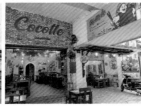

左／檳城市場正面入口 右／擠滿當地人與觀光客的濱城市場，市場附近的黎青頓街 Đ. Lê Thánh Tôn 聚集了許多餐廳

●黎利街

MAP P.123-2D

因地下鐵工程的影響，黎利街的部分路段自2013年開始禁止車輛通行，不過行人還是可以通行，不妨看看這條不斷變化的街道景色。道路左側的商店與過去相比少了許多，但還是有紀念品店、衣服與雜貨的攤販等，也能看到許多在此逛街的外國人。在道路右側看到近代化的西貢中心大樓時，交叉路口的那條路就是巴士德街Pasteur，左側（北側）有整排的流行服飾與雜貨店。繼續沿著黎利街往前走，在這裡交叉的大馬路是阮惠街Nguyễn

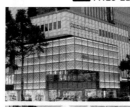
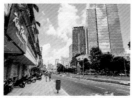
上／西貢中心大樓 下／因地下鐵工程影響黎利街有需多店家暫停營業

Huệ，過去是汽車通行的大馬路，為了紀念越戰結束40週年與胡志明市創立125週年，而於2015年煥然一新，胡志明市人民委員會前立起了全長4.5m的胡志明雕像，並且規劃成行人專用道而成為新的觀光景點。接著當在黎利街的正面看到市民劇院時，代表繞了三角地區一圈。從濱城市場步行到市民劇院則約15分。

這個三角地區裡聚集了飯店、餐廳、旅行社、便利商店、銀行等觀光客所需的各種設施，只不過價格也比其他區域偏高。以高級飯店居多的同起街、阮惠街周邊是觀光旅客、商務旅客地區，如果是個人旅客想省錢，建議去裴援街、提探街（→P.70），此外，黎聖宗街、蔡文瓏街（→P.68）有許多外國料理餐廳及酒吧。

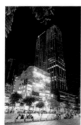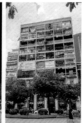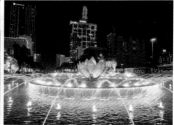

逛街時便利的廁所資訊

如果想找乾淨又有衛生紙，觀光客也方便使用的廁所，那麼就去高級飯店或購物中心，有些中級住宿設施也會借廁所，許多辦公大樓內也有方便使用的廁所。此外，市區也有付費廁所（1000越盾～），不過很多都是沒有衛生紙或不乾淨。

藥局
Pharmacy
MAP P.127-2C
🏠 97 Hai Bà Trưng, Q. 1
☎ 1800-6821（熱線）
🕐 6:00～24:00
📅 無休
Card M V

遍及全越南的連鎖藥局，可在市中心看見，很方便。除了藥物，也有販售口罩和快篩試劑（8萬2000越盾～）。

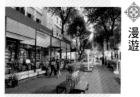
西貢大教堂後方的書店街，一排的書店和書店咖啡館（MAP P.126-1B）

左／入夜後，阮惠街周邊的大樓映照著彩色燈光，相當熱鬧
中／位在阮惠街的老舊大樓內，進駐了許多咖啡廳和商店，吸引年輕人造訪
右／點燈中的從阮惠街蓮花噴水池，成為當地人的休憩場所

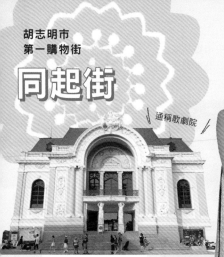

胡志明市
第一購物街
同起街

通稱歌劇院

有許多豪華精品飯店

綠色行道樹並立的同起街

夜晚打上燈光後姿態更加優美的市民劇院

市民劇院
Nhà Hát Thành Phố
Opera House
MAP 下圖-1A、1B
　位於同起街的壯麗劇場，建於法國統治時代的1900年，越戰中是南越的國會大廈，目前的外觀忠實重建建築當時的設計，平常不能入館，但會定期舉辦À Ố Show（→P.80）的公演，另外在週末夜等時候還會有公演。

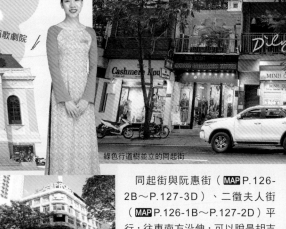

　同起街與阮惠街（MAP P.126-2B～P.127-3D）、二徵夫人街（MAP P.126-1B～P.127-2D）平行，往東南方沿伸，可以說是胡志明市最熱鬧的繁華街。這一帶近代化百貨公司及高級飯店林立，是胡志明市屈指可數的高級地區，而另一方面這裡也保留了法國統治時代

上／以「Cafe Co Ba」（→P.67邊欄）為起頭，進駐了許多餐廳和咖啡廳的複合設施「Little Saigon Đồng Khởi」
下／外國觀光客必定一訪的胡志明市數一數二的購物區

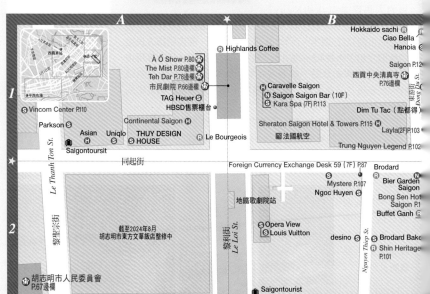

※地圖中左上角小圖內的紅框部分，是指這張街道圖在摺頁地圖背面的相對應位置。

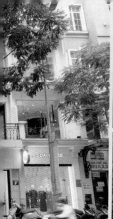

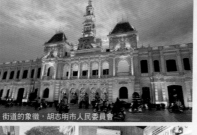

街道的象徵，胡志明市人民委員會

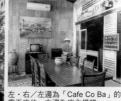

左‧右／左邊為「Cafe Co Ba」的
露天座位，右邊為店內模樣

胡志明市人民委員會
**Ủy Ban Nhân Dân Thành
Phố Hồ Chí Minh**
Ho Chi Minh City Hall
`MAP` P.66-2A

　位於黎聖宗街與阮惠街交叉
路口，建於1908年的法式建
築物，目前是胡志明市人民委
員會總部。建築物裝飾得很華
麗，人民委員會前還豎立著胡
志明像，夜晚會點燈，更加漂
亮。禁止攝影，不過在遠方拍
攝就沒關係。

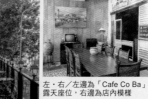

CoBa風韻餐 7 萬9000越
盾～

Cafe Co Ba
`MAP` 下圖-1D
住1F, 6 Đồng Khởi, Q. 1
☎093-3225027（手機）
營7:30～23:00（L.O. 22:00）
休無休
`Card` A J M V
預約不需預約

　位於同起街建築物一角，是
深受歡迎的咖啡廳。以1975
年的西貢復古風格裝潢，從露
天座位可眺望整個同起街。

的建築物，可以欣賞到新舊並存的獨特街景。

　在過去，這裡聚集了越南雜貨的伴手禮店和超市，也是市區屈
指可數的購物街，但2024年的現
在，觀光客為客群的伴手
禮店銳減，但仍有很多時
髦的咖啡廳，營造熱鬧的
氛圍。許多來訪胡志明市的
旅客，必定造訪這
個綠樹林立的美
麗街道。

有許多有名的越南料理餐廳

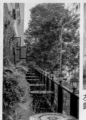

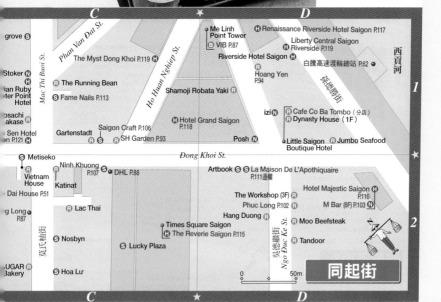

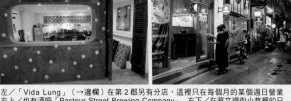

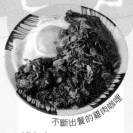

住在越南的外國人聚集的
胡志明市美食區

黎聖宗街 & 蔡文瓏街

不斷出餐的雞肉咖哩

Vidu Lung
MAP P.127-1D **住**8A/6C2
Thái Văn Lung, Q. 1
☎090-3000701（手機）
營週一～四18:30～21:30（週
五11:30～14:00）※L.O.閉店前
30分鐘 **休**週六·日、不定期
Card不可 **預約**最好先預約
　　美味雞肉咖哩（19萬越盾）
獲得好評的咖啡館，營業時間
不固定，請至IG（vidu.
saigon）確認。

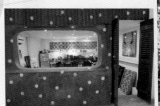

來點甜點
休息一下吧

左／「Vida Lung」（→邊欄）在第2郡另有分店，這裡只在每個月的某個週日營業
右上／也有酒吧「Pasteur Street Brewing Company」　右下／在蔡文瓏街小巷裡的日
本人街

　　黎聖宗街、二徵夫人街、詩索街、蔡文瓏街一帶有許多專為住
在胡志明市的外國人設計的公寓與辦公室，外國人的密度很高，
因此泰國、日本、韓國、印度、義大利、法國等各式各樣的各國餐
廳都集中在這裡，以外國人為對象的時尚酒吧、咖啡店也很多，
「Park Hyatt Saigon」（→P.114）對面的二徵夫人街開了很多很有
特色的餐廳和酒吧，受到矚目。每到晚上，在地年輕人和外國人

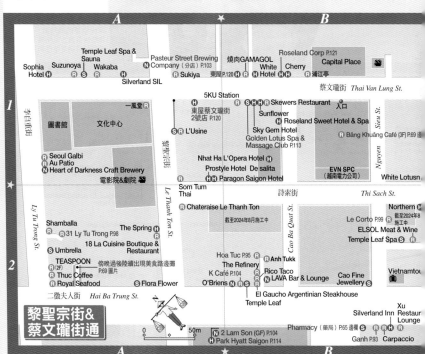

黎聖宗街 &
蔡文瓏街通

※地圖中右上角小圖內的紅框部分，是指這張街道圖在摺頁地圖背面的相對
位置。

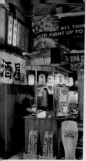
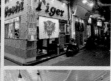
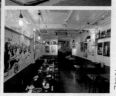

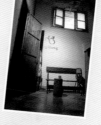

當地公寓內的咖啡館急速增加中

　　胡志明市定番的咖啡館，以廢墟感的當地公寓改裝。蔡文瓏街上的復古公寓裡最高樓的「Bâng Khuâng Cafe」，氣氛寧靜十分推薦。樓下的Cafe Người Sài Gòn則可以享受現場演奏。

左‧右上‧右下／有壽司店、居酒屋的蔡文瓏街內小巷　上／「Bâng Khuâng Cafe」入口

「Bâng Khuâng Cafe」店內

聚集十分熱鬧。

　　蔡文瓏街有韓國餐廳與小旅館，詩索街則有經濟型飯店、腳底按摩店等，最近愈來愈活躍的地區則是黎聖宗街與蔡文瓏街的小巷，這些原本為寧靜住宅區的小巷，陸續進駐了日本料理店、拉麵店、居酒屋、酒吧、酒廊、咖啡館等以日系為主的餐飲點，氣氛熱鬧無比。

　　另一方面，這裡也仍保留著些許的在地風貌，高伯括街Cao Bá Quát與詩索街交叉路口附近也有賣金邊粿條（→P.36）及咖啡的路邊攤林立，在附近工作的越南人都會來這裡吃東西。

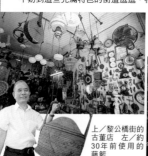

二徵夫人街的小巷內（**MAP** P.68-2A）每到傍晚聚集許多小吃攤販

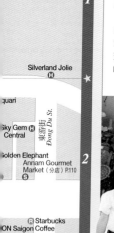

✤ Column　　胡志明市街的各種面貌

　　黎聖宗街西從濱城市場附近起，東至孫德勝街附近，是一條很長的道路，西側主要有中級～經濟型旅館和數間相連的酒館，東側則聚集了日本料理店。黎聖宗街周邊一帶是越戰結束後，北部出身的越南人居住的區域，因此也有一些食堂提供北部風格的餐點。范鴻泰街Phạm Hồng Thái（**MAP** P.128-1A）名片、名牌專賣店林立，販售不鏽鋼、塑膠製的招牌。

　　市中心的西側阮廌街Nguyễn Trãi（**MAP** P.123-3C）有許多本地風格的流行精品店，傍晚過後往堤岸Chợ Lớn方向會有長達幾公里（**MAP** 摺頁反-3B～3C）的服飾、涼鞋攤販出來擺攤。黎公橋街Lê Công Kiều（**MAP** P.128-1B）是胡志明市古董街。此外，阮氏明開街Nguyễn Thị Loan Minh Khai的小巷（**MAP** P.122-2B）傍晚會聚集販售零食、當地食物等的越南路邊攤，是胡志明市的B級美食街。

　　不妨到這些充滿特色的街道逛逛，稍微體驗深度越南。

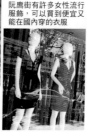

阮廌街有許多女性流行服飾，可以買到便宜又能在國內穿的衣服

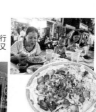

上／阮氏明開街的攤販街，也有賣粥、麵食，全家一起用餐的畫面也很常見　下／越式蘿蔔糕Bột Chiên

上／黎公橋街的古董店　左／約30年前使用的藤籃

左側地圖文字：

C

Silverland Jolie H

quari

Sky Gem H
Central

東遊街
Đông Du St.

Golden Elephant
Annam Gourmet
Market（分店）P.110 S

Starbucks
ION Saigon Coffee

C

1

2

裴援街 & 提探街

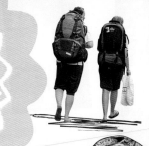

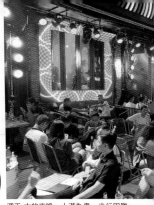

週五·六的夜晚，人滿為患，步行困難

裴援街在週末搖身一變成為路邊啤酒圈

裴援街的Bia Hơi（大眾啤酒屋）前可見一群坐在小塑膠椅上喝酒的外國人，現在已經成為裴援街的代表性風景。每晚於18:00左右開始陸續擺放座椅，週五·六的氣氛更是熱絡。

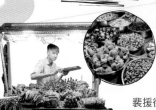

裴援街在入夜後會擺出串燒、魷魚乾、貝類料理等當地美食的攤販們

裴援街和提探街是越南最大的觀光客街，周邊聚集了廉價的住宿、餐廳、酒吧、24小時營業的便利商店、旅行社等觀光客必要的設施，來自世界各地的背包客背著背包來到此處。

旅行社主要集中在提探街和與其交叉的裴援街，近年在中間街道的開放區域陸續有大型的運動酒吧和夜店進駐。

裴援街到了週五·六晚上會變成行人徒步區，鏡面球和DISCO燈光盡情閃耀，俱樂部音樂也響徹整個街道，像是把街道化為夜店一般。

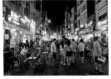

從傍晚到深夜，路邊攤擠滿喝啤酒的觀光客

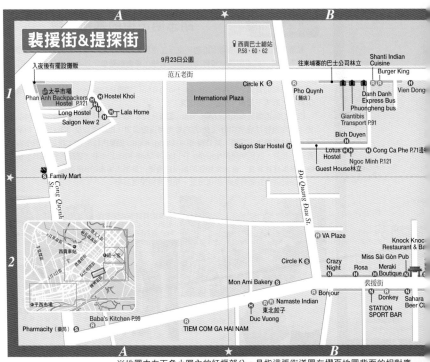

裴援街&提探街

入夜後有擺設攤販

9月23日公園

范五老街

西貢巴士總站 P.58、60、62

往東埔寨的巴士公司林立

Shanti Indian Cuisine

Burger King

Circle K

太平市場
Phan Anh Backpackers Hostel P.121

Hostel Khoi

Pho Quynh（麵店）

Danh Danh Express Bus

Vien Dong

Long Hostel

Lala Home

Phuongheng bus

Saigon New 2

Giantibis Transport P.91

International Plaza

Bich Duyen

Saigon Star Hostel

Lotus Hostel

Cong Ca Phe P.71邊

Family Mart

Ngoc Minh P.121

Guest House林立

Cong Quynh St.

Đe Quang Dau St.

VA Plaza

Knock Knoc Restaurant & Ba

Miss Sài Gòn Pub

Circle K

Crazy Night

Rosa

Meraki Boutique

裴援街

Donkey

Sahara Beer Cl

Mon Ami Bakery

STATION SPORT BAR

Bonjour

Namaste Indian

東北餃子

Duc Vuong

Baba's Kitchen P.99

Pharmacity（藥局）

TIEM COM GA HAI NAM

西貢車站

統一宮

平西市場

※地圖中左下角小圖內的紅框部分，是指這張街道圖在摺頁地圖背面的相對位置。

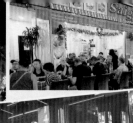

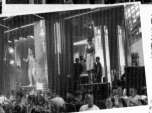

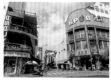

上／小巷內在地的居酒屋也有很多觀光客
左／各個大型運動酒吧也有舞者登場

白天的裴援街上行人稀少，氣氛悠閒

裴援街&提探街的治安

這一區可能由於停留的外籍觀光客急增，治安並非那麼好，雖然有警員微服巡邏，治安有稍微改善，不過還是要注意在飯店內以及搭摩托計程車在路上的竊盜事件。此外，本區雖然熱鬧到深夜，還是不建議夜間單獨行動。

流行服飾店也很多

來喝一杯吧

外國人聚集的這條觀光客街也還保留著相當的庶民生活色彩，譬如在同起街比較少見的路邊小販、攤販等等，特別是范五老街與裴援街之間錯綜複雜的小路裡更是充滿著懷舊的生活氣息，不關門的房子裡傳來大音量的電視聲、抑揚頓挫的叫賣聲、擺了幾張小桌子就在路邊營業的麵攤子、精力十足的孩子們跑來跑去……范五老街的西端有太平市場Chợ Thái Bình，在這裡也能看到民眾生活的情景。

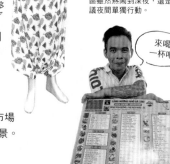

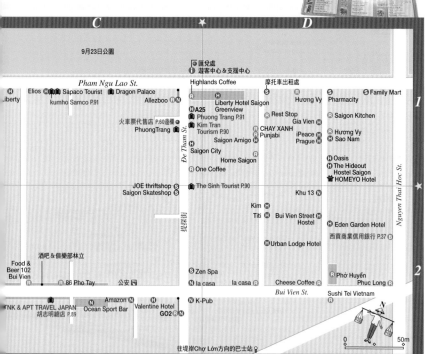

9月23日公園

匯兌處
遊客中心&支援中心

Highlands Coffee

摩托車出租處

Pham Ngu Lao St.

Elios / Sapaco Tourist / Dragon Palace
kumho Samco P.91 / Allezboo

Liberty

Liberty Hotel Saigon
Greenview

Hương Vy / Pharmacity

Family Mart

A25
Phuong Trang P.91

Rest Stop
Gia Vien

Saigon Kitchen

火車票代售店 P.60邊攔
PhuongTrang

Kim Tran
Tourism P.90

CHAY XANH
Punjabi / iPeace
Prague

Hương Vy
Sao Nam

Saigon Amigo

Saigon City

Home Saigon

One Coffee

Oasis
The Hideout
Hostel Saigon
HOMEYO Hotel

JOE thriftshop
Saigon Skateshop

The Sinh Tourist P.90

Khu 13

Kim
Titi / Bui Vien Street
Hostel

Eden Garden Hotel

西貢商業信用銀行 P.37

Urban Lodge Hotel

酒吧&俱樂部林立

Food &
Beer 102
Bui Vien

Zen Spa

Phở Huyền

Phuc Long

86 Pho Tay / 公安

la casa / la casa

Cheese Coffee

Bui Vien St.

Sushi Tei Vietnam

NK & APT TRAVEL JAPAN
胡志明總店 P.89

Amazon
Ocean Sport Bar

Valentine Hotel
GO2

K-Pub

往堤岸Chợ Lớn方向的巴士站

Pe Tham St.

提探街

Nguyen Thai Hoc St.

C / D

0 — 50m

第2郡・草田

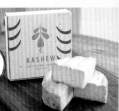

上／「Kashew Cheese Deli」使用陳年高達乳酪的經典三明治（10萬越盾）　下／腰果起司多達20種，12萬越盾～　右／「Kashew Cheese Deli」裡的複合設施Saigon Concept

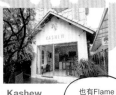

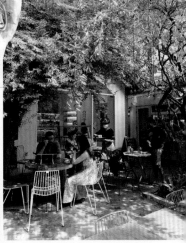

**Kashew
Cheese Deli**
MAP 下圖-2B

也有Flame
Tree by Zakka
（→P.106）

🏠14 Trần Ngọc Diện,
P. Thảo Điền
☎079-6179190（手機）
🕐9:00～20:00
休無休　營稅外
Card M V
預約不需預約

可以享用使用以腰果製成的起司的三明治（9萬5000越盾～）和起司盤。

距離胡志明市第1郡約20～30分車程，河內高速公路北側被西貢河環繞的區域為第2郡的草田Thao Dien，以歐美人為主，居住在此區的外國人和越南人多為富裕階層，聚集了綠意十足、滿溢著渡假風開放感的咖啡館和餐廳，以及洗鍊的商店，與市中心第1郡和第3郡的熱鬧氣氛差異很大，宛如另一個世界。

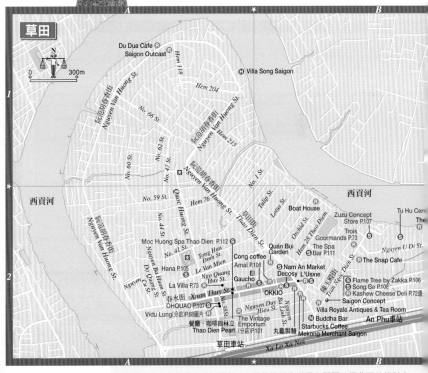

草田

※地圖中右上角小圖內的紅框部分，是指這張街道圖在摺頁地圖背面的相對應位置。

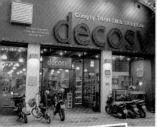

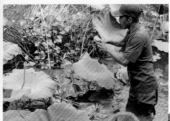

左／春水街上的大型傢俱店
「Decosy」
右／俯瞰美麗荷塘的療癒SPA
「The Spa Bar」（→P.111）

「The Spa Bar」所在的長巷子裡，咖啡館和餐廳林立，格子狀的日式建築令人印象深刻

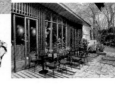

「Song Be」必買復古彩色玻璃杯

左為「Amaï」小皿，各為12萬越盾
右為「Hana」的包包，45萬越盾

以古民家改裝的「Zuzu Concept Store」（→P.107）

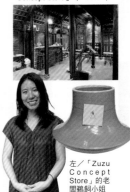

草田中心的春水街Xuan Thuy St.，街上林立著是時下最熱門的商店。從草田區域入口的草田街往西1km處，這裡有阿根廷牛排館「El Gaucho」復古咖啡館連鎖店「Cong Caphe」（→P.101）的分店、彩色陶器店「Amaï（→P.108）」等深受當地居民喜愛的店家。另外，從草田街往河岸方向的交叉街道陳玉殿街Tran Ngoc Dien St.，有一間聚集了話題性商店的複合設施「Saigon Concept」，在「Kashew Cheese Deli」可以享用以腰果製成的起司，也進駐了訂製服裝店Flame Tree by Zakka（→P.106）、復古宋貝燒Song Be（→P.108）等商店。北側西貢河沿岸則有著一座度假飯店Villa Song Saigon，以熱帶花園點綴著白色別墅。

左／「Zuzu Concept Store」的老闆鵝飼小姐
上／也可以買到獨特的擺飾用品

Ceramics P.106
The Deck Saigon

106

胡志明市地鐵

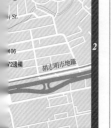

❊ Column　在草田區品嚐美味的法國美食

　有許多簡約時尚餐廳的草田區，當然少不了法國料理名店。其中的老店「Trois Gourmands」和「La Villa」以Villa改建為獨棟餐廳，味道和氛圍都獲得很好的評價。

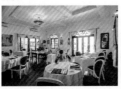

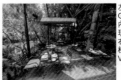

左／「Trois Gourmands」店內以紅白搭配呈現經典風格
右／附泳池的獨棟餐廳「La Villa」

Trois Gourmands
擅長以傳統法國料理加入亞洲元素，5道菜方案為116萬3000越盾，自製起司十分美味，也很有名。
MAP左圖-2B　39 Trần Ngọc Diện, P.
Thảo Điền　☎ (028) 37444585、090-8225884（手機）　11:00～15:00、18:00～深夜（L.O. 21:30）
休週一　未稅
Card MV　預約不需預約

La Villa
近20年料理資歷的法國主廚所經營，週四～六的午間方案（89萬越盾、99萬越盾）很划算，晚餐方案為169萬越盾～。
MAP左圖-2A　14 Ngô Quang Huy, P.
Thảo Điền　☎ (028) 38982082
18:30～21:30（週四～六11:45～13:30亦有營業）　休無休　Card ADJMV
預約需預約

73

統一宮（舊總統官邸）

135 Nam Kỳ Khởi Nghĩa, Q. 1
☎ (028) 38223652
URL www.dinhdoclap.gov.vn
⏰ (售票口7:30〜11:00、13:00〜16:00)
❌無休
💰入場費：4萬越盾、兒童1萬越盾，含展覽「諾羅政府至獨立宮」的統一宮套票6萬5000越盾、兒童1萬5000越盾
有中文語音導覽

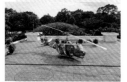
停機坪上長期展示總統專用的直昇機，目前展示的為越南前總統阮文紹專機的模型

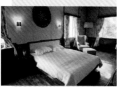
總統一家的寢室也開放參觀

★越戰終結之地　　　　　　　　　　MAP P.123-2C

統一宮（舊總統官邸）

Dinh Thống Nhất (Dinh Độc Lập)　　　**Independence Palace**

南越政權時代被稱為獨立宮的舊總統官邸，現在的建築物於1962年動工，以法國統治時代的諾羅政府的舊地，耗費4年建造完成，有大小超過100間的房間，屋頂還有直升機停機坪。

從正門進入後，右側有內閣會議室，左側則有宴會廳、總統及副總統的接待室。官邸中最豪華的地方是各國大使獻呈國書的房間，牆壁上掛著大型漆畫；樓上是總統及總統家人的專屬空間，有總統夫人的宴會廳、娛樂廳、電影廳等；頂樓是觀景台，從這裡可以眺望到過去解放軍開著坦克車經過的黎筍街Lê Duẩn St.；地下室的氣氛截然不同，這裡是祕密軍事設施，現在還保留著越戰中使用過的總統司令室、暗號解讀室、與美國保持聯繫的電台等。

1975年4月30日，解放軍的坦克車衝破這座官邸的柵欄，和平入城，越戰正式終結。現在這裡被稱為統一宮，除了接待國賓及開會之外都開放給一般民眾參觀。

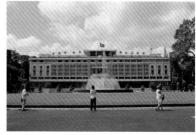
堪稱是越南近代史象徵的統一宮

戰爭遺跡博物館

28 Võ Văn Tần, Q. 3
☎ (028) 39306325、39305587
⏰7:30〜17:30
❌無休
💰4萬越盾、兒童（6〜15歲）2萬越盾，5歲以下免費提供免費的導覽簡介。

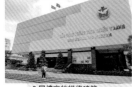
3層樓高的雄偉建築

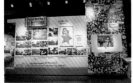
這個區域專門介紹當時世界各國如何報導越南戰爭

✂刻劃越戰的記憶　　　　　　　　　MAP P.123-2C

戰爭遺跡博物館

Bảo Tàng Chứng Tích Chiến Tranh　　　**War Remnants Museum**

以實際使用過的坦克車、大砲、炸彈等戰爭的遺物與照片敘述越戰歷史的博物館。農村中的虐殺等，讓人忍不住遮住眼睛的淒慘照片、橙劑受害情況的紀錄、被浸泡在福馬林中的畸形胎兒等的展示品，栩栩如生地證明了戰爭的傷痕。

館外有忠實還原人稱拷問島的崑崙島Côn Đảo的監獄「虎牢」，南越政府曾在這座監獄中對反對者施以嚴厲的拷問。這些展示品為參觀者帶來震撼，再度深刻體驗到戰爭的愚蠢。

「安魂廳Requiem」裡收集了全球戰地攝影師們拍攝的照片，其中也包括日本故澤田教一榮獲普立茲獎Pulitzer Prize的作品《逃向安全》（→P.443），以及攝影師石川文洋拍攝的越戰作品。

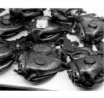
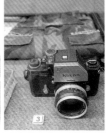
左／散播橙劑時，美軍實際帶來使用的面罩
右／展示石川文洋於越戰時拍攝的相機

興建於19世紀
中央郵局
Bưu Điện Thành Phố　**Central Post Office**　**MAP** P.123-2D

位於西貢大教堂旁，乍看像車站的建築物其實是中央郵局，它建於19世紀末法國統治時代，已經被列為建築文化財產，是很珍貴的建築物。仔細觀察，整棟建築物都看得到精細的設計與裝飾，正門的時鐘下方刻著建造期間（1886～1891年），1樓的窗戶與窗戶間的白色裝飾下方也刻著法國人的名字。內部天花板是古典的拱型，右側有1892年的西貢與周邊的地圖，左側則有1936年的南越（當時稱為南圻Cochin China）與柬埔寨的電信網。1樓的中央是紀念品賣場。

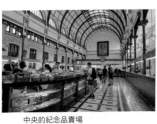
中央的紀念品賣場

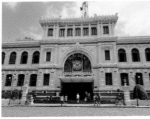
黃色的外觀讓人印象深刻

建於法國統治時代的
西貢大教堂（西貢王公聖母教堂）
Nhà Thờ Đức Bà　**Notre Dame Cathedral**　**MAP** P.123-2C

建於19世紀末的紅磚瓦教堂，正式名稱為西貢王公聖母教堂。這一座擁有2座尖塔的優美天主教堂優雅地聳立在同起街的西北側，週日的彌撒總是湧進大批虔誠的基督教徒。到了耶誕節會點上華麗的燈飾，一整晚吟誦讚美歌。

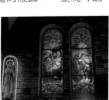
美麗的彩繪玻璃值得一看，彌撒以外的時間能參觀內部

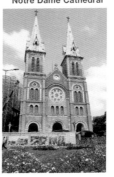
彷彿高聳入天的紅磚瓦西貢大教堂與聳立在前方的聖母像

粉色系的可愛外觀
耶穌聖心堂
Nhà Thờ Giáo Xứ Tân Định　**Tan Dinh Church**　**MAP** P.123-1C

以嬰兒粉外觀蔚為特色的哥德式建築教堂，建於1876年，是胡志明市內歷史悠久的教堂之一。教堂內十分美麗，可以參觀，但不定期的彌撒期間不得入內參觀，盡量不要打擾禮拜儀式比較好。

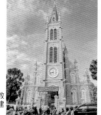
蔚藍的藍天映照著鮮豔的粉紅色，教堂前的二徵夫人街車流量大，拍攝建築外觀時過馬路需注意

中央郵局
🏠2 Công Xã Paris, Q. 1
☎（028）38221677
🕐7:00～19:00（週六～18:00）
🚫無休　💰免費
　入口的右側有遊客中心及匯兌處。

胡志明博物館
Bảo Tàng Hồ Chí Minh
Ho Chi Minh Museum
MAP P.123-3D
🏠1 Nguyễn Tất Thành, Q. 4
☎（028）38255740
🕐二～四、週六·日8:00～12:00、14:00～16:00
🚫週一·五　💰免費
　展示胡志明主席革命活動時的照片、紀念品。1911年，胡志明潛伏在法籍商船，從這裡偷渡到法國。

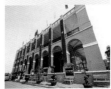
展示品不多，不過足以探尋胡志明的足跡。

西貢大教堂（西貢王公聖母教堂）
🏠1 Công Xã Paris, Q. 1
🕐8:00～11:00、15:00～16:00
🚫無休　💰免費
彌撒時間為週一～六5:30、17:30，週日則為5:30、6:45、8:00、9:30、16:00、17:15、18:30。
※截至2024年8月仍在進行整修工程。

胡志明戰役博物館
Bảo Tàng Chiến Dịch Hồ Chí Minh
Ho Chi Minh Campaign Museum
MAP P.123-1D
🏠2 Lê Duẩn, Q. 1
☎033-6578946（手機）
🕐7:30～11:00、13:30～16:30　🚫週六·日　💰免費
　1975年4月30日西貢解放瞬間的照片及解說板展示等，以著名的「胡志明戰役Chiến dịch Hồ Chí Minh」為主，介紹革命的經過。

耶穌聖心堂
🏠289 Hai Bà Trưng, Q. 3
🕐5:00～12:00、14:00～22:00
🚫無休　💰免費
　彌撒為週一～六5:00、6:15、17:30、19:00。週日7:30、9:00、16:00亦為彌撒

歷史博物館
- 2 Nguyễn Bình Khiêm, Q. 1
- ☎（028）38298146
- URL www.baotanglichsutphcm.com.vn
- 8:00～11:30、13:00～17:00（水上木偶戲為週六‧日10:30、14:30）
- 休週一
- 3萬越盾（水上木偶戲10萬越盾，兒童5萬越盾）

胡志明市立博物館
- 65 Lý Tự Trọng, Q. 1
- ☎（028）38299741
- 8:00～17:00
- 休無休　3萬越盾（拍攝2萬越盾）

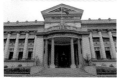
以模仿慕尼黑展覽館的建築受到矚目

美術博物館
- 97A Phó Đức Chính, Q. 1
- ☎（028）38294441
- 8:00～17:00　休週一
- 3萬越盾、兒童（6～16歲）1萬5000越盾

西貢中央清真寺
Saigon Central Mosque
- MAP P.66-1B
- 66 Đông Du, Q. 1
- 4:00～21:00
- 休無休　免費
　1935年由來自印度南方的回教徒建造的清真寺，白色牆壁搭配淡綠色的裝飾十分優美，1天6次的禮拜住在市區的信徒們都會前來。想要進入清真寺不得穿短褲。

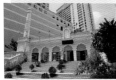
正式名稱為Jama Masjid

越南傳統醫學博物館
- 41 Hoàng Dư Khương, Q. 10　☎（028）38642430
- URL www.fitomuseum.com.vn
- 8:30～17:00　休無休
- 12萬越盾、兒童（身高120cm以下）6萬越盾

★ 追溯史前到現代的歷史　　　MAP P.123-1D
歷史博物館
Bảo Tàng Lịch Sử　　　　　History Museum

　追溯到史前時代到阮朝時代的歷史和珍貴的展示品，以銅鼓聞名的東山文化時代的青銅器，占婆時代的占婆雕像出土品，以及以不同主題介紹南越與亞洲各國文化的區域，擁有豐富多元的展示內容。中庭在週六‧日可欣賞到水上木偶戲表演（約30分鐘，12人以上開演）。

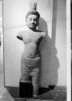 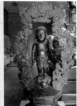
左／占婆雕像　右／19世紀的佛像

★ 可認識城市歷史與發展過程　　MAP P.123-2D
胡志明市立博物館
Bảo Tàng Thành Phố Hồ Chí Minh　　Ho Chi Minh City Museum

　建於1885～1890年的法國殖民風格建築，真實呈現兩場獨立戰爭，也就是法越戰爭與越南戰爭當時西貢嘉定省的照片、物品，1樓還以人偶模型重現越南傳統民藝、工藝及當時的生活。

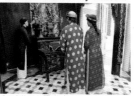
重現京族傳統婚禮

★ 多樣化的展示極具魅力　　　MAP P.123-3C
美術博物館
Bảo Tàng Mỹ Thuật　　　　　Fine Arts Museum

　利用法國建築師於20世紀初建造的特色建築作為展館，由3個館組成，入口正面的主館展出以越南藝術家為中心的繪畫、雕刻等古典藝術到現代藝術的常設展，左端的建築一樣展示常設展，中央的建築則為特展展場。

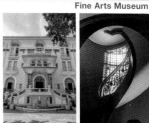 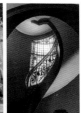
左／以中國商人的宅邸建築改裝
右／內部維持著原本的樣貌

★ 展示越南傳統醫學的珍貴資料　　MAP P.122-2A
越南傳統醫學博物館
Bảo Tàng Y Học Cổ Truyền Việt Nam　　Museum of Traditional Vietnamese Medicine

　越南第一間傳統醫學博物館，從全越南收集來的資料超過3000件。6層樓高建築展示及介紹古代藥學書籍、製作中藥的道具等，內容很值得一看。主要使用越語說明，若是4～5人的團體，工作人員會免費用英語介紹，也有放映影片。

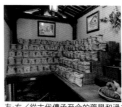
左‧右／從古代傳承至今的藥學書和過去的醫學書，這個區域展示了調劑藥品所使用的工具

Voice 南部女性博物館（Bảo Tàng Phụ Nữ Nam Bộ）以南部女性們為主角，介紹相關的歷史、生活和文化等內容。MAP P.122-1B　202 Võ Thị Sáu, Q. 3　☎（028）↗

永嚴寺
Chùa Vĩnh Nghiêm
☆ 日本留學的僧侶所開設的寺廟
Vinh Nghiem Temple

MAP P.122-1B

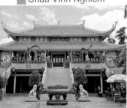

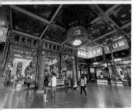

位於從機場前往市區的南圻啟義街Nam Kỳ Khởi Nghĩa，是一位從日本留學回國的僧侶於1964～1971年利用最新的建築技術建造的越南傳統佛教建築，是一座相對來說較新的建造，也是南部規模最大的寺廟。占地內除了有正殿之外，還有高達40m的七重塔與舍利塔、鐘樓，鐘樓內的「和平之鐘」是日本曹洞宗的寺廟贈與的。永嚴寺占地遼闊，可是辦佛教活動時仍會擠滿來參拜的遊客。

上／威風凜凜的寺廟，正門的左手邊建有七重塔，一旁是精進料理的餐廳　下／正殿每日9:15、15:15有約1小時15分的讀經時間

覺林寺
Chùa Giác Lâm
★ 1744年建造的古剎
Giac Lam Temple

MAP 摺頁反-2A

建於1744年，胡志明市最古老的越南佛教寺廟，歷經兩次修建仍瀰漫著古老、莊嚴的氣氛，內部有許多描述歷史的佛像與裝飾品，例如歷代僧侶的肖像畫、18隻手的觀音像，旁邊隨意擺放的大理石椅已經有400年歷史，整棵樹做成的桌子是超過200年前的物品。左側後方是正殿，正殿中央有金碧輝煌的木雕裝飾，裡面擺放著本尊佛像，兩側則有眾多的金色雕像、佛像。柱子上刻有古越南文字（喃字Chữ Nôm）。寺門外有以黃、綠、紅點綴的七重塔，從塔上可以眺望到密集的住宅區。

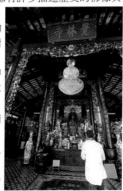

參拜客絡繹不絕的正殿，也能看到水晶燈等西洋元素

覺園寺
Chùa Giác Viên
★ 靜靜聳立在住宅區中
Giac Vien Temple

MAP 摺頁反-2A以外

市區西邊的蓮潭公園附近有一座類似覺林寺的古剎，這座約建於200年前的寺廟還保留在民房密集的小巷裡。據說這座寺廟是為了崇拜僧侶覺園所建，至今仍有僧侶供養著。

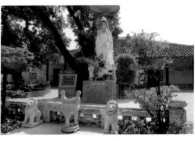

沒有華麗的裝飾，在胡志明市區算是古剎

↘ 39325519　🕐7:30～11:30、13:30～17:00　🈺無休　💰免費

永嚴寺
🏠339 Nam Kỳ Khởi Nghĩa, Q. 3
☎（028）38483153、38439901
🕐7:00～11:30、13:30～17:00
🈺無休　💰免費
　從市區搭乘計程車、摩托計程車15～20分。

Sri Thenday Yuttha Pani
MAP P.126-3B
🏠66 Tôn Thất Thiệp, Q. 1
☎無
🕐7:00～19:00　🈺無休
💰免費
　位於巴士德街，超過百年歷史的印度教寺廟，從中庭的小樓梯往上走就能看到越南人氣相的印度教神明。幾乎沒有觀光客，不過2樓的神明一定要參觀。

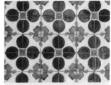

布滿寺院內各處的瓷磚裝飾也值得一看

覺林寺
🏠118 Lạc Long Quân, Q. Tân Bình
☎（028）38653933
🕐6:00～12:00、14:00～20:30
🈺無休
💰免費
　從市區搭乘計程車、摩托計程車15～20分，每日有4次僧侶的讀經時間。

覺園寺
🏠161/35/20 Lạc Long Quân, Q. 11
☎（028）38581674
🕐7:00～12:00、13:30～21:00
🈺無休　💰免費
　位於蓮潭公園西側，從大馬路往裡走一段路。彎進Lạc Long Quân 247的小巷，再步行約10分，從市區搭乘計程車、摩托計程車20～25分。

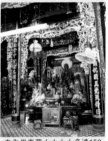

寺內供奉著大大小小多達153尊的佛像

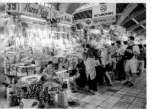

乾貨賣場，有堅果和果乾，提供試吃，以秤重計價

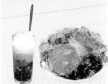

左／也可以喝到Chè（→P.46）
右／口味樸實的布丁

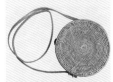

由天然材料製成的各種袋子

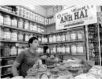

秤重販售的香料店，販售河粉湯所使用的香料等

濱城市場
依店家而異，大致為7:00～19:00　無休

軍用品市場
獨心市場
Chợ Dân Sinh
Dan Sinh Market
MAP P.128-2B
104 Yersin, Q. 1
依店家而異，大致為6:00～18:00　無休
　越戰期間，戰地記者要去採訪前都會來這個市場買備用品，現在雖然數量減少了，可是販售軍隊淘汰品的商店林立的一角仍保留著當時的模樣。

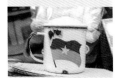

有販售過去琺瑯商品的店家

濱城市場
Chợ Bến Thành　　　　　　　　　　　　Ben Thanh Market

　從生鮮食品、衣料到雜貨應有盡有，是胡志明市最大的市場，北側主要是食料品店、小吃店，南側則是衣服及生活雜貨店林立，食料品店的一角甚至還有指甲沙龍店，是一處每個角落都充斥著越南風情的地方。只不過由於觀光客多，每家店都很難殺價，定價也偏高。

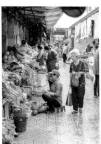
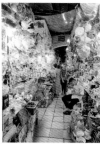
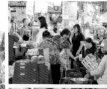

左／充滿活力的生鮮食品店早晨　中／擠滿一坪小店　右上／還設有食堂區，販售麵類、甜點等種類豐富的美食　右下／越來越多伴手禮店有標示價格

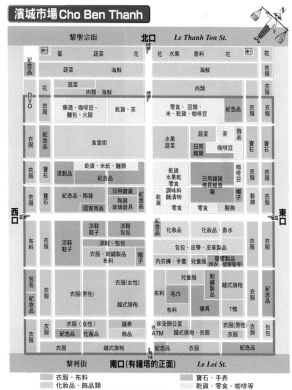

濱城市場Cho Ben Thanh

（地圖：北口 Le Thanh Ton St. 黎聖宗街，南口（有鐘塔的正面）Le Loi St. 黎利街，西口，東口）

衣服、布料
化妝品、飾品類
紀念品、手工藝品、涼鞋、鞋子、包包
日用雜貨、居家用品
陶器
寶石、手表
乾貨、零食、咖啡等
生鮮食品
其他
廁所

78

★ 東南亞最高的觀景台
地標塔81觀景台

MAP 摺頁反-1D外

Landmark 81 Skyview

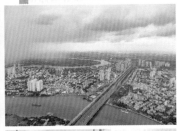

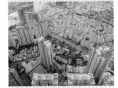

周邊建築物盡在腳下

建於巨大摩天大樓群的新興地區，為東南亞最高大樓（461.2m）「地標塔81 Landmark 81 Tower」內的觀景台，觀景台位於79～81樓3層，映入眼簾的是周邊的摩天大廈群、西貢河、第2郡草田（→P.72）等景色，可以眺望整個街道。此外，81樓外還設有高架走廊「Skywalk」。

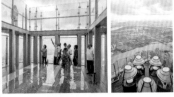

上／眺望街景　左下／在Skywalk上享受漫步雲端的樂趣　右下／79樓日本料理店「Miwaku」的露天座位

地標塔81觀景台
🏠720A Điện Biên Phủ, P. 22, Q. Bình Thạnh
☎（028）36399999
🌐www.landmark81skyview.com
🕙10:00～22:00（最後入場時間21:00）　休無休
💰30萬越盾、兒童（身高100～140cm）15萬越盾
Card J M V
　售票口位於地下1樓，附近有通往觀景台的專用電梯。

★ 可一覽市區的觀景台
西貢觀景台

MAP P.123-3D

Saigon Skydeck

位於胡志明市第2大樓「金融塔Bitexco Financial Tower」49樓的觀景台，由於可以從高達178m處360度瞭望胡志明市，因此成為人氣景點，來到這裡記得用免費望遠鏡找找胡志明市的觀光勝地喔。

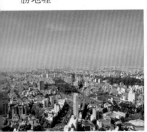

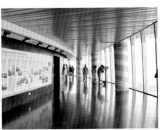

左／所在位置可一覽胡志明市的觀光景點，也有觸控式解說板，可以確認看到的名勝及地名　右／可免費使用望遠鏡與觸控式解說板，在52樓還有直升機停機坪

西貢觀景台
🏠49F, Bitexco Financial Tower, 36 Hồ Tùng Mậu, Q. 1
☎（028）39156156
🌐www.saigonskydeck.com
🕙9:30～21:30（最後入場時間20:45）　休無休　💰20萬越盾、4～12歲與65歲以上13萬越盾、3歲以下免費
Card A D J M V
　有免費的英語導覽行程。

金融塔
Bitexco Financial Tower
MAP P.123-3D
🏠36 Hồ Tùng Mậu, Q. 1
☎（028）39156868　營依店家而異，大致為10:00～22:00
休無休
　以蓮花為造型打造的大樓是胡志明市具指標性的地標，共計68層樓，上層為辦公室，1～5樓為商店、餐廳、美食街、電影院進駐的「Icon68 Shopping Center」。

★ 世界數一數二的歷史悠久動植物公園
動植物公園

MAP P.123-1D

Thảo Cầm Viên Sài Gòn　　　*Saigon Zoo and Botanical Garden*

背對統一宮從黎筍街Lê Duẩn直行到底就能看到。占地遼闊的園內總是能看到許多全家同遊或是情侶的遊客，大門走進去後，左邊是歷史博物館（→P.76），右邊則有雄王廟，公園裡面還有動物園，可以看到大象、紅鶴。

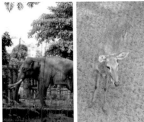

左・右／可以近距離看見多種動物

動植物公園
🏠2 Nguyễn Bình Khiêm, Q. 1
☎（028）38291425
🕙7:00～18:30　休無休
💰6萬越盾、兒童（身高130cm以下）4萬越盾

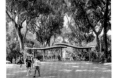

法國統治時代建造的越南最古老動植物園

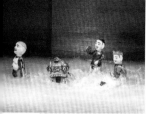

木偶不時潛入水中、不時噴火的演出，讓人看得目不轉睛

水上木偶戲

Rồng Vàng水上木偶劇院
Nhà Hát Múa Rối Nước Rồng Vàng
Golden Dragon Water Puppet Theatre
MAP P.123-2C
🏠55B Nguyễn Thị Minh Khai, Q. 1
☎ (028) 39302196
URL www.goldendragonwaterpuppet.vn
🕐週二・五18:30（售票口9:00～11:30、13:30～18:00）　休週一・三・四・六・日　💰30萬越盾
Card不可
URL票券可於ticket.box.vn購買（需登入），指定席，使用（JMV）信用卡支付。

À Ó Show

🏠7 Công Trường Lam Sơn, Q. 1
☎084-5181188（手機）
URLwww.luneproduction.com
🕐18:00或20:00（上演時間為每月12～18天，1天1場，請至官網確認）
💰70萬～160萬越盾
※除了可在市民劇院入口購票之外，也可以網路購票。
Card A J M V

Teh Dar
MAP 🏠 ☎ **URL** 💰 **Card** 同 À Ó Show
　上演以越南中部高原地區的少數民族生活為主題。

The Mist
MAP 🏠 ☎ **URL** 💰 **Card** 同 À Ó Show
　由活躍於國際舞台的越南舞團「Arabesque」演出的現代舞表演，以越南南部農村生活為主題，用帶有故事性且充滿熱情的舞蹈動作加以演繹，值得一看。

越式旗袍展示場

🏠2F, Saigon House, 77 Nguyễn Huệ, Q. 1
☎088-8666903（手機）、091-4726948（手機）
🕐10:00～18:00　休無休
💰10萬越盾、兒童 5 萬越盾
Card不可
　提供免費英語導覽。

水上木偶戲

Múa Rối Nước

Water Puppetry

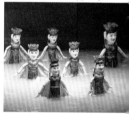

　水上木偶戲是越南北部自古流傳下來的傳統表演藝術，在胡志明市即可體驗到其道地的震撼感。以水面為舞台演出釣魚、種田、划船比賽等紮根於生活的短篇故事與民間故事，每個故事 3 ～ 5 分鐘，演出節目配合著民族音樂的演奏與演奏者的吆喝聲，即使語言不通也相當值得一看。座位為對號座，記得要事先到會場旁的售票口購票，表演約45分。

看著滑稽的木偶動作，45分鐘一下就過去了

★★★ 在市民劇院上演的新雜技團　**MAP** P.66-1A

À Ó Show

À Ó Show

A O Show

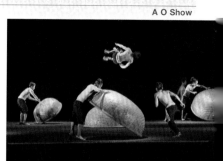

　搭配17種傳統音樂的節奏，使用越南生活中不可或缺的竹子演出雜技的娛樂表演，表演以獨特的世界觀呈現出寧靜南部農村與喧囂城市胡志明市之間的對比。另外也有定期上演以越南中部高原、Ter Dar地區為舞台的「Teh Dar」與舞蹈秀「The Mist」（→兩者皆於邊欄）。

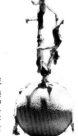
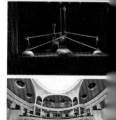

讓人驚艷的平衡感
上／17名雜技團出身的年輕越南表演者的精彩演出讓人目不轉睛　中／竹子有時成為籃子有時成為碗舟出現在舞台上　下／可進入平常不對外開放的市民劇院，也算是珍貴的體驗

★★ 展示17世紀至現代的越式旗袍　**MAP** P.127-3C

越式旗袍展示場

Áo Dài Exhibition

Ao Dai Exhibition

　由越式旗袍設計界舉足輕重的Sĩ Hoàng（→P.50）規劃而成，展出數件17世紀到現代的越式旗袍，因為數量不多，對越式旗袍有興趣的話推薦可前往越式旗袍博物館（→P.81）。這裡還有舉辦介紹越式旗袍文化的越式旗袍秀「Sĩ Hoàng Show」。

可認識越式旗袍歷史變遷的展示

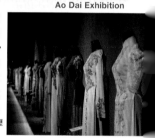

★ 受到當地喜愛的遊樂場　**MAP** 摺頁反-2A外

蓮潭公園
Công Viên Văn Hóa Đầm Sen　　**Dam Sen Park**

位在市中心往西約10km處，是胡志明市首屈一指的遊樂場，綜合了遊樂園與動物園，再加上越南風格，園內除了會舉辦秀與活動，還有動物馬戲團、激流直下與水中世界探險等遊樂設施、雲霄飛車、旋轉木馬，甚至連游泳池、迷你動物園、蝴蝶館、植物園都有，集合了各種遊樂設施。

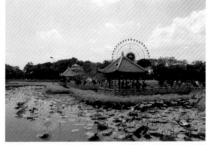
「Đầm Sen」是蓮潭的越南語，如同其名，園內有很大的蓮花池

郊區景點　　Sightseeing

★ 可認識17世紀以來的越式旗袍歷史　**MAP** 摺頁反-1D外

越式旗袍博物館
Bảo Tàng Áo Dài　　**Ao Dai Museum**

越南代表性的越式旗袍設計師Si Hoang（→P.50）設於私有地庭園內的博物館，是越南首座的越式旗袍博物館，館內展出17世紀到現代的越式旗袍變遷歷史、戰爭時的物品、名人實際穿過使用的物品、不同宗教與民族的越式旗袍等豐富的展示內容，還可以租借越式旗袍。

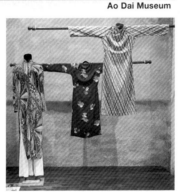
受到1960年代嬉皮文化影響而在年輕人之間流行起來的越式旗袍

★ 不可思議的主題樂園　**MAP** 摺頁反-1D外

仙泉樂園
Suối Tiên　　**Suoi Tien Park**

占地160公頃的遼闊腹地中設有50座以上的遊樂設施，是越南規模最大的主題樂園，有以越南神話與傳說為主題的遊樂設施與表演、泳池、釣鱷魚等，可說是什麼都有，一家大小同遊的當然值得一訪，想要體驗看看這個充滿違和、微妙之處的不可思議世界的人也不可錯過。

由神話中出現的國王雒龍君Lạc Long Quân守護的泳池

蓮潭公園
🏠 3 Hòa Bình, Q. 11
☎ （028）38588418
🕐 9:00～18:00 （週六・日 8:30～18:00），最後入場時間16:30
休 週二　💰 20萬越盾，身高80～140cm兒童16萬越盾
　從同起街巴士轉蓮站搭乘38號巴士，於終點站下車。5:15～19:00每12～17分1班，6000越盾，所需時間約35～40分。從市中心搭乘計程車、摩托計程車約20～25分。

越式旗袍博物館
🏠 206/19/30 Long Thuận, P. Long Phước, Thủ Đức
☎ 091-4726948（手機）
🔗 baotangaodai.com.vn
🕐 8:30～17:30　休 無休
💰 5萬越盾
　從市中心搭計程車約1小時，35萬越盾左右。從西貢巴士總站搭乘88號巴士，在前往越式旗袍博物館的小徑前下車，可告知司機目的地，約在300公尺距離前，可事先致電預約電動車接送。巴士在5:00～19:00間每7～15分1班，6000越盾，所需時間約70分鐘。

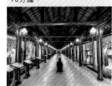
耗費10年以上歲月打造完成的博物館，收藏的質與量都相當驚人

仙泉樂園
🏠 120 Xa Lộ Hà Nội, P. Tân Phú, Thủ Đức
☎ （028）38960260
🕐 8:00～17:00　休 無休
💰 入園票15萬越盾，兒童（身高100～140cm）8萬越盾
　從市中心搭計程車約1小時，車資30萬越盾左右。從西貢巴士總站搭乘19號巴士在仙泉樂園下車，5:00～20:15間每8～12分1班，7000越盾，所需時間約1小時20分。

堤岸地區

Chợ Lớn

在地人氣甜點店

Chau Van Liem 85
MAP P.84-2B
住 85 Châu Văn Liêm, Q. 5
☎ (028) 38567493
營 10:00～20:00　休 無休
Card 不可　預約 不需預約

深受在地學生喜愛的小型甜點店，其中最具人氣的椰子果凍售價3萬5000越盾，雙層果凍就裝在椰子容器裡，另外還有賣卡士達布丁Bánh Flan（→P.47，1萬5000越盾），無論哪一種都是冰冰涼涼又不過分甜膩，非常好吃，只是店面有點小，千萬別錯過了。

何記甜品店**Hà Ký**

MAP P.84-2B
住 138 Châu Văn Liêm, Q. 5
☎ (028) 38567039
營 10:00～22:00　休 無休
預約 不需預約

中藥果凍或者是黑芝麻Chè等等，可以在這裡嚐到市區內少見的各式廣式甜品，杏仁豆腐（2萬5000越盾）、湯圓Chè（3萬8000越盾）都是很純粹的口味，布丁也相當好吃。

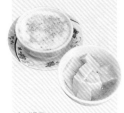

上／湯圓Chè
下／也推薦草莓布丁

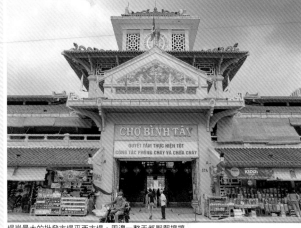

堤岸最大的批發市場平西市場，週邊一整天都熙熙攘攘

從市區中心街道往西行大約5km，就是泰半胡志明市華人所居住的中國城——堤岸地區，不過這裡並不是名為「堤岸」的單一地區，而是泛指以陳興道街為中心向四周拓展的第5郡，以及平西市場所在的第6郡東側一帶，全都可以稱之為堤岸地區。**Chợ Lớn**在越南語中是大市場（**Chợ**＝市場、**Lớn**＝大）的意思，也有很多人乾脆將座落在堤岸中心的平西市場直接叫做大市場。

這塊華人區的形成是在18世紀後半，當時受到中部阮氏這股新興勢力的崛起影響，眾多華人紛紛搬家搬遷來到此地定居，是堤岸發展的最早源起，即使時至今日街道兩旁依舊擠滿著以中文為招牌的無數個人店家，在吵雜無比摩托車引擎聲響中交錯的話語則是廣東話。

與依照法國女作家瑪格麗特・莒哈絲Marguerite Duras自傳式小說所拍攝電影《情人L'Amant》場景中，所描繪出的20世紀初期頹廢委靡印象截然不同，真正的堤岸是充滿著各式各樣別具意趣的建築，更融入了極為濃厚的中國氛圍，只要花點時間漫步其間就能體驗。而且這裡具有與胡志明市區街道完全不一樣的熱鬧氣息、情境，絕對能帶來難以預料的驚喜和發現。

交通 ❀ ACCESS

如何前往堤岸地區

● 巴士

從同起街巴士轉運站（→P.61邊欄）或者是迷靈廣場的巴士總站（MAP P.127-3D），搭乘1號巴士至終點站下車，5:00～20:00間每14～18分1班，5000越盾，所需時間約30分。從提探街周邊往陳興道街沿途的巴士站最為方便。

● 計程車

若是從濱城市場出發要至平西市場的話，車資14萬越盾～，所需時間約20分。

● 摩托計程車

若是從濱城市場出發要至平西市場的話，車資6萬越盾～，所需時間約15分。

漫遊　Orientation

濱城市場前圓環往西延伸的陳興道街，沿著這條馬路往下走就會發現，隨著街道兩側商店的招牌文字從越南文漸漸轉變成中文，車輛以及摩托車喧囂愈來愈大聲，就知道已經來

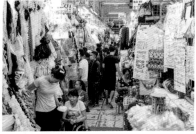
裁縫工具市場Dai Quang Minh mall

到了堤岸區。儘管這裡稱為中國城，但很遺憾的是堤岸區並不像曼谷或橫濱中華街那般有著眾多閃亮霓虹招牌的餐廳街，而是兩側羅列著眾多商店，間或錯落著飯店或餐廳而已。如果是想搭乘路線巴士前往的話，總之到終點站的平西市場，以這裡作為觀光漫遊的出發點。

將平西市場大致逛完一圈之後，沿著堤岸巴士總站前的街道向東前進，來到十字路口的學樂街Học Lạc左轉，位於左手邊的就是聖方濟各華人天主堂，花一點時間參觀完這座寧靜安詳的教堂之後，就可以從這裡進入一路朝東綿延而人聲鼎沸的陳興道街Trần Hưng Đạo了。

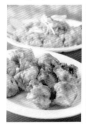

左／許多中華料理店可以吃到餃子　右上／裁縫道具街的宋維新街Tống Duy Tân　右下／與過去相比減少許多的中藥行

由梁如學街Lương Nhữ Học轉入阮鷹街Nguyễn Trãi之後，繼續向東行走幾分鐘之後就能抵達天后宮。欣賞完古色古香的寺廟，繼續往東走約3分鐘，就可以在前方發現環繞在市場周圍各種攤販而熱鬧不已的社西市場，在這一帶同時也分布著中國各地的同鄉會會館。

來散步吧「盡情感受中國文化路線」
平西市場（→P.86）➡ 聖方濟各華人天主堂（→P.85）➡ 布行街（陳興道街）➡ 中藥行街（馮興街）➡ Dai Quang Minh mall & 裁縫工具街（宋維新街）➡ 天后宮（→P.84）➡ 社西市場（→P.86）

中藥行街　MAP P.84-2B
隔著陳興道街、位於北側的馮興街Phùng Hưng上，有著多間跨越年代的老字號中藥行。店門口陳列著各式各樣的中藥材與乾貨，其中還有許多珍貴而高價的少見藥材。

部分中藥行還維持著往昔的裝潢

裁縫工具街　MAP P.84-2B
陳興道街的布行街往東前進，右側是布料 & 裁縫工具市場Dai Quang Minh mall，市場前的小巷為宋維新街Tống Duy Tân裡，是一整排的布匹批發商店家。

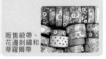
販售緞帶、花邊刺繡和蕾羅闌帶

布行街　MAP P.84-2A、2B
陳興道街西端往前直行約200m，是一整排的布匹批發商店家，而且不只是面對街道有設有店舖而已，建築物內部更是擠滿了超過上千家的布行，在這裡可以體會到屬於批發商的熱鬧氣息，同時內也因為搬運布匹和分類而充滿著活力。

擺滿了五彩繽紛的絲、棉等布料的布行

當地路邊攤
路邊攤是在餐廳吃不到的大眾美食，但是在逐漸都市化的胡志明市已經慢慢消失了，然而話雖如此，提探街周邊（→P.70）、堤岸地區Chợ Lớn（→P.82）至今仍是路邊攤、小販出沒的區域，提探街周邊有限定時間的稀飯、甜點的攤販、堤岸地區則有中式食物的路邊攤，小販的人數也多。

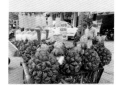
還可以看到販售水椰的攤販，口感類似椰果，1袋4萬越盾左右

水餃店街　MAP P.84-1A
在何宗權街Hà Tôn Quyền這裡林立著數間賣水餃的店家，印在看板上的Sủi Cảo就是最佳指標，店雖小但分量十足的水餃是非常美味，很受到在地人的喜愛，在這一帶附近也有很多中文招牌而格外引人注意。

堤岸飲茶就會想到
Baoz Dimsum　MAP P.85-2C
82-84-86-88 Nguyễn Tri Phương, Q. 5
☎ (028) 39231480、092-2887878（手機）
⏰ 6:30～22:30　休無休
Card JMV　預約不需預約
可以合理的價格享用正統飲茶的大型餐廳，1道約6萬越盾左右。

包入叉燒的菠蘿麵包6萬越盾

文具批發街　MAP P.84-2B
由陳興道街延伸通往南側Hải Thượng街的馮興街這道兩旁，林立著許多文具用品店。

在文具用品店可以訂製個人專屬的印章

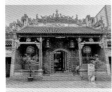

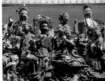

上／滿溢著歷史氣息　下／屋頂部分的裝飾也值得好好欣賞

天后宮
📍710 Nguyễn Trãi, Q. 5
🕐6:00～11:30、13:00～16:30
（每個月農曆1日與15日為5:00～22:00）
🚫無休　💰免費

　大型香環據說可以燃燒達1個月時間之久，在店鋪裡販售的小型香環售價3萬越盾～。

★★ 供奉守護航海安全的神明的中國寺院

MAP 下圖-2B

天后宮
Chùa Bà Thiên Hậu

Thien Hau Temple

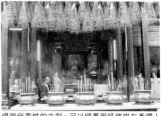

堤岸代表性的古剎，可以將專用紙條掛在香環上祈願點

　　建於1760年的天后宮，是越南歷史最悠久華人寺廟當中的一座，尊奉著眾多福建華僑信仰中心——可保航海安全的神明天上聖母（媽祖），從廟頂天花板向下垂吊著的巨大螺旋狀香環，更帶來了宛如身在中國的氛圍，一整日間繚繞於廟內不散的裊裊香煙，也訴說著人們至今不變的虔誠信仰精神。

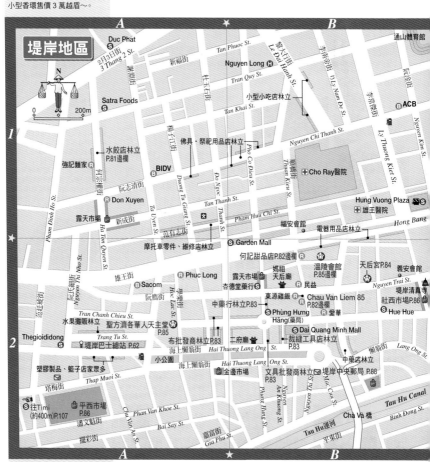

堤岸地區

★ 奶油色尖塔讓人印象深刻

聖方濟各華人天主堂

Nhà Thờ Cha Tam

MAP P.84-2A

Cha Tam Church

從陳興道街的布行街出來之後，出現在眼前的是一座有著奶油色尖塔的聖方濟各華人天主堂，創立於1900年的這座天主教教堂，也因為在1963年11月南越政權遭軍事政變推翻之際，總統吳廷琰Ngô Đình Diệm無條件投降之地而名聞遐邇。天主堂每天都會舉辦彌撒，好讓堤岸區虔誠的信徒能日日造訪，教堂也另外被稱為St. Francis Xavier Parish。

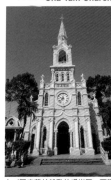

上／因座落於雜亂的堤岸區，而讓這座優美天主堂更加引人曯目
左／舉辦彌撒時可進入

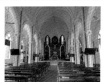

聖方濟各華人天主堂
(住)25 Học Lạc, Q. 5
(時)6:00～18:00　(休)無休
(費)免費
彌撒時間是週一～五的5:30、17:30，週六為18:30、19:30，週日則為5:30、7:15、8:45、16:00、17:00。

溫陵會館
Hội Quán Ôn Lăng
On Lang Assembly Hall
MAP P.84-2B
(住)12 Lão Tử, Q. 5
(時)6:15～17:00　(休)無休
創立於1740年的福建寺廟，供奉著天上聖母、觀世音菩薩等16尊神明。

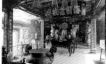

色彩極其鮮豔的內部相當寬敞

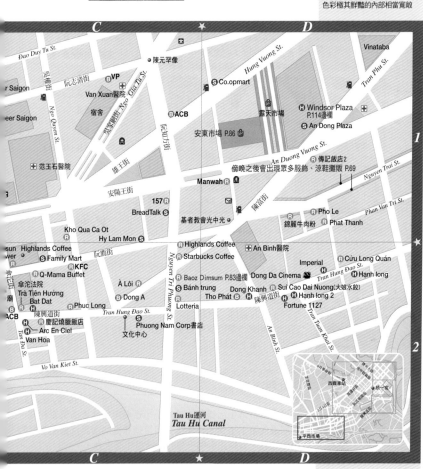

※地圖中右下角小圖內的紅框部分，是指這張街道圖在摺頁地圖背面的相對應位置。

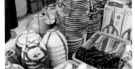
可以入手復古感的餐具

平西市場
🏠57A Tháp Mười, Q. 6
☎（028）38571512
🕐依店家而異，大致為6:00～
18:00　🈺無休

MAP P.84-2A

★ 批發商聚集的大型市場
平西市場
Chợ Bình Tây　　　　　　　　**Binh Tay Market**

　　1930年來自中國潮州的郭潭Quách Đàm，開墾這一塊原本的泥巴地而成為平西市場的起源，是目前堤岸地區最大的一座中央市場，幾乎所有店家都是以大宗批發為主，店鋪加起來總共2000家以上。包圍中庭的兩層獨特環狀建築為賣場，2016年起歷經2年的改裝工程，於2018年完工。

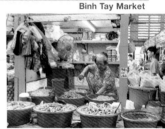
食品賣場也有販售發酵食品和牛肉乾的店家

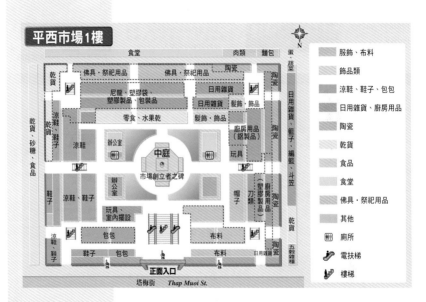

安東市場
🏠34-36 An Dương Vương, Q. 5
🕐8:00～18:00左右　🈺無休

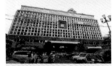
小吃街也有賣甜點店

社西市場
🕐依店家而異，大致為6:00～
12:00　🈺無休

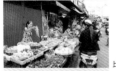

MAP P.85-1D

★ 現代化建築的市場
安東市場
Chợ An Đông　　　　　　　　**An Dong Market**

　　一座屬於現代化建築的市場，充滿熱情活力，尤其是位於2、3樓的服飾、涼鞋舖更是一整天都人氣不斷，甚至還能找到比台灣晚一季但價格更加便宜的化妝品。1樓門口左手邊則為郵局，地下樓層則設為小吃街。

MAP P.84-2B

★ 可一窺人們的生活樣貌
社西市場
Chợ Xã Tây　　　　　　　　**Xa Tay Market**

　　可一窺日常生活樣貌的這座小小市場與當地生活緊密相關，而周邊保留了不少老舊建築，與擁擠雜亂的市場交錯出別具特色的氣息。緊鄰在市場一旁的則是堤岸清真寺。

比起平西市場、安東市場來說，是更為貼近民眾生活所需的市場

銀 行

●越南外貿商業銀行 Vietcom Bank

〔總行〕 MAP P.127-2D 住5 Công Trường Mê
Linh, Q. 1 ☎（028）38271940 營7:30～
11:30、13:00～16:30 休週六・日

提供包括美金在內的主要流通貨幣的現金兌換
服務，也可以用JCB、MasterCard、VISA信用
卡來預借現金（需要護照）。

●越南國際銀行（VIB） Vietnam International Bank

MAP P.127-3D 住2 Ngô Đức Kế, Q.1
☎（028）38242620 營8:00～17:00（週六～
12:00） 休週日

提供美金與歐元的兌換服務（需要護照），門
口設有24小時服務的ATM，可用主要發卡公司信
用卡來預借現金。

●西貢商業信用銀行 Sacom Bank

MAP P.71-2D 住177-179-181 Nguyễn Thái Học,
Q. 1 ☎（028）38360243 營7:30～11:30、
13:00～17:00（週六～11:30） 休週日

提供包括美金在內的主要流通貨幣的現金兌換
服務（需要護照）。

●花旗銀行 Citibank

MAP P.127-3C 住Sun Wah Tower, 115 Nguyễn
Huệ, Q.1 ☎（028）35211111 營8:30～17:00
休週六・日

若是持有花旗卡並在台灣存入金額，就可在當地
換算成越盾並直接領錢。

匯兌處

●Hung Long

MAP P.67-2C 住86 Mạc Thị Bưởi, Q.1
☎（028）38297887 營8:00～18:00 休無休

提供美金等現金的兌換服務，也可以用JCB、
MasterCard、VISA信用卡來預借現金（需要護
照），還能夠將越盾再換回美金。

●Foreign Currency Exchange Desk 59

MAP P.66-2B 住135 Đồng Khởi, Q.1
☎（028）38231316、090-3810248（手機）
營7:00～22:00 休無休

提供美金等貨幣的現金兌換服務。

醫 院

●Lotus Clinic HCMC

MAP P.127-1C 住3F, Lancaster Bldg., 22 Bis Lê
Thánh Tôn, Q.1 ☎（028）38270000
URL lotus-clinic.com E-mail info@lotus-clinic.com
營9:00～12:30、14:00～18:00（週六～13:00、預

約櫃台8:30～17:30） 休週日、節日

越南第一間日系醫院，有日籍醫生以及日本護士常
駐，提供一般內科、外科、小兒科等診療服務，而醫
療器具與設備都很完備，除了特殊項目之外都可以在
醫院裡做檢查。

●Raffles Medical Ho Chi Minh Clinic

MAP P.122-1B 住167A Nam Kỳ Khởi Nghĩa, Q.3
☎（028）38240777（24小時服務，看診預約為
8:00～17:00）
URL www.rafflesmedicalgroup.com
E-mail frontdesk_hcmc@rafflesmedical.com
營24小時 休節日

來自世界各國的堅強醫師陣容，提供國際水準的
初診、緊急醫療、專科醫療服務，使用的藥品也是
國外進口。有常駐的日籍醫生（須預約，夜間僅提
供緊急診療服務），預約電話櫃台8:00～17:00。

●Family Medical Practice HCMC

MAP P.126-1B 住Diamond Plaza, 34 Lê Duẩn,
Q.1 ☎（028）38227848
URL www.vietnammedicalpractice.com
E-mail hcmc@vietnammedicalpractice.com
營8:00～19:00（週六～16:30） 休無休

有日籍醫生與日本人職員常駐，提供國內科、小兒
科、消化內科、整形外科、感染病科的診療、緊急醫
療、運送（國內外）等服務，還備有24小時體制的院內
檢查實驗室、圖像診斷中心、藥局、搭載最新設備的
救護車等等，可獲得專門醫師相當高水準的治療，緊
急入院設施也很完善（個人房）。白天看診以預約者
優先，緊急時則提供24小時服務。

●Columbia Asia Saigon International Clinic

MAP P.126-1A 住8 Alexandre de Rhodes
☎（028）38238888
URL www.columbiaasia.com 營8:00～18:00（週
六～17:00、週日～18:30） 休無休

與美國合資開設的診所，由外籍醫師或越南醫師
負責看診。

※上述4家醫院除了緊急狀況都採預約制，
即使是突發問題也希望能夠事先以電話通
知，這4家醫院都與大型海外旅遊保險公
司有合作，但因為也有不在保險項目內的
診治，需要事先確認。至於信用卡所附帶
的海外旅遊保險，通常沒有提供免現場付
費的服務，必須在當地支付診療費用後，
回國再向保險公司請款，而且每一家信用
卡公司所合作的保險公司各有不同，最好
是能夠在出發前，先弄清楚與自己手上信
用卡合作的保險公司名稱。

主要航空公司

● 越南航空　Vietnam Airlines

MAP 摺頁反-1B外　**住**49 Trường Sơn, Q. Tân Bình　☎1900-1100（熱線）

⏰8:00～17:00　**休**週日、節日　**Card**ADJMV

● 日本航空　Japan Airlines

Free1800-599925（熱線）

沒有櫃台服務，如欲洽詢請致電上述電話。（☎7:00～17:00　**休**週六・日、日本節日、12/30～1/3。

● 全日空　All Nippon Airways

MAP P.127-3C　**住**16F, Sun Wah Tower, 115 Nguyễn Huệ Q.1　☎（028）38219612

⏰8:30～17:30　**休**週六・日、節日

CardADJMV

● 越捷航空　VietJet Air

MAP P.124-3A　**住**8 Bis Công Trường Quốc Tế, Q.1　☎1900-1886（熱線）　⏰7:30～20:45（週日、節日～19:00　**休**無休　**Card**ADJMV

● 越竹航空

MAP P.122-1B　**住**112 Lý Chính Thắng, Q.3

☎1900-1166（熱線）　⏰8:00～18:00（週六・日8:30～17:00）　**休**無休　**Card**ADJMV

● 太平洋航空　Pacific Airlines

MAP摺頁反-1B外　**住**112 Hồng Hà, Q. Tân Bình

☎（028）71001550　⏰8:00～12:00、13:00～17:00　**休**週六・日、節日　**Card**MV

● 國泰航空

Cathay Pacific Airways

MAP P.124-3A　**住**5F, Centec Tower, 72-74 Nguyễn Thị Minh Khai, Q.1

☎（028）38223203　⏰8:30～16:30

休週六・日、節日

CardADJMV

● 中華航空　China Airlines

MAP 摺頁反-3D外　**住**Room 1B, 7F Crescent Plaza, 105 Tôn Dật Tiên, Q.7

☎（028）54141008

⏰8:00～12:00、13:00～17:00（週六～12:00）

休週日、節日　**Card**AJMV

郵政・宅配

● 中央郵局

MAP P.123-2D　**住**2 Công Xã Paris, Q.1

☎（028）38221677　⏰7:00～19:00（週六～18:00）　**休**無休

提供EMS、DHL服務。

● 堤岸中央郵局

MAP P.84-2B　**住**26 Nguyễn Thi, Q.5

☎（028）38551763　⏰7:00～19:00（週日7:30～12:00、13:00～17:00）　**休**無休

● 郵務稅關

MAP P.126-1B　**住**117-119 Hai Bà Trưng Q.1

☎（028）38251636　⏰8:00～17:00　**休**無休

● EMS

MAP P.128-2B　**住**216 Nguyễn Công Trứ, Q.1

☎1900-545433（熱線）

⏰7:30～20:30（週六・日8:00～16:30）　**休**節日

● DHL

MAP P.67-2C　**住**71C Đồng Khởi, Q.1

☎1800-1530（熱線）　⏰8:00～18:00（週六～16:00）　**休**週日、節日　**Card**ADJMV

專用信封、箱子免費供應，包裹0.5kg162萬5350越盾、1kg195萬9219越盾，送達台灣會需要1～2個工作日。

主要領事館

● 駐胡志明市台北經濟文化辦事處

Taipei Economic and Cultural Office in Ho Chi Minh City

MAP 摺頁反-2B　**住**336 Nguyen Tri Phuong St., District 10, HO CHI MINH City, Vietnam

☎（8428）38349160～65

FAX（8428）38349166

URL www.roc-taiwan.org/vnsgn/

開週一～五8:00～12:00、13:30～17:30，受理領務申請案件時間8:00～11:30（收件）、13:30～16:00（收發件）　**休**週六・日、節日

急難救助電話：從台灣撥打002-84-903927019、越南境內直撥0903-927019

※急難救助電話專供如車禍、搶劫、有關生命安危緊急情況等緊急求助之用，非急難重大事件請勿撥打。

※護照發照、返國入境文件申請→P.432

● 駐越南臺北經濟文化辦事處

Taipei Economic and Cultural Office

住20A/21st Floor, PVI Tower, No.1, Pham Van Bach Road, Yen Hoa Ward, Cau Giay District,

Hanoi

☎（24）3833-5501　FAX（8424）38335508

⏰週一～五8:00～12:00、13:30～17:30，受理領務申請案件時間8:00～12:00（收件，11點前抽號碼）、14:00～15:00（發件）

URL www.taiwanembassy.org

急難救助電話：從台灣撥打002-84-913219986、越南境內直撥0913219986

※急難救助電話專供如車禍、搶劫、有關生命安危緊急情況等緊急求助之用，非急難重大事件請勿撥打。

●寮國駐外使館

MAP P.126-2B　住93 Pasteur, Q. 1

☎（028）38297667　⏰8:30～11:30、13:30～16:30　休週六・日、節日

可申請1個月的觀光簽證（35US$、護照用照片2張）和電子簽證（45US$，需要3個工作天），電子簽證可於以下網站申請。

在外使館申請1個月的觀光簽證，申請所需文件：護照、簽證申請表、2張護照用尺寸照片及簽證規費35US$，一般在申請提出後的3個工作天後可取件，欲當天取件40US$。申請人應在簽證申請表中註明在寮國停留期間，並提供離境機票證明等。

旅行社＆旅遊辦事處 ✲ TRAVEL OFFICE & TOUR OFFICE

旅行社＆旅遊辦事處
●TNK & APT TRAVEL JAPAN 胡志明總店
TNK & APT travel JAPAN Ho Chi Minh

MAP P.71-2C　住61-63 Bùi Viện Q.1

URL www.tnkjapan.com

LINE ID：https://lin.ee/A2sNAk 3

⏰8:00～22:00　休無休　Card J M V

派駐有多名日籍員工的一間旅行社，受到獨自旅行的女性、學生團體旅行等個人旅行者的喜愛，負責各種廉價旅遊行程、安排巴士等。有日語導遊隨行的湄公河三角洲Đồng Bằng Sông Cửu Long（41US$）與古芝地道Địa Đạo Củ Chi半日（35US$）之旅，是各間旅行社當中最為低廉的，除了可欣賞螢火蟲的湄公河三角洲之旅（65US$～）外，西貢河晚餐遊船（27US$～）、划船前往亞洲最大紅樹林的Cần Giờ紅樹林之旅（88US$）都受到好評，另外也提供代購機票、安排車輛、導遊或者是免費代為預約美容服務等。另外在河內（→P.313）、會安（→P.225）、柬埔寨的暹粒（→P.248）也都設有分店。

※2024年8月目前只能透過官網和Line官方帳號詢問

〔各種在地之旅〕

夜間人力三輪車之旅（29US$～）、水上木偶戲&順化宮廷料理晚餐之旅（50US$～，含晚餐）、凱比Cái Bè水上市場1日遊（88US$）、仙境樂園之旅（40US$～）等。也可代為安排作為吳哥窟觀光起點的暹粒的當地出發解散行程、胡志明市出發的旅行團等。

※每人價格（兩人以上參加）。

●Peace In Tour

MAP P.123-2C　住51 Trương Định, Q.3

☎（028）39306309、39306165　URL www.pitt.jp

⏰8:00～11:30、13:00～17:30（週六～12:00）

休週日、節日　Card A J M V

日本旅行社Peace In Tour設置在當地的辦公室（外頭招牌為Indochina Tourist & Trade），派駐有日籍員工。觀光行程全以下榻飯店為出發、解散地點，並有日語導遊隨行，最好是在出發2天前上午之前報名；除了各種觀光旅程外，機票、車輛、導遊的安排或者是訂飯店、機場至飯店的接送等服務也都有。

〔各種在地之旅〕

蘇志半日觀光（84US$，無午餐）、美萩1日觀光（108US$，含午餐）等。

※以上為2人報名時的單人價格，最低出發人數為2人。

●Sketch Travel Tour Desk
Sketch Travel Ho Chi Minh City

MAP 摺頁反-1C外　住14-16-18 Nguyễn An Ninh, Q. Bình Thạnh（Tagger Travel內）

☎（028）38207366　URL vietnam.sketch-travel.com　URL www.facebook.com/VietnamSketch Travel　E-mail vietnam@sketch-travel.com　⏰9:00～17:00（週六～12:00）

休週日、節日　Card J M V

派駐有日籍員工，提供有日語導遊隨行的1日行程，也可諮詢越南國內與海外的機票、飯店、翻譯、車輛等的相關安排，除了越南國內之外也負責安排日本旅行，也提供出差旅行到個人旅行等各種旅遊安排。免費提供自家原創地圖與《Vietnam Sketch》雜誌。

〔各種在地之旅〕

除了市區半日觀光精華（30US$）、湄公河遊船之旅（55US$）、蘇志與湄公河1日觀光（80US$）

等等之外，也有前往吳哥窟、曼谷等周邊各國行程和越南度假村、中部的順化‧會安等的觀光行程。

※以上為 2 人報名時的單人價格。

●Wendy Tour（SMI-VN Travel. Co., Ltd.）

MAP P.125-2C　住25/60 Nguyễn Bỉnh Khiêm, Q.1

☎（028）38219451　URL www.wendytour.com/vietnam　E-mail vietnam@wendytour.jp

營9:00～18:00（週六～17:00）　休週日、節日

Card MV

派駐有日籍員工，舉辦有日語導遊陪同的巴士之旅，至少要在出發 2 天前預約。除了各式各樣的旅遊行程之外，也可以代為安排購買各種票券；有日語導遊的新山一國際機場至下榻飯店送服務，價格為70萬越盾（2 人以上），另外也有販售關於美容服務、表演等的優惠券。

〔各種在地之旅〕

湄公河遊船 1 日之旅（159萬越盾，含午餐）、湄公河夜間遊船之旅（205萬越盾，含晚餐）、高台教寺廟與古芝地道 1 日（199萬越盾，含午餐）、古芝地道（104萬越盾）、Indochine號夜間遊船之旅（85萬越盾，含晚餐）、Can Gio紅樹林 1 日（249萬越盾，含午餐）、地方列車之旅（179萬越盾）等等。

※以上為 2 人報名時的單人價格，最低出發人數為 2 人。

●Poco Loco Vietnam

MAP P.127-1D

住8A/11C2 Thái Văn Lung, Q.1

☎034-3964372（手機）

URL www.pocolocovietnam.com

E-mail pocolocovietnam@gmail.com

營9:00～18:00　休不定休　Card MV

日本人經營的旅行社，提供私人的摩托車行程。日本人導遊會根據需求駕駛摩托車帶領旅客前往推薦的攤販和當地景點，包含往返飯店的交通。有保險，須於 2～3 個工作天前預約以便辦理保險。

〔各種在地之旅〕

夜間美食行程（96US$，餐費另計）

※以上為 2 人報名時的單人價格，最低出發人數為 1 人。

●Vietspace Travel

MAP P.125-3D

住Aqua 2，22OT01, Vinhomes Golden River, 2 Tôn Đức Thắng, Q.1　☎（028）38205065

URL www.vietspacetravel.com

E-mail vietspace@vietspacetravel.com

營9:00～17:30（週六～12:00）

休週日、節日　Card J M V

提供坐在義大利摩托車偉士牌的後座遊覽胡志明

市觀光地的偉士牌之旅（英語導遊，119US$～）、凱比Cái Bè水上市場&永隆Vĩnh Long之旅（155US$）、檳椥Bến Tre遊船之旅&湄公河名物Xe Lôi的乘車體驗（125US$）等獨樹一格的行程，也有提供前往崑崙島（→P.171）的行程和前往中部高原的行程，還可客製化安排行程。

〔各種在地之旅〕

崑崙島 3 天 2 夜（英語導遊，405US$，不含機票）等等。

※以上為 2 人報名時的單人價格。

●Kim Delta Travel

MAP P.71-1C　住268 Đề Thám, Q.1

☎（028）66817618　URL kimdeltatravel.com.vn

營7:00～22:00　休無休　Card MV

與The Sinh Tourist同為在地老字號的一家旅行社，由原本的Kim Travel改名為Kim Tran Travel。主辦有高台教寺院Tòa Thánh Cao Đài與古芝地道 1 日之旅（69萬越盾、古芝地道入場費要另外支付）、湄公河三角洲 1 日之旅（45萬越盾～）。

●The Sinh Tourist

MAP P.71-2C　住246-248 Đề Thám, Q.1

☎（028）38389593　URL www.thesinhtourist.vn

營8:00～17:00　休無休　Card J M V

從Sinh Cafe改名成The Sinh Tourist的老字號觀光旅遊公司，在越南各地都設有分店。提供廉價之旅、露天觀光巴士（→P.413）之外，也負責訂購機票、預約飯店等全面性旅遊服務，並且提供旅遊簡介。

〔各種在地之旅〕

胡志明市市區半日觀光（24萬9000越盾～，入場費另計）、高台教寺院與古芝地道 1 日之旅（59萬9000越盾～，古芝地道入場費要另外支付）、湄公河三角洲 1 日之旅（49萬9000越盾～）等，另外在結束了湄公河三角洲的行程後，還可以繼續前往柬埔寨的金邊，以跨國方式作為旅程的最後終點，另外也有前往金邊（69萬9000越盾）的直達巴士。

※以上為 2 人報名時的單人價格，價格會隨參加日期而變動，請多加留意，最少 8 人成團。

●Anh Viet Hop On-Hop Off Vietnam

MAP P.122-1B

住 210 Điện Biên Phủ, Q. 3

☎091-3674412（手機、熱線）

URL www.hopon-hopoff.vn

E-mail sale@anhviettourist.com　營8:00～18:00

休週六‧日、節日　Card MV

自由上下車的市區巴士之旅「Hop On Hop Off」，繞行於濱城市場、統一宮等主要觀光景點，由中央郵局起始，8:00～15:30每30分 1 班。

另外，還有行經阮惠街（住92-94 Nguyễn Huệ, Q.1）的夜間路線，16:00～24:00每30分鐘1班。兩者1小時車票為14萬9000越盾，24小時車票為47萬5000越盾。路線與時刻表等詳細資訊請至上列網址查詢，也可以在官網購票。

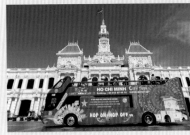

橘色車身的Phuong Trang臥鋪巴士

巴士公司

●Phuong Trang

MAP P.71-1C　住272 Đề Thám, Q. 1
☎1900-6067（熱線）　URL futabus.vn
營24小時　休無休　Card不可

在越南全國各地經營的巴士公司。開往美奈Mũi Né的巴士每日6:30～23:30間10班（16萬越盾）；開往芽莊的巴士每日8:00～24:00間14班，27萬5000越盾；開往大叻的巴士全天運行，30萬越盾。上述路線基本上都是使用3列×2段的臥鋪巴士還可以免費使用Wi-Fi，相當舒適，但巴士的車種要事先確認。開往頭頓的巴士5:00～19:00間每1小時1班，18萬越盾。

前往湄河三角洲的方向（芹苴Cần Thơ、永隆、金甌Cà Mau、朱篤Châu Đốc等地）的路線也非常充實，巴士乘車處隨目的地不同而異，請至當地確認。

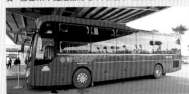

Phuong Chang 橙色車身巴士

柬埔寨直達巴士

以下為開往柬埔寨的各家巴士公司。

●Giantibis Transport

MAP P.70-1B　住301 Phạm Ngũ Lão Q.1
☎037-9567333（手機）　URLwww.giantibis.com
營6:00～21:00　休無休　Card不可

在柬埔寨國內相當有人氣的巴士公司，往金邊的只有一般座位巴士，每日8:00 1班運行，

39US$。雖然需要從金邊轉車，但也有巴士前往暹粒、西哈努克、貢布等各城鎮。柬埔寨電子簽證可於邊境取得。

●Kumho Samco

MAP P.71-1C　住229 Phạm Ngũ Lão, Q.1
☎（028）62915389、1900-6065（熱線）
URL www.kumhosamco.com.vn
營6:00～21:00　休無休　Card不可

前往柬埔寨金邊的巴士每日7:30、8:30、11:00出發，共計3班，7:30、8:30發車的為臥鋪巴士，72萬越盾，11:30發車的為一般座位巴士，60萬越盾。巴士乘車處就在辦公中心前。另外也有前往頭頓、藩切Phan Thiết、邦美蜀等地的國內巴士，售票處設置在各個巴士總站內，依照前往城市而有不同的巴士總站。

關於當地行程

許多以個人旅行為客群推出旅遊行程的旅行社聚集在提探街（→P.70）周邊，可在2天前直接前往窗口預約。形成的種類的費用每處都大致相同，但內容與服務會有所差異，最好比較過幾間後再決定。

●湄公河遊船之旅

雖然不同旅行社多少有些差異，但大致來說有英語導遊隨行的20名左右的團體行程含餐點為69萬5000越盾。行程內容會造訪果園、米紙工廠、養蜂場等處，是搭乘手划船遊覽湄公河三角洲的遊船之旅。一般會在7:30～8:00左右從旅行社前出發，於傍晚17:00左右歸來，另外也有午後出發前往湄公河三角洲欣賞螢火蟲的行程。

●胡志明市區觀光之旅

有效率地遊覽統一宮、戰爭遺跡博物館、西貢大教堂、中央郵局等胡志明市景點的行程，最多12名的英語導遊隨行的團體行程約69萬越盾～。大多可以選擇上午或下午行程，所需時間約3小時。

●高台教寺院與古芝地道之旅

可以在西寧Tây Ninh參觀高台教寺院與禮拜，還可穿梭於古芝地道中並體驗射擊（付費）的行程，有英語導遊隨行的12名左右的團體行程為119萬越盾。一般在8:00左右從旅行社前方出發，並於傍晚18:30左右歸來，另外也有只去古芝地道的行程。

●摩托車之旅

最近幾年人氣高漲的摩托車之旅，可坐在摩托車後座參觀街道景色，還可造訪晚上的攤販，是充滿胡志明市特色的體驗。每間旅行社推出的行程內容五花八門，像是有穿著越式旗袍的司機騎車載客，或是使用偉士牌摩托車載客等等，雖然摩托車之旅沒有發車重大意外事故，但即使發生意外，舉辦公司也不會提供補償，參加行程就要自負後果。

巷弄裡的品味復古風情的潘郎家庭料理

Nha Tu

越南料理

MAP P.122-2B

這家獨棟小酒館，位於小巷後方，由南部小漁村潘郎Phan Rang長大的女主人Tu所經營。「Nha Tu」的意思是「Tu的家」，店內擺滿了古董櫥櫃和復古孔雀圖案桌布覆蓋的木桌，就像邀請進入自己家一樣的空間，感

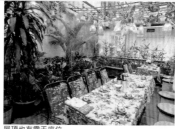
屋頂也有露天座位

129/4 Võ Văn Tần, Q.3
☎（028）39305069
🕐9:00～15:00、16:30～22:00
休無休　Card M V
預約午餐需預約

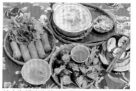

到賓至如歸。菜單提供樸實無華的日常越南美食。特別像是煲蝦和、蚵仔粥等，這些都是用Tu母親傳承下來的食譜。

前方為蝸牛肉餡（7萬5000越盾），右後方為蚵仔粥（11萬5000越盾），1道約5萬5000越盾～

大開眼界的美味湄公河料理

Bep Nha Luc Tinh

越南料理

MAP P.129-2C

台灣人對湄公河三角洲地區的飲食文化還很陌生，而這家餐廳是市區少有、以湄公河三角洲地區飲食文化為主題的餐廳。提供椰汁燉魚和豬肉Kho Tộ，各種使用河魚和淡水蝦與發酵調味料Mắm的料理等，這些料理會勾起湄公河三角洲人的回憶。推薦有燉煮物、炒菜、媽媽料理、醃漬物、湯、沙拉和米飯的套餐Mối Tình Quê（75萬越盾），湄公河家常菜套餐（62萬越盾～）。

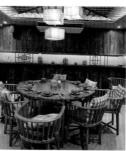
店內空間以湄公河農田為印象設計，中央還有做小池，十分涼爽

37 Nam Kỳ Khởi Nghĩa, Q.1
☎（028）39153999
🕐10:00～22:00（L.O. 21:00）
休無休　稅、服務費另計
Card A M V　預約需預約

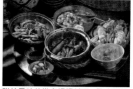

甜辣風味的燉煮媽媽料理，風味獨特，酸甜配菜讓人白飯一口接一口，料理價格為20萬越盾左右

街頭小吃×傳統越南料理

Di Mai

越南料理

MAP P.128-2A

營造出1960年代深受法國文化影響的老西貢氣氛，店內供應結合街頭小吃和越南傳統料理的獨特原創料理，只有這裡才吃得到！完全不使用化學調味料與著色劑，精心製作的每道菜餚都極為美味，蔬菜料理6萬8000越盾～、主菜15萬越盾左右。務必試試看竹筒填充雞肉、糯米、香草的餐點Gà Ông（38萬8000越盾）。

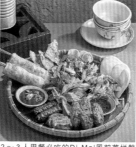
2～3人用餐必吃的Di Mai風前菜拼盤（26萬8000越盾）

136-138 Lê Thị Hồng Gấm, Q.1
☎（028）38217786　🕐11:00～21:00
休無休　稅另計　Card A D J M V
預約週末、節日需預約

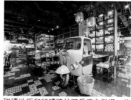

磁磚地板和紅磚牆的可愛店內裝潢，後方可以看見料理過程的廚房，在市區有4間分店

港都芽莊鄉土料理專賣店
Ganh

越南料理

MAP P.68-2B

越南料理依地域的不同，擁有相異的鄉土料理，其中以獨特飲食文化的芽莊料理最受老饕喜愛。這裡可以品嘗到生魚沙拉Gỏi Cá Mai（16萬5000越盾）和海蜇麵Bún Sứa（7萬7000越盾）等芽莊特色的美食，還有炸豬肉捲（→P.33，11萬越盾），以米紙包裹豬肉丸、青芒果、蔬菜和香草、炸米紙等，與拌著絞肉的花生一起品嘗，多種食材的風味和口感在口中交織，十分美味！

🏠91 Hai Bà Trưng, Q.1
☎（028）66820692　🕐11:00～23:00
休無休　費稅另計
Card J M V　預約需預約

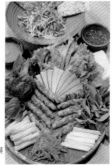

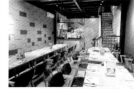

前方為炸豬肉捲，後方為青芒果與鯷魚的沙拉（13萬5000越盾）

即使是一個人也能輕鬆進入的氛圍。菜單上有照片，所以很容易選擇。每道5萬越盾起的合理價格也很有吸引力

重現舊時南越的家
Cuc Gach

越南料理

MAP 摺頁反-1C

越南著名建築家操手的獨棟餐廳，重現1940年代越南南部生活氛圍的餐廳內部，擺設是古董家具並以南越的Song Be陶器作為餐具，是一處可以充分體驗古早越南懷舊氣息的空間。這裡的家庭口味越南菜深受好評，可以品嘗到炸軟殼蟹（→P.34，36萬越盾）、酒蒸蝦Tôm Thẻ Hấp Bia（75萬越盾）等海鮮料理，菜色多元，若不清楚料理是什麼，可以直接詢問店員。1道約12萬越盾左右。沿街有兩間店面。

🏠9-10 Đặng Tất, Q.1
☎（028）38480144
🕐9:00～23:00
休無休　Card M V
預約晚餐最好先預約

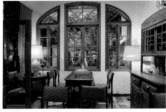
殖民風格建築改建的氛圍餐廳

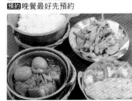
左前方為滷豬肉和蛋Thịt Kho Trùng（14萬越盾），右前方則為絞肉煎蛋Trúng Chiên Thịt Bầm（12萬越盾）

越南全國料理集合
SH Garden

越南料理

MAP P.67-1C

曾為空服員的越南老闆夫婦網羅各地料理，設計出專屬菜單，除了家庭料理外，也有其他店吃不到的美味。不妨嘗試看看越南中部廣南省的芝麻仙貝與蜆仔沙拉Hến Xúc Bánh Đa Quảng Nam（16萬5000越盾）、夏威夷風生芥菜春捲Cuốn Diếp Tôm Hà Nội（19萬5000越盾）等，儘管前菜1道就要16萬5000起，價位稍高，但食物美味、服務也很貼心。

🏠26 Đồng Khởi, Q.1
☎（028）66596622、098-1999188（手機）、096-5596188（手機）
🕐10:00～22:30　休無休
費稅另計　Card D J M V
預約最好先預約

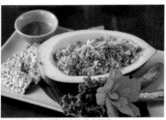
蜆仔沙拉為中部廣南省的鄉土料理

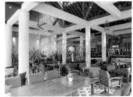
可眺望同起街的靠窗席需預約

93

隱藏在巷弄老公寓頂樓的餐廳
Secret Garden

越南料理

MAP P.126-2B

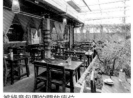

位在巷弄內的古老公寓頂樓，半室外的花園風餐廳，給人一種置身於開放感十足的越南農村氛圍。用Song Be陶器、巴莊陶器等樸素的餐具盛裝越南各地的傳統料理，無論點什麼都不會出錯，每一道料理都用心製作調味絕佳，溫醇好入口，家庭料理首推番茄醬肉餡豆腐Đậu Hũ Dồn Thịt Sốt Cà（10萬5000越盾）。

🏠4F, 158 Alley Pasteur, Q.1
☎090-9904621（手機）
🕐11:00～23:00
休無休　💰稅另計
Card A D J M V
預約不需要

牛肉料理也軟嫩美味，前方為夜來香炒牛肉（15萬5000越盾）

被綠意包圍的開放座位

越南料理老店
Hoang Yen

越南料理

MAP P.67-1D

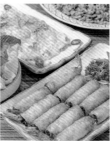

無論哪一道料理水準都很高，連當地人都認同的美味。推薦椰汁燉豬肉Thịt Kho Nước Dừa（13萬9000越盾）、紫薯蝦湯Canh Khoai Mỡ Tôm（14萬5000越盾）等南部代表性的家庭料理。菜單附照片，方便理解。另外，系列自助餐廳「Buffet Hoan Yen Premier」（MAP P.126-3B）除了越南料理以外，還有種類豐富的海鮮料理，還可以在現場廚房指定烹飪方法（平日午間32萬5000越盾，平日晚間47萬5000越盾）。

🏠7-9 Ngô Đức Kế, Q.1
☎（028）38231101
🕐10:00～22:00
休無休　💰稅、服務費另計
Card A D J M V
預約不需預約

前方為炸蝦春捲Chả Giò Tôm（14萬5000越盾），左後方為絞肉煎蛋8萬9000越盾

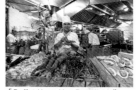

「Buffet Hoan Yen Premier」為
🕐10:00～22:00

位於濱城市場附近的小巷內
Bep Me In

越南料理

MAP P.126-3A

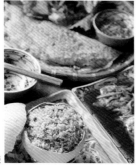

位在小巷內的小型越南料理店，1樓有描繪越南日常生活的壁畫，散發食堂氛圍感，2樓磁磚地板宛如咖啡館般的裝潢。可享用以越南南部與北部為中心的代表性越南家常菜，推薦菜色為麵衣厚實Q彈的越式煎餅Bánh Xèo（→P.38，13萬9000越盾），放入椰殼的炒飯Cơm Chiên Trái Dừa（14萬9000越盾）。菜單有無麩質和素食選項，方便選擇。

🏠Hẻm 136, 9 Lê Thánh Tôn, Q.1
☎（028）22111119
🕐10:30～22:30
休無休　💰稅另計
Card J M V　預約不需預約

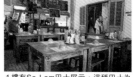

1樓有Se Lam巴士展示，這種巴士為1960年代越南南部的主要交通工具，如果想要悠閒地用餐，建議可以選擇2樓的座位

前方為放入椰殼中的炒飯

Voice「Hoang Yen」（→上述）特別推薦蔬菜料理，尤其是南瓜花、夜來香等南部特有的炒花料理，市內有4間分店。

城市導覽　南部　胡志明市TP.Hồ Chí Minh　餐廳

美味的越南南部料理
Quan Bui Original
越南料理

MAP P.127-1D

充滿現代殖民氛圍的獨棟餐廳，承裝在Song Be陶器裡的越南料理屬於南部風味。雞肉料理9萬9000越盾～，蔬菜料理依烹飪方式不同6萬9000越盾～。以蜜汁排骨（15萬9000越盾）等料理最有人氣。

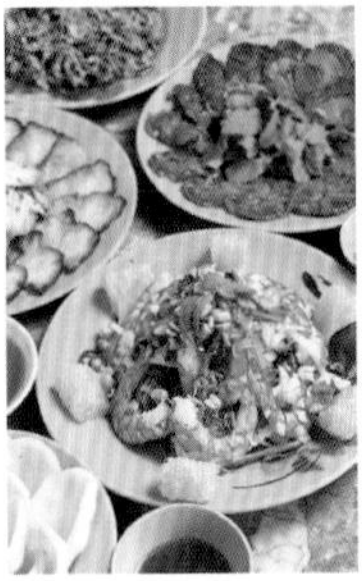

前方為芒果蝦沙拉Gỏi Xoài Tôm Sú（14萬9000越盾）

📍19 Ngô Văn Năm, Q. 1　☎(028) 38291515　🕐7:00～23:00　🈺無休　💰稅、服務費另計　**Card** A D J M V　**預約** 不需要

鴉片工廠改裝而成
Hoa Tuc
越南料理

MAP P.68-2B

將過去法國殖民時代鴉片工廠改裝而成，充滿著殖民式的異國氛圍，將傳統越南料理稍加調整過的菜餚，口味既不會過於現代化也不會過於守舊，每一道菜的口味很平易近人。最受歡迎的菜餚包含越南中部風味的越式煎餅Bánh Xèo（→P.38，12萬5000越盾）等等。

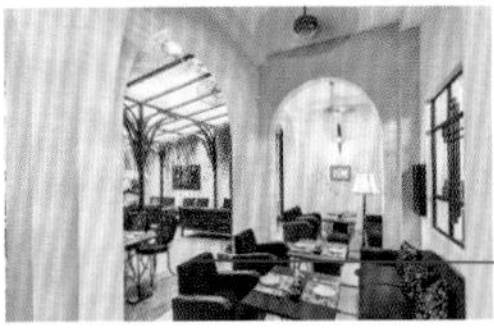

人氣的花園座位，夜晚氣氛絕佳

📍74 Hai Bà Trưng, Q. 1　☎(028) 38251676　🕐11:00～22:00　🈺無休　💰稅、服務費另計　**Card** A D J M V　**預約** 最好先預約

宣傳藝術引人注目
Propaganda
越南料理

MAP P.126-1A

彩繪在一整面牆上的社會主義宣傳藝術相當讓人印象深刻的休閒餐廳，可品嘗到以越南家常菜為基底製作的健康創作料理，人氣餐點包括生春捲（8萬5000越盾）、糙米果和炸豆腐乾麵Bún Đậu Hủ Gạo Lức Propaganda（14萬越盾）等。

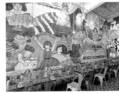

以壯觀的宣傳藝術壁畫點綴的店內

📍21 Hàn Thuyên, Q. 1　☎(028) 38229048　🕐7:30～23:00　🈺無休　💰稅、服務費另計　**Card** A D J M V　**預約** 建議預約

味道佳、份量足的老店
Thanh Nien
越南料理

MAP P.126-1B

創立於1989年的當地人氣餐廳，味道絕對是掛保證的美味。以南部代表性的料理為主，也提供海鮮料理和北部知名料理。推薦菜色包括外皮酥脆、裡面塞滿多汁肉末的越式炸春捲（→P.30，16萬5000越盾）等，預算為每人30萬越盾～。

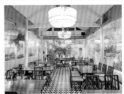

大面窗戶明亮、寬廣的屋內，也有綠意環繞的花園席和包廂

📍11 Nguyễn Văn Chiêm, Q. 1　☎(028) 38225909　🕐7:00～22:00　🈺無休　**Card** A J M V　**預約** 不需要

以路邊攤為概念的大型餐廳
Nha Hang Ngon
越南料理

MAP P.126-2B

將超過150種越南各地的庶民小吃集結在一地，尤其是麵類料理更是品項眾多。提供湄公河名產魚醬米粉（→P.37，9萬5000越盾）、海防名產蟹肉紅米苔目（→P.36，9萬越盾）等。

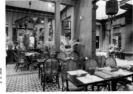

在當地人中也是很有人氣的路邊攤式餐廳

📍160 Pasteur, Q. 1　☎(028) 38277131　🕐7:30～22:00（L.O.21:30）　🈺無休　**Card** A D J M V　**預約** 4人以上需預約

健康美味的順化美食
Tib
越南料理

MAP P.123-1C

順化料理的老店，豐富的菜單上從淳樸的庶民料理到傳統的宮廷料理。推薦順化米粉Dấm Nước（14萬5000越盾），以番茄基底搭配肉丸子湯4種料理，每人預算為50萬越盾～。

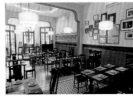

2022年8月完成改裝後重新開幕

📍187 Ter Hai Bà Trưng, Q.3　☎093-3395993（手機）　🕐11:00～14:00、17:00～22:00　🈺無休　💰稅、服務費另計　**Card** J M V　**預約** 需預約

正統的順化平民料理店
Nam Giao
越南料理

MAP P.126-3A

座落在濱城市場北口附近小巷的順化料理餐廳，以順化一地的平民料理為主，因道地的口味和實惠價格而深受喜愛，值得推薦的菜色有蜆仔飯Cơm Hến（→P.38，7萬越盾），白飯上撒滿酥脆花生的口感再加上味道濃郁的蜆仔，堪稱是絕妙組合，至於牛肉米粉Bún Bò Huế（→P.36，7萬越盾～）或者是蒸春捲Bánh Ướt Thịt Nướng也都非常美味。

加入蟹肉的米粉（8萬8000越盾）

🏠136/15 Lê Thánh Tôn, Q. 1　☎（028）38250261
🕐8:00～21:00　🈳無休　Card不可　預約不需預約

濃縮美味的蘑菇火鍋專賣店
Ashima
越南料理

MAP P.124-2A

這是一間專門販售蘑菇火鍋Lẩu Nấm（→P.39）的專賣店，可以吃到葷菇種類超過20種，還有滿滿的蔬菜、肉類和海鮮。將中藥、蘑菇、豬骨等熬煮48小時以上，提供匯聚各種鮮味的3種獨家製作湯頭（16萬9000越盾～），6種蘑菇火鍋70萬越盾～。

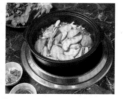
也有黑雞、和牛和甲魚的火鍋組合

🏠35A Nguyễn Đình Chiểu, Q. 1　☎（028）73001314
🕐10:30～23:00　🈳無休　Card A D J M V　預約不需預約

平民口味的螃蟹料理專賣店
94 Thuy
螃蟹料理

MAP P.124-1A

因為分量十足且美味而深獲當地民眾好評，最出名的料理就是蟹肉冬粉Miến Cua Xào（→P.37，22萬越盾），裡面有著滿滿的蟹肉，另外還有像是羅望子炒炸全蟹Cua Rang Me（時價）、炸軟殼蟹Cua Lột（→P.34，26萬越盾）等各式各樣美味的螃蟹大餐。

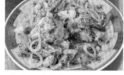
蝦子螃蟹炒冬粉（24萬越盾）也是人氣料理之一

🏠84 Đinh Tiên Hoàng, Q. 1　☎（028）39101062
🕐9:00～21:00　🈳無休　Card J M V　預約不需預約

塞了滿滿蟹肉的炸春捲
Nem
越南料理

MAP P.124-2B

海防招牌名菜——蟹肉炸春捲Nem Cua Biển（7萬6000越盾）是餐廳的極品餐點，香脆炸春捲皮包裹滿滿多汁的蟹肉。可以品嘗到米粉和香菜的春捲米粉Bún Chả（→P37，6萬越盾）也很美味。

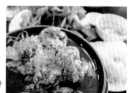
上菜時店員會協助分切春捲

🏠15E Nguyễn Thị Minh Khai, Q. 1　☎（028）62991478
🕐10:00～22:00（L.O.21:30）　🈳每季的第一個週一14:00～
Card J M V　預約不需預約

集結當地口碑的餐廳
Cocochin Food Court
美食街

MAP P.127-3C

集結了當地口碑絕佳的人氣名店，可品嘗到南部到北部等越南全國各地的口味。店內的時尚裝潢一點都不像是美食街，還設有2樓座位，在入口處領取事後結帳的卡片後，點餐時在各店以卡片記帳，最後才出口結帳。

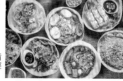
1道約5～10萬越盾左右，也有甜點和輕食，非常方便

🏠GF-1F, Saigon House, 77 Nguyễn Huệ, Q. 1
☎088-8666330（手機）　🕐10:00～22:30
🈳無休　Card A D J M V　預約不需預約

深受年輕人喜愛的貝類料理專賣店
Oc Chi Em
貝類料理

MAP P.124-3A

在越南有各式各樣的貝類料理，口味相當豐富多樣，這間時尚的餐廳便是供應貝類料理的店家，也是深受當地年輕人喜愛的專賣店，菜單上可見從海水貝到淡水貝等種類五花八門的貝類料理，每道約7萬越盾起。

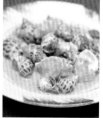
人氣餐點為香螺的炒螺清卵Ốc Hương Xào Bơ Trứng Muối（14萬越盾）

🏠6B Công Trường Quốc Tế, Q.3　☎090-6870102（手機）
🕐16:00～22:00　🈳無休　Card D J M V　預約最好先預約

當地人喜愛的河粉老店
Pho Hoa Pasteur　　麵
MAP P.122-1B

968年創業的老字號河粉專賣店，當地人和遊客絡繹不絕。以甘甜順口的湯頭深受好評，可從12種河粉食材當中選擇（除了雞肉河粉外，都是牛肉河粉）。最受歡迎的是生牛肉河粉Phở Bò Tài，小碗8萬5000越盾，大碗9萬5000越盾。

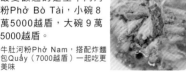

牛肚河粉Phở Nam，搭配炸麵包Quẩy（7000越盾）一起吃更美味

🏠260C Pasteur, Q. 3　☎（028）38297943
🕐5:00～23:30　休無休　Card JMV　預約不需預約

Q彈美味的南部花枝麵
Hu Tieu Muc Ong Gia Chinh Goc　麵
MAP P.127-3C

利用魷魚乾和豬骨熬製成的甘甜湯頭裡，加入蝦子、鵪鶉蛋等配料製成的南部傳統麵食金邊粿條（→P.36）。這間店尤其以Q彈的花枝取代豬肉的魷魚湯麵Hu Tieu Muc（5萬越盾）最為有名。地點位於巷子內。

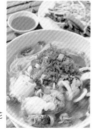

甘甜的湯頭加入大量的花枝、花枝丸和炸紅蘿蔔

🏠62/3 Tôn Thất Thiệp, Q. 1　☎090-9608614（手機）
🕐6:30～21:00　休無休　Card不可　預約不需預約

大排長龍的越式三明治專賣店
Banh Mi Huynh Hoa　越式三明治
MAP P.123-3C

一間人氣的外帶越式三明治（→P.38）專賣店，往往一開店就開始排隊，到關店前都擠滿了顧客。唯一的餐點是特製越式三明治Bánh Mì Đặc Biệt（9萬5000越盾）夾入大量肉、肉醬、肉鬆、蔬菜和香菜等配料。

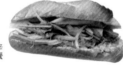

如果不喜歡香菜或辛辣食物，建議在點餐時告訴店家

🏠26 Lê Thị Riêng, Q. 1　☎（028）39250885、089-6698833（手機）　🕐11:00～21:00　休無休
Card不可　預約不需預約

緩慢燉煮的湯頭極度美味
Pho 24　　麵
MAP P.126-1A

花費超過24小時燉煮出的濃郁湯頭十分美味，是一間如速食店般的河粉專賣店。牛肉河粉有生牛肉（Tái）、全熟牛肉（Chín）和牛肉丸子（Bò Viên）3種選擇，依份量有不同價位（3萬5000～6萬5000）。也有雞肉河粉（3萬～6萬越盾）、米飯和甜點。

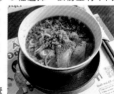

全熟牛肉河粉，也有套餐

🏠9 Nguyễn Văn Chiêm, Q. 1　☎（028）39227190
🕐6:00～22:00　休無休　Card JMV　預約不需預約

越北風味的小菜和家常
Dong Nhan Com Ba Ca　大眾食堂
MAP P.127-3C

提供北越風味餐點而深受在地人喜愛的Quán Com Bình Dân（→P.41），入口處擺滿了各式越南代表性家常菜以及越北名菜，總讓人看得目不轉睛，點菜靠手指就成，小菜1人份＋湯品約6萬越盾～。由於午餐時間常常人滿為患，不如錯開用餐時間前往會比較好。

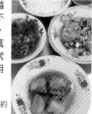

菜餚每天不一樣，但隨時備有約40道菜，結帳在結束用餐後

🏠11 Tôn Thất Thiệp, Q. 1　☎（028）38225328　🕐10:00～20:00（週日～14:00）　休無休　Card不可　預約不需預約

附設食堂的麵包老店
Nhu Lan　　麵包店
MAP P.129-1C

1968年開幕的歷史悠久麵包店，不僅麵包都是自己手工製作，就連配料的火腿、肉餡也都是自己做的，一整天客人絡繹不絕。以自製麵包夾入大量內餡越式三明治Bánh Mì最受遊客，有烤豬肉、雞肉、魚和肉丸等數種選擇，價格皆為3萬越盾。

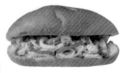

夾入火腿的越式三明治Bánh Mì Thịt

🏠50, 66-68 Hàm Nghi, Q. 1　☎（028）38292970
🕐6:00～22:00　休無休　Card不可　預約不需預約

Voice「Banh Mi Huynh Hoa」（→上述）會根據排隊狀況，在排隊時由店員先點餐，並現場結帳，建議事先準備好錢避免找零，會更順暢。

擺上巨大排骨的烤肉飯
Com Tam Ba Ghien
大眾食堂

MAP 摺頁反-1B

烤肉飯名店，在鬆軟的米飯上豪邁擺放約400g的炭火燒烤排骨，肉排經過一晚特製醬汁醃漬，慢火燒烤，最後以大火收尾，創造出軟嫩又多汁的絕佳口感。有6種菜色，7萬5000～14萬2000越盾。

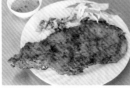

最有人氣的豬肋排
Sườn（7萬5000越盾）

🏠84 Đặng Văn Ngữ, Q. Phú Nhuận　☎（028）38461073
🕐7:30～21:00　🈺無休　💳不可　📅不需預約

越式煎餅名店
46A Banh Xeo
大眾食堂

MAP P.123-1C

露天擺放的眾多桌椅總是客滿狀態，口感香酥而讓人上癮的招牌越式煎餅Bánh Xèo（→P.38）價格在11萬越盾，越式炸春捲Chả Giò（→P.30，17萬越盾／10條）也相當好吃，可在店門口看到店員正手腳快速地製作越式煎餅的模樣。

這裡的越式煎餅有著滿滿餡料，當地的品嘗方式是用蔬菜包起來蘸加有生魚的魚露Nước Mắm享用

🏠46A Đinh Công Tráng, Q.1　☎（028）38241110
🕐10:00～14:00、16:00～21:00　🈺無休　💳不可　📅不需預約

豐盛的雞飯
31 Ly Tu Trong
大眾食堂

MAP P.68-2A

位於小巷盡頭的餐廳，最知名的是雞飯「Cơm Gà Xôi Mỡ」（5萬越盾）。用大火將雞骨高湯熬煮出來的白飯炒得粒粒分明，上頭擺放炸得香酥得炸雞，讓人食指大動，味道與口味清淡的湯（1萬越盾）相當絕配。用餐時段會有長長人龍。

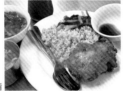

加點炸雞每個3萬越盾

🏠31 Lý Tự Trong, Q. 1　☎（028）38251300
🕐15:30～20:00　🈺無休　💳不可　📅不需預約

北方料理的米粉和炸豆腐
Bun Dau Ngo Nho Pho Nho
大眾食堂

MAP P.126-2B

店名中的「Bun Dau」是將米粉與炸豆腐蘸名為蝦醬Mắm Tôm（→P.39）的發酵蝦子調味料來食用的越南北部料理（→P.37的蝦醬米粉Bún Đậu Mắm Tôm），圖中的前方為燙豬肉與河內知名的炸未熟糯米糕等組成的組合Bún Đậu Tá Lả（7萬越盾／1人份）。

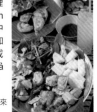

不敢吃蝦醬的人也可以蘸醬油來品嘗

🏠156C Pasteur, Q. 1　☎093-3290589（手機）
🕐10:00～21:00　🈺無休　💳不可　📅不需預約

可品嘗春捲料理
Wrap & Roll
越南料理

MAP P.126-1B

咖啡廳般的店內，提供生春捲、炸春捲、蒸春捲等越南全國的春捲料理。不妨試試看生春捲、芥菜春捲（→P.30，6萬5000越盾／4捲）、北部蟹肉炸春捲Nem Vuông Cua Bể（10萬4000越盾）。

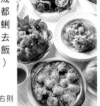

經典生春捲Gỏi Cuốn（6萬越盾），與椰漿風味的花生沾醬很搭

🏠GF, M Plaza, 39 Lê Duẩn, Q. 1　☎（028）38230600
🕐10:00～22:00　🈺無休　💳A J M V　📅不需預約

加入西式元素的中華料理
Thien Nam （天南餐廳）
中華料理

MAP P.129-1C

來自中國海南島的餐廳老闆於1952年開業，是相當有歷史的中國菜餐廳，而且是以中菜為基礎添加了西式元素而成的創意料理，許多菜餚都是這裡獨家供應的。蛤蜊起司燒（28萬越盾）、去掉雞架子並填入番茄炒飯的全雞料理（69萬越盾）都很值得推薦。

前面是蛤蜊起司燒，中央靠右則為牛尾湯（25萬越盾）

🏠53 Nam Kỳ Khởi Nghĩa, Q. 1　☎（028）38223634
🕐10:00～22:00　🈺無休　💳A J M V　📅週末最好先預約

精美擺盤的創意法式料理
Le Corto
法國料理

MAP P.68-2B

宛如藝術品般的精美菜餚，吸引在地法國人來品嘗。將大叻蔬菜、味噌等亞洲食材使用法式烹調技術，製造出濃郁細緻的風味。平日午間套餐（3道菜方案29萬越盾）和早午餐自助餐（75萬越盾）十分划算。

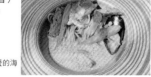

平日午間套餐的海鮮義大利麵

🏠5D Nguyễn Siêu, Q. 1　☎（028）38220671
🕐11:00～14:00、17:30～23:00（週六17:30～23:00）
🈴無休　💳稅、服務費另計　Card A D J M V　預約不需預約

超值的海鮮自助餐
La Brasserie
國際料理

MAP P.122-3B

極盡奢華的夜間海鮮自助餐造成轟動，以龍蝦、生蠔、螃蟹等高級海鮮為首，還提供肉類料理、義大利麵、當地美食、甜點等，不限時間吃到飽。加購酒類飲料喝到飽的話大人150萬越盾。

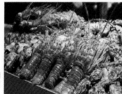

可以指定海鮮的烹調方式，龍蝦推薦可選水煮或起司燒口味

🏠2F, Hotel Nikko Saigon, 235 Nguyễn Văn Cừ, Q. 1
☎（028）39257777　🕐18:00～22:00　🈴無休
💳稅、服務費另計（15%）　Card A D J M V　預約需預約

享受道地港式飲茶
Ocean Palace
廣東料理

MAP P.125-2D

使用引進自香港的食材以及調味料，由香港大廚所烹煮出來的料理道道都是正宗口味，除了叉燒肉、魚翅、鮑魚等高級食材以外，14:00前還可以品嘗到道地香港飲茶（1道6萬越盾～），因此約有600個座位的餐廳每逢假日就會客滿。

燒賣（8萬8000越盾），茶3萬越盾～／1人份～

🏠2 Lê Duẩn, Q.1　☎（028）39118822　🕐10:00～14:30、17:00～22:00（週日9:00～、飲茶～14:30）　🈴無休
💳稅、服務費另計　Card A D J M V　預約不需預約

世界關注的道地披薩
Pizza 4P's
義大利料理

MAP P.126-3A

以柴窯燒烤、口感Q彈的披薩與自製起司為傲，一定要嘗嘗放上布拉塔起司和4種起司的披薩，以及結合越南料理的獨創巧思口味。市區設有14間店，河內、峴港和芽莊也有分店。

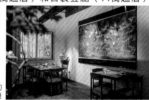

招牌的布拉塔起司帕馬火腿（29萬8000越盾）、蟹肉義大利麵、單品料理、紅酒與甜點也十分美味

🏠8 Thủ Khoa Huân, Q. 1　☎（028）36220500
🕐10:00～翌日2:00（週日～23:00）　🈴無休　💳稅另計
Card J M V　預約需預約

時尚的素食料理餐廳
⋯hum
素食料理

MAP P.123-2C

可以享受健康且賞心悅目的素食，招牌菜餚包括使用樹薯製作耐嚼口感的麵條粿山辣醬樹薯麵（13萬越盾）和自製豆腐（14萬越盾）等，不使用化學調味料。

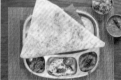

改裝自別墅的時尚素食餐廳

🏠32 Võ Văn Tần, Q. 3　☎（028）39303819、089-9189229（手機）
🕐10:00～22:00　🈴週日（節日營業）　💳稅、服務費另計
Card A M V　（僅限20萬越盾以上費用支付）　預約不需預約

眾多印度餐廳中頗受歡迎的店家
Baba's Kitchen
印度料理

MAP P.70-2A

在居住在越南的印度人中也是人氣特別高的餐廳，可以品嘗到南印度代表性的早餐和輕食，像是來自喀什米爾的燉羊肉（17萬越盾）、阿育咖哩魚（15萬5000越盾）、南印度克拉拉邦的馬拉巴爾咖哩和多薩等，享受印度各地的料理。

印度風的可麗餅多薩（14萬越盾～）

🏠274 Bùi Viện, Q. 1　☎（028）38386661
🕐11:00～22:30　🈴無休　Card J M V　預約不需預約

Voice「Pizza 4P's」（→上述）十分有人氣，無論日夜若沒有預約可能沒辦法用餐，建議事先預約。

改裝自老房子的悠閒庭園咖啡廳
Dabao Concept
咖啡館

MAP P.122-2B

漫步進安靜的小巷，穿過一座彷彿順化皇城的裝飾大門，置身於綠樹掩映下微風許許的花園之中。庭園後方是一座古老的建築，據說是18～19世紀出身自順化的人所居住，樑柱、地板的磁磚在保留原有氛圍下進行翻修。除了帶

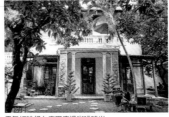
天氣好時想在庭園度過咖啡時光

有龍天井畫和柱子繪畫的華麗順化風格房間外，還有木頭溫暖的房間等各個區域氛圍大不相同。飲料和餅乾都十分美味，推薦擠滿奶味鮮奶油的草莓冰沙（6萬7000越盾）。

🏠18A Tú Xương, Q. 3
☎035-4527147（手機）　⏰17:00～22:00
休無休　Card A D J M V　預約不需預約

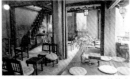

上／很好拍的咖啡廳
左／左／左邊為草莓奶昔，右邊為石榴汽水

以雞蛋咖啡為為人氣的隱藏版咖啡廳
Okkio Caffe
咖啡館

MAP P.128-1B

從濱城市場附近的一個小入口，走上紅色旋轉樓梯，就可以看到這間隱藏版的人氣咖啡廳。店內裝潢古色古香，有工業風照明和殖民地風格的地磚。面向街道的吧檯座位，還可以俯瞰黎利街。這裡有許多熟練的咖啡師，使用來自越南、衣索比亞和哥倫比亞的嚴選咖啡豆所製作的飲料很有魅力。除了法式濾壓壺、濃縮咖啡外，還有手沖的選擇，可以從Chemex、Kalita Wave和V60中挑選。

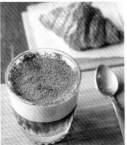
令人驚訝如奶油般鬆軟的雞蛋咖啡（7萬5000越盾）

🏠3F, 120-122 Lê Lợi, Q. 1
☎084-8011118（手機）
⏰17:30～22:00　休無休
Card A J M V　預約不需預約

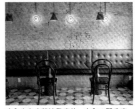
店內也有皮革沙發座位，市內4間分店

可以寧靜悠閒地度過
Soo Kafe
咖啡館

MAP P.124-1B

座落在寧靜住宅區的時尚咖啡廳，店內利用吊燈營造出柔和的燈光，BGM音量適中許多人會在此用電腦工作或閱讀，度過悠閒的時光。咖啡4萬越盾～，也提供芒果布丁（3萬5000越盾）等美味甜點。

也有被綠意圍包的露天座位

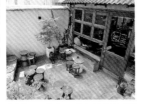

🏠2-3F, 10 Phan Kế Bính, Q. 1　☎089-9312386（手機）　⏰18:00～23:00　休無休　Card M V　預約不需預約

享受卓越的一杯
Saigon Coffee Roastery
咖啡館

MAP P.122-1B

可以品嘗到正統的咖啡，嚴選越南和世界各地咖啡豆製成的特製咖啡（8萬越盾～）。咖啡豆現場烘焙，店內飄散著咖啡香氣。熟練的咖啡師使用現磨咖啡豆精心沖泡，味道獨特。亦有販售咖啡豆。

位在住宅區的獨棟咖啡廳

🏠232/13 Võ Thị Sáu, Q. 3　☎093-8808385（手機）　⏰17:00～22:00　休無休　Card M V　預約不需預約

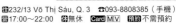

Voice「Dabao Concept」（→上述），週末人潮眾多，多半沒有位子，建議平日中午前顧客較少時前往，亦有分店（MAP P.124-3A）。

巧克力品牌「Marou」開設的咖啡館
Maison Marou　　　　　　咖啡館
MAP P.128-2B

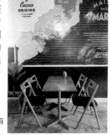

　　在從可可豆採購到巧克力製作都自己經手的Bean to Bar專賣店中，可以品嘗到Marou巧克力製作的Marou摩卡（10萬越盾）等飲料與黑奶昔（12萬越盾）。

市區有3間分店，河內也有分店

住167-169 Calmette, Q. 1　**電**(028) 73005010　**營**19:00～22:00（週五～日22:30）　**休**無休　**Card** A J M V　**預約**不需預約

適合拍照的咖啡館料理
The Vintage Emporium　　咖啡館
MAP P.124-1B

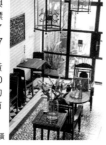

　　用花來裝飾料理與飲料，因外觀相當漂亮而受到好評，除了摩洛哥式水波蛋（17萬越盾）的料理外，也一定要試試看薑黃金色拿鐵（6萬5000越盾）等色彩繽紛的飲料類。第2郡也有分店。

時尚的殖民風格裝潢

住95B Nguyễn Văn Thủ, Q. 1　**電**090-4413148（手機）　**營**17:00～21:00　**休**無休　**Card** A D J M V　**預約**不需預約

露天座位眺望街道
Cong Caphe　　　　　　　咖啡館
MAP P.126-2B

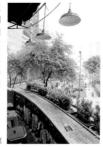

　　從河內起家，拓展至越南各地的連鎖復古咖啡館。胡志明市內有多間分店，這間分店位於舊大樓內，露天座位可以眺望整個街道。人氣品項為用椰奶冰沙製作的椰奶咖啡等飲料。

人氣的露天座位

住1F, 26 Lý Tự Trọng, Q. 1　**電**091-1811165（手機）　**營**17:00～23:00　**休**無休　**Card** 不可　**預約**不需預約

有專門的烘豆師
Les Monts　　　　　　　　咖啡館
MAP P.129-1C

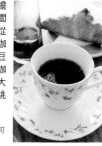

　　這間咖啡館由曾經擔任過咖啡豆採購的老闆所開設，不僅越南還從世界各地進口約40種咖啡豆，並由專門的烘豆師在店內烘焙。手沖咖啡（8萬越盾～）有大約10種咖啡豆可供挑選，每週替換。

想要品嘗美味的咖啡和自製可頌（4萬5000越盾）

住51 Hàm Nghi, Q. 1　**電**(028) 38227713　**營**18:00～18:00　**休**無休　**Card** A J M V　**預約**不需預約

可以享受第三波咖啡浪潮咖啡
Shin Heritage　　　　　　咖啡館
MAP P.66-2B

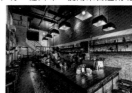

　　熱愛咖啡的越南人老闆所開設的第三波咖啡浪潮咖啡館，咖啡師會依客人對豆子的喜好或飲用方式以最適合的方法精心沖泡，特製咖啡（10萬越盾～）有7種口味，使用來自越南北部山羅Son La和中南部波來古Pleiku的咖啡豆沖泡。

同起街附近的小咖啡館

住13 Nguyễn Thiệp, Q. 1　**電**(028) 38246168　**營**17:30～19:00　**休**無休　**Card** J M V　**預約**不需預約

在地Chè&米飯料理人氣店家
Xoi Che Bui Thi Xuan　　甜點
MAP P.122-3B

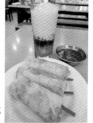

　　1977年創立的歷史悠久Chè（→P.46）店，放學回家的學生和一家大小出門的人都會專程來享用這裡的Chè，口味清爽卻餘韻十足的Chè（1萬4000越盾～），其美味真的會讓人上癮，雞肉糯米飯Xôi Gà（3萬3000越盾）也很受歡迎。

（圖說）後方為什錦Chè（→P.46，2萬越盾），前方的生春捲（1萬越盾／1根）也很有人氣

住111 Bùi Thị Xuân, Q. 1　**電**(028) 38332748　**營**16:30～22:30　**休**無休　**Card** 不可　**預約**不需預約

Voice! 胡志明市內最近出現許多講究咖啡豆的第三波咖啡浪潮咖啡館，通常店內也會販售咖啡豆，適合當作伴手禮送給喜愛咖啡的親友。

杏仁寒天專賣店
Che Khuc Bach Thanh
甜點
MAP 摺頁-1C

是一間使用製作杏仁豆腐的杏仁霜製作成牛奶寒天、Chè Khúc Bạch專賣店。Chè Khúc Bạch有咖啡、椰奶等6種口味，以桑椹和百香果的果肉製作而成。綜合口味的Che Thap Cam 約2萬5000越盾～。

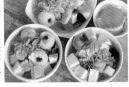

左手邊的為加入荔枝的Tứ Quý Vải（2萬5000越盾），布丁（1萬2000越盾）也很美味

🏠68/210 Trần Quang Khải, Q. 1 ☎（028）38482286
🕐9:00～22:00 休無休 **Card**不可 **預約**不需預約

以熱帶水果為主角製作的甜點和飲料
Sinh To 142
甜點
MAP P.122-1B

想以享受現榨果汁和酪梨冰沙（→P.47）等使用熱帶水果製成的甜點，依季節而定，推薦圖片中間的為酪梨冰沙Sinh Tố Bơ（4萬5000越盾），和圖片右邊的草莓優格Dâu Dầm Yaourt（4萬5000越盾）。

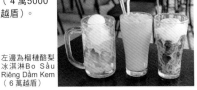

左邊為榴槤酪梨冰淇淋Bo Sầu Riêng Dầm Kem（6萬越盾）

🏠142 Lý Chính Thắng, Q. 3 ☎（028）38483574
🕐8:00～23:00 休無休 **Card**不可 **預約**不需預約

Com Ga Hai Nam（新加坡式海南雞飯）
大眾食堂
MAP P.128-2B

🏠205-207 Calmette, Q. 1 ☎（028）38217751
🕐9:30～21:30 休週日、節日
Card不可 **預約**不需預約

當地美味的高評價食堂，新加坡風味的海南雞飯Cơm Gà Hải Nam是用雞高湯熬煮白飯再加上滿滿的水煮雞，價格為5萬越盾，炒飯等中華料理也很美味。

✳ Column　　　人氣咖啡連鎖店的越南咖啡評比

越南是和巴西競爭咖啡豆輸出量第一的咖啡豆生產國，好不容易來到越南旅行，應該也有很多咖啡愛好者會想多品嘗各種越南咖啡吧，如果想輕鬆地品嘗比較，街上常見的連鎖店是最為方便的。只要到在越南全國各地開設分店且咖啡口味各異的下列3間店享用咖啡，你也可以成為厲害的越南咖啡通！

Highlands Coffee
對香氣講究並以自己獨特的方式烘焙咖啡豆，特色是雖然留有苦味但因口味較為溫和所以好入喉，咖啡3萬5000越盾～，也有提供輕食。
MAP P.127-2C 🏠B3, Vincom Center, 70-72 Lê Thánh Tôn, Q. 1 ☎（028）38272981 🕐7:00～22:00 休無休 **Card** J M V **預約**不需預約

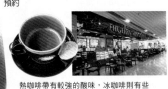

熱咖啡帶有較強的酸味，冰咖啡則有些許苦味。Highlands Coffee是連鎖店中最為時尚的

Trung Nguyen Legend
越南咖啡的老牌品牌Trung Nguyen開設的咖啡館，熱咖啡雖然帶有較重的苦味，但因為以奶油烘焙，所以散發甜甜的香氣。
MAP P.66-1B 🏠80 Đồng Khởi, Q. 1 ☎091-5289932（手機）
🕐7:00～22:00 休無休
Card J M V **預約**不需預約

熱咖啡5萬5000越盾～，冰咖啡是將裝有濾網的咖啡倒進裝著冰塊的玻璃杯中

Phuc Long
1957年創立的咖啡與茶的老牌製造商，特色是帶有強烈酸味、苦味的濃郁風味，3萬越盾～。荔枝茶（5萬越盾～）等茶飲也很美味。
MAP P.67-2D
🏠29 Ngô Đức Kế, Q. 1
☎（028）38248333
🕐7:00～22:30 休無休
Card J M V **預約**不需預約

也可以外帶，有販售咖啡與茶

夜生活 🌐 Night Life

想品嘗正宗雞尾酒就來這裡
Layla
酒吧

MAP P.66-1B

是一間位在同起街和東遊街轉角處的一座殖民式建築內的雞尾酒吧。由澳洲調酒師Jay開設，可以品嘗到越南產香草和熱帶水果的調酒雞尾酒。最受歡迎的為KIWI BASIL DELIGHT（17萬越盾），以椰殼替代酒杯的KICK BACK COLADA（16萬越盾）等。還可以自由選擇氣泡水、水果和香草，調製自己的琴酒或伏特加雞尾酒。店門口面向東遊街。

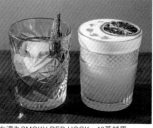
左邊為SMOKY RED HOOK，16萬越盾

🏠2F, 63 Đông Du, Q.1
☎（028）38272279
🕐16:00～隔天1:00（週五·六～隔天2:00）
休無休　稅、服務費另計
Card ADJMV　預約 不需預約

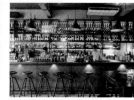
時尚的裝潢，有可欣賞同起街景的座位

越南精釀啤酒品牌經營
Pasteur Street Brewing Company
酒吧

MAP P.126-3B

可以品嘗到結合美國釀造技術和越南食材的獨創精釀啤酒。使用胡椒和咖啡等食材的精釀啤酒175mℓ 3萬9000越盾～，每一款的口感都很柔和，容易入口。除了固定的12種口味，依季節還有不同口味登場。位於Pasteur街上的為Pasteur Street Brewing Company 1號店，以其溫馨隱密的氛圍廣受歡迎，第2郡、第3郡也有分店，店內空間都很寬敞。

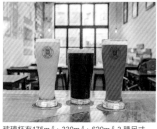
玻璃杯有175mℓ、330mℓ、620mℓ 3種尺寸

🏠2F, 144/3 Pasteur, Q.1
☎（028）73007375　🕐16:00～23:00
休無休　Card JMV　預約 不需預約
【分店】MAP P.68-1A　🏠26A Lê Thánh Tôn, Q.1

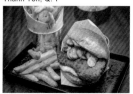
料理也很美味，有許多適合搭配啤酒的餐點，炸薯條7萬5000越盾、漢堡16萬5000越盾～

俯瞰城市的頂樓酒吧
Chill
餐廳·酒吧

MAP P.123-3C

這是間建於市中心高樓大廈屋頂的餐廳·酒吧，不少知名人士都會造訪。彷彿漂浮於夜空中的露天酒吧吧台，搭配上毫無遮蔽的開闊胡志明市夜景，讓人深深著迷，每天晚上還會有DJ進駐。雞尾酒35萬越盾～。

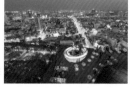
2022年12月重新整修開幕

🏠26&27F, AB Tower, 76A Lê Lai, Q.1　☎093-8822838（手機）、（028）73004554　🕐17:30～翌日1:30（用餐～22:30）　休無休　Card ADJMV　預約 餐廳要預約
Dresscode 男性不可穿著短褲、涼鞋、運動服、背心

可以欣賞河景的飯店酒吧
M Bar
酒吧

MAP P.67-2D

位在Hotel Majestic Saigon飯店（→P.116）頂樓的露天酒吧，就座落在可俯視西貢河的絕佳高處。17種獨創雞尾酒各25萬越盾，啤酒16萬越盾，也有提供點心類，每晚20:30～23:15舉辦流行樂的現場演奏。

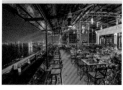
開放感的露天空間

🏠8F, Hotel Majestic Saigon, 1 Đồng Khởi, Q.1
☎（028）38295517　🕐15:00～24:00（最後入場23:30）
稅、服務費另計　休無休　Card AJMV
預約 河畔座位最好先預約

美麗的夜景與美味雞尾酒
Social Club Rooftop
酒吧

MAP P.124-3A

五星級飯店的屋頂酒吧，從24樓可以欣賞美麗夜景，設有泳池的空間既有悠閒度假村的風味也有洗練的成熟感。以招牌雞尾酒（27萬越盾～）自豪，推薦HAVANA OOH-NA-NA和TOKYO-YO等。

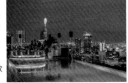

15:00～19:00部分飲料半價

🏠24F, Hotel Des Arts Saigon-MGallery Collection, 76-78 Nguyễn Thị Minh Khai, Q. 3　☎(028) 39898888
🕐15:00～翌日1:00　休無休　税、服務費另計
Card A D J M V　預約最好先預約

年輕人匯聚的人氣夜店
Lush
俱樂部

MAP P.125-3D

夜店區所播放的音樂從流行樂、雷鬼等天天不同，週二為Lady light，女性顧客可以無限暢飲部分酒精類飲料。週三點2杯飲料以上，第3杯免費。每天晚上大約在23:00是最熱鬧時候。啤酒14萬5000越盾～。

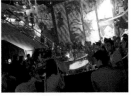

可從官方社群帳號確認資訊後再前往

🏠2 Lý Tự Trọng, Q. 1　☎091-8630742（手機）
URLwww.facebook.com/LushSaigon　🕐21:00～翌日4:00
休週一　Card A J M V　預約不需預約

在當地人中也有高人氣的五星級飯店酒吧
2 Lam Son
酒吧

MAP P.68-2A

在當地人當中也有高度人氣的酒吧位在五星級飯店內，招牌雞尾酒SMOKED OLD FASHIONED（37萬越盾）結合楓糖糖漿和單一麥芽威士忌等，週五・六會有DJ登台演出，氣氛熱鬧到深夜。

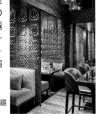

每日17:00～20:00為歡樂時光，雞尾酒半價折扣

🏠GF, Park Hyatt Saigon Hotel, 2 Lam Sơn Square, Q. 1
☎(028) 38241234　🕐10:00～深夜
税、服務費另計　Card A D J M V　預約不需預約

以自釀捷克啤酒乾杯
Hoa Vien
啤酒屋

MAP P.124-2B

提供包含黑啤酒在內的2種啤酒（4萬4000越盾～／0.3L），以及捷克起司薯條（19萬2000越盾）和特製烤豬肉（26萬4000越盾）。店面位於巷子內，巷口提供免費電動車接駁。

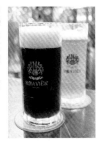

杯子也冰得冰冰涼涼的，很讚

🏠18 Bis/28 Nguyễn Thị Minh Khai, Q. 1
☎(028) 38290585　🕐10:00～深夜(料理最後點餐22:00)
休無休　Card A D J M V　預約不需預約

西貢河的遊輪晚餐之旅

西貢河的晚餐遊輪每晚從第4郡的西貢港（MAP P.123-3D）出發。

●主要遊輪　MAP P.123-3D

Ben Nghe

以魚為造型的遊輪，17:30左右登船，出航時間20:00左右，回航時間21:00左右，會有音樂與雜技等表演。乘船船資3萬5000越盾，料理要另外點，若只單純搭船，費用為10萬越盾。不需預約。
☎077-8888865（手機）　URL taubennghe.vn

Indochina Junk Dinner Cruise

以戎克船Junk為造型的遊輪，可在船上享受傳統音樂與民族舞蹈表演。乘船時間為18:00～，出航時間19:30，回航時間21:00，包含乘船船資的套票為35萬越盾～，經由旅行社預約很方便。
☎088-8024240（手機・熱線）　(028) 38957438
URL www.indochinajunk.com.vn

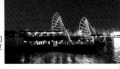

以戎克船為造型的Indochina，設有可享受夜風的甲板

●船屋

由日本料理餐廳K Cafe所主辦的純日式船屋，餐點內容從生魚片、天婦羅為主的日本料理（120萬越盾）、BBQ料理（100萬越盾）和越南菜（85萬越盾）共有3種套餐。可以自行要求出航時間，整趟行程約2小時，最低出發人數為6人。

K Cafe

MAP P.68-2B　🏠74A4 Hai Bà Trưng, Q. 1
☎(028) 38245355、090-3912522（手機）
E-mailk.cafe.hcm@gmail.com
🕐10:30～14:00、17:00～21:00　休無休
Card A J M V　預約至少1天前要預約

購物　 Shop

集結了特別的雜貨
Saigon Kitsch

越南雜貨

MAP P.127-3C

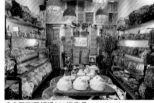

由有法國和越南血統的設計師Audrey經營的雜貨店，店內利用單一原色的Pop Color裝飾，商品體現了Audrey品味的越南風格。商店共有3層樓，1樓陳列著藝術主題的小酒杯（4入22萬越盾）、回收飼料袋商品等

店內陳列了超過300樣產品

300多種商品，2樓擺放著帶有越南咖啡和越式三明治圖案的餐墊（33萬越盾）和漆器餐具，3樓則有原創的巴莊燒Bát Tràng器皿。

🏠 43 Tôn Thất Thiệp, Q. 1
☎ （028）38218019
🕐 8:00～22:00　🚫無休
Card D J M V

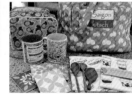

左邊的馬克杯各15萬越盾，後方印有越南水果圖案的布製品為新商品，右邊的環保袋19萬越盾

手工越南雜貨＆珍貴的老Song Be陶器
Kito

陶器＆越南雜貨

MAP P.127-3C

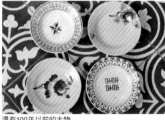

刺繡小物或者以傳統製法製作的手繪巴莊燒陶等原創雜貨，展現了越南傳統手工藝的魅力和店主夫婦的品味。店主Mio將越式旗袍和連身裙結合創造出「越式連身裙」（190萬越盾～），十分有人氣，也提供飼客製化訂製。2

還有100年以前的古物

樓收藏了古董Song Be陶器和文物，以及名為Lái Thiêu的南部陶器，務必要看看。店主Kito也是市內南部陶器愛好者團體的領導者，無論知識或收藏都非常出色。

🏠 13 Tôn Thất Thiệp, Q. 1
☎ （028）38296855　🕐 10:00～21:00
🚫無休（不定期公休）
Card A D J M V

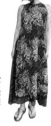

上／可愛的珠繡包新品　右／以古布製成的越式連身裙240萬越盾，訂製260萬越盾～

以別緻的包包引起話題
Hana

編籃

MAP P.72-2A

原本是一家批發商，將普通的塑膠編籃，加上毛皮和珠寶裝飾，創造出獨樹一幟的風格，而獲得好評，因而開了專賣店。店內滿滿陳列著超過100種以上的包

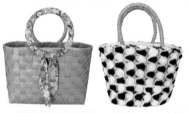

左／華麗布料提把的塑膠編籃，50萬越盾　右／玫瑰花樣的燈心草編籃，45萬越盾

包，價位落在7萬至50萬越盾，其中以水葫蘆和燈心草等天然材料製成的編籃（15～50萬越盾）深受歡迎。包包幾乎都有內裏，很方便。

🏠 47/3 Quốc Hương, P. Thảo Điền
☎ 090-8011836（手機）
🕐 10:00～17:00　🚫週日（事前預約也開放選購）　Card J M V

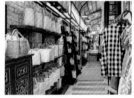

不只1樓，2、3樓也有商品，讓人想要認真尋寶

Voice 「Kito」（→上述）即便是古董Song Be陶器也只要18萬越盾～，除了Song Be陶器和Lái Thiêu陶器，也有老邊和陶器等許多珍稀品，光是來參觀就值得了。

具有現代精髓的新Song Be陶器
Tu Hu Ceramics
陶器

MAP P.72-2B

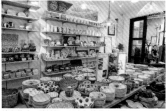

這個Song Be陶器品牌是由一位越南女性所創立，她被溫暖質樸外觀的Song Be陶器所吸引，希望推廣它的魅力。以Song Be陶器的傳統藍色為中心，創造了圓點、條紋等傳統Song Be陶器不常見的圖樣，取名

擁有茶碗、醬料盤、馬克杯等豐富種類

為「The Color Blue」系列，一躍成名。醬料盤3萬2000越盾～、湯吞杯10萬9000越盾等。也推出了以積雪草為主題的「Summer Centella」和以雛菊為主題的新系列。

🏠 Hẻm 11, 4 Nguyễn Ư Dĩ, P. Thảo Điền
☎ 034-9096060（手機）
🕐 9:00～18:00　🈺 無休
Card A D J M V

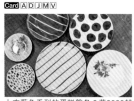

上方藍色系列的蛋糕盤各6萬9000越盾，右邊描繪著牡丹花的蛋糕盤9萬9000越盾，包裝很確實令人安心

從「Zakka」改名的日本人經營知名老店
Flame Tree by Zakka
訂製服飾

MAP P.72-2B

胡志明市內以訂製服裝聞名的名店，以用心的縫製與日本製版師創造的設計享有盛譽，許多外國和當地顧客就是為了「幫我製作耐穿的衣服或別家做不來的越式旗袍」而一再造訪。布料多達300～400種，包含獨創的絲綢蠟染，以及嚴選來自世界各地的珍貴布料。訂製商品的價格根據布料和設計有所不同，包含布料費用的越式旗袍為110US$～、連身裙88US$～。

訂製所需時間為3天～，該店位於第2郡「Saigon Concept」內一角

🏠 14 Trần Ngọc Diện, P. Thảo Điền
☎ 070-3134714（手機）
🕐 10:00～19:00（訂製～18:00）
🈺 12/24、12/25　Card J M V

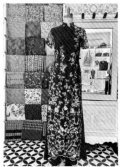

也提供訂製化妝包，13US$～

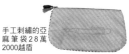

手工刺繡的亞麻筆袋28萬2000越盾

將越南傳統製品現代化裝飾
Saigon Boutique Handicrafts
越南雜貨

MAP P.126-3B

在越南自古以來於日常生活當中使用的編籃、漆製品、巴莊陶器等物品，施加粉嫩色彩與現代設計，製作出以「傳統×現代」為主旨的獨創商品，獨具魅力。特別是用色出眾、可愛的商品，每一個都讓人目不轉睛。

花朵圖案的華麗陶器很有人氣，茶碗9萬9000越盾～

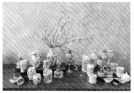

🏠 58 Lê Lợi, Q. 1　☎（028）39152228、098-4176499（手機）　🕐 9:00～22:00　🈺 無休　Card A J M V

越南品牌選物店
The Craft House
越南雜貨

MAP P.67-1C

專注於手工藝品和永續產品，越南人老闆嚴選自越南的品牌的選物店，從磁磚杯墊、棋盤、T恤到包包等擁有豐富品項，每月都會有新商品上架。胡志明市內有4間分店。

袋子、筆記本、磁磚杯墊等商品的組合包「Saigon Travel」紀念品組（78萬越盾）

🏠 32 Đồng Khởi, Q. 1　☎ 090-9991042（手機）
🕐 9:00～22:00　🈺 無休　Card A D J M V

老房子改造的選物店
Zuzu Concept Store
越南雜貨
MAP P.72-2B

滿溢老房子氛圍的店內，以手工藝品和有機產品為主，擺滿了日本人店主精心挑選的商品。可以找到其他店很少販售的公平交易產品，像是用腰果製成的可可醬（→P.53）和以椰子花蜜製成的醋。

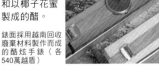

錶面採用越南回收廢棄材料製作而成的酷炫手錶（各540萬越盾）

🏠48A Trần Ngọc Diện, P. Thảo Điền　☎077-9148390（手機）　🕐10:00～17:00　休週二·三　Card M V

方便使用的刺繡物品
Ninh Khuong
刺繡
MAP P.67-2C

越南鄉村場景和純樸動物等溫暖又可愛的刺繡，光是看著就讓人感到溫馨。販售許多適合旅行攜帶的小物，像是內裡有防水布的盥洗組合、小配件袋（各22萬9000越盾）。

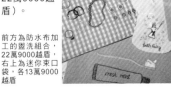

前方為防水布加工的盥洗組合，22萬9000越盾，右上為迷你束口袋，各13萬9000越盾

🏠71B Đồng Khởi, Q. 1　☎（028）38279079　🕐9:00～21:00　休無休　Card A J M V

越南紋樣的寢具產品
Mekong Quilts
手工藝品
MAP P.126-3B

由負責援助越南、柬埔寨農村婦女的非營利組織所經營的雜貨鋪，以越南斗笠、簑笠、田園風光等圖案的被子為主要產品，也有床罩、枕頭套，以及杯墊、眼鏡盒等配件。繡花藍染的小錢包（8US$）很受歡迎。

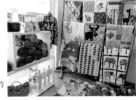

有許多流行色彩的被子產品

🏠85 Pasteur, Q. 1　☎（028）22103110　🕐10:00～18:00　休節日　Card A J M V

Voice「Zuzu Concept Store」（→上述）附設咖啡館，所提供的飲料和蛋糕，以大叻產的咖啡和茶葉等食材製作而成。

童心滿滿的卡片類商品
OHQUAO
越南雜貨
MAP P.72-2A

店名OHQUAO為越南發音的「Wow」，收集了讓人忍不住發出Wow聲的獨特產品，特別是印有越南咖啡和火柴等色彩繽紛圖樣的明信片（各5萬越盾）和賀卡，可以多加留意。

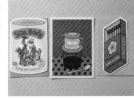

賀卡6萬越盾～

🏠19 Đường Số 38, P. Thảo Điền　☎079-9830021（手機）　🕐10:00～20:00　休無休　Card M V
（分店）MAP P.124-3A　🏠58/12 Phạm Ngọc Thạch, Q. 3

美麗的手工刺繡商品
Timi
刺繡
MAP 摺頁反-3A

這間店由一位擁有超過15年刺繡經驗的越南女性開設，做工精細的手工刺繡單品，無論是色彩或圖案都優雅美麗。受歡迎的紀念品包括有可愛字母刺繡圖案的小包（14萬越盾～）。

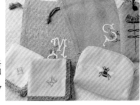

字母刺繡手帕各13萬越盾，束口袋14萬越盾、蜜蜂刺繡小包27萬越盾

🏠121A/15B Hậu Giang, Q. 6　☎090-8940381（手機）　🕐10:00～18:30　休無休　Card A D J M V

豐富的越南少數民族織品
Mystere
手工藝品
MAP P.66-2B

越南少數民族的織品、小物件相當豐富，而綴有各民族刺繡的小物品更是非常耐用，且無論是色彩還是設計都非常洗練，人氣商品是有著民族刺繡的抱枕套（15萬越盾～）、銀飾品等等，店內也有珍貴的北部傈傈族刺繡商品，別忘了看看。

可愛的苗族花卉小包，26萬越盾，適合當鉛筆盒

🏠141 Đồng Khởi, Q. 1　☎（028）38239615　🕐8:30～21:30　休無休　Card J M V

天然素材的生活雜貨
Mayhouse
生活雜貨

MAP 摺頁反-1C

以「友善環境可長期使用的素材」為主軸，使用藤、竹、海藻等越南天然材料製作成室內裝飾品、廚房用品等生活雜貨。特別推薦以高品質手工藝品為人所知的順化藤製商品，附有內裏布的方形藤籃22萬5000越盾等。

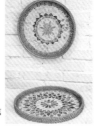

採用貝殼藝術的托盤，各26萬越盾

🏠 8B Trần Nhật Duật, Q. 1 ☎098-5830132（手機）
🕐8:00～20:00 休週日 Card J M V

以獨特的造型和淡雅顏色廣受歡迎
Amaï
陶器

MAP P.72-2B

越南陶器品牌Amaï所經營的專賣店，色彩和形狀柔和的陶器製品相當可愛。又薄又輕的特色非常實用，甚至還適用於微波爐。馬克杯S號16萬越盾～等，S號迷你湯匙（5萬越盾）是絕佳的紀念品。

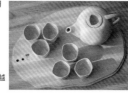

S號茶具組（120萬越盾）是人氣商品

🏠 83 Xuân Thủy, P. Thảo Điền ☎（028）36364169
🕐9:00～20:00 休無休 Card A J M V

掌握潮流的越南服飾品牌
LIBÉ
服飾

MAP P.126-2B

深受年輕女性歡迎的越南時尚品牌，著重流行元素的設計相當豐富，有女性化商品與休閒類商品。1件約從25萬越盾起跳，價格合理，得體的穿搭看來不會廉價還很高雅，這就是這裡的賣點。會定期上架新商品。

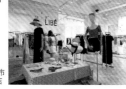

店鋪在老公寓內，市內還有其他3間分店

🏠1F, 26 Lý Tự Trọng, Q. 1 ☎（028）38231989
🕐9:30～21:30 休無休 Card J M V

古董Song Be陶器
Song Be
陶器

MAP P.72-2B

對Song Be陶器深深著迷的越南女性店主所開設的古董Song Be陶器專賣店，店內陳列著店主收藏的各種款式、年代的Song Be陶器，有的還帶有罕見的黑白圖案。價格從5萬越盾至30萬越盾不等，許多商品都是獨一無二的。

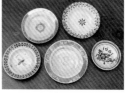

正前方鮮豔水藍色盤子30萬越盾

🏠14 Trần Ngọc Diện, P. Thảo Điền ☎034-7740942
（手機）🕐9:00～18:00 休無休 Card A D J M V

日本人經營的編籃專賣店
Happers
編籃

MAP P.127-1D

使用塑膠製的PP帶編織而成的提袋「塑膠提袋」專賣店，以洗練的設計、高品質和豐富種類深受好評，小型編籃4萬8000越盾～中型編籃萬14越盾～、大型編籃32萬越盾～。店鋪樓上為裁縫店，編籃也可以訂製成與衣服成套的內袋（所需時間1～2天）。

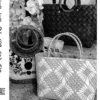

漂亮花邊編織的粉色塑膠編籃75萬越盾

🏠15A/39-40 Lê Thánh Tôn, Q. 1 ☎（028）36020264
🕐9:00～18:00 休無休 Card J M V

使用蠟染布的原創服飾
Maison De Bunga
服飾

MAP P.126-3B

將蠟染布料做出獨家創意設計的精品店，色調繽紛又不失氣質，不少單品都很適合上班穿著，由於縫製相當嚴謹，讓服裝的整體線條看起來非常漂亮，尺寸從XS～XXL，帽子包包也都十分可愛。

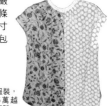

主要單品為結合多種布料的服裝，例如植物×圓點襯衫（85萬越盾），服裝售價約從80萬越盾起跳

🏠81 Pasteur, Q. 1 ☎（028）38230087
🕐10:30～18:00 休週一 Card J M V

高品質的的原創設計T恤
Ginkgo T-shirt
T恤

MAP P.126-3B

　纏繞的電線和燈籠等帶有越南風格的獨特設計T恤專賣店，不僅擁有出色的設計，部分產品也採用100％有機棉製作，講究品質。防水、可折疊等功能性強的包包，以及帶有越南圖案的雜貨受到矚目。

T恤價位約60萬越盾左右起，設計豐富

🏠 10 Lê Lợi, Q. 1　📞（028）38386161
🕘 9:00～22:00　無休　Card A J M V

手工製作的純銀飾品
Shimmer
飾品

MAP P.123-3C

　原料只使用越南生產的銀純度92.5％的紋銀，是由越南老闆手工製作飾品的店家，店內盡是適合女性的高雅可愛設計，戒指15萬越盾～，也有很多以月餅等越南風情物品為發想的設計，適合作為送人的禮品。

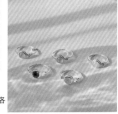

新品的天然石銀戒指，各68萬越盾

🏠 128 Lê Lai, Q. 1　☎090-8985335（手機）
🕘 9:00～21:00　無休　Card A D J M V

日本寫真工作室經營
創寫館
Soshakan
寫真工作室

MAP 摺頁反-3D外

　可穿上越式旗袍、洋裝、和服等不同服飾拍攝紀念照，換穿2套越式旗袍並能擁有13cm×18cm照片6張（附數位檔案），價格150萬越盾。通常隔天就能取件，費用裡已經包含化妝、服飾、沖印等所需金額，也有情侶寫真、家族寫真或者是兒童寫真服務。

由曾在日本學過攝影的專家掌鏡

🏠 F1 Đường 3A, P.Tân Hưng, Q. 7
☎（028）39250355、090-8387622（手機）
🕘 8:30～16:30　週三　Card A D J M V　預約需預約

越南女性設計師的刺繡服
Nau Corner
服飾

MAP 摺頁反-1D

　特色是以小鳥、蓮花等與越南相關的自然為創作主題的刺繡，是源自越南的設計師品牌，使用的布料是由觸感舒服的木纖維加工製作而成，隨處可見品牌的堅持。另外也別錯過繡有圖案、使用少數民族布料等的越式旗袍（69萬越盾）。

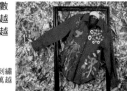

大膽繡上鳥和植物刺繡的牛仔襯衫，219萬越盾

🏠 2F, 9A Nguyễn Hữu Cảnh, Q. Bình Thạnh（手機）　🕘 10:00～17:00　無休　Card A D J M V

施華洛世奇水晶手工飾品
Le Hang
飾品

MAP P.126-3B

　珠寶設計師Le Hang所經營的飾品店，為施華洛世奇水晶正式經銷商，販售以施華洛世奇水晶製成的戒指和手鍊等，戒指12萬越盾～、耳環13萬越盾～、項鍊49萬越盾～。也能夠依照個人需求量身訂做（簡單的戒指約30分鐘～）。

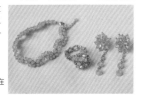

有許多可以應用在宴會的優雅設計

🏠 101 Lê Thánh Tôn, Q. 1　☎（028）38273596
🕘 9:00～20:00　無休　Card A D J M V

加入花和水果的巧克力
Legendary Chocolatier
巧克力

MAP P.128-1A

　使用越南南部檳梛Bến Tre高品質可可製作的巧克力專賣店，加入芒果、百香果等越南產水果與花、堅果的巧克力塊很受歡迎，外型也很漂亮適合作為伴手禮。

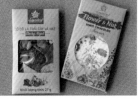

加入堅果和花的巧克力有白巧克力、黑巧克力、抹茶巧克力3種口味，各3萬越盾

🏠 46 Trương Định, Q. 1　☎090-1353514（手機）
🕘 8:00～21:00　無休　Card J M V

來自大叻的食品品牌
L'angfarm
食品

MAP 摺頁反-3C

大叻以摘種美味的高山蔬菜和咖啡豆等食材為人所知，「L'angfarm」便是提供大叻生產的高品質食材的食品品牌。受歡迎的產品包括果凍、茶（→P.53）、果乾、腰果，市內有多間分店。

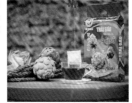

暢銷產品之一的朝鮮薊茶包（10萬9000越盾）

☎126-128 Nguyễn Văn Cừ, Q. 1 ☎1900-9065（熱線）
⏰7:30～23:00　休無休　Card ADJMV

什麼都有的便宜超市
Co.opmart
超市

MAP P.123-2C

如消費合作社一般的組合形式超市，價格便宜且什麼都有，尤其食品的品項更是豐富，店內充滿了平民生活感，除了生鮮食品外，米紙、乾麵等乾貨食品與點心等也很多元，可以來此一次買齊伴手禮。

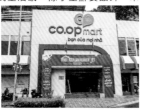

寬敞的店內生活感十足

☎168 Nguyễn Đình Chiểu, Q. 3 ☎（028）39301384
⏰8:00～22:00　休無休　Card JMV

位於百貨B2F務必來看看
胡志明高島屋
百貨公司
Ho Chi Minh Takashimaya

MAP P.126-3B

位於專賣店匯聚的購物中心「Saigon Centre」內，由地下2個樓層與地上3層樓共5個樓層組成，約210個國內外品牌進駐，B2F的食品賣場就像是日本的百貨地下街般的樓層，從當地人氣店到日系甜點等盡是受矚目的人氣店。

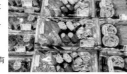

百貨地下2樓的還有休閒的壽司店

☎92-94 Nam Kỳ Khởi Nghĩa, Q. 1 ☎1800-577766（客服）　⏰9:30～21:30（週五～日～22:00、5F美食街為10:30～22:30）　休無休　Card ADJMV

豐富的高品質食物伴手禮
Annam Gourmet Market
超市

MAP P.126-3B

位在Saigon Centre的B2F的大型超市，以食品為中心，蒐羅了國內外1500種的嚴選商品，其中還有豐富的有機商品、嚴格控管品質的食材，想要買食物類伴手禮的話一定要來看看。附設熟食店與咖啡館。

凍乾百香果（左）與水果蜜餞（右）

☎B2, Saigon Centre, 65 Lê Lợi, Q. 1 ☎（028）39140515
⏰8:30～21:30（週五～日～22:00）　休無休　Card AJMV
[分店] MAP P.69-2C　☎16-18 Hai Bà Trưng, Q. 1

許多當地服飾店
Saigon Square
購物中心

MAP P.128-1B

位於「胡志明高島屋」（→下述）對面，很受在地年輕人喜愛的購物中心，進駐了眾多的小型店鋪，商品從服裝類的T恤、外套、連身裙到包包、太陽眼鏡到飾品等應有盡有，熱鬧氣氛宛如市場。

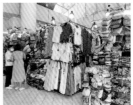

充滿在地感的購物中心，傍晚過後和週末人潮眾多

☎77-89 Nam Kỳ Khởi Nghĩa, Q. 1 ☎（028）38233915
⏰9:00～21:00　休無休　Card 依店家而異

匯集國內外最流行品牌
Vincom Center
購物中心

MAP P.127-2C

「H&M」、「Zara」等休閒品牌或高級品牌都有進駐，B3F有大型超市「Vin Mart」（→下述），地下3樓為美食街，進駐了知名的咖啡連鎖店和餐廳。

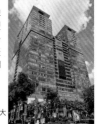

從B3F到L3F的7個樓層裡，大約進駐了200間店鋪

☎70-72 Lê Thánh Tôn, Q. 1 ☎（028）39369999
⏰10:00～22:00（週六・日～9:30～）　休無休
Card 依店家而異

Voice 第1郡超市推薦「Vin Mart」（→上述）和地下3樓的「WinMart」（map:P.127-2C），賣場寬廣、食品類特別充足。

SPA・按摩 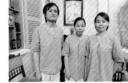 Spa & Massage

被自然環繞的療癒按摩
Noir.Spa

SPA

MAP P.123-1C

店內採用東方與法式別緻相結合的裝潢風格，營造出逃離日常生活、身心放鬆的空間。進行按摩的工作人員都是視力障礙者，按摩時主要依靠手部的感覺，不依賴視覺，確實刺激穴道，等級較高。來到

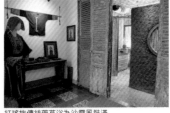
紅瑤族傳統藥草浴為沙霸風裝潢

這裡不妨與按摩一起嘗試看看紅瑤族的傳統藥草浴。泡澡水採用直接從沙霸左頻村紅瑤族購買的120多種草藥和樹木混合而成，可促進血液循環且具有排毒功效。

178B Hai Bà Trưng, Q. 1
☎093-3022626（手機）　🕙10:00～20:00　休無休　🛁紅瑤族藥草浴15萬越盾（15～25分鐘）、越式芳療按摩40萬越盾（60分鐘）等
Card A D J M V　預約需預約

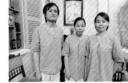
店內常駐5名按摩師，按摩使用的椰子油有3種香味可以挑選

被自然環繞的療癒按摩
The Spa Bar

SPA

MAP P.72-2B

位於第2郡草田小巷裡的療癒SPA，周圍被大自然包圍，安靜得令人難以想像是在城市之中。以繭為意象設計的SPA，只有3個房間，可以俯瞰美麗的蓮花池，讓少少的人享受放鬆的空間。使用由越南天

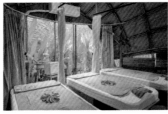
按摩室可以看見綠樹

然成分製成的自有產品進行療程。推薦臉部和身體按摩，如果有機會的話，也想享受180分鐘的SPA療程（155萬5000越盾），包括頭髮、臉部、身體和足部護理的奢華時光。

28 Thảo Điền, P. Thảo Điền
☎（028）36204535　🕙8:30～20:00　休無休　🛁臉部護理52萬5000越盾（60分鐘）～、經典乳液按摩69萬5000越盾（60分鐘）等
Card A D J M V　預約需於前一天預約

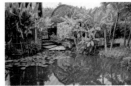
療程結束後，可到面向蓮花池的平台上享用下午茶

使用法國傳統藥草療法的護理
La Maison De L'Apothiquaire

SPA

MAP P.122-1B

將有百年歷史附帶庭園的洋房重新裝修而成的法式SPA，所謂的L'Apothiquaire是源自17世紀就存在於法國的「藥劑師」，在這裡則是著眼於植物本身所具有的自然療癒能力，而採行的法國傳統草本療法，按摩時使用的精油

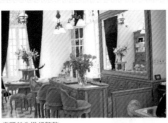
療程前先進行諮詢

都是法國政府認證的有機產品，推薦特色身體護理療程Renaissance95（150萬越盾／95分鐘），舒緩肌肉的緊繃，處進血液循環，讓疲勞的身體煥然一新。

64A Trương Định, Q. 3
☎（028）39325181　🕙9:00～21:00（最後預約19:30，套裝療程為16:30）　休無休　🛁臉部療程130萬越盾～（60分鐘）、舒緩半日套裝療程340萬越盾（4小時）等，稅另計　Card J M V　預約希望至少1天前要預約

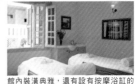
館內裝潢典雅，還有設有按摩浴缸的VIP室

Voice「La Maison De L'Apothiquaire」（→上述）的建築物為統一宮（→P.74）建築設計師吳日樹所設計建造，在同起街也有分店（MAP P.67-2D）。

111

完全個人包廂的奢華飯店SPA
Spa InterContinental

SPA

MAP P.126-1B

位在5星飯店InterContinental Saigon（→P.116）內的奢華SPA，在完全為個人包廂的私密空間內，可以體驗越南獨特的按摩。使用包入檸檬草、肉桂、甜羅勒等越南產香料的藥草球按摩放鬆之

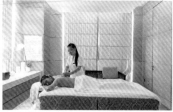
在寬敞的個人包廂內享受極致SPA

後，再由2位芳療師進行精油按摩的「Tranquille Meditation 4 Hands Massage」175萬越盾（45分鐘）很受歡迎外，也有可輕鬆體驗的30分鐘足部按摩（50萬越盾）。

🏠3F, InterContinental Saigon, Corner Hai Bà Trưng & Lê Duẩn, Q.1
☎（028）35209999　🕐10:00～20:00（最後預約～19:00）　🚫無休　💰熱石按摩180萬越盾（80分鐘）、臉部療程135萬越盾～（60分鐘）等，稅、服務費另計　Card A D J M V　📋最好先預約

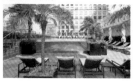
選擇套裝療程的話還可以使用飯店的泳池

人氣豐富療程
Sen Spa

SPA

MAP P.125-3D

提供豐富的療程，其中最推薦一試的就是由3名芳療師進行的6 Hands Massage（176萬越盾／75分）。另外，穿著涼鞋在街上走容易弄髒腳，也可以在這裡體驗包含去角質在內的足部療程。

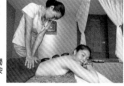
綠意和寧靜包圍的獨棟SPA，以細心的按摩獲得人氣

🏠10B1 Lê Thánh Tôn, Q.1　☎（028）39102174、38251250
🕐9:30～20:00（L.O. 19:00）　🚫無休　💰Travelers Retreat 為132萬越盾（2小時）、足部按摩39萬6000越盾（60分鐘）等，稅、服務費另計　Card A J M V　📋最好先預約

獲得許多旅居當地的外國人信賴
Miu Miu Spa 2

SPA

MAP P.125-3D

使用熱石的香氛按摩等豐富療程和不錯技巧受到歡迎，從30分鐘到3小時的內容都有，選擇60分鐘以上的療程則可免費使用淋浴設備，小費內含在用費當中。市區內也設有3間分店。

可以在事前調查表上寫上想要的療程

🏠2B Chu Mạnh Trinh, Q.1　☎（028）66802652
🕐9:30～23:00（L.O. 22:00）　🚫無休　💰足部按摩20萬越盾（35分鐘）、香氛按摩45萬越盾（60分鐘），稅另計　Card J M V　📋需預約

使用天然素材的高級護理
Sa Spa

SPA

MAP P.123-1C

採用越南傳統美容療法，療程大多使用香草和水果等天然素材，推薦促進血液循環的生薑身體按摩（73萬越盾／75分鐘）等。

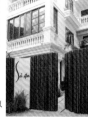
綠意和寧靜包圍的獨棟SPA，以細心的按摩獲得人氣

🏠40B&D Phạm Ngọc Thạch, Q.3　☎（028）35210670
🕐9:00～21:00（L.O. 20:00）　🚫無休　💰天然臉部療程68萬越盾（60分鐘）、越式身體按摩53萬越盾（60分鐘）等　Card J M V　📋需預約

印度支那風格的獨棟SPA
Moc Huong Spa Thao Dien

SPA

MAP P.72-2A

充滿度假村氛圍的SPA，以獨棟別墅改建而成。有豐富的身體按摩療程，想試試看使用竹筒的按摩或按摩頌缽（各50萬越盾／60分鐘），費用包含小費。

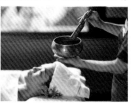
療程使用有機產品

🏠61 Xuân Thủy, P. Thảo Điền　☎（028）35191052
🕐9:00～22:00（最後預約～21:00）　🚫無休　💰足部療程38萬越盾（60分鐘）、Moc Huong特別按摩45萬越盾（60分鐘）等，稅、服務費另計　Card A J M V　📋需預約

Voice 不使用精油的身體按摩大多會有像泰式按摩般凹折身體的雜技般的按摩動作，不喜歡的話可以請服務人員不要進行這些按摩動作。

SPA・按摩 ✿ Spa & Massage

自然素材的美肌療程大獲好評
Kara Spa　　　　　SPA
MAP P.66-1B

客房只有10間，男女各別使用的按摩浴缸與三溫暖都很寬敞，使用起來很享受。使用的物品皆為自然素材製作，黑芝麻、蜂蜜磨砂去角質、海藻全身裹膚等美肌療程相當豐富。

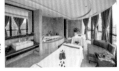

附設按摩浴缸的VIP室為65萬越盾（45分鐘／2人）

🏠7F, Caravelle Saigon, 19-23 Lam Sơn Square, Q. 1
☎（028）38234999　🕐10：30～0：00　🚫無休
💰Kara Saigon Signature 165萬越盾（90分鐘）等，稅、服務費另計，飯店住客可享 9 折優惠　Card A D J M V
📅最晚於 4 小時前預約

技術好的港式腳底按摩
健之家　　　　腳底按摩
Kien Chi Gia　　MAP P.127-3C

眾多在地外國居民都要讚聲好的港式腳底按摩店，內部氣氛良好，許多按摩師的手下功夫絕佳，服務項目雖然僅有70分鐘的按摩，但是還可以再延長35分鐘，在結束腳底按摩之後，也能夠繼續做背部、頸、手、頭的按摩，這些部位也一樣可以延長時間，收費中已經包含小費。

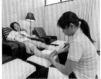

按摩間總共有 6 間

🏠44 Tôn Thất Thiệp, Q. 1　☎090-3316733（手機）
🕐10：30～0：00　🚫無休　💰30萬越盾（70分鐘），延長為52萬越盾（35分鐘）　Card 不可　📅週末最好先預約

包含按摩的美甲療程
Fame Nails　　　美甲沙龍
MAP P.67-1C

美甲時可以坐在按摩椅上好好放鬆，適合在購物或觀光的空檔前來，推薦包含手部按摩的Spa Manicure（18萬越盾／40分鐘），另外也有附足浴的腳底按摩Spa Pedicure（30萬越盾～／50分鐘）。

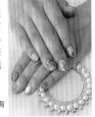

提供多樣化的指甲彩繪，市區有 4 間分店

🏠45 Mạc Thị Bưởi, Q. 1　☎（028）62671188　🕐9：00～21：00
🚫無休　💰經典美甲Classic Manicure為11萬越盾（30分鐘）、光療指甲38萬越盾～等　Card A D J M V　📅不需預約

市內陸續展店的人氣腳底按摩店
Golden Lotus Spa & Massage Club　SPA&按摩
MAP P.68-1B

除了人氣的腳底按摩之外，還有男性限定的三溫暖、搓澡。同系列經營的「Golden Lotus Healing Spa World」（MAP P.123-1C）則可享受以低溫三溫暖為主的韓國式超級澡堂、蒸氣房。

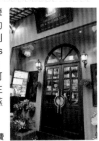

費用包含小費

🏠15 Thái Văn Lung, Q. 1　☎（028）38221515
🕐9：00～23：00　🚫無休　💰腳底按摩39萬5000越盾（90分鐘）等　Card J M V　📅需預約

✿ Column　在料理教室體驗越南飲食文化

即使是料理初學者也能輕鬆理解的教學方式，口碑絕佳且人氣很高，在這間吸引許多住在當地的日本人一再造訪的「Van Diet Cooking Class」，可以用日語學習代表性的越南家常菜，除了有準備材料與食譜（日文）之外，還會仔細解說烹飪祕訣並傳授購買材料的地點、如何變化使用方法等等。週一・三・五的菜單都不一樣，每月還會變換菜單，另外也有推出從市場採購食材開始的烹飪課程「市場之旅」，這個也很受好評。

●Van Diet Cooking Class
MAP 摺頁反-1D　🏠32 Mê Linh, Q. Bình Thạnh
☎076-5450143（手機，可通日語）
URL www.vandiet.com

E-mail vandietcooking@gmail.com
🕐10：00～13：00、14：00～17：00（分為上午與下午時段，各包含試吃時間，其他時段要洽談）
🚫不定期　💰70萬越盾（2 道）等
Card 不可　📅需預約

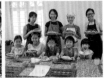

左／料理教室的菜色範例，這天是越式三明治（→P.38）　右／在自家教學所以有居家的氣氛，教學約 3 小時，也可以帶小孩參加

優雅的設計與熱情款待
Mai House Saigon
高級飯店

MAP P.123-2C

位在保留法國風情的瑪麗居里高中前，優雅法國殖民風格外觀引人注目。步入大廳，白色大理石地板、大型義大利吊燈和優雅的螺旋梯映入眼簾。雖然2022年9月近期才開幕，但以高品質的空間和熱情好客的服務，以及反映城市歷史和傳統的設計，已經躍為胡志明市知名的豪華飯店。客房也很有品味，配有優質的家具，讓您享受輕鬆愜意的住宿體驗。附設SPA、健身房和室外泳池。

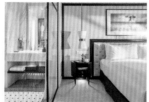
最小的房間也有30m²，全室禁菸

157 Nam Kỳ Khởi Nghĩa, Q. 3
☎（028）73039000
URL maihouse.com.vn
Ⓢ Ⓦ Ⓣ 280萬越盾～套房648萬越盾～
Card ADJMV　共180房

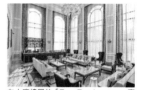
在大廳樓層的「Tom Tea Lounge」享用下午茶，光線透過大窗戶照射進來

法國殖民風格豪華飯店
Park Hyatt Saigon
高級飯店

MAP P.127-2C

為5星級飯店，擁有美麗白土色外觀和城市聖域的奢華空間，以優雅象牙白為基本色調的客房內，設置了以白木製作的大型雙門落地窗、裝飾藝術風格的家具，具備機能性的大理石浴室，還放置了增添韻味的巴莊陶器，簡言之就是「優雅」的極致。客房配置iPad mini、各個樓層都有24小時待命的管家等等，貼心細緻的服務正是Hyatt集團的一大特色。以酒吧「2 Lam Son」（→P.104）、1樓的義大利菜餐廳「Opera」為首，餐飲水準同樣極強。

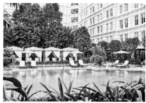
在綠意包圍的室外泳池放鬆身心

2 Lam Sơn Square, Q. 1
☎（028）38241234
URL www.hyatt.com/ja-JP/hotel/vietnam/park-hyatt-saigon/saiph
Ⓢ Ⓣ ST 664萬越盾～套房1166萬越盾～（含早餐）
Card ADJMV　共245房

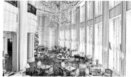
「Park Lounge」週五～日提供下午茶自助餐

5星級優雅精品飯店
Hotel Des Arts Saigon M Gallery Collection
高級飯店

MAP P.124-3A

在世界各地推出許多優雅精品飯店的M Gallery所開設的5星飯店，以「喚醒法屬印度支拿的優雅時光」為基本概念，從大廳到走廊、客房、餐廳、酒吧，所有地方都既別緻而優雅，可感受到彷彿時光倒轉的非日常體驗。由飯店主人自己收集的藝術作品就裝飾在館內，地毯來自香港、燈飾來自寮國等，營造出獨特的殖民風格，泳池（24樓）、SPA、法國主廚開設的「Saigon Kitchen」、頂樓酒吧很受歡迎的「Social Club」（→P.104）等各設施也都是經過精心規劃。

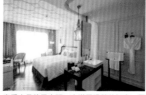
客房大量使用木頭，充滿了溫馨的氣息。圖為Deluxe房型

76-78 Nguyễn Thị Minh Khai, Q. 3
☎（028）39898888
URL www.hoteldesartssaigon.com
Ⓢ Ⓦ Ⓣ 434萬越盾～套房849萬越盾～（＋税・服務費15%，含早餐）
Card ADJMV　共168房

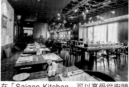
在「Saigon Kitchen」可以享受從街頭小吃到越南代表性的料理

Voice 第5堤岸的5星級飯店「Windsor Plaza」餐廳豐富也很推薦 MAP P.85-1D 18 An Dương Vương, Q. 5 ☎（028）38336688 URL www.windsorplazahotel.com Ⓢ Ⓦ Ⓣ 120US$～

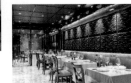
穩重華麗設計的6星級飯店
The Reverie Saigon

高級飯店

MAP P.67-2C

以「都會奢華Urban Luxury」為主題的成熟隱密飯店，館內統一都是穩重的歐式風格，裝飾在大廳的施華洛世奇水晶燈與珍貴的青色大理石等，幾乎所有裝潢都是從義大利進口。客房內設有席夢思Simmons最高級的床組，床單與布類則使用Ferretti

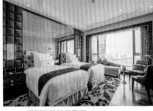
Deluxe房型可眺望西貢河

的產品，浴缸設有電視，免費Minibar、濃縮咖啡機也很完備，為了讓顧客住得舒適，所以對所有細節都相當講究。飯店內有4間餐廳、SPA以及越南首座的Sound Pool。

📍57-69F, 22-36 Nguyễn Huệ, Q. 1
☎（028）38236688
URL thereveriesaigon.com
🛏ⓈⓌⓉ635萬越盾〜套房1324萬越盾〜
Card ⒶⒹⒿⓂⓋ
共286房

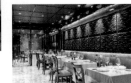
地下1樓有米其林3星的義大利餐廳「Da Vittorio Saigon」

重新整修&地理位置優越提供舒適的住宿體驗
Sheraton Saigon Hotel & Towers

高級飯店

MAP P.66-1B

矗立在同起街精華地段，由主塔樓與高塔樓所組成的飯店全是時尚摩登的裝潢，營造出高級感無限的空間。高塔樓以行政房為主，幾乎所有房間都可眺望西貢河，可使用高塔樓休息廳，擁有379間客房和套房的主塔樓，於

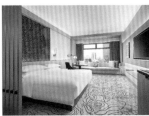
Grand Studio房型

2019年重新整修。擁有以蓮花為主題的現代設計，包括可移動的大螢幕平面電視和放鬆的沙發床。飯店內還有許多設施，例如游泳池、健身房和餐飲設施。

📍88 Đồng Khởi, Q. 1
☎（028）38272828
URL sheratonsaigon.com
🛏Ⓢ Ⓣ427萬越盾〜 套房579萬越盾〜（含早餐）
Card ⒶⒹⒿⓂⓋ 共485房

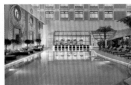
主塔樓一側有著游泳池的樓層，可銜接通往高塔樓

可享受藝術的現代空間
Le Méridien Saigon

高級飯店

MAP P.127-1D

建於西貢河河畔的5星飯店，特別著重於藝術，為了能讓住客感受當地文化，館內到處展示著以西貢河或胡志明市街景等越南南部為主題的藝術作品。客房是以黑色為基本色調的現代設計，所有房間都將浴缸與淋浴間隔開，還可以一邊泡在浴缸

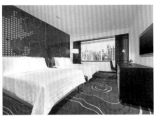
Premium Classic的房間

中一邊欣賞風景。此外，9樓的泳池可以一覽西貢河，沒有添加氯而是使用對肌膚與頭髮溫和的海水，隨處可見用心之細膩。健身房備有最新機器，SPA也很完善。

📍3C Tôn Đức Thắng, Q. 1
☎（028）62636688 URL www. marriott.com/en-us/hotels/sgnmd-le-meridien-saigon 🛏Ⓢ Ⓣ389萬越盾〜套房503萬越盾〜
Card ⒶⒹⒿⓂⓋ 共376房

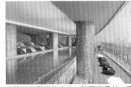
可眺望西貢河的泳池，除了客房外，酒吧和泳池等館內設施都能看到西貢河

Card ⒶⒹⒿⓂⓋ 共376房

結合傳統與現代的大型飯店
InterContinental Saigon

高級飯店

MAP P.126-1B

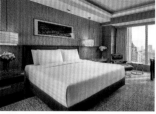

行政加大雙人床套房

從地板延伸到天花板的大片窗戶望出去的城市絕景是這裡最大的魅力所在，舒服好用的辦公桌椅，浴室內則有紅色塗漆的備品盒與竹製的毛巾架等，營造出現代與傳統融合的舒適空間。商務人士一定要到行政樓層，下午茶、午後雞尾酒的品質自然不在話下，服務人員的服務更是最高水準。飯店附設的餐廳和SPA評價極佳，如以海鮮自助餐聞名的「Market 39」等。

Corner Hai Bà Trưng & Lê Duẩn, Q. 1
☎（028）35209999
URL www.icsaigon.com
⑤Ⓦ⒯532萬越盾～　套房836萬越盾～（＋稅・服務費15%，行政套房和套房含早餐）
Card ADJMV
共305房

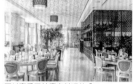

可以享受正統廣東料理的「Yu Chu」

優雅氛圍的法資5星飯店
Sofitel Saigon Plaza

高級飯店

MAP P.125-3C

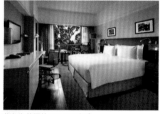

紫色為基調的Superior客房

設備應有盡有的法系5星飯店，館內由法國設計師設計出充滿趣味性的現代感裝潢，所有房間都可以免費連Wi-Fi，衛浴備品則使用浪凡LANVIN這個品牌。18樓以上是屬於行政樓層的會員專屬地區，可以享受到更加量身打造的服務。至於餐廳部分有供應高品質法國菜的「LE 17 BISTRO」、可享用國際料理自助餐的「Mezz」和大廳樓層的「T Lounge」等，另外還有商務中心、室外泳池等設施。

17 Lê Duẩn, Q. 1　☎（028）38241555
URL sofitel-saigon-plaza.com
⑤⒯363萬越盾～　套房909萬越盾～（＋稅・服務費15%，含早餐）
Card ADJMV　共286房

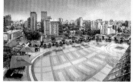

屬於第1郡中相對安靜的區域，館內瀰漫了優雅別緻的氛圍，頂樓還有一座開放式泳池

1925年創立的歷史飯店
Hotel Majestic Saigon

高級飯店

MAP P.67-2D

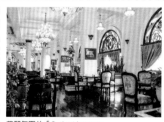

華麗氛圍的「Catinat Lounge」

位於同起街和孫德勝街的一角，面向西貢河而建，創立於法國殖民時的1925年，第二次世界大戰時為日軍的宿舍，越戰期間則是新聞記者的基地，與這座城市的歷史一同成長的殖民式飯店。飯店分成新館與舊館，加上客房都全部以木製家具統一風格，還有以雙層窗隔絕噪音的完善設備。芥川獎得主開高健在越戰期間曾以《朝日新聞》臨時記者身份入住其中一間客房。

Đồng Khởi, Q. 1　☎（028）38295517
URL majesticsaigon.com
⑤Ⓦ⒯297萬越盾～　套房434萬越盾～（＋稅・服務費15%，含早餐）
Card AJMV　共174房

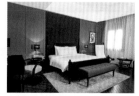

開高健曾入住的103號房，現在成了裝飾著他照片的特色客房

住宿 Hotel

餐飲大受好評的河岸飯店
Renaissance Riverside Hotel Saigon

高級飯店

MAP P.67-1D

　　座落在可俯瞰西貢河絕佳地點的 5 星飯店，開闊的客房裡運用明亮色彩，簡潔且機能性十足，客房分成城市景觀以及河岸景觀兩種房型，雖然費用比較高，卻很值得大力推薦選擇河景房間。此外，館內餐廳、酒吧的餐飲方案蔚為話題，如正統粵菜的

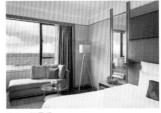
Deluxe河景房

中華料理餐廳「嘉賓」提供飲茶吃到飽方案（89萬8000越盾，稅、服務費另計）、主廚廳「Viet Kitchen」則可享受異國料理自助餐（125萬越盾，稅、服務費另計）。

🏠8-15 Tôn Đức Thắng, Q. 1
☎（028) 38220033
URL www.marriott.com/SGNBR
ⓈⓌⓉ455萬越盾～　套房543萬越盾（＋稅・服務費15%）
Card ADJMV　共336房

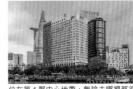
位在第 1 郡中心地帶，無論去哪裡都很方便

細膩服務的日系 5 星飯店
Hotel Nikko Saigon

高級飯店

MAP P.122-3B

　　日系 5 星飯店，約有10位日本職員，提供著日本特有的細膩服務。達40m²堪稱是全胡志明市面積最大的Deluxe客房，以大地色彩為基礎並加上洗練設計，可以享受舒適的住宿時光。使用有機素材的奢華「蓮SPA」、可品嘗到飲茶的

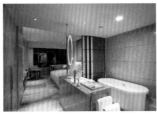
所有房間都設有浴缸

中華料理餐廳「明宮」、海鮮自助餐得到好評的「La Brasserie」（→P.99）等館內的設施也很齊備。所在地點與市中心有些距離，但有免費通往市中心的接駁巴士。

🏠235 Nguyễn Văn Cừ, Q. 1
☎（028) 39257777
URL www.hotelnikkosaigon.com.vn
E-mail reservation@hotelnikkosaigon.com.vn
ⓈⓌⓉ133US$　（＋稅・服務費15.5%，含早餐）　Card ADJMV
共334房

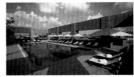
5 樓的戶外露天游泳池

以皇冠為標誌的豪華飯店
Rex Hotel Saigon

高級飯店

MAP P.126-2B

　　以皇冠標誌為指標的老字號國營飯店，威風凜凜地座落在阮惠街Nguyễn Huệ上，1927年原本是建來作為車子販賣處之用，1960～70年代成為美軍的情報基地，是隨著街道歷史一起變遷的珍貴飯店。室內是大量使用柚木的沉穩裝潢，有許多更高級的

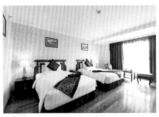
Executive Premium房型的房間

Premiun客房也是其特色之一，行政房享有延遲退房、每天免費洗 2 件衣服等服務，服務也無庸置疑，可以輕鬆享受住宿時光。新館 1 樓則是Chanel等高級名牌店串連在一起的購物之地。

🏠141 Nguyễn Huệ, Q. 1
☎（028) 38292185、38293115、091-7590900（手機、客房）
URL www.rexhotelsaigon.com
ⓈⓌⓉ300萬越盾～　套房392萬越盾～（＋稅・服務費15%，含早餐）
Card ADJMV　共286房

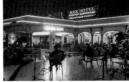
館內有頂樓酒吧等 7 間餐廳

城市中也能體驗度假氛圍
Lotte Hotel Saigon
高級飯店

MAP P.127-2D

可眺望西貢河的5星飯店,這棟在遼闊的土地面積上蓋起的奢華建築,有著極為開放的接待大廳以及露天游泳池,給人猶如度假飯店的印象。客房也很寬敞,還使用了美國製的高級床墊席夢思Simmons,所有房間都備有免治馬桶。

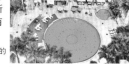
滿溢熱帶度假樂趣的戶外泳池

🏠2A-4A Tôn Đức Thắng, Q. 1　☎(028) 38233333
URLwww.lottehotel.com/saigon-hotel
🛏️Ⓢ Ⓦ Ⓣ308萬越盾～　套房650萬越盾～(＋稅・服務費15%,含早餐)　CardA D J M V　共283房

世界名流也下榻
New World Saigon
高級飯店

MAP P.123-3C

四周環繞著無盡綠意,網球場、戶外游泳池等運動設備更是無比充實的絕佳住宿選擇。客房極為明亮,使用相當舒適的色調,餐飲設施有海鮮料理「Parkview」、粵菜「Black Vinegar」等店。

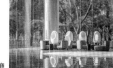
玻璃帷幕的大廳

🏠76 Lê Lai, Q. 1　☎(028) 38228888
URLsaigon.newworldhotels.com/jp　🛏️Ⓢ Ⓦ Ⓣ161US$～ 套房349US$～(＋稅・服務費16%)　CardA D J M V
共533房

位在機場與市區中間地段的大型飯店
Eastin Grand Hotel Saigon
高級飯店

MAP 摺頁反-1B

館內以時尚裝潢裝飾,3間餐廳、露天泳池、健身房、SPA等設施齊全,只要多付46萬6000越盾(稅、服務費另計)即可升級Club房型,提供休息室和專人辦理入住服務。

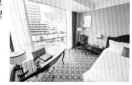
32m²的Deluxe客房

🏠253 Nguyễn Văn Trỗi, Q. Phú Nhuận　☎(028)38449222
URLwww.eastinhotelsresidences.com/eastingrandsaigon
🛏️Ⓢ Ⓦ Ⓣ165萬越盾～　套房300萬越盾～(＋稅・服務費15.5%)　CardA D J M V　共268房

時髦的都會型飯店
Pullman Saigon Centre
高級飯店

MAP P.123-3C

距離市中心有點遠,但擁有寬敞且設計洗鍊的客房,還有設有池畔酒吧的戶外泳池,充滿了城市度假的風情。30樓有「Mad Cow Saigon」、頂樓高空酒吧等6間餐廳,健身房、SPA等設施也很齊全。

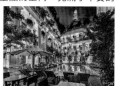
Deluxe客房以上等級設有浴缸

🏠148 Trần Hưng Đạo, Q. 1　☎(028) 38388686
URLwww.pullman-saigon-centre.com　🛏️Ⓢ Ⓦ Ⓣ304萬越盾～　套房574萬越盾～(＋稅・服務費15%)　CardA D J M V　共306房

殖民風格建築的經典飯店
Hotel Grand Saigon
高級飯店

MAP P.67-1C

面對同起街而建的古典摩登飯店,改建自1930年代的殖民風格建築物,因此到處都能嗅得到羅曼蒂克的氣息,無論是新館或舊館,以古典家具作為裝潢重點的室內,充滿了木質的溫暖,就連浴室也是豪華無比。創立之初的古董電梯至今都還可以順利運作。

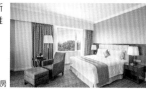
中庭還有座小型游泳池

🏠8 Đồng Khởi, Q. 1　☎(028) 39155555　URLwww.hotelgrandsaigon.com　🛏️Ⓢ Ⓣ108US$～　套房216US$(＋稅・服務費15%,含早餐)　CardA D J M V　共251房

位在市中心和堤岸中間地段
Equatorial Ho Chi Minh City
高級飯店

MAP P.122-3A

稍微遠離市中心,設有令人滿意的4間餐廳、戶外泳池、SPA和健身房等設施,提供住宿期間的舒適享受。客房於2020年翻新升級,配備了最新設備與優雅設計。

高級房

🏠242 Trần Bình Trọng, Q. 5　☎(028) 38397777
URLhochiminhcity.equatorial.com　🛏️Ⓢ Ⓦ Ⓣ181萬越盾～　CardA D J M V　共333房

時尚都會飯店
M Hotel Saigon
高級飯店
MAP P.127-3C

飯店建於印度教寺廟Sri Thenday Yuttha Pani（→P.77邊欄）前，館內採用白色和灰色為基調的簡約都市設計，房間兼具機能性和時尚。也有附迷你庭園的房型，餐廳和健身房等設施齊全。

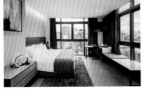

極簡設計的房間，推薦有窗戶的房型

🏠 39 Tôn Thất Thiệp, Q. 1 ☎（028）38212888
URL mhotel.vn 🛏️ⓈⓌⓉ 197萬越盾～ 套房262萬越盾～（含早餐）
Card ＡＪＭＶ 共55房

創立於1880年的殖民風格飯店
Continental Saigon
高級飯店
MAP P.66-1A

來自世界各國的要人名流都曾是座上嘉賓的一座深具傳統的飯店，客房以挑高天花板與寬敞衣櫥而具有魅力，亦有著提供各國料理的餐廳、花園酒吧、商務中心、健身中心等。

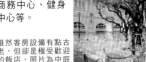

雖然客房設備有點古老，但卻是極受歡迎的飯店，照片為中庭咖啡館

🏠 132-134 Đồng Khởi, Q. 1 ☎（028）38299201
URL www.continentalsaigon.com
🛏️Ⓢ 100US$～ Ⓣ110US$～套房226US$（含早餐）
Card ＡＤＪＭＶ 共83房

頂樓泳池可欣賞河景是一大魅力
Liberty Central Saigon Riverside
中級飯店
MAP P.67-1D

在市區展店的Liberty集團，客房與頂樓泳池可欣賞河景，房間以白木和米白色為基調，是兼具摩登感與機能性的設計，館內還設有酒吧與SPA，可以度過舒適的時光。另外還有可使用專用休息室的行政房。

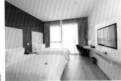

明亮且具機能性的客房

🏠 17 Tôn Đức Thắng, Q. 1 ☎（028）38271717
URL www.libertycentralsaigonriverside.com 🛏️Ⓢ220萬越盾～ ⓌⓉ266萬越盾～ 套房573萬越盾（含早餐）
Card ＡＤＪＭＶ 共170房

以老西貢為主題
The Myst Dong Khoi
高級飯店
MAP P.67-1C

所在位置緊鄰同起街，以「老西貢」為主題，對色彩繽紛的磁磚、古董風格家具等細節都很講究的客房散發著悠閒的氣氛，另外還設有餐廳、咖啡館、屋頂泳池。

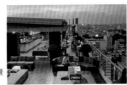

融合新舊風格的洗鍊大廳

🏠 6-8 Hồ Huấn Nghiệp, Q. 1 ☎（028）35203040
URL www.themystdongkhoihotel.com 🛏️ⓈⓌⓉ305萬越盾～ 套房758萬越盾～（＋稅・服務費15%）
Card ＡＤＪＭＶ 共108房

時尚高樓4星飯店
Novotel Saigon Centre
高級飯店
MAP P.124-3A

於鄰近第1郡附近鬧區建立的20層樓城市飯店，館內與客房以白色為基本色調統一打造出簡約時尚風格，設施完善，可享用亞洲和西式料理的區域「Square」、2間酒吧、泳池、SPA、健身房等設施應有盡有。

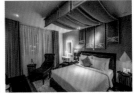

從20樓欣賞美麗夜景的「OnTop Bar」

🏠 167 Hai Bà Trưng, Q. 3 ☎（028）38224866
URL www.novotel-saigon-centre.com 🛏️ⓈⓌⓉ321萬越盾～（含早餐） **Card** ＡＤＪＭＶ 共247房

以古典家具統一
The Odys
中級飯店
MAP P.128-2B

11層樓建築的大型精品飯店，館內的古典氛圍讓人彷彿回到法屬印度支那時代。房間不大，注重細節的典雅裝潢，帶來奢華感受。設有SPA和可欣賞美景的陽台座位餐廳。

舒適的Deluxe房型

🏠 65-67-69 Nguyễn Thái Bình, Q. 1 ☎（028）38216915 **URL** www.theodyshotel.com 🛏️ⓈⓌⓉ178萬越盾～（含早餐） **Card** ＡＤＪＭＶ 共70房

興建於阮惠街上的老字號飯店
Saigon Prince　　　中級飯店

MAP P.127-3C

稍微老舊但明亮寬敞的客房使用了越南製的布料，營造出高雅的空間，可眺望西貢河的河景房很受歡迎。餐飲方面，有異國料理餐廳「Ocean Queen」等，健身房、泳池等設施也很完善。

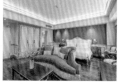

Club Grand Suite房型，近年部分房間經過整修

📮63 Nguyễn Huệ, Q. 1　☎（028）38222999
URL www.saigonprincehotel.com　🏠Ⓢ90US$～
Ⓦ①99US$～　套房193US$～（＋稅・服務費15%，含早餐）　Card ADJMV　共191房

殖民風格精品飯店
Alcove Library　　　中級飯店

MAP 摺頁反-1B

如其名，為附設私人圖書館的精品飯店，房間以簡約高雅的新加坡製裝潢統一風格，套房內則設有廚房，另外也一定要試試頂樓的多國籍料理餐廳。

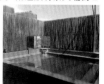

小型精品飯店，推薦喜歡寧靜的人

📮133A Nguyễn Đình Chính, Q. Phú Nhuận
☎（028）63569966　URL www.alcovehotel.com.vn
🏠Ⓢ55～81US$　①62～69US$　套房83～89US$（含早餐）　Card ADJMV　共25房

地點絕佳許多團體客下榻
Saigon Hotel　　　經濟型旅館

MAP P.66-1B

位在同起街附近，無論前往何處都很方便。善用木質溫潤質感的房間設有空調、冰箱、保險箱等周全設備，部分房型備有浴缸，也設有商務中心、餐廳、健身中心等設施。飯店於近幾年完成全館改裝。

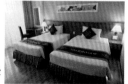

Senior Deluxe房型設有陽台

📮41-47 Đông Du, Q. 1　☎（028）38299734
URL www.saigonhotel.com.vn　🏠Ⓢ150萬越盾～Ⓦ①185萬越盾～　套房255萬越盾～（含早餐）　Card MV　共86房

專為日本旅客提供服務
東屋　　　經濟型旅館
Azumaya

MAP P.68-1B

結合屋頂露天風呂、腳底按摩店、日本料理餐廳「和」在一起的飯店，早餐供應的是和食且能看民放電視台，所有房間皆備有免治馬桶。櫃台有會說日文的飯店人員。附近設有蔡文瓏街2號店（MAP P.68-1A）、黎聖宗街店（MAP P.127-1D）。

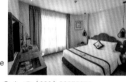

頂樓的露天溫泉，大叻和河內也有分店

📮8A/8D1-8A/9D1 Thái Văn Lung, Q. 1　☎（028）38246835
URL azumayavietnam.com　🏠Ⓢ⑩113萬越盾～　套房197萬越盾～（＋稅10%，含早餐）　Card JMV　共58房

免費飲料、點心和洗衣服務
The Hammock Hotel Fine Arts Museum　　經濟型旅館

MAP P.128-2B

每間房間都設有吊床的概念性飯店，擁有現代休閒的氛圍，也有上下鋪房型。從房間內的Minibar和點心，9樓接待處旁用餐區的零食和大冰箱中的飲料都免費提供。

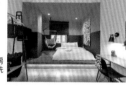

Deluxe Double房型，住宿費也包含洗衣費

📮59-61 Nguyễn Thái Bình　☎（028）36363621
URL thehammockhotel.com　🏠Ⓢ⑩165萬越盾～　①150萬越盾～、家庭房220萬越盾～（含早餐）　Card AJMV　共45房

鄰近濱城市場的3星飯店
Sanouva Saigon Hotel　　　經濟型旅館

MAP P.126-3A

距離濱城市場徒步數分鐘的中型飯店，以周到的服務獲得好評，客房內採用殖民風格的裝潢，配有東方風格的木質家具和鳥籠吊燈。飯店還設有咖啡廳、餐廳。

Premium Deluxe Double房型

📮177 Lý Tự Trọng, Q. 1　☎（028）38275275
URL www.sanouvahotel.com　🏠Ⓢ127萬越盾～　Ⓦ①173萬越盾～　套房347萬越盾～（含早餐）　Card ADMV　共53房

Voice! 裴援街直到深夜持續充滿喧鬧的音樂，因此住宿地點選擇在小巷中或范五老街內的飯店較好，推薦周邊的3星飯店「Vien Dong」。　MAP P.70-1B　📮275A Phạm Ngũ Lão, Q. 1　☎（028）38368941↗

維護良好的老字號飯店
Huong Sen
經濟型旅館

MAP P.67-1C

位在同起街上的老字號飯店，每年都會重新整修，乾淨整潔的房間備有空調、電視、冰箱、保險箱等基本設施，淋浴的水壓很強，洗澡時很舒適，Deluxe以上等級的房間則設有陽台。健身中心、三溫暖、餐廳和泳池等設施齊全。

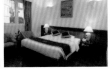
Double Deluxe房間

🏠66-68-70 Đồng Khởi, Q. 1　☎（028）38291415
URL www.huongsenhotel.com.vn　⑤180萬越盾～
Ⓦ①210萬越盾～（＋服務費5％，含早餐）
Card A D J M V　共76房

商務或觀光皆合適
Roseland Corp
經濟型旅館

MAP P.68-1B

市區展店的Roseland集團飯店，位在蔡文瓏街的3星飯店，無論是以商務或觀光為目的都適合住在這裡。自助式早餐以3星飯店來說相當豐盛，接待客人也很用心，讓人相當開心。最便宜的Superior房沒有窗戶，但面積比Deluxe房還大一些。

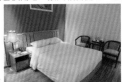
每個房間都備有小書桌

🏠6D2 Thái Văn Lung, Q. 1　☎（028）38238762
URL www.roselandhotels.com　⑤95萬越盾～　Ⓦ①133
萬越盾（含早餐）　Card A D J M V　共70房

宛如自家般溫馨舒適
Ngoc Minh
青年旅館

MAP P.70-1B

范五老街與杜廣道街上一排迷你飯店中的老字號青年旅館，經過翻新，房間整潔又簡約，設備充足。頂樓設有庭園陽台，可以在此享用早餐。

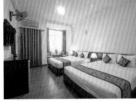
附陽台的家庭房

🏠283/11 Phạm Ngũ Lão, Q. 1　☎098-2910927（手機）、
098-9599076（手機）　URL www.facebook.com/
ngocminhhotel283　⑤37US$～　Ⓦ47US$～、家庭房
67US$～（＋稅・服務費15％，含早餐）　Card 不可　共25房

創立40年的老字號3星飯店
Bong Sen Hotel Saigon
經濟型旅館

MAP P.66-2B

接待大廳融合殖民風格與越式摩登，給人優雅的感受，設有越南料理自助餐受到好評的「Ganh」等，公共區的氣氛也很好，SPA、健身房、旅遊諮詢櫃台等也應有盡有，住客也可使用相同經營體系的Palace Hotel Saigon（MAP P.127-3C）的泳池。

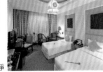
客房保持得相當乾淨

🏠117-123 Đồng Khởi, Q. 1　☎（028）38291516
URL www.bongsenhotel.com
⑤92US$～　Ⓦ110US$～　家庭房159US$～（含早餐）　Card A D J M V　共130房

公寓房型的房間很受歡迎
EMM Hotel Saigon
經濟型旅館

MAP P.123-1C

以綠色和粉紅色為主色的精品飯店，距離市中心有點遠，不過設有可以免費使用洗衣機、烘乾機並附設有廚房的公寓房型等，提供給長期住宿者的服務相當周全，附設餐廳。

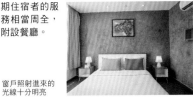
窗戶照射進來的光線十分明亮

🏠157 Pasteur, Q. 3　☎（028）39362100
URL emmhotels.com　⑤Ⓦ①93萬越盾～　公寓142萬越盾～（含早餐）　Card A D J M V　共50房

份量十足的早餐很有人氣
Phan Anh Backpackers Hostel
青年旅館

MAP P.70-1A

位於范老五街小巷內的人氣青年旅館，進入館內需拖鞋，因此能保持整潔。房間明亮簡約，基本設備充足，空間也很寬敞。豐盛的早餐菜單，十分受歡迎。

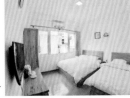
擺上雙人床和單人床的3人房

🏠373/6 Phạm Ngũ Lão, Q. 1　☎（028）39209235
E-mail sales@phananhbackpackershostel.com
⑤24US$～　3人29US$～　D11US$～（＋稅・服務費15％，含早餐）　Card A D M V　共20房

↘URL www.viendonghotel.com.vn　⑤Ⓦ①110萬越盾～套房220萬越盾～（含早餐）　Card A D J M V
共100房

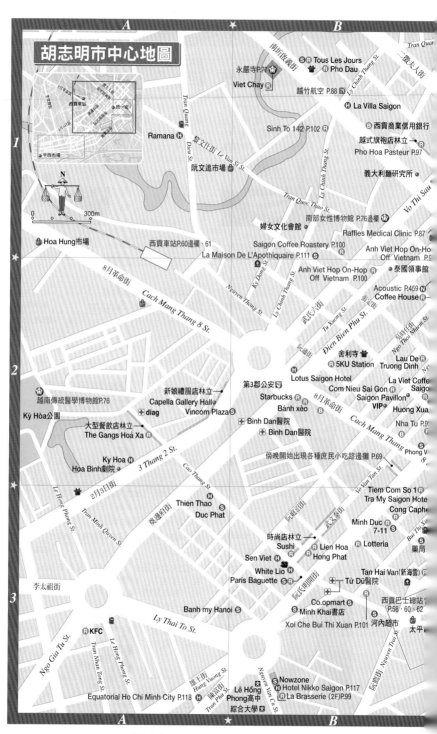

胡志明市中心地圖

A ★ B

1

永嚴寺P.77 ⊕
南折散義街
ⓢ Tous Les Jours
🍴 ⓡ Pho Dau
Viet Chay ⓡ
越竹航空P.88 ✈
La Villa Saigon ⊕
Sinh To 142 P.102 ⓡ
Ramana ⊕
黎文仕街 Le Van Si St.
⊖ 西貢商業信用銀行
越式旗袍店林立→❀
Pho Hoa Pasteur P.97
義大利麵研究所 ●
阮文追市場 ⊕
Tran Quoc Thao St.
南部女性博物館 P.76邊欄 🏛
婦女文化會館 ●
Raffles Medical Clinic P.87
Hoa Hung市場 ♨
西貢車站P.60邊欄、61 ⊞
Saigon Coffee Roastery P.100 ⓡ
La Maison De L'Apothiquaire P.111 ●
Anh Viet Hop On-Ho
Off Vietnam P.9
8月革命街
Cach Mang Thang 8 St.
Anh Viet Hop On-Hop
Off Vietnam P.100 ●
● 泰國領事館
Ky Dong St.
Ly Chinh Thang St.
Acoustic P.459 🎵
Coffee House ⓡ
武氏六街
Tu Xuong St.
Dien Bien Phu St.
舍利寺 ⊞
Lau De ⓡ
ⓡ 5KU Station
Truong Dinh
Lotus Saigon Hotel
La Viet Coffe
第3郡公安 ⊞
Com Nieu Sai Gon ⓡ
Saigo
新娘禮服店林立→
Starbucks ⓡ
Saigon Pavillon
Capella Gallery Hall
Bánh xèo ⓡ
VIP ⓢ
Huong Xua
diag ⊞
Vincom Plaza ⓢ
越南傳統醫學博物館P.76 🏛
⊞ Binh Dan醫院
Cach Mang Thang
Nha Tu P.9
Kỳ Hòa公園
⊞ Binh Dan醫院
Phong V
大型餐飲店林立→
The Gangs Hoá Xa ⓡ
傍晚開始出現各種庶民小吃路邊攤 P.69
3 Thang 2 St.

2

Ky Hoa ⊕
Cao Thang St.
Vo Van Tan St.
Tiem Com So 1 ⓡ
Hoa Binh劇院
Tra My Saigon Hote
2月3日街
Cong Caphe
Tran Minh Quyen St.
Minh Duc ⓢ
Le Hong Phong St.
7-11 ⓢ
Bui Th
Thien Thao ⓢ
Duc Phat
阮庭沼街
武文秦街
ⓡ Lotteria
藥局
時尚店林立→
Sushi ⓡ
Lien Hoa
Hong Phat
Tan Hai Van(新海雲) ⓡ
Sen Viet ⊕ⓡ
White Lio ⊕
⊞ Từ Dũ醫院
Paris Baguette ⓢⓡ
阮氏明開街
Co.opmart ⓢ
西貢巴士總站
P.58、60、62
李太祖街
Banh my Hanoi ⓢ
Minh Khai書店
河內超市
太平

3

KFC ⓡ
Ly Thai To St.
Xoi Che Bui Thi Xuan P.101 ⓡ
Ngo Gia Tu St.
Tran Nhan Tong St.
Le Hong Phong St.
雄王街 Hung Vuong St.
陳富街 Tran Phu St.
Nowzone ⓢ
Hotel Nikko Saigon P.117 ⊕
La Brasserie (2F)P.99 ⓡ
Equatorial Ho Chi Minh City P.118 ⊕
Lê Hồng Phong高中
綜合大學
Nguyen Van Cu St.
Nguyen Trai St.

A B

※地圖中左上角小圖內的紅框部分，是指這張地圖在摺頁地圖背面的相對應位置。

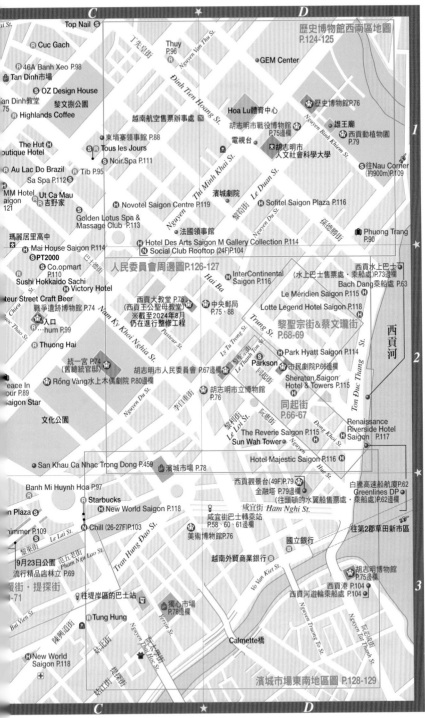

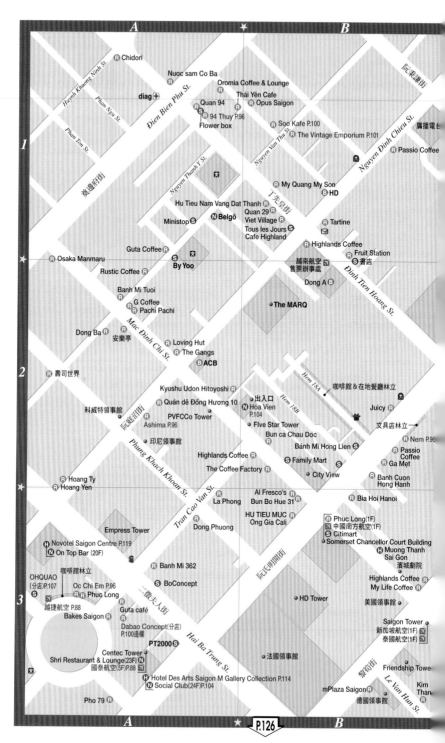

A   ★   B

- ⓡ Chidori
- Nuoc sam Co Ba
- Oromia Coffee & Lounge
- diag ✚
- Thái Yên Cafe
- ⓡ Opus Saigon
- Ⓢ Quan 94
- ⓡ 94 Thuy P.96
- Flower box
- ⓡ Soo Kafe P.100
- ⓡ The Vintage Emporium P.101
- ⓡ Passio Coffee
- ⓡ My Quang My Son
- Ⓑ HD
- Hu Tieu Nam Vang Dat Thanh
- Ⓝ Belgö
- Quan 29 ⓡ
- Viet Village ⓡ
- Ⓢ Tartine
- Ministop Ⓢ
- Tous les Jours Ⓢ
- Cafe Highland
- ⓡ Highlands Coffee
- Guta Coffee ⓡ
- ⓡ Osaka Manmaru
- Ⓢ By Yoo
- ⓡ Fruit Station
- �🗺 書店
- Rustic Coffee ⓡ
- 越南航空 售票辦事處
- Dong A ⓡ
- Banh Mi Tuoi
- ⓡ G Coffee
- ⓡ Pachi Pachi
- • The MARQ
- Dong Ba ⓡ
- 安樂亭
- ⓡ Loving Hut
- ⓡ The Gangs
- Ⓡ 壽司世界
- Ⓝ ACB
- Kyushu Udon Hitoyoshi
- 咖啡館&在地餐廳林立
- ⓡ Quán đê Đồng Hương 10
- 科威特領事館
- • 出入口
- Juicy ⓡ
- PVFCCo Tower
- Ⓢ Hoa Vien P.104
- Ashima P.96
- 文具店林立一
- 印尼領事館
- • Five Star Tower
- Nem P.96
- Bun ca Chau Doc
- Highlands Coffee ⓡ
- Bánh Mi Hong Lien Ⓢ
- ⓡ Passio Coffee
- The Coffee Factory ⓡ
- ⓡ Family Mart
- Ⓢ Ga Met
- ⓡ Hoang Ty
- • City View
- Banh Cuon Hong Hanh
- ⓡ Hoang Yen
- Al Fresco's ⓡ
- ⓡ Bia Hoi Hanoi
- La Phong ⓡ
- Bun Bo Hue 31 ⓡ
- HU TIEU MUC Ong Gia Cali
- Ⓡ Phuc Long(1F)
- 🗺 中國南方航空(1F)
- Empress Tower
- Ⓢ Citimart
- Dong Phuong ⓡ
- • Somerset Chancellor Court Building
- Ⓗ Novotel Saigon Centre P.119
- Ⓝ On Top Bar (20F)
- Ⓗ Muong Thanh Sai Gon
- 濱城劇院
- OHQUAO (分店)P.107
- 咖啡館林立
- ⓡ Banh Mi 362
- Highlands Coffee ⓡ
- Ⓢ Oc Chi Em P.96
- My Life Coffee ⓡ
- ⓡ Phuc Long
- Ⓢ BoConcept
- 越捷航空 P.88
- • HD Tower
- 美國領事館 ⓡ
- Guta café ⓡ
- Bakes Saigon ⓡ
- Saigon Tower •
- Dabao Concept(分店) P.100邊欄
- 新加坡航空(1F)
- 泰國航空(1F) 🗺
- PT2000 Ⓢ
- Centec Tower •
- 法國領事館
- Shri Restaurant & Lounge(23F) Ⓝ
- 國泰航空(5F)P.88
- Friendship Towe
- 🗺
- Kim Than
- Ⓗ Hotel Des Arts Saigon M Gallery Collection P.114
- Ⓝ Social Club(24F)P.104
- mPlaza Saigon ⓡ
- ⓡ Pho 79
- 德國領事館

A   ★   P.126   B

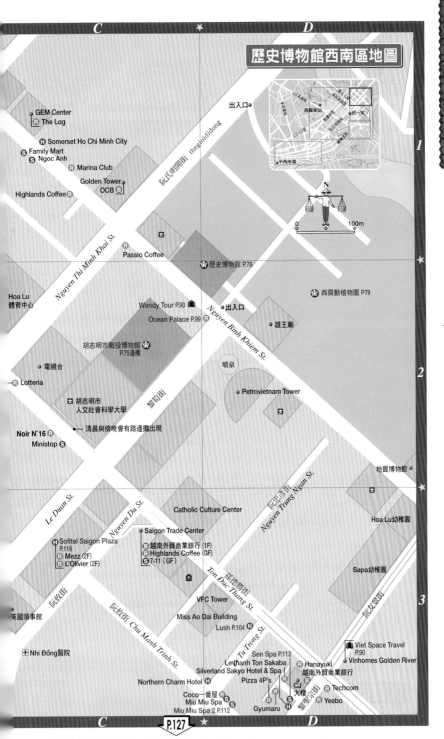

歷史博物館西南區地圖

出入口

N

0 100m

GEM Center
The Log

Somerset Ho Chi Minh City
Family Mart
Ngoc Anh
Marina Club
Golden Tower
OCB
Highlands Coffee

阮氏明開街 thegioididong

Nguyen Thi Minh Khai St.

Passio Coffee

歷史博物館 P.76

西貢動植物園 P.79

Hoa Lu
體育中心

Wendy Tour P.90
Ocean Palace P.99

出入口

Nguyen Binh Khiem St.

雄王廟

胡志明市戰役博物館
P.75邊欄

綏宿街

電視台

Lotteria

噴泉

Petrovietnam Tower

胡志明市
人文社會科學大學

Noir N`16
Ministop

清晨與傍晚會有路邊攤出現

地質博物館

Le Duan St.

Nguyen Du St.

Catholic Culture Center

阮忠直街 Nguyen Trung Ngan St.

Hoa Lu幼稚園

Saigon Trade Center

Sofitel Saigon Plaza
P.116
Mezz (2F)
L'Olivier (2F)

越南外貿商業銀行 (1F)
Highlands Coffee (GF)
7-11 (GF)

Sapa幼稚園

阮攸街

Ton Duc Thang St.

徐德勝街

VFC Tower

英國領事館

阮秋貞街 Chu Manh Trinh St.

Miss Ao Dai Building
Lush P.104

Tu Trong St.

阮友壽街

Nhi Đồng醫院

Viet Space Travel
P.90
Vinhomes Golden River

Sen Spa P.112
Le Thanh Ton Sakaba
Silverland Sakyo Hotel & Spa
Pizza 4P's

Hanayuki
越南外貿商業銀行

Northern Charm Hotel

Coco一番屋
Miu Miu Spa
Miu Miu Spa 2 P.112

CJ
大樓

黎聖宗街

Techcom

Yeebo

Gyumaru

※地圖中右上角小圖內的紅框部分，是指這張地圖在摺頁地圖背面的相對應位置。

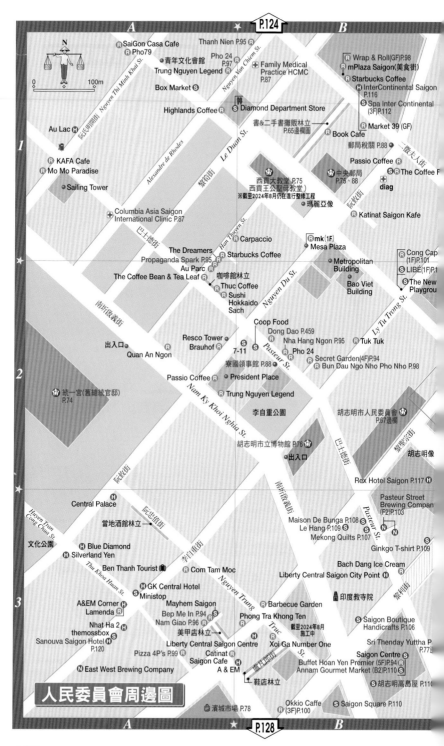

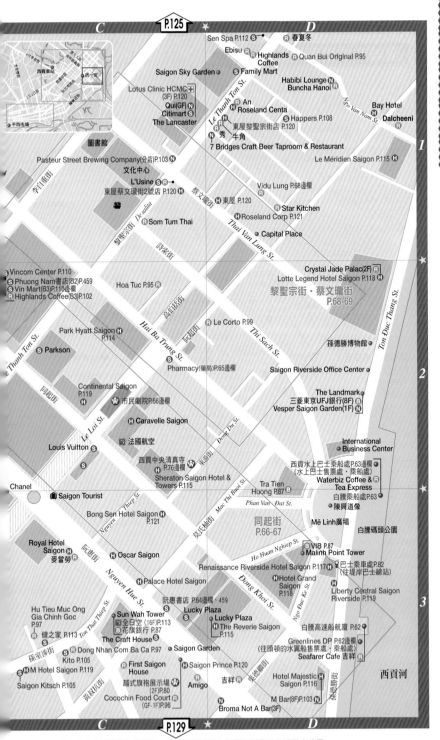

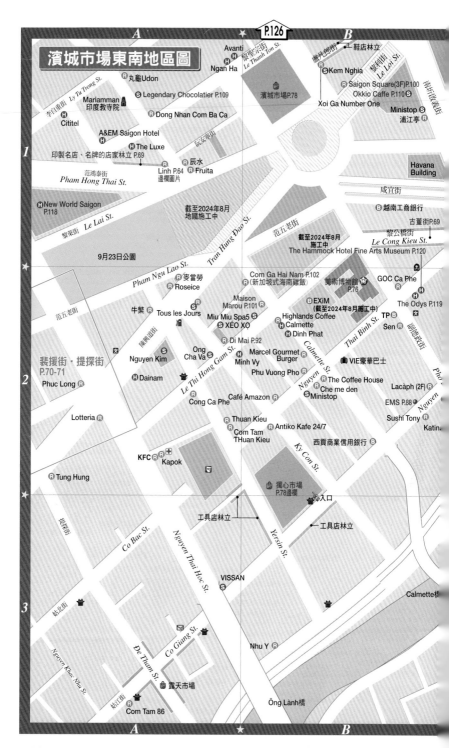

濱城市場東南地區圖

A
B

Avanti Ⓗ
Ⓗ Ngan Ha
黎聖示街 Le Thanh Ton St.

榜恩開街
Ⓢ Kem Nghia 鞋店林立
黎利街 Le Loi St.

丸龜Udon Ⓢ

Ⓢ Saigon Square(3F)P.100
Okkio Caffe P.110 Ⓢ

Ⓢ Legendary Chocolatier P.109

李自直街 Ly Tu Trong St.

Mariamman 印度教寺院

濱城市場P.78
Xoi Ga Number One

南沂檳喇街

Ⓗ Cititel

Ⓗ Dong Nhan Com Ba Ca

Ministop Ⓢ
浦江亭

玩友漀街

A&EM Saigon Hotel
Ⓗ The Luxe

Havana Building

印製名店、名牌的店家林立 P.69

Linh P.64 Ⓡ 辰水
邊欄圖片 Ⓡ Fruita

咸宜街

Ⓗ New World Saigon P.118

截至2024年8月 地鐵街施工中

Ⓑ 越南工商銀行
古董街P.69

范鴻泰街 Pham Hong Thai St.

黎來街 Le Lai St.

范五老街
截至2024年8月 施工中
The Hammock Hotel Fine Arts Museum P.120

黎公橋街 Le Cong Kieu St.

Tran Hung Dao St.

9月23日公園

Pham Ngu Lao St.

美術博物館 P.76

GOC Ca Phe

范五老街

麥當勞
Ⓡ Roseice

Com Ga Hai Nam P.102
Ⓡ (新加坡式海南雞飯)

Ⓗ EXiM
(截至2024年8月施工中)

The Odys P.119

牛繁
Ⓡ Tous les Jours

Maison Marou P.101
Miu Miu Spa5 Ⓢ
Ⓢ XÉO XỌ

Highlands Coffee
Ⓗ Calmette
Ⓡ Dinh Phat

TP
Sen

陳興道街 Ⓢ

Ong Cha Va Ⓡ
Ⓢ Di Mai P.92

Calmette St.

Ⓗ Nguyen Kim

Marcel Gourmet Burger
Ⓗ Minh Vy

VIE豪華巴士

Phu Vuong Pho

Le Thi Hong Gam St.

The Coffee House

Lacàph (2F) Ⓡ

裴援街·提探街 P.70-71

Ⓗ Dainam

Che me den
Ⓢ Ministop

EMS P.88

Ⓡ Phuc Long

Café Amazon Ⓡ

Sushi Tony

Ⓡ Lotteria

Cong Ca Phe

Ⓡ Thuan Kieu
Com Tam THuan Kieu

Ⓡ Antiko Kafe 24/7

西貢商業信用銀行 Ⓑ

Katina

KFC Ⓡ Ⓡ
Kapok

Ky Con St.

Ⓡ Tung Hung

獨心市場 P.78邊欄
入口

Calmette橋

工具店林立

工具店林立

Co Bac St.

Nguyen Thai Hoc St.

Yersin St.

鈷北街

VISSAN
Ⓢ

De Tham St.

Co Giang St.

Nguyen Khac Nhu St.

Nhu Y Ⓡ

露天市場
Com Tam 86

Ông Lành橋

A
B

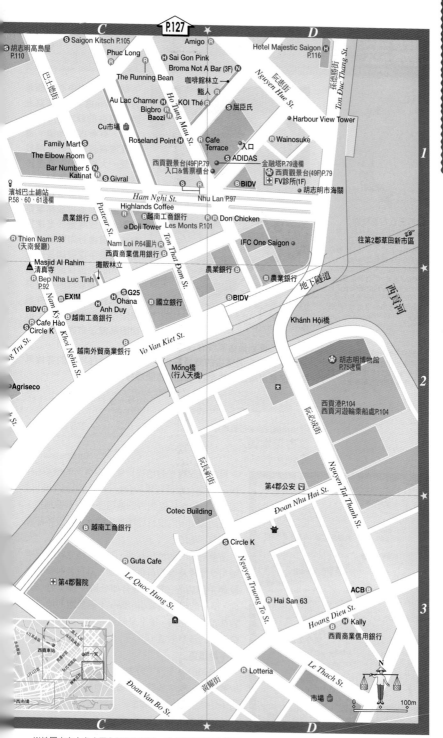

P.127

Ⓢ Saigon Kitsch P.105

Ⓢ 胡志明高島屋 P.110

Amigo Ⓡ

Phuc Long

Ⓗ Sai Gon Pink

Hotel Majestic Saigon Ⓗ P.116

Broma Not A Bar (3F) Ⓝ

The Running Bean Ⓡ

咖啡館林立

鮨人 Ⓡ

Au Lac Charner Ⓗ

KOI Thé Ⓡ

Ⓢ 屈臣氏

Bigbro Ⓡ

Baozi

Cu市場 Ⓜ

Ⓡ Cafe Terrace

入口 Ⓗ

Ⓡ Wainosuke

Harbour View Tower

Family Mart Ⓢ

Roseland Point Ⓡ

The Elbow Room Ⓡ

西貢觀景台(49F)P.79

入口&售票櫃台

Ⓡ ADIDAS

金融塔 P.79邊欄

西貢觀景台(49F)P.79

Bar Number 5 Ⓝ

Katinat Ⓢ Givral

Ⓑ BIDV

Ⓡ FV診所(1F)

胡志明市海關

🔥 濱城巴士總站 P.58.60.61邊欄

Ham Nghi St.

Nhu Lan P.97

Highlands Coffee

農業銀行

Pasteur St.

Ⓡ 越南工商銀行

Les Monts P.101

Don Chicken

Ⓡ Doji Tower

Ⓡ Thien Nam P.98 (天南餐廳)

Nam Loi P.64圖片

西貢商業信用銀行

IFC One Saigon

往第2郡草田新市區

🔺 Masjid Al Rahim 清真寺

攤販林立

農業銀行

Ⓡ Bep Nha Luc Tinh P.92

Ⓑ 農業銀行

地下隧道

Ⓡ EXIM

Ⓢ G25

Ⓡ Ohana

國立銀行

Ⓑ BIDV

BIDV Ⓑ

Ⓗ Anh Duy

越南工商銀行

Ⓢ Cafe Hào

Circle K

越南外貿商業銀行

Vo Van Kiet St.

Khánh Hội橋

Ⓡ Agriseco

Mống橋 (行人天橋)

🏛 胡志明博物館 P.75邊欄

西貢港 P.104

西貢河遊輪乘船處P.104

第4郡公安

Cotec Building

Đoan Nhu Hai St.

Ⓑ 越南工商銀行

Ⓢ Circle K

Ⓡ Guta Cafe

✚ 第4郡醫院

ACB Ⓑ

Ⓡ Hai San 63

Ⓡ Kally

西貢商業信用銀行

Ⓡ Lotteria

市場

N

0   100m

※地圖中左上角小圖內的紅框部分，是指這張地圖在摺頁地圖背面的相對應位置。

129

以隧道而聞名

蘇志

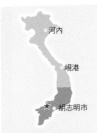

如何前往古芝地道

由胡志明市市區並沒有到古芝地道的直達巴士，必須在蘇志轉乘迷你巴士才行。往蘇志城鎮的巴士都會從胡志明市的西貢巴士總站和堤岸巴士總站（P.62）出發，不過要是參加旅行社主辦的在地之旅或者是包車，交通時間較短且更加方便。胡志明市市區驅車出發，所需時間約1小時30分。

參觀古芝地道的服裝

要穿上不怕被地道弄髒的服飾，女性也最好是穿著褲子，別忘了帶上防蟲叮咬藥會更好。

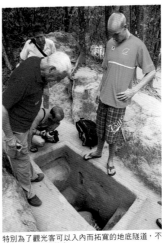

特別為了觀光客可以入內而拓寬的地底隧道，不過內部還是非常狹窄

胡志明市市中心往西北方約70km處，就在半路上距離現在的蘇志約30km地點，有著古芝地道。這片區域在越戰之際是解放陣營一大根據地，亦是被稱為鐵三角地帶而難以攻陷的戰區，由於美軍不斷以空襲行動並投放枯葉劑攻擊，解放陣營於是挖掘地底隧道進行游擊戰，這些由人徒手挖掘總長約達250km的地道目前還保留著，描述著當時的抗爭歷史，儘管美軍知道越共游擊隊挖掘出地底通道，但卻因為無法掌握內部的複雜結構，直到最後都沒有攻陷此地。

雖然曾經有過這樣的戰爭背景，不過如今通往地道的各條馬路，卻是呈現出水牛自在吃草的悠閒鄉村田園美景。

景點　　　　　Sightseeing

★★★ 由南越民族解放戰線打造　　MAP 左圖、P.131

古芝地道

Địa Đạo Củ Chi　　　　　Cu Chi Tunnels

目前開放觀光的地道是鄰近西貢河的濱藥Bến Dược，還有距此往東約15km的濱亭Bến Đình這兩處，一般要是提到古芝地道多是指濱藥地道，不過胡志明市內旅行社所推出的旅程，大多都會前往濱亭地道。

濱藥地道的面積相當廣，隔著馬路分成嘉定軍區司令部以及區委員會的地道，還有著射擊場以及伴手禮店等，規劃得有如公園一樣；另一方面，濱亭的規模則要小一點，不過參觀的地道內容都差不多相同。接下來就來介紹一般觀光之旅會造訪的濱亭地道。

濱亭地道區

鑽過門口之後首先看到的就是影片放映室，播放著關於民族解放戰線以及在地居民生活景象，約10分鐘左右的紀錄電影。

地道規劃得相當完善，為了觀光而特別拓寬

濱藥地道區（地圖）
迷你飯店 H
網球場
Ben Duoc（水上餐廳）
副司令官房
武器展示館P.131邊欄　●休息所
作戰會議室　●廚房
醫院　●司令官房
●副司令官房
西貢嘉定軍區司令部基地
射擊場
售票處紀念品店
N ※從地道入口處水上餐廳開車約5分
西貢嘉定軍區委員會基地
西貢河

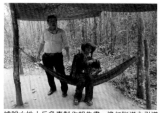

據說女性士兵負責製作報告書、擔任隧道內引導者、救助負傷士兵等，發揮了重要的作用

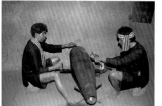

人偶會自動運作，可以看到實際上是如何製作炸彈，可一窺他們如何在極其炎熱的地道中進行辛苦的勞力工作

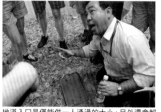

地道入口是僅能供一人通過的大小，另外還會解說設置在叢林中的諸多陷阱等內容

一部分範圍好讓遊客可以進入，離地面分別深達4m、6m以及8m的三層式結構地道內，設置有會議室、司令官房之外，甚至還有廚房、臥室、醫院，完全可以一窺當時地道中的生活景象。

地道的土壤比想像中還要紮實，彎下腰走進來之後就會發現，眼前宛如迷宮般的狹窄通道不斷分成了兩、三條的岔路，還有悶熱的臭臭濕氣迎面拂來，不用待在地道太久，就可以深切感受到當年游擊隊奮戰的心情。

入口會以樹葉或樹枝做掩護遮蔽，很難一眼就能看得出來，而漫步在茂密蓊鬱的森林中，更不時以發現因為砲火攻擊而大面積坍塌的遺跡。

廚房

在灶台的後面挖了極長的洞穴，讓煙霧可以在遠一點的地方慢慢排放，以避免被敵人發現蹤跡，另外還會用布做成筒狀並裝填稻米，再由游擊隊揹在身上四處移動。一旁的食堂裡，則有機會試吃到木薯澱粉的原料——木薯，也是以前士兵們的糧食。

作戰會議室

在狹窄陰暗的房間中擺放著長桌以及椅子，正面掛有民族解放戰線的旗幟並書寫有越南國父胡志明的名言「沒有任何事情比自由與獨立更可貴」。在房間的角落裡還挖了一處陷阱，洞內插滿了長槍。

司令官‧副司令官房

兩者的空間都很狹小，陰暗的小房間裡有著吊床、木床、桌子還有打字機而已，陳設非常簡單。

南越民族解放戰線

1960年12月，以打倒「美國帝國主義勢力」以及南越吳廷琰政權為目標，在越南南部成立民族統一戰線（簡稱為NFL），該組織反共勢力稱之為「越共Việt Cộng」，但其實除了共產主義分子以外也加入了許多的農民、知識分子，1969年時組成南越共和國臨時革命政府，之後再與北越政府軍（NVA）一起在1975年4月達成了解放南越的願望。

蘇志博物館
Nhà Truyền Thống Huyện Củ Chi
Cu Chi Museum
🏠 Tỉnh Lộ 8
☎ (028) 37948830
🕐 8:00～11:30、13:00～18:00
🚫無休 💰免費
座落在蘇志市的市中心附近，展示著解放戰線曾經歷過無數戰役的武器等，不過解說僅只有越南文。

濱藥
☎ (028) 37948820
🕐 7:00～17:00 🚫無休
💰 12萬5000越盾（包含武器展示館門票）

武器展示館
Nhà Trưng Bày Vũ Khí Tự Tạo
Self-made Weapon Exhibition
Show Room
🗺 P.130-1B
🕐 7:00～17:00 🚫無休
位於濱藥，展示著解放戰線士兵製作的武器模型，從洞穴下方豎立木樁的簡單陷阱，到腳踩上去就會被鐵鋸鋼夾住而難以脫困等等，有很多手法巧妙的設計。

濱亭
☎ (028) 37946442
🕐 7:00～17:00 🚫無休
💰 12萬500越盾
門票包含了導覽費用，基本只有英語導覽。

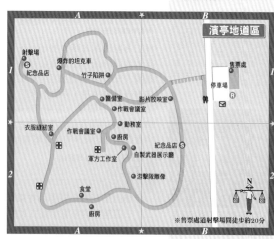

濱亭地道區

射擊場 Ⓢ
紀念品店

爆炸的坦克車
竹子陷阱

售票處
停車場
✉

醫務室
影片放映室
作戰會議室
勤務室

衣服縫紉室
作戰會議室
廚房

紀念品店 Ⓢ
自製武器展示廳

軍方工作室
游擊隊雕像

食堂

廚房

N

※售票處地道射擊場間徒步約20分

※即使參加旅行社的當地之旅，大部分都還要另外支付入場費。

高台教的大本營

西寧

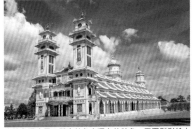
寺院內混合了6種宗教各自獨有的特色，正面則彩繪上「天眼」

從胡志明市往西北前進約100km，西寧是緊鄰著柬埔寨邊境的西寧省首府，這裡同時也是越南特殊宗教──高台教的大本營而非常知名，據說該省有80%的居民都是信奉高台教，因此走到哪裡都可以看到身著全白越式長衫的高台教信徒，在郊區一帶更是隨處都有著高台教的寺院，就連一般民宅內也都會掛上屬於高台神的象徵「天眼」畫作。

市區往東北方約15km則矗立著黑婆山，站在市區內就可以眺望到這座擁有著三角造型的美麗山脈景致，越戰期間作為解放戰線的根據地之一就在這附近，據說游擊隊將黑婆山山腰一帶的洞窟，作為抗戰陣地與敵人周旋。

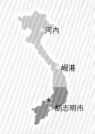
河內
峴港
胡志明市

如何前往西寧

從胡志明市沒有開往西寧的直達巴士，要在蘇志巴士總站換車，參加旅行社主辦的在地之旅所需時間短又方便。從胡志明市開車約2小時30分。

關於高台教

1919年由吳明釧所創立的越南新興宗教，信徒人數約有300萬人，是融合了基督教、佛教、伊斯蘭教、印度教、儒教、道教思想於一身的混合宗教，因此將耶穌基督、釋迦摩尼、孔子、雨果、李白都視為聖人來祭祀，高台神則是整個宇宙最至高無上神明，其象徵則為巨大的眼睛「天眼」。

宇宙至高無上神祇為了拯救人類，至今現身過3次，第一次在西方是摩西，東方則為釋迦摩尼，第二次現身則為耶穌基督以及老子，然後第三次就是在高台，統一地球上的宗教好來救贖人類的思想為主要中心信仰。

在南北分裂的南越政府時期間，以武力抵抗吳廷琰的天主教霸權，因此在政治這一塊領域也很值得注意。

進入寺院內部的入口

面對寺院的右手邊男性專用入口處前設有脫鞋處，遊客可將鞋子放置在此地，女性信徒則必須從左手邊的入口進入才行，但只要是一般觀光客，即使是女性也依當能夠使用男性專屬入口進入寺院內部。

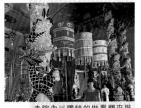
寺院內以獨特的世界觀來裝飾，相當漂亮

景點　　　　　　　Sightseeing

⭐ 新興宗教高台教的大本營

⭐⭐ 高台教寺院
Tòa Thánh Cao Đài　　　　　　Cao Dai Great Temple

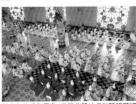
正中午的禮拜景象，信眾莊嚴的唱和聲跟著禮拜音樂包圍著整座寺院

這裡是信徒遍布全越南的高台教大本營，在開闊的土地面積裡矗立著色彩鮮豔的大型寺院，建於1933～1955年間的寺院採取了天主教教堂的建築樣式，再添加上亞洲風味裝飾，營造出非常不可思議的氣氛，內部則

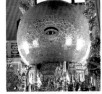
高台神的「天眼」，只有在禮拜前才能進入1樓拍照

林立著龍盤踞的華麗柱子，正面則有著該教最高神祇，亦是高台教象徵的巨大眼睛「天眼」，漆上藍色色彩的天花板上描繪著無數星星，兩側的窗戶上也同樣有著天眼的圖案，在每日6:00、12:00、18:00、24:00共有4次禮拜，總能吸引穿著白色越式長衫的信徒聚集而來。

⭐ 湄公河三角洲最高的山

黑婆山
Núi Bà Đen　　　　　　Ba Den Mountain

黑婆山是距離市區中心往東北方約15km，高達850m的一座山，一望無際的平原中聳立著這樣的黑色三角剪影，山頂則有著名為雲山寺Chùa Vân Sơn的小小寺廟。

Voice!! 若要參觀禮拜，建議在禮拜開始前的10分鐘至2樓，若人潮較多則會管控人數，有可能會趕不上行程集合的時間。

頭頓

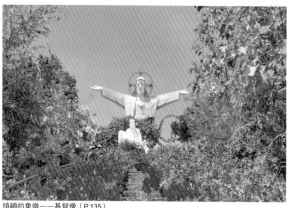

頭頓的象徵——基督像（P.135）

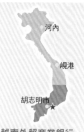

河內

峴港

胡志明市 ★

越南外貿商業銀行

Vietcom Bank
MAP P.134-2B
個27-29 Trần Hưng Đạo
☎（0254）3852309
營8:00～11:30、13:00～16:00
休週六‧日
　提供美金現金的兌換服務，
ATM於6:30～21:00開放。

郵局

MAP P.134-1B
個408 Lê Hồng Phong
☎無　營7:00～18:00（週
六～12:00）　休週日

祕密的度假地——龍海
Long Hai

從胡志明市開車往頭頓方向
途中，過了巴地Bà Ria後的三
岔路口往左轉，大約30分鐘就
可以抵達的一處海灘，海灘採
收費制，儘管海水並不那麼澄
澈乾淨，卻很適合想悠閒度假
的人造訪。

搭船從胡志明市出發，只要大約2小時就能夠抵達的頭頓，有著一年四季皆能享受戲水樂趣的海灘，而蔚藍的晴空下映照著鮮豔無比的火焰樹大紅花朵，是一座充滿亮朝氣的城市，酒吧、卡拉OK店、迪斯可舞廳等夜生活更是應有盡有，加上交通便捷，每到戲水季節的週末就會擠滿遊客而熱鬧非凡，遠遠的淺灘、抓在手上立刻散落的白沙海灘、把輪胎當成救生圈而開心大叫的孩子們，在金光閃耀的太陽底下更躺著無數想曬黑的歐美遊客，最後就是在玩過水之後等待你大快朵頤的新鮮海產大餐了。

交通 ❖ ACCESS

如何前往頭頓

●巴士

從胡志明市的新山一國際機場國際線航廈搭乘72-1號巴士開往頭頓巴士總站（MAP P.134-1A），7:00～19:30間每隔90分鐘一班，16萬越盾，所需時間約2小時15分。也有從東部巴士總站（→P.61）出發的班次。

●船

從胡志明市有水翼船「Greenlines DP」（→P.62）可搭。

從頭頓出發的交通

●巴士

從頭頓巴士總站（MAP P.134-1A）前往胡志明市的班次很多，往新山一國際機場的班次請參考「交通」。

有許多市區內的豪華巴士提供前往胡志明市的選擇。Hoa Mai公司（MAP P.134-2B 個47 Trưng Nhị ☎（0254）3833333）會在4:30～18:00間每隔30分鐘發車，車資20萬越盾，所需時間約1小時

40分。VIE豪華巴士（MAP P.134-1B 個33 Đường 3 Tháng 2 ☎081-9001131〈手機〉）5:00～22:25間每隔30分鐘發車，19萬越盾～，所需時間2小時。

●船

前往胡志明市的水翼船「Greenlines DP」從纜車搭乘處（MAP P.134-1A）出發，週一～四12:00、15:00兩班，週五‧六12:00、14:00、16:00三班，週日10:00、12:00、14:00、16:00四班。週一～五船資32萬越盾（兒童27萬越盾），週六‧日36萬越盾（兒童29萬越盾），5歲以下免費。往崑蒿島的Phu Quoc Express，每天從頭頓渡輪碼頭（MAP P.134-1A）行駛1班，8:00出發。週一～四船資79萬越盾（兒童63萬越盾），週五～日、節日船資95萬越盾（兒童76萬越盾）。

Greenlines DP
☎098-8009579（手機）　URLgreenlines-dp.com
Phu Quoc Express
☎098-9566889（手機）
URLphuquocexpressboat.com

OSC Vietnam Travel

OSC Vietnam Travel
MAP 下圖-2B
🏠2 Lê Lợi
☎（0254）3852008
URL oscvietnamtravel.com
🕐7:00～17:00　**休** 無休
Card A D J M V

可代為安排市內觀光之旅、前往郊區的旅程、介紹租車或搭巴士、代購機票等。

便宜好吃的蟹肉米苔目

Phuong Vy
MAP 下圖-1B
🏠104A Võ Thị Sáu
☎086-2446878（手機）
🕐6:00～13:00、16:30～21:00
休 無休　**Card** 不可

為蟹肉米苔目Bánh Canh Ghẹ（4越盾～）專賣店，以木薯粉和米製成的Q彈麵條，加入大量蟹肉的湯麵。

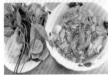

加入蟹肉的特製口味Bánh Canh Ghẹ Đặc Biệt（7萬越盾）

頭頓一共擁有4座海灘，遍布於市區街道前的是前海灘Bãi Trước，由此以北的是草莓海灘Bãi Dâu，以南的是鳳梨海灘Bãi Dứa，還有沙灘極長的後灘Bãi Thùy Vân。其中最適合享受海水浴的正是海灘幅度寬又廣的後灘，有許多設施，相當熱鬧。前海灘則是停泊著眾多漁船，形成了一幅絕美的景色，部分區域適合戲水游泳，至於草莓海灘和鳳梨海灘則屬於不適合戲水游泳的地點。

作為市中心主要大街的陳興道街Trần Hưng Đạo與沿著前海灘而設的光中街Quang Trung，兩條狹窄街道中間的區域集中著餐廳、咖啡館和食堂，飯店則集中在後灘沿岸的Thuy Van街，從迷你旅館到高級飯店應有盡有。市中心範圍並不廣，靠徒步就足以觀光，但釋迦佛台或者是後灘卻無法靠步行方式抵達，最好利用計程車或者是摩托計程車代步，而且頭頓的陽光非常毒辣，以為不遠而走的話可是很容易累壞的。前海灘到後灘之間，搭乘計程車的車程約10分鐘（10萬越盾左右）。

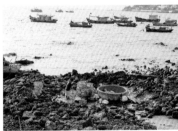

前海灘為小漁港，每天都有新鮮的魚上岸。

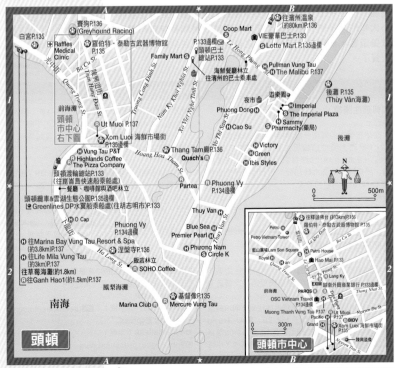

Voice! 頭頓為石油產業的基地：外海不遠處有著油田，常有油輪以及外國船隻穿梭往來，在城市北側還有著大型吊臂車群聚的碼頭，可以見識到這座城市的另一面。

★ 熱鬧的頭頓主要海灘　　　　MAP P.134-1B
後灘（Thùy Vân海灘）
Bãi Sau（Bãi Thùy Vân）　　Back Beach(Thuy Van Beach)

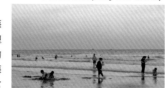
全家大小一同來遊玩的越南人不少

後灘座落於城市東邊，是一處長約4km的白沙海灘，在夏季的旺季期間總會被來自附近四面八方的戲水遊客給擠滿，沿著海灘林立著各種商鋪，非常熱情地招攬客人。儘管後灘的海水澄澈度並不高，但是開闊的淺灘還有溫和的海浪，吸引了熱愛水上摩托車的人造訪。現在這裡設有多間海灘綜合設施。

★ 數量驚人的世界武器展示　　MAP P.134-2B
羅伯特・泰勒古武器博物館
Bảo Tàng Vũ Khí Cổ Robert Taylor　Worldwide Arms Museum

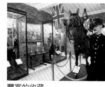
豐富的收藏

英國武器收藏家羅伯特・泰勒的私人博物館，展示了17～20世紀之間世界各國的武器與軍服等物品，約有2500件，其中還有鎌倉時代武士的盔甲與神聖羅馬帝國時代的盔甲等收藏，相當值得一看。

★ 可環顧頭頓的大型基督像　　MAP P.134-2A
基督像
Tượng Chúa Kitô Vua　　　　Jesus Christ Statue

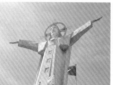
只要花上15分鐘就可以登上山頂

聳立於城市南端山上，高度有30m的白色基督像，張開著雙手的姿態，遠遠看起來和南美洲里約熱內盧的基督像非常類似，可從後灘的南面附近，沿著長階梯一路爬上雕像的高處，在基督像的內部還有著螺旋階梯，可直通雕像肩膀上的觀景台，一眼望穿遠處的海平面。

★ 留存至今的法國總督豪華別墅　MAP P.134-1A
白宮
Bạch Dinh　　　　　　　　White Palace

在市區的西北方，面對著大海的山丘上蓋有著白宮這麼一座洋房，原本是在1889年為了法國總督興建的別墅，到了南越政府時代也吸引了吳廷琰總統以及阮文紹總統下榻過。2樓是保留著原始模樣的會客廳、臥室，開放給遊客參觀，1樓則展示著16世紀左右沉沒於頭頓附近海域，之後經打撈上岸的古董陶瓷器皿等文物，不過2樓窗戶看出去的大海景致美得相當驚人！從能擁有這樣的視野，就不難想像這座別墅曾經多麼高級豪華。

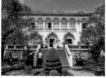
因其象牙色的建築外觀，而被稱為白宮

Xom Luoi 海鮮市場街
Phố Hải Sản Xóm Lưới
Xom Luoi Seafood Market Street
MAP P.134-2B
🏠14 Trương Công Định
☎093-3661818（手機）
🕐5:00～22:00　🔴無休
數十公尺長的道路兩旁聚集了約20間販售海產的海鮮市場

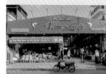

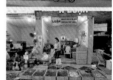

上・下／從頭頓近郊捕獲的新鮮魚類整齊地排列，就算只是逛逛也很有樂趣，只要支付5萬越盾就可以代客料理

羅伯特・泰勒古武器博物館
🏠98 Trần Hưng Đạo
☎（0254）3818369
🕐8:00～17:00　🔴無休
💰7萬越盾

基督像
🏠2 Hạ Long
☎（0254）3856580
🕐大門6:30～17:00，基督像內部的觀景台為7:30～11:30、13:30～16:30
🔴無休　💰免費

白宮
🏠4 Trần Phú
☎（0254）3511608　🕐7:30～17:00（最後入場時間16:30）
🔴無休　💰1萬5000越盾

頭頓纜車&雲湖生態公園
Vung Tau Cable Car & Ho May Park
MAP P.134-1A
🏠1A Trần Phú
☎090-8310135（手機）、090-8002735（手機）
🌐www.homaypark.com
🕐7:30～18:00（週五・六～22:00）　🔴無休
💰纜車與主題樂園門票40萬越盾，17:00後20萬越盾
　由白宮前方的纜車乘車處出發，前往大約500m處的Big Mountain山頂上，山頂有遊樂中心、游泳池的主題樂園「雲湖生態公園」，站在這裡可以一覽頭頓的街道市區美景。

釋迦佛台

住610 Trần Phú　**☎**無
閉正門6:00～17:00、正門旁
的小入口24小時開放
休無休　**費**免費

涅槃寺

住66/7 Hạ Long
閉7:00～18:00　**休**無休　**費**免
費

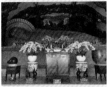

寺廟雖小卻散發著莊嚴氣息，
2樓還有著觀世音菩薩雕像

Thắng Tam廟

住77A Hoàng Hoa Thám
☎(0254)3526099　**閉**7:00～
17:00　**休**無休　**費**免費

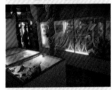

鄭重地祭祀著的南海將軍（鯨
魚）遺骨

賽狗
Lam Son體育館

住15 Lê Lợi　**☎**(0254)3807309
URLwww.duachovietnam.net
費入場費9萬越盾、VIP包廂
18萬越盾
　門票可至Lam Son體育館、
頭頓的飯店、胡志明市票券代
理店買到，賽狗登場時間為週
五・六的19:00～22:15。

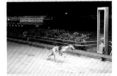

賽狗群的矯健身姿很值得一看

濱州溫泉
Minera Hot Springs Binh Chau

住QL55, Xã Bình Châu,
Huyện Xuyên Mộc
☎(0254) 3871131
URLminera.vn　**閉**9:00～
17:00　**休**無休　**費**門票24萬
越盾（包含溫泉蛋和足湯）、
泡湯費69萬越盾（週末86萬
越盾）
　亦有含午餐、泥漿浴的各種
組合方案（128萬越盾～）。

136

★ 白色大佛與臥佛能保佑信眾？　**MAP** P.134-2B外

釋迦佛台
Thích Ca Phật Đài　　　Thich Ca Buddha Statue

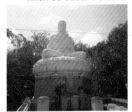

白色讓雕像更有莊嚴神聖之感

　從市中心一帶往北大約3km處的山丘上座落著釋迦佛台，腹地內有著多尊白色釋迦摩尼佛雕像，沿著狹窄階梯上下來回走上一趟，就能夠了解釋迦摩尼佛的一生，這裡對越南人來說也一樣是很熱門的觀光景點，看得到許多虔誠民眾來獻上一炷香的祈禱身影。

★ 環顧大海　**MAP** P.134-2A

涅槃寺
Niết Bàn Tịnh Xá　　　Nirvana Pagoda

　建於1974年的涅槃寺可說是結構較新穎的寺廟，正殿裡有大型釋迦摩尼臥佛雕像，來獻香的參拜民眾絡繹不絕於途。

★ 祭祀鯨魚的神社　**MAP** P.134-1A

Thang Tam廟
Đình Thần Thắng Tam　　　The Whale Temple

　Thắng Tam廟祭祀著3位於19世紀初期阮氏王朝嘉隆帝直到明命帝統治期間，曾擊退在附近海域上囂張橫行海盜的指揮將領。另外在寺廟的腹地之內，還有著另一座祭祀著從頭頓海域打撈上岸的鯨魚頭骨的鯨魚神社——南海翁陵Nam Hải Lăng Ông，據說這個鯨魚頭骨是來自於能夠保護漁民免於葬身大海的鯨魚大神「南海將軍」之骨，在每年9月上旬到中旬間，甚至會舉辦祈求海上平安與漁獲大豐收的「鯨魚祭典」。

★ 飆速讓人熱血沸騰的正式比賽　**MAP** P.134-1A

賽狗 (Greyhound Racing)
Đua Chó　　　Dog Racing

　盛行於英國、澳洲的賽狗，也在頭頓這裡登場，每逢週五、六的夜晚會在Lam Son體育館，放出獵犬舉辦10場賽狗，當然是開放現場下注賭博，可一場一場分開來購買狗券（分為獨贏、連贏、位置Q、三重彩，2萬越盾～）下注，獎金會在比賽結束後立刻兌換，等激烈的比賽一開始，現場的激動氣氛更是讓人熱血沸騰。

★ 南越罕見的溫泉公園　**MAP** P.134-1B外

濱州溫泉
Suối Nước Nóng Bình Châu　　　Binh Chau Hot Spring

　從胡志明市開車前往頭頓途中，遇到三岔路往右直行就會抵達頭頓，轉向左邊道路繼續朝北前進，就能夠抵達濱州，若是開車由頭頓出發則需要約1個半小時車程，胡志明市出發的話，則約要3個半小時時間。這裡有溫泉設施「Minera Hot Springs Binh Chau」，在湧冒出溫泉水的濕地帶間，設置了溫水游泳池（需要穿著泳衣）、泥漿浴（泥漿風呂）、露天風呂等30項設備。來到濱州溫泉絕對不能忘了品嘗由82℃溫泉水煮成的溫泉蛋，首先到商家購買生雞蛋，再自行拿到溫泉水中燙熟。飯店完備，可以在此留宿一晚。

餐廳 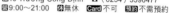 Restaurant

頭頓吃海鮮就選這裡
Ganh Hao 1　　海鮮料理
MAP P.134-1A外

頭頓無人不知的名店，蛤蠣和花枝料理12萬5000越盾～，推薦料理有 烤 章 魚 Bạch Tuộc Nướng Muối Ớt（16萬越南盾～）、炸軟殼蟹 Cua Lột Rang Muối HK（7萬8000越盾／1隻）、海鮮沙拉等。

前方為烤章魚、後方為炸軟殼蟹，兩種都微辣適合搭配啤酒

🏠 3 Trần Phú　☎（0254）3550909　🕐 10:00～21:00
🈳無休　Card M V　預約不需預約

頭頓知名的魟魚火鍋店
Ut Muoi　　海鮮料理
MAP P.134-2B

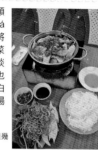

這裡可以品嘗到頭頓名產的魟魚鍋Lẩu Cá Đuối（22萬越盾～），將切片的赤魟魚肉與蔬菜和米粉一同燉煮，清淡的魟魚沒有腥臭味、也沒有細刺，口感就像白肉魚，與帶點酸味的湯頭很配，味道極佳。

亦提供普通的越南料理，但幾乎每個人都會點魟魚鍋

🏠10 Trương Công Định　☎（0254）3596477
🕐9:00～21:00　🈳無休　Card 不可　預約不需預約

住宿 Hotel

海邊的大型高級度假村
Marina Bay Vung Tau Resort & Spa　高級飯店
MAP P.134-1A外

位於頭頓市中心北邊約4km處，可以欣賞到壯麗海景的大型奢華度假村，住宿設施為兩層公寓式建築，所有客房均設有陽台或露台，一覽海平面。還設有餐廳、健身房和SPA等，設施相當齊全。

面向大海的無邊際泳池

🏠115 Trần Phú　☎（0254）3848888
🌐marinabayvungtau.com　🛏️ⓈⓌⓉ227萬越盾～　套房363萬越盾～（含早餐）　Card A D J M V　共100房

色彩柔和的可愛飯店
Life Mila Vung Tau　中級飯店
MAP P.134-1A外

可俯瞰草莓海灘的9層樓高的飯店，所有客房皆為套房，統一採用淡雅柔和的色彩。高樓層的客房可俯瞰大海，頂樓無邊際泳池的景色更是一絕。

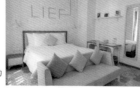

救生員套房的客房

🏠160/2 Trần Phú　☎（0254）3858788
🌐www.lief.com/mila　🛏️套房150萬越盾～
Card M V　共30房

時尚的4星飯店
The Malibu　　高級飯店
MAP P.134-1B

徒步5分鐘可至後灘的大樓類型的大型4星飯店，6樓以上為客房，頂樓的泳池和餐廳可以欣賞到壯麗的景色。客房裝潢時尚，最小的Deluxe房型也有39m²，寬敞空間讓人放鬆身心。

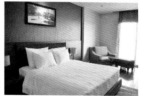

房間燈光柔和給人沉靜的氛圍

🏠263 Lê Hồng Phong　☎（0254）7305779
🌐malibuhotel.vn　🛏️ⓈⓌⓉ145萬越盾～　套房239萬越盾～（含早餐）　Card D J M V　共209房

實惠價格的舒適住宿
Muong Thanh Vung Tau　中級飯店
MAP P.134-2B

位於前海灘前方的4星飯店。客房統一使用暖色調的沉穩色彩，可以悠閒度過住宿時光。游泳池、健身房、餐廳、酒吧、SPA等館內設施應有盡有。

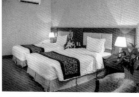

客房感覺很摩登，圖為Deluxe客房

🏠9 Thống Nhất　☎（0254）3552468
🌐holidayvungtau.muongthanh.com　🛏️ⓈⓌⓉ160萬越盾～　套房300萬越盾～（含早餐）　Card A D J M V　共85房

Voice 幾乎所有頭頓的飯店在週末、節日會有不同房價，要留意週末與節日會漲價。

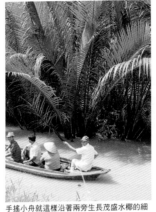
湄公河之旅的起點

美萩

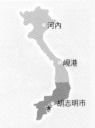

河內

峴港

胡志明市

越南工商銀行
Vietin Bank
MAP 下圖-2A
🏠 15B Nam Kỳ Khởi Nghĩa
☎ （0273）3872544
🕗 7:15～11:30、13:30～16:45
🏠 週六‧日
　提供美金的現金兌換，也能使用JCB、MasterCard、VISA信用卡提領現金。

美萩市場
🕗 依店家而異，大致為7:00～19:00　🏠 無休

胡志明市沿著國道1號線往西南方向走，大約1小時30分就能夠抵達湄公河三角洲的入口城市——美萩，這裡同時也是利用米粉製成粿條Hủ Tiếu的發源地，更是作為龍眼、芒果、紅毛丹等多樣水果產地而非常有名氣的城市。

　來到美萩的觀光焦點，自然就是湄公河之旅了，坐上裝設有電動馬達的木船，朝向河中沙洲的麟島Thới Sơn、鳳島Phụng出發吧！一邊眺望兩旁低矮綿延不斷的叢林，一邊順著有著混濁褐色的湄公河豪

手搖小舟就這樣沿著兩旁生長茂盛水椰的細長河道一路往深處探索

邁水流前進，偶爾還有著裝載貨物的木船、渡輪，亦或者是水果堆積如小山的小舟錯身而過，不過處是默默撒著網的漁夫，悠然自在間盡情享受舒適河風的吹拂。

景點 ‏ ‎ Sightseeing

美萩市場地圖

A　　　　　　B

往Tiền Giang巴士總站(約3km)P.139
往國道1號線上的迷你巴士乘車處(約7km)
往Mekong Rest Stop(約8km)P.142
往Ca Rot Homestay Tien Giang(約16km)P.143
往胡志明市(約60km)

美荻
N
0　　300m

🏨 Chi Thanh P.142
Ap Bac St.
Pharmacity(藥局)
Phan Hien Dao St.
Giong Dua St.
前江省博物館
越南工商銀行
Kichi-Kichi
Chánh Toa教堂
Nguyen Tri Phương St.
Bao Dinh河
Khiết Minh Bakery
🏨 BIDV
Hung Vuong St.
Huynh Tinh Cua St.
Le Loi St.
阮廟橋
往永長寺P.139
Hủ Tiếu Sa Tế Mỹ Tho
Lotteria
Moca Coffee
Ngo Quyen St.
露天市場
越南工商銀行P.138邊櫃
Le Dai Hanh St.
美萩市場 P.138
露天市場
Highlands Coffee
EXIM
醫院
Minh Tai 🏨
Thu Khoa Huan St.
往시내山圈園(約10km)P.138邊櫃
🏨 Thiên Phúc
醫院
農業銀行
Trung Binh St.
Trung Truc St.
Quay樓
🏨 Viet Nhat Tourist P.140
Trung Nguyên E-coffee
渡輪總站（湄公河之旅乘船處）
Song Tien
林立著許多突出於河邊的民宅
🏨 Tiền Giang文化中心
Rach Gam St.
Chi Coffee
Ap Bac St.
Tet Mau Than St.
Yersin St.
人民委員會
Thien Ho Duong St.
🏨 Lạc Hồng
前往Rong島渡輪乘船處
4月30日街
30 Tháng 4 St.
Viet Nhat Tourist P.140
Tien Giang Travel P.140
美萩遊輪總站（湄公河之旅乘船處）
🏨 Cửu Long P.143
公園
龍像

A　　　　　　B

★ 可感受到民眾生活的溫度　MAP 左圖-2B
美萩市場
Chợ Mỹ Tho　　My Tho Market

　美萩市場主要是以販售生鮮食品為主的一座室內市場，而必須與人擦肩才能過的狹窄巷弄裡，則擺滿了新鮮蔬菜、魚貨攤位，在市場周邊一樣遍布著販售蔬菜水果、魚乾等食物的露天市場，隔著街道的北側有著國營百貨公司，這裡則是販售生活相關雜貨。

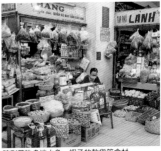

陳列著許多淡水魚、蝦子的乾貨等食材

郵局：MAP 上圖-2B　🏠 59 Đường 30 Tháng 4　☎ （0273）3873214　🕗 6:30～20:00（週日7:00～17:00）　🏠 無休

★ 中國×法國的建築之美
永長寺
Chùa Vĩnh Tràng
MAP P.140-1B外
Vinh Trang Temple

由市區往東距離約1km處，就能看到永長寺這一座被椰林環繞著的佛教寺院，雖然是成立於1849年有著悠久歷史的古剎，但是建築結構卻與台灣的寺廟大相逕庭，採用了中國與法國的建築設計，創造出具有曲線而優美的外觀造型，內部還設有和尚專屬學校，可以在此地修行學習4年。

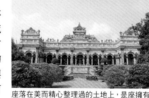
座落在美而精心整理過的土地上，是座擁有獨特氛圍的寺廟

★ 僅靠著吃椰子過生活
椰子教寺廟
Di Tích Đạo Dừa
MAP P.140-2B
Coconut Monk Temple

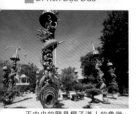
正中央的龍是椰子道人的象徵，龍尾造型也與其他截然不同

從美萩搭船大約20分鐘，就能夠發現位於鳳島Phụng上有如遊樂園般的奇特建築，這是僅靠著吃椰子過生活的椰子教的寺廟，創立椰子教的教祖椰子道人Đạo Dừa（本名為阮成南），1909年出生於建和省（今天的檳椥省），1928～1935年間留學法國，之後回國將佛教、基督教、伊斯蘭教、高台教、和好教全部融合在一起而創立出全新的宗教，並在島上實施小規模教派的集體生活，儘管椰子道人被當時的南越政府數度關進監獄，但依舊持續宣揚著他的教義，最後在1990年過世，而教派也因此跟著解散。

寺廟內遍布著各種屬於椰子教獨特世界觀的裝飾物，像是豎立在廣場上的9座塔，象徵著擁有9條支河流的湄公河，還有椰子道人與9名妻子間的婚姻生活，至於座落在後方的2座高塔則以橋樑銜接，下方有著越南立體地圖，這是象徵著南北越的統一。

永長寺
- 📍Mỹ Phong
- ☎(0273) 3873427
- ⏰6:30～18:30　休無休　💲免費

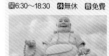
腹地內巨型臥佛像，也有七福神彌勒佛的雕像

同心蛇園
Dong Tam Snake Farm
MAP P.140-1A
- 📍Bình Đức, Châu Thành
- ☎(0273) 3853204
- ⏰7:00～17:30
- 休無休　💲3 萬越盾
　座落於市區以西約10km處，可以看到大型蛇、毒蛇等研究用的成批蛇群。

椰子教寺廟
- 📍Ấp Tân Vinh, Châu Thành
- ☎(0273) 3822198
- ⏰7:00～19:00　休無休
- 💲3 萬越盾、兒童2 萬越盾

連結美萩與檳椥間的瀝廟橋
MAP P.142上圖-1A～2A
　在2009年之際，花了約7年時間終於讓銜接美萩與檳椥Bến Tre間的瀝廟橋Cầu Rach Miễu正式啟用，全長8331m的大橋通往麟島以及鳳島，可經由陸路前往這兩座島。

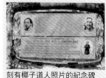
刻有椰子道人照片的紀念碑

交通 ✿ ACCESS

如何前往美萩
●巴士
　胡志明市的西部巴士總站Bến Xe Miền Tây，16:00發車1班，車資為4 萬5000越盾～，所需時間約1 小時30分；芹苴Cần Thơ的芹苴巴士總站，則有10:00出發的1 班車，車資為10萬越盾，所需時間約2 小時。胡志明市出發的話可以當天來回，不妨報名參加1日之旅的行程（→P.89～91）。

從美萩出發的交通
●巴士
　由市中心往西約3km處的Tiền Giang巴士總站（MAP P.140-1A）會發車前往各地，往胡志明市是於3:00～18:30間每隔30分鐘發車，車資為4 萬5000越盾，所需時間約2 小時；往芹苴只有5:30出發的1 班車，車資為8 萬越盾，所需時間約2 小時；Tiền Giang巴士總站網站近郊的班次有很多，其中以芹苴

巴士總站的班次最多（→右述）。

如何前往檳椥
●巴士
　胡志明市的西部巴士總站於7:15～16:00間約6～9 班，車資為6 萬5000越盾；沒有從美萩出發的路線巴士，可以搭乘計程車，車程約30分鐘，車資20萬越盾左右。

從檳椥出發的交通
●巴士
　檳椥巴士總站（MAP P.141-1A外）往胡志明市的巴士全天頻繁發車，車資為6 萬越盾，所需時間2 小時，往永隆則是路線巴士71B號會行駛至Mỹ Thuận大橋前（車資為8 萬越盾，所需時間1 小時30分），由這裡再轉搭摩托計程車進入永隆市區（約8km，所需時間15分，摩托計程車4 萬越盾、計程車約9 萬越盾左右）。

連結美萩與檳榔間的瀝廟橋

MAP 下圖-1A 〜 2A

　銜接美萩與檳榔Bến Tre間的瀝廟橋Cầu Rạch Miễu，橋樑的長度是由第1橋與第2橋，組成了2878m長，全長8331m的大橋通往麟島以及鳳島，可經由陸路前往這兩座島。

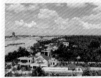

瀝廟橋的景色

美萩周邊的4座島嶼
麟島＝Cù Lao Thới Sơn
鳳島＝Cù Lao Phụng
龍島＝Cù Lao Rồng
龜島＝Cù Lao Qui

★ 湄公河之旅的焦點
湄公河之旅
Mekong River Cruise

MAP 下圖

　流經美萩南側一帶的美萩河（湄公河分支河流）中，一共擁有著4座如同河中沙洲般的島嶼，其中面積最大的當屬麟島，然後分別才是鳳島、龍島、龜島，而來到美萩最重要的觀光焦點，也就是搭船暢遊這幾座島嶼，以及位於美萩河以南的檳榔，進行一趟愉快的河上之旅。包括麟島在內，周邊分布著好幾座的果園，在木瓜、芒果、菠蘿蜜等屬於南洋的水果樹之間散步漫遊，一邊盡情品嘗現摘水果的鮮美滋味。之後再轉搭上手搖小舟，來趟周圍是茂密水椰而水路細長的叢林之旅，靠近檳榔這一側有著極多的椰子糖工廠、蜂蜜園，不妨前往參觀。

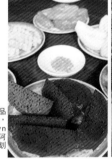
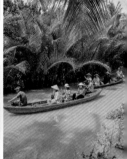

左／在果園，可以一邊嘗鮮嫩多汁的熱愛水果，一邊聽著南部民謠Đờn Ca Tài Tử　右／湄公河之旅後要給小費，每位划船者約給2萬越盾

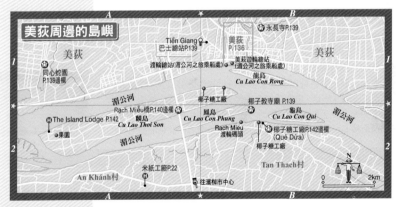

美萩周邊的島嶼

永長寺P.139
Tiền Giang 巴士總站P.139
美萩 P.136
美萩
美萩遊輪總站（湄公河之旅乘船處）
同心蛇園 P.139邊欄
渡輪總站（湄公河之旅乘船處）
龍島 Cu Lao Con Rong
湄公河
椰子糖工廠
椰子教寺廟P.139
Rạch Miễu橋P.140邊欄　鳳島　龜島 Cu Lao Con Qui
The Island Lodge P.142　麟島 Cu Lao Thoi Son　Cu Lao Con Phung　椰子糖工廠P.142邊欄 (Qué Dừa)
果園
湄公河　Rach Mieu 渡輪碼頭　椰子糖工廠
湄公河
An Khánh村　米紙工廠P.22　往濱椥市中心　Tan Thach村
0　　　　2km
B

旅行社&旅遊辦事處 ✿ TRAVEL OFFICE & TOUR OFFICE

●Tien Giang Travel
MAP P.138-2A　🏠8 Đường 30 Tháng 4
☎ (0273) 3853666、3852888、091-8406070（手機）
URL tiengiangtravel.vn
🕒8:00〜16:00　休無休　**Card** 不可
　參觀麟島的果園、蜂蜜園、椰子糖工廠之旅和遊船，以及鳳島的椰子教寺廟導覽行程（約3小時），每人40萬8000越盾〜、2人報名的話為47萬6000越盾〜。最晚需於前一天預約。

●Viet Nhat Tourist
MAP P.138-2A　🏠8 Đường 30 Tháng 4
☎ (0273) 3975559　**URL** dulichvietnhat.com
🕒7:30〜17:00　休無休　**Card** 不可
　參觀麟島的果園、蜂蜜園、椰子糖工廠之旅（約3小時），2人報名的話每人80萬越盾，傍晚過後也有螢火蟲觀賞之旅、家庭寄宿，最少要2人才會成團。辦公室位於新建造的渡輪碼頭內（**MAP** P.138-2A）。

郊區城鎮

椰子知名產地
檳椥
Bến Tre

MAP 摺頁正-4B、下圖

檳椥區域號碼
0275

檳椥的旅行社
Ben Tre Tourist
Vinatours
MAP 下圖-1A
🏠 179D Võ Nguyên Giáp
☎ (0275)3829618
E-mail sale@vinatours.org

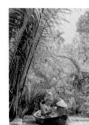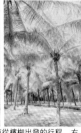

左／湄公河遊船之旅也有從檳椥出發的行程　右／椰子樹林立的檳椥為椰子的產地，到處都可以看到椰子樹的蹤影

　　檳椥省就從湄公河前江河口處的開闊中洲地帶算起，整個省內栽種著許多椰子樹，是非常知名的椰子產地。首府檳椥距離美萩約30分鐘，橫越過架設於湄公河上的瀝廟橋Cầu Rạch Miễu，從這裡繼續前進12km左右，就能來到檳椥河的北岸。主要街道是南北貫穿市區中央的同起街Đồng Khởi，在街道南端的轉角處則能夠看到檳椥橋。由於不是座面積太大的城市，散步漫遊大約只需要1～2小時就很足夠，參觀完市場、教堂等景點之後，可以橫渡過檳椥橋繼續到對岸散步也不錯，這一帶有著眾多果園，栽種著芭樂、李子等水果，沿著馬路走上10分鐘左右就會來到檳椥橋2，這裡的夕陽非常迷人。

　　從這裡往東海方向距離約36km處的Vàm Hồ，是以水椰為棲息地的白鷺鷥聚居地（→P.158），湄公河來到這裡之後河面整個拓展開來，有著已經更加接近大海的真實感受。

前往檳椥附近的村莊參觀椰子糖工廠、果園，並可乘坐不同的交通工具，如乘船、徒步、類似三輪車帶有平台的乘坐裝置等，4小時行程每人70萬越盾～

美萩的名菜
　　象油炸以湄公河人工養殖出來的「象耳魚」的油炸象耳魚Cá Tai Tượng（→P.35），或者是將米和綠豆捏製成丸狀的煎糯米飯Xôi Chiên Phồng，都是美萩很出名的菜餚，大多數餐廳都點得到，但往鄉下一點的食堂就吃不到了。

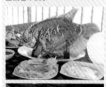
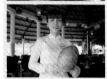

上／用米紙包上象耳魚的魚肉來品嘗
下／煎糯米飯會在油鍋裡翻滾膨脹

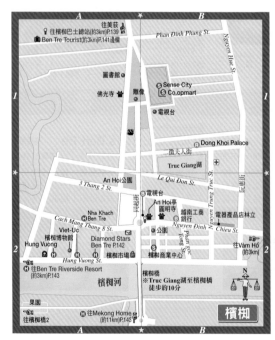

A　往美萩
🏠往檳椥巴士總站(約3km)P.139
🏠Ben Tre Tourist(約3km)P.141過欄
Phan Đình Phùng St.
Nguyễn Huệ St.
圖書館
佛光寺　雕像
Ⓢ Sense City
Ⓢ Co.opmart
電視台
Dong Khoi Palace
二徵夫人街
Truc Giang湖
An Hoi公園
3 Thang 2 St.
Le Qui Don St.
電視台
Nha Khach Thang 8 St.
Cach Mang Thang 8 St.
An Hoi圓明寺
越南工商銀行
Nguyễn Trung Truc St.
電器產品店林立
Viet-Uc
檳椥博物館
Hung Vuong
Diamond Stars Ben Tre P.142
公園
Nguyễn Đình Chieu St.
Phan goc
檳椥商業中心
往Vàm Hồ
Hung Vuong St.
🏠往Ben Tre Riverside Resort (約3km)P.143
檳椥市場
檳椥河
檳椥橋
※Truc Giang湖至檳椥橋徒步約10分
果園
🏠往Mekong Home (約11km)P.143
往檳椥橋2
N
檳椥
A　　B

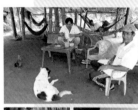

上・左下 寧靜風光的檳椥村莊
右下／這裡有許多旅行團停留的蜂蜜園

檳椥的椰子糖工廠

Quê Dừa

MAP P.140-2B

住 Ấp 2 , Tân Thạch Village

☎ 093-9020857（手機）

香蕉、巧克力等口味的椰子糖皆為 3 萬越盾，也有販售椰子酒（13萬越盾／800ml）與椰子護膚商品。

加入堅果的椰子糖也很受歡迎

★ 參觀知名糖果的製作過程

椰子糖工廠

Cơ Sở Sản Xuất Kẹo Dừa

Coconut Candy Workshop

從美萩搭船，大約30分鐘能抵達檳椥的Tân Thạch村，知名的椰子糖家庭工廠在這裡到處都看得到，製糖工廠是將民宅改成作業廠，以手工方式來生產的小規模經營。椰子糖則是將椰汁與麥芽一同熬煮，然後添加色素的簡單作業流程，但

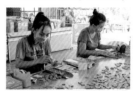

左／包含成形、包裝等糖果製作流程，幾乎都是手工完成

其實是很需要一定的手藝才能做得好。椰子糖工廠一共有好幾間，參加遊船觀光之旅的話，會前往其中一間工廠參觀。

餐廳　　Restaurant

可以品嘗美萩名產的大型餐廳
Mekong Rest Stop
越南料理

MAP P.138-1A外

從胡志明市出發的旅遊團經常會選擇這裡用餐，是以茅草作為屋頂的開放式餐廳，招牌菜是油炸象耳魚（→P.35、141邊欄，22萬9000越盾～），還有煎糯米飯Xôi Chiên Phồng（→P.141邊欄，14萬9000越盾～）。

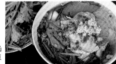

早餐菜單的魚肉粿條Hủ Tiếu，從美萩市中心開車大約10分鐘的距離

住 Km1964+300 Quốc Lộ 1, Châu Thành（國道 1 號線上）
☎（0273）3858676、093-3334445（手機）　**營** 6:00～20:30　**休** 無休　**Card** A D J M V　**預約** 不需預約

可以品嘗家常料理的食堂
Chi Thanh
大眾食堂

MAP P.138-1A

美萩市區有名的家常料理老店，可以享受使用豬肉、牛肉、蝦子、魚等多樣化食材的家常菜，簡餐也很豐富，其中以擺上炸雞的雞飯Cơm Gà Chiên（6萬5000越盾）最有人氣。

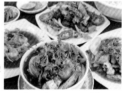

享受家常味，前方為魚酸湯Canh Chua（→P.31，6萬越盾～）

住 279 Tết Mậu Thân　**☎**（0273）3873756　**營** 9:00～20:30　**休** 每月農曆15日　**Card** 不可　**預約** 不需預約

檳椥的住宿　　Hotel

麟島的迷你度假村
The Island Lodge
高級飯店

MAP P.140-2A

由兩位法國人所經營的麟島度假村飯店，館內到處散發著法國殖民風格的裝潢，以磁磚為地板的客房使用大量竹子，營造出自然的氛圍。面向湄公河處，設有無邊際泳池、SPA和餐廳，設施齊全。

客房可選擇花園景或河景

住 390 Ấp Thới Bình, Thới Sơn, Châu Thành
☎（0273）6519000　**URL** www.theislandlodge.com.vn
費 ⑤⑩①255US$～（含早餐）
Card A M V　共12房

檳椥市中心的高樓飯店
Diamond Stars Ben Tre
高級飯店

MAP P.141-2A

檳椥市中心罕見的高樓飯店，建於檳椥河沿岸，於2020年全新開幕，客房統一為古典優雅裝潢，最小的房型也有35m²，相當寬敞，並配有最新設備。館內餐廳、酒吧、無邊際泳池、會議室等設施充足。

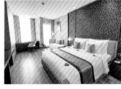

Deluxe房型

住 140 Hùng Vương, P. An Hội, Bến Tre
☎（0275）3748888　**URL** diamondstarbentre.com
費 ⑤⑩①145萬越盾～、套房225萬越盾～（含早餐）
Card A J M V　共138房

Voice 美萩最有名的是南部米麵金邊粿條Hủ Tiếu（→P.36），也可以看到魚等口味的金邊粿條，不妨試試看。

住宿 🔑 Hotel

在檳椥鄉村度過悠閒時光
Mekong Home　中級飯店
MAP P.141-2A外

從檳椥市區往南約12km處，位於周圍環繞著熱帶植物的鄉村一角，是一座舒適的生態度假村。擁有4000m²的廣大花園，客房設計與自然融合為一體，營造出洗鍊花園度假村氛圍。附設SPA和餐廳。

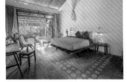

所有客房皆附陽台，圖片為雙人房

🏠Áp 9, Xã Phước Long, Huyện Giồng Trôm, Bến Tre
☎098-7299718（手機）　**URL** www.mekonghome.com
💰Ⓢ Ⓦ Ⓣ150萬越盾～　3人房180萬越盾～（含早餐）
Card Ⓥ　共10房

美荻市中心的河岸飯店
Cuu Long　經濟型飯店
MAP P.138-2B

位於美荻市場與湄公河渡輪乘船處徒步範圍內，地點方便。2018年全新開幕，設備新穎，客房裝潢採簡約風格，乾淨明亮。只有標準房沒有窗戶，館內咖啡館、酒吧、餐廳齊全。

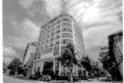

美荻市中相對大規模的飯店

🏠81-83 Đường 30 Tháng 4, P. 1, Châu Thành
☎（0273）6266666　**URL** cuulonghotel.tiengiangtourist.com
💰Ⓢ Ⓦ Ⓣ66萬越盾　3人房126萬越盾　家庭房220萬越盾　套房240萬越盾（含早餐）　**Card** Ⓙ Ⓜ Ⓥ　共65房

檳椥市中心的高樓飯店
Ben Tre Riverside Resort　中級飯店
MAP P.141-2A外

位於檳椥市以西約3km處，檳椥河和哈姆龍河的交匯處。全白的外觀令人印象深刻，客房採用休閒感的綠色和咖啡色裝潢。對岸為隸屬於飯店的河濱花園，大自然氣息濃鬱，也有烹飪課等旅遊活動也。

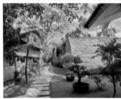

最小的客房也有28㎡，相當寬敞

🏠708 Nguyễn Văn Tư, P. 7, Bến Tre　☎（0275）3545454
URL bentreriverside.com　💰Ⓢ Ⓦ Ⓣ152萬越盾～　套房224萬越盾～（含早餐）　**Card** Ⓐ Ⓓ Ⓙ Ⓜ Ⓥ　共81房

竹製的小屋
Ca Rot Homestay Tien Giang　迷你飯店
MAP P.138-1A外

距離美荻市中心約16km距離，可以在湄公河三角洲地區體驗鄉村生活。一間一間竹製小屋散布在熱帶植物茂密的寬廣花園裡，房內的床、桌子等家具也都是以竹子打造，創造自然的氛圍。設有餐廳和泳池。

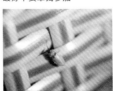

可以在大自然中好好放鬆

🏠Áp Ngươn, Đông Hoà, Châu Thành　☎096-7794786（手機）
URL www.facebook.com/homestaytiengiang　💰Ⓢ Ⓦ Ⓣ80萬越盾～　套房88萬越盾～（含早餐）　**Card** Ⓥ　共20房

來湄公河三角洲賞落日&螢火蟲

造訪湄公河三角洲時，絕對不能夠遺忘的就是欣賞壯觀夕陽，以及生長在湄公河支流附近軟木Cây Bần這種樹林間聚集的螢火蟲群，由於這兩者都會受到天氣以及季節所影響，運氣夠好的話就有機會目睹赤紅的西沉太陽，以及如同耶誕樹燈飾般的，在葉縫陰影間閃爍發光的螢火蟲了。

無論是美萩還是芹苴，都是搭乘18:00左右的船隻出發，欣賞完華麗的滿天彩霞之後，19:00左右再往螢火蟲聚集的地點前進，在美萩除了1月以外，檳椥河兩側幾乎是全年都有螢火蟲出沒，過去在芹苴也曾經有過螢火蟲群，不過最近幾年愈來愈稀少。

也有旅行社推出相關的旅遊行程，因此參加在地之旅會是比較方便的作法，不過這個時間也千萬別忘了加以確認清楚行程內容，而且加上到了夜晚的危險性又提高，女性最好不要單獨參加。

左·右／聚集在軟木樹林間的螢火蟲群，接近屁股的地方會發光

永隆

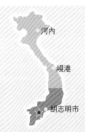

河內

峴港

★ 胡志明市

ACB銀行
ACB Bank
MAP 下圖-2B
3 Hoàng Thái Hiểu
☎（0270）3839999
7:30〜11:30、13:00〜16:30
（週六〜11:30） 休週日
　提供美金的現金兌換，也可
以MasterCard或VISA信用卡
提領現金。

郵局
MAP P.145-2B
12C Hoàng Thái Hiểu
☎（0270）3822550
7:30〜19:00 休無休

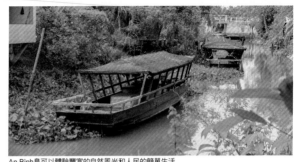

An Bình島可以體驗豐富的自然風光和人民的簡單生活

　從胡志明市驅車約2小時30分就能抵達，來到湄公河三角洲上的永隆，不妨隨著黎明破曉一起甦醒吧，遠方以太陽從河川邊際升起作為背景，穿梭的各色船隻成了晨霧中最佳剪影，可說是一整日當中最美麗的時刻了。不久之後當霧氣逐漸消散，河岸邊的綠意漸漸嶄露，這時的市場也正要展開朝氣，開始一日之計。

　永隆的觀光焦點當然就是湄公河之旅，利用十字交錯的兩支船槳所擺動的小船，川流不息地往來於湄公河的支流中，可以見識到與河川一起共同生活著的人們身影。參觀蔡比Cái Bè水上市場的當地之旅也很受歡迎。

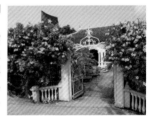

越南南部傳統建築融入法國建築樣式的蔡比的古宅

交通 ✿ ACCESS

如何前往永隆
●巴士
　胡志明市西部巴士總站全天頻繁發車，車資14萬越盾〜，所需時間3小時；從芹苴的91B芹苴巴士總站出發，6:00〜17:00間每隔20〜30分鐘發車，車資2萬9000越盾（大件行李需加價1萬2000越盾），所需時間約1小時。

從永隆出發的交通
●巴士
　從市中心往西約3km處有著永隆巴士總站（**MAP** P.146-2B） 1E Đinh Tiên Hoàng）從這裡

有前往各地的巴士車班，往胡志明市班次全天頻繁發車，車資12萬越盾〜，所需時間約3小時30分。另外連結南部各城市的Phuong Trang巴士總站也在此，有開往胡志明市、大叻等方向的班次。

　市區裡的郊區巴士總站（**MAP** P.145-2B） 18B Đoàn Thị Điểm），前往芹苴的巴士總站的班次為5:00〜17:00間每隔15分鐘發車，車資2萬9000越盾，所需時間約1小時。也有前往近郊城市沙瀝Sa Đéc的班次，5:30〜17:45間每隔35分鐘發車，車資為1萬5000越盾，所需時間約45分鐘。

旅行社&旅遊辦事處 ✿ TRAVEL OFFICE & TOUR OFFICE

●Cuu Long Tourist
MAP P.145-1B 1 Đường 1 Tháng 5
☎（0270）3823611、077-2062999（手機）、098-2321999（手機）
E-mail info@cuulongtourist.com
7:00〜16:00 休無休 **Card** 不可

　當地老字號旅行社。遊覽蔡比Cái Bè水上市場、米紙工廠、An Bình島果園或盆栽庭園等地的旅遊行程（4〜5小時），每人69萬越盾。也有在An Bình島參加住宿1晚的寄宿行程（197萬8000越盾〜），行程費用會依參加人數變動。

Voice 沙瀝Sa Đéc為以電影《情人》為人所知的法國女作家瑪格麗特·莒哈絲Marguerite Duras過去所居住的地方，該地還留存著作品中登場的中國青年之家。

景點　Sightseeing

★ 充滿朝氣活力的大型市場
永隆市場

Chợ Vĩnh Long

MAP 下圖-1B

Vinh Long Market

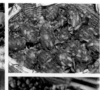

左・右上・右下／An Binh島有許多果園，永隆也因此以美味的水果聞名

永隆市場包含河川旁的 5 月 1 日街、Nguyen Cong Tru街和Guyen Trai街的路上市場，是永隆市區最大的市場。以面向 5 月 1 日街的氣派建築為中心，水果、蔬菜、魚貝海鮮在露天市集擺攤，周邊還有商店和甜品店，整天都充滿了活力。特別是水果區擺滿了熱帶當季水果，可以試吃比較再購買。

★ 介紹永隆省的歷史
永隆省博物館

Bảo Tàng Vĩnh Long

MAP 下圖-1B

Vinh Long Museum

由 3 座展覽館組成的博物館，分別為傳統・革命歷史相關展覽的展館、永隆省發展史的展館以及關乎人們生活的展館。從湄公河三角洲興起的扶南中心城市喔

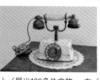

上／展出100多件文物　右／毘濕奴雕像為國家指定遺產

吠遺址出土的毘濕奴雕像（6～7 世紀，從附近的濂泳縣出土），以及 6～20世紀永隆周邊人們的日常生活用品等也有展出。館內有咖啡廳，可以休息一下。

永隆市場
🏠 Đường 1 Tháng 5 / Nguyễn Công Trứ / Nguyễn Trãi
🕐 依店家而異，大致為5:00～19:00

市場裡販售多種食用花，左前方為葵花Hoa Điên Điển，是湄公河三角洲地區人們常食用的豆科植物花朵，約在 8～9 月盛產

盆栽花園
　An Binh島（→P.146）上Binh Hòa Phước村子裡有著很多的蘭花園、盆栽庭園，容器比起台灣的盆栽要大，還看得到熱帶植物，順帶一提盆栽在越南也同樣發音為BONSAI。

永隆省博物館
🏠 1 Phan Bội Châu
☎（0270）3823181
🕐 7:00～11:00、13:00～17:00
🚫 週六・日
💰 免費

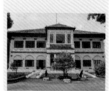

解說僅有越南文

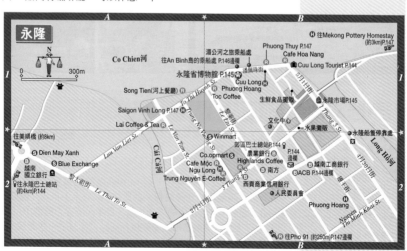

永隆

Co Chien河

300m

往Mekong Pottery Homestay（約3km）P.147
Phuong Thuy P.147
Cafe Hoa Nang
Cuu Long Tourist P.144
湄公河之旅乘船處 P.146邊欄
往An Binh島的乘船處 P.146邊欄
永隆省博物館 P.145
Cuu Long
Phuong Hoang
Toc Coffee
Song Tien(河上餐廳)
生鮮食品攤販
Saigon Vinh Long P.147
永隆市場 P.145
Lai Coffee & Tea
文化中心
水果攤販
Winmart
郊區巴士總站 P.144
永隆船隻停靠處
往美順橋（約8km）
Dien May Xanh
Co.opmart
農業銀行 P.144邊欄
Blue Exchange
Cafe Mộc
Highlands Coffee
越南工商銀行
ACB P.144邊欄
越南國立銀行
Ngu Long
南方
Trung Nguyen E-Coffee
西貢商業信用銀行
往永隆巴士總站（約4km）P.144
人民委員會
Phuong Hoang
往Pho 91（約250m）P.147邊欄

An Bình島

永隆市區渡輪碼頭（ **MAP** P.145-1B）4:00～22:00間渡輪來回運行，所需時間約5分，1000越盾（自行車2000越盾，摩托車4000越盾）

An Bình島民宅

Cai Cuong民宅
Nhà Cổ Cai Cường
Cai Cuong's Ancient House
MAP 下圖-2B
🏠145/11 Ấp Bình Hòa 1, Bình Hoà Phước

18世紀法國殖民式風格的外觀，內部為越南風格，可參觀，也開放住宿，建議事先與旅行社確認。

An Bình島果園

每個果園的入園費會依果園和時間有所不同，大約落在3萬5000越盾～，多數提供水果試吃活動，湄公河三角洲遊輪之旅多半會參觀果園。

MAP 下圖

享受湄公河遊船
湄公河之旅
Cù Lao An Bình
An Binh Island

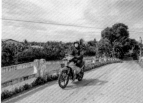

從永隆市區搭乘渡輪約5分鐘的距離，來到面積東西南北好幾公里、位於湄公河中央的An Bình島，這裡是一座自然豐富的島嶼，保留著人們與湄公河自然和諧的純樸生活方式，

左上／小船為島上的重要交通工具
右上　左／島上氣氛悠閒，有許多熱愛植物和花卉

貴為永隆的一大觀光重點。穿梭在其間如同網子般細密的狹小河川，船隻會從湄公河支流繼續深入細長水道。

此外，An Bình島上還有許多獨特的私人住宅和老房子，可以作為民宿入住，沿著周圍的小徑騎自行車或參觀果園，享受湄公河三角洲鄉村的悠閒住宿（→P.23）。

享用新鮮採摘的時令水果
An Bình島的果園
Vườn Trái Cây ở Cù Lao An Bình
Fruit Garden in An Binh Island

MAP 左圖-1A

An Bình島西部的An Bình村和Hòa Phước村有許多果樹園，都可以進行參觀。An Bình島栽種了紅毛丹、龍眼、李子和番石榴等，可以參觀的果園會依季節而有所不同，例如7～8月為紅毛丹和龍眼的產季。

左・右／龍眼與紅毛丹的果園，Cù Lao Xanh果園（**MAP**左圖-2B）。可以品嘗現採的水果

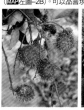
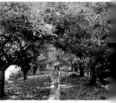

永隆周邊圖

●盆栽庭園、蘭花園

往Cái Răng
國道1號線
國道1號線
往胡志明市
Kiet民宅P.146邊攔
蔡比水上市場P.146
湄公河
Đồng Phú村
An Bình島 P.146
果園林立P.146
Bình Hoà Phước村
往蔡比渡輪乘船處P.146
美順橋
果園 P.146圖片
美順橋
Coco Home P.147
An Bình村
Cai Cuong的法式殖民宅邸 P.146邊攔
Vinh Sang P.146邊攔
Mekong Riverside Homestay P.23
往永隆渡輪乘船處
Cô Chiên河
往An Bình島渡輪乘船處P.146邊攔
永隆市區
Long Hồ河
Long Thạnh村
永隆巴士總站P.144
往茶芹耳
0 3km

郊區城鎮

蔡比區域號碼
0273

Kiet民宅
Nhà Cổ Ông Kiệt
Mr. Kiet's Ancient House
MAP 上圖-1B
🏠22 Ấp Phú Hòa, Đông Hoà Hiệp, Cái Bè
☎（0273）3824498
URL kiethouse.com
🕐8:00～17:00
❌無休
💰2 萬越盾

以水上市場聞名
蔡比Cái Bè
Cái Bè

MAP 摺頁正、上圖1B

距離永隆約1小時車程，從An Bình島渡輪碼頭（**MAP**上圖-1B）搭乘渡輪約20分鐘路程。蔡比Cái Bè以水上市場（**MAP**上圖-1B）聞名，是前江省的一個小鎮。日本國際協力機構JICA和昭和女子大學曾參與當地的建築保存活動，保留了一些老民宅，其中包括建於約250年前的Kiet民宅，漫步其中很有趣。

Voice! An Bình島上的遊樂設施「Vinh Sang」（**MAP**上圖-2A）可以騎鴕鳥（3萬越盾），入場費5萬越盾。

高棉族居住的城鎮
茶榮
Trà Vinh

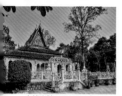

高棉寺院Chùa Ang寺

茶榮區域號碼
0294

茶榮知名的河粉店
Pho 91
MAP P.145-2B外
🏠91 Đường 2 Tháng 9
☎無
🕐6:00～11:00、16:00～21:00
🈶無休
　茶榮無人不知無人不曉的河粉名店，5萬越盾。

從永隆驅車往東南方約1個小時，就能來到居住著眾多高棉族人的茶榮，而距離市區大約4km遠的郊區還有著古老高棉寺院Chùa Ang寺，內部描繪著佛陀的一生，在寺院附近還有著Ao Bà Om這一座沼澤，散發著相當神祕的氣息。另外還有一座稱為鳥寺Chùa Chim的高棉寺院同樣座落於郊區一帶，每到了下午之後，會吸引成群的白鷺鷥飛來休憩於庭園內的枝頭上。

餐廳　Restaurant

享受舒心河風的越南料理餐廳
Phuong Thuy　越南料理
MAP P.145-1B

位在河川旁，一邊吃飯一邊看著來往Chiên河的船隻，風情十足。主要提供一般的越南料理，幾乎所有料理價格都在10萬越盾以內，相當便宜。推薦菜單有越式砂鍋魚肉（→P.35，10萬越盾）和炒飯（5萬越盾～），有英文菜單。

早餐菜單的金邊粿條，有加餛飩，5萬越盾

🏠1 Phan Bội Châu　☎(0270)3824786
🕐6:30～22:00　🈶無休　**Card** AMV　**預約**不需預約

An Bình島上的湄公河三角洲料理餐廳
Coco Home　越南料理
MAP P.146-2B

在精心打理的花園中，享用當地湄公河三角洲美食。無論是建築，還是椅子、桌子等家具都是使用椰子樹做的，菜單也用使用椰子製成。推薦加入椰奶的甜辣烤牛肉Bò Nướng Coco（如圖，25萬越盾）。

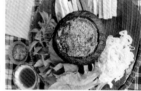

烤牛肉搭配蔬菜和米麵，用米紙包裹著吃

🏠203A/12 Ấp Hoà Quí, Hoà Ninh, Long Hồ　☎(0270)3505356
🕐7:00～21:00　🈶無休　**Card**不可　**預約**不需預約

住宿　Hotel

永隆最大的飯店
Saigon Vinh Long　高級飯店
MAP P.145-1A

建於河邊、是永隆市區最大的一間飯店，所有的客房皆附設浴缸，鋪設木地板，採休閒風格裝潢。館內設有越南餐廳、咖啡館、酒吧等設施，泳池和健身房也很齊全。有城景房、園景房，如果有機會一定要選河景房。

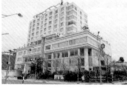

眼前為公園和Cổ Chiên河的寬廣土地

🏠2 Trưng Nữ Vương　☎(0270)3879988、3879989
URL www.saigonvinhlonghotel.com　🛏️Ⓢ🅦Ⓣ125萬越盾～　套房270萬越盾～（含早餐）　**Card** ADJMV　共84房

赤陶主題的迷你飯店
Mekong Pottery Homestay　迷你飯店
MAP P.145-1B外

僅有2間客房，是一家可以像民宿般的人氣旅館。因應赤陶主題，以紅磚打造的客房各處均配有素燒的容器和家具，若有需求飯店內還可以烤肉。位於距離市中心約3km距離的村莊內，可以享受與一般飯店略有不同的住宿體驗。

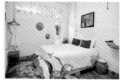

每個房間都有個小露台

🏠209A/15 Thanh Mỹ 1, Xã Thanh Đức
☎084-8618182（手機）　**URL** www.facebook.com/mekongpotteryhomestay　🛏️Ⓢ🅦Ⓣ68萬越盾～　3人房78萬越盾～（含早餐）　**Card**不可　共2房

Voice 「Coco Home」（→上述）若不用餐，入內參觀需付入場費2萬越盾，亦附設住宿設施。

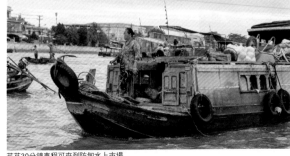
芹苴

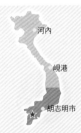

河內

峴港

胡志明市

Can Tho Dinner Cruise
MAP P.149-1B
⊞Bến Ninh Kiều, Hai Bà Trung ☎(0292) 3810841
🕘9:00～22:00 🔒無休
Card 不可
預約週末最好先預約
湄公河的內餐遊輪，遊河之旅為19:30～21:00（週日、節日18:00～19:30、20:00～21:30），免費乘船，用餐需要另外計算。隔壁亦有Ninh Kiều Dinner Cruise，發船時間與Can Tho Dinner Cruise相同。

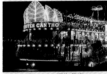

共有3層，1、2層為餐廳

芹苴30分鐘車程可來到防甸水上市場

　從胡志明市開車大約4小時就能來到芹苴，湄公河三角洲最大的城市芹苴，不僅是經濟中心城市，更是一大交通要衝所在，而且因為擁有著以研究農業而出名的芹苴大學，讓整座城市充滿了不一樣的活力。

　芹苴河畔的小公園裡，看得到舉起單手微笑打著招呼的胡志明老伯伯青銅雕像，從這裡往南的河岸邊在最近幾年的規劃下，成為種滿了綠色植物的綿延無邊美麗公園，在船隻停靠的碼頭處，更可以欣賞到載著無數新鮮蔬菜水果的船隻卸貨光景，讓人深深感受到湄公河三角洲所擁有的富饒。

　來到了芹苴一定不能錯過這裡的水上市場，看到這裡操控著手搖船縱橫大小溪流而充滿活力的婦女們，讓人深深感受到她們的熱情，這些與湄公河一起共生共存的人們，永遠是最強而有力的代言人。

交通 ✿ ACCESS

如何前往芹苴
●飛機
　從河內出發，越南航空每天3～4班、越捷航空VietJet Air每天4班，越竹航空每天2班，所需時間約2小時10分。從峴港出發的話，越南航空每天1班、越南噴射航空每天3班，所需時間約1小時30分。從富國島、崑崙島也有航班前往。
●巴士
　從胡志明市的西部巴士總站Bến Xe Miền Tây，0:00～23:00間臥鋪巴士每隔30分鐘～1小時發車，車資為16萬5000越盾，所需時間約4小時；美萩僅有5:00出發的1班車，車資8萬越盾，所需時間約2小時；朱篤4:00～18:00間每隔1小時發車，車資13萬越盾～，所需時間約3小時30分；另外從頭頓、永隆、龍川、朔莊、哈田等地都有車班出發。
從芹苴出發的交通
　關於飛機航班，請參考如何前往（上述）的內容。
●巴士
　從市區西南方約4km的芹苴中央巴士總站，有出發前往各地的巴士，前往胡志明市全天頻繁發車，車資14萬越盾～，所需時間約3小時30分；前往美萩只有10:00出發的1班車，車資10萬越盾，所需時間約2小時；前往龍川5:00、7:00發車後每隔1小時發車，車資7萬5000越盾，所需時間約2小時；前往朱篤5:00、7:00發車後每隔1小時發車，車資為13萬越盾～，所需時間約3小時30分；前往哈田於7:00、8:30、11:30、14:00、16:00發車共5班，車資為20萬越盾～，所需時間約4～5小時，也有前往朔莊的巴士。前往永隆，可從91B芹苴巴士總站搭車，6:00～17:00間每隔20～30分鐘發車，車資2萬9000越盾（大件行李需加價1萬2000越盾），所需時間約1小時。

芹苴中央巴士總站
Bến Xe Trung Tâm Cần Thơ
MAP P.149-2A外
⊞Quốc Lộ 1A, Hưng Thạnh, Cái Răng
91B芹苴巴士總站
Bến Xe Lộ 91B Cần Thơ
MAP P.149-2A外 ⊞Quốc Lộ 91B

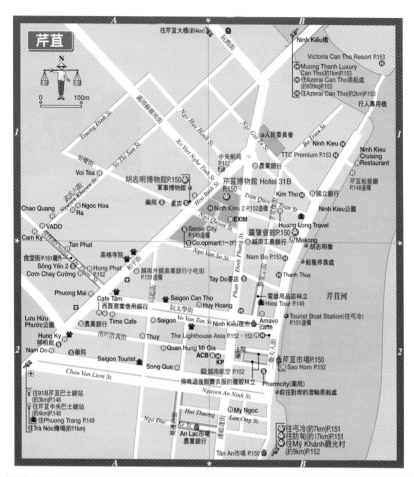

旅行社＆旅遊辦事處 ✿ TRAVEL OFFICE & TOUR OFFICE

●Hieu Tour

MAP 上圖2-2B

🏠27A Lê Thánh Tôn

☎（0292）3819858、093-9419858（手機）

URL hieutour.com 營8:00～17:00 休無休

Card MV

　舉辦以芹苴為起點的半日～5日行程。乘船前往永隆，參觀市場和高棉寺院的半日行程52US$。散步品嘗芹苴當地美食的行程、騎乘自行車參觀可可園或果園的行程也很有人氣。

●Can Tho Tourist

MAP 上圖1-1B

🏠50 Hai Bà Trưng ☎（0292）3827674

URL www.facebook.com/canthotourist

營7:30～18:00 休無休 **Card** AJMV

　主要推行的是湄公河的遊船之旅行程，丐冷與防旬的水上市場之旅（約4小時），包含船費、導遊費在內，團體行程（5人）每人26萬8000越盾，包租整艘船4小時的話，1艘船3人，平日為70萬越盾～週六・日・節日為85萬越盾～，4～8人為平日90萬越盾～，週六・日・節日105萬越盾～。另外也還有造訪芹苴近郊傳統工藝村的1日來回自行車之旅、寄宿行程等，並提供機票預約的服務。

巴士公司

●Phuong Trang

MAP 上圖2-2A外

🏠 Quốc Lộ 1A, Hưng Thạnh, Cái Răng（芹苴中央巴士總站內）☎1900-6919（熱線）

URL futabus.vn 營24小時 休無休 **Card** 不可

　前往各地的臥鋪巴士，前往胡志明市的車班24小時行駛，每隔30分鐘～1小時發車，車資16萬5000越盾～，所需時間約4小時。

芹苴市場
- 住Hai Bà Trưng
- 營依店家而異，大致為5:00～22:00
- 休無休

Sense City
- MAP P.149-1A
- 住1 Hòa Bình
- ☎（0292）3688988
- 營8:30～22:00　休無休

　　現代化的購物中心，設有超市與美食區，對旅客來說極具利用價值。

廣肇會館
- 住32 Hai Bà Trưng
- ☎（0292）3823862
- 營7:00～17:00
- 休無休
- 費免費

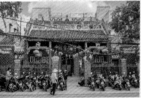

在芹苴也是屬於古老的寺廟，點燈的夜晚帶有神祕氣氛

芹苴博物館
- 住1 Hòa Bình
- ☎（0292）3820955
- 營8:00～11:00、14:00～17:00（週六・日・節日～11:00、18:30～21:00）
- 休週一・五　費免費

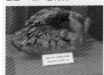

1～7世紀左右的手形雕像，Óc Eo文化遺跡出土品

胡志明博物館
- 住6 Hòa Bình
- ☎（0292）3822173
- 營7:30～11:00、13:30～16:30　休週六・日・節日
- 費免費

　　同一個地上還有個軍事博物館，展出坦克和其他物品。

★ 來這裡採買伴手禮　　　　　　　MAP P.149-2B
芹苴市場
Chợ Cần Thơ　　　　　　Can Tho Market

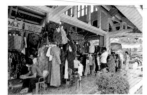

位於河岸旁為城市地標的市場

　　位於市中心，雖說是市場，但和其他市場相比沒有那麼多的生活感，進駐伴手禮店和餐廳「Sao Hom」（→P.152）。　往南約300m處的Chợ Tân An市場周邊（Chợ Tân An　MAP P.149-2B），可以看到蔬菜水果擺滿馬路邊，吸引在地民眾到這裡選購而非常熱鬧。

★ 香火環繞頂天的道教寺廟　　　　MAP P.149-1B
廣肇會館
Chùa Ông Cần Thơ　　Canton Assembly Hall in Can Tho

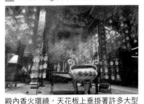

殿內香火環繞，天花板上垂掛著許多大型的環香

　　建於1896年，原本為中國廣州、肇慶人同鄉聚會所的道教寺廟。供奉著保佑航海、漁業的媽祖，以及戰神、商業之神關羽。屋頂和祭壇上的雕刻細緻漂亮，芹苴當地人稱這裡為「Chua Ong」，深受敬愛。

★ 認識湄公河三角洲的古與今　　　MAP P.149-1B
芹苴博物館
Bảo Tàng Cần Thơ　　　　Can Tho Museum

　　介紹芹苴的自然與歷史的博物館，1樓除了展示Óc Eo文化遺跡出土品之外，另外也以家具、生活用具等物品介紹京族、華人、高棉族的生活與文化。2樓主要以抗法戰爭和越戰這2場戰爭為主的展品，還有一個介紹芹苴現代工業的角落。

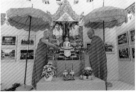

介紹芹苴周邊高棉人的文化

★ 胡志明與越南革命的歷史　　　　MAP P.149-1A
胡志明博物館
Bảo Tàng Hồ Chí Minh　　Ho Chi Minh Museum

　　以胡志明的一生為主軸，並將他的名言和革命史寫在解說板上仔細說明，而當年他最喜愛的涼鞋、打字機、從中國帶回來的小茶杯以及筷子等遺物，也一一在博物館中展出。

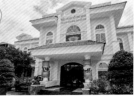

在同樣的腹地內亦有軍事博物館

郊區景點　Sightseeing

★ 充滿朝氣活力的水上市場

丐冷／防甸

Cái Răng / Phong Điền　　　Cai Rang Floating Market / Phong Dien Floating Market

MAP P.149-2B外

在芹苴的周邊分布著好幾座的水上市場，距離芹苴市區最近，也是遊客最容易造訪參觀的，就是丐冷水上市場了。由市區朝朔莊方向往南行約7km就是丐冷水上市場，搭船約30分鐘可到，每天早上來自湄公河支流且載滿貨品的船隻都會聚集在此地，並且以船為店，直接在船上進行買賣交易，600～8:00左右是最熱鬧的尖峰期，不過會一直持續到傍晚才會散去。

另外在芹苴西南方約17km的防甸，也有著水上市場，搭船的話，單程交通時間大約是2小時，雖然規模比起丐冷要小了許多，但卻有著為數眾多的手搖小型船，很值得來這裡按下快門。

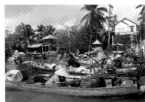

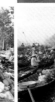
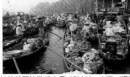

左／有許多大型船隻的丐冷　右上／太陽升起前就開始進行交易（防甸）　右下／還設有可以一覽水上市場的咖啡館（防甸）

丐冷水上市場

要是參加胡志明市或芹苴市區內旅行社主辦的在地之旅會方便許多，二徵夫人街上的Tourist Boatstation（MAPP.149-2B）附近有Tu An旅行社售票櫃台，有推出4小時丐冷水上市場導覽行程，可在此申請。除了丐冷水上市場外，還會參觀金邊粿條工廠、果園等，每人10萬越盾，包船費用450萬越盾～，請洽☎090-2536661（手機）

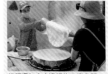

行程還包含金邊粿條工廠參觀

芹苴的小吃街

想要吃一頓在地美食的話，就得來到提探街（MAP P.149-2A）麵類、粥品、簡餐、點心等庶民小吃琳瑯滿目，咖啡店也相當多，傍晚起會愈來愈熱鬧。

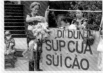

攤販眾多，夜晚也十分熱鬧

✤ Column　水上市場的參觀重點

就在天色尚黑未明之際，來自芹苴周邊分支河流，將最新鮮蔬菜水果堆積有如小山一般的小船艇，正緩緩滑過水面而來，過了6:00之後，就聚屯組成綿延約1km長的「水上市場」，而堆在船上的貨品有著高麗菜、瓜類、荸薺、番茄、萊姆、香蕉、椰子等等。

只要花點時間仔細觀察，就不難漸漸發現水上市場的組合結構，小船會倚靠到大型船隻旁，彼此間互相你來我往的殺價並交易，原來大型船隻是屬於批發商的商船，小船則是生產的農家民眾，從農家手中買下貨品之後的批發商會直接前往美萩或胡志明市販賣，當然除了有批發商船向小船採購商品之外，小船彼此之間也能夠以物易物來進行交易，是這座水上市場的買賣方式。

要是能夠再多花一些時間，還可以發現非常有意思的東西，除了手搖船以外的大船船身，都會豎立著像船槳般的棒子，前端處吊掛著芋頭、南瓜等蔬果，原來這是水上市場獨一無二的商家招牌，也就是藉此告訴著大家「我們這艘船販售著南瓜」或者是「這是艘高麗菜的批發船」等等的醒目標誌，其中甚至會有一根木棒上掛著白菜、瓜類、番茄、辣椒等多樣蔬果的大型商船。而相同類型的業者也都會儘量停靠在同一區，而分成了柑橘區、芋頭區、蓮藕區等範疇，另外還有「水上咖啡店」、賣粥、賣越式三明治（→P.38）等小船往來穿梭著。

解越南老百姓的日常生活以及買賣交易的方式後，絕對可以擁有更加有意思的一場「水上市場探險」之旅。

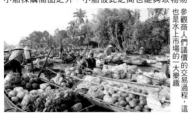

參觀著人們議價的交易過程，這也是水上市場的一大樂趣

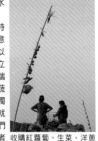

收購紅蘿蔔、生菜、洋蔥等蔬菜的批發商的標誌

Mỹ Khánh觀光村

📍335 Lộ Vòng Cung, Xã Mỹ Khánh
☎（0292）3846260
🌐mykhanh.com
💰9萬9000越盾（兒童5萬越盾）

距離芹苴市區約12km，搭船過來約1小時，這裡有38棟度假小屋，可在此住宿，附空調、熱水淋浴的ST 60～80萬越盾，並可租自行車、馬車等繞行整塊區域，而且每天還會舉辦賽豬、賽狗、猴子馬戲團（9:45、11:00、13:00、15:00）。

★ 盡享越南鄉村與大自然

Mỹ Khánh觀光村

Làng Du Lịch Mỹ Khánh

MAP P.149-2B外

My Khanh Tourist Village

由丐冷沿著河流繼續往南行約2km，就能來到這座複合式觀光景點Mỹ Khánh觀光村，在遼闊的土地上有栽種著芒果、龍眼、木瓜、文旦、香蕉等約20種水果的果園，並且還飼養著鱷魚、鴕鳥、猴子等動物，另外也有度假小屋、餐廳、游泳池等設施。

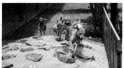
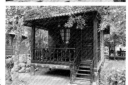

上／賽狗，另外也有賽豬
下／可以享受綠意環繞的露營氣氛

資訊 ☼ INFORMATION

● 越南航空　**Vietnam Airlines**
MAP P.149-2A
📍66 Nguyễn An Ninh　☎（0292）3844320
🕐8:00～12:00、13:30～17:00（週六・日～11:00、14:00～17:00）　休週日
● 越南外貿商業銀行　**Vietcom Bank**
MAP P.149-2A
📍3-5-7 Hòa Bình　☎（0292）3820445

🕐7:00～11:30、13:00～16:30　休週六・日
提供美金的現金兌換，，而在ATM則可以使用美國運通、MasterCard、VISA信用卡提領現金。
● 中央郵局
MAP P.149-1B
📍2 Hòa Bình　☎（0292）3818818、3826653
🕐6:30～20:00　休無休
提供EMS、DHL的快遞服務。

餐廳　　　　　Restaurant

河川旁的露天座位深受歡迎
Sao Ham
越南料理
MAP P.149-2B

位於芹苴市場內的時尚餐廳，設有面對河川的露天座位，一邊品嘗料理一邊欣賞風景很有人氣。主要提供代表性的越南料理，蔬菜料理7萬越盾～、主菜16～27萬越盾，雖然價格稍高，但服務與味道的水準都很高。

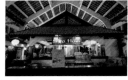

也可作為咖啡館使用

📍Nhà Lồng Chợ Cổ, Bến Ninh Kiều　☎（0292）3815616
🕐6:00～22:00　休無休　Card ADJMV　預約晚餐建議預約

寧靜沈穩的用餐體驗就選這裡
The Lighthouse
西式料理
MAP P.149-2B

精品飯店「The Lighthouse」（→P.153）附設的時尚餐廳，享受和飯店一樣的洗鍊裝潢和服務，悠閒用餐。提供西式料理菜單，牛排價位約20萬越盾～，點主菜會免費附贈前菜。

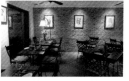

6:00～17:00的早餐時段（7萬5000越盾～）也很受歡迎

📍120 Hai Bà Trưng　☎（0292）3819994
🕐6:00～23:00　休無休　Card AMV　預約不需預約

其他餐廳　　　　Restaurant

Hong Phat
麵
MAP P.149-2A

📍6 Đề Thám　☎（0292）3811668
🕐6:00～11:00、15:00～21:00　休無休
Card不可　預約不需預約

以清爽的湯頭深受當地人喜愛的人氣麵館，推薦可以品嘗富有咬勁的金邊粿條和中華麵兩種麵條口感的什錦麵Hủ Tiếu Mì Thập Cẩm（7萬5000越盾），餛飩也很不錯。

🎤市中心住宿首選4星飯店「Ninh Kieu 2」，地點方便人氣極高。
MAP P.149-1B　📍3 Hòa Bình　☎（0292）3789999　🌐www.ninhkieuhotel.com　💰Ⓢ🅦Ⓣ99萬越盾～↗

住宿

Hotel

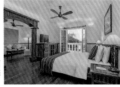

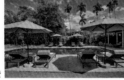

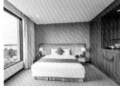

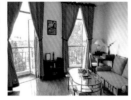

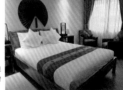

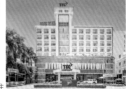

獨一無二的島嶼度假村
Azerai Can Tho
高級飯店

MAP P.149-1B外

位在芹苴東邊小島，整座島都是度假村的範圍，可以從市區的專屬私人碼頭（MAP P.149-1B外）搭乘私人船隻前往。別墅極為豪華，最小空間也有636m²，獨享遼闊的大自然，同時提供專屬管家，享受極上度假村服務。

附泳池的別墅

🏠1 Cồn Ấu, Cái Răng　☎ (0292) 3627888　URLazerai.com/resorts/azerai-can-tho　💰ⓈⓌⓉ517萬越盾〜　別墅2028萬越盾〜（含早餐）　Card AJMV　共60房、5座別墅

設施充足舒適住宿
Muong Thanh Luxury Can Tho
高級飯店

MAP P.149-1B外

位於市區東北方的Ninh Kieu橋前，客房以金黃色為主調，配有歐式古典家具，金碧輝煌。餐廳、頂樓酒吧、室外泳池、健身房、SPA等設施一應俱全，還有卡拉OK、網球場，極具魅力。

最小的客房也有32m²，圖片為Deluxe King房型

🏠Khu E1, Cồn Cái Khế　☎ (0292) 3688888　URLluxurycantho.muongthanh.com　💰ⓌⓉ350萬越盾　套房550萬越盾〜（含早餐）　Card AJMV　共300房

享受殖民式風格建築風情的精品飯店
Nam Bo
中級飯店

MAP P.149-2B

將建於法國統治年代的殖民建築大樓，重新改裝而成的精品飯店，客房皆為套房設計，所有客房都施加不同的裝潢，散發著古典的氣息。頂樓是有著酒窖的天台餐廳「La Terrasse」，可以一覽芹苴河的全景。

Corner套房的客廳

🏠1 Ngô Quyền　☎ (0292) 3819139　URLmekong-delta.com/vi/1_nights/nambo　💰套房177萬越盾〜（含早餐）　Card AMV　共7房

充滿熱帶風情的老字號度假村
Victoria Can Tho Resort
高級飯店

MAP P.149-1B

有著殖民風格建築物的正宗度假飯店，餐廳、SPA、泳池和網球場等設施一應俱全。由飯店主辦的水上市場早餐之旅、夕陽遊船之旅（43US$）都很受歡迎。

客房鋪有木地板，而市區與飯店間也提供免費船隻接送服務

🏠Cái Khế Ward　☎ (0292) 3810111　URL www.victoriahotels.asia　💰ⓈⓉ204萬越盾〜　套房462萬越盾〜（＋稅・服務費15%，含早餐）　Card ADJMV　共92房

地點絕佳＆設備新穎
The Lighthouse
中級飯店

MAP P.149-2B

建於熱鬧的二徵夫人街一角，是一間有著古典外觀的飯店。客房採用柚木打造印度支那風格的典雅裝潢。備有隔音玻璃窗戶、柔軟的床墊、嶄新的毛巾等，可以享受超值的住宿體驗。

人氣極佳需要提早預約，有附陽台的房型

🏠120 Hai Bà Trưng　☎ (0292) 3819994　URLwww.facebook.com/thelighthousecantho　💰ⓈⓌⓉ81萬越盾〜　Card AMV　共8房

美麗的河景
TTC Premium Can Tho
中級飯店

MAP P.149-1B

位於二徵夫人街北邊，面對芹苴河興建的大型飯店，除了有河景房，在8樓露天咖啡館也可以一覽芹苴河，景致怡人。客房以紫色為主題色，風格休閒。館內設有室外泳池、餐廳、按摩等設施。

吸引許多歐美遊客入住

🏠2 Hai Bà Trưng　☎ (0292) 3812210　URL cantho.ttchotels.com　💰ⓈⓌⓉ149萬越盾〜　套房394萬越盾〜（含早餐）　Card AJMV　共107房

↘套房220萬越盾（含早餐）　Card MV　共104房

朔莊

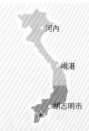

河內
峴港
胡志明市

中央郵局
MAP P.155-2A
🏠2 Trần Hưng Đạo
☎（0299）3829323
🕖7:00～19:00　🛏無休

BIDV銀行
BIDV Bank
MAP P.155-2B
🏠60 Nguyễn Hùng Phước
☎（0299）3615455
🕗8:00～11:30、13:00～16:30
🛏週六・日
　提供美金的現金兌換，而在ATM則可以使用MasterCard、VISA信用卡提領現金（24小時）。

朔莊的主要高棉慶典
　以水節出名的Lễ Hội Ooc-Om-Boc慶典，會在農曆的10月14、15日登場，而划龍舟Đua Ghe Ngo的賽事也很有名氣，另外還有4月中旬的高棉新年正月Ngày Tết Chol Cham Thmay等等。

Khleang寺廟
🏠6 Tôn Đức Thắng
☎（0299）3821340
🕐24小時　🛏無休　💰免費

高棉的知名料理
　使用鱧魚的發酵調味料製作的湯麵Bún Nước Lèo為知名料理。

有著豬肉與白肉魚配料，可在市場等處品嘗到

蝙蝠寺
🏠181 Văn Ngọc Chính
☎（0299）3822233、091-9444503（手機）
🕔5:00～22:00
🛏無休　💰免費

　從胡志明市直線距離約150km遠，或由芹苴順著國道1號線往東南方約65km，就可以來到朔莊，這座城市的基礎建設始於法國殖民統治時代，因此到處殘留著古老法國風味建築，或者是有著圓環的開闊馬路等法式遺跡。

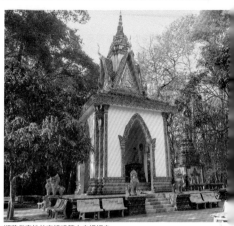

朔莊代表性的高棉建築古寺蝙蝠寺

　這座城市的人口有約1/3是高棉族※，在居住著眾多高棉族居民的湄公河三角洲當中，朔莊一地可說是格外的多，朔莊這個名稱更是來自於高棉語發音，只是用越南語標記而成，市區內和郊區共分布著90座以上的高棉寺廟。

景點　　　　　　　　　Sightseeing

★黃金閃耀的高棉寺廟　　　　　　MAP P.155-1B
Khleang寺廟
Chùa Khleang　　　　　　　　Kh'leang Pagoda

　Khleang寺廟的座落地點，在過去是高棉族人非常重要的米倉，創建於1533年的寺廟歷史極為古老，被列入了朔莊省的歷史文化遺產中，用黃金裝飾的寺廟內，到處是令人看了炫目的金碧輝煌，寺廟內部還安置著一尊黃金佛像，至於柱子是一路從下往上裝飾到天花板為止。

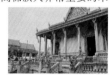

Khleang在高棉語中意味著「米倉」。前往正殿的階梯扶手上，有著猴子神哈努曼的雕像

★蝙蝠棲息的高棉寺廟　　　　　MAP P.156-2A外
蝙蝠寺
Chùa Dơi　　　　　　　　　Mahatup Pagoda

　蝙蝠寺創立於1562年，是歷史悠久的高棉寺廟，五彩斑斕的佛教故事、高棉文字在寺內隨處可見，由於在腹地內栽種著牛奶果的果樹林間，棲息著無數蝙蝠（果蝠），因而獲得了蝙蝠寺的名稱，另外在寺廟內還飼養著5趾豬（通常只有4趾），廟內還有五趾豬祖先墳墓。正殿在2007年時一度燒毀殆盡，但之後再重新建造成今日風貌。

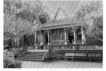

正殿入口處的整面牆上彩繪著釋迦如來佛的一生

※9世紀～15世紀間，以如今的柬埔寨為中心而興盛一時的高棉王朝（吳哥王朝），其後裔子孫就分散居住於柬埔寨、泰國、寮國、越南湄公河三角洲一帶。

★接觸高棉族文化
高棉文化展示館
Nhà Trưng Bày Văn Hóa Khmer　　Commercial Khmer Culture Museum

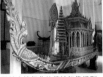

MAP 左下圖-1B

與Khleang寺廟隔著馬路相對而建的，就是高棉文化展示館，不僅規模小且展覽品也不多，但是從婚禮服裝、小道具到葬禮服飾等等，有機會一窺屬於高棉族的文化特色，非常有意思，而建築物本身也仿造高棉寺廟而建。

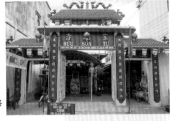
用於高棉祭典的傳統船隻模型

> **高棉文化展示館**
> 🏠53 Tôn Đức Thắng
> 🕐7:30～11:00、13:30～17:00
> 🚫週一　💰免費
>
> **寶山寺**
> 🏠286 Tôn Đức Thắng
> ☎（0299）3828723
> 🕐6:00～17:00
> 🚫無休　💰免費

★安置著以黏土製作的佛像
寶山寺
Chùa Phật Đất Sét　　Dat Set Temple

MAP 左下圖-1B外

寶山寺是座供奉著大地守護神的寺廟，也被稱為Bửu Sơn Tự，放置著多達2000尊的佛像在內，並以擁有6支高2.6m，重達200kg的巨型蠟燭而出名，在越南語中Đất Sét是黏土的意思，這是因為寺廟內的佛像、獅子或龍等雕像都是以黏土製成，內庭中則安置有觀音雕像。

以繽紛色彩點綴的祭壇，還可在寺廟內看到各種變形的動物雕像

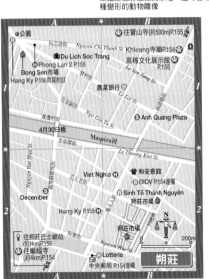

交通 ✤ ACCESS

如何前往朔莊
●巴士
　　從胡志明市的西部巴士總站Bến Xe Miền Tây，0:30～23:30間臥鋪巴士每隔30分～1小時發車，車資17萬越盾～，所需時間約5小時；芹苴是8:00～18:00間共8班車，車資為11萬越盾，所需時間約1小時20分，龍川也有車班出發。

從朔莊出發的交通
●巴士
　　從市中心往西南約2km的朔莊巴士總站（**MAP** 左圖-2A外），有車班前往各地城市，往胡志明市的巴士，全天每隔30分鐘發車，車資16萬越盾，所需時間約5小時；前往芹苴是6:00～16:30間共5班，車資11萬越盾～，所需時間約1小時20分。

地圖（朔莊）：

◆公園
Nguyễn Chí Thanh St.
往寶山寺（約500m）P.155
阮志清街
Du Lịch Sóc Trăng
Khleang寺廟P.154
高棉文化展示館 P.155
Phong Lan 2 P.155
Bong Sen市場
Le Lun Tung St.
Hang Ky P.156頁尾註
農業銀行
Le Loi St.
黎利街
Ngo Gia Tu St.
吳嘉嗣街
Anh Quang Plaza
4月30日橋
Maspéro河
李常傑街
Ly Thương Kiet St.
Nguyễn Văn Hưu St.
阮文儒街
Viet Nghia
和安會館
BIDV P.154邊欄
江文明街
Sinh Tố Thành Nguyễn
朔莊市場
December
Hang Ky P.155
朔莊市場
往朔莊巴士總站（約1km）P.155
往蝙蝠寺（約4km）P.154
阮惠街
Nguyễn Hue St.
Lotteria
中央郵局 P.154邊欄
朔莊
N
200m

住宿 🎨 Hotel

Phong Lan 2
迷你飯店
MAP 上圖-1A

🏠133 Nguyễn Chí Thanh　☎（0299）3821619
📧phonglan2@soctrangtourism.com　💰⑤⑪4萬～20萬越盾
3人房22萬～25萬越盾　**Card** 不可　共29房

過了Maspéro河就可以看到飯店，面對著大型圓環而建，20萬越盾以上的客房提供空調，附設有餐廳。

Phu Qui
迷你飯店
MAP 上圖-2A

🏠19-21 Phan Chu Trinh
☎（0299）3611811
💰⑤⑪25萬～80萬越盾　**Card** AJMV　共31房

座落在市中心處，地點絕佳，全部客房都供應熱水淋浴、空調以及電視，也能免費使用Wi-Fi，飯店本身有電梯可用，接待大廳設有咖啡廳。

Voice 當地的人氣越南料理店「Hang Ky」，供應許多如燉煮泥鰍Cá Kèo Kho T，預算約20萬越盾。
MAP 上圖-1A　🏠1 Hùng Vương　☎（0299）3612034　🕐8:00～21:00　🚫無休

龍川

後江河畔的優閒城鎮

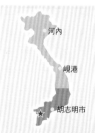

河內

峴港

胡志明市

郵局
MAP 右下圖-1A
🏠11-13 Ngô Gia Tự
☎（0296）3840986
🕐7:00～18:00　🛑無休

巴士公司
Phuong Trang
MAP 右下圖-1A外
🏠99 Hàm Nghi, P. Binh Khánh
☎（0296）3989999
🕐24小時　🛑無休　Card 不可
開往胡志明市西部巴士總站
的臥鋪巴士全天每隔30分
鐘～1小時發車，車資17萬越
盾，所需時間5小時。

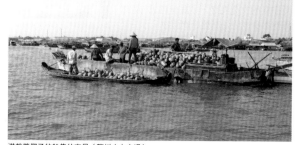

滿載著椰子的船隻的交易（龍川水上市場）

　　龍江是全越南產物最為豐饒的一省──安江省An Giang的首府，這裡更因為是越南第二任領導人孫德勝Tôn Đức Thắng的誕生城市而非常出名。此外，在西元2～7世紀間，以湄公河三角洲為中心而繁榮起來的扶南王國Phù Nam，其中心城市Óc Eo遺跡就離龍川西南方約30km處，不過現在所有已經出土的古物全部移往龍川的安江省博物館（→P.157）或胡志明市的博物館中保存，遺址目前看不到任何東西。

　　而往東南方約20km的運河邊，則有多數安江省居民信奉的和好教Đạo Hòa Hảo※總部。

交通 ✿ ACCESS

如何前往龍川
●巴士
　　從胡志明市的西部巴士總站Bến Xe Miền Tây，3:00～23:15臥鋪巴士每隔30分鐘發車，車資17萬越盾～，所需時間約5小時；芹苴出發則5:00、7:00發車後每隔1小時發車，車資7萬5000越盾～，所需時間約2小時。

從龍川出發的交通
●巴士
　　從市中心往東約4km，來到Phạm Cự Lượng街上的龍川巴士總站（MAP 右圖-2A外），這裡有前往各城市的車班，往芹苴是11:00、13:30、14:30、15:30發車，1天4班，車資7萬5000越盾，所需時間約2小時，除此之外也有前往金甌、哈田等地的車班。往胡志明市的話，利用位於市區內有服務處的巴士公司（→上述邊欄）車班會比較便捷。

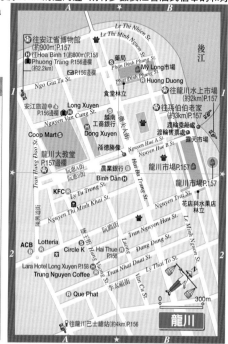

龍川

※創立於與柬埔寨邊境為鄰的安江省，20世紀前半曾是越南最為興盛的佛教體系民族宗教，教祖自稱是釋迦摩尼的化身。

景點　　Sightseeing

MAP P.156-1B外

★ 龍川最重要的景點
龍川水上市場
Chợ Nổi Long Xuyên　　Long Xuyen Floating Market

　　由龍川乘船大約10分鐘時間，就能夠抵達龍川水上市場，仲介或者是小商店業者會搭著小船，向滿載著蔬菜水果的大型批發船做買賣交易，為了將船上的貨品全數賣完，大船常常會停靠在這裡好幾天。在水上市場周邊還有著水上房屋、生活在船上人們的船屋等等，想參觀可報名參加旅行社安排的在地之旅或者是包船前往。

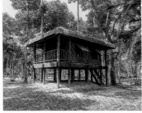
也可看到販售麵類、麵包的船

★ 孫德勝出生的家
孫伯伯老家
Nhà Bác Tôn Đức Thắng　　The Birth House of Ton Duc Thang

MAP P.156-1B外

　　從市場一旁的渡輪乘船處上船，沿著後江Hậu Giang約20分鐘就能來到Ong Ho島（通稱為虎島），這裡有著胡志明死後繼任第2任領導人的孫德勝被完整保存下的老家。小小的木造房舍中有著祭祀祖先的祭壇、木造床、桌子，而在馬路對面則為放置有孫德勝遺物、革命歷史相關展示的展覽館、紀念館。

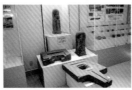
這間故居被指定為國家文化財產

★ 展示居住在省內的少數民族文化財產
安江省博物館
Bảo Tàng An Giang　　An Giang Museum

MAP P.156-1A外

　　以京族、高棉族、華人、占族等多種民族文化的展覽為主，3樓則陳列著來自Óc Eo遺跡的出土古物，像是青銅製的毗濕奴神、據說完成於5～6世紀的木雕佛像等珍貴物品，都有機會親眼目睹。

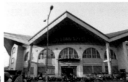
展示著從Óc Eo遺跡出土的約尼（女性生殖器）與林伽（男性生殖器）

★ 龍川最大的市場
龍川市場
Chợ Long Xuyên　　Long Xuyen Market

MAP P.156-1B、2B

　　龍川市場是以雜貨、服飾為主的現代化市場，再加上其周邊遍布於馬路上的露天市場，從湄公河捕撈到的新鮮魚貨、蔬菜還有水果等等，看得到豐富多樣的生鮮食品。

建築氣派的市場

安江遊客中心　An Giang Tourimex：MAP P.156-1A　🏠17 Nguyễn Văn Cưng　☎（0296）3841670　🕐6:00～20:00　休無休　可以協助安排前往龍川水上市場的船隻。

龍川水上市場
🕐大致為5:00～傍晚　休無休

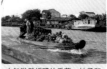
小船裝載採購的香蕉、柚子和芒果等許多水果，滿載而歸

孫伯伯老家
🏠Ấp Mỹ
☎（0296）3851310
🕐7:00～11:00、13:00～17:00
休無休　💰免費

　　前往Ong Ho島的渡輪在4:30～21:00間，約每隔30分鐘發船，船資1000越盾，所需時間約20分，距離大約不到1km，搭乘摩托計程車的話約需5分鐘，費用是2萬越盾～。

孫德勝展覽館
☎（0296）3851310
🕐7:00～11:00、13:00～17:00
休無休　💰免費

安江省博物館
🏠11 Tôn Đức Thắng
☎（0296）3956248
🕐7:30～11:00、13:30～17:00　休週一　💰免費

龍川大教堂
Nhà Thờ Long Xuyên
Long Xuyen Church
MAP P.156-1A
🏠9 Nguyễn Huệ
☎（0296）3842570
🕐7:30～18:00　休無休
　　模仿南法的阿爾比大教堂建於1973年，是整個湄公河三角洲最大的教堂。教堂牆壁為了讓風可以穿透而有雕刻造型，可說是非常有南洋風味的設計，而高聳尖塔下面則設置了瑪利亞雕像。

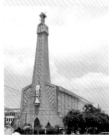
每天清晨、傍晚有彌撒

龍川市場
🕐依店鋪而異，大致為7:00～19:00　休無休

餐廳 · Restaurant

Hai Thue
越南料理
🏠 68 Lương Văn Cừ
MAP P.156-2B
☎ (0296) 3845573
🕘 9:00～20:00　🛌 無休
Card 不可　預約 不需預約

以美味湄公河三角洲料理而獲得在地好評，油炸淡水魚肉Chả Cá Thác Lác Chiên（8萬越盾）是很出名的一道菜。

住宿 · Hotel

寬敞明亮的客房深具魅力
Lara Hotel Long Xuyen
經濟型旅館
MAP P.156-2A

2021年全新開幕的3星飯店，客房內使用柚木家具營造簡約、自然的風格，同時講究機能性，使用日本製的馬桶和空調，Deluxe以上的房型寬敞舒適。

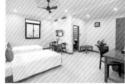

乾淨明亮的客房，圖片為Deluxe房型

🏠 46-48 Bis Hùng Vương　☎ (0296) 3526526
URL www.larahotellongxuyen.com　🛏 Ⓢ Ⓦ Ⓣ 70萬～75萬越盾　套房90～200萬越盾（含早餐）　Card MV　共50房

服務評價佳
Hoa Binh 1
經濟型旅館
MAP P.156-1A外

在龍川算是相對大的旅館，以24小時營業的大廳和細心服務的人員獲得好評，距離市區有一小段距離，營造閑靜的氣氛，周邊亦有餐廳。館內餐廳、泳池、三溫暖等設備齊全，客房也相當乾淨整潔，讓人身心放鬆。

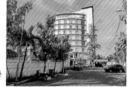

有著印象深刻白色外觀的3星飯店

🏠 130 Trần Hưng Đạo, P. Mỹ Bình　☎ (0296)6252999、6250434　URL www.hoabinhhotel.vn　🛏 Ⓢ Ⓦ Ⓣ 88萬～170萬越盾　套房211萬越盾（含早餐）　Card A D J M V　共60房

✤ Column　湄公河三角洲的野鳥棲息地

廣闊而富饒的湄公河三角洲，不僅滋潤孕育著人們，同時也是各種野生鳥禽的最佳棲息天堂，特別是對於不會成為人類盤中飧的鷺鷥類鳥兒來說，更是不怕遭到獵殺而能安心築巢繁殖的好所在，加上小魚、昆蟲與豐富食物，整片湄公河三角洲推估吸引數以百萬計的鳥類匯聚。

最近幾年在湄公河三角洲陸續發現這一類野鳥的繁殖棲息地，也吸引了觀光客的目光與腳步，主要的地點像是同塔Đồng Tháp省的Tràm Chim國家公園Vườn Quốc Gia Tràm Chim、檳椥的Vàm Hồ以及Cao Lãnh、金甌郊區等地，都是已經經過確認的鳥禽聚集場所，只要參加這些城市旅行社所推出的在地觀光之旅就能夠輕鬆造訪，不過這些繁殖棲息地大多位處於人跡稀少的偏僻地帶，光是來回交通就很有可能花上半天時間。

在這些選擇當中交通較為便捷的，就是距離芹苴約50km遠的Tràm Chim國家公園，被國際上重要濕地相關公約的拉姆薩公約認定為水鳥棲息地，可以乘船在公園內參觀。

野鳥的繁殖地是位於濕地地帶的低矮林木叢，在高約5m的茂密草木之上築巢，再透過賞鳥用的瞭望台來進行觀察活動，由於部分地點離得相當遠，建議想賞鳥的話，最好還是自行攜帶性能較高的望

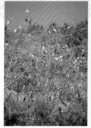
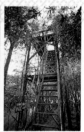

左／成群的鳥兒彷彿綻放在林木間的花兒
右／上方觀賞鳥類專用的瞭望台

遠鏡。

無論是哪一處棲息地，最讓人吃驚的就是鳥禽的數量，像是大白鷺、黑鷺鷥這些張開翅膀可超過1m長的大型鳥兒，是以幾千幾萬隻為單位聚集在此，有的悠然自在地遨翔於天空裡，有的則是盤據在枝頭上恣意俯瞰眾生，來到這樣的大自然之中更加可以感受到這座地球並非只是人類專屬物品，場面最撼動人心的時刻就在群鳥結束覓食返回巢穴的夜晚，在漆黑夜空中，鷺鷥們的白色身影顯得格外清晰而壯觀。

雖然賞鳥行動都以白天為主，但要是有機會的話，不妨也可以選在夜晚見識不一樣的自然奇景。

占族居住的信仰之城

朱篤

朱篤區域號碼
0296
Châu Đốc

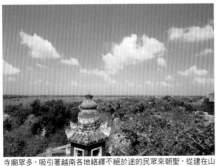

寺廟眾多，吸引著越南各地絡繹不絕於途的民眾來朝聖，從建在山腰上的福田寺，可以眺望遠方的水田和蓮河

鄰近柬埔寨國境的小鎮朱篤，周邊居住著一群信奉從馬來西亞傳來的伊斯蘭教的占族，若是將旅遊足跡延伸到郊區，更容易遇見全身穿著純白伊斯蘭服飾，準備前往清真寺朝拜的占族※民眾。

這座城市裡還同時有華人、高棉族族群居住著，小鎮內隨處看得到高棉文字或中文字，而往西則能夠眺望到佛教聖山的努蟹山，吸引著越南各地絡繹不絕於途的民眾來朝聖，有著眾多寺廟的朱篤亦是信仰虔誠之城，擁有著與眾不同的獨特氛圍。

郵局
MAP P.160-2B
🏠2 Lê Lợi　☎(0296)3866416
🕐7:00～18:00（週日～17:30）
🚫無休

西貢商業信用銀行
Sacom Bank
MAP P.160-1A
🏠88 Đồng Đa
☎(0296) 3260262
🕐7:30～11:30、13:00～16:30
（週六～11:30）　🚫週日
提供美金的現金兌換服務。

努蟹山
🎫P. Núi Sam
💰2 萬越盾、15歲以下 1 萬越盾

景點　Sightseeing

視野絕佳，山岳信仰的聖地
★努蟹山
Núi Sam

MAP P.160-2A外

Sam Mountain

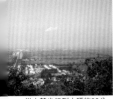

從山麓步行到山頂約30分

離朱篤西南方約6km處，海拔高達230m的努蟹山，這可是一座保留下眾多傳說的神聖山脈，站在山頂越戰時期所挖掘出來的壕溝處，能夠遠眺到河川對面屬於柬埔寨的遼闊田園美景，山腳下分布著好幾座佛寺、廟宇以及陵墓，選在清晨或傍晚時分前來的觀光客或朝聖者幾乎不曾停歇。

前往各景點的交通
從市區到西安寺，可利用摩托計程車，車資為 5 萬越盾~，只要來到了西安寺，主廟聖廟、瑞玉侯陵這兩處景點靠徒步只要幾分鐘就到了，至於福田寺的話，由西安寺搭乘摩托計程車約 5 分，車資為 3 萬越盾~；前進努蟹山頂，可由山腳下乘坐摩托計程車上山，單程車資 5 萬越盾~，所需時間約10分。也可使用Grab摩托車（→P.417）。
中心地帶也有類似三輪車的交通工具Xe Loi Đap，1 小時約10萬越盾~。

交通 ❀ ACCESS

如何前往朱篤
●巴士
從胡志明市的西部巴士總站Bến Xe Miền Tây，0:00～23:30間臥鋪巴士每隔 1 小時發車，車資21萬越盾~，所需時間約 6 小時；芹苴出發的話，5:00、7:00發車後每隔 1 小時發車，車資13萬越盾~，所需時間約 3 小時30分。

從朱篤出發的交通
●巴士
位於市區東南方約4km處的朱篤巴士總站（MAP P.160-2B外）有前往各地城市的巴士，往胡志明市

5:00～24:00間每隔 1 小時發車，車資21萬越盾~，所需時間約 6 ～ 7 小時；前往芹苴4:00～18:00間每隔 1 小時發車，車資13萬越盾~，所需時間約 3 小時30分；也有前往哈田的班次。

前往柬埔寨的船
由朱篤有沿著湄公河溯河而上前往柬埔寨金邊的交通船可利用，Chaudoc Travel（→P.161）、Victoria Chau Doc（→P.162）等 3 家公司提供快速越國服務，至於柬埔寨簽證則可以在途中的邊境取得。

※ 2 世紀到17世紀之間，以越南中部為中心而興盛的占婆王朝後裔子孫，其多數人都信奉著伊斯蘭教，因此也有人直接將穆斯林直接稱為占族人。

西安寺
ⓘ Vòng Núi Sam, P. Núi Sam
時 24小時　**休** 無休　**費** 免費

占族村莊
MAP 右下圖-1B外

離開市中心約7km遠，經過後江之後就能造訪的Đa Phước村Xã Đa Phước，是一座居住者超過400人的占族村莊，雖然沒有什麼特別值得一提的景點，散步漫遊於洋溢南洋氛圍的清真寺、高架式房舍林立的街道間，可是非常有意思。村子裡一共有2座清真寺，Ehsan清真寺Thánh Đường Ehsan可接受異教徒的入內參觀。

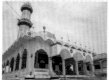
從朱篤市中心前往Ehsan清真寺，搭摩托計程車約10分鐘，車資5萬越盾～

主處聖廟
ⓘ 132 Châu Thị Tế, P. Núi Sam
時 24小時　**休** 無休　**費** 免費

瑞玉侯陵
ⓘ P. Núi Sam
時 24小時　**休** 無休　**費** 免費

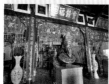
本店內立著瑞玉侯的胸像

Cấm山
Núi Cấm Cam Mountain
MAP 右圖-2A外
ⓘ Xã An Hảo
☎ (0296) 3760229　**時** 7:00～17:00　**休** 無休　**費** 纜車來回20萬越盾，包含山頂公園的入場券套票25萬越盾

搭乘全長3485m的纜車，可以一口氣登上山頂。山頂上除了高達33m的越南最大彌勒佛像所鎮守的寺廟外，還有池塘、公園、咖啡館等，充滿了樂趣。

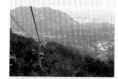
距離朱篤市中心約35km，海拔約700m的山

★ 結合印度教樣式的寺廟
西安寺
Chùa Tây An

MAP 下圖-2A外

Tay An Temple

從朱篤往努蟹山前進，首先映入眼簾的就是西安寺這一座華麗的寺廟，於1847年經西安和尚之手創建，之後再於1861年以及1958年兩度進行修補工程，由於採取印度教建築風格建成非常有特色的外觀，而相當吸引遊客的目光，前庭中有著大象、獅子的雕像迎接眾人，寺內則安放有200尊的神佛雕像，寺廟後方還有著西安和尚的墳墓。

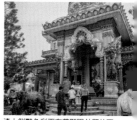
漆上鮮豔色彩而有著顯眼外觀的西安寺

★ 祭祀傳說中的女神
主處聖廟
Miếu Bà Chúa Xứ

MAP 下圖-2A外

Ba Chua Xu Temple

祭祀著擁有各式各樣精采傳說的Chúa Xứ女神。廟宇最早是木造結構，1870年重建過一回，到了1972年才完成現今所看到的模樣，從上空俯瞰宛如一朵蓮花，到現在依舊是香火鼎盛，有著許多虔誠信眾。寺廟內部禁止拍照攝影。

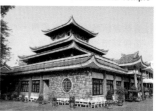
在每年農曆4月23～27日間會舉辦法會，總是會匯聚洶湧的人潮

★ 建設運河的武將長眠之地
瑞玉侯陵
Lăng Thoại Ngọc Hầu

MAP 下圖-2A外

Tomb of Thoai Ngoc Hau

這是屬於阮氏王朝時代武將瑞玉侯的陵墓，瑞玉侯是打造出深入這片土地的Vĩnh Tế運河知名人物，而從朱篤一直延伸到哈田的運河總工程，花了5年時間才終於蓋好。

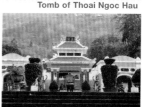
建造於1829年

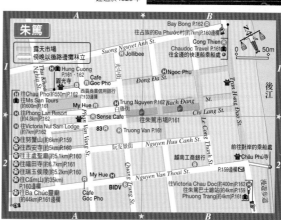

★ 可眺望優美農村風景
福田寺
Chùa Phước Điền　　　　　　　　Phuoc Dien Temple
MAP P.160-2A外

　　福田寺座落在努蟹山西邊山脈的半山腰裡，穿越過寺廟大門，沿著長石階而上就能抵達寺廟，由於在正殿的後方有著一座高2m、深12m的石洞，因此又被稱為洞穴寺Chùa Hang。依照傳說，在19世紀初期左右，一位名為萊奇托Lê Thị Thơ的少女在西安寺結束修行之後，就在洞穴裡供奉起一尊佛像而成為了寺廟最早的起源，而從寺廟這裡還能夠眺望到水田與運河所交織出來的美麗農村景色。

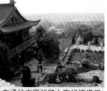
在通往本殿的路上有維護得很漂亮的蓮花池

福田寺
🕐24小時　🈲無休　💰免費

★ 邊境附近城鎮才有的商品
朱篤市場
Chợ Châu Đốc　　　　　　　　　　Chau Doc Market
MAP P.160-1A、1B、2B

　　因為鄰近柬埔寨邊境，市場中可以看得到眾多泰國製的商品，儘管城市本身不大，但市場的規模卻很大，商品也是非常豐富多樣，在狹窄的街道上馬路上人與摩托車擦踵而過，透清早就迴盪著精力十足的吆喝聲。

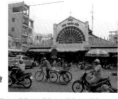
市場前從傍晚開始會開始擺起攤販

朱篤市場
🕐依店家而異，大致為6:30～19:00
🈲無休

其他湄公河三角洲城鎮

越南最南端的省首府
金甌
Cà Mau
MAP 摺頁正-4A

　　距離胡志明市大約350km，與芹苴距離大約182km，金甌是縱貫越南的國道1號線最南端位置的金甌省首府，城市的景點有沿著河川而設的市場，以及附近的動植物園、水上市場等。

面對著泰國灣的港灣城市
迪石
Rạch Giá
MAP 摺頁正-4A

　　芹苴往西行約125km處就能抵達迪石，是面對著泰國灣的堅江省Kiên Giang首府，景點雖然少，卻擁有著機場、大學，城市本身也符合首府的地位，相當熱鬧。

金甌區域號碼 0290
如何前往金甌
　　越南航空從胡志明市出發每週5航班（所需時間約55分鐘），另外由胡志明市的西部巴士總站Bến Xe Miền Tây，在7:00～22:00間共12班，車資19萬越盾～，所需時間7小時35分～8小時。

迪石區域號碼 0297
如何前往迪石
　　越南航空從胡志明市出發每週4班，越竹航空則是每週3班（所需時間約50分）。另外由胡志明市的西部巴士總站7:55發車1班，車資15萬越盾～，所需時間約6小時。富國島出發則有快速船（→P.166），Super Dong 於7:20、12:45發船2班，船資為33萬越盾，所需時間2小時30分～3小時10分；Phu Quoc Express 於7:10、8:10、10:30、12:40、13:45發船5班，船資為34萬越盾，所需時間為2小時30分鐘。

旅行社&旅遊辦事處 ✿ TRAVEL OFFICE & TOUR OFFICE

●**Chaudoc Travel**
MAP P.160-1B　🏠Con Tien Floating Restaurant, Trần Hưng Đạo　☎091-2217448（手機）
URL www.chaudoctravel.com　🕐8:00～17:00
🈲無休　**Card**不可
　　經營往金邊的快速船交通，7:30出發，船資35US$～，所需時間約4小時，由於時間經常會有變動，務必要事先確認清楚。

●**Ms San Tours**
MAP P.160-2A外　🏠277 Nguyễn Văn Thoại
☎091-8669236（手機）　**URL** www.chaudocmekongtours.com.vn　🕐事先聯絡　🈲無休　**Card** M V
　　推出從朱篤出發的各種旅遊團，也有行程方案前往距離朱篤30km遠的Tra Su森林（Rừng Tràm Trà Sư）。

巴士公司
●**Phuong Trang**
MAP P.160-2B外
🏠Quốc Lộ 1A（朱篤巴士總站內）
☎（0296）3565888　🕐24小時
　　前往胡志明市的班次於5:00～翌日1:00間每隔1小時發車，車資21萬越盾，所需時間約6小時，開往芹苴的班次於4:00～18:00間共8班，車資12萬越盾，所需時間約3小時30分。

●**Hung Cuong**
MAP P.160-1A
🏠96 Đồng Đa（Hung Cuong飯店內）
☎（0296）3862116、3560807　🕐24小時
　　開往胡志明市的臥鋪巴士在5:00～23:00間每隔1小時發車，車資18萬越盾。

Voice 從朱篤往哈田方向距離約44km，有間為了紀念遭波帕政權Pol Pot赤柬勢力虐殺的3157名越南民眾而建的「Ba Chúc靈廟Nhà Mồ Ba Chúc」完成於1978年。**MAP** P.160-2A外

餐廳 Restaurant

Bay Bong
大眾食堂
MAP P.160-1B

住 20 Sương Nguyệt Anh ☎（0296）3867271
營 8:00～22:00 休 無休
Card 不可 預約 不需預約

菜與飯組合成的簡餐（8萬～12萬越盾）種類非常豐富多樣，推薦魚的燉煮料理越式砂鍋魚肉（→P.35）、湄公河三角洲料理魚酸湯（→P.31）等，兩者都是簡餐，價格8萬越盾。

Truong Van
大眾食堂
MAP P.160-2A

住 10 Quang Trung ☎（0296）3866567
營 6:00～21:00 休 無休
Card 不可 預約 不需預約

鄰近市場的食堂，主餐每道7萬～10萬越盾，麵料理6萬越盾～。豬肋排（7萬越盾）等都十分美味，香蕉鬆餅（5萬5000越盾）則是很受歡迎的早餐餐點，有英文菜單。

住宿 Hotel

河岸旁的殖民風度假飯店

Victoria Chau Doc
高級飯店
MAP P.160-2B外

位於市區偏南一側，面對著後江而建的度假飯店，無論是外觀還是內部裝潢都充滿著殖民色彩，而使用木地板的客房也洋溢舒適氣息，餐廳、酒吧、游泳池、SPA等設施應有盡有，由飯店的碼頭有前往柬埔寨金邊的快速船可以搭乘（需要預約）。

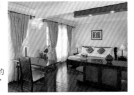

從客房露台欣賞到的後江景致真是絕美，圖片為寬敞的套房

住 1 Lê Lợi ☎（0296）3865010
URL www.victoriahotels.asia
費 ⓈⓌⓉ148萬越盾～ 套房240萬越盾～（＋稅・服務費15%，含早餐） Card ADJMV 共92房

欣賞美麗的田園風景

Victoria Nui Sam Lodge
高級飯店
MAP 160-2A外

位在努蟹山山腰處的4星度假飯店，從飯店可以俯瞰無邊無際的湄公河三角洲大地，餐廳、酒吧等設施也很齊全，從無邊際泳池欣賞到的景色也很棒，專供住宿者使用的自行車租借服務也很受好評。飯店～Victoria Chau Doc（→左述）之間有免費接駁巴士行駛。

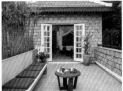

沿著山坡斜面而建的度假飯店，Deluxe房型包含露台

住 Vĩnh Đông 1, P.Núi Sam ☎（0296）3575888
URL www.victoriahotels.asia 費 ⓌⓉ135萬越盾～ 家庭房253萬越盾～（＋稅・服務費15%，含早餐）
Card ADJMV 共36房

其他住宿 Hotel

Hung Cuong
經濟型旅館
MAP P.160-1A

住 96 Đống Đa ☎（0296）3568111
費 ⓈⓌ60萬5000、71萬5000越盾（＋稅・服務費15%，含早餐）
Card ADJMV 共45房

位在市場附近的8層樓飯店，所有房間設有空調、電視、Minibar。與迷你巴士公司Hung Cuong（→P.161）為同經營者。

Phong Lan Resort
經濟型旅館
MAP P.160-2A外

住 Tân Lộ Kiều Lương, P. Núi Sam ☎（0296）3861745
E-mail phonglantrangvn1980@gmail.com 費 ⓈⓉ90萬～150萬越盾 套房200越盾～（含早餐） Card 不可 共71房

距離市中心區約5.5km，離努蟹山約100m（徒步約5分）的2星老字號度假飯店，在遼闊的腹地內有著餐廳、按摩、三溫暖、網球場。從「Ben Da Nui Sam」改成現在的名字。

Chau Pho
經濟型旅館
MAP P.160-2A外

住 88 Trưng Nữ Vương ☎（0296）3564139
URL www.chauphohotel.com 費 ⓈⓌⓉ90萬～110萬越盾 家庭房125萬～145萬越盾 套房165萬越盾（含早餐） Card AJMV 全50室

位在餐廳、咖啡店附近，前往朱篤市場也只需徒步就能到的絕佳位置，每一間客房都有浴缸、空調、電視、Minibar，客房空間寬敞，窗外視野也很不錯。飯店附設餐廳，而租借自行車1小時免費的服務更是大獲好評。

Trung Nguyen
迷你飯店
MAP P.160-1A

住 86 Bạch Đằng ☎（0296）3561561
E-mail trunghotel@yahoo.com 費 Ⓢ15US$ Ⓦ17US$ Ⓣ21US$（含早餐） Card 不可 共15房

座落在市場前方有著摩登外觀的迷你飯店，客房氛圍明亮，設備、衛浴備品應有盡有，全部客房提供熱水淋浴、電視、Minibar、陽台，1樓則附設有咖啡館。

Voice 用餐的話Chi Lăng街或光中街Quang Trung上分布著不少小吃店，而在市場內的一隅也能夠找到小吃區，另外在傍晚之後的市場周邊還會有路邊攤推出來。

哈田

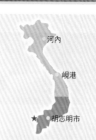

河內

峴港

★ 胡志明市

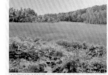
郊區綠樹環繞

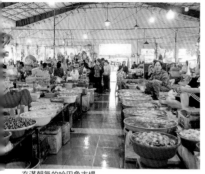
充滿朝氣的哈田魚市場

　哈田是位於越南西南邊，與柬埔寨邊境為鄰的一座港都，距離胡志明市約340km遠，而離海岸邊大約45km處則有著富國島這座島嶼，四周圍更是利用水路、濕地而成的田園農村，並有原料取自於石灰質山脈的水泥工廠。

　市區街道就在湄公河支流進入大海的河口處，以棋盤似格狀造型而建的城市非常精緻小巧，散步漫遊的話只要有1個小時就很足夠，市區內的景點包括了市場、中國寺廟、教堂等，而在郊區則有著風光明媚的海岸、鐘乳洞等著遊客去探索，堪稱是一座洋溢著悠閒氣息而令人非常愉快的城市。

景點 Sightseeing

滿滿新鮮的海鮮
哈田魚市場
Chợ Cá Hà Tiên
MAP P.164-2B

Ha Tien Fish Market

　販售各式各樣捕獲自哈田近郊海域的海鮮，有魔鬼魚、鯊魚和稀有的貝類，光是逛逛就很有樂趣，蝦子1kg只要15萬越盾左右，比其他城市的市場價格更實惠。

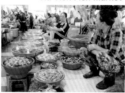
海鮮可以代客料理

農業銀行
Agri Bank
MAP P.164-1B 〒37 Lam Sơn
☎(0297)3852055 營7:30～11:30、13:00～16:30 休週日

郵局
MAP P.164-1B 〒3 Tô Châu
☎(0297)3850432 營7:00～11:00、13:00～17:00 休無休

如何前往各景點
搭乘摩托計程車很方便，到梅鼐海灘、Thạch Động岩為4～5萬越盾左右。

哈田魚市場
〒Nguyễn Trung Trực
營4:00～20:30 休無休

交通 ✿ ACCESS

如何前往哈田
●巴士
　從胡志明市的西部巴士總站Bến Xe Miền Tây，8:00、10:30、12:30、21:30、23:30臥鋪巴士5班，車資為20萬5000越盾～，所需時間約7小時；芹苴出發是7:00、8:30、11:30、14:00、16:00共5班車，車資20萬越盾，所需時間約4～5小時。
●船
　從富國島（拜望Bãi Vòng）出發的快速船，Super Dong有8:10、9:15、12:00、14:00出發的4個船班，船資23萬越盾；Phu Quoc Express為7:50、9:15、13:30出發的3個船班，船資25萬越盾，所需時間約1小時15～20分。
哈田出發的交通
●巴士
　從哈田巴士總站（**MAP** P.164-2B外）出發前往胡

志明市的巴士頻繁運行，Tuna Nga提供包廂VIP豪華臥鋪巴士，於8:30、22:00發車共2班，車資35萬越盾，所需時間約7小時。
Tuan Nga
MAP P.164-2B外 〒Hẻm 51, Tô Châu（哈田巴士總站內）☎(0297)3954464
●船
　往富國島（拜望）的快速船，Super Dong有7:10、10:00、12:00、13:45出發的4個船班；Phu Quoc Express為7:10、9:40、11:05出發的3個船班，船資、所需時間皆與去程相同。乘船處在**MAP** P.164-2B，Phu Quoc Express的乘船處和售票處相同。
Superdong
MAP P.164-2B 〒11 Trần Hầu
☎(0297)3955933 營5:00～20:30 休無休

鄭公廟

Đường Mạc Cửu
7:00～20:00　無休
免費

Thạch Động岩（仙山洞）

6:00～18:00　無休
5000越盾

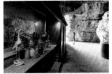

祠堂建在洞窟內

梅蕭海灘

Khu Phố 3, P. Pháo Đài
2萬越盾（摩托車需加收
2000越盾、汽車加收1萬越盾）

Mo So洞

Động Mo So
Mo So Cave
MAP 下圖-2B外　Bình An
　從哈田市區往東南方約
27km，就在通向迪石Rạch Giá
一地的途中會冒出這麼一座被
石灰覆蓋的岩山，洞窟內看得
到像是恐龍手掌或者是馬匹等
各式各樣的不同造型鐘乳石，
在洞內參觀時雖然會幫忙點燈
（10萬越盾），但是相當昏暗且
不少地方很濕滑，最好記得攜
帶手電筒前往。

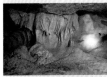

Mo So在高棉語當中是石灰山
的意思

☆ 中國人鄭玖的靈廟　　　　　　　　　　　　　MAP 下圖-1B

鄭公廟

Đình Thần Mạc Cửu　　　　　　　Mac Cuu Family Tombs

　這是一座專門祭祀於18世紀
時，曾治理過此地的中國人鄭玖
Mạc Cửu與其家族的中國式寺廟，
在廟內腹地最尾端的Bình San山
山腳下還有著屬於鄭氏族人的氣
派墳墓。　　　敷地內種植了花草樹木，
　　　　　　　散發著柔和的氛圍

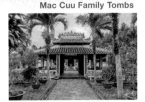

☆ 哈田的洞窟寺廟　　　　　　　　　　　　　MAP 下圖-1A外

Thạch Động岩

Núi Thạch Động　　　　　　Thach Dong Cave Pagoda

　從市中心往柬埔寨邊境方向約4km處，
有座建在岩山中的洞窟寺廟，眼前就是與
柬埔寨的邊境。1978年之際曾在這裡與波
帕派系發生交戰，造成約130人犧牲，在入
口處一旁就為此豎立了一座紀念這些死者
的紀念碑。

　　　　　　　　一部分的岩山看起來像是人的側臉

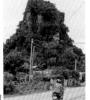

☆ 沒有海浪的平穩海灘　　　　　　　　　　　MAP 下圖-2A外

梅蕭海灘

Bãi Tắm Mũi Nai　　　　　　　　　　Mui Nai Beach

　由市區出發往西行約5km，在
有如弓般的弧形海岸建造而出的
沙灘，聚集了當地人和越南觀光
客，好不熱鬧。南側稱為前灘Bãi
Trước、北側為後灘Bãi Sau。

　　　　　　　　　　前灘

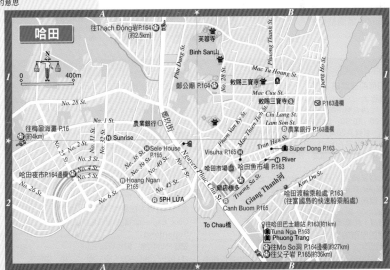

哈田

往Thạch Động岩P.164（約2.5km）
芙蓉寺
Bình San山
No. 28 St.
Mac Tu Hoang St.
Phu Dung St.
Phuong Thanh St.
Dong Ho St.
鄭公廟P.164
敕賜三寶寺
No. 28 St.
Mac Cuu St.
敕鴨三寶寺P.
No. 1 St.
Chi Lang St.
P.163邊欄
Lam Son St.
農業銀行P.163邊欄
往梅蕭海灘P.16（約4km）
鄭玖街
Tran Hau St.
Super Dong P.163
Sunrise
Sele House P.165
Visuha P.165
哈田市場
哈田魚市場P.163
River
Hoang Ngan P.165
哈田夜市P.164邊欄
Truong Sa St.
飯店極多
5PH LỬA
Canh Buom P.165
Giang Thanh河
哈田渡輪乘船處 P.163（往富國島的快速船乘船處）
To Châu橋
往哈田巴士總站P.163（約1km）
Tuna Nga P.163
Phuong Trang
往Mo So洞 P.164邊欄（約27km）
往父子岩P.165（約36km）

0　400m

Voice! 新興地區每晚18:00左右會舉辦哈田夜市（MAP上圖-2A），有許多在店內擺放海鮮的海鮮料理餐廳和服飾攤販。

郊區景點　Sightseeing

★ 取名自悲傷的寓言故事
父子岩
Hòn Phụ Tử　　　　　　　　　Phu Tu Islet

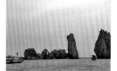
左側的岩塊中最右邊的細長岩石就是子岩

MAP P.164-2B外

　由市區往東南方約32km處，有著漂浮在海上的奇特岩石。Phụ在越南語中為父親的意思，Tử則是指兒子，透過留存於這一地的悲傷寓言，將兩座互倚而立的別緻岩石稱之為父子岩。2006年被視為父岩的大岩石倒塌，現在只剩下子岩這座小岩石矗立著。不妨選擇搭船出海，在海岸附近的奇特岩石下方有著鐘乳洞，可以深入內部進行探險，若是想回到父子岩所在的海岸，只要穿越洞窟之內的洞穴寺Chùa Hang即可。

餐廳　Restaurant

河岸旁餐廳
Canh Buom　　　　　　越南料理
MAP P.164-2B

　位於To Chau橋前和Giang Thanh河旁的大型餐廳，炸雞飯Com Chiên Gà（7萬越盾）等料理價格都十分合理，也提供早餐（2萬5000越盾～）。烤蝦、海鮮炒麵等海鮮料理皆為8萬越盾，菜單上有附照片。

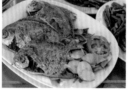
使用新鮮海鮮的料理最有人氣

住 1 Trường Sa　**電**（0297）3700333、091-1466545（手機）　**營**6:00～21:00　**休**無休　**Card**不可　**預約**不需預約

種類豐富的海鮮餐廳
Hoang Ngan　　　　　　海鮮料理
MAP P.164-2A

　位於市中心西側、新興地區的半戶外海鮮餐廳，菜單雖然只有越南文，但味道頗受好評。推薦檸檬烤蝦Tôm Nướng Sả（12萬越盾）、牡蠣起司燒Hàu Nướng Phô Mai（1個6萬越盾）等料理。

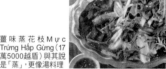
薑味蒸花枝Mực Trứng Hấp Gừng（17萬5000越盾）與其說是「蒸」，更像湯料理

住 15-10 Khu Đô Thị Mới Hà Tiên, P. Pháo Đài　**電**091-8506022（手機）　**營**11:00～22:00　**休**無休　**Card**不可　**預約**不需預約

住宿・Guest House　Hotel

市區地段方便
Visuha　　　　　　經濟型飯店
MAP P.164-2B

　於2019年全新開幕，在市區有數的飯店中算是比較新穎的飯店，走路就可以到哈田魚市場（→P.163）。客房以白色和紫色為基調，創造出優雅高級的氛圍，標準房型也有25m²相當寬敞，備有戶外泳池、餐廳等設施。

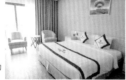
附陽台和浴缸的Deluxe房型

住 81 Trần Hầu　**電**（0297）3958999、3959333　**URL**visuhahotel.com　**營**ⓈⓌⓉ 68萬～319萬越盾（含早餐）**Card**ＡＤＪＭＶ　共18房

像自家般舒適
Sele House　　　　　　迷你飯店
MAP P.164-2A

　由獨棟建築改建而成的迷你飯店，熱愛旅行的越南人夫婦，將旅行時所收集的物品應用在飯店設計上，統一為柔和色調的家具為客房帶來舒適感，Minibar、熱水器、吹風機、盥洗用品等設備相當齊全。

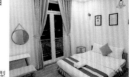
推薦附陽台的房型

住 Đường Số 35&38, P. Pháo Đài　**電**090-6605929（手機）　**E-mail**ngoselehouse@gmail.com　**營**ⓈⓌⓉ16萬越盾　家庭房32萬越盾　**Card**ＡＤＪＭＶ　共12房

Voice 哈田當地的飯店聚集在哈田魚市場（→P.163）附近，有許多飯店在假日或節日提供折扣。

富國島

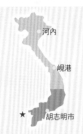

河內

峴港

★ 胡志明市

匯兌
換錢可至飯店、市場內珠寶店等地兌換，不過匯率相當不划算，因此最好在上島之前就先換好。

郵局
MAP P.167A圖-1A
地Đường 30 Tháng 4,
Dương Đông
營7:00～18:00　休週日

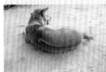

稀有品種的富國犬其背部的逆毛為特徵

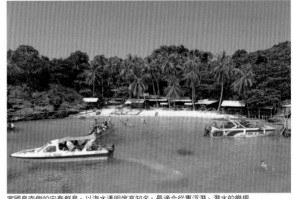

富國島南側的安泰群島，以海水透明度高知名，最適合從事浮潛、潛水的樂趣

　　富國島是位在泰國灣上的綠意豐沛島嶼，因黑胡椒、魚露的產地而享有盛名。至於島的南半部海岸線因為分布著美麗而遼闊的白色沙灘，加上海水透明度高且是大片淺灘，非常適合從事海水浴以及浮潛等活動。另一方面因為鄰近柬埔寨，富國島的北部、南部都設有軍事重地和演習場所。

　　如今富國島成為越南的觀光開發戰略據點而急速開發為度假區，儘管如此，這裡還是依舊洋溢著悠閒的氣氛，今後應該會晉身為度假觀光區而愈來愈受到矚目。

交通 ✿ ACCESS

富國島的交通
●飛機
　　從胡志明市出發，越南航空（VN）每日5～8班，越捷航空（VJ）每日8～10班，越竹航空（QH）每日2～4班，所需時間約1小時；河內出發越南航空每日4～7班，越捷航空每日5～7班，越竹航空每日4～5班，所需時間約2小時5分；峴港出發越南航空每週3班，越捷航空每日1班，越竹航空每日2班，所需時間約1小時45分；也有從海防出發的班次。從機場到陽東的中心地，搭計程車車程約20分

●船
　　從哈田出發的快速船，Super Dong有7:10、10:00、12:00、13:45出發的4個船班，船資23萬越盾；Phu Quoc Express為7:10、9:40、11:05出發的3個船班，船資25萬越盾，兩者所需時間約1小時15分～20分。船會停靠在島嶼東部的拜望Bãi Vòng（MAP P.167B圖-2B），兩間公司皆有從迪石出發的船班，根據不同時期可能會增班，天候不佳時可能會停駛，還有迷你巴士會配

合船舶停靠時間，發車前往陽東的中心地帶，車資為2萬～3萬越盾，所需時間約20分。

富國島出發的交通
●飛機
　　內容項目請參考左側。
●船
　　有從拜望前往各地的快速船。Super Dong有8:10、9:15、12:00、14:00出發的4個船班，Phu Quoc Express為7:50、9:15、13:30出發的3個船班。費用和時間與去程相同。
Superdong
MAP P.167A圖-1A
地10 Đường 30 Tháng 4, Dương Đông
☎（0297）3980111
URL superdong.com.vn
Phu Quoc Express
MAP P.167A圖-1A
地90 Trần Hưng Đạo, Dương Đông
☎（0297）3996686、098-9566889（手機）
URL phuquocexpressboat.com

Voice 富國島最佳旅遊季節是11月～4月的旱季，因為此時水中透明度約有10m左右，最適合潛水活動。此外，5月為熱季、6～10月為雨季。

漫遊　　　　　　　　　　Orientation

　　島上的生活重心集中在陽東Dương Đông，而橫亙於陽東河上的橋樑周邊則有著市場，過了橋後的西側是銀行、郵局、商店等遍布的區域，至於飯店、旅行社以及潛水用品店林立街道，則在沿著西海岸朝南延伸的陳興道街。此外，在島嶼西北方的Ông Lang海灘，成為善用當地豐富自然的生態假區據點而受到矚目，小木屋類型的飯店也愈來愈多。

旅行社＆導覽行程 ✺ TRAVEL OFFICE & TOUR OFFICE

●Onbird Phu Quoc
MAP 下A圖-1B
住Tổ 3，Ấp Cửa Lấp, Dương Tơ
☎036-3759280（手機、LINE）
URL onbird.vn
E-mail hello@onbird.vn
營8:00〜20:00
休無休
Card A D J M V
　　在富國島舉辦各式各樣的活動，參觀黑胡椒農場、料理教室、海星海灘的1日行程（約8小時）2人520萬越盾。可以欣賞美麗珊瑚礁的私人島嶼、浮潛之旅（約5小時）2人540萬越盾。

●Flipper Diving Club
MAP 下A圖-1A
住60 Trần Hưng Đạo, Dương Đông
☎093-9402872（手機）
URL www.flipperdiving.com
E-mail flipper@flipperdiving.com
營9:00〜21:00
休無休
Card M V
　　PADI公認的潛水商店，提供潛水和浮潛之旅。潛水170萬越盾，浮潛70萬越盾〜，富國島南部2〜3個潛水點的浮潛之旅（4小時）每人180萬越盾。

Cau岩
Dinh Cậu　Cau Rock
MAP 下A圖-1A
　　這裡是陽東河注入大海，亦是淡水與海水的交會之處，位處於此地的巨大岩石也成為富國島的一大象徵，岩石上更有著一座小廟稱為石山殿Thạch Sơn Điện，同時還是整座島嶼島民們的信仰中心所在。

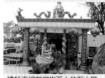
建於海岬前端岩石上的石山殿

珍珠養殖場資料館
　　富國島近海一帶的自然環境非常適合珍珠貝生長，因此也成為了養殖珍珠的海域，潛水員會將打撈上岸的珍珠貝放入內核之後再重新放回大海裡，等待1年半到3年時間來養成珍珠，白色珍珠之外也能有非常希罕珍貴的黃金色珍珠，在長灘沿岸有著一座相關的資料館和展示中心。
Ngoc Hien Pearl Farm
MAP 下A圖-2A
住Trần Hưng Đạo, Dương Tơ
☎（0297）6259259
營7:30〜19:00（資料館〜16:00）　休無休

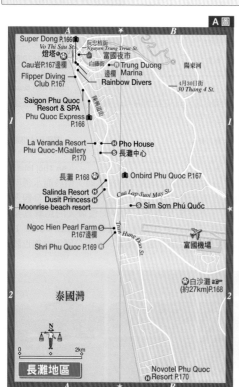

A圖

Super Dong P.166
Vo Thi Sau St.
燈塔
Cau岩P.167邊欄
Flipper Diving Club P.167
Saigon Phu Quoc Resort & SPA
Phu Quoc Express P.166
La Veranda Resort
Phu Quoc-MGallery P.170
長灘 P.168
Salinda Resort
Dusit Princess
Moonrise beach resort
Ngoc Hien Pearl Farm P.167邊欄
Shri Phu Quoc P.169
阮忠植街
Nguyen Trung Truc St.
白藤街
富國夜市
Trung Duong Marina
Rainbow Divers
陽東河
4月30日街
30 Thang 4 St.
Pho House
長灘中心
Onbird Phu Quoc P.167
Cua Lap-Suoi May St.
Sim Sơn Phú Quốc
Tran Hung Dao St.
富國機場
白沙灘（約27km）P.168
泰國灣
N
2km
長灘地區
Novotel Phu Quoc Resort P.170

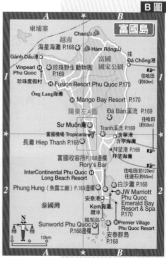

B圖

東埔寨
越南
Chao山
海星海灘 P.168
Ganh Dau港
Vinpearl Phu Quoc
珍珠度假村
Ông Lang海灘
富國
珍珠野生動物園 P.169
富國國家公園
Hàm Rồng山
往
Đá Chống港
Fusion Resort Phu Quoc P.170
陽東在A圖
Mango Bay Resort P.170
Đá Bàn溪流 P.169
Sư Muồn庵
Tranh溪流 P.169
往哈田
長灘 Hiep Thanh P.168
食寮海灘
含笑海灘
望閣海灘 P.166
邦陽海灘
富國收容所 P.168邊欄
Rory's Bar
InterContinental Phu Quoc Long Beach Resort
往哈田（120km）
往迫石（60km）
白沙灘 P.168
JW Marriott Phu Quoc Emerald Bay Resort & Spa P.170
Phung Hung（魚露工廠）P.169邊欄
泰國灣
Kem海灘
鳳凰海灘
Premier Village Phu Quoc Resort P.168
安泰群島 P.168
Sunworld Phu Quoc P.168邊欄
N
10km

富國收容所
Nhà Tù Phú Quốc
Phu Quoc Prison
MAP P.167B圖-2B
⊞350 Nguyễn Văn Cừ, An Thới
☎（0297）3844578
🕐7:00～11:00、13:00～
17:00
🚫週一 💰免費
　　這間博物館改裝自法國統治下於1953年建造的收容所，在越戰時收容多達約4萬名的北越軍俘虜與政治犯，展示著重現拷問景象的模型與實際使用過的監牢等，當地人稱為「椰子監獄Coconut Prison」。

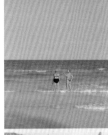

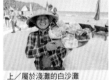

上／屬於淺灘的白沙灘
下／白沙灘搭船前往安泰群島

Sunworld Phu Quoc
MAP P.167B圖-2B
⊞Bãi Đất Đỏ, An Thới
☎088-6045888(手機、熱線）
URLphuquoc.sunworld.vn
🕐9:30～16:30，纜車9:00～
17:00（週六～21:00）
🚫無休 💰70萬越盾，兒童（身高100～140cm）35萬越盾
　　包含Aquatopia Water Park、Exotica入場費和纜車費用。

左／鳳梨島Sunworld Phu Quoc的海灘
中・右／島上可以體驗潛水和船上的浮潛

景點　Sightseeing

★ 富國島的主要海灘
長灘
Bãi Trường
MAP P.167B圖-2A
Long Beach(Truong Beach)

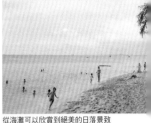

從海灘可以欣賞到絕美的日落景致

　　在島的西側，綿延約20km長的長灘是一片無垠白色沙灘，從陽東可以徒步走到這裡來，而且每回腳踩到沙地上時就會發出啾啾的聲響，非常有意思。往北邊能看得到Cau岩（→P.167邊欄），南邊則正進行著度假區的開發，飯店數量急遽增加，還有餐廳與海上活動商店。

★ 富國島上最美的海灘
白沙灘
Bãi Sao
MAP P.167B圖-2B
Sao Beach

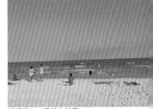

延續約2km長的白沙灘

　　富國島的東南部也擁有著一望無際的美麗白色沙灘，四周圍看不到任何的漁船或民家，可以獨享這蔚藍大海以及潔白海灘，有著一間附設餐廳和商店的濱海小屋，可以享受海水浴，還可以體驗水上摩托車、滑翔傘等水上活動。從陽東搭乘摩托計程車約需30分鐘。

★ 以海星聞名的海灘
海星海灘
Bãi Rạch Vẹm
MAP P.167B圖-1A
Starfish Beach

　　位在富國島西北方，可以看到海星的海灘，不過海灘較淺不適合游泳，附近也沒有濱海小屋等設施。

★ 享受潛水與浮潛之樂
安泰群島
Quần Đảo An Thới
MAP P.167B圖-2B
An Thoi Islands

　　安泰群島是分布在富國島南側的15座島嶼，由於海水透明度極高，最適合從事浮潛、潛水。許多旅行社提供可以參觀多個島嶼跳島行程，不妨參加看看。其中面積最大的島嶼鳳梨島Hòn Thơm上有可以享受各式水上活動的「Sunworld Phu Quoc」，富國島與鳳梨島間海上纜車、水上公園等設施也陸續開幕。

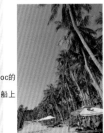
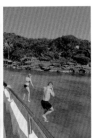
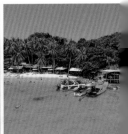

★ 越南最大的野生動物園
珍珠野生動物園
MAP P.167B圖-1A

Vinpearl Safari Phu Quoc

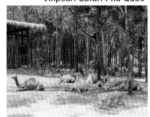

由可以步行參觀的動物園區以及搭乘巴士遊覽的野生區這2區組成，在500公頃的遼闊腹地內飼養著150種以上的動物，提供餵食長頸鹿、大象（9:00～16:00）活動和動物秀。附近還有同經營者旗下的大型遊樂園「珍珠渡假村Vinpearl Land」。

可以看到駱駝、獅子和水牛

★ 享受森林與小河流的小健行
Tranh溪流／Đá Bàn溪流
MAP P.167B圖-1B

Suối Tranh / Suối Đá Bàn **Tranh Waterfall / Da Ban Waterfall**

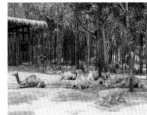

兩座溪流景點都是中部山岳地帶的湧泉形成溪流，會合之後流過山谷再奔洩而下，水量豐沛時就會變成瀑布，不過在旱季時頂多只能稱為小河流。

昌山溪流綠意盎然

★ 享受節慶氣氛
富國夜市
MAP P.167A圖-1A

Chợ Đêm Phú Quốc **Phu Quoc Night Market**

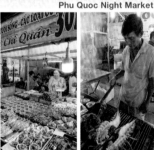
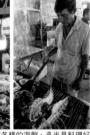

陽東每晚18:00左右營業的夜市，在白藤街一帶林立著美食小吃甜點攤販、海鮮攤販、餐廳和伴手禮店等，熱鬧得像過節一樣。部分海鮮料理餐廳前放置數個水槽，可以直接指著水槽點餐。儘管價格沒有那麼便宜，但大多數餐廳菜單都有附照片或英文菜單等，很容易理解。

左／攤販也販售各式各樣的海鮮，多半是料理好重新加熱的東西
右／也可以享受大龍蝦燒烤

珍珠野生動物園
🏠Khu Bãi Dài, Gành Dầu
☎（0297）3636699
🔗vinwonders.com/en/vinpearl-safari-phu-quoc
🕐9:00～16:00 🚫無休
💰65萬越盾（夜間野生動物園60萬越盾，與珍珠樂園的套票為120萬越盾）
Card A D J M V

Tranh溪流／Đá Bàn溪流
兩處景點都可由陽東搭乘摩托計程車前往，車程10～15分。Tranh溪流現在被規劃成一大觀光勝地，可以直接開車到附近，沿著溪流旁的小徑直到尾端的瀑布為止，徒步來回約需30分，而Đá Bàn溪流則必須在下車之後行走很長一段距離才能夠來到瀑布處。

富國夜市
🏠Bạch Đằng, Dương Đông
🕐依店家而異，大致上18:00～23:00
🚫無休

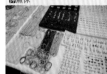

珍珠價格便宜，也要注意可能有仿冒品

富國島知名麵料理Bún Quậy
Bún Quậy由滑順的米粉和清湯製成，撒上蝦末，來到富國島一定要試看看。

Bún Quậy可以在餐廳或攤販品嘗

餐廳 🍴 Restaurant

Trung Duong Marina
海鮮料理
MAP P.167A圖-1A
🏠136 Đường 30 Tháng 4, Dương Đông ☎（0297）3980540
🕐9:00～22:00 🚫無休
Card M V 預約不要

以供應在近海捕撈上岸的新鮮海產（每道菜價格12萬越盾～）而出名的餐廳，菜單選項非常豐富且味道極好，吸引在地民眾以及遊客來用餐，另外也能品嘗到在富國島森林中捕獲的鹿肉燒烤、蝸牛等野味。

Shri Phu Quoc
異國料理
MAP P.167A圖-2A
🏠Trần Hưng Đạo, Dương Tơ
☎（0297）2233555
🕐8:00～23:00 🚫無休 **Card** M V

座落在可以看到長灘絕景的優越地點，休閒氛圍的海灘酒吧可以輕鬆使用，菜單上以新鮮捕獲的海鮮為特色，店家可依自己喜歡的方式料理，推薦海鮮拼盤（39萬9000越盾）等料理。

Voice! 在魚露工廠Phung Hung可以參加魚露裝瓶、貼上標籤的各種作業流程。工廠有販售伴手禮之用的魚露，不過依照部分航空公司的規定，液體是不能夠當作隨身行李攜帶上機，就算是託李託運也禁止攜帶。
MAP P.167B圖-2B外 🏠471 Nguyễn Văn Cừ, An Thới ☎（0297）3997998 🕐7:00～17:00 🚫無休

Fusion Resort Phu Quoc
高級飯店

MAP P.167B圖-1A

隸屬於Fusion集團的5星度假村，每晚提供一次免費的SPA護理體驗。在細心維護的蓊鬱綠地兩旁，種植了熱帶樹木和花卉，營造出宜人的氣氛。所有客房皆屬於別墅房型，裝潢採用天然素材，附設泳池。設有兩間餐廳、俯瞰大海的無邊際泳池、海灘沿岸的酒吧、私人白沙灘等設施幫助遊客放鬆身心。除了瑜珈、冥想外，亦提供橡皮艇、自行車之旅。

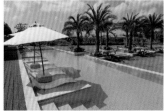
5房別墅內的大型泳池

🏠Bãi Vũng Bầu, Hamlet 4，Cửa Cạn
☎（0297）3690000
URLphuquoc.fusionresorts.com
💰583US$〜（＋稅・服務費15％，含早餐）Card A D J M V
共130間別墅

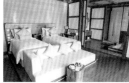
花園泳池別墅，房間54m²、戶外74m²，相當寬敞

JW Marriott Phu Quoc Emerald Bay Resort & Spa
高級飯店

MAP P.167B圖-2B

建於1889年，以大學校園為主題的獨特概念的度假飯店，面對Kem海灘，可享受海水澄澈的美麗海灘，也有餐廳、SPA等齊全設施，可享受自在的住宿體驗。

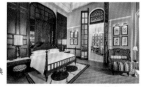
木質溫暖的古典三床別墅房

🏠Bãi Khem ☎（0297）3779999
URLwww.jwmarriottphuquoc.com
💰S W T 400US$〜 套房1500US$〜（＋稅・服務費15％）Card A D J M V 共234房

La Veranda Resort Phu Quoc-MGallery
高級飯店

MAP P.167A圖-1A

客房內則以穩重舒適色調為主軸，配上有頂篷大床更顯得相當浪漫，在挑高的天花板上裝有電動扇子，至於開闊陽台上則以殖民風格妝點上亞洲家具，營造出不一樣的異國情調，2樓是露天餐廳，能一邊眺望大海一邊享用晚餐。

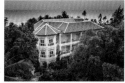
黃色的可愛建築靠近長灘

🏠Alley 118, Trần Hưng Đạo, Dương Đông
☎（0297）3982988 URLlaverandaresorts.com
💰S T 299US$〜 Villa 499US$〜（＋稅・服務費15％，含早餐）Card A J M V 共53房 21間別墅

Novotel Phu Quoc Resort
高級飯店

MAP P.167A圖-2B

客房和小屋分布在熱帶花園中，泳池與私人海灘也很寬敞，開放感十足。特別的是，黃昏時分可以在泳池邊享用雞尾酒。客房休閒和沈穩的氛圍，吸引每個人，館內還有豐富多彩的活動可供選擇。

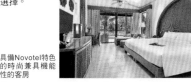
具備Novotel特色的時尚兼具機能性的客房

🏠Đường Bào, Dương Tơ ☎（0297）6260999 URLwww.novotelphuquoc.com 💰W T 217萬越盾〜套房256萬越盾〜小屋317萬越盾〜(含早餐) Card A D J M V 共366房

Mango Bay Resort
中級飯店

MAP P.167B圖-1A

被約1km長的私人海灘與20公頃的森林環繞的度假小屋型飯店，因生態度假區的理念，在客房內沒有設置空調與電話，就連建築物與裝潢也都是使用自然素材，可以盡情享受島嶼的豐饒大自然，另外還有可眺望大海的餐廳＆酒吧、SPA等。可免費租借自行車。

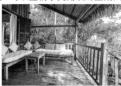
度假小屋附寬敞露台

🏠Ông Lang Beach ☎（0297）3981693 URLmangobayphuquoc.com 💰S T 度假小屋174萬越盾〜（含早餐）Card A D J M V 共44間小屋一

崑崙島

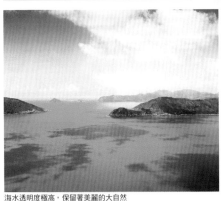

海水透明度極高，保留著美麗的大自然

隸屬於巴地頭頓省Bà Rịa - Vũng Tàu的崑崙島，是胡志明市以南約230km海域上大大小小共16座島的總稱。自1800年代法國統治時期道越戰時期都是流放地，因此以「監獄島」而聞名。對於越南人民來說，它是獨立戰士的「英雄島」，埋葬陣亡英雄的杭陽公墓（→P.172）被尊為聖地，許多越南人慕名前來朝聖。

島嶼約8成的土地都被指定為國家自然公園，舉國致力於保護這片屬於海龜產卵地點、儒艮出沒地的大海，同時也因為是潛水地和生態旅遊據點而受到高度矚目。旅遊旺季為3～5月。

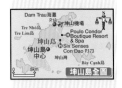

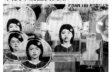

武氏六
Võ Thị Sáu

1933年出生的女性武氏六，從10幾歲開始便投身於反佛運動被拘捕，在19歲時在崑崙島收留所被處以絞刑。年紀輕輕卻慘遭不幸，因而被越南人民奉為國民英雄。

伴手禮店陳列著武氏六的周邊

漫遊　　　　　Orientation

主要島嶼為設有機場的坤山島Đảo Côn Sơn，崑崙市場北部至西北部聚集著飯店和餐廳。在島上遊逛時可選擇包計程車、租借腳踏車或使用電動車（以里程計費）。Lo Voi海灘（MAP 下圖-1B）靠近市區，往西方前進則有An Hai海灘（MAP下圖-2A），最近An Hai海灘附近飯店和餐廳急速增加。

交通 ❀ ACCESS

如何前往崑崙島

●飛機

越南航空從胡志明市出發的班次每日6～7班，越竹航空每日2～3班，所需時間約1小時；從河內出發越竹航空每日4～5班，所需時間約2小時30分。

●船

從白騰碼頭搭乘快速船（→P.133）。

從崑崙島出發的交通

請參考上述交通方式。

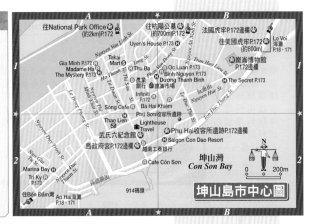

坤山島市中心圖

Voice 機場位在坤山島，從機場前往島嶼的市中心開車約20分。若從飯店前往機場，建議預約飯店的接送服務。島上無法使用Grab（→P.416）等叫車服務。

崑崙收留所

包含Phu Hai收留所（**MAP**
P.171下圖-2B）、崑崙博物館
（→下述）、法國虎牢
（**MAP**P.171下圖-1B）、島政府宮
（**MAP**P.171下圖-1B 照）、島政
府宮（**MAP**P.171下圖-2A）的套
票（購買日當天有效）可於崑崙
博物館購買。

崑崙博物館
Bảo Tàng Côn Đảo
Con Dao Museum
MAPP.171下圖-1B
🏠Nguyễn Huệ
☎（0254）3830517
🕐7:00～11:30、13:30～17:00
（售票至～15:00）　🈵無休
💰5萬越盾，14歲以下免費

杭陽公墓
🏠Nguyễn Huệ
☎（0254）3630117
🕐7:00～22:00　🈵無休
💰免費

景點　Sightseeing

★★ Phu Hai收留所等數個收留所的總稱　**MAP**P.171下圖-1B、1B外、2B

崑崙收留所
Nhà Tù Côn Đảo　　Con Dao Prisons

崑崙島是法國統治時代期間，政
治犯的流放地。在數個收留所遺跡
中以立體模型重現過去嚴酷的環
境，提供遊客參觀。也有展示胡志
明市戰爭遺跡博物館（→P.74）
「虎牢」模型的原型。

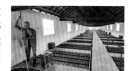
建於1940年的「法國虎牢」

★ 越南少數的能量景點　**MAP**P.171下圖-1B外

杭陽公墓
Nghĩa Trang Hàng Dương　　Hang Duong Cemetery

祭祀著武氏六（→P.171邊欄）等
為了祖國殞命的英雄們，對越南人
來說是有名的能量景點，據傳
20:00～24:00間靈力最強，人潮也
最多。

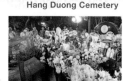
供品如山的武氏六之墓

❀ Column 參加旅行團觀看海龜產卵吧

崑崙島當中的Bảy Cạnh島、Cau島、Tài島的海
灘，在6～8月之間會有綠蠵龜、玳瑁上岸產卵，
因此會舉辦旅遊行程前往參觀。15:00從Bảy Cạnh
島出發，享受海灘和晚餐後，在夜間綠蠵龜開始產
卵，最後在隔天7:00回去，雖然有點辛苦，不過這
個見證生命誕生神祕瞬間的行程，絕對是在崑
崙島的重點行程。導覽行程由國家公園主辦，可以
在島上飯店報名。此外，沒有參加行程不能上Bảy
Cạnh島。

National Park Office
MAPP.171下圖-1A外
🏠Ma Thiên Lãnh, Khu 3
☎（0254）3830150、098-
3830669（手機）　**URL**www.
condaopark.com.vn　🕐7:00～
11:30、13:30～17:00　🈵無休
💰2人同行每人400萬越盾，4～
5人同行每人250萬越盾等
※下船時需要在海水中步行，記得穿著可弄濕的鞋子與
衣服。

母龜大約1小時會
產下100個左右的卵

餐廳　🍽 Restaurant

島上最有人氣的餐廳
Gia Minh
越南&西式料理
MAPP.171下圖-1A

開放感的樸素空間提供價格合理、美味的大
眾食堂風料理，特別是有嚼勁的手工麵最受歡
迎，無論是義大利麵或湯麵都十分美味。菜單
種類眾多，包
含越南料理、
海鮮料理和西
式料理，每道
5萬越盾～。

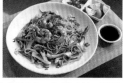

放入滿滿蝦子和花枝
的海鮮義大利麵（18
萬越盾）

🏠Corner of Lê Thanh Nghị & Nguyễn Văn Linh　☎038-
3568789（手機）　🕐10:00～22:00　🈵週一　**Card**不可
預約不需預約

走累了旅人的綠洲
Infiniti
咖啡館
MAPP.171下圖-1A

挑高的天花板、木頭裝潢和四處擺放的植
物，營造出自然輕鬆氛圍的咖啡館。位在崑崙
市場的後面，交通便利，城市漫步的休憩好去
處。除了飲料外，也提供餐點（22萬越
盾～），味道
和賣相不輸大
城市。

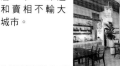

也提供雞尾酒（14萬
越盾～）

🏠Khu 8 Trần Phú　☎（0254）3908909
🕐6:30～22:00　🈵無休　**Card**不可　**預約**不需預約

Voice 崑崙收留所是上述島上數個收留所的總稱，目前開放參觀的有Phu Hai收留所、法國
虎牢、美國虎牢3座，若沒有事先在崑崙博物館購票，則無法參觀。

餐廳 Restaurant

Oc Luan
麵
MAP P.171下圖-1B

🏠Khu 8 Phạm Văn Đồng　☎035-4884649（手機）
🕐5:00〜22:00　**休**無休　**Card**不可　**預約**不需預約

可以品嘗到崑崙島美食加入花枝的金邊粿條（4萬越盾）和牡蠣粥（→P.18，5萬越盾）的半露天餐廳，特別推薦加入很多大顆牡蠣的牡蠣粥。

Tri Ky
海鮮&越南料理
MAP P.171下圖-2A

🏠5 Nguyễn Đức Thuận　☎（0254）3830294
🕐10:00〜22:00　**休**無休　**Card**不可　**預約**不需預約

可以盡情大啖新鮮海鮮的平價海鮮料理餐廳，花枝料理（24萬9000越盾〜）、崑崙島特產貝類Ốc Vú Nàng等很受歡迎。

Binh Nguyen
海鮮&越南料理
MAP P.171下圖-1B

🏠Khu 8 Phạm Văn Đồng　☎096-2499700（手機）
🕐9:00〜23:00　**休**無休　**Card**不可　**預約**不需預約

崑崙市場附近的當地人氣餐廳，可以從店內挑選喜歡的海鮮（時價），並客製化料理。周邊有很多同類型的餐廳，是島上晚上最熱鬧的區域，預算約50萬越盾起左右。

住宿 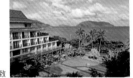 Hotel

與大自然和睦共處的豪華度假村
Six Senses Con Dao
高級飯店
MAP P.171上圖

讓人屏息的美麗大自然景色，與Six Senses風格的時尚Villa完美結合，演繹出融合生態與奢華的不可思議空間。所有Villa都設有泳池，專屬管家可以滿足所有要求，館內還有4處附設游泳處及附設游泳池的SPA，可以盡情享受住宿時光。

眼前有遼闊私人海灘的Oceanfront Pool Villa

🏠Bãi Đất Dốc　☎（0254）3831222　**URL**www.sixsenses.com/en/resorts/con-dao　💰Villa 2893萬越盾〜（＋稅・服務費17.5%，含早餐）　**Card**AJMV　共50棟Villa

市中心的高級度假村
The Secret
高級飯店
MAP P.171下圖-1B

於2022年開幕的高級度假村，靠近崑崙島市中心，位於Lo Voi海灘旁。儘管不是私人海灘，但飯店前設有直接前往海灘的階梯。館內SPA、餐廳水準也很高，前往觀光景點也十分便利。

泳池可一覽大海景致

🏠8 Tôn Đức Thắng　☎（0254）3837888
URLthesecretcondao.com　💰Ⓢ Ⓦ Ⓣ 205萬越盾〜 套房845萬越盾〜　**Card**DJMV　共197房

崑崙島數一數二的時尚飯店
The Mystery
中級飯店
MAP P.171下圖-1A

這是一間設計感十足的精品飯店，大廳外覆蓋著觀葉植物，營造熱帶感十足的氛圍，館內以藍色為主色調，散發典雅的氣氛。位於寧靜的街區，步行可到崑崙市場，附近也有餐廳。

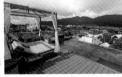
頂樓有絕美景致的無邊際泳池

🏠Lê Thanh Nghị　☎（0254）3956099
💰Ⓢ Ⓦ Ⓣ130萬越盾〜 套房170萬越盾〜　**Card**MV
共27房

可愛又實惠
Uyen's House
青年旅館
MAP P.171下圖-1B

每個房間都有獨特時尚的風格，深受歐美背包客喜愛，可以在1樓咖啡館與各國旅客交流互動，但宿舍房的空間相對床位數量較擁擠，不太推薦。

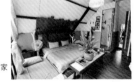
有額外提供毯子的家庭房

🏠Phạm Văn Đồng　☎034-9416331（手機）
💰Ⓢ Ⓦ Ⓣ24US$〜 宿舍房每人9US$〜　**Card**不可
共7房

藩切

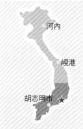

河內

峴港

胡志明市 ★

胡志明市往東約250km，這裡是與富國島（→P.166）比肩齊名的魚露產地，而生產魚露的工廠分為民營、公營2種，只要碰上釀製生產期間，每天清晨都會從港口運來多達50萬公噸的小魚原料，而且作為生產魚露的大本營，甚至還有民眾自己動手釀造私家魚露。

而藩切也是可享受風帆衝浪與風箏衝浪的度假地，在市區以東至美奈岬間約達23km的海岸線上有渡假飯店林立，還有綿延無盡的白沙灘。成排椰林的景致，讓人不由自主從越南的炎熱氣候以及喧囂中解放出來，從而獲得無比愉悅的度假時光。

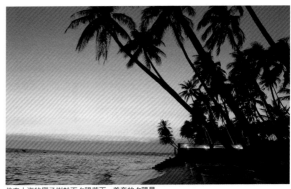

伸向大海的椰子樹幹下夕陽落下，美奈的夕陽景

越南工商銀行
Vietin Bank
MAP P.175上圖-1A
🏠 2 Nguyễn Tất Thành
☎ (0252) 3828079
🕐 7:00～11:15、13:30～17:30
🚫 週六・日
　提供美金等主要流通貨幣的現金兌換。

郵局
MAP P.175上圖-2A
🏠 1 Nguyễn Văn Cừ
☎ (0252) 3817371
🕐 7:00～11:30、13:30～17:00
🚫 無休

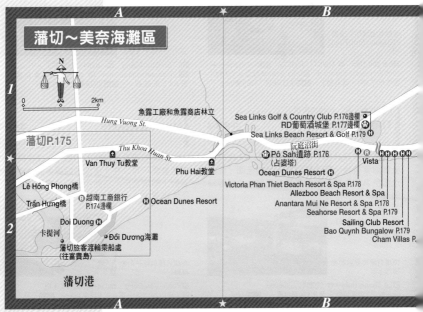

藩切～美奈海灘區

N

0　　　2km

Hung Vuong St.

魚露工廠和魚露商店林立

Sea Links Golf & Country Club P.176邊欄 🅗
RD葡萄酒城堡 P.177邊欄 🅗
Sea Links Beach Resort & Golf P.179 🅗

藩切 P.175

Thu Khoa Huan St.

阮庭沼街

Van Thuy Tu教堂

Phu Hai教堂

🅗 Pô Sah遺跡 P.176
（占婆塔）

H R HHHH
Vista

Ocean Dunes Resort 🅗

Lê Hồng Phong橋

越南工商銀行 🅑
P.174邊欄 🅗 Ocean Dunes Resort

Victoria Phan Thiet Beach Resort & Spa P.178
Allezboo Beach Resort & Spa
Anantara Mui Ne Resort & Spa P.178
Seahorse Resort & Spa P.179

Trần Hưng橋

Doi Duong 🅗

卡提河

Đồi Dương海灘

Sailing Club Resort
Bao Quynh Bungalow P.179
Cham Villas P.

藩切旅客渡輪乘船處
（往富貴島）

藩切港

Voice! 藩切有很多提供出租腳踏車服務的飯店，腳踏車租借的大致費用為半天（4小時）3US$、1天（8小時）5US$。

漫遊　　　Orientation

　　整座城市被國道1號線（陳興道街）給貫穿，在這條馬路兩旁則林立著各式商店、銀行、餐廳、飯店等，而最終注入藩切港的卡提河Ca Ty則是流經市區之內，河川以西盡是市場、商店、寺廟以及民宅等小老百姓生活的區域，至於飯店或Guest House則大多數集中在陳興道街的兩側。

左／傳統的碗公船到現在依舊活躍
右／美奈的海灘會舉辦風帆衝浪與風箏衝浪的世界大會

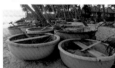
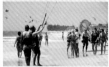

超級市場
Co.opmart
MAP 上圖-1A
住1A Nguyễn Tất Thành
電8:00〜22:00　休無休
Card A D J M V
　3層樓高建築中食品、雜貨應有盡有，並且有著速食店Lotteria以及美食街。

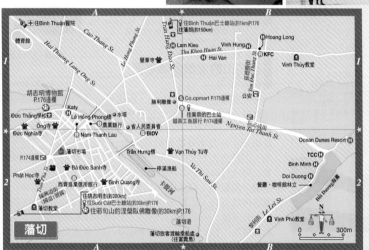

藩切

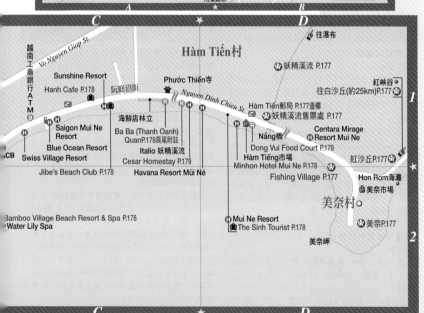

胡志明博物館
Bảo Tàng Hồ Chí Minh
Ho Chi Minh Museum
MAP P.175上圖-1A
🏠39 Trưng Nhị
☎(0252) 3818738
🕐8:00～11:30、13:30～16:30
🈺週一　💰免費

　在隔著馬路的對面處，還保留有著胡志明20歲時曾經擔任教職的Đức Thắng學校。

Pô Sah遺跡（占婆塔）
🕐6:45～17:30　🈺無休
💰1萬5000越盾

邪句山
🏠18 Nguyễn Văn Linh, Thuận Nam, Hàm Thuận Nam（纜車乘車處）
☎(0252) 3867484
🕐6:00～17:00　🈺週日
💰2萬越盾，包含來回纜車及入場費的套票為25萬越盾

　從藩切市區沿著國道1號線往西行（胡志明市方向）驅車約40分，由山腳下到有著臥佛所在的寺院間提供纜車交通，也設有登山步道。

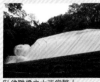
臥佛雕像之大非常驚人

★ Pô Hải遺跡的一部分
Pô Sah遺跡（占婆塔）
Di Tích Pô Sah Inư（Tháp Chăm）

MAP P.174-1B
Poshanu Cham Tower

　藩切市區往東行約7km處，這是於8世紀末至9世紀初期間建造的占婆王朝時代祭拜濕婆神的寺院（→P.457）遺址，周邊留存的為Pô Hải遺跡的一部分，寺院內部陳放著約尼（女性生殖器的象徵）並於上方承載著林伽（男性生殖器的象徵）的雕像。

左／2座紅磚建造的佛塔　右／內部，印度教中約尼和林伽象徵子孫繁盛

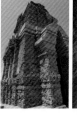
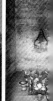

★ 森林環繞的大型臥佛雕像
邪句山的涅槃臥佛雕像
Chùa Núi Tà Cú

MAP P.175上圖-2A外
Ta Cu Mountain

　聳立在藩切西側的邪句山，海拔475m的濃密林木間沉睡著一尊巨大的釋迦佛，這就是座落於被稱為長壽靈山的Linh Sơn Trường Thọ寺院中，全長達49m的釋迦佛入涅槃臥佛雕像。這塊場所在1872年時被僧侶Trần Hữu Đức選中，作為他悟道之地，因此有大約7年的時間都生活在山岩間的洞窟（依舊保存著）裡進行修行，之後官吏們開始興建居所，僧侶也在這時候研讀中藥醫學，到了1880年因為救治嗣德帝母親疾病有功，這處居所（寺院）也跟著獲得了Linh Sơn Trường Thọ（長壽靈山）的稱號，與之後建於洞窟下方的Chùa Long Đoàn寺院合併起來稱為「Ta Cu Mountain Pagoda」。雖然要爬階梯會相當辛苦，卻非常有看頭，一定不能錯過。

交通 ✿ ACCESS

如何前往藩切

●火車
　連結胡志明市（西貢車站）～藩切車站之間的SPT 2週五‧六每日1班，單程車資30萬9000越盾～，所需時間約4小時。

●巴士
　胡志明市的東部巴士總站Bến Xe Miền Đông，7:00～22:30間臥鋪巴士共37班發車，車資為25萬～45萬越盾，所需時間約6小時。芽莊出發北芽莊巴士總站有班次前往，Hanh Cafe的自由上下車巴士之旅有7:30、21:00發車2班，所需時間約5小時30分。從美奈則有跳錶計程車可搭，車資為16萬～30萬越盾左右。

從藩切出發的交通

●火車
　前往胡志明市（西貢車站）方向，週五‧六每日1班，車資、時間與上述相同。

●巴士
　由Bến Xe Bình Thuận（MAP P.175上圖-1A

外）前往胡志明市全天頻繁發車，臥鋪巴士車資為25萬～45萬越盾，除此之外還有前往芽莊、潘朗-塔占等方向的巴士，可以透過Vexere URLvexere.com預約，或者請飯店櫃檯協助預約。

如何前往美奈
　可以從藩切市區搭乘計程車（車資16萬～30萬越盾）或者是利用巴士（→下述）前往；至於前往沙丘則必須報名參加旅行社的在地之旅，或者是包車為佳；胡志明市出發的自由上下車巴士之旅幾乎都有造訪美奈。

前往美奈的路線巴士
　距離藩切市區西方5km處的陳季恰街Trần Quý Cáp上的Suối Cát巴士總站（MAP P.175上圖-2A外），前往美奈洪榮Hòn Rơm的1號路線巴士5:00～20:00間每隔20～20分發車，車資為1萬6000越盾。也可以從Co.opmart（→P.175邊欄）附近的阮達成街Nguyễn Tất Thành上的巴士站搭乘。巴士會在阮庭沼街每隔約1km設立的巴士站停車，作為前往美奈海灘的交通工具來說，非常便捷。

Voice Sea Links Golf & Country Club：設置在可俯瞰大海的高地上的36洞球場，地勢極有起伏而深具挑戰性，訪客平日的果嶺費為9洞180萬越盾、18洞260萬越盾（費用 ↗

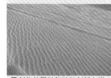

可以看到捕魚風景的Fishing Village

★也吸引許多外國人的海灘運動聖地 　MAP 摺頁正-4B、P.175下圖-2D
美奈
Mũi Né

藩切出發往東約23km處，就座落在半島最前端西側的小漁村美奈，前往漁村的道路兩旁是茂密的高聳椰林，四周遍布著度假飯店以及餐廳、商店等，如今有愈來愈多的觀光客對藩切過門而不入，目標都是直接來到這處度假區，加上開發腳步愈來愈快，讓海灘的面積亦是年年縮減。

美奈的漁港內停靠著滿滿的漁船，還能夠欣賞到岸邊地面上利用陽光曬乾的大片小魚乾或小蝦景致，在清晨或者是傍晚之際更可以一睹結束捕魚作業，漁船返回漁港卸貨的熱鬧光景（Fishing Village MAP P.175下圖-2D）。

★觀賞夕陽的人氣地點 　MAP P.175下圖-1D
紅沙丘
Đồi Cát Đỏ
　　　　　　　　　　　　Red Sand Dunes

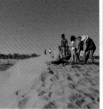
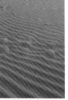

左／滑沙3萬越盾～　右／夕陽下染上紅色的沙丘

來到美奈村北側一帶，則能夠見識到彷彿被海岸推擠堆積而成的遼闊沙丘，紅沙丘為美奈知名的沙丘之一，位於美奈村中心東北約2.5km處。被稱為紅沙丘的原因是這裡的沙子為紅棕色，夕陽時看起來就像紅色一般。

★美麗風紋的純白沙丘 　MAP P.175下圖-1D外
白沙丘
Đồi Cát Hòa Thắng
　　　　　　　　　　　　White Sand Dunes

紅沙丘往東約25km處，就能來到Bau Trang湖旁遼闊的白沙丘，可以從售票處搭乘越野車或吉普車前往沙丘頂欣賞湖泊風光。日出前遊客人數還不多，因此沙丘表面留下了極為美麗的風吹沙紋路，這時別忘了攜帶禦寒衣物。

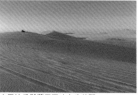

白天沙丘與藍天互映十分美麗

★享受溪邊健行 　MAP P.175下圖-1D
妖精溪流Suối Tiên
Suối Tiên
　　　　　　　　　　　　Fairy Stream

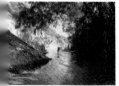

越南文中的Suối Tiên意指「妖精溪流」

在抵達美奈村前方，橫亙於阮庭沼街的Cầu Rang橋底下流淌著的河川，大約往北走30分鐘，河岸邊是紅色土壤與白色石灰石、椰子樹所組成的獨特而遼闊景色，享受溪流健行的樂趣。整段行程幾乎都是走在沙地上，打赤腳而走也會非常舒服。

↘可能變動）。MAP P.174-1B 圓Nguyễn Thông, Phú Hài ☎（0252）3741666
URLwww.sealinkscity.com

Hàm Tiến郵局
MAP P.175下圖-1D
圓349 Nguyễn Đình Chiểu
☎（0252）3847101　圓7:30
～11:00、14:00～17:00
休週日

RD葡萄酒城堡
RD Wine Castle
MAP P.174-1B
圓Km9, Nguyễn Thông, Phú
Hài（Sea Links City內）
☎（0252）3719299　圓8:30
～17:00（週六 日8:00～
18:00）　休無休　圓12萬越
盾（包含試飲1杯），酒莊導
覽＋試飲5種酒25萬越盾
葡萄酒的主題公園，由在加
州納帕山谷Napa Valley擁有
酒莊的Rang Dong公司所經
營。地下1樓可以學習製葡萄酒
的釀製方式，1樓為試飲吧和
商店，2樓則為咖啡吧。

紅沙丘
圓1 Hòn Rơm, Mũi Né
圓4:30～17:30左右　休無休
圓免費

白沙丘
圓1 Hoà Thắng, Q. Bắc Bình
圓4:30～17:30左右　休無休
圓1萬5000越盾，至沙丘頂吉
普車1台60萬越盾（20分），
越野車1台65萬越盾（20分）

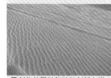

風創作的風紋無時無刻都在變化

妖精溪流
圓40B Huỳnh Thúc Kháng,
P. Hàm Tiến（售票處）
☎097-9293478（手機）
圓6:30～17:30
休無休
圓1萬5000越盾

● **The Sinh Tourist**
MAP P.175下圖-1D **住**144 Nguyễn Đình Chiểu,
P. Hàm Tiến **☎**（0252）3847542
URL www.thesinhtourist.vn
營7:00～22:00 **休**無休 **Card**不可
　在 Mui Ne Resort Hotel門口旁設有服務處，有
自由上下車巴士之旅票券的代購服務。

● **Hanh Cafe**
MAP P.175下圖1C **住**364 Huỳnh Thúc Kháng,
Mũi Né **☎**1900-088804（熱線）

營24小時 **休**無休 **Card**不可
提供胡志明市～美奈間的豪華巴士路線。

● **Jibe's Beach Club**
MAP P.175下圖-1C **住**90 Nguyễn Đình Chiểu,
P. Hàm Tiến **☎**（0252）3847405
URL www.jibesbeachclub.com
營7:00～17:00 **休**無休 **Card** J M V
提供風帆衝浪、風箏衝浪課程與器材租借，風
箏衝浪1小時課程為65US$～。

餐廳 🍴 Restaurant

Dong Vui Food Court　　　　　美食廣場
MAP P.175下圖-1D
住246 Nguyễn Đình Chiểu, P. Hàm Tiến **☎**083-4517858（手機）
營9:00～22:30 **休**無休 **Card**不可 **預約**不需預約

位於美奈附近阮廷炤街Nguyễn Đình Chiểu的
美食廣場。以越南料理為首，聚集了印度料
理、泰國料理、披薩等豐富種類的20間餐廳，
推薦點餐後現場用炭火燒烤的燒烤料理和海鮮
料理。

住宿 🏨 Hotel

吸引常客入住的老字號花園度假村
Bamboo Village Beach Resort & Spa　　　　高級飯店

MAP P.175下圖-1C

　一踏入這座度假村，就馬
上受到高聳的椰子樹與鬱鬱
蔥蔥的美麗庭園所吸引，飯
店每2年就會改裝客房，為
了讓房客住宿時能常保新鮮
感而煞費苦心，客房分為小
木屋與一般房間，對占族布
料與竹工藝家具等手工越南
風格相當講究。這裡有2座
泳池與海灘餐廳，Water
Lily Spa的按摩水準之高讓人印象深刻。

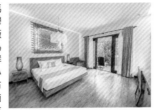
入住庭園景觀度假小屋，美麗的熱帶花園景致
就在眼前

住38 Nguyễn Đình Chiểu, P. Hàm
Tiến **☎**（0252）3847007
URL bamboovillageresortvn.com
營⑤ⓦ①252萬越盾～　度假小屋347
萬越盾～（含早餐）
Card A D J M V 共152房

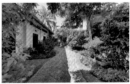
庭園內熱帶樹木和花卉光彩奪目

徹底體驗熱帶風情的度假村
Victoria Phan Thiet Beach Resort & Spa 高級飯店
MAP P.174-1B

　在可以俯瞰大海的和緩斜坡上，大約8公頃的
土地上滿開著各色熱帶花卉，猶如一座大型花園！
除了有著優雅內部裝設的小木屋，能讓海風穿透
而入的餐廳
「L' Océane &
Bar」更是浪漫
滿點。

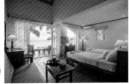
庭園景觀度假小屋的
客房

住Km9, Phú Hải **☎**（0252）3813000～3
URL bbhotels-resorts.com/victoria-phan-thiet-beach-
resort-spa13 **營**度假小屋125US$～　Villa 589US$～
（＋税，服務費15%，含早餐）**Card** A D J M V 共57房

舒適住宿體驗的5星度假村
Anantara Mui Ne Resort & Spa 高級飯店
MAP P.174-1B

　由泰國出資、以越南鄉村形象打造的5星飯
店，竹燈、蓮花池蔚為特色，有附設游泳池的
Villa選擇。可以在美奈享受頂級設施和服務的
住宿體驗。

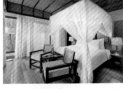
在附設寬敞游泳池的
Villa好好放鬆

住12A Nguyễn Đình Chiểu, P. Hàm Tiến
☎（0252）3741888 **URL** www.anantara.com/ja/mui-ne
營⑤ⓦ①425萬越盾～　Villa1035萬越盾～　套房1570萬越
盾～（含早餐）**Card** A D J M V 共90房

Voice Ba Ba (Thanh Oanh) Quan為總是擠滿在地食客的海鮮路邊攤。**MAP** P.175下圖-1C **住**118B
Nguyễn Đình Chiểu, P. Hàm Tiến **☎**（0252）3743328 **營**7:00～翌日1:00 **休**無休

設施充足的山丘上度假村
Sea Links Beach Resort & Golf 高級飯店
MAP P.174-1B

山丘上「Sea Links City」複合式度假村內的飯店，有高爾夫球場、網球場、釀酒廠等設施。客房設置於6層樓高的建築內，所有房型皆附設陽台，飲食設施、泳池、SPA等設施很齊全。

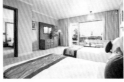
客房面海而建

🏠Km9, Nguyễn Thông, Phú Hài ☎（0252）2220088
URL www.sealinkscity.com 📱⑤Ⓦ①322萬越盾～
家庭房710萬越盾～套房501萬越盾～（含早餐）
Card ADJMV 共188房

時尚亞洲風格的裝潢大受好評
Seahorse Resort & Spa 高級飯店
MAP P.174-1B

在廣達3500m²的中庭內遍布著2層樓的客房建築與度假小屋的大型4星度假飯店，度假小屋內使用燈具、古董家具等充滿亞洲時尚感的裝潢，還備有沙發床可以好好放鬆。飯店內設有餐廳、游泳池、SPA。

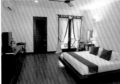
寬敞的Deluxe客房

🏠16 Nguyễn Đình Chiểu ☎（0252）3847507
URL seahorsemuine.com 📱⑤Ⓦ①450萬越盾～ 度假小屋650萬越盾～（＋稅・服務費15%，含早餐）
Card JMV 共113房，度假小屋36棟

如同自家般舒適
Minhon Hotel Mui Ne 迷你飯店
MAP P.175下圖-1D

建造在海岸旁的人氣迷你飯店，明亮整潔的客房皆備有陽台或露台，房內可以看見椰子樹風光，充滿熱帶氣氛。免費提供腳踏車借用，也可以代訂各種巴士票或旅遊。

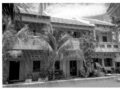
客房環繞在泳池旁

🏠210/5 Nguyễn Đình Chiểu, P. Hàm Tiến ☎（0252）6515178 URL www.facebook.com/MiNhonMuineHotel
📱Ⓦ55萬越盾～ 3人房75萬越盾～ 家庭房90萬越盾～（含早餐） **Card** ADJMV 共15房

全為Villa房型的花園度假村
Cham Villas 高級飯店
MAP P.174-1B

在大約1公頃的遼闊面積裡僅座落著21棟Villa，是空間運用相當大氣奢華的花園度假飯店，55m²的寬敞客房內隨處擺飾著少數民族的織物，整體上氣氛沉穩的內部裝潢讓人相當無比自在，可以輕鬆享受住宿時光。

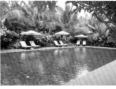
綠意滿載的泳池

🏠32 Nguyễn Đình Chiểu ☎（0252）3741234
URL www.chamvillas.com 📱花園Villa 400萬越盾～
海灘前Villa 470萬越盾～（含早餐）
Card ADJMV 共21間Villa

度假小屋房型深受歡迎
Bao Quynh Bungalow 經濟型旅館
MAP P.174-1B

維護良好的廣大花園中散布著客房和度假小屋的人氣飯店。環境相當清幽舒適而能好好體會時光，保險箱、吹風機等客房設備應有盡有，還有游泳池以及餐廳。

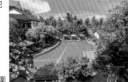
迷人的休閒氛圍

🏠26 Nguyễn Đình Chiểu, P. Hàm Tiến
☎（0252）3741007、3741070 URL baoquynh.com
📱Ⓦ①3人房70US$～ 度假小屋 78US$～（含早餐）
Card JMV 共45房

面海的迷你飯店
Cesar Homestay 迷你飯店
MAP P.175下圖-1C

2020年開幕的迷你飯店，面海而建地點相當良好。館舍中央有1條半露天走廊，客房排列於兩側。客房裝潢以簡約的灰、白色為基調，住宿所需的用品一應俱全，投幣式洗衣機每次10萬越盾。

房間雖然不大，走乾淨迷你路線

🏠124 Nguyễn Đình Chiểu, P. Hàm Tiến ☎094-1200118（手機） 📱⑤Ⓦ73萬越盾～ ①115萬越盾～ **Card** 不可 共12房

芽莊

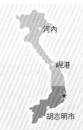

河內

峴港

胡志明市

芽莊3天2夜範例行程

向各位介紹如何有效率的3天2夜玩遍芽莊。
第1天：抵達金蘭機場後，入住飯店。在芽莊海灘（→P.182）放鬆身心。晚上在「Sailing Club Nha Trang（→P.191）」或「Louisiane Brewhouse（→P.192）」享用晚餐。
第2天：早上參加遊覽小島行程（→P.189）或前往珍珠度假村（→P.182），傍晚回到芽莊市區，晚上在「Nha Trang View 378（→P.190）」享用新鮮海鮮，晚餐後前往夜市（→下述）逛逛。
第3天：遊覽婆那加塔（→P.183）和昏鐘岬（→P.184）後，前往泥溫泉度假村（→P.193）。中午可以選擇在Lac Canh或Dang Van Quyen等（皆為→P.190）在地餐廳享用午餐。接著，前往芽莊市場（→P.184）和Kissa House（→P.192）找尋伴手禮，傍晚回到金蘭機場。

夜市

MAP P.198-1B
📍 Trần Phú
🕐 18:00～23:00
🚫 無休
每晚都有夜市，傍晚時分150m左右的小巷會變成行人專用道，出現許多雜貨、衣服、泳裝、鞋子、食品伴手禮等攤販。

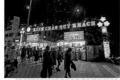

聚集外國遊客十分熱鬧

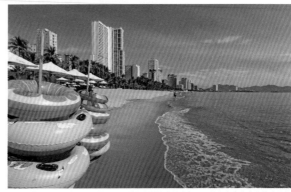

被稱為「越南的夏威夷」的芽莊，吸引國內外旅客前來觀光，越南人多半會在傍晚前往海灘，白天海灘幾乎是空蕩蕩的。

作為慶和省Khánh Hòa的首府，芽莊亦是一座越南知名度假勝地，在市區中央街道東側的濱海大道邊，有著一片約達5km長的海灘，潔白的沙灘與搖曳的成排椰子綠林構築出無盡的度假氛圍，在椰子樹蔭底下撐陽傘做著日光浴的外國遊客，清晨黃昏時來享受海水浴或垂釣樂趣的在地民眾等，海灘一整天都提供著各種不同的樂趣。

另一方面，芽莊也擁有附近地區中規模最大的一座漁港，就設置在芽莊河河口處的港口裡，停泊著數十艘的紅、藍鮮豔色彩漁船，因此新鮮的海產也自然成為芽莊的另一誘人魅力。河口附近的漁港總是在黎明出現前，開始非常熱鬧的魚貨海鮮上岸作業。

洋溢著輕快開放氣氛的芽莊，原本就是法屬印度支那時期為了作為政府重要人士度假區而開發的城市，因此早在很久以前就是深受歐美遊客喜愛的城市，推出遊覽周邊島嶼的各種行程或合理收費的飯店、美味餐廳眾多，這種趨勢逐年攀升。

漫遊　　　　　　　　　　Orientation

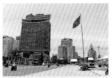

與海灘平行的陳富街為芽莊的主要街道，林立著大型飯店

芽莊的市中心大約是3km見方的範圍，在地民眾最常匯聚的地點則是在芽莊市場、Thống Nhất街、潘佩珠街Phan Bội Châu一帶，無數的商店、咖啡店以及餐廳林立，是摩托車或自行車絡繹不絕於途的熱鬧地區。至於觀光客較多的則是屬於與海灘平行而南北縱長的陳富街Trần Phú St.附近，這裡以遊客為目標的飯店、咖啡館以及餐廳等櫛比鱗次，可說是觀光主力的區域，而且最近幾年更是往黎聖宗街南部，陳富街往西一條的雄王街Hùng Vương以及阮善述街Nguyễn Thiện Thuật、Biệt Thự街也漸漸拓展擴大成為觀光地

🔊 Voice 遊客中心（MAP P.198-2B）提供地圖、飯店的簡介等。☎094-7628000（熱線）

區範圍，隨著餐廳、旅遊辦事處、迷你飯店的增加，讓外國遊客也跟著多了起來。

陳富街中央栽種著豐富綠意，靠近海洋一側又有著成排的椰子林行道樹，無論是享受單車樂還是散步都很合適，就算是海灘也有寬約1m左右的柏油道路縱貫南北，走起來一點都不辛苦。

既然來到了芽莊，為了見識從大海中東升的美麗日出當然要早起床，其實海灘在天還灰暗未明之際就已經吸引不少在地民眾匯

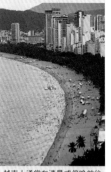

越南人通常在清晨或傍晚前往海灘，白天空溫溫的海灘，到了黃昏時分編成這樣的風景。

聚，沐浴在光燦晨曦中做早操的人、漫步於海灘上的人、慢跑的人……濱海城市的一日就是這樣展開。

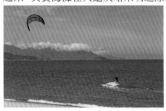

來芽莊就要體驗各式各樣的海上活動

交通 ✦ ACCESS

如何前往芽莊

●飛機
越南航空（VN）從胡志明市每日飛航5～6班、越捷航空VietJet Air每日3～4班、越竹航空（QH）每日1班，所需時間約1小時；越南航空從河內每日飛航6～7班、越捷航空每日6班、越竹航空每日4班，所需時間約2小時；越南航空和越竹航空從峴港每週飛航4班，越捷航空每週3班，所需時間約1小時15分；也有從海防Hải Phòng出發的班次。※由金蘭國際機場Cam Ranh（**MAP** P.197-4B外）起降。

●火車
河內和胡志明市（西貢車站）方向出發每日行駛4班，胡志明市方向出發亦有豪華火車（→P.61）行駛，所需時間會根據列車種類而有不同，速度最快的車種從河內出發約24小時49分，順化出發約11小時56分，胡志明市（西貢車站）約出發7小時（→P.412）。

●巴士
從胡志明市的東部巴士總站Bến Xe Miền Đông，7:00～22:30間臥鋪巴士每隔30分～1小時發車，車資為30萬～70萬越盾，所需時間約8～10小時；峴港是14:30～20:30間共16班，車資為26萬越盾～，所需時間約12小時；大叻出發7:00～16:00間行駛7個車班，車資為16萬越盾，所需時間約4小時；除此之外，順化、歸仁、邦美蜀、藩朗-塔占Phan Rang - Tháp Chàm、藩切等主要城市也都有巴士成行。

從芽莊出發的交通

●飛機・火車
請參考前往方式（上述）。

●巴士
從北芽莊巴士總站有前往各地不同方向的車班，往胡志明市6:00～23:00間頻繁發車，車資為18～30萬越盾，所需時間約8小時；前往大叻7:00～16:00間行駛5班次，車資為16萬5000～

18萬越盾，所需時間約4小時，除此之外南芽莊巴士總站也有前往北方的峴港（45萬越盾）、歸仁（20萬越盾）、藩切（18萬越盾）的班次。

南芽莊巴士總站
Bến Xe Phía Nam Nha Trang
MAP P.197-2A外 ☎ (0258) 3894192
營售票處為5:30～23:30
北芽莊巴士總站 Bến Xe Phía Bắc Nha Trang
MAP P.197-1B外 ☎ (0258) 3838788
營售票處5:30～21:00
Phuong Trang公司巴士站
FUTA Bus Lines（Phuong Trang）
MAP P.197-2A ☎ (0258) 3812812

Phuong Trang公司的巴士站位在市中心街道，部分目的地可以不用特地跑到遙遠的南芽莊巴士總站、北芽莊巴士總站就能搭乘巴士。前往胡志明市的話，東部巴士總站、西部巴士總站都在8:00～23:00間約10班行駛，車資約43萬5000越盾；前往大叻1日9班，車資16萬5000越盾；前往峴港19:00～20:30間共3班車，車資27萬越盾。巴士內可以免費連接Wi-Fi。

金蘭國際機場～市區交通

金蘭國際機場（**MAP** P.197-4B外）以及市區巴士起始站間距離約為38km，有接駁巴士可利用，每人車資6萬5000越盾，所需時間約50分；另外，從市區前往金蘭國際機場的巴士為4:30～19:55間每隔30分鐘發車。

若想搭乘機場計程車，從金蘭國際機場到市區車資要38萬～50萬越盾（小型車與大型車車資不同），所需時間40～45分鐘；市區往金蘭國際機場則為31萬越盾。從飯店預約接駁巴士的話，車資約為22萬越盾左右。
機場巴士起始站 Bến Xe Đất Mới
MAP P.197-2B ⌂10 Yersin
☎096-6282385（手機）
URL www.busdatmoi.com

※藩切度假村區域前往美奈只有7:30、21:00兩班車（依時期變動），所需時間約5小時30分，芽莊並沒有開往藩切的班次。

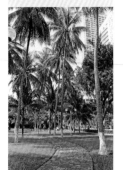

與海岸平行的小徑兩旁種滿了椰子樹

海灘俱樂部

芽莊海灘有分散著許多海灘俱樂部，除了租借遮陽傘和躺椅外，還有海灘酒吧和淋浴間。圖片下方為Blue Beach Club（**MAP** P.198-2B）的躺椅（包含淋浴間使用費）5萬越盾。

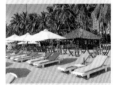

游泳後在海灘酒吧喝一杯放鬆一下

芽莊水上公園

⏵免費

公園內有游泳池、餐廳、咖啡館、酒吧，使用泳池時需要入場費，含海灘椅分為12萬越盾、15萬越盾(VIP) 2種。

珍珠度假村

⏵Phú Quý Tourism Pier, South of Cầu Đá, Vĩnh Nguyên Ward

☎ (0258) 3598123

URL www.vinpearland.com

⏰8:30～21:00 **⏵**無休

⏵入園費75萬越盾，兒童（身高100～140cm）為56萬越盾

從距離芽莊市區以南7km的Phú Quý Tourism Pier搭乘渡輪約20分，或者是搭乘纜車則約15分。

※禁止攜帶外食入園。

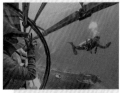

潛水艇入園費為140萬越盾，3歲～身高140cm兒童為90萬越盾，如果參加人數不夠就會取消

★ 可以隨興度過時光的優美海灘　　　**MAP** P.197-2B～4B

芽莊海灘

Bãi Biển Nha Trang　　　　　　　　**Nha Trang Beach**

這是一座延伸長達約5km的白沙海灘，高聳的椰子樹形成了舒適宜人的乘涼陰影，也是人們口中絕佳的「避暑地帶」，還規劃了寬約達1m左右的柏油路以及長板凳，加上賣果汁與兜售商品的小販不時穿梭往來，更有成排舒適的沙灘躺椅可選（須付費），最近幾年沙灘附近也出現愈來愈多以外國觀光客為客群的沙灘小木屋式咖啡館、酒吧或餐廳，總之在芽莊海灘這裡可於椰子樹蔭下享受微風吹拂，舒適愉快地度過時光。

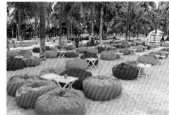
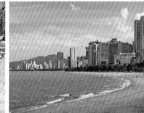

左／游泳也好，邊喝啤酒邊看書也好，享受芽莊樂趣的方式有很多　　右／從海灘望去陳富街，高樓林立的風光彷彿夏威夷的威基基Waikiki。

★ 可玩上一整天的大型遊樂園　　　**MAP** P.189-2A、197-4B外

珍珠度假村

Vinpearl Land

珍珠度假村座落在芽莊海灘外海的竹島Hòn Tre上，是處大型遊樂主題公園，在這片占據了島嶼5萬m²土地的腹地上，除了有迷你雲霄飛車、國內最大摩天輪（圖片左下）等娛樂設施之外，還有水上樂園、植物園等。在「Under Water World」水族館還有機會走在飼養了7000隻鯊魚的壓克力水底自動隧道中，並且有著眾多平常難得一見的珍貴品種，很有參觀價值，至於餐廳、購物拱廊更是樣樣不缺，非常受到家族遊客的喜愛。其中尤以海豚表演與水上音樂秀最具人氣，表演結束後還可以和海豚一起拍紀念照。

2022年開放全新潛水艇景點，必須事前預約購買，詳細資訊請上網站確認。

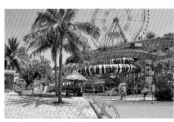
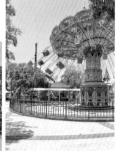

左／滑水道的種類也很豐富，右上為國內最大的摩天輪Sky Ferris Wheel，從摩天輪上可以眺望整個芽莊海灘天際線　　右／無限次乘坐驚險的設施

★ 歷經1000年時光的信仰繼續流傳　**MAP** P.189-1A、197-1B
婆那加塔
Tháp Pô Nagar (Tháp Bà)　**Po Nagar Cham Towers**

從市中心往北約2km，位處於芽莊河北岸花崗岩山丘上的婆那加塔，是建於9世紀初期的占婆王國寺廟遺跡。

在距今超過1200年前的西元774年與784年，兩度遭到爪哇軍隊的入侵攻擊，讓整座寺廟全數被祝融燒毀，遭受了無可彌補的破壞。

婆那加塔是在8～13世紀間由占婆國王下令建造而成，如今僅只遺留了主祠堂為首的5棟建築物而已。

這處遺跡的最大焦點，就是保存於祠堂內部的天依女神Po Nagar雕像，走進充滿著線香煙霧繚繞的祠堂中，可以看到在妝點得極為可愛的基座上，擁有10隻手的女神神像，占婆王國的遺跡多數都已經遭到棄置，而所有的雕像也全數收藏於博物館內，唯獨這座寺廟因為與越南人的信仰結合才好不容易存留下來。除了神像之外，祠堂之中還有以硬木雕成的2座雕像（有學者認為是完成於9世紀前的作品）。

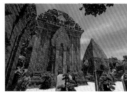

爪哇軍入侵之際，將寺廟中的珍貴寶物全搜刮一空，如今內部打掃得潔淨無比，也能由此看得出來越南人信仰有多虔誠

★ 擁有泡在福馬林內的儒艮標本等豐富展示　**MAP** P.189-2A、197-4B外
國立海洋學博物館
Viện Hải Dương Học　**National Oceanographic Museum of Vietnam**

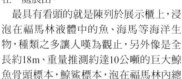

由芽莊中心地帶往南約5km，國立海洋學博物館就建立在芽莊港旁，這也是全越南唯一一座正式的海洋相關博物館，而且令人意外的是開始於1922年，歷史相當悠久，將海洋的相關研究與收集的成果全在一處展出。

最具有看頭的就是陳列於展示櫃上，浸泡在福馬林液體中的魚、海馬等海洋生物，種類之多讓人嘆為觀止，另外像是全長約18m、重量推測約達10公噸的巨大鯨魚骨頭標本，鯨鯊標本，泡在福馬林內總

長度18m、重10頓的鯨魚骨骼標本，在越南北部距離海岸4km處的村落灌溉水道中發現

長近3m的儒艮等大型展示品都不容錯過，至於在芽莊海中所能發現的熱帶魚類，館中也設有可供觀賞的水族館區。

★ 以美麗的彩繪玻璃為特色　**MAP** P.197-3A
芽莊大教堂
Nhà Thờ Núi Nha Trang　**Nha Trang Cathedral**

在能夠俯瞰火車站的丘陵之上，矗立著1934年建造的哥德式大教堂，石塊打造的教堂內部極為清涼，並以色彩斑斕的彩繪玻璃裝飾著，營造出神聖不可侵的氣氛。每天清晨與傍晚都會舉行彌撒儀式，不妨挑選這個時段前往參觀。

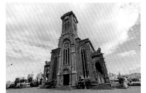

上／氣魄雄偉的基督教大教堂　右／進入教堂內便會對彩繪玻璃與哥德式建築深深著迷

婆那加塔
🕐6:00～18:00　休無休
💰1萬越盾，身高120cm以下免費
有英語導覽，約45分鐘，費用為5萬盾。此外冬季還有占族的傳統樂器演奏與傳統舞蹈表演：開：8:00～11:00、14:00～17:00（這段期間只要客人聚集就會舉行跳舞表演）　💰免費

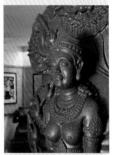

寺院裡面有一座小博物館，展示各種神明的雕像和石像

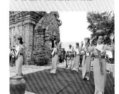

頭頂著壺跳舞的占族傳統舞蹈

國立海洋學博物館
📍1 Cầu Đá　☎(0258) 3590035
🕐6:00～18:00　休無休
💰4萬越盾，學生2萬越盾，兒童1萬越盾

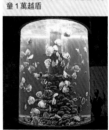

也有巨大的圓柱形水槽

芽莊大教堂
🕐7:00～11:00、14:00～16:00
彌撒的舉行時間為週一～五4:45、17:00，以及週日5:00、7:00、9:30、16:30、18:30，教堂的入口在阮廌街Nguyễn Trãi這一頭，沿著林立有聖人雕像的斜坡而上就能到。

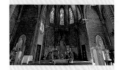

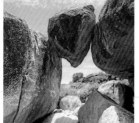

巨岩隧道下方成為情侶合照的
一大景點

昏鐘岬
⏰6:00～18:00　休無休
💰1萬越盾、兒童（身高120cm
以下）免費
　從陳富街走向陳富橋後直直
朝北走到到，由中心地帶搭乘計
程車約10分。
如果有多名訪客聚集，便能聽到
越南的傳統樂器演奏。
⏰7:30～17:00　休無休

龍山寺
⏰7:00～17:00　休無休
💰免費

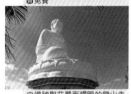

白得神聖莊嚴而耀眼的龍山寺
佛像

芽莊市場
💰依店家而異，大致為7:00～
17:00　休無休

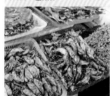

海鮮賣場很大，擺滿了乾貨和
魚肉加工品

★ 不可錯過突出於湛藍大海的海岬奇岩　　　**MAP** P.189-1A、197-1B外

昏鐘岬
Mũi Đất Hòn Chồng　　　　　　　　**Hon Chong Promontory**

　從市區中心地帶往北約3.5km，有著昏鐘岬這麼一座小小海岬，
遍布於下方的岩石區間突起著一塊巨大岩石，每逢漲潮海水高升
之際，看起來就像一座小島，此時站在昏鐘岬上的景致最佳，
甚至還有許多小朋友乾脆玩起由
巨岩頂端挑戰數公尺高的跳水
樂趣，南側是海濱地帶，北側則
為海波平穩、有著淺灘的海灣，
可說是一處享受海水浴的祕密
所在。

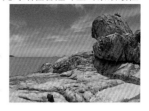

海岬設有觀景台，能夠一
覽美麗的海灣景致

★ 後山有大佛鎮守的氣派寺廟　　　**MAP** P.197-2A

龍山寺
Chùa Long Sơn　　　　　　　　**Long Son Pagoda**

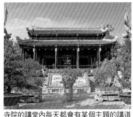

　龍山寺創立於1889年，之後經
歷修復、重建，成為了今日看起
來氣派堂皇的寺廟，進入正殿之
後可以看到被蓮花圍繞的佛陀座
像，牆壁上則是利用說故事的方
式描繪佛教神話壁畫。在寺廟後
山之上，還有一尊彷彿俯瞰著整
座城市的巨大白色佛像。

寺院的講堂內每天都會有某個主題的講道

★ 紀念品、日用品全都應有盡有　　　**MAP** P.197-2B

芽莊市場
Chợ Đầm　　　　　　　　**Dam Market**

　在圓形的奇特造型建築物周邊，環繞
了一圈又一圈的蔬菜、水果、生活雜貨等
攤位，規模大得驚人，愈接近中心處則集
中著路邊攤，其中也有甜點店鋪，剛好適
合作為歇腳的地點，2樓則是以布料、衣
物為主。隔壁則有3層樓的新市場落成，
海產店等店家也開始陸續搬遷進去。

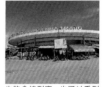

也許會挖到寶，也可以看到
許多外國旅客的身影

資訊 ❀ INFORMATION

航空
● 越南航空　Vietnam Airlines
MAP P.198-2A　住227 Nguyễn Thiện Thuật
☎（0258）3526768
⏰7:30～11:15、13:30～16:45　休無休
金蘭國際機場辦公室
☎（0258）2241606

銀行
● 越南外貿商業銀行　Vietcom Bank
MAP P.197-2A　住17 Quang Trung
☎（0258）3568899

⏰7:30～11:30、13:30～17:00　休週六・日
　可以兌換美金現金，也可使用美國運通、大來、
JCB、MasterCard、VISA信用卡提領現金。

郵局
● 中央郵局
MAP P.197-2B　住1 Pasteur　☎（0258）3821271
⏰7:00～20:00（週日7:30～11:30、14:00～18:00）
休無休
　芽莊最大的郵局，可以撥打國際電話，並提供
EMS、DHL的快遞服務，在市區裡還有多間郵局可以
利用，營業時間也相同。

郊區景點　　　　Sightseeing

★ 1000隻以上的猴子棲息在此
猴子島
Hòn Lao (Đảo Khỉ)　　　Lao Island (Monkey Island)

MAP P.197-1B外

猴子島如同其名，是座棲息著眾多猴子群的小島，不過這些並非野生猴，而是過去為了蘇聯動物實驗之用而飼養的，在蘇聯政權解體之後不再有實驗需要，整座島嶼也就乾脆開發成為觀光之島，而猴子們也跟著保留下來並成為島嶼的象徵，如

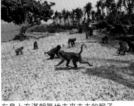

今已經繁衍到1000隻以上之多。島上有一座乾淨而規劃周全的海灘，是最適合下水游泳的去處，而來到這座島也絕不可錯過猴子展現演技的免費動物秀，另外還有賽狗活動。

在島上充滿朝氣地走來走去的猴子

★ 淺灘的寧靜海灘
白海灘
Bãi Biển Dốc Lết　　　Doc Let Beach

MAP P.197-1B外

由芽莊沿著國道1號線往北約50km，寧和縣Huyện Ninh Hòa這裡有著一座白海灘，作為度假村而規劃周全的海灘上，立著排的茅草頂陽傘與躺椅，而不寬的淺灘則擁有澄淨的海水。海灘上有多間餐廳與飯店，因此每到夏季就會湧入來自胡志明市區的越南觀光客，讓海灘熱鬧無比。

★ 除了瀑布之外還有許多景點
Yang Bay瀑布
Thác Yang Bay　　　Yang Bay Waterfalls

MAP P.197-2A外

從芽莊的中心往西約40km，來到海拔約1500m的Hòn Bà山麓下海拔100m的瀑布，這裡就是芽莊河Sông Cái的源流。這座瀑

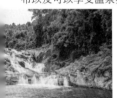

布以及可以享受溫泉與BBQ的餐廳、可以餵養動物的綜合設施所在的區域即為Yang Bay Tourist Park，擁有高度人氣，可以在瀑布底下的清澈天然泳池游泳，還可以欣賞住在附近的少數民族Raglay族的民族舞蹈表演，當地的遊戲鬥雞、野豬賽跑等也很有趣。

家族旅遊受到矚目的Yang Bay瀑布

如何前往猴子島
參加行程最為方便。從芽莊搭車或摩托計程車20～30分鐘會抵達船隻碼頭，在7：30～17：00之間只要集合2～3人以上就會開船出港，來回船資18萬盾，所需時間約15分。
到海灘租借救生圈、陽傘與桌椅等都免費。

白海灘
■ 7萬越盾，身高140cm以下的兒童 4 萬越盾
參加行程最為方便。自行前往的話，從芽莊開車約 1 小時，包下計程車來回150萬越盾以上。

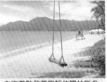

白海灘散發著寧靜悠閒的氣息

Yang Bay瀑布
☎ （0258）3792354
■ 8：00～17：00
■ 12萬越盾
參加行程（→P.189）很方便，大力推薦。開車所需時間約 1 小時。

郊區景點
Cổ Điện Khánh碉堡
Thành Cổ Diên Khánh
Dien Khanh Fort
MAP P.197-2A外
在芽莊以西約11km處，就能夠看到這座建於17世紀的碉堡，如今還保存著部分的城牆與城門。
巴湖瀑布　**Suối Ba Hồ**
Ba Ho Waterfalls
MAP P.197-1B外
在芽莊以北約22km的山裡，有著 3 座瀑布以及水池。
妖精之泉　**Suối Tiên**
Fairy Spring
MAP P.197-4B外
位於芽莊以南約24km處的美麗泉水，並靠著周圍的植物與岩石形成了天然的庭園。

水果攤的現榨果汁

芽莊是一個濱海小鎮，擁有許多海鮮和燒烤餐廳。如果不小心因為太好吃就吃太多，可能導致蔬果攝取不足，這時不妨來杯水果攤的現榨果汁，市中心水果攤星羅棋布，擺滿了芒果、柳橙、火龍果、鳳梨等水果，可以直接切塊後品嘗，但多數攤商都會榨成果汁，也可做綜合口味，每杯約 3 萬越盾左右。

有些攤商還會提供包含蔬菜和蘆薈的原創組合，可以依心情選擇十分有趣。

夜市（→P.180邊欄）附近的水果攤晚上也有營業（MAP P.198-1A）

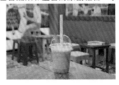

郊區城鎮

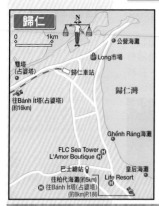

歸仁

以優美海灘聞名的海港城市　　　　　　**MAP** 摺頁正-3B、左圖

歸仁
Quy Nhơn

平定省省會歸仁是座非常知名的海港城市，郊區有著極為悠閒開闊的田園風景，就連市區裡都充滿著令人放鬆的閒適氣氛，不過對於外國觀光客來說，是個擁有著雙塔Tháp Đôi以及郊外Bánh Ít塔Tháp Bánh Ít等占婆王朝遺跡（→P.456）的城市，加上皇后海灘Bãi Tắm Hoàng Hậu、柏代海灘Bãi Đại等美麗沙灘而出名的城市，現在柏代海灘這裡還開設了大型度假飯店（→下述），愈來愈成為一大觀光焦點。

交通 ✿ ACCESS

如何前往歸仁

　　從胡志明市搭乘越南航空（VN）每日2～3班、越捷航空（VJ）每日4班、越竹航空（QH）每日2班前往，所需時間約1小時10分；從河內搭越南航空每日2～3班、越捷航空和越竹航空每日3班前往，所需時間約1小時45分。

　　搭乘火車的話，從歸仁車站開往胡志明市（西貢車站），所需時間約12小時50分；前往芽莊所需時間約4小時40分。從芽莊搭巴士約4小時。

歸仁的住宿

Avani Quy Nhon Resort & Spa

高級飯店
MAP 上圖外

🏠Ghềnh Ráng, Bãi Dài ☎(0256)3840133 **URL**www.avani hotels.com 💰⑤①352萬越盾～ 套房481萬越盾～（含早餐）**Card** A D J M V 共63房

沿著柏代海灘而建的飯店，是歸仁首屈一指的現代化度假飯店，提供豐富的SPA療程，並且以優異技術獲得好評。腹地內有著豐富綠意，吸引許多外國人下榻，提供免費Wi-Fi。Deluxe客房擁有50m²～的寬敞空間。

藩朗區域號碼0259

從芽莊出發的1日遊

要到藩朗-塔占，可從芽莊出發包車（150US$～）來趟1日之旅，單程所需時間約2小時。

保留著占族文化的城市　　　　　　**MAP** 摺頁正-4B、P.187

藩朗-塔占
Phan Rang-Tháp Chàm

這座隸屬於寧順省的城市藩朗-塔占，周邊一帶都位處於半沙漠地帶當中，充滿荒涼氣息的大地上遍長著尖銳硬刺的仙人掌，也是這片土地上最為獨特的植物景觀。

藩朗-塔占雖然只是座小小城市，卻有著以婆克朗加萊塔

交通 ✿ ACCESS

如何前往藩朗

●火車

　　從市中心往西北7～8km處有著塔占車站，從胡志明市（西貢車站）出發的班次每日3班，最快班次的所需時間約5小時27分；從芽莊出發的班次每日4班，最快班次的所需時間約1小時28分。

●巴士

　　從芽莊清晨到傍晚之間都有頻繁的車班出發，車資6萬越盾，所需時間約3小時；從大叻出發的車資為9萬越盾，所需時間約4小時；迷你巴士的車資也相當多。也有胡志明市開往藩切的巴士。

從藩朗-塔占出發的交通

●火車

　　從塔占車站開往胡志明市（西貢車站）的班次每日4班，前往芽莊也是每日3班。

●巴士

　　市中心北方3km處的寧順省巴士總站 Bến Xe Tỉnh Ninh Thuận（**MAP**P.187-1B外），有前往各地的巴士。前往大叻，車資約6萬越盾～，所需時間4小時；前往胡志明市車資15萬越盾～，所需時間約7小時；也有前往邦美蜀（16萬越盾）的班次。

Tháp Tháp Po Klong Garai為首的占婆王朝的諸多遺跡（→P.456）分布於郊外，可說是一處相當重要的觀光據點，另外郊區這裡亦遍布著食用葡萄、火龍果的果園，海岸地帶還分散著大片的鹽田，最近幾年像是紡織村Mỹ Nghiệp、陶器村Bàu Trúc、沙丘Nam Cường等地都成為新興的觀光勝地，都是位於只要有幾個小時時間就可以從市區出發前往參觀的範圍內。

藩朗-塔占的城市名稱來自於占族的占Chàm，藩朗的周邊至今依舊居住著為數眾多的占族人，愈往郊區愈能夠發現與越南多數民族京族百姓們，截然不同服飾裝扮（頭上裹著白色頭巾，變形褲子以及3色衣服）的占族人。

藩朗-塔占的景點

★ 建於14世紀的占婆王朝遺跡　　　MAP 右圖-1A外
婆克朗加萊塔
Pô Klong Garai　　Po Klong Garai Cham Temple Towers

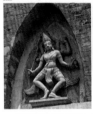

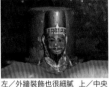

左／外牆裝飾也很細膩　上／中央祠堂內祭祀的穆卡林伽（繪有人臉的林伽）

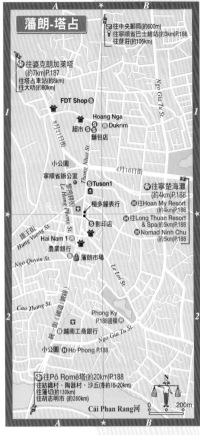

婆克朗加萊塔是由3座紅磚高塔組成的占婆王朝遺跡（14世紀），座落地點就在從市中心往西北前進約7km的郊區山丘之上，利用紅磚打造的塔樓內部還蓋有木造的圓錐形護殿，這種建築模式相當古老，主要是因為占婆王朝最早的宗教建築都採取原木建造，而有了這樣的設計。塔下是約尼Yoni（女性生殖器的象徵）於上方承載著林伽Linga（男性生殖器的象徵），在林伽的正面還繪有人臉，目的是為了彰顯出國王與濕婆神已人神合為一體，而被稱為穆卡林伽Mukhalinga，在占婆王朝年代裡還會舉行將聖水灑在林伽之上，再從約尼領取聖水的儀式。

雖然是處遠離人煙的遺跡，但人們的信仰極為虔誠，位於祠堂入口前方的聖牛Nandin神像之前總是供奉著香草以及檳榔果，每年10月還會由在地居民舉辦盛大祭祀慶典，遇上大祭時甚至還會連續歡慶1個月之久。

婆克朗加萊塔這處遺跡處於半沙漠狀的土地中，周圍叢生著仙人掌群，只要站上山丘就能夠俯視牛、羊放牧之地、屬於塔占車站的列車車庫、紅褐色磚瓦屋頂的民舍等雄偉美景。

爬上仙人掌繁盛的小山後，就會看到一座寺廟群

婆克朗加萊塔
☎ （0259）3888116
圖 7:00～17:00　休 無休
費 2萬越盾
從市中心搭乘摩托車計程車約10分鐘可到，單程車資5萬越盾～；計程車的話，單程車資約在20萬越盾上下；若是要包車，不妨可以順道遊覽Pô Romê塔。

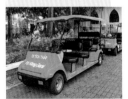

遺跡入口至山丘上的祠堂雖然步行也可到，也有電動車，單趟1萬越盾

藩朗-塔占

往中央郵局（約600m）
往寧順省巴士總站（約3km）P.186
往芽莊（約105km）

往婆克朗加萊塔P.187
往塔占車站（約5km）
往大叻（約80km）

FDT Shop

Hoang Nga
超市 Dukrim
麵包店

小公園
寧順省辦公室

Tuson1

極多鐘表行

影印店

碇王街
Hai Nam

農業銀行

藩朗市場

往寧楚海灘（約4km）P.188
往Hoan My Resort（約4km）P.188
往Long Thuan Resort & Spa（約5km）P.188
Nomad Ninh Chu（約5km）P.188

Ngo Quyen St.

Cao Thang St.

Phong Ky
P.188邊欄

越南工商銀行

小公園 Ho Phong P.188

往Pô Romê塔（約20km）P.188
往紡織村、陶器村、沙丘（各約15-20km）
往塔切（約130km）
往胡志明市（約280km）

Cái Phan Rang河

N

0　　　200m

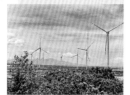

從山頂上可以看到一片立著許多風力發電機的草地

Pô Romê塔

🎫免費（向入口處的守衛要求的話，還可以進入主祠堂內參觀，這時別忘了要給小費）

寧楚海灘

位於市區中心東北方約7km，搭乘計程車約10分，車資13萬～15萬越盾～；摩托車計程車約15分，車資8萬越盾～。

藩朗-塔占的餐廳

Phong Ky
MAP P.187-2B
🏠1 Hồ Sinh Thái-Ngã 5 Tấn Tài ☎（0259）3929452
🕐11:00～23:00 🈺無休
Card不可 **預約**不需預約

擁有中庭的大型餐廳，菜色眾多，海鮮鍋（25萬越盾）很有人氣。

★留存著占婆王朝末代國王的浮雕　　　　　　　　　　**MAP** P.187-2A外

Pô Romê塔

Pô Romê　　　　　　　　　　　　　　　　Po Rome Tower

由藩朗-塔占向南約20km處，這個滿布著岩石的山丘上有著占族的最後遺跡（17世紀）——Pô Romê塔，走到石頭階梯頂端後就能夠看到修復完畢的主祠堂，並有著占婆王朝最後的統治者Pô Romê國王的浮雕、碑文等等。

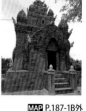

靜靜聳立於石階盡頭處的山丘頂端

★有許多家族遊客同遊，充滿著閒適氣氛　　　　　　**MAP** P.187-1B外

寧楚海灘

Bãi Biển Ninh Chữ　　　　　　　　　　　　Ninh Chu Beach

從市中心穿越民宅之後就是整片的田園地帶，不用多久時間就可以靠近海邊。擁有遼闊潔白沙灘的寧楚海灘，能夠一眼望遠處平緩起伏的山脈而顯得十分悠閒，海灘上經常有在地民眾帶著全家來戲水，並有著眾多度假飯店與小木屋式飯店。

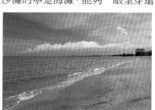

延伸約10km長的白沙海灘，海浪平穩最適合在此游泳。

藩朗-塔占的住宿　　　　　🏨 Hotel

獨佔寧楚海灘

Hoan My Resort

中級飯店

MAP P.187-1B

2021年全新開幕，寧處海灘最新的度假村，實惠的價格備有Villa房型，從飯店一下子就能到寧處海灘，館內也備有嬰兒床和哺乳椅，帶小孩旅行也完全沒問題。

🏠Yên Ninh
☎（0259）2478888
🌐hoanmyresort.com
💰⑤①160萬越盾～套房360萬越盾～
CardⒶⒹⒿⓂⓋ
共120房 32棟Villa

自然光充足的客房設計

藩朗-塔占的其他住宿　　　　🏨 Hotel

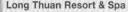

Long Thuan Resort & Spa

經濟型旅館
MAP P.187-1B外

🏠1 Yên Ninh ☎（0259）2220200、2220201
🌐longthuanhotelresort.com 💰⑤Ⓦ①90萬越盾～ 度假小屋170萬越盾～（含早餐）**Card**ⒶⒿⓂⓋ 共468房 24棟度假小屋

位在寧楚海灘沿岸的度假飯店，原先擁有188間客房，加上新館300間客房，組合成大型度假村。大型游泳池、網球場、SPA等設施也應有盡有。

Ho Phong

經濟型旅館
MAP P.187-2A

🏠363 Ngô Gia Tự ☎（0259）3920333
📧hophonghotel@yahoo.com 💰⑤①26萬～32萬越盾 套房30萬～45萬越盾 **Card**不可 共27房

市中心最大的飯店，6層樓的建築中設有電梯，充滿清潔感，尤其是Business Deluxe最為舒適，也通曉英語。要留意浴室的備品有些是要收費的。

Nomad Ninh Chu

迷你飯店
MAP P.187-1B外

🏠75 Yên Ninh ☎098-5594846（手機）
💰⑤①54萬越盾～
Card不可 共9房

房間新穎又乾淨，價格亦十分實惠，缺點是需要徒步約10分鐘才能抵達海灘，附近的餐廳也不多。

旅行社&旅遊辦事處 ✿ TRAVEL OFFICE & TOUR OFFICE

旅行社

團體旅遊公司相當多，每一家的主要業務都幾乎是相同的在地之旅，以及前往各地的自由上下車巴士之旅（→P.413），不過因為新冠疫情的關係，營業中的旅行社減少、也有將辦公室移到郊區的案例。可以透過網站或者飯店櫃檯預約，也有直接來飯店接駁的方案，下述的費用，只要沒有特別明記，都是標註為單人金額。

●Friendly Travel Nha Trang

URL nhatrangfriendly.com

推出可利用水壓飛行在海面上的懸浮滑板Flyboard Hoverboard（175萬越盾～）（90萬越盾～）、騎乘水上摩托車前往（245US$～）等海上活動。

●The Sinh Tourist

MAP P.198-2B 住130 Hùng Vương

☎（0258）3524329 URL www.thesinhtourist.vn

各式各樣的旅遊行程、機票、火車票的代購安排、包車、代為申請簽證等等，是間提供綜合性旅遊服務的老字號旅遊公司位於芽莊的分店。

巴士公司

●Hanh Cafe

MAP P.197-4A 住106 Phong Châu

☎（0258）3527467 營6:00～22:00

休無休 Card不可

夜行班次的自由上下車巴士之旅中，以提供Wi-Fi的臥鋪巴士最受歡迎。可透過市區各個飯店報名，還可提供芽莊市內飯店的接送。

潛水公司

芽莊的潛水最佳季節為3～10月。

●Rainbow Divers

MAP P.198-2A 住132 Nguyễn Thiện Thuật

☎（0258）3524351、090-5071936（手機）

URL www.divevietnam.com 營7:00～14:00

休無休 Card J M V

在芽莊是老字號潛水公司，有浮潛體驗55US$～、船潛50US$～等。

可盡享大自然的芽莊出發旅遊行程

芽莊提供相當多接觸海洋、河川等大自然或庶民生活的在地之旅，另外也有前往邦美蜀、波來古Pleiku、崑嵩Kontum等中部高原地區的暢遊之旅，下面就來介紹主要的旅遊行程。

●環島遊船之旅（1日）

搭船暢遊分布於芽莊外海的黑島Hòn Mun、第一島Hòn Một、Hòn Tằm島、妙島Hòn Miễu這4座島嶼（有時是3座島嶼）。

多數行程包含浮潛、獨木舟、午餐等費用，妙島濱也有水族館（門票17萬越盾），至於黑島則需收取2萬2000越盾的環境保護費，8:30出發，16:00返回。

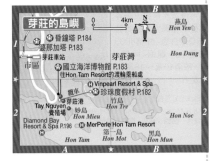

芽莊的島嶼

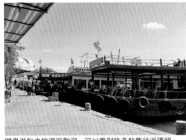

跳島遊船之旅很受歡迎，可以看到許多船隻往返碼頭。

●Yang Bay瀑布之旅（1日）

造訪Yang Bay瀑布（→P.185）的行程，可以在瀑布下游泳、泡溫泉、欣賞住在周邊的Raglay族的民族舞蹈等。

●Nha Phu灣之旅（1日）

在面向芽莊北部Hòn Heo半島的Nha Phu灣造訪猴子島（→P.185）與Hòn Thi島，可以在猴子島動物秀，也有看猴子的行程。

●芽莊河岸之旅（1日）

搭船往芽莊河溯河而上，探訪漁村、椰林村（河中沙洲）、陶器村等地，依照不同的行程內容，甚至還有機會深入探訪更為上游的Cổ Diên Khánh碉堡（→P.185邊欄）。

以「奶奶的滋味」為概念
Ba Toi
越南料理

MAP P.198-1A

　　店面樸素，但其實是間有著細膩家庭料理的隱藏版餐廳，推薦4道菜與湯品的奶奶傳統料理套餐（19萬9000越盾／2人份），用餐時間店內

總是擠滿人，建議在剛開店的時間前往。

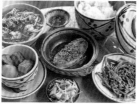

套餐最少為2人份，單點料理也很豐富

🏠68/4 Đồng Đa　☎(0258)3522667　🕐10:00～14:00、16:30～21:00　🚫無休　Card 不可　預約 不需預約

擠滿遊客的老字號海鮮餐廳
Truc Linh 2
越南&各國料理

MAP P.198-2A

　　營業邁入第24個年頭的海鮮名店，結合義式、法式與越南料理手法推出獨創菜單，推薦菜色為可選擇炭烤或火鍋等喜好的烹調方式的特製BBQ綜合魚（89萬8000越盾～）、龍蝦（時價）等，每道10萬～18萬越盾左右。

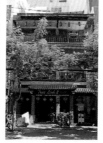

中國風的紅燈籠是正字標記

🏠18 Biệt Thự　☎(0258)3521089　🕐8:00～22:00　🚫無休　Card JMV　預約 不需預約

便宜又美味的越南食堂
Hong Duc
越南料理

MAP P.198-2B

　　味道、價格、菜單種類等條件都兼具的食堂，可以品嘗到美味的越南料理，每道料理約4～5萬越盾左右，經典菜色有提供河粉、越式燉牛肉Bò Kho（→P.33）等，也有牛排。由於位在遊客聚集的地段，客人多半是外國人。

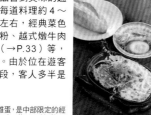

牛排上放著雞蛋，是中部限定的經典早餐Bò Kho（4萬5000越盾）

🏠176 Hùng Vương　☎090-5946352（手機）　🕐6:00～22:00　🚫無休　Card 不可　預約 不需預約

品嘗新鮮海鮮就來這裡
Nha Trang View378
越南料理

MAP P.197-1B

　　餐廳建於芽莊海灘的一端，可以欣賞遼闊的海景和度假村建築群，吸引許多遊客和當地人用餐，面海的座位很寬敞，也提供團客服務。蝦料理和花枝料理每道17萬5000越盾～。

炸鹹蛋黑虎蝦（19萬5000越盾）和百香果汁（4萬1000越盾）

🏠48 Nguyễn Bỉnh Khiêm　☎083-6925290（手機）　🕐6:30～22:00　🚫無休　Card MV　預約 不需預約

深受在地居民喜愛的燒肉店
Lac Canh
越南料理

MAP P.197-1B

　　使用七輪烹飪爐的自助式燒肉店，非常受到在地民眾的喜愛，每到用餐時刻就擠滿了人，西貢造型的牛肉以特製的辣味燒肉醬醃漬，簡直是白飯殺手，肉類有牛、豬、雞，甚至海鮮和鰻魚等

多元選擇，也提供炒飯（4萬越盾～）等料裡。

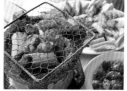

若想烤蔬菜可點蔬菜組合（4萬5000越盾）

🏠77 Nguyễn Bỉnh Khiêm　☎(0258)3821391　🕐9:30～21:15　🚫無休　Card 不可　預約 人數多的話要預約

芽莊知名料理Nem Nướng名店
Dang Van Quyen
越南料理

MAP P.197-2B

　　將炭火燒烤的豬肉丸子用米紙包起來享用的芽莊知名料理Nem Nướng（→P.33，5萬越盾），這間餐廳正是因這道料理的美味而獲得好評，特製的沾醬更能提味，提供英文菜單，店員還會教如何包來吃。

Nem Nướng，吃法是將豬肉丸子和放入蝦乾油作的米紙用蔬菜包起來，再沾特製的蝦醬食用

🏠16A Lãn Ông　☎(0258)3826737　🕐7:00～20:30　🚫無休　Card 不可　預約 不需預約

Voice 「Light Hotel」（MAP P.198-3B）11樓的餐廳「Miss Bamboo」是間使用大量竹子裝飾的開放式餐廳，充滿度假村的氛圍。非住客也可用餐，特別推薦早餐，越南式燉牛肉Bò Kho等越南料理搭配飲料的套餐為11萬越盾。

芽莊代表性的街頭小吃
Banh Can 51
越南料理

MAP P.198-1A

　迷你煎餅Bánh Căn，是一種以米粉麵團烘烤成半圓球形，撒上蝦子、花枝、肉和雞蛋等配料的小吃。這間店以加上大黑虎蝦和迷你花枝丸知名，口味獨特。推薦包含8種種類的特別套餐（9萬越盾）。

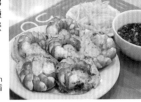

蝦子的Bánh Căn，5萬越盾／6個

🏠24 Tô Hiến Thành　☎（098）9689348
🕐10:30～22:00　休無休　Card不可　預約不需預約

集結大海恩惠的名產湯米粉Bún Cá
Nam Beo
麵

MAP P.197-2B

　供應芽莊知名湯米粉Bún Cá（3萬5000越盾～4萬越盾）的人氣餐廳，魚湯為基底的湯米粉中，加入越式炸魚餅（→P.30）和海蜇皮製造爽脆口感，配上魚片就是一碗充滿海鮮風味的當地麵食了。

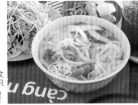

儘管無法以英文溝通，但點餐只要說「Bún Cá」並選擇大小即可

🏠Lô B2 Chung Cư Chợ Đầm　☎097-2331881（手機）
🕐7:00～21:00　休無休　Card不可　預約不需預約

海灘前的大型餐
Sailing Club Nha Trang
多國料理

MAP P.198-3B

　兼營酒吧的沿海人氣餐廳，以豐富種類的料理自豪，店內供應西式、越式、印度、無國界料理等豐富菜色。座位區分為5區，有可以躺在靠枕上放鬆的涼台座位、戶外座位、可以在海灘旁用餐的桌椅座位等，可配合心情選擇。

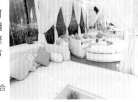

涼台座位很適合親子旅遊使用

🏠72-74 Trần Phú　☎（0258）3524628　🕐7:00～22:00（酒吧～翌日2:00）　休無休　Card J M V　預約不需預約

可愛的北歐風裝潢
Alpaca
西式料理

MAP P.198-1A

　感受到北歐氛圍的時髦輕食餐廳，深受住在當地的外國人和遊客喜愛，總是擠滿人潮。由舊公寓改建而成的鄉村風店內，四處裝飾著可愛羊駝的圖畫，有2樓座位和花園座位，提供義大利麵等義式和墨西哥料理為主。

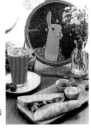

前方的塔可餅13萬5000越盾和西瓜汁4萬5000越盾

🏠10/1B Nguyễn Thiện Thuật　☎033-8899439（手機）
🕐8:00～21:30　休週日　Card J M V　預約不需預約

✴ Column　潮流屋頂酒吧

　飯店頂樓的屋頂酒吧是近期造訪芽莊的遊客必訪的人氣地點，可以大致分成兩種，像是以欣賞黃昏和夜景搭配美酒的路線，「Sheraton Nha Trang Hotel & Spa」（→P.194）的「Altitude」酒吧為代表，另一種是享受音樂和DJ，並與同伴同樂的路線，如「Premier Havana」（→P.195）的「Skylight」。在海風吹拂的特別席中，享受旅行的夜晚風采。

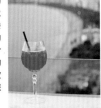

Altitude雞尾酒16萬5000越盾

Altitude
MAP P.197-3B
🕐17:00～隔天1:00
休週二　Card A D J M V
預約不需預約

以海鮮為首等飲食菜單十分豐富

Skylight
MAP P.197-3B
🕐20:00～24:00　休週一
💴入場費15萬越盾（含1杯飲品），週三・週六女性免費　Card A D J M V
預約不需預約

屋頂上可以看見360度絕美夜晚全景

分量十足的燒烤料理
MIX
希臘料理

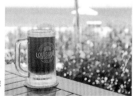

MAP P.198-2B

適合想大吃一頓的餐廳，每個都在盤子上放上了滿滿的肉品，包含牛肉、豬肉、雞肉、香腸的綜合肉燒烤拼盤（30萬越盾／1人）是店裡的招牌料理，還附有馬鈴薯、麵包與沙拉，飽足感十足。

許多人點大份量的燒肉套餐一起分食

🏠77 Hùng Vương　☎035-9459197(手機)　⏰12:00～14:30、17:00～21:30　🈺無休　**Card**不可　**預約**週末晚上最好先預約

芽莊產的精釀啤酒十分美味
Louisiana Brewhouse
釀酒廠

MAP P.198-3B

可以品嘗新鮮精釀啤酒的海邊釀酒廠餐廳，每天都會生產7種不同口味的啤酒，尤其是皮爾森啤酒的生啤酒（6萬5000越盾／330ml～）很受歡迎，餐點方面也是應有盡有，壽司甚至從握壽司到卷壽司都有，也有池畔座位。

迎著海風啜飲冰涼啤酒是最棒的體驗

🏠29 Trần Phú　☎(0258) 3521948　⏰7:00～翌日1:00　🈺無休　**Card**ADJMV　**預約**不需預約

新鮮的魚就是要做成生魚片
Izakaya Kiwami
日本料理

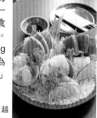

MAP P.198-1A

日本師傅會向客人推薦當季最新鮮的魚，3月為章魚、4月中下旬為海膽、5～8月為鮪魚，一整年都可享用到的美味食材為花枝與星點笛鯛等。燒烤料理也很豐富，Hong Bang街上也有以壽司為主打的「Sushi Kiwami」（MAP P.197.3A）。

5種厚切生魚片拼盤（37萬越盾）

🏠136 Bạch Đằng　☎034-4092390(手機)　⏰11:30～13:30、17:00～22:00　🈺週二　**Card**JMV　**預約**最好預約

24小時營業的酪梨冰沙店
V Fruit
甜點

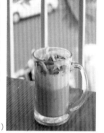

MAP P.198-1A

黃昏時分，店內充滿了吃著酪梨冰沙（→P.47）、冰淇淋和挫冰的年輕人們，酪梨＆榴槤冰沙（4萬越盾）、水果組合（3萬5000越盾）深受當地人歡迎，加上水果的布丁（3萬越盾）也許是台灣人喜歡的口味。

推薦酪梨冰沙（3萬5000越盾）

🏠24 Tô Hiến Thành　☎090-5068910(手機)　⏰24小時　🈺無休　**Card**不可　**預約**不需預約

禁　止　酒　駕　‧　飲　酒　過　量　害　人　害　己

織品豐富的越南雜貨
Kissa House
越南雜貨

MAP P.198-1A

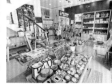

網羅了越南生產的手工雜貨，提供植物染、手織布等自然小物為主的商品，特別是傳統編織杯墊（6萬5000越盾）等越南北部黑苗族製作的自然染商品種類和設計都很豐富。可以自己組裝的越南攤販微型屋（→P.53）相當吸睛。

🏠1B Ngô Thời Nhiệm
☎033-7356076(手機)
⏰9:00～21:00
🈺無休
CardDJMV

老闆為日本人，若運氣好的話可以詢問觀光事宜

Voice 若想品嘗在地料理可以到芽莊市場附近，像是「Lac Canh」、「Dang Van Quyen」(皆→P.190)、「Nam Beo」(→P.191)都在徒步範圍內。

SPA・按摩 Spa & Massage

日式精油舒緩身心
Spa InterContinental　SPA
MAP P.197-3B

將日式款待精神與越南傳統結合的SPA，提供使用金箔的膠原蛋白臉部護理療程（210萬越盾／70分鐘）、綠茶磨砂療程（165萬越盾／70分鐘）等充滿日式氛圍服務。

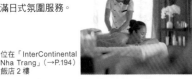

位在「InterContinental Nha Trang」（→P.194）飯店2樓

⊞32-34 Trần Phú ☎（0258）3887777 圏7:00～21:00 圏無休 圏腳底按摩140萬越盾（60分鐘）、熱石按摩250萬越盾（100分鐘）等 Card ADJMV 預約需預約

黃色外觀的獨棟SPA
Su Spa　SPA
MAP P.198-2A

與城市裡常見的按摩相比，這裡的氛圍更加平靜、乾淨，提供越南式、泰式、身體磨砂等多樣化服務，館內人員細心有禮，可以安心接受服務。

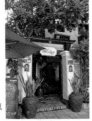

步入建築中立刻感受到閑靜的氛圍，讓人想要消除旅行的疲憊

⊞93AB Nguyễn Thiện Thuật ☎091-3444337（手機）圏11:00～22:00 圏無休 圏熱石按摩64萬5000越盾（80分鐘）、東方草本按摩74萬9000越盾（90分鐘）等 Card MV 預約不需預約

在飯店輕鬆體驗泥SPA
Galina Mud Bath & Spa　SPA
MAP P.198-2B

飯店附設的泥溫泉度假區，雖然位在大樓頂樓，但營造出讓人難以想像是位處市中心的放鬆空間，使用泥溫泉、蒸氣三溫暖、按摩池、游泳池的費用都包含在門票內，還有豐富的按摩療程。

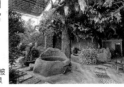

招牌泥溫泉為四周被植物環繞的露天溫泉

⊞5 Hùng Vương ☎（0258）3529998 圏9:00～21:00 圏無休 圏礦物泥SPA（每人35萬越盾～）、招牌按摩90萬越盾（90分鐘）等 Card JMV 預約建議預約

價格合理的鬧區SPA
Charm Spa Grand Nha Trang　SPA
MAP P.198-1A

大叻人氣SPA的分店，位在市區熱鬧的街區，到了深夜還是擠滿了自由行遊客。店內雖然不大，但採用間接照明幫助顧客放鬆身心，店內人員服務也很周到，晚上顧客較多，建議預約。

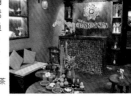

按摩後還會提供茶飲和點心

⊞48C Nguyễn Thị Minh Khai ☎090-1132138（手機）圏10:00～22:30 圏無休 圏腳底按摩43萬越盾（60分鐘）、肩頸按摩44萬越盾（50分鐘）等 Card 不可 預約建議預約

礦物質滿滿！芽莊的泥溫泉

含有大量礦物質的芽莊泥溫泉，據說有美顏效果，市區北部有天然泥溫泉的度假設施，設有溫水泳池、餐廳和按摩設施等，相當受歡迎。

由於泥浴中含有大量的鹽分，身體會漂浮起來很有意思，浸泡20分鐘後，在陽光下晾乾再洗淨後，皮膚就會變得光滑。接著就可以在泳池遊玩、享受按摩等度過悠閒時光。

左／擁有各式各樣湯浴的「Thap Ba」，圖片為露天按摩浴缸　右／「I-Resort」的泥溫泉

I-Resort
以仿效「日本溫泉」打造的人氣泥溫泉度假村，附有一座滑水道泳池。
MAP P.197-1B外 ⊞Tổ 19, Thôn Xuân Ngọc ☎（0258）3838838 URL www.i-resort.vn 圏7:00～20:00 圏無休 圏泥溫泉＋泳池35萬越盾（浴缸最多2人）Card JMV 預約不需預約

Thap Ba Hot Spring
老字號泥溫泉，附設溫水泳池、按摩、餐廳和休閒花園等設施。
MAP P.197-1B外 ⊞438 Ngô Đến ☎（0258）3835335 URL tambunthapba.vn 圏7:00～19:30 圏無休 圏泥溫泉＋泳池35萬越盾（浴缸最多4人）Card JMV 預約不需預約

被大自然包圍的奢華度假村
Six Senses Ninh Van Bay

高級飯店

MAP P.197-1B外

從芽莊市中心往北約30km，接著再搭乘專屬接駁船約15分鐘，就可以看到位於寧凡灣的Six Senses Ninh Van Bay。善用白色沙灘、半山腰地勢以及巨型岩石的天然景致，在占地約14.5公頃

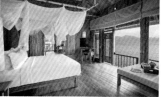
室內裝潢大量使用天然木材的客房

的面積裡，錯落著59棟的別墅Villa，不論是哪一棟Villa裡面都提供了臥房、起居廳、浴室、陽台以及游泳池，而大量使用天然木材做裝潢的室內，到處充滿著溫暖氣息，加上有源源不絕的海風吹入這樣自然的空間中，讓人身心都跟著舒暢起來，堪稱是為了成熟大人而開設的祕密之家，還可安排排毒計畫和健康檢查。

🏠Ninh Vân Bay, Ninh Hòa
☎(0258) 3728222
URL www.sixsenses.com
💰Hill Top Pool 1011US$～　Beachfront Pool 1011US$～　Rock Pool、Water Pool 1551US$～（＋稅金·服務費15%）
Card A D J M V　共62間Villa

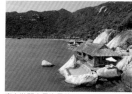
享有壯麗山景海景的Hill Top Pool房型

享受180度海景
InterContinental Nha Trang

高級飯店

MAP P.197-3B

櫃台上擺設投網捕魚風情的擺飾，客房採用以沙、大海、自然為意象的米色與水藍色，浴室地板大量使用南越大理石鋪設，隨處可看出芽莊當地的風格。寬闊的房間相當優雅，設置於浴室的拉門感覺帶點

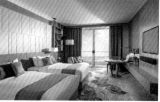
Single Classic Ocean View的客房內部

日式情調，露天浴室開闊感十足，彷彿在家一般地舒服自在，幾乎所有房間都有海景且設有陽台，夜晚則可聽到從馬路對面傳來的大海浪潮聲。餐點的水準相當高，包含接待大廳酒吧的下午茶、可在喝到生啤酒的海鮮自助餐等等。

🏠32-34 Trần Phú
☎(0258) 3887777
URL www.nhatrang.intercontinental.com
💰S W T 315萬越盾～　套房528萬越盾～（＋稅金·服務費15%，含早餐）
Card A D J M V　共279間Villa

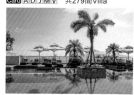
館內備有3座泳池，滿溢著度假氣氛

在別緻的房間裡享受自在住宿
Sheraton Nha Trang Hotel & Spa

高級飯店

MAP P.197-3B

30層樓高的飯店從9樓起全為客房，每一間都擁有海景並加上陽台，眼前盡是開闊地芽莊海灘全景，震撼十足。另外，6樓還有座長達21km的無邊際泳池，天、海、泳池融合為一體。餐廳、SPA和屋頂酒吧（→P.191）也深受好評，

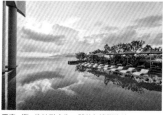
天空、海、泳池融合為一體的無邊際泳池

也鄰近購物中心、餐廳，是享受芽莊最適合入住的飯店。Club以上的房型，可使用私人貴賓室，昇華住宿體驗。

🏠26-28 Trần Phú
☎(0258) 3880000
URL sheraton.marriott.com
💰S W T 290萬越盾～　套房440萬越盾～（＋稅金·服務費15%，含早餐）　Card A D J M V
共280房

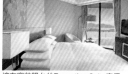
擁有寬敞陽台的Executive Suite客房

Voice! 飯店屋頂上的屋頂酒吧最近在芽莊很流行，然而酒吧聲音較大，也可能舉辦DJ之夜直到深夜，建議追求寧靜的人，也需要把這點考慮進去。

以美好舊時代與現代融合為主題
The Anam　高級飯店
MAP P.197-4B外

於2017年開幕，為金蘭地區相對新穎的度假村。私人海灘、無邊際泳池、可以光腳行走的草地花園、高品質的餐廳、電影院和推桿高爾夫球場等，度假村該有的設施應有盡有，也適合親子入住。

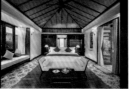

以印度支那時代越南為設計概念

住Lot D3, Northern Peninsula Cam Ranh　☎(0258) 3989499　URLwww.theanam.com　賃ⓈⓌⓉSWT 648萬越盾～Villa 614萬越盾～　CardAⒹJMV　共136房 77間Villa

---

寬敞的房間每間客房都有海景
Premium Havana Nha Trang　高級飯店
MAP P.197-3B

位在陳富街上的5層飯店，面積40m²的寬敞客房內是以棕色與象牙白為基調的簡約現代裝潢，所有房間皆為海景房。館內有餐廳、SPA、游泳池等完備設施，附近有夜市，可享受夜間散步的樂趣。

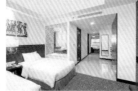

客房全面禁菸

住38 Trần Phú　☎(0258) 3889999　URLwww.havanahotel.vn　賃ⓈⓌⓉ165萬越盾～　套房205萬越盾～（含早餐）　CardAⒹJMV　共1067房

鄰近大海與鬧區的4星飯店
Starcity Nha Trang　中級飯店
MAP P.198-3B

位在市區南部的15層樓4星飯店，地點臨近大海與鬧區，是漫遊這座城市的最佳據點。客房採白色與木質色的極簡設計，Premium客房內設有咖啡機。3樓有游泳池、健身房、SPA、三溫暖。

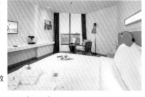

大面落地窗開放感十足

住72-74 Trần Phú　☎(0258) 3590999　URLstarcitynhatrang.com　賃ⓈⓌⓉ120萬～套房200萬越盾（含早餐）　CardAⒹJMV　全204室

提供穩定和高品質的接待服務
Novotel Nha Trang　高級飯店
MAP P.198-2B

以裝潢時尚，針對度假者與商務旅客而打造的飯店，18層樓的建築中每間客房都有絕佳海景，特別是站在陽台所能欣賞到的景色無敵，在充滿開放感的SPA「In Balance」個人房也能眺望大海。14:00～17:00間可於接待大廳的咖啡館享受下午茶。

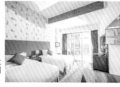

可從窗口眺望大海，也有浴缸。圖為Superior客房

住50 Trần Phú　☎(0258) 6256900　URLwww.novotelnhatrang.com　賃ⓈⓌⓉ159萬越盾～　CardAⒹJMV　共154房

殖民風格的度假飯店
Sunrise Nha Trang Beach Hotel & Spa　高級飯店
MAP P.197-2B

殖民風格的老字號度假飯店，客房以米色為基調而有著優雅氛圍，幾乎每間客房都能夠眺望到海景。餐廳的部分，以日本&越南料理餐廳「Huong Viet」為首，每一間都展現出高水準還有。

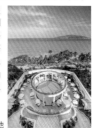

模擬希臘神殿的圓形游泳池

住12-14 Trần Phú　☎(0258) 3820999　URLwww.sunrisenhatrang.com.vn　賃ⓈⓌⓉ167萬越盾～　套房360萬越盾～（含早餐）　CardAⒹJMV　共125房

良好的地段與服務
Liberty Central Nha Trang　中級飯店
MAP P.198-2B

位在餐廳聚集的Biet Thu街上，地點絕佳，走路只要3分鐘就能抵達海灘。客房統一採用米色系的裝潢，21樓的屋頂酒吧「Above Sky Bar」是欣賞海景的絕佳地點。

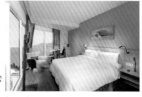

外國旅行團也常入住的4星飯店

住9 Biệt Thự　☎(0258) 3529555　URLwww.libertycentralnhatrang.com　賃ⓈⓌⓉ125萬越盾～套房250萬越盾～（含早餐）　CardAⒹJMV　共227房

市區中可愛系的精品飯店
Potique
中級飯店

MAP P.198-1A

　於2022年開幕的精品飯店，地點位在迷你飯店聚集的地區，房間為端莊的越南風格設計，公共區域則以白色的牆壁與翠綠色的窗框，展現越法合一的風格。頂樓泳池、SPA、餐廳等設施齊全。

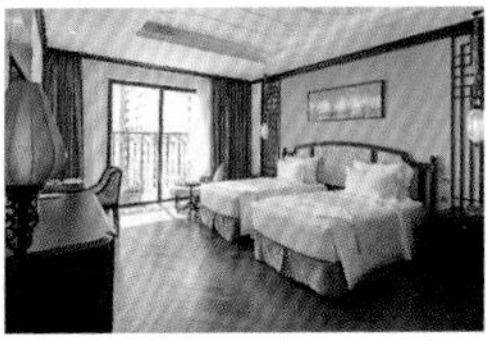

頂樓有與天海合一的
無邊際泳池

🏠22 Hùng Vương　☎（0258）3556999
URL potiquehotel.com　Ⓢ Ⓦ Ⓣ 228萬越盾～、套房257萬越盾～（含早餐）　Card D J M V　共151房

房間和設備有4星等級
Asia Paradise
中級飯店

MAP P.198-2B

　3星級的飯店規模，卻有著4星級的客房和設施，CP值很高。Superior（城市景）房型為寬敞的32m²，還有陽台和浴缸。位在繁華的街上，無論前往哪裡都很方便，附近也有咖啡館和便利商店。

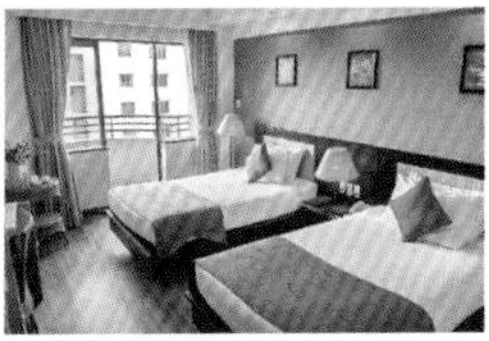

沈穩色調的Superior
房型

🏠6 Biệt Thự　☎（0258）3524686
URL www.asiaparadisehotel.com　Ⓢ Ⓣ 53萬越盾～　套房110萬越盾～（含早餐）　Card A J M V　共113房

悠閒機能佳
ibis Styles Nha Trang
中級飯店

MAP P.198-2B

　地段極佳，市中心和海灘都只需要5分鐘的步行距離，商務或旅遊行程都很便利。海洋風格的房間以清爽的海藍色和黃色裝潢，提供舒適簡約的住宿體驗。附設開放式餐廳「Street」，也有酒吧、泳池和SPA。

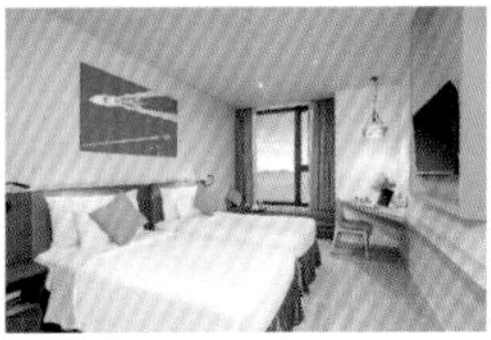

Premium等級以上客
房享有海景

🏠86 Hùng Vương　☎（0258）6274997
URL www.accorhotels.com/9578　Ⓢ Ⓦ Ⓣ 59萬越盾～ 套房140萬越盾～（含早餐）　Card A D J M V　共311房

附窗戶＆時尚的新飯店
Mojzo Inn
迷你飯店

MAP P.198-1A

　位在便捷的地點，是間迷你機能性佳的飯店，明亮乾淨的客房均設有窗戶，具有現代藝術氛圍的淋浴間和廁所之間設有隔間。電視、吹風機、冰箱等基本設備一應俱全，飯店人員友善，可以在此度過舒適的時光。

靠近夜市（→P.180
邊欄）和海灘

🏠65/7 Nguyễn Thiện Thuật　☎035-7751188（手機）
URL www.facebook.com/MojzoInn　Ⓢ Ⓦ Ⓣ 40萬越盾～套房65萬越盾～　Card M V　共22房

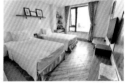

Diamond Bay Resort & Spa
高級飯店

MAP P.189-2A

🏠Nguyễn Tất Thành　☎（0258）3711711
URL diamondbayresort.vn　Ⓢ Ⓦ Ⓣ 143萬越盾～　度假小屋168萬越盾～（含早餐）　Card A J M V　共342房

從芽莊市中心街道驅車往南約20分鐘，可以看到這間位於鑽石灣的正式海灘度假村，有著華麗花園＆陽台的度假小屋非常受歡迎，游泳池、SPA、健身房、高爾夫球場等都很完備，還有礦物泥SPA設施。

Boss
經濟型飯店

MAP P.198-2B

🏠10 Tôn Đản　☎（0258）3884555
Ⓢ Ⓦ Ⓣ 120萬越盾～套房210萬越盾～（含早餐）
Card 不可　共72房

位在陳富街西側的巷子裡，飯店內部和房間設備新穎、乾淨，高樓層的房間還可以看到海景，從頂樓泳池俯瞰的風景相當宜人。

Tabalo
青年旅館

MAP P.198-2A

🏠34/ 2 /7 Nguyễn Thiện Thuật　☎058-3525295（手機）
Ⓢ Ⓦ Ⓣ 23萬越盾　Ⓣ 35萬越盾　Ⓓ 10萬越盾
Card A M V（手續費＋3％）　共21房

不想花費太多住宿費的好選擇，男女宿舍房共有16個床位，加上個人房5間。宿舍房床位間的距離稍小，如果不介意的話，這裡的整潔度和工作人員態度友善，是個不錯的住宿地點。

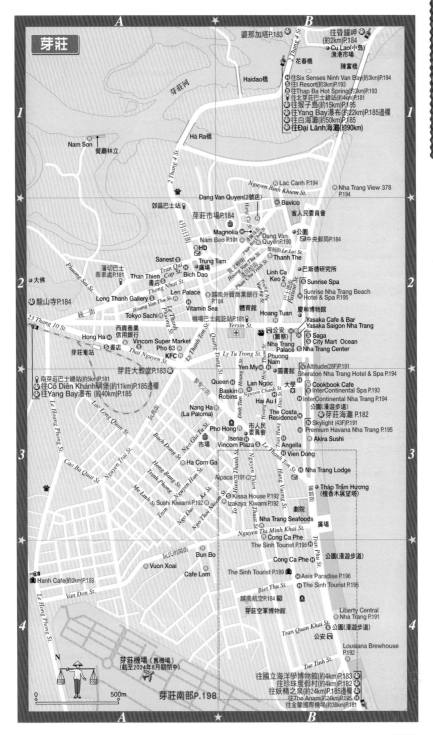

芽莊

往昏鐘岬
(約2km)P.184

Cu Lao(小島)
漁港市場

花春橋

陳富橋

婆那加塔P.183

Haidao橋

⊞往Six Senses Ninh Van Bay(約3km)P.194
⊞往 Resort(約3km)P.193
⊞往Thap Ba Hot Spring(約3km)P.193
⊞往北芽莊巴士總站(約4km)P.181
⊞往猴子島(約15km)P.185
⊞往Yang Bay瀑布(約22km)P.185邊欄
⊞往白海灘(約50km)P.185
⊞往Đại Lãnh海灘(約90km)

Hà Ra橋

芽莊河

2 Thang 4 St.

Nam Son
餐廳林立

⊞Lac Canh P.194
⊞Nha Trang View 378 P.194

Dang Van Quyen(2號店)

郊區巴士站

芽莊市場P.184

⊞Bavico

省人民委員會

Magnolia

Nam Beo P.191

Dang Van Quyen P.190

⊞Thanh The

HD

Sanest

Trung Tam

Than Thien
書店

Bich Dao

越文橋商業銀行 P.184

⊞公園
⊞中央郵局P.184

巴斯德研究所

Linh Ca
Keo 2

潘切巴士乘車處P.181

Long Thanh Gallery

Len Palace

Vitamin Sea

Hoang Tuan

Sunrise Spa

Sunrise Nha Trang Beach
Hotel & Spa P.195

慶和博物館

⊞大佛

⊞龍山寺P.184

Tokyo Sachi

機場巴士起訖站P.181

體育館

Yersin St.

Yasaka Cafe & Bar
Yasaka Saigon Nha Trang

23 Thang 10 St.

Hong Ha

Vincom Super Market

書店

⊞公安
(警察)

Nha Trang
Palace

Saga

City Mart Ocean

Nha Trang Center

Pho 63

芽莊車站

KFC

Phuong
Nam

Yen My

圖書館

Altitude(28F)P.191

Sheraton Nha Trang Hotel & Spa P.194

⊞南芽莊巴士總站(約5km)P.181
⊞往Cổ Diên Khánh碉堡(約11km)P.185邊欄
⊞往Yang Bay瀑布 (約40km)P.185

芽莊大教堂P.183

Queen

Lan Ngoc

大學

Cookbook Cafe
InterContinental Spa P.193

Baskin
Robins

Hai Au I

⊞InterContinental Nha Trang P.194

公園(漫遊步道)
⊞芽莊海灘P.182

Nang Ha
(La Paloma)

The Costa
Residence

Skylight (43F)P.191
⊞Premium Havana Nha Trang P.195

Pho Hong

Akira Sushi

Isena
Vincom Plaza

市人民
委員會

Angella

Ha Com Ga

⊞Vien Dong

⊞Nha Trang Lodge

Alpaca P.191

⊞Tháp Trầm Hương
(檀香木展望塔)

⊞Kissa House P.192

Izakaya Kiwami P.192

Sushi Kiwami P.192

劇院

Nha Trang Seafoods

廣場

Nguyen Thi Minh Khai St.

⊞Cong Ca Phe

The Sinh Tourist P.195

Bun Bo

Cong Ca Phe

公園(漫遊步道)

Vuon Xoai

The Sinh Tourist P.189

⊞Asia Paradise P.196

Cafe Lam

⊞The Sinh Tourist P.195

⊞Hanh Cafe(約2km)P.189

越南航空P.184

Van Don St.

芽莊空軍博物館

Liberty Central
Nha Trang P.191

Tran Quan Khai St.

公園(漫遊步道)

公安

Lousiana Brewhouse
P.192

Tue Tinh St.

N

芽莊機場（舊機場）
（截至2024年8月閉而中）

往國立海洋學博物館(約4km)P.183
往珍珠度假村(約4km)P.182
往妖精之泉(約24km)P.185邊欄
往The Anami(約24km)P.195

往金蘭國際機場(約38km)P.181

0 500m

芽莊南部P.198

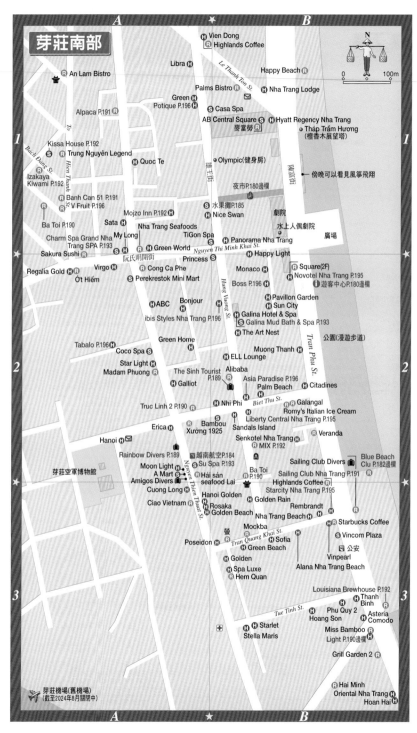

芽莊南部

An Lam Bistro

Libra

Vien Dong
Highlands Coffee

Happy Beach

Palms Bistro
Nha Trang Lodge

Green
Potique P.196

Casa Spa

AB Central Square
Hyatt Regency Nha Trang

麥當勞

Alpaca P.191

Le Thanh Ton St.

Tháp Trầm Hương
(檀香木展望塔)

Kissa House P.192

Trung Nguyên Legend

Quoc Te

Olympic(健身房)

傍晚可以看見風箏飛翔

Izakaya
Kiwami P.192

Banh Can 51 P.191

V Fruit P.196

夜市P.180邊欄

Mojzo Inn P.192

水果攤P.185

Ba Toi P.190

Sata

My Long

Nha Trang Seafoods

Nice Swan

Charm Spa Grand Nha
Trang SPA P.193

TiGon Spa

Panorama Nha Trang

水上人偶劇院

劇院

廣場

Sakura Sushi

Green World

阮氏明開街

Nguyen Thi Minh Khai St.

Happy Light

Regalia Gold

Virgo

Princess

Square(2F)

Cong Ca Phe

Monaco

Novotel Nha Trang P.195

Ớt Hiếm

Perekrestok Mini Mart

Boss P.196

遊客中心P.180邊欄

ABC

Bonjour

Pavillon Garden

Sun City

ibis Styles Nha Trang P.196

Galina Hotel & Spa

Galina Mud Bath & Spa P.193

The Art Nest

Tabalo P.196

Green Home

Muong Thanh

公園(漫遊步道)

Coco Spa

Star Light

ELL Lounge

Madam Phuong

The Sinh Tourist
P.189

Alibaba

Galliot

Asia Paradise P.196

Palm Beach

Citadines

Truc Linh 2 P.190

Nhi Phi

Biet Thu St.

Galangal

Romy's Italian Ice Cream

Erica

Bambou

Xưởng 1925

Liberty Central Nha Trang P.195

Sandals Island

Veranda

Hanoi

Senkotel Nha Trang

MIX P.192

Rainbow Divers P.189

越南空軍博物館

越南航空P.184

Sailing Club Divers

Blue Beach
Clu P.182邊欄

Moon Light

Su Spa P.193

Ba Toi
P.190

Sailing Club Nha Trang P.191

A Mart

Hải sản
seafood Lai

Highlands Coffee

Amigos Divers

Starcity Nha Trang P.195

Cuong Long

Hanoi Golden

Ciao Vietnam

Rosaka

Golden Rain

Golden Beach

Rembrandt

Nha Trang Beach

Starbucks Coffee

Mockba

Tran Quang Khai St.

Sofia

Poseidon

Green Beach

Vincom Plaza

公安

Golden

Vinpearl

Alana Nha Trang Beach

Spa Luxe

Hem Quan

Louisiana Brewhouse P.192

Thanh
Binh

Tue Tinh St.

Phu Quy 2

Hoang Son

Asteria
Comodo

Starlet

Stella Maris

Miss Bamboo

Light P.190邊欄

Grill Garden 2

Hai Minh

Oriental Nha Trang

Hoan Hai

芽莊機場(舊機場)
(截至2024年8月關閉中)

芽莊空軍博物館

To Bach Dang St.

To Hien Thanh St.

Hung Vuong St.

Tran Phu St.

Nguyen Thien Thuat St.

花卉與綠意包圍的高原度假村

大叻

大叻區域號碼
0263
Đà Lạt

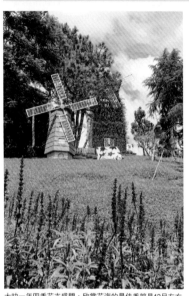

大叻一年四季花卉盛開，欣賞花海的最佳季節是12月左右

海拔1400～1500m的高原城市大叻，遍布於城市周邊丘陵上是成片的松樹林，而從中穿梭的風輕拂臉龐相當舒服，一年到頭的平均氣溫在18～23℃，是處避暑勝地，因為是在法國殖民時代開發出來的城市，因此起伏不斷的丘陵坡地上散落著法國風情Villa，春天來臨時，在春香湖周圍滿開著玫瑰、茉莉等花田，全年則都會栽種美味的高原蔬菜。

大叻郊區有許多自然風景勝地，充滿負離子的瀑布、山中的湖泊，甚至是可以健行的山脈等，從市區出發都只要30分鐘的交通時間就能抵達。也有提供導覽行程，可以在一天內遊覽多個景點。享受完大自然之後，不妨享用一些在地的新鮮蔬菜和水果，讓身體從內到外都恢復活力。

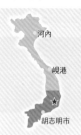

壁畫街
Dốc Nhà Làng
Doc Nha Lang
MAP P.201-1A
在大叻市中心有一處裝飾著壁畫的角落，位在Nguyễn Biểu街，全長約140m，是許多雜貨店和咖啡館聚集的區域。這裡由大叻市與藝術家團體於2019年合作開發，現在是熱門的拍照景點。

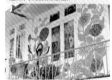

以色彩繽紛的花卉繪畫展現花都大叻的特色

交通✿ACCESS

如何前往大叻

●飛機

越南航空（VN）從胡志明市每日飛行3～4航班、越捷航空（VJ）每日3班、越竹航空（QH）每日1班，所需時間約50分；河內出發的越南航空每日2～3班、越捷航空每日4班、越竹航空的每日2班，所需時間約1小時50分；峴港出發的越南航空、越捷航空、越竹航空每日1班，所需時間約1小時15分；順化出發的越南航空每週3班，所需時間約1小時10分。

●巴士

胡志明市的東部巴士總站Bến Xe Miền Đông，7:45、22:30、23:30發車臥鋪巴士共3班，車資30萬越盾～，所需時間約7小時30分；芽莊在7:00～16:00間行駛5班車，車資16萬5000越盾～18萬越盾，所需時間約4小時。

從大叻出發的交通

●飛機

請參考上述的交通介紹。

●巴士

大叻市區外的Bến Xe Liên Tỉnh Đà Lạt巴士總站（MAP P.201-2B外）有車班前往各地，往胡志明市24小時行駛，每隔1小時發車，車資為30萬越盾，所需時間約7小時；前往芽莊在7:00～16:00間共7車班，車資為16萬越盾，所需時間約4小時；前往峴港有14:00、15:00、16:00、17:00、18:00出發的5個班次，車資34萬越盾，所需時間約13小時。

大叻機場～市區交通

從機場搭計程車到市區約17萬5000越盾。至於巴士，Phuong Trang巴士公司（→P.204）配合飛機航班時間提供開往市區的路線，車約6萬越盾，所需時約30分鐘，可配合乘客需求在中途下車，終點也可能調整，建議把目的地地址提供給司機。不在路線上的地點，則需要額外付費。從市區行駛至機場的巴士乘車處在Sammy Hotel前，可以透過飯店櫃台預約巴士接駁。

Sammy Hotel
MAP P.201-2A　📍1 Lê Hồng Phong
☎ (0263) 3545454

Voice泊 大叻即便是夏天早晚會突然變冷，建議準備長袖、薄毛衣，冬天時一定要穿厚外套，以及多層衣物保暖。

Lam Vien 廣場
Quảng Trường Lâm Viên
Lam Vien Square
MAP P.201-2B

位於春香湖南邊的市民休息地點，廣場上建有2座獨特的建築，分別是菊花和朝鮮薊形狀的劇院和咖啡館，以及地下超市。

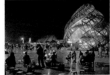
晚上出現許多攤販熱鬧十足

大叨特產 朝鮮薊

大叨是朝鮮薊的一大產地，屬於多年生菊科菜薊屬植物，英文名稱為Artichoke，花蕾的根莖和薊心可以食用，帶有微微的甜味口感脆軟。

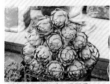
看起來像小狐猴，很可愛

大叨市場

🕐依店家而異，大致為7:00～19:00 🚫無休

大叨的路邊攤

MAP P.202-2B

從傍晚入夜開始，市場前的圓環一路到Hòa Binh廣場的階梯一帶就會出現各種路邊攤，也看到販售少數民族手工製品的攤商。

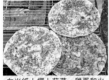
在米紙上擺上蔬菜、雞蛋和火腿等食材並用炭火燒烤的食物為大叨披薩Bánh Tráng Nướng，是當地的特色食物之一。

大叨城市花園

📍2 Trần Nhân Tông
☎ (0263) 3837771 🕐6:00～18:00 🚫無休 💰7萬越盾，兒童3萬5000越盾

城市的中央地點就在大叨市場前的圓環，從西側的階梯往上走的正前方為Anh Dao飯店，由此繼續往右前進可以看到電影院，在建築物的周圍環繞著小型商店，而電影院西側延伸的2月3日街、張公定街、Tăng Bạt Hổ街是商店、餐廳、以及飯店等集中的熱鬧地區。如果想買便宜的東西或者是用餐的話，不妨可以來這一帶。接著從春香湖的西側循著湖畔前進，在第一條道路左轉後於Bùi Thị Xuân街往上走，便來到便宜住宿街，繼續往上走於靈山寺所在的阮文追街Nguyễn Văn Trỗi左轉，遇到盡頭後繼續往左走，便來到同樣是便宜住宿林立的潘廷逢街Phan inh Phùng。

大叨市中心的街道雖然蜿蜒錯綜，但寬度正好適合散步，沿路上還可享受到許多高原城市才有的珍貴景色與食物。

★ 水果乾最適合買來當伴手禮　　　　　**MAP** P.202-1B
大叨市場
Chợ Đà Lạt　　　　　　　　　　**Da Lat Market**

大叨市場在1樓販賣著大叨特產的草莓果醬以及水果乾，而市場周邊的馬路則看得到紫色高麗菜、朝鮮薊、草莓等等，擺滿高原地帶特有的溫帶蔬菜或水果，從一大清早開始就充滿了蓬勃的活力。而說到了大叨，就絕對不能少了玫瑰花，市場正面入口處

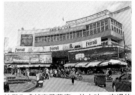
被譽為「越南蔬菜庫」的大叨，市場的蔬菜最為新鮮，果乾的種類也很豐富

之前是五彩繽紛的各色切花顯得無比熱鬧，2樓則林立著雜貨、服飾店鋪，其中特別是毛衣、圍巾這一類服飾居多，剛好是氣候涼爽的大叨最合適選擇。

★ 位處市中心，湖畔還有許多咖啡館　　　**MAP** P.201-2B
春香湖（大湖）
Hồ Xuân Hương (Hồ Đại)　　　　　**Xuan Huong Lake**

春香湖（大湖）位於市中心處，是座倒映著四周松樹林而直徑約5km的寧靜湖泊，沿著湖畔漫步，走累了的時候，不妨到一旁的咖啡館歇腳休息，另外像是出租船隻或電動船之旅也都相當吸引人。

湖畔是當地人早上、傍晚的休憩場所

★ 湖畔是當地人早上、傍晚的休憩場所　　**MAP** P.201-1B
大叨城市花園
Vườn Hoa Thành Phố Đà Lat　　**Dalat Flower Garden**

座落於春香湖北側的大叨城市花園，是大叨市內最大的一座花卉公園，在占地面積達7000m²的遼闊庭園內，可以見識到超過350種的不同花朵。

也是花卉節的會場

Voice! 說到大叨就會想到草莓，大叨市場周邊有許多販售草莓的攤販，這樣的景象不禁讓人想要拿起手機拍照，但拍照前務必取得攤販的許可喔。

★ 向現代傳遞過往別墅的繁盛

保大帝夏宮

Dinh Bảo Đại (Palace III) **Bao Dai Summer Palace**

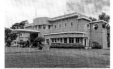

為了保護建築物，在入口處需要用鞋套將鞋子包起來

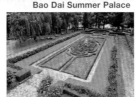

起建於1933年耗費5年才終於完成的保大帝夏宮，是為了阮氏王朝末代皇帝保大帝與皇族而建的別墅，是同時期興建的3座宮殿之一，也被稱為「Palace III」。由法國建築師設計的夏宮，採取歐洲風格建築樣式，雖然作為皇帝的別墅顯得有些簡單樸素，但是內部從接待廳起到餐廳、辦公室、臥室等共計有多達25個房間。

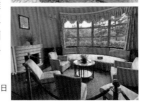

上／佔地內壯麗的法式庭園　下／2樓的日光房，想像皇室一家祥和的風景很有趣

保大帝夏宮
🏠 1 Triệu Việt Vương
☎ (0263) 3826858
🕐 7:00～17:00　休無休
💰 4 萬越盾，兒童（身高120cm以下）2 萬越盾

★ 現在仍在建設的奇妙建築

瘋狂的房子

Crazy House (Hằng Nga) **Crazy House**

至今仍在建設，造型越來越奇妙

　　瘋狂的房子是以巨大樹木為靈感而成，有著獨特外觀的飯店，當然也變成了大叻最具代表性的觀光景點之一，以老虎房、老鷹房等動物名稱命名的客房都有各自不同的特殊裝潢，在飯店內也還設有藝廊。

瘋狂的房子
🏠 3 Huỳnh Thúc Kháng
☎ (0263) 3822070
🕐 8:30～19:00　休無休
💰 6 萬越盾，兒童（身高120cm以下）2 萬越盾

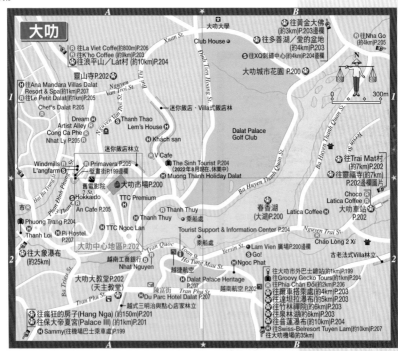

Voice! 朝鮮薊茶Trà Atiso作為伴手禮很受歡迎，有提升肝功能、消除宿醉等功效，可以在伴手禮店或超市買到茶包和茶葉。

大叻車站

- 1 Quang Trung
- ☎（0263）3834409
- 💰5000越盾（入場費）

前往Trai Mat村

旺季時會在5:40、7:45、9:50、11:55、14:00、16:05出發，1天共6班車，淡季時只有事先預約才會發車，最低出發人數為20人，車來回為13萬2000越盾～14萬8000越盾，單程所需時間大約為30分，火車會在Trai Mat村的車站停留30分左右，然後折返回大叻，可以趁這段時間在村落裡悠閒地四處散步漫遊。

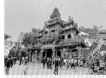

如果要前往Trai Mat村裡以華麗裝飾聞名的靈福寺（MAP P.201-2B外），從車站徒步約5分鐘即達

靈山寺

- 🕐24小時　休無休　💰免費

大叻大教堂

- 15 Trần Phú　💰免費

彌撒會在週一～五的5:15、17:15舉辦，週日則為5:30、7:00、8:30、16:00、18:00。

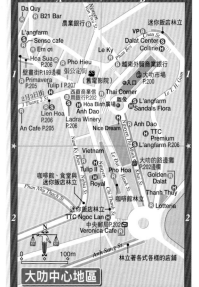

大叻中心地區

★ 展示日本製作的蒸汽火車　　　　　　　　MAP P.201-2B
大叻車站
Ga Đà Lạt　　　　　　　　　　　Da Lat Railway Station

建設於1938年的大叻車站，堪稱是越南最美麗的一座車站，雖然曾經一度因為越戰而停駛，不過如今已經再度以觀光列車的角色恢復營運，前往到以東約7km遠的Trai Mat村（MAP P.202-2B外）。車站內有日本製蒸汽火車的展示，以及由倉庫改建的巧克力咖啡館「Choco」等，總是擠滿了遊客。

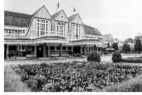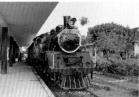

左／奶油色的外牆和三角屋頂的車站十分可愛　　右／1930年代經由中國從日本遠送過來的「國鐵C12型蒸汽火車」，目前僅供展示用途，是絕佳的拍照地點

★ 寧靜優美的莊嚴空間　　　　　　　　　MAP P.201-1A
靈山寺
Chùa Linh Sơn　　　　　　　　　　　　Linh Son Pagoda

靈山寺創立於1938年，是座融合了中國與法國建築風格的寺廟，也是大叻佛教信徒的信仰中心，偶爾運氣夠好的話，還能遇上寺中修行僧人導覽解說。

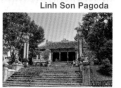

從市區徒步約15分鐘的距離

★ 從遠處也能看到的美麗教堂　　　　　　MAP P.201-2A
大叻大教堂（天主教堂）
Nhà Thờ Đà Lạt (Nhà Thờ Chánh Tòa)　　Da Lat Church (Chanh Toa Church)

在法國殖民時代的1931年開始，大叻大教堂（天主教堂）是花了12年光陰建成的教堂，高達47m的教堂尖塔頂端因為佇立著一隻雄雞，讓這裡也被稱為「雞教堂」。

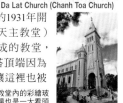

教堂內的彩繪玻璃也是一大看頭

資訊 ❀ INFORMATION

●越南工商銀行　Sacom Bank
MAP 左圖-1A　　32 Khu Hoà Bình
☎（0263）3511082　🕐7:30～11:00、13:00～17:00　休週六・日
可兌換美金現金。

●越南航空　Vietnam Airlines
MAP P.201-2B　　63 Hồ Tùng Mậu
☎（0263）3833499　🕐7:30～11:30、13:30～16:30
（週六・日8:00～11:00、13:30～16:00）　休無休

●中央郵局
MAP 左圖-2B　　2 Lê Đại Hành　☎（0263）3822586　🕐7:00～19:00（週日～18:00）　休無休
提供EMS、DHL的快遞服務。

202

郊區景點　　Sightseeing

★ 越南情侶的經典約會地點
多善湖／愛的盆地
Hồ Đa Thiện / Thung Lũng Tình Yêu　　**Da Thien Lake / Valley of Love**　**MAP** P.201-1B外

多善湖是在距離市區東北方約6km遠的人工湖泊，四周圍是平緩的草原和松樹林，而蕩漾著深綠碧波的多善湖一帶又被稱為「愛的盆地」，氣氛非常羅曼蒂克，在松林之間有著玫瑰、茉莉等繽紛花朵綻放點綴著，湖畔邊還會有打扮成牛仔裝束的年輕人，牽著觀光用途的馬匹出沒，而遠處則是浪平山（→P.204）的美景。

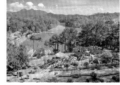
吸引無數越南情侶造訪而熱鬧無比的多善湖，近年來也愈來愈像是座大型遊樂園

★ 可以一覽大叻的大自然
纜車
Cáp Treo　　**Cable Car**　**MAP** P.201-2B外

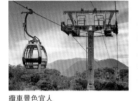
纜車景色宜人

纜車是從市區以南約4km處的山丘Robin Hill，銜接至大約2.3km遠的竹林禪院（所需時間約20分），腳底下是開闊的高原蔬菜園以及松樹林，遠方則能眺望到大叻的城市景致。從羅賓大樓也可以看見浪平山（→P.204）。

★ 參拜者絡繹不絕地來訪
泉林湖／竹林禪院
Thiền Viện Trúc Lâm　　**Truc Lam Temple**　**MAP** P.201-2B外

竹林禪院座落在纜車（→上述）乘車處旁，吸引著眾多的越南觀光客來參訪，而位在竹林禪院下方的是佔地350公頃的人工湖泊泉林湖Hồ Tuyền Lâm（**MAP** P.201-2B外）。

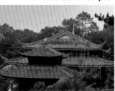
1993年建立，也是越南國內規模最大的禪寺

多善湖／愛的盆
⌂7 Mai Anh Đào
☎（0263）3821448
⏰8:30～17:00　**休**無休
💰25萬越盾
　園區內有簡單的交通工具可利用，入場費包含腳踏船和園內巴士。

黃金大佛
Vạn Hạnh
Statue of Golden Buddha
　從黃金大佛（**MAP** P.201-1B外）所在山丘俯瞰到的大叻城市景色最為迷人，如果是參加在地旅行團的話，不妨可以拜託司機於多善湖回程之際，順道過來欣賞美景。

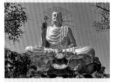
Vạn Hạnh的大佛，另外也不可錯過鄰近寺廟內的奇特雕像

纜車
⌂Robin Hill, Ward 3
☎（0263）3837938
⏰9:00～11:30、13:00～16:30
休每月第1個週三的下午
💰單程8萬越盾，來回16萬越盾（身高120m以下單程4萬越盾，來回5萬越盾）

竹林禪院
⏰7:00～17:00　**休**無休
💰免費

★ Column　　**大叻的咖啡農場**

作為越南精品咖啡的生產地而備受關注的大叻，如果造訪大叻，務必來參觀咖啡農場。位在浪平山（→P.204）山麓地帶的「K'ho Coffee」，是一座由少數民族格賀族K' Ho家庭經營的小型咖啡農場。在農場內的咖啡館可以品嘗現煮的咖啡和眺望咖啡樹風景。從磨豆、分選到烘焙一系列咖啡製作工序都在這裡進行，時間剛好的話甚至可以目睹整個過程，想不想體驗看看大叻特有的活動呢？

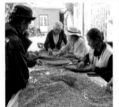
正在分選生豆

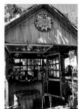
左／位在山腹的農場咖啡館，手沖咖啡7萬越盾～　上／帶有紅色的咖啡豆果實

K' Ho Coffee
MAP P.201-1A外　**⌂**Bonneur'C Village
☎097-4047049（手機）　**URL**www.khocoffee.com
⏰8:30～16:30　**休**週日　**Card**不可　**預約**農場參觀需透過網站預約

MAP P.201-2B外

達坦拉瀑布
達坦拉瀑布
Thác Đatanla　　　　　　　　　　Datanla Waterfall

由市中心往南約5km，達坦拉瀑布位在一片濃綠森林之內，只要往下走完大約1km的長長階梯就可以看到瀑布的身影，另外也可以搭乘雙人乘坐的高架軌道車直抵瀑布旁，由於回程時的斜坡走起來相當辛苦，不妨可以用來代步。

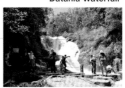

瀑布高約有32m，充沛的水量震撼力十足

★充滿魄力的瀑布連續不斷地湧現

達坦拉瀑布
住Quốc Lộ 20 Đèo Prenn
時7:00～17:00　休無休
費3萬越盾，兒童（身高120m以下）1萬5000越盾

雙人乘坐的高架軌道車單程車資6萬越盾，來回8萬越盾。兒童3萬越盾，來回4萬越盾。

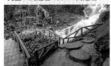

越南人民喜愛的旅遊目的地

普蓮瀑布
Tea Resort Prenn
住Quốc lộ 20, Chân Đèo Prenn
☎094-4391616（手機）
URLtearesortprenn.doidep.com
時7:30～17:00　休無休　費22萬越盾，兒童（身高140m以下）11萬越盾

★水和綠意的療癒公園
普蓮瀑布
Thác Prenn　　　　　　　　　　Prenn Waterfall

普蓮瀑布位於城市以南大約10km距離，高度達9m、寬度20m，在瀑布極寬水簾的後方打造出了一條人行步道，讓遊客可以從中穿梭而過。在2022年包含周邊地帶在內的區域更規劃成生態旅遊區，雖然除了瀑布外沒有特別的景點，但可以在充滿負離子的空間裡悠閒地喝杯茶。

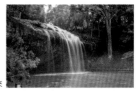

不由自主就被充滿清涼氣息的瀑布吸引過來

XQ刺繡中心
XQ Hand Embroidery Centre
MAP P.201-1B外
住80 Mai Anh Đào
☎（0263）3831343　時8:00～17:30　休無休　費10萬越盾

這是一處可以參觀到越南傳統刺繡生產過程的手工藝中心，通常稱為大叻的XQ村，展示著眾多猶如繪畫般精緻秀美的刺繡作品，就像是博物館一樣令人驚嘆。刺繡中心還進駐有絲綢商品店鋪以及餐廳、咖啡館，甚至還有機會現場聆聽到宮廷音樂等的現場演奏

★大叻的最高峰
浪平山／Lát村
Núi Langbiang (Núi Bà) / Xã Lát　　Langbiang Mountain / Lat Village

聳立在市區往北約12km處的浪平山（海拔2169m），可以驅車前往海拔1950m之處，從這裡可欣賞到絕美景色。而山腳下的Lát村則屬於格賀族K'Ho世代居住的村落，看得到傳統房舍以及教堂等建築。

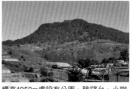

標高1950m處設有公園、眺望台、小咖啡館等

浪平山
參加市區內旅行社推出的在地1日觀光之旅很方便，包含格賀族的村落參觀的1日行程，2人參加每人45US$、4人參加每人28US$等。

旅行社&旅遊辦事處 ❀ TRAVEL OFFICE & TOUR OFFICE

● **Tourist Support & Information Center**
MAP P.201-2A　住2-4 Trần Quốc Toản
☎（0263）3725555　URLwww.dalat-info.vn
時7:00～17:00　休週六・日　Card不可

可以取得大叻市區與近郊的地圖、周邊觀光&飯店資訊等。

● **The Sinh Tourist**
MAP P.201-1A　住22 Bùi Thị Xuân
☎（0263）3836702　URLwww.thesinhtourist.vn
時6:30～22:00　休無休　Card A M V

舉辦市區與前往近郊的旅遊行程，並且有自由上下車旅遊巴士以及臥鋪巴士。

● **Groovy Gecko Tours**
MAP P.201-2B外　住14/33 Đường 3 Tháng 4
☎（0263）3836521、091-8248976（手機）

URLwww.groovygeckotours.net
時7:00～21:00　休無休　Card A J M V

目前辦公室搬遷到大叻郊區的巴士總站（→P.199）中，不方便現場報名，可以透過網站或飯店報名，將會在活動當天派車來飯店接駁。

專精於健行（1日87萬越盾～）、腳踏車之旅（78萬越盾～）等探險行程。

巴士公司
● **Phuong Trang**
MAP P.201-2A　住11A/2 Lê Quý Đôn
☎（0263）3560588　URLfutabus.vn
時24小時（窗口7:00～19:00）　休無休　Card不可

前往各城市的巴士，事先預約巴士的話，還可以到飯店來接送。

朝鮮薊湯名店
Nhat Ly
越南料理

MAP P.201-1A

　「無論什麼都很好吃」被越南人大力稱讚的老字號越南料理餐廳，特別推薦用整顆生朝鮮薊燉煮的湯品（20萬越盾～，依季節而定），配上排骨的鮮味，滋味絕美。另外塞了蔬菜的順化火鍋（35萬越盾～）也很受歡迎。

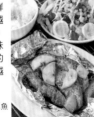

前方為使用大叻產鮭魚的紙包魚（25萬越盾）

🏠88 Phan Đinh Phùng　☎（0263）3821651
🕙10:00～22:00　休無休　Card不可　預約不需預約

品嘗大叻蔬菜美味的高品質義大利料理
Chef's Dalat
義大利料理

MAP P.201-1A

　曾獲得亞洲餐廳排名獎項提名的著名餐廳，以「從農場到餐桌」為宗旨，使用大叻採收的新鮮蔬菜，就連披薩的麵團、義大利和麵包都是手工製作，推薦菜色有可愛粉紅色外觀的甜菜根義大利麵。

前方為甜菜根寬麵，搭配蝦子（2萬5000越盾）

🏠156 Phạm Ngọc Thạch　☎091-9069314（手機）
🕙11:00～22:00　休週二　Card J M V　預約不需預約

享用豐盛肉食的花園餐廳
Nha Go
西式料理

MAP P.201-1B外

　可以根據自己的心情選擇座位，包含書房式的角落、暖爐旁的戶外空間以及情侶鞦韆座位等。主菜提供豐盛的肉類料理，像是煙燻豬肋排（25萬9000越盾），也推薦使用大叻新鮮蔬菜製成的各式濃湯（5萬9000越盾～）。

暖爐座位、鞦韆座位等店內每一個角落都很適合拍照打卡

🏠26 Nguyễn Đình Chiểu　☎096-5854084（手機）
🕙17:00～22:00　休無休　Card J M V　預約不需預約

高原度假村的Villa餐廳
Le Petit Dalat
越南＆西式料理

MAP P.201-1A外

　位在「Ana Mandara Villas Dalat Resort & Spa」（→P.207）一隅，以使用在地食材的創意料理自豪，推薦主廚特別餐點朝鮮薊湯＆油封鴨（95萬越盾／3道菜），肉類、魚類、義大利麵、火鍋料理等種類相當豐富。

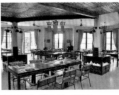

露台座位可以眺望城市風景

🏠Lê Lai　☎（0263）3555888　🕙10:00～22:00
休無休　Card A D J M V　預約不需預約

Q彈的窯烤披薩十分美味
Primavera
義大利料理

MAP P.202-1A

　義大利人老闆主持的正統義大利餐廳，一定要品嘗自製拿坡里披薩（18萬越盾）直徑達30cm，使用店內烤窯燒烤，口感鬆軟又Q彈。還提供直麵、義大利餃、捲心麵等多達21義大利麵（22萬越盾～）類型選擇，甚至還有無麩質品項。

擺滿花椰菜、茄子等蔬菜的大叻披薩（16萬越盾）

🏠54/7 Phan Đinh Phùng　☎（0263）3582018
🕙12:00～22:00　休週一　Card M V　預約不需預約

綠意盎然的療癒空間
An Cafe
咖啡館

MAP P.202-1A

　活用高地差地理位置的植物咖啡館，可以享受溫室般的室內座位、木製鞦韆座位、被藤蔓包圍的吧台座位等不同風格座位。提供各式各樣使用蔬菜和水果的健康飲品，冰沙更是多達18種口味，亦有三明治、炒飯等輕食。

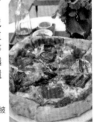

草莓奶凍（左，3萬9000越盾）和桑椹冰沙（右後，5萬5000越盾）

🏠63 Bis, Đường 3 Tháng 2　☎097-5735521（手機）
🕙7:00～22:00　休無休　Card不可　預約不需預約

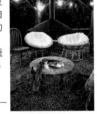

生產高品質咖啡豆
La Viet Coffee
咖啡館

MAP P.201-1A外

有著工廠風格裝潢的著名烘焙咖啡館，這裡烘製的大叻咖啡豆更銷往越南全國的咖啡豆專賣店，店內菜單種類豐富，不僅可以選擇咖啡的沖泡方式（3萬5000越盾～）到飲料、輕食、甜點都很多元，深受顧客歡迎。

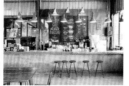

也可以購買烘焙好的咖啡豆（9萬9000越盾～／250g）

🏠200 Nguyễn Công Trứ　☎(0263) 3989919
🕐7:00～22:00　休無休　Card JMV　預約不需預約

可以調整甜度令人開心
Hoa Sua
豆漿

MAP P.202-1A

老字號人氣豆漿店，豆漿中午過後才開始販售，可以調整甜度令人開心。菜單只有豆漿、綠豆奶、花生奶等豆類飲料和點心麵包（6000越盾）。位置靠近壁畫街（→P.199邊欄），復古的店面很醒目。

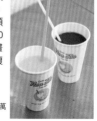

前方為綠豆奶、芝麻奶（各1萬2000越盾）

🏠64 Tăng Bạt Hổ　☎無　🕐15:00～24:00　休無休
Card 不可　預約不需預約

❋ Column　　大叻山景咖啡館

近年大叻流行起在城市周邊的山坡上興建森林浴咖啡館，也許是因為可以逃離擁擠的環境在山上享受負離子大口呼吸，在疫情時代相當具有魅力。能在半山腰上遇見如此高質感又時尚的咖啡館，令人感到驚艷不已。最容易抵達的方式，莫過於前往大叻市外巴士總站，附近散落著許多咖啡館，租腳踏車也很方便。如果搭乘摩托計程車，雖然費用較高，但可以在咖啡館叫到附近的摩托計程車。

Phía Chân Đồi
MAP P.201-2B外　🏠Hẻm 31/6 Đường 3 Tháng 4
☎097-2818587（手機）　🕐7:30～19:30
休無休　Card 不可　預約不需預約

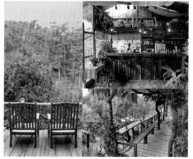

附近也有「Lung Chung」等人氣咖啡館

Lien Hoa
麵包店
MAP P.202-1A

🏠15-17, 19 Đường 3 Tháng 2
☎(0263) 3837303　🕐6:00～21:00
休無休　Card 不可

當地深具人氣的麵包店，寬敞的店內擺滿了甜麵包、蔬菜麵包、點心等，現場製作的越式三明治（→P.38）更多達10種以上，適合作為早餐享用。2樓為餐廳，隔壁為蛋糕專賣店。

L'angfarm
食品
MAP P.202-1B

🏠6 Nguyễn Thị Minh Khai
☎(0263) 3510520　🕐7:00～22:00
休無休　Card 不可

主要販售使用大叻農產品的天然食品，果乾、茶葉、咖啡豆、巧克力棒等商品超過100種，包裝時尚、耐用，很適合作為伴手禮，市區也有數間分店。

Ladra Winery
葡萄酒
MAP P.202-1A

🏠1 Nam Kỳ Khởi Nghĩa
☎(0263) 3827852
🕐7:00～22:00　休無休　Card 不可

大叻葡萄酒工廠「Ladofoods」的直營店，販售夏多內、白蘇維濃、梅洛等多種類型，每瓶價位約落在10萬越盾左右，也有氣泡果汁系列。

 Voice 大叻的路邊攤（→P.206邊欄）各種小吃攤一字排開，也有現烤栗子和日式章魚燒等很有趣。

住宿 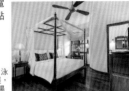 Hotel

入住皇帝別墅
Dalat Palace Heritage　高級飯店
MAP P.201-2A

這是在1922年時將末代皇帝保大帝的別墅改建而成，深具歷史意義的一間飯店，洋溢著法式殖民風格以及裝飾藝術氣息的飯店內部自然極為優雅，無論客房、餐廳或是咖啡館都承襲著當時的氛圍，在此細細品味非日常體驗。

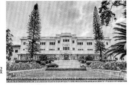

承襲當時的法式度假村風格

2 Trần Phú　☎（0263）38254446
URL www.facebook.com/dalatpalace　⑤⑥⑪120US$～
套房257US$～（含早餐）　Card A D J M V　共73房

殖民風格的4星飯店
Du Parc Hotel Dalat　高級飯店
MAP P.201-2A

這是1932年時為了印度支那政府要人而建的房舍，經過改建成為了飯店，飯店內還有古董電梯，客房亦是充滿著舒適而雅緻的氣息，與上述飯店Dalat Palace Heritage為系列飯店，部分設施共用，館內有餐廳、SPA、蒸氣三溫暖，設施齊全。

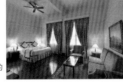

寬敞具有開放感的Deluxe客房

15 Trần Phú　☎（0263）3825777
URL duparchoteldalat.com　⑤⑥⑪58US$～套房98US$
～（含早餐）　Card A D J M V　共140房

高CP值＆交通便利
Tulip I　迷你飯店
MAP P.202-1A

靠近大叻市場（→P.200）和遊客取向餐飲聚集的張定街，眼前就是超人氣的麵包店和銀行非常方便。客房乾淨整潔，裝潢典雅，浴室和廁所分離，Minibar、吹風機一應俱全。

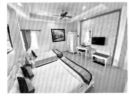

Deluxe Triple客房

26-28 Đường 3 Tháng 2　☎（0263）3510995
URL www.tuliphotelgroup.com　⑤⑥⑪33US$～　4人房
67US$～　Card J M V　共30房

自然風格的法式Villa
Ana Mandara Villas Dalat Resort & Spa　高級飯店
MAP P.201-1A外

座落在山丘上的度假村，經過整修後的法國殖民時代建築物改建為Villa，每個Villa皆是不同風格的裝潢，能充分享受私人住宿時光，佔地廣，可以透過電動車進行點跟點之間的移動。

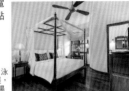

設有室外溫水游泳池、SPA和三溫暖，附近也有高爾夫球場

Lê Lai　☎（0263）3555888
URL anamandara-resort.com　⑤⑥⑪273萬越盾～　套房397萬越盾～（含早餐）　Card A D J M V　共87房

享受高原度假村活動的首選
Swiss-Belresort Tuyen Lam　高級飯店
MAP P.201-2B外

座落於泉林湖附近森林中的度假飯店，高爾夫球場、溫水游泳池、SPA、餐廳等設施應有盡有，附有浴缸的客房乾淨寬敞，從陽台還可眺望大自然景色。提供前往機場與市區的接送巴士。

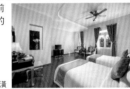

華麗別緻的舒適裝潢

7 & 8, Khu Du Lịch Hồ Tuyền Lâm
☎（0263）3799799　URL samtuyenlamhotel.com.vn
⑤⑥⑪267萬～359萬越盾　套房522萬越盾～
Card A D J M V　共151房

舒適的人氣青年旅館
Pi Hostel　青年旅館
MAP P.201-2A

因時尚、乾淨的優點而人氣急升的青年旅館，提供6～8人一房的宿舍房和個人房（附浴室／共用），高樓層的陽台更可以眺望城市美麗景色。

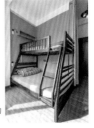

宿舍也可供想要便宜住宿的旅客使用。

61 Thủ Khoa Huân　☎（0263）3525679
URL www.facebook.com/PiHostel61
⑤⑪34US$～　套房55US$～（含早餐）
Card A D J M V　共14房

Voice 大叻也是越南人的熱門觀光地區，週末或節日飯店很容易滿房，這些時間建議提早訂房。

邦美蜀

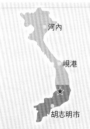

越南銀行
Vietcom Bank
MAP P.209B圖-2A
121-123 Y Jút
☎（0262）2240888
⏰8:00～11:30、13:30～16:30
休週六‧週日
　可兌換美金的現金，在ATM
還可使用JCB、MasterCard、
VISA信用卡提領現金。

中央郵局
MAP P.209B圖-2A
1-3 Nơ Trang Long,
P. Thắng Lợi
☎（0262）3852612、050-
03686868（手機、客服）
⏰7:00～19:00 休無休
　提供國際電話、傳真服務。

越南航空
MAP P.209B圖-2A
17-19 Nơ Trang Long,
P. Thắng Lợi
☎（0262）3954442
⏰7:30～11:30、13:30～17:00
休無休

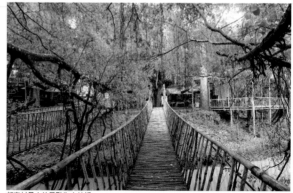
邦屯村最大的景點為大竹橋

　位於海拔500～1000m中部高原中心地帶的邦美蜀，是達樂省 **Đắk Lắk**的首府，而人口有大約40%是屬於埃第族Ede等的少數民族，由於在越戰期間是美軍與西貢政府軍隊的重要戰略據點，因此北越革命勢力在1975年起的南部解放戰，就是以攻陷這座城市為開端。戰事平定之後，來自平原地帶的移民漸漸增加，也建設起學校、醫院，而四周圍更是在地特產的咖啡栽種地，還有著大片的橡膠、胡椒、藥用植物等土地，附近的山中更發現有著大象、老虎等野生動物棲息。

　生活在市區裡的埃第族大多數早就已經褪去傳統民族服飾，改為一般城市裡的穿著打扮，不過在郊區還是可以看得到眾多遵循著傳統生活的村落，既然來到了邦美蜀觀光遊玩，當然得拜訪這些少數民族的村落，享受大自然，此外，在3月每2年舉辦1次的咖啡嘉年華人氣也相當高。

交通 ❀ ACCESS

如何前往邦美蜀
●飛機
　越南航空（VN）和越竹航空（QH）從胡志明市出發每日有1班、越捷航空（VJ）每日各2班，所需時間約1小時；從河內出發越南航空和越竹航空每日1班、越捷航空每日2班，所需時間約1小時40分；越南航空從峴港出發每週3班，越捷航空每週4班，越竹航空每日7班，所需時間約1小時。
●巴士
　胡志明市的東部巴士總站Bến Xe Miền Đông，從6:30～23:00間臥鋪巴士每隔30分鐘～1小時發車，車資30～50萬越盾～，所需時間約9小時；另外從芽莊、大叻、順化、峴港等地也有車班出發。

從邦美蜀出發的交通
●飛機
　參考上述的的交通介紹。
●巴士
　巴士總站位於市區以西南的邦美蜀南巴士總站 Bến Xe Phía Nam Buôn Ma Thuột（MAP P.209B圖-2A外）處，有數個班次前往胡志明市，車資26萬越盾～，所需時間約9小時；邦美蜀範圍很大，多間巴士公司前往各城市的班次，因此建議Phương Trang公司（→P.212）的巴士，可以麻煩飯店預約從辦事處出發的巴士，亦可使用巴士比價網站Vexere（有App）。
Vexere URL vexere.com

機場～市區間的交通
　機場～市區間的距離約10km，計程車車資約為15萬～20萬越盾，所需時間約20分。

Voice 從邦美蜀搭巴士時，部分巴士公司會提供前往飯店迎接的服務，可向巴士公司或飯店確認。

漫遊　Orientation

整個邦美蜀的範圍很大，可以區分成幾個區域，坦克紀念碑「勝利雕像」所在的扶輪廣場周邊是以前的舊城區，聚集著老字號飯店、餐廳和旅行社等。從舊城區往東北方延伸，阮達新街和潘楚貞街包圍的地區咖啡館、飯店、餐廳眾多，也是目前的市中心，也有大型超市Co.opmart。位於市中心西北方的Ako Dhong村落Buôn Ako Dhong（ **MAP** 下圖-1A）仍然是埃第族居住的地方，有機會見識到傳統高架式長屋，也有許多改建自長屋的時尚咖啡館、餐廳。

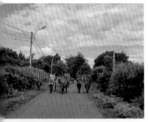

城市東側的邦美蜀國際機場周邊地區，則是許多咖啡農場的所在地，從主幹道進入小徑時，就可以看到兩旁種植咖啡樹的農場。機場以南是廣大的農業地帶，果園、胡椒園林立。邦美蜀周邊包含人工湖亦有許多湖泊，少數民族的村落散布在其中。

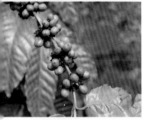

上／在農業區有機會可以看到少數民族牽著牛出現
下／邦美蜀名產的咖啡豆果實，2～3月開花，11～12月收種

邦美蜀美食Bun Do

滑順口感的粗米粉沾付著紅色的番茄湯汁，配料有鵪鶉蛋、魚丸、米蟹魚丸等多種食材，每份約1萬2000越盾。以Bún đỏ Hương（ **MAP** 下B圖-2A）為首，黎鴻峰街上聚集了許多Bun Do攤販。

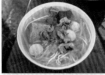

傍晚後Bun Do攤販陸續營業

A圖

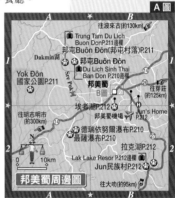

邦美蜀周邊圖

往波來古（約130km）
Trung Tam Du Lich
Buon Don P.211邊欄
邦屯Buôn Đôn(邦屯村落)P.211
Dakmin湖
Yok Đôn
國家公園 P.211
Du Lich Sinh Thai
Ban Don P.210邊欄
邦美蜀
B圖
Sre Pokhi
往芽莊
（約125km）
往胡志明市
（約300km）
埃老湖P.212
邦美蜀機場
Jun's Home
往胡志明市
德瑞依努爾瀑布P.210
最薩瀑布P.210
拉克湖P.212
Lak Lake Resor P.212邊欄
Jun民族村P.212
往大叻（約95km）

B圖

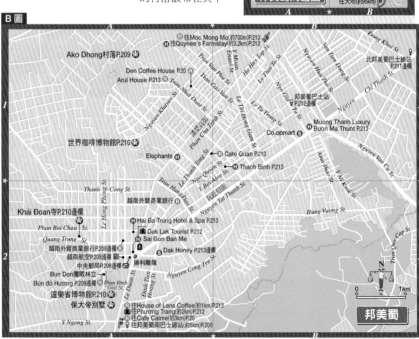

往Moc Mong Mo(約700m)P.213
往Quynee's Farmstay(約3.2km)P.212
Ako Dhong村落P.209
Den Coffee House P.20
Arul House P.213
北邦美蜀巴士總站P.211邊欄
邦美蜀巴士站P.212邊欄
Muong Thanh Luxury Buon Ma Thuot P.213
世界咖啡博物館P.210
Co.opmart
Elephants
Cate Quan P.213
Thanh Binh P.213
Khải Đoan寺P.210邊欄
越南外貿商業銀行
Hung Vuong St.
Phan Boi Chau St.
Quang Trung St.
Hai Ba Trung Hotel & Spa P.213
Dak Lak Tourist P.212
越南外貿商業銀行P.208邊欄
越南航空P.208邊欄
中央郵局P.208邊欄
Sai Gon Ban Me
Dak Honey P.213邊欄
勝利雕像
Bun Don攤販林立
Bún đỏ Hương P.209邊欄
Phan Dinh Giot St.
達樂省博物館P.210
保大帝別墅
往House of Lens Coffee(約1km)P.213
Phuong Trang(約2km)P.212
往Cafe Calme(約3km)P.20
往邦美蜀南巴士站(約95km)P.208
Y Ngong St.
邦美蜀

Voice 邦美蜀叫車App「Grab」（→P.416邊欄）可以叫摩托車和汽車，計程計程車則可以選擇Mai Linh Taxi（ ☎ (0262)3819819），較安心。

209

達樂省博物館
🏠12 Lê Duẩn, P. Thắng Lợi
☎050-02240631（手機）
🕐8:00～16:00　🚫週一
💰3萬越盾，兒童2萬越盾

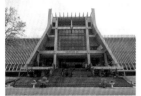

取自埃第族和墨儂族建築樣式
的奇特建築

Khải Đoan寺
Chùa Khải Đoan
Khai Doan Temple
MAP P.209B圖-2A
🏠117 Phan Bội Châu,
P. Thống Nhất
🕐6:00～19:00　🚫無休
☎（0262）3858649
　1951年起花了約2年時間建
成的順化樣式寺廟，建築結構
也參考了埃第族的長屋元素，
每逢滿月這一天會湧入大批來
祭祀祖先的民眾。

世界咖啡博物館
🏠Nguyễn Đình Chiểu, P. Tân
Lợi　☎089-9355368（手機）
URLbaotangthegioicaphe.
com
🕐7:30～17:00　🚫無休
💰15萬越盾（含咖啡試飲1杯）

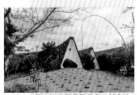

獨特的外觀深具印象，館內也
有中原咖啡的咖啡館

德瑞伊努爾瀑布
💰3萬越盾（有1杯免費咖啡）
管理聯絡中心
🕐6:00～18:00
☎094-3529090（手機）

最薩瀑布
💰8萬越盾

了解達樂省的自然和文化
達樂省博物館
Bảo Tàng Đắk Lắk
MAP P.209B圖-2A
Dak Lak Museum

　博物館獨特的外觀以埃第族和墨儂族傳統建築樣式為基礎所設計，2樓為常設展，

　分為達樂省歷史、地理與自然、居民生活與文化3大主題展出，展品內容相當全面，除了實體展品外，還附有詳細的解說和照片圖畫解析，一應俱全。特別是少數民族展區，有許多只有這裡才能看到的珍貴

上／展示狩獵大象的工具　右上／建在埃第族墳墓周圍的木雕人偶　右／埃第族的長屋模型

展品，如復原的埃第長屋、傳統廚房、狩獵大象的工具等。

　博物館園區內，亦有保大帝的別墅，可以參觀。

由中原咖啡經營
世界咖啡博物館
Bảo Tàng Thế Giới Cà Phê
MAP P.209B圖-1A
The World Coffee Museum

　越南咖啡老牌中原咖啡Trung Nguyen Coffee所經營的咖啡博物館。展出越南、日本、印尼、印度等亞洲為中心各國的咖啡歷史和文化，烘焙機、沖泡咖啡所需的工具等珍貴收藏。入場費包含中原咖啡試飲1杯，前往地下樓層出示門票即可獲取咖啡。

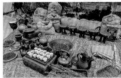

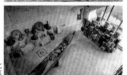

上／館內一角介紹衣索比亞咖啡文化
下／也有介紹埃第族文化的展區

郊區景點　Ｓｉｇｈｔｓｅｅｉｎｇ

滂沱而下的水勢
德瑞伊努爾瀑布
Thác Đray Nur／Thác Đray Sáp
MAP P.209A圖-2A
Dray Nur Waterfall／Dray Sap Waterfall

位於邦美蜀西南方約25km的德瑞伊努爾瀑布，名字中的「Nur」是來自於墨儂族M'Nông語的「水牛角」之意。瀑布高約30m，寬約150m，可說是相當寬廣，特別是在水量眾多的雨季之後，看起來更是格外豪邁驚人，瀑布附近規劃成一大座公園，到了週末吸引眾多在地民眾到這裡來享受野餐樂趣，不遠處還有一座規模小上一號的最薩瀑布Thác Đray Sáp（**MAP** P.210B圖-2A），一樣很有人氣。

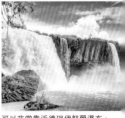

可以非常靠近德瑞伊努爾瀑布，是充滿震撼力的美景

Voice｜邦美蜀郊區景點中有多個旅行社經營的遊客中心，「Du Lich Sinh Thai Ban Don Thanh Ha」為其中一個遊客中心，舉辦前往德瑞伊努爾瀑布的旅遊行程等。↗

Yok Đôn國家公園
Vườn Quốc Gia Yok Đôn

★可以與野生動物面對面的健行蔚為人氣

MAP P.209A圖-1A

Yok Don National Park

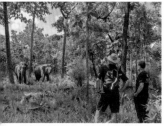

為了避免嚇到大象，會保留一點距離觀賞

座落在邦美蜀市區往西北約40km處，總面積約有11萬3000公頃的Yok Đôn國家公園，是全越南面積最大的一座國家公園。它與柬埔寨接壤，延伸至東埔寨一側通往蒙多基里省的森林保護區。公園內以大象為首，棲息著鹿、水牛等野生動物。公園入口處搭乘渡船橫越Sre Pok河後，就是廣袤無盡的遼闊森林，4～10月的雨季期間盎然綠意極為迷人，11～3月的旱季則會轉變為乾旱林而成一大片的咖啡色，這裡以與嚮導一同步行的健行之旅最有人氣，特別是可以看到大象的行程，行程中還可學習到大象的生態、國家公園內的植物、少數民族文化等內容，也有賞鳥、騎腳踏車、釣魚的行程。

Yok Đôn國家公園
🏠Xã Krông Na, Huyện Buôn Đôn　☎（0262）3783049、096-1382323（手機）、096-6335399（手機、熱線）
URL yokdonnationalpark.vn
🕐7:00～17:00　🚫無休
💰大象體驗的半日行程每人80萬越盾，過夜健行和露營每人120萬越盾等

從市區東北邊的北邦美蜀巴士總站Bến Xe Phía Bắc Buôn Ma Thuột（MAP P.209B-1B）搭乘開往Cầu Treo方向的巴士，車資約3萬5000越盾，所需時間約1小時，乘車時告訴司機在Yok Đôn國家公園下車，若搭乘計程車車資約50萬越盾。

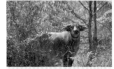

記得參加可遇見野生動物的健行喔

邦屯（邦屯村落）
Buôn Đôn

★馴象師的村落

MAP P.209A圖-1A

Don Village

從邦美蜀往西北方約45km處的邦屯（邦屯村落），是座少數民族的村落，這座村子是以居住著專門誘捕野生大象並加以馴化、飼養的大象達人而出名（1998年開始禁止獵捕），除了埃第族、墨儂族之外，還有著佬族Lào、嘉萊族Gia Rai等多個不同民族生活在一起。

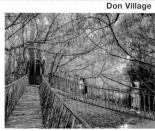

驚心動魄的竹製吊橋

村落最大的賣點為稱為「Cau Cheo」的竹製吊橋，流經村落的Sre Pok河也架設有多座吊橋，穿過在糾結的榕樹（Cây Si）左搖右擺的橋上可說是驚險萬分又十足有趣。吊橋對面是一家開放式餐廳，可以在這裡享用烤全雞、清蒸竹筒糯米等當地美食。

村內有擁有「大象王」名號的墨儂族馴象師Amakong墳墓，另外，距離村落約3km處有以當馴象師維生的佬族馴象師墳墓，這兩座墳墓都以大象作為裝飾並且寫上他們生前捕捉過多少頭大象的功績，而在嘉萊族葬禮儀式中使用的豎立木雕雕像也十分有意思，在村落深處還有1883年建造的佬族住家。由旅行社經營的遊客中心在邦屯村落附近設有好幾處，無論哪一種間都可以體驗到騎大象。

Cầu Treo
💰4萬越盾，兒童3萬越盾
前往邦屯的Cầu Treo，需在市區東北邊的邦美蜀北巴士總站Bến Xe Phía Bắc Buôn Ma Thuột（MAP P.209B-1B）搭乘開往Cầu Treo方向的巴士，車資約3萬5000越盾，所需時間約1小時。

邦屯Buôn ôn的遊客中心
Trung Tâm Du Lịch Buon Don
MAP P.209A圖-1A
🏠Xã Krông Na, Huyện Buôn Đôn
☎（0262）3783020
🕐7:00～21:00　🚫無休
Cầu Treo附近的遊客中心，可以報名大象健行行程，中心附近的道路可以騎乘大象300～600m距離，最多兩人的300m路線為20萬越盾。

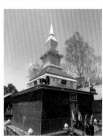

政府建造的最後馴象師Amakong的墳墓

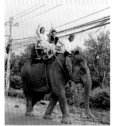

為了保護大象，可以騎乘大象的地方逐年減少

前往Jun民族村／拉克湖可以從邦美蜀巴士站Bến Xe TP. Buôn Ma Thuột（**MAP** P.209B圖-1B）搭乘12號巴士，車資約3萬越盾，所需時間2小時。

Lak Lake Resort
MAP P.209B圖-2B
住30 Âu Cơ, Liên Sơn, Lắk
☎(0262) 3586184
E-maillaklakedaklaktourist@gmail.com
營7:00～17:00 **休**無休

位在拉克湖畔，提供拉克湖遊船30分鐘25萬越盾（最多兩人），騎大象12～15分45萬越盾（最多兩人），排簫表演220萬越盾（60／1～20人）等活動預約。

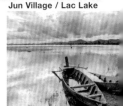

田園詩般的風景在湖畔旁展開

★ 墨儂族居住的小村落 　　　　　**MAP** P.209A圖-2B

Jun民族村／拉克湖

Buôn Jun / Hồ Lắk　　　　　　　**Jun Village / Lac Lake**

從邦美蜀往東南前進約60km，座落於拉克湖畔的Jun民族村，是一座在墨儂族話中有著「突出」意思的小村落，村莊內矗立著約30棟左右的高架式長屋，可以看到光著腳嬉戲的孩子們以及四散漫步的雞群。湖中開滿了蓮花，並看得到戲水的象群、撒網捕魚的民眾身影，來到這裡就能夠體會到村人們的日常生活景象，也能夠騎著大象環繞湖畔或涉水而走，或者是體驗由整棵大樹刨空製成的乘船之旅。

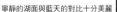
可以享受安靜時光的拉克湖碼頭

在拉克湖畔有供應捕撈自湖中的鮮魚料理餐廳，也可以參觀以前保大帝的別墅（**費**1萬越盾）。

★ 風光明媚的巨大人工湖 　　　　　**MAP** P.209A圖-1B

埃考湖

Hồ Ea Kao　　　　　　　　　　**Ea Kao Lake**

埃考湖位在邦美蜀往南約12km處，是一座將多條河流攔截建造成的巨大人工湖，Ea Kao在埃第族語言中為「不會乾枯的湖泊」。周圍環繞著豐富的自然環境，傍晚天氣涼爽時可以看到當地人造訪。

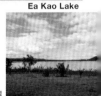
寧靜的湖面與藍天的對比十分美麗

旅行社&旅遊辦事處 ✿ TRAVEL OFFICE & TOUR OFFICE

● 達樂省遊客中心　**Dak Lak Tourist**
MAP P.209B圖2A **住**3 Phan Chu Trinh, P. Thắng Lợi(Sai Gon Ban Me飯店內) **☎**(0262) 3852246
URL www.daklaktourist.com.vn
營8:00～17:00 **休**無休 **Card** JMV

附設於舊城區飯店內，舉辦德瑞伊努爾瀑布、拉克湖等主要景點的1日遊行程，1日遊行程每人58萬越盾～。

巴士公司
● **Phuong Trang**
MAP P.209B圖-2A外 **住**172 Lê Duẩn, P. Tân Thành
☎(0262) 3936666 **營**6:00～22:00
休無休 **Card**不可

開往胡志明市於0:15、1:00、10:45、12:15、14:15、16:00、22:30、23:30發車共8個班次，車資25萬5000越盾，所需時間約8小時

✦ Column　　　享受大自然的隱藏版住宿

近年來邦美蜀出現越來越多可以感受雄偉大自然的旅館，「Quynee's Farmstay」是一棟建在鮮花盛開花園中的小房子，以其可愛的裝潢和美味的早餐而廣受歡迎。「Jun's Home」則是位於Hồ Ea Cuôr Kắp湖畔的一棟度假小屋，鄰近機場，在這裡可以獨自欣賞壯麗的湖景。兩者都遠離市區，觀光較不方便，推薦給想要度過悠閒時光的遊客。

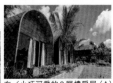
左／小巧可愛的2層樓房屋(A)
上／度假小屋旁即是湖泊(B)

A　**Quynee's Farmstay**
MAP P.209B圖-1B **住**Y Moan Ênuôl, P. Tân Lợi
☎096-9082779（手機） **URL**www.facebook.com/queenysfarm **費**⑤Ⓦ50US$～

B　**Jun's Home**
MAP P.209A圖-1B **住**Hoà Thắng
☎078-5386666（手機） **URL**www.facebook.com/JunsHomevn **費**⑤Ⓦ40萬越盾～

Voice在邦美蜀，以諾麗果（橄欖）釀製的酒「Yokdoni」相當有名，還有獵捕大象者愛喝的酒「Amacong」，這個則是用香草或樹草等釀製而成。

餐廳　Restaurant

享受埃第族料理
Arul House
埃第族料理

MAP P.209B圖-2A

由埃第族女性經營，在傳統高架式家屋中提供埃第族料理。庭院內到處都可以看到埃第族的木雕雕像和雕刻，相當有趣。套餐價位約33萬5000越盾～，也可以品嘗到第酒。若不用餐，單純在園內拍攝攝影需支付1萬5000越盾。

黑米蒸飯與烤地雞Gà Đồng Bào Nướng - Cơm Lam（17萬越盾～）

🏠17-19 Trần Nhật Duật, P. Tân Lợi　☎091-6434478（手機）　🕐6:30～22:00　休無休　Card 不可　預約不需預約

位在住宅區深受年輕人喜愛的咖啡館
House of Lens Coffee
咖啡館

MAP P.209B圖-2A

住宅區內出現的鮮艷黃色牆壁和老式汽車引人注目，這家時尚的咖啡館，由一對在地夫婦經營，在當地的年輕人中很受歡迎。提供綠意滿溢的花園座位和室內座位，店內深處也有小小的花園座位。使用大叻產咖啡豆的咖啡是1萬8000越盾。

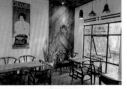

時尚的店內，可以參考P.21

🏠14/19 Củ Chính Lan, P. Tự An　☎090-2826909（手機）　🕐7:00～22:00　休無休　Card 不可　預約不需預約

祕傳醬汁的美味烤牛肉
Cate Quan
越南料理

MAP P.209B圖-1A

邦美蜀著名的烤牛肉料理Bò Nhúng Me（12萬越盾～）就源自這家店，將牛肉用羅望子等52種食材製成的特製醬汁醃製後，放在塗滿奶油和大蒜的鐵板上燒烤，醬汁的酸味退去，讓牛肉風味變得更加醇厚。

和越式三明治一起搭配品嘗

🏠140 Lê Thánh Tông, P. Tân Lợi　☎093-5551905（手機）　🕐9:00～23:00　休無休　Card 不可　預約晚餐需預約

童話花園咖啡館
Moc Mong Mo
咖啡館

MAP P.209B圖-1B外

花園裡綠樹成蔭、花朵盛開，一座小木屋建於其中。宛如童話故事中會出現的可愛小屋為2層建築，2樓是榻榻米風格的房間，可以舒展筋骨放鬆身心。咖啡約2萬越盾，採在花園小屋點餐、付款的方式。可以參考P.21。

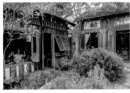

有很多適合拍照的景點

🏠305/35C Hà Huy Tập, P. Tân An　☎097-1811812（手機）　🕐7:00～22:00　休無休　Card 不可　預約不需預約

住宿　Hotel

Muong Thanh Luxury Buon MA Thuot
高級飯店

MAP P.209B圖-1B

🏠81 Nguyễn Tất Thành, P. Tân An　☎（0262）3961555　URL luxurybuonmathuot.muongthanh.com　ⓈⓌⓉ129萬越盾～　套房263萬越盾～　Card A M V　共231房

位在去市中心或機場都很近的便利地點，是間新穎漂亮的5星飯店，設有網球場、健身房、游泳池、按摩、卡拉OK、會議室等齊全設施，客房的設備也應有盡有。最高樓18樓附設有可一覽邦美蜀景色的咖啡酒吧。

Hai Ba Trung Hotel & Spa
高級飯店

MAP P.209B圖-2A

🏠8 Hai Bà Trưng, P. Thắng Lợi　☎（0262）3899999　URL www.hbthotel.vn　ⓈⓌ90萬越盾～　ⓌⓉ120萬越盾～　套房300萬越盾～（含早餐）　Card A J M V　共132房

建於市中心的9層樓5星飯店，屋頂泳池是擁有360度全視野景色的絕景景點，氣氛超好。所有SPA房間都有電水按摩浴缸，設備也很豪華。

Thanh Binh
迷你飯店

MAP P.209B圖-1B

🏠47 Y Bih Alêô, P. Tân Lợi　☎（0262）3593456　ⓈⓌ30～40萬越盾　Ⓣ50～60萬越盾（＋稅10%）　Card 不可　共23房

就座落在市中心地帶裡，1樓有美味評價的食堂，周圍亦有許多餐廳和咖啡館，相當方便。客房雖然略為狹小，但明亮整潔，也有吹風機、熱水壺、盥洗用品、冰箱等基本配備，也有電梯。

Voice 蜂蜜為邦美蜀的特產之一，老店「Dak Honey」的滋味享有盛譽，250g為3萬9000越盾。
MAP P.209B圖-2A　🏠3 Đinh Tiên Hoàng, P. Tự An　☎（0262）3810804　🕐7:00～17:00　休無休

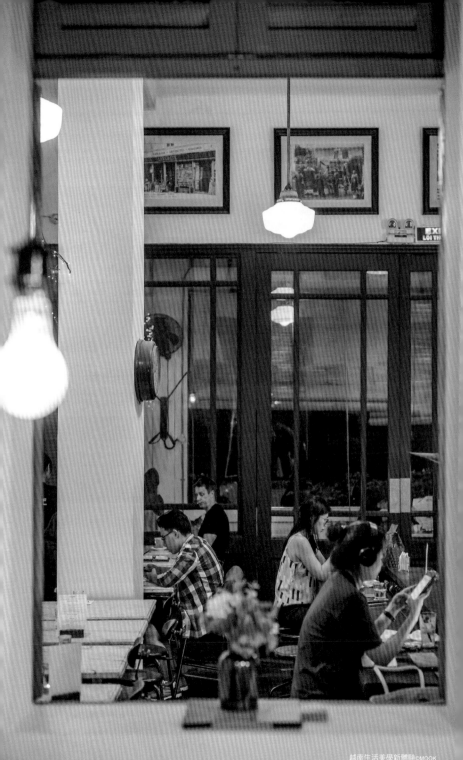

越南生活美學新體驗©MOOK

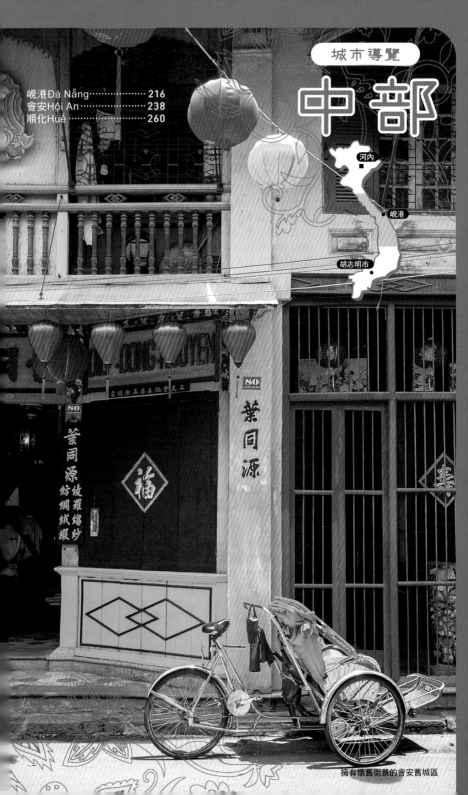

中部

河內

峴港

胡志明市

擁有懷舊街景的會安舊城區

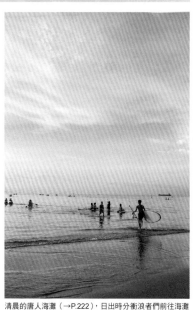
峴港

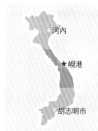

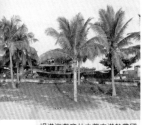

峴港海灘旁林立著充滿熱帶國家氣氛的椰子樹

如何辦理入境手續
　具體入境手續請參考P.404「入境程序」。

國際航廈與國內線航廈間的移動
　峴港國際機場的國際航廈與國內線航廈相鄰，徒步約3分鐘，無接駁車。

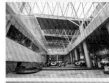

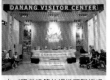

上／現代建築的峴港國際機場
下／國際線入境大廳內也有遊客中心，可以索取景點和店家的DM或地圖

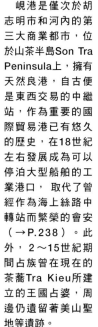

　峴港是僅次於胡志明市和河內的第三大商業都市，位於山茶半島Son Tra Peninsula上，擁有天然良港，自古便是東西交易的中繼站，作為重要的國際貿易港已有悠久的歷史，在18世紀左右發展成為可以停泊大型船舶的工業港口，取代了曾經作為海上絲路中轉站而繁榮的會安（→P.238）。此外，2～15世紀期間占族曾在現在的茶蕎Tra Kieu所建立的王國占婆，周邊仍遺留著美山聖地等遺跡。

清晨的唐人海灘（→P.222），日出時分衝浪者們前往海灘

　峴港同時也是越戰期間美軍最大基地所在地，也因此又以「基地城」而聞名，不過現今並未留下太多遺跡。防波堤旁有許多大型漁船停泊，市場上可以聽到此起彼落的叫賣聲，是一個充滿活力的港都城市。峴港近年來持續開發度假中心，加上從桃園機場也有飛往峴港國際機場的直飛班機，讓這個城市愈來愈受到矚目。

抵達峴港國際機場

能在機場做的事
●匯兌
　走出入境大廳往左邊前進，有EXIM銀行、BIDV銀行和貨幣兌換處，可以在此將美元等現金兌換成越盾，每家銀行和兌換處的匯率與市區的各總行大致相同，各銀行和貨幣兌換處全年無休，從當天第一班航班到當天最後一個航班到達的期間皆有開放。另外，入境大廳出來的左側通往出境樓層的電梯和樓梯也設有ATM。

●購買SIM卡
　如果使用SIM Free的手機，推薦購買SIM卡，連結網路可以使用地圖、用Grab App叫車等服務，即便只有短短幾天也能讓旅程更加舒適。購買時需要護照，購買後便可馬上連結電話和網路，有純網路版和網路＋電話兩種版本，有關購買SIM卡的詳細資訊請見P.422。

峴港國際機場～市區交通方式

從機場到市中心約3km，搭乘計程車較為便利。

●計程車

出入境大廳後就可以看見計程車乘車處，有許多跳表計程車排隊候客。搭乘跳表計程車至市中心（韓市場周邊），車資約5萬越盾～，所需時間15分鐘。

也可以使用Grab叫車服務（→P.416邊欄），價格會比跳表計程車便宜，只不過尖峰時刻也是有可能會比跳表計程車貴。

●旅行社或飯店接駁車

若參加包含機場～市區間接駁車的旅遊行程或請飯店接駁的情況，當地工作人員將會在入境大廳舉排等待。

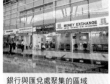

銀行與匯兌處聚集的區域

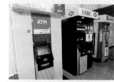

設置多台ATM

交通ACCESS

如何前往峴港

●飛機（峴港國際機場的詳細資訊→P.409）

國際線：台北、東京、大阪、暹粒、首爾、昆明、成都、廣州、香港、新加坡、吉隆坡、曼谷等地都有直航班機飛航。

國內線：各地皆有越南航空（VN）、越捷航空（VJ）、越竹航空（QH）的班機。

●從胡志明市出發（所需時間約1小時20分）

VN：每日15～16班 VJ：每日9～10班 QH：每日2～3班

●從河內出發（所需時間約1小時20分）

VN：每日13～16便 VJ：每日7班 QH：每日5～6班

●從海防出發（所需時間約1小時15分）

VN：每日7班 VJ：每日2～3班 QH：每日1班

●從芽莊出發（所需時間約1小時）

VN：每週4班 VJ：每週3班 QH：每週4班

●從大叻出發（所需時間約1小時10分）

VN：每日1班 VJ：每週6班 QH：每日1班

●從邦美蜀出發（所需時間約55分）

VN：每週3班 VJ：每週4班 QH：每日1班

●火車

從胡志明市（西貢）方向、從河內方向每日各有4個班次，車程依搭乘車種有所不同，最快班次從胡志明市（西貢）約16小時7分，從河內約15小時21分，從順化約2小時28分，從芽莊約9小時2分（→P.412）。

●巴士

從胡志明市的西部巴士總站Bến Xe Miền Tây在7:00～18:00之間共9班臥鋪巴士，車資60萬越盾～，所需時間約22小時。河內的Bến Xe Giáp Bát巴士總站13:30～19:30之間共有6班臥鋪巴士，車資35萬越盾～，所需時間13小時。從順化的南順化巴士總站8:00～18:00之間每隔1小時發車（經蘭珂灣Lăng Cô），車資8萬越盾～，所需時間約3小時，另外其他各主要都市也有班次往來。

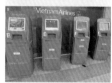

計程車的機場使用費

從機場搭乘跳表計程車除了需要支付車資外，還要支付機場使用費，4人座計程車為1萬越盾，7人座計程車為1萬5000越盾。

如何辦理報到手續

關於報到手續詳情請參考P.411的「國內交通」。

機場稅

國內線的機場稅內含在機票費用裡，在機場不用再繳納。

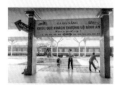

國內線出境大廳有越南航空和越捷航空的自助報到機，十分方便

南北方向的火車在峴港站停發

Voice 來到峴港都峴港務必品嘗當地海鮮，米卡海灘（→P.217）沿岸有著一排海鮮餐廳，各店家都擺滿新鮮海產，與台灣相比價格更為便宜。

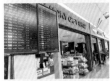
國內線出境大廳有許多咖啡館和伴手禮店

搭乘摩托計程車從市區前往機場
　　從市中心搭乘摩托計程車前往機場，車資約 3 萬越盾，不過摩托計程車無法直接進入機場，需提前下車。

如何購買火車票，如何搭乘？
　　詳細的火車票購買方式與火車搭乘方法請參考P.411的「國內交通」。也可從下列的越南鐵路網站確認火車時刻表與車資，並可購買火車票。
URL dsvn.vn

峴港車站
⊞ 202 Hải Phòng, Q. Hải Châu　**☎**(0236) 3821175
售票處
⏰ 24小時　**休** 無休

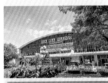
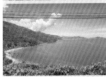
上／峴港車站建築　下／想要搭乘火車遊覽峴港～順化間的美景

火車之旅的注意事項
　　關於搭乘火車的注意事項與糾紛請參考P.412邊欄。

如何購買巴士車票，如何搭乘？
　　詳細的巴士票購買方式與巴士搭乘方法請參考P.413。

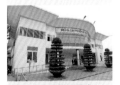
峴港中央巴士總站售票處

前往其他地區旅行的起點

　　峴港是前往會安和美山遺址等世界遺產的越南中部之旅起點，近年來，也有越來越多的遊客透過旅遊行程從峴港前往順化和風牙己榜國家公園旅遊。

●飛機之旅的起點
峴港國際機場　國內線航廈
　　國內線航廈緊鄰國際線航廈，出境大廳在 2 樓。

如何從市區前往機場
計程車
　　從市中心搭乘跳表計程車到機場，車資約 5 萬越盾～，若使用叫車服務Grab會稍微便宜一點，兩者皆需額外支付機場使用費（→P.217邊欄），至機場車程約15分鐘。
飯店的接駁巴士
　　許多飯店皆有提供接駁服務。

從峴港出發的直航航班
　　越南航空（VN）、越捷航空（VJ）、越竹航空（QH）皆有前往各地的班機。
●往胡志明市（所需時間約 1 小時25分）
　　VN：每日16～18班　VJ：每日 8 ～ 9 班　QH：每日 2 ～ 3 班
●往河內（所需時間約 1 小時20分）
　　VN：每日12～14班　VJ：每日 7 班　QH：每日 5 ～ 6 班
●往海防（所需時間約 1 小時15分）
　　VN：每日 1 班　VJ：每日 2 ～ 3 班　QH：每日 1 班
●往芽莊（所需時間約 1 小時15分）
　　VN：每週 4 班　VJ：每週 3 班　QH：每週 4 班
●往大叻（所需時間約 1 小時15分）
　　VN：每日 1 班　VJ：每日 1 班　QH：每日 1 班
●往邦美蜀出發（所需時間約 1 小時）
　　VN：每週 3 班　VJ：每週 4 班　QH：每日 7 班

●火車之旅的起點
　　距離市中心西北方2km的峴港車站，有開往河內、胡志明市（西貢）方向的火車。
峴港車站（Ga Đà Nẵng）　MAP P.237-2A
從峴港出發的班次
●往胡志明市（西貢）　每日 4 班，所需時間16小時24分～。
●往河內　每日 4 班，所需時間15小時58分～。

●巴士之旅的起點
　　不僅是大城市，也可利用巴士前往小鄉鎮，是實用的交通方式。
峴港中央巴士總站（Bến Xe Trung Tâm Đà Nẵng）　MAP P.236-2A外
　　位於市中心西方約7km處，長途巴士在此發車，搭乘計程車約20分，車資為10萬越盾～。車票可於各巴士公司櫃台購買。
●往胡志明市　10:00～17:50間共10多班，車資為58萬越盾～，所需時間22小時。
●往河內　14:00～翌日1:50間共數班，車資為40萬越盾～，所需時間12小時。
●往芽莊　14:30～20:30間共16班,車資為26萬越盾～,所需時間12小時。
●往順化　7:00～19:30間共10多班,車資為15萬越盾～,所需時間 2 小時。

市區交通

峴港郊區有許多景點，透過各種交通工具移動相當方便。

●計程車　→P.415

跳表計程車

峴港市內有多家跳表計程車公司營運，提供多種車種。車資會依汽油價格變動，啟程價為9500～1萬2000越盾，此後每公里收費1萬1700越盾～1萬5000越盾。

叫車服務計程車

在峴港也可使用叫車服務Grab，通常費用會比跳表計程車低廉，糾紛也較少，很受歡迎。不過尖峰時刻或雨天等使用者較多的時候，費用可能會比跳表計程車來得高。搭乘方式請參考P.416。

●摩托計程車　→P.417

由於車輛小，塞車時較為方便。不過可能會有事故或費用交涉等糾紛，使用摩托計程車建議透過上述的Grab叫車服務叫車。

●三輪車　→P.418

若想搭乘，建議透過旅行社安排。

●路線巴士　→P.416

市區有路線巴士行駛，市內車資為5000越盾。經由五行山開往會安的1號巴士，5:30～17:50間每隔20分鐘一班，車資為1萬8000越盾，從峴港市中心出發所需時間約1小時。雖然從峴港中央巴士總站發車，但峴港大教堂前巴士站（**MAP** P.237-3C）、胡志明博物館東側的巴士站（**MAP** P.236-3A）上車較方便。

●租自行車、摩托車　→P.418

飯店多半有提供自行車的租借，與胡志明市相比峴港的車流量較少，但騎乘時仍須多加留意路況，費用1日15萬越盾～。至於摩托車租借，則比較少見。

漫遊　Orientation

峴港大致可分為幾個區域，分別是位於韓江Sông Hàn西側廣大的街區與韓江東側的范文同海灘Pham Van Dong區域，繼續往南來到米卡海灘周邊的安湯An Thượng區域，繼續往南則是高級度假村林立的唐人海灘Bãi Tắm Non Nước區域。

市中心以平民廚房韓市場Chợ Hàn為中心，這一帶是便宜住宿、高級飯店、咖啡館、旅行社、餐廳等集中的區域，如果不打算造訪這裡的度假中心，推薦可以住在這一區。而范文同海灘沿岸則有中級度假飯店林立，也有許多海鮮餐廳，安湯An Thượng則可見到許多前來衝浪度假的在地外國人和外國遊客。唐人海灘周邊的度假村區域，每年都有新的度假飯店開幕，頗受矚目。

關於市區的交通工具

關於如何利用市區的計程車、摩托計程車、三輪車、路線巴士、租自行車與摩托車，請參考P.415～418。

較不容易發生糾紛的計程車公司

相對較少發生糾紛的是以下3家公司。

Taxi Tien Xa
☎(0236)3797979

Mai Linh Taxi
☎(0236)3565656

Vinasun Taxi Green
☎(0236)3636868

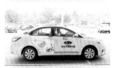

峴港常見Taxi Tien Xa公司計程車

方便的市區巴士路線圖

可從下列網址確認市區巴士車資與行駛路線，可以用智慧型手機下載App使用。
URL www.danangbus.vn

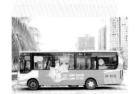

峴港的路線巴士多半使用新式大型巴士，有空調也很漂亮。

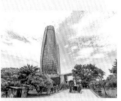

以含苞待放的蓮花為意象設計的峴港市政府

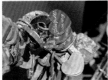

隨著「Bo～」聲響，像發射火焰般吹出烈火

鯉魚躍龍門像／愛之橋
☎2 Trần Hưng Đạo, Q. Sơn Trà
☎（0236）3561575
◷7:00～23:00　**休**無休
⊘免費

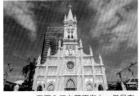

許多刻著名字和日期的南京鎖，南京鎖可以在愛之橋前的商店購買

峴港大教堂
☎156 Trần Phú, Q. Hải Châu
☎無　**◷**6:00～16:30（週日11:00～14:00）　**休**無休
⊘免費
　彌撒為週一～五5:00、17:15，週六17:15，週日5:15、8:00（兒童專屬）、10:00（英文）、15:00、17:00、18:30。

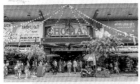

正面入口在陳當街上，但只有彌撒時才能進入，如欲在彌撒以外的時間造訪，則要從進入Yen Bai街進入

韓市場
☎119 Trần Phú, Q. Hải Châu
◷隨店家而異，大致為6:00～19:00　**休**無休

採買伴手禮的好所在

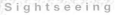
★峴港的地標
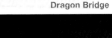
☆龍橋
Cầu Rồng　　　　　　　　　　　　　Dragon Bridge

　Rồng就是龍的意思，這座橋以龍在水面游泳的樣子設計而成，夜間會打燈，閃耀著紅、黃、綠等顏色的燈光，週六‧日、節日21:00開始有約15分鐘的表演，會從龍的嘴巴噴出火焰與水，人潮聚集十分熱鬧。

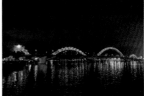

峴港代表性的觀光景點之一

★在點燈的夜晚造訪
MAP P.236-3B
☆鯉魚躍龍門像／愛之橋
Tượng Cá Chép Hóa Rồng / Cầu Tình Yêu Đà Nẵng　Ca Chep Hoa Rong Statue / Love Bridge

　市中心穿過龍橋後，便會來到韓川沿岸的峴港新知名景點「DHC Marina」，鯉魚躍龍門像其由來源自鯉魚穿過急流後即變身為龍的中國故事「躍龍門」。愛之橋就位在鯉魚躍龍門像前，是當地年輕情侶常造訪的地方，戀人互相許下愛情誓言，並上下掛鎖，橋上到處掛滿了心形的掛鎖。DHC Marina設有餐廳、美食廣場和遊客中心。

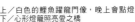

上／白色的鯉魚躍龍門像，晚上會點燈
下／心形燈籠照亮愛之橋

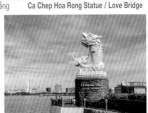

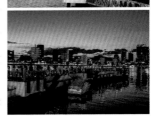

★粉紅色外觀相當美麗
MAP P.237-3C
☆峴港大教堂
Nhà Thờ Đà Nẵng　　　　　　　　Da Nang Cathedral

　1923年法國統治時代開始耗費約1年時間所建立的哥德式天主教堂，因尖塔十字架上有雞的雕像，所以也被稱為「雞教堂」，只有在彌撒時間可進入教堂內部參觀。

★想來這些買伴手禮
MAP P.237-3C
☆韓市場
Chợ Hàn　　　　　　　　　　　　　Han Market

　位在市中心，擠滿當地民眾十分熱鬧。1樓為生鮮食品、香料和乾貨等食品賣場，也有餐廳、伴手禮店、販售夏季包包的商店，2樓則是衣服、鞋子等時尚相關店家。

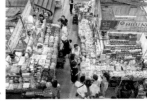

水果乾和零食的種類豐富

Voice!「Fresco Village」位在阮文靈街的小巷裡，是以越南和峴港為主題的壁畫藝術區域。MAP P.237-4B

★ 展示占婆王國的遺產
占婆雕刻博物館
Bảo Tàng Điêu Khắc Chăm Đà Nẵng　　The Museum of Cham Sculpture

MAP P.237-4C

這間博物館展示法國遠東學院挖掘占婆遺跡時出土的雕刻藝術品與石像，據說有部分傑出作品在挖掘後就被帶去法國，不過內部還是有印度教的濕婆神及象頭神石像、林伽Linga等一流的占婆藝品。近幾年經過整修，1樓展示室可以看到美山聖地、距離美山勝地20km的東陽Dong Duong遺跡等出土品，以遺址分區方便參觀，2樓則是占族相關的展示。

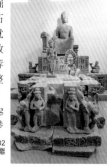

占婆為佛教信仰中心，1902年在東陽遺跡中發現占婆雕刻最大的佛陀像

★ 介紹峴港文化與歷史
峴港博物館
Bảo Tàng Đà Nẵng　　Da Nang Museum

MAP P.237-2C

1樓展出峴港文化與歷史資料，2樓則以近代戰爭為中心展出峴港的戰爭歷史，3樓則為峴港當地人的生活展示介紹，除實際使用過的生活用品及武器、相片外，還有許多重現當時模樣的人偶，十分具有觀賞價值。博物館建於原 Điện Hải古城遺跡處，因此周邊可見放置的大砲、護城河與堅固的磚牆等，可一窺當時古城風貌。

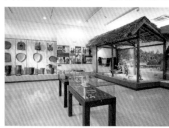

也有少數民族CoTu族的文化介紹

★ 從繪畫到傳統工藝的多樣性展示
峴港美術博物館
Bảo Tàng Mỹ Thuật Đà Nẵng　　Da Nang Fine Art Museum

MAP P.237-2B

由3個樓層所組成的美術館，1樓是展示兒童藝術作品與企劃展的空間，企劃展中也會展出出生於峴港的畫家作品，2樓展出漆畫、絹畫、平面藝術作品等，3樓則展出峴港與郊區的傳統工藝等作品，相當值得一看。

★ 擠滿衝浪遊客
米卡海灘
Bãi Tắm Mỹ Khê　　My Khe Beach

MAP P.236-2C～3C

位於范文同海浴（→P.222）南方，是一座延續約4km的美麗白沙海灘，不僅可以享受海水浴，水上活動也很豐富，特別是安湯區域前的米卡海灘擠滿外國衝浪客，熱鬧不已。

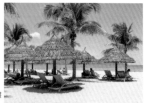

想要享受海水浴的話，推薦選擇少雨晴朗的5～8月前往

占婆雕刻博物館
🏠2 Đường 2 Tháng 9, Q. Hải Châu
☎（0236）3572935
🕐7：00～11：00、13：00～17：00
❌無休　💰6萬越盾
　5人以上可以事先電話預約英語導覽（7：30～11：00、14：00～17：00），提供英語導覽（免費）。

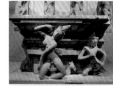

想認真欣賞充滿律動感的雕像

峴港博物館
🏠24 Trần Phú, Q. Hải Châu
☎(0236)3886236　🕐8：00～17：00　❌無休　💰2萬越盾

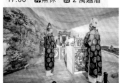

重現生活文化的角落值得一看

峴港美術博物館
🏠78 Lê Duẩn, Q. Hải Châu
☎（0236）3865668
🕐8：00～17：00　❌無休
💰2萬越盾

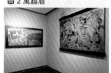

展示著精采漆畫作品的2樓

胡志明博物館
Bảo Tàng Hồ Chí Minh
Ho Chi Minh Museum
MAP P.236-3A
🏠3 Duy Tân, Q. Hải Châu
☎（0236）3615982　🕐8：00～16：30　❌6萬越盾
　展示獨立戰爭與胡志明的相關介紹，內側則是重現胡志明之家（→P.293）的仿造建築。

米卡海灘
　從韓市場到安湯區域的米卡海灘約5.5km，計程車約15分。

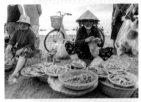

可以欣賞峴港景色的拖曳傘活動很受歡迎

范文同海灘
距離韓市場約3km，搭計程車約5分鐘。

曼泰海灘
距離韓市場約5km，搭計程車約15分鐘。

黃沙海灘
距離韓市場約6km，搭計程車約20分鐘。

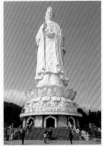

黃沙海灘上的臨時海鮮市場，約有10個魚販擺攤販售

亞洲公園
(住)1 Phan Đăng Lưu, Q. Hải Châu　☎091-1305568（手機、熱線）
(URL)asiapark.sunworld.vn
(時)14:30～21:30（摩天輪與單軌電車為15:30～）　(休)無休
(費)入場費＋摩天輪10萬越盾、入場費＋園內遊樂設施20萬越盾　※兒童（身高100～140cm）半價

靈應寺
(住)Bãi Bụt, Sơn Trà
☎090-5386726（手機）
(時)6:00～21:00
(休)無休　(費)免費

守護著峴港海域的站立觀音像，內部為佛堂

★★ 水上活動很受歡迎　　　　　　　**MAP** P.236-2C
范文同海灘
Bãi Tắm Phạm Văn Đồng　　　　Pham Van Dong Beach

范文同海灘盡頭延伸到范文同街東側，可以享受水上摩托車、滑翔傘等各種水上活動。

★★ 晨間SUP ＆衝浪熱點　　　　　　**MAP** P.236-1C
曼泰海灘
Bãi Tắm Mân Thái　　　　　　　Man Thai Beach

位於范文同海灘北邊，早上迎來許多享受SUP和衝浪的遊客，相當熱鬧。以前這裡僅僅是個普通海灘，出現海邊小屋後開始提供衝浪板租借。

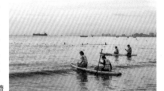

清晨的海灘特別擁擠

★ 可以看見搭乘碗舟捕魚的畫面　　　**MAP** P.223-1A
黃沙海灘
Bãi Tắm Hoàng Sa　　　　　　　Hoang Sa Beach

位於曼泰海灘北邊，日出前有機會看到漁民乘著碗舟捕魚，早上海邊會擺滿新鮮現捕的海鮮，變成臨時的海鮮市場。

★ 可從摩天輪一覽峴港城市景色　　　**MAP** P.236-4B
亞洲公園
　　　　　　　　　　　　　　　　Asia Park

以亞洲文化與建築為特色的主題公園，由打造出Inter Continental Danang Sun Peninsula Resort（→P.232）等建築的知名建築師Bill Bensley設計，園內除了有將滋賀縣大津市摩天輪「Igos 108」移建於此的「Sun Wheel」、園內路線全長1.8km的單軌電車等遊樂設施外，還有餐飲店等。

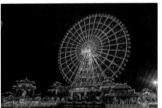

Sun Wheel每個車廂可乘坐6人，1圈約15分

★ 以女佛陀聞名　　　　　　　　　　**MAP** P.223-1B
靈應寺
Chùa Linh Ứng – Bãi Bụt　　　　Linh Ung – Bai But Temple

靈應寺為峴港三大佛教寺院之一，建在山茶半島標高700m的台地上。相傳是19世紀阮朝明命皇帝統治時期所建，並於2010年花費6年的時間重建。廣闊的佔地裡，有本殿、被親切稱為「女佛陀」的巨大觀音像、涅盤像和舍利塔等。觀音像高達

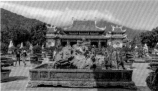

67m，是越南最大的佛像，為了祈求海上安全所建造。

另外，地名「Bai But」為佛陀海濱的意思。

本殿前方的庭園種植了許多美麗的盆栽，兩邊排列著18尊羅漢像

Voice 唐人海灘Bãi Tắm Nóng Nước十分靠近五行山（→P.223），是一座高級度假飯店群集的白沙海灘區域，雖然範圍不大，但有公共的游泳區域。**MAP**P.223-2B

★ 峴港的能量景點
★ 五行山
Ngũ Hành Sơn

MAP 下圖-2A
Marble Mountain

以金木水火土五行取名的水山Thủy Sơn、木山Mộc Sơn、金山Kim Sơn、土山Thổ Sơn、火山Hỏa Sơn 5座山所組成，由於群山為大理石岩石所構成（大理石＝Marble），因而又被稱為大理石山Marble Mountain。一般遊客最常到訪的便是其中最大的水山（海拔108m），山中的洞窟內放置有佛像，是長久以來人們的信仰聖地。爬上長長的石階與山路則可抵達靈岩洞Động Linh Nham與雲通洞Đồng Văn Thông等6座洞窟與寺廟、觀景台，可欣賞到絕佳景色，可將其他4座山和白色閃耀的唐人海灘，與山麓的城市美景盡收眼底。再往前進則可看到1968年因美軍爆破而產生的10～15m長的洞穴，裡面同樣也有供奉佛像，漂浮著一股神祕的氣氛。山麓的唐人村則有許多大理石像與浮雕工房，還有許多販賣大理石紀念品的商店。

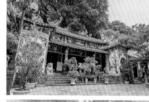
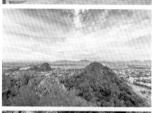
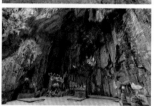

上／五行山意外地充滿綠意，座落著多座寺廟，有些地方還可以休憩 中／從眺望台望見的絕美景色 下／水山玄空洞Động Huyền Không，洞窟內有以大理石雕刻而成的巨大佛陀像鎮守著

五行山
🏠 Huyền Trân Công Chúa, Q. Ngũ Hành Sơn
☎ （0236）3961114、093-6455234、076-6506715（手機、熱線）
🕐 7:30～17:30　🈺無休
💴 水山收費為4萬越盾（主要入口共有2處，第1入口附近的電梯1萬5000越盾）。安豐洞Đồng Âm Phủ，費用是2萬越盾。五行山地圖與明信片組合1萬5000越盾。英語導覽1小時20萬越盾

五行山主要道路雖設有階梯，在洞窟內經常需要攀爬，建議最好穿布鞋等好走的鞋子。此外洞窟內採光黑暗，可攜帶手電筒較為方便。

從峴港市中心前往五行山時，可搭乘1號巴士（→P.219）、搭乘計程車單程約20分，收費包含在五行山待2小時左右，來回15US$～，摩托計程車則為10萬越盾～。

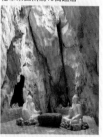

唐春洞Động Tàng Chơn內有一座仙人指著將棋的雕像

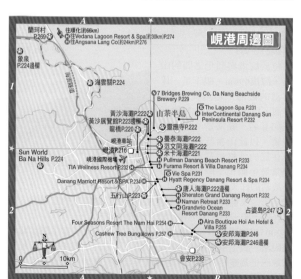

黃沙展覽館
Nhà Trưng Bày Hoàng Sa
The Museum of Paracel Island
MAP 左圖-1A
🏠 Hoàng Sa, Thọ Quang, Q. Sơn Trà
☎ （0236）3689921
🕐 8:00～11:30、13:30～17:00
🈺無休　💴免費

展出越南與中國領土問題等黃沙群島相關的內容

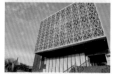

以越南國旗為意象設計的外觀

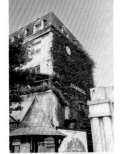

法國村的Starbucks Coffee可
買到Ba Na Hills限定的馬克杯

Sunworld Ba Na Hills

🏠 An Sơn, Xã Hòa Ninh,
Huyện Hòa Vang
☎ (0236) 3749888、090-
5766777（手機、熱線）
🔗 banahills.sunworld.vn
🕐 8:00~17:00　休 無休
💰 85萬越盾、兒童（身高
100~140cm）75萬越盾
※上述費用包含Ropeway纜
車、小火車、花園與酒窖的入
場費、Fantacy Park的遊戲
費用。
　從峴港搭車約1小時30分鐘
車程，之後須轉搭Ropeway纜
車，也可參加峴港出發的1日
觀光行程。

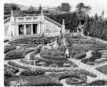

細心維護的花園也是一大賣點

海雲關

　旅行社提供的峴港~順化之
間車為單人35US$（2人
搭1台車的單人費用），經海
雲關含參觀時間約4小時，
若走隧道則約3小時。

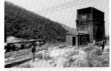

山岬上留有軍事設施遺跡

象泉

Suối Voi　Elephant Springs
MAP P.223-1A
　地點位於從峴港走國道1號
線往順化方向約40km（從順
化約60km）處，接著往山區
再走幾公里即可抵達，因水流
十分清澈，自然景觀相當優美
而聞名。

★位在高原的度假村&主題公園　　MAP P.223-2A

Sun World Ba Na Hills

Sun World Ba Na Hills

　從峴港往西約40km，位於海拔1482m高地上的高原度假中
心，這裡過去曾經有許多香蕉樹因而得名。

　園內大致可分為4個區域，各區與會安車站~馬賽車站間以6
條纜車路線連接，最大的看點「黃金橋」，以巨大的山神之手牽
起全長150km橋樑為概念設計，因適合拍照而產生極大話題。在
同一個區域，還有一座精心維護的Le Jardin花園，以及酒窖。

　其他區域還有以中世紀歐洲為意象打造的法國村，餐廳和飯
店也聚集在此。另外，鄰近法國村則有可以享受各種景點和遊
戲的「奇幻公園」。由於地處高原，即使夏季氣溫也只有17~
20℃左右，相當涼爽，天氣晴朗時峴港街景及美麗的圓弧沙
灘、遠處的海雲關美景等都可盡收眼底。

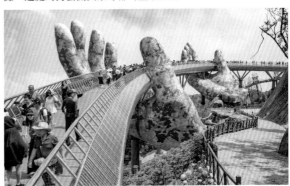

魔幻感的黃金橋，橋上可以眺望峴港市

★可欣賞優美海岸線的絕景景點　　MAP 摺頁正-2B、P.223-1A

海雲關

Đèo Hải Vân　　Hai Van Pass

　位於峴港與順化之間的山
嶺，海拔496m，眼下是一片
清澄的藍海，越南文中Hải
是海，Vân則是雲，山頂附近
正如其名，經常是一片雲霧
繚繞。以此山嶺為界，氣候
及住民的性格也截然不同，
經常發生順化下雨但峴港卻

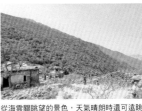

從海雲關眺望的景色，天氣晴朗時還可遠眺
遠方風景

是放晴的好天氣。途中可見一座建於19世紀初的城堡，過去曾
作為第二次世界大戰日本軍及越戰中西貢政府軍的監視站。運
氣好碰上晴天時，還可在此享受絕佳美景。

　2005年東南亞最長的隧道（全長約6.3km）貫穿了海雲關，
使峴港~順化車程縮短了約40分鐘，可惜的是觀光巴士行程及
當地巴士為縮短車程都改走隧道，若想欣賞如此絕景只能自行
包車前往。

資訊 ✸ INFORMATION

航空公司

●越南航空　Vietnam Airlines
MAP P.236-2A外
住39 Điện Biên Phủ, Q. Thanh Khê
☎（0236）3821130、3826465、1900-1100（熱線）
🕐7:30～11:30、13:30～17:00　休無休
Card A J M V

●越捷航空　VietJet Air
MAP P.236-3A　住200 Lê Đình Lý, Q. Hải Châu
☎（0236）3692665、1900-1886（熱線）
🕐7:00～20:00（節日7:30～12:00、13:30～17:00）
休無休　**Card** J M V

●越竹航空　Bamboo Airways
MAP P.237-4C　住14 Lê Đình Dương, Q. Hải Châu　☎096-3848411（手機）　🕐8:00～18:00
休週日　**Card** J M V

銀行

●越南外貿商業銀行　Vietcom Bank
MAP P.237-2B　住140-142 Lê Lợi, Q. Hải Châu
☎（0236）3822110
🕐7:30～11:30、13:30～17:00　休週六・日
接受美金現金兌換。

郵局

●峴港郵局
MAP P.237-3C
住45 Yên Bái, Q. Hải Châu
☎1800-1096（熱線）
🕐7:00～21:00（週日14:00～17:00）　休無休

可通英語的急診醫院

●Family Medical Practice Danang
MAP P.237-4A
住96-98 Nguyễn Văn Linh, Q. Hải Châu
☎(0236)3582699、3582700（代表號）、091-3917303（急救）
URL www.vietnammedicalpractice.com
E-mail hcmc.jpdesk@vietnammedicalpractice.com（日本語）
🕐8:00～19:00（週六8:30～17:00、週日～12:00）
休無休（急診24小時開放）
　Family Medical Practice的峴港分院，共有內科、小兒科等科別，並提供急救醫療運送（國內外）服務，並有住院用個人病房設施。
※適用海外旅遊保險相關事宜，與胡志明市分院（→P.87）及河內分院（→P.311）相同。

旅行社＆旅遊辦事處 ✸ TRAVEL OFFICE & TOUR OFFICE

●TNK＆APT travel Japan 峴港分店
TNK & APT travel JAPAN Da Nang
URL www.tnkjapan.com
LINE ID：https://lin.ee/A2sNAk 3
　本店位於胡志明市（→P.89）的TNK＆APT travel Japan 峴港分店，目前雖然在峴港沒有辦公室，但依舊可以協助安排行程，可以透過Line官方帳號或官網詢問。提供午後的美山勝地＆夜間會安導覽行程（80US$～）、占婆島遊船之旅（69US$）、順化1日觀光行程（89US$～）等。

●The Sinh Tourist Da Nang
MAP P.236-1A
住16 Đường 3 Tháng 2, Q. Hải Châu
☎（0236）3843259
URL www.thesinhtourist.vn
🕐7:00～20:00　休無休　**Card** 不可
　越南各地都設有分店的旅遊辦事處，除了有經營自由上下車的巴士之外，也有推出前往Sunworld Ba Na Hills的行程。

峴港的夜市

　峴港有兩個主要的夜市，分別是在龍橋下每晚營業的山茶夜市，以及稍微遠離市區、氣氛良好，傍晚氣候涼爽聚集在地民眾的Helio夜市。兩者皆於晚上17:30左右～22:30左右營業。

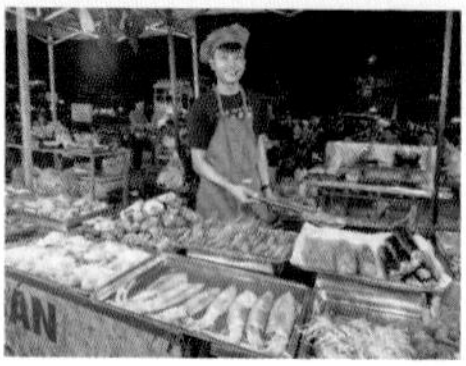

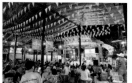

山茶夜市有許多海鮮與街頭小吃攤販

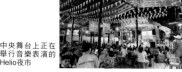

中央舞台上正在舉行音樂表演的Helio夜市

山茶夜市
Chợ Đêm Sơn Trà
MAP P.236-3B
住Mai Hắc Đế, An Hải Trung, Q. Sơn Trà
Helio夜市　**Chợ Đêm Helio**
MAP P.236-4B　住1 Đường 2/9, Q. Hải Châu

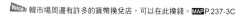

Voice 韓市場周邊有許多的貨幣換兌店，可以在此換錢。**MAP** P.237-3C

225

精心製作的高品質料理
Den Long

越南料理

MAP P.237-1B

以越南中部的料理為主，將嚴選的代表性越南料理提供給顧客。菜色數量並不算多，但料理絕不使用化學調味料、精心製作的每道料理的味道都很好，絕對不會踩到雷。其中最推薦蝦肉與豬肉的炸春捲（9萬8000越盾）、會安餛飩麵（9萬8000越盾），炸蓮藕夾等。2024年8月現在，因搬遷緣故暫停營業，但具體地點尚未公布，建議可至官網確認。

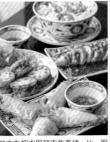
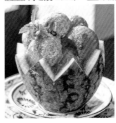

🏠71 Lý Thường Kiệt, Q. Hải Châu ☎（0236）3887377 URL denlong-danang.com 🕐11:30～15:30、17:30～21:45 休無休 稅稅另計 Card JMV（手續費＋5％）預約不需預約

解渴的西瓜甜點「Snow White」

前方為蝦肉與豬肉炸春捲，比一般的炸春捲還大，可品嘗到滿滿的蝦肉鮮味與多汁肉汁，相當美味

以卷類料理聞名
Bep Cuon

越南料理

MAP P.236-3C

店名Cuon為卷的意思，以越南卷物料理為招牌。推薦開胃拼盤Mẹt Bếp Cuốn，包含生春捲、炸春捲、蝦肉和豬肉串，峴港風味的越式煎餅（→P.38，8萬9000越盾～）也很美味。

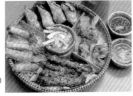

開胃拼盤24萬9000越盾

🏠54 Nguyễn Văn Thoại, Q. Ngũ Hành Sơn ☎070-2689989（手機） 🕐10:30～21:30（L.O. 21:00） 休無休 Card JMV 預約不需預約

便宜的海鮮餐廳
Nam Danh

海鮮料理

MAP P.236-1C外

離市中心稍微有一段距離，雖然地點有點難找，但只要7萬越盾左右就能品嘗到新鮮的海鮮，十分驚人，因此在當地十分有人氣。推薦的料理有檸檬草蒸海瓜子Chíp Đá Hấp和羅望子炒螃蟹。

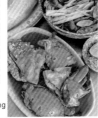

前方為羅望子炒螃蟹Gh Rang Me（7萬越盾）

🏠139/59, H59/38 Trần Quang Khải, Q. Sơn Trà ☎090-5333922、076-2654677（手機） 🕐10:30～20:30 休無休 Card不可 預約不需預約

菜單豐富蔚為人氣
Madame Lan

越南料理

MAP P.237-1C

可在仿造會安中國風住家的復古空間內，享用麵類與海鮮等200種以上的越南料理，烹調處設計成小吃攤的樣子。推薦萍餅（→P.30，5萬越盾）、中部的知名麵類廣南麵（→P.37，6萬2000越盾～），烤一夜干花枝（11萬5000越盾／100g）等海鮮料理。

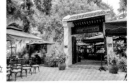

晴天推薦在陽台座位用餐

🏠4 Bạch Đằng, Q. Hải Châu ☎（0236）3616226 🕐6:30～21:30 休無休 Card AJMV 預約不需預約

在地人喜愛的傳統海鮮餐廳
Thanh Hien 2

海鮮料理

MAP P.236-3C

米卡海灘沿岸的老字號海鮮餐廳（→P.221），海鮮價格按重量計價並張貼在籃子上，可以選擇如何料理，包含燒烤、水煮和炒奶油大蒜等。價格依季節等而有所不同，蝦子的價格約每公斤80萬越盾～左右。

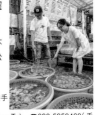

店內擺滿了新鮮海鮮，可以直接手指著點當

🏠254 Võ Nguyên Giáp, Q. Sơn Trà ☎090-5959469（手機）、090-5340528（手機） 🕐10:00～22:00 休每年有2天不定期假期 Card JMV 預約不需預約

Cung Dinh
品嘗家庭料理
越南料理

MAP P.237-4B

座落在巷弄中的鍋瓦飯Cơm Niêu Thập Cẩm（4萬越盾～）名店，鍋瓦飯的烹調時間雖然要15分鐘左右，但味道及分量都令人相當滿意，小菜為家庭料理風味，如辣椒炒雞Gà Xào Ớt（8萬越盾）等也都很美味。

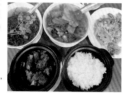

甜辣炒排骨（左前方，7萬5000越盾）等

K254/27 Hoàng Diệu, Q. Hải Châu　☎（0236）3897638　🕐11:00～14:00、17:30～20:30　休無休　Card 不可　預約 不需預約

Ba Duong
峴港越式煎餅名店
越南料理

MAP P.237-4A

販售峴港口味越式煎餅Bánh Xèo（→P.38，7萬越盾）的店，峴港的越式煎餅皮厚口感Q彈，用米紙包裹著豬肉卷Nem Lụi（3萬5000越盾／5支）沾醬享用。店面位在巷弄的盡頭處。

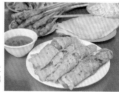

包醬蔬菜、香草，再沾上特製味噌醬一起品嘗，左後為豬肉卷

K280/23 Hoàng Diệu, Q. Hải Châu　☎（0236）3873168　🕐9:00～21:30　休農曆 4 /15、7 /155　Card 不可　預約 不需預約

Mi Quang 1A
峴港名產麵老店
越南料理

MAP P.237-2B

開業31年的廣南麵（→P.37）名店，菜單上共有蝦肉和豬肉Tôm Thịt（3萬5000越盾）、蝦豬雞肉及蛋Đặc Biệt（5萬越盾）等5種口味。粗的米麵咬勁十足，與蝦肉湯頭可說是絕配，可依個人喜好加入香蕉花或薄荷等香草或辣椒，再擠萊姆後享用。

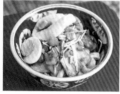

加入蝦肉與豬肉的廣南麵

1A Hải Phòng, Q. Hải Châu　☎（0236）3827936　🕐6:00～21:00　休無休　Card 不可　預約 不需預約

Mon Quang B. Mua
體驗沾麵樂趣的廣壽麵
越南料理

MAP P.237-4C

招牌料理是麵和配料分開擺放，可以體驗沾麵樂趣的廣壽麵Mỳ Quảng Thố（7萬越盾），越式煎餅（7萬5000越盾～）也相當有人氣，還提供中部和南部風味的醬料，可以享受口味變換的樂趣。

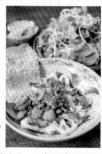

白肉魚的廣壽麵（6萬5000越盾）滋味清爽，越式煎餅有10種口味

44 Lê Đình Dương, Q. Hải Châu　☎（0236）3540199　🕐7:00～23:00　休無休　Card J M V　預約 不需預約

Bun Cha Ca 109
炸魚塊麻辣麵
麵

MAP P.237-2C

這家餐廳以峴港名產Bún Chả Cá聞名，辣椒味道強烈的微辣湯頭內，加入細的米麵粉、炸魚塊、火腿、竹筍等配料，清澈的辣味湯頭與米麵和炸魚塊完美融合，美味至極。特惠 3 萬越盾～十分有人氣。

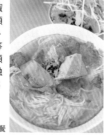

清爽的風味適合當早餐

109 Nguyễn Chí Thanh, Q. Hải Châu　☎094-5713171（手機）　🕐6:00～22:00　休無休　Card 不可　預約 不需預約

Tran
峴港特產手卷豬肉生春卷
越南料理

MAP P.237-2C

用一般的米紙包蔬菜、豬肉與Q彈的米紙來享用，是峴港特產Bánh Tráng Cuốn Thịt Heo的專賣店，一般的水煮豬肉套餐Đặc Sản Trần為19萬9000越盾，也有不是水煮的烤豬肉選擇。

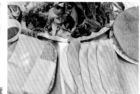

水煮豬肉套餐

4 Lê Duẩn, Q. Hải Châu　☎090-5334349（手機）　🕐9:00～22:30　休無休　Card M V　預約 不需預約

Voice 峴港人常吃的越式煎餅（→P.38）與南部風味稍有不同，會用米紙包裹蔬菜並沾味增一起吃。

越南風味的雞飯
Com Ga A.Hai
越南料理

MAP P.237-3B

越式雞飯專賣店，在利用一種紅色水果木鱉果染色的米飯上鋪滿雞肉，推薦放上炸得彈性十足的炸雞的Cơm Gà Quay（5萬7000越盾），另外也有放上水煮雞絲的Cơm Gà Luộc（4萬5000越盾）。

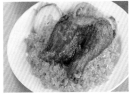

雞肉飯佐湯和泡菜

🏠100 Thái Phiên, Q. Hải Châu　☎090-5312642（手機）
🕐8:00～23:15　🏖農曆4/15、7/15　Card不可
預約不需預約

樸實的氛圍很時尚
Cuisine De Vin
西式料理

MAP P.237-3B

使用褪色復古風家具妝點店內的時尚休閒餐廳，提供西式料理，沙拉為2萬5000越盾，牛肉料理21萬越盾～等價格實惠，推薦焗烤義大利麵（8萬5000越盾～）和布拉塔起司沙拉（22萬越盾～）

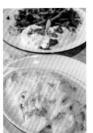

前方為焗烤鮭魚起司義大利麵（18萬越盾）

🏠176 Nguyễn Chí Thanh, Q. Hải Châu　☎090-5002050（手機）　🕐8:00～22:00　🏖無休　Card不可
預約不需預約

以雞蛋咖啡引起話題
Namto House
咖啡館

MAP P.237-3C

店內的牆壁和天花板裝飾許多綠色植物，小小的桌椅排列其中。咖啡價位合理，香濃可口，約2萬5000越盾～。招牌飲品是雞蛋咖啡（3萬5000越盾），可以根據喜好調整味道。

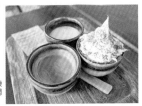

將濃縮咖啡、煉乳和鮮奶油分開盛裝的雞蛋咖啡

🏠130 Nguyễn Chí Thanh, Q. Hải Châu　☎091-5130130（手機）　🕐7:00～22:00　🏖無休　Card不可　預約不需預約

享受嚴選的牛排
Olivia's Prime Steak House
牛排

MAP P.236-2B

提供精心挑選的肉品，最推薦的菜色是通過專業認證標準的安格斯牛肉（CAB）牛排（110萬越盾／100g），濃郁的煙燻香氣，肉質軟嫩適中，愈嚼愈有味道。

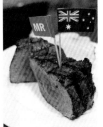

從一分熟到全熟可以從6種不同的熟度中做選擇

🏠505 Trần Hưng Đạo, Q. Sơn Trà　☎090-8163352（手機）　🕐16:00～23:30　🏖週五～日　🍴服務費另計
Card A D J M V　預約不需預約

被古道具與家具環繞的復古咖啡館
Nam House
咖啡館

MAP P.237-3C

以1960年代越南民宅為意象打造的復古咖啡館，擺放小巧桌椅的店內，裝飾著舊縫紉機、收音機、轉盤電話等舊物，創造出奇特的舒適感。越南咖啡2萬越盾～。

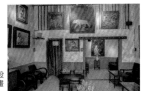

店內斜前方增設的區域展示著畫作

🏠15/1 Lê Hồng Phong, Q. Hải Châu　☎036-6865996（手機）　🕐7:00～22:00　🏖無休　Card不可
預約不需預約

體驗蓮花茶茶儀式
Goc Nha Tui Minh
咖啡館

MAP P.237-2C

可以享受來自河內與順化優質蓮花茶的茶館，點餐後，將會送上用蓮花包裹的茶葉，細心地為客人沖泡。附傳統甜點的蓮花茶13萬5000越盾（2人份），3人以上每人加價1萬越盾。

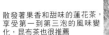

散發著果香和甜味的蓮花茶，享受第一到第三泡的風味變化，昆布茶也很推薦

🏠36/36 Lê Duẩn, Q. Hải Châu　☎034-8356627（手機）　🕐7:00～22:00　🏖無休　Card不可　預約不需預約

Voice 上述的「Goc Nha Tui Minh」以1967年建造的民宅改裝，店內也有販售自製的酒和茶葉（→P.53）、雜貨等。

沙霸主題民族咖啡館
Cua Go Café
咖啡館
MAP P.237-2B

　　店內走質樸的風格，裝潢大量使用竹子和木頭等素材，牆壁上裝飾著樹枝和傳統織物，讓人有種遊覽沙霸鄉村的錯覺。由於這家咖啡館以少數民族居住的沙霸村為主題，可以體驗穿著傳統服裝喝茶的樂趣（1小時5萬越盾），推薦飲品為鹽咖啡（→P.13）。

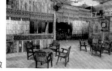
店內很寬敞

📍102 Nguyễn Thị Minh Khai, Q. Hải Châu
☎093-5059440　🕙6:00～22:00　🈺無休
Card不可　預約不需預約
【1號店】MAP P.236-3C　📍2 Trần Bạch Đằng, Q. Sơn Trà

使用椰子的甜點
Dua Ben Tre 190 Bach Dang
甜點
MAP P.237-3C

　　河風相當舒服的河畔小型甜點店，招牌就是裝入椰子殼的椰子果凍（4萬5000越盾），周邊有好幾間規模、菜色、價格一樣的店家，坐在道路旁還可以眺望龍橋（→P.220）的燈光。

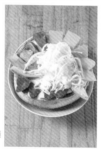

加入優格和水果等食材的品項很有人氣，6萬5000越盾

📍190 Bạch Đằng, Q. Hải Châu　☎093-4888328（手機）
🕙5:00～24:00　🈺無休　Card不可　預約不需預約

來自峴港的精釀啤酒Tap Bar
7 Bridges Brewing Co. Da Nang Beachside Brewery
酒吧
MAP P.223-1B

　　來自峴港的精釀啤酒品牌Tap Bar搬遷至山茶半島前可以俯瞰大海風景的絕佳地點，除了清爽的黃金麥芽啤酒等基本精釀啤酒（主流啤酒）外，還提供季節性啤酒。255ml 7萬越盾～。

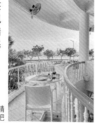

在露天的室內享用新鮮釀造的精釀啤酒，3樓也設有雞尾酒酒吧

📍79 Lương Hữu Khánh, Q. Sơn Trà　☎036-2900123
（手機）　🕙15:00～23:00　🈺週一　Card J M V
預約不需預約

Voice▶ 上述「7 Bridges Brewing Co. Da Nang Beachside Brewery」的料理也很美味，提供披薩、海鮮等適合配啤酒的菜色。

巷弄裡的花園咖啡館
Trinh Ca Phe
咖啡館
MAP P.237-4C

　　濃厚酪梨與咖啡苦味的搭配令人著迷，酪梨咖啡（→P.13）在峴港風靡一時，Trinh Ca Phe的酪梨咖啡為先驅般的存在。復古的裝潢靈感來自1975年代的越南，店裡播放著越南作曲家Trinh Cong Son的音樂，也是店名的由來。

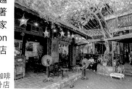

綠意環繞的療癒咖啡館，市區有3間分店

📍22/4 Lê Đình Dương, Q. Hải Châu　☎093-2453811
（手機）　🕙6:30～22:30　🈺無休　Card不可
預約不需預約

品嘗中部Chè
Che Cung Dinh Hue
甜點
MAP P.237-2C

　　可以品嘗到順化風Chè的越南中部傳統甜品Chè的專賣店，共提供20種Chè，價格1萬5000越盾～2萬2000越盾，除了寫在牆上的菜單之外，也可以直接手指著一整排的大鍋子點餐。店內氣氛愉悅，傍晚擠滿了男女老少來此享用甜點。

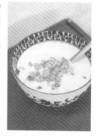

也有蜜漬扁豆Chè（Chè Đậu Ván）等不加冰的Chè

📍2 Lê Duẩn, Q. Hải Châu　☎090-5512289（手機）
🕙8:00～22:00　🈺無休　Card不可　預約不需預約

大人的隱藏酒吧
Te Mixology
酒吧
MAP P.237-3C

　　從「Cong Ca Phe」內樓梯走上3樓，就可以看到這間隱藏酒吧。據說這間酒吧也是發明了越南河粉雞尾酒「Ne Cocktail Bar」酒吧（→P.325）的姊妹店，這裡也可以品嘗到河粉雞尾酒、重現越南梅乾風味的雞尾酒（18萬越盾）等。

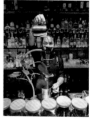

一定要看看製作河粉雞尾酒的表演，雞尾酒種類多達40種以上

📍3F, 39-41 Nguyễn Thái Học, Q. Hải Châu
☎078-8334343（手機）　🕙19:00～翌日1:00　🈺無休
Card M V　預約不需預約

Hoa Ly
品項種類眾多廣受歡迎
越南雜貨
MAP P.237-3C

峴港買伴手禮務必來這裡！店內盡是日本女老闆精心挑選的商品，從筆記本、徽章、鑰匙圈等小東西到塑膠編織籃、陶器、刺繡物品、復古可愛的廚房用品，甚至化妝品和食品類伴手禮應有盡有。店內原創商品眾多，像是以越南數字為主題的零錢包（→P.53）等，還有很多是只有這裡才買得到的商品，種類多達1000種以上，請預留點時間慢慢挑選。

252 Trần Phú, Q. Hải Châu
091-2347454（手機）、（0236）3565068
10:00～19:00　無休
Card J M V

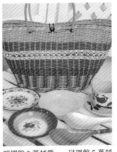
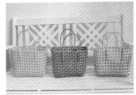

塑膠盤3萬越盾～、琺瑯盤5萬越盾～

也有這種其他地方沒有的柔和色彩塑膠籃（各25萬越盾）

Wonderlust
越南品牌選物店
越南雜貨
MAP P.237-3C

以中部為中心，將越南各地的設計師品牌商品匯集在一起的選貨店&咖啡館，1樓後方&2樓為商品區，主要販售衣服、飾品、布小物品和保養品為主。商品從食品類的咖啡、茶等，到護膚商品、雜貨、衣服、飾品等相當多元，最值得注目的就是在會安也有開設店鋪的碎花布小物品牌「Miukstyle」。

也有一些「Miukstyle」的商品，左邊的錢包10萬越盾，右邊的包包23萬越盾

96 Trần Phú, Q. Hải Châu　（0236）3744678
8:30～21:30（咖啡館為8:00～22:00）　無休
Card 不可

T-Bros
獨特巧克力獲得好評
巧克力專賣店
MAP P.237-4C

來自峴港的巧克力品牌，在世界性巧克力評選會上獲得超過10個獎項，以達樂省生產的巧克力為基底，加入小蝦子發酵的調味料蝦醬、檸檬草、米酒風味，創造出獨一無二的風味，讓人宛如發現新大陸。

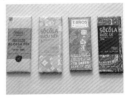

巧克力共有13種，30g 5萬1000越盾～

36 Trưng Nữ Vương, Q. Hải Châu　094-7949898、097-8270911（手機）　9:00～20:00　無休
Card M V

Pheva
巧克力專賣店
MAP P.237-3C
239 Trần Phú, Q. Hải Châu
（0236）3566030
9:00～19:00　無休　Card J M V

使用檳椥產可可製作的單一產地巧克力專賣店，搭配富國島產胡椒等越南在地食材調味，推出12種口味，可以選擇喜歡的口味裝盒，12個7萬8545越盾～，也提供試吃。

Chi Ba Boutique
服飾
MAP P.237-1C
45 Lý Thường Kiệt, Q. Hải Châu
097-6537835（手機）
8:00～21:30　無休　Card M V

服飾精品店，專門販售對肌膚友善的亞麻或棉質天然素材原創服飾，有許多加入花朵刺繡元素的品項，洋裝60萬越盾～、吊帶背心30萬越盾～，小物也值得看看。

Go！Da Nang
超市
MAP P.237-3A
Khu Thương Mại Vĩnh Trung, 255-257 Hùng Vương, Q. Thanh Khê　（0236）3666085
8:00～22:00　無休　Card A D M V

峴港市中心最大的超市，當地人時常光顧，整天人潮都很多。河粉、乾麵、調味料、甜點等食品種類豐富，也有販售生活用品，甚至有原創環保袋。

Voice 推薦想休息片刻時，可以到上述「Wonderlust」的附設咖啡區，人氣飲品為濃縮咖啡加上椰奶雪酪的冰淇淋綜合椰子拿鐵（6萬5000越盾），也有蛋糕。

SPA・按摩　　　　　Spa & Massage

享受極上SPA體驗
The Lagoon Spa　　　SPA
MAP P.223-1B

以倉庫為意象建造的Villa樣式5星級SPA中心，漂浮在安靜的潟湖中，俯瞰山茶半島和大海的鬱鬱蔥蔥的

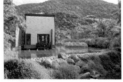

自然風光，並可以享受使用越南天然產品的SPA護理體驗。

SPA房內使用的是五行山的大理石

🏠Khu Du Lịch Sinh Thái Biển Bãi Bắc, Q. Sơn Trà
（InterContinental Danang飯店內）　☎（0236）
3938888（內線6904）　⏰9:00〜20:00　🈺無休
🚇東方藥草之旅500萬越盾（150分鐘）等，稅另計
Card A D J M V　預約需預約

連當地居民都喜愛的實力派SPA
Queen Spa　　　SPA
MAP P.236-3C

儘管外觀是很常見的在地SPA相貌，但高超的按摩技術在當地居住的外國人和觀光客中都很有人氣。推薦使用蜜蠟軟化皮膚的Spa Body Lotion Candle和使用竹油的按摩等。

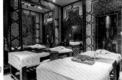

以埃及為主題裝潢的護理室

🏠144 Phạm Cự Lượng, Q. Sơn Trà　☎（0236）2473994
⏰10:00〜21:30（L.O. 20:30）　🈺無休
🚇Spa Body Lotion Candle 49萬越盾（60分鐘）等
Card J M V　預約需預約

在私人Villa中好好放鬆
Vie Spa　　　SPA
MAP P.223-2B

寧靜的庭園中散布著10多棟Villa，各個Villa外被高高的圍牆包圍著，都有著小花園和室外浴缸，

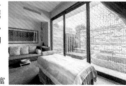

盡情享受個人SPA時光。推薦90分鐘〜4小時、4個種類的套裝方案。

療程很豐富

🏠5 Trường Sa, Q. Ngũ Hành Sơn（Hyatt Regency Danang Resort & Spa內）　☎（0236）3981234（內線8560）
⏰10:00〜18:30（L.O. 17:00）　🈺無休　🚇Vie Fushion Massage 260萬越盾（60分鐘）等　Card A D J M V
預約需預約

胡志明市超人氣店家進駐峴港
Golden Lotus Oriental Organic Spa　SPA＆按摩
MAP P.237-3C

技術深受好評，以足部＋肩頸按摩最受歡迎，也推薦Golden Lotus Massage（33萬越盾／60分鐘），指壓力道夠，確實地刺激穴位。

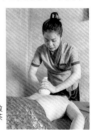

護理室光線柔和，可幫助客人放鬆身心，療程後還提供芒果和茶品服務

🏠209 Trần Phú, Q. Hải Châu　☎（0236）3878889
⏰10:00〜22:00（L.O. 20:15）　🈺無休　🚇Golden Lotus Foot＋Neck & Shoulder Massage 45萬越盾（90分鐘）等
Card M V　預約週六・日需預約

其他SPA・按摩　　　　Spa & Massage

Spice Spa　　　SPA
🏠200 Võ Nguyên Giáp, Q. Sơn Trà　MAP P.236-2C
（A La Carte Da Nang Beach內）　☎（0236）3959555（內線110）　⏰9:00〜22:00　🈺無休　🚇Spice Therapy 90萬越盾（60分鐘）等　Card A J M V　預約需預約

用越南香草製作的香草球進行的Spice Therapy，或是使用肉荳蔻、肉桂、人參等自然元素的療程都很話題性，還有為時間不夠的遊客推出的30分鐘（60萬越盾）療程。

Charm Spa　　　SPA
🏠283 Nguyễn Chí Thanh, Q. Hải Châu　MAP P.237-3C
☎（0236）3565676　⏰9:00〜22:00　🈺無休
🚇熱石按摩64萬越盾（60分鐘）等　Card A J M V
預約不需預約

位在峴港市中心，是可以在漫遊城市的途中順道造訪的輕鬆SPA，有可通英語的員工，吸引許多外國遊客造訪。可收男女性顧客，也設有男女分開的置物櫃。

Cong Spa & Nail SPA　　　SPA
🏠80 Trần Phú, Q. Hải Châu　MAP P.237-2C
☎（0236）3825777、093-5171088（手機）　⏰10:00〜22:30（最後時間至21:30）　🈺無休　🚇Dry Massage 31萬5000越盾（60分鐘）　Card M V　預約不需預約

在全國展店的高人氣咖啡館「Cong Ca Phe」所經營的休閒SPA，除了按摩，也可做美甲，指甲護理＆基本款指甲彩繪10萬越盾，鄰近韓市場（→P.220）地段方便。

🔊 部分SPA＆按摩價格不包含小費，行情大概1小時4〜5萬越盾，當然若不滿意也可以不支付小費。

被美麗大自然包圍的高級奢華度假村
InterContinental Danang Sun Peninsula Resort

高級飯店

MAP P.223-1B

建於山茶半島山坡斜面上的高級奢華飯店，以無比遼闊的規模而自豪，在越南傳統設計與自然完美融合的度假飯店內，找找散置於各處的越南元素也很有趣。飯店內有可以品嚐到米其林星級主廚烹調的道地法式料理的「La Maison 1888」等5間餐廳&酒吧、「The Lagoon

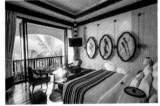
Club Suite Panoramic Ocean View客房

🏠Khu Du Lịch Sinh Thái Bãi Biển Bắc, Q. Sơn Trà ☎（0236）3938888
URLdanang.intercontinental.com
💰ⓈⓌⓉSWT 1098萬越盾～套房1497萬越盾～ Villa 3371萬越盾～（＋稅・服務費15%，含早餐）
Card ＡＤＪＭＶ　共201房

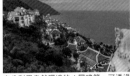
充分利用自然環境的4層建築，可透過纜車或車子在各區移動

Spa」（→P.231）、各種可免費體驗的活動等，可以充分享受飯店住宿時光的設施一應俱全，另外還有享譽全球的腳趾甲護理大師Bastien Gonzalez所開設的美甲工作室。

擁有峴港最長無邊際泳池
Sheraton Grand Danang Resort

高級飯店

MAP P.223-2B

在Sheraton集團中屬於較為洗練的高級品牌飯店，更是東南亞首見該類型的飯店。飯店內採用典雅的家具，營造出奢華的氛圍。所有房間均設有浴缸，功能齊全的房間以奶油色和金色為主色調，給人一種古典的印象。設有峴港最長約250m的無邊際泳池、私人海灘、可感受奢侈氣氛SPA等，配備了可以享受度假生活的設施。

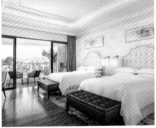
客房建築建在泳池周圍，圖為Deluxe Pool View房型

🏠35 Trường Sa, Q. Ngũ Hành Sơn
☎（0236）3988999
URLwww.sheratongranddanang.com
💰ⓈⓌⓉ450萬越盾～ 套房700萬越盾（＋稅・服務費15%）
Card ＡＤＪＭＶ　共270房

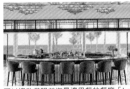
可以邊欣賞眼前海景邊用餐的餐廳「La Plage」

享受住宿樂趣的SPA度假村
TIA Wellness Resort

高級飯店

MAP P.223-2A

改名自專門從事SPA活動的度假村「Fusion Maia Resort」，更加專注於舒緩身心健康活動，提升活力。每晚住宿包含90分鐘的SPA護理，其他像是瑜伽課程、太極拳、呼吸法等課程也都能免費參加。以白色為主色調的客房全部都是配備私人泳池的Villa房型，早餐可以自由選擇在飯店內的用餐地點和時間。

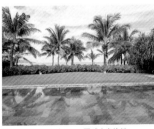
除了主要的泳池外，SPA區域也有泳池

🏠Võ Nguyên Giáp, Q. Ngũ Hành Sơn
☎（0236）3967999
URLtiawellnessresort.com
💰Ⓢ⊕430US$～（含早餐）
Card ＡＤＪＭＶ
共87棟Villa

想在私人白沙海灘中好好休息

住宿　 Hotel

可以眺望大海的高樓飯店
Four Point by Sheraton Danang　高級飯店
MAP P.236-2C

Four Point為Sheraton集團中以合理價位提供高品質服務著名，位於范文同海灘北邊，沿著海灘而建的高樓飯店，海景房可以看到峴港的綿長海岸，城景房則可以眺望活力十足的城市風貌。客房內設備重視機能性，使用Sheraton特製床墊，讓人放鬆入眠，還有隔音窗和浴缸等設備。24小時開放的健身房、眺望大海的SPA、頂樓泳池等設施齊全。

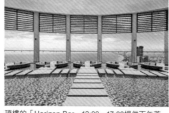
頂樓的「Horizon Bar」12:00〜17:00提供下午茶

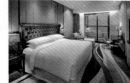
間接照明舒緩身心，圖片為Deluxe客房

🏠118-120 Võ Nguyên Giáp, Q. Sơn Trà　☎（0236）3997979
URL fourpointsdanang.com
💴ⓈⓌⓉ186萬越盾〜套房279萬越盾（＋稅・服務費15％，含早餐）
Card ⒶⒹⒿⓂⓋ　共390房

客房景致皆不同
Hilton Da Nang　高級飯店
MAP P.237-2C

鄰近龍橋，建於韓江旁的28層樓的城市飯店。客房、大廳和餐廳等公共區域盡顯Hilton的優雅與尊貴。客房位於5樓至27樓，低樓層可以欣賞熱鬧的城市景觀，高樓層可欣賞峴港的海景。

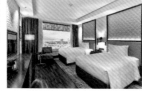

所有客房皆有浴缸，圖片為Executive客房

🏠50 Bạch Đằng, Q. Hải Châu　☎（0236）3874000
URL hiltondanang.hilton.com　💴ⓈⓌⓉ186萬越盾〜套房284萬越盾（含早餐）　Card ⒶⒹⒿⓂⓋ　共220房

服務周到的日系度假村
Grandvrio Ocean Resort Danang　高級飯店
MAP P.223-2B

男女區隔的大浴場、可選擇和食或自助餐的早餐、所有房間都可以收看日本民放節目、越式旗袍租借（女性和兒童免費）等，其他度假飯店所沒有的日系飯店才有的服務，大獲好評。

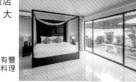
附泳池Villa，也有豐富的水上活動和料理教室體驗

🏠Võ Nguyên Giáp, Q. Điện Ngọc　☎（0235）3788994
URL www.grandvriooceanresortcitydanang.com
💴ⓈⓌⓉ359萬越盾〜　套房808萬越盾〜　Villa 733萬越盾〜（含早餐）　Card ⒶⒹⒿⓂⓋ　共150房　54間Villa

---

皆為Villa房型＆以竹子裝潢受到矚目
Naman Retreat　高級飯店
MAP P.223-2B

越南自古以來愛用的竹子隨處可見，融入於大自然當中的獨特建築設計受到矚目的度假飯店，製作燈籠、瑜珈、碗舟體驗等在度假期間可參與的活動相當豐富，光是住宿就很享受。空間最小也有45m²的客房皆為Villa房型，所有房間皆設有私人泳池。

住宿者每晚可以免費享受1次SPA

🏠Trường Sa, Q. Ngũ Hành Sơn　☎（0236）3959888
URL namanretreat.com　💴ⓈⓌⓉ324萬越盾、套房675萬越盾（含早餐）　Card ⒶⒹⒿⓂⓋ　共242房

度假村設施充足
Pullman Danang Beach Resort　高級飯店
MAP P.236-4C

佔地廣大的度假村，除了餐廳與SPA之外，必備的泳池與私人海灘之外，還有受歡迎的雞尾酒工作坊等活動，可充分享受度假飯店時光。客房中即使是Superior房型也相當寬敞，是大量使用木質的沉穩空間。

相當大的泳池和私人海灘

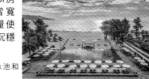

🏠101 Võ Nguyên Giáp, Q. Ngũ Hành Sơn　☎（0236）3958888　URL www.pullman-danang.com　💴ⓈⓉ718萬6500越盾〜　套房898萬6500越盾〜　Villa998萬6500越盾〜（含早餐）　Card ⒶⒹⒿⓂⓋ　共186房　11間Villa

峴港老字號度假飯店
Furama Resort & Villa Danang 高級飯店
MAP P.223-2B

被熱帶植物包圍的開放感泳池，令人印象深刻。越南傳統建築融合殖民風格，濃濃度假村氛圍的建築散布其中，寬敞的客房充滿亞洲度假村風情。所有客房皆有陽台或露台。

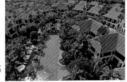

帶動峴港海灘度假區發展的老字號

住 103-107 Võ Nguyên Giáp, Q. Ngũ Hành Sơn
☎（0236）3847333　URL www.furamavietnam.com
Ⓢ Ⓣ 435萬越盾～　套房567萬越盾　Villa 926萬越盾～
（含早餐）　Card A D M V　共198房　70間Villa

泳池種類豐富，深受家族旅遊歡迎
Hyatt Regency Danang Resort & Spa 高級飯店
MAP P.223-2B

眼前即是五行山，前往會安或峴港都很方便。飯店腹地內設有約700m的私人海灘、5座泳池、包含5間餐廳在內共計10間的飲食設施、「Vie Spa」（→P.231）等，此外還有電動車往來飯店內。

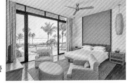

客房擁有大面窗戶，營造出十足的度假氣氛

住 5 Trường Sa, Q. Ngũ Hành Sơn　☎（0236）3981234　URL danang.regency.hyatt.com
Ⓢ Ⓣ 379萬越盾～　Villa 1794萬越盾～（＋稅・服務費15％）　Card A D J M V　共198房　22間Villa

客房景色怡人
Novotel Danang Premier Han River 中級飯店
MAP P.237-1C

37層樓的高樓飯店，客房為都會感的室內裝潢且備有最新的設備，針對商務人士的各種設備與服務也一應俱全，此外還有SPA、瑜伽課程、健身房、泳池，可享受住宿時光，餐廳評價頗佳。

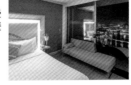

推薦河景房

住 36 Bạch Đằng, Q. Hải Châu　☎（0236）3929999
URL www.novotel-danang-premier.com　Ⓢ Ⓦ Ⓣ 201萬越盾～
套房342萬越盾（＋稅 服務費15%,含早餐）Card A D J M V
共328房

擁有5座泳池的超大型度假村
Danang Marriott Resort & SPA 高級飯店
MAP P.223-2B

鄰近五行山的超大型度假村飯店，從「Vinpearl Luxury Danang」轉型為Marriott系列度假村，擁有4間餐廳、5座泳池、網球場、SPA、喜馬拉雅山岩鹽SPA等設施。

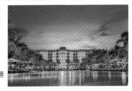

也有廣達1185m²的無邊際泳池

住 Trường Sa, Q. Ngũ Hành Sơn URL www.marriott.com/en-us/hotels/dadmr-danang-marriott-resort-and-spa　☎（0236）3968888　Ⓢ Ⓦ Ⓣ 392萬越盾～套房490萬越盾～Villa 1078萬越盾～　Card A D J M V　共200房　39間Villa

享受度假村樂趣的城市飯店
Risemount Premier Resort Danang 中級飯店
MAP P.236-3C

腹地種植滿滿的花草樹木，散發著濃濃度假村氛圍的城市飯店。Villa客房為雙層構造，裝潢風格讓人聯想到大海，十分漂亮。附設少女風格裝潢的「Area Bar」等3個餐廳，也有SPA。

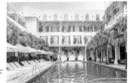

純白色的建築襯托下藍色格外醒目

住 120 Nguyễn Văn Thoại, Q. Ngũ Hành Sơn
☎（0236）3899999　URL risemountresort.com
Ⓢ Ⓦ Ⓣ 151萬越盾～套房244萬越盾～（含早餐）
Card A J M V　全97室

日本遊客多的城市飯店
Brilliant Hotel Danang 中級飯店
MAP P.237-3C

位在韓江旁，地點便利。雖然空間不大，但飯店內卻有著洗練的裝潢，服務良好日本客很多，客房皆為都會感的設計。擁有絕佳河景視野的餐廳、頂樓酒吧、SPA&按摩、室內泳池等設施也應有盡有。

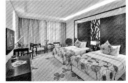

高級標準雙床房

住 162 Bạch Đằng, Q. Hải Châu　☎（0236）3222999
URL www.brillianthotel.vn　Ⓢ Ⓦ Ⓣ 139萬越盾～　套房233萬越盾～（含早餐）　Card A D J M V　共102房

住宿

Hotel

俯瞰龍橋
Vanda
經濟型飯店

MAP P.237-4C

位於龍橋附近的高樓飯店，龍橋一側的客房和頂樓酒吧，可以看到龍江和韓江交叉的海濱地區，週末夜晚還可以欣賞龍江水火表演。客房裝飾飯店名稱由來的蘭花畫作，創造出明亮、休閒的氛圍。

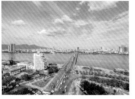

客房景緻

🏠3 Nguyễn Văn Linh, Q. Hải Châu　☎(0236) 3525969
URL www.vandahotel.vn　⑤Ⓦ⑦117萬越盾～套房206萬越盾～（含早餐）　Card ADJMV　共114房

走路1分鐘可到米卡海灘的好地點
Chu
經濟型飯店

MAP P.236-3C

位在米卡海灘南側許多迷你飯店集中的區域，徒步到海灘約1分鐘，地點絕佳。客房以古董風格的沉穩家具統一風格，基本備品與設備一應俱全，還附設有露天座位相當舒服的餐廳。因為是人氣飯店，最好儘早預約。

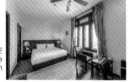

客房鋪設木地板，空間寬敞，圖為Deluxe Double Room with Sea View客房

🏠2-4-6 An Thượng, Q. Ngũ Hành Sơn　☎(0236) 3955123
E-mail chuhoteldanang@gmail.com　⑤Ⓦ⑦50萬越盾～套房80萬越盾（含早餐）　Card JMV　共30房

地點便利＆飯店設施齊全
Royal Lotus Danang
經濟型飯店

MAP P.236-3C

距離米卡海灘步行約5分鐘路程的高樓飯店，館內設施豐富，如可以欣賞海景的韓國餐廳「Panorama」、25m泳池、SPA、兒童遊戲室等方便使用。客房走優雅高級路線，基本設備齊全。

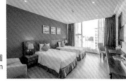

也提供禮賓服務，圖片為Premium Twin客房

🏠120A Nguyễn Văn Thoại, Q. Ngũ Hành Sơn　☎(0236) 6261999　URL royallotushoteldanang.vn　⑤Ⓦ⑦89萬越盾～套房145萬越盾～（＋稅・服務費15%）　Card AJMV　共199房

建於峴港市中心
Dai A
經濟型飯店

MAP P.237-3C

座落在峴港市區中心的飯店，便於洽公與觀光的絕佳地點，就提供的設施來說房價相當合理。除了英式之外還可選擇河粉、炒麵等的早餐評價也很好。

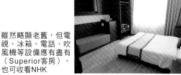

雖然房顯老舊，但電視、冰箱、電話、吹風機等設備應有盡有（Superior客房），也可收看NHK。

🏠51 Yên Bái, Q. Hải Châu　☎(0236) 3827532
⑤30萬越盾～　Ⓦ⑦40萬越盾～　Card MV　共49房

其他飯店

Hotel

One Opera Danang 經濟型飯店　MAP P.237-4A 🏠115 Nguyễn Văn Linh, Q. Hải Châu　☎(0236) 2223344 ⑤Ⓦ⑦115萬越盾～　套房300萬越盾～（含早餐） Card AJMV　共206房	建於峴港式中心的大型飯店，大廳相當奢華，房間則是沉穩的色調，飯店內除了有4間餐廳＆酒吧之外，還有泳池、SPA、三溫暖等，尤其是從23樓的酒吧「Sky Bar」還可一覽峴港街景。
東屋 經濟型飯店 **Azumaya** MAP P.236-1A 🏠31 Nguyễn Tất Thành, Q. Hải Châu　☎(0236) 3743888 URL azumayavietnam.com ⑤Ⓦ⑦40～60US\$(含早餐)　Card JMV　共32房	在胡志明市、河內開設飯店的人氣日系商務飯店，40US\$的房間沒有窗戶。有可眺望大海的頂樓觀景露天風呂、三溫暖、腳底按摩等，附設的觀景餐酒屋營業至深夜，相當方便，可收看民放頻道、NHK。
Sun River 經濟型飯店 MAP P.237-3C 🏠132-134-136 Bạch Đằng, Q. Hải Châu　☎(0236) 3849188 URL www.sunriverhoteldanang.com　⑤55萬越盾～　Ⓦ⑦120萬越盾～（含早餐）　Card AJMV　共45房	位於韓江沿岸的韓江橋旁，飯店建築樓高10層，上層的河景房間景觀絕佳，晚上還可欣賞到韓江橋點燈的景色。8、9樓設有餐廳、酒吧，沒有其他休閒設施，房間也較為狹小，部分房間則沒有窗戶。

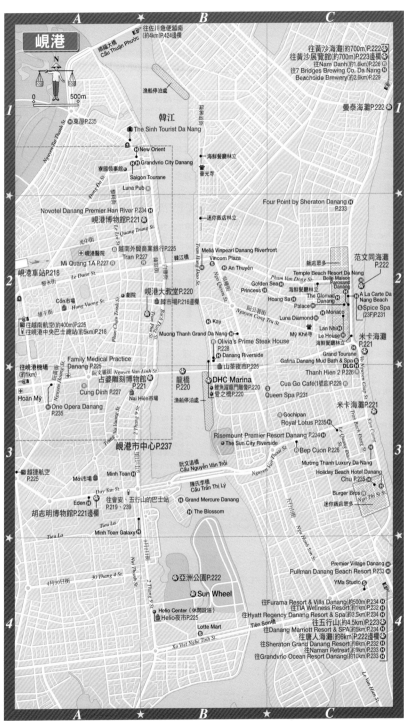

岘港

N
0 ⸻ 500m

往佐川急便越南
(約4km)P.424邊欄
蘭陽大橋
Cầu Thuận Phước

漁船停泊處

往黃沙海灘(約700m)P.222
往黃沙展覽館(約700m)P.223邊欄
往Nam Danh(約1.8km)P.226
7 Bridges Brewing Co. Da Nang
Beachside Brewery(約2.6km)P.229

曼泰海灘P.222

韓江

東屋P.235

The Sinh Tourist Da Nang

New Orient
Grandvrio City Danang
Saigon Tourane

泰國領事館
一海鮮餐廳林立
普光寺

Luna Pub

Novotel Danang Premier Han River P.234
岘港博物館P.221

Four Point by Sheraton Danang P.233

光中街
越南外貿商業銀行P.225
Tran P.227

一迷你飯店林立

岘港醫院
Mi Quang 1A P.227
岘港車站P.218

Meliá Vinpearl Danang Riverfront
Vincom Plaza

往越南航空(約400m)P.225
往岘港中央巴士總站(約5km)P.218
Côn市場

An Thuyên

Phạm Văn Đồng St.
Temple Beach Resort Da Nang
Belle Maison
Parosand Danang

范文同海灘
P.222

Golden Sea

劇院
岘港大教堂P.220

Princess
Hoang Sa
The Glomad
Danang
Palace

A La Carte Da
Nang Beach
Spice Spa
(23F)P.231

岘港市場P.216邊欄

Kay

Luna Diamond
Monaco

米卡海灘P.221

Muong Thanh Grand Da Nang

Lan Nhi
Le House

海鮮餐廳林立

占婆雕刻博物館P.221
Cung Dinh P.227

Olivia's Prime Steak House
P.228
Danang Riverside
山茶夜市P.225

Mỹ Khê St.

Grand Tourane
Galina Danang Mud Bath & Spa
Thanh Hien 2 P.226
DLG

Family Medical Practice
Danang P.225

往岘港機場
(約1km)

龍橋
P.220
Nai Hiên市場

DHC Marina
鯉魚躍龍門雕像P.220
愛之橋P.220

漁船停泊處

Cua Go Café(1號店)P.229
Queen Spa P.231

米卡海灘P.221

Hoàn Mỹ
One Opera Danang
P.235

Gochipan
Royal Lotus P.235

Risemount Premier Resort Danang P.234
The Sun City Riverside

岘港市中心P.237

阮文追橋
Cầu Nguyễn Văn Trỗi
陳氏孝橋
Cầu Trần Thị Lý

Bep Cuon P.226
Mường Thanh Luxury Da Nang
Holiday Beach Hotel Danang
Chu P.235

越捷航空
P.225
Mới市場
Minh Toan

Eden
往會安、五行山的巴士站
P.219、239

胡志明博物館P.221邊欄

Grand Mercure Danang

The Blossom

Burger Bros
迷你飯店眾多

Tiêu La

Minh Toan Galaxy

Tiêu La

亞洲公園P.222

Premier Village Danang
Pullman Danang Beach Resort P.233
YMa Studio

4月30日街
30 Thang 4 St.

Sun Wheel

Helio Center (休閒設施)
Helio夜市P.225

Lotte Mart

往Furama Resort & Villa Danang(約500m)P.234
往TIA Wellness Resort(約1km)P.232
往Hyatt Regency Danang Resort & Spa(約3.5km)P.234
往五行山(約4.5km)P.223
往Danang Marriott Resort & SPA(約5km)P.234
往唐人海灘(約6km)P.222邊欄
往Sheraton Grand Danang Resort(約6km)P.232
往Naman Retreat(約9km)P.233
往Grandvrio Ocean Resort Danang(約10km)P.233

Voice! 岘港有各式各樣規模和價位的飯店，各自分區。迷你飯店主要聚集在白藤街與潘周楨街的區域
(MAP P.237-2C～3C)。米卡海灘(→P.221)沿岸，則座落著20～100間的飯店(每晚20～↗

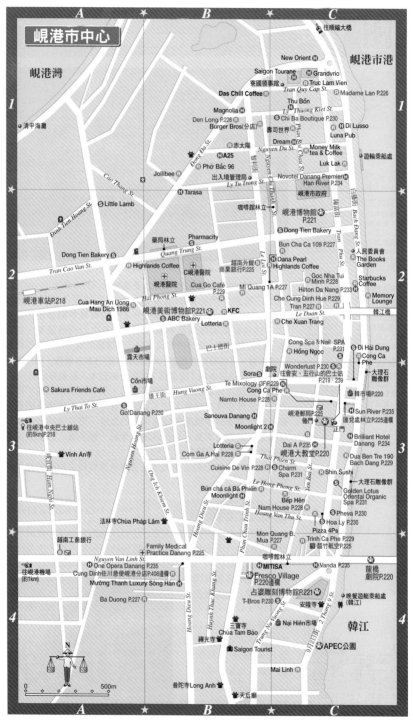

峴港市中心

峴港灣

峴港市港

往順福大橋

New Orient

Saigon Tourane　Grandvrio

寮國領事館　Truc Lam Vien

Das Chill Coffee　Tran Quy Cap St.

Madame Lan P.226

Thu Bồn

Ly Thương Kiết St.

Magnolia

Den Long P.226　Chi Ba Boutique P.230

Burger Bros(分店)

壽司世界

Di Lusso

Luna Pub

赤太陽　Dream

Nguyen Du St.　Money Milk tea & Coffee

Luk Lak

遊輪乘船處

A25

Phở Bắc 96

Jollibee　出入境管理局

Novotel Danang Premier Han River P.234

Ly Tu Trong St.

峴港市政府

Tarasa

Little Lamb

咖啡館林立

峴港博物館 P.221

Dong Tien Bakery

藥局林立　Pharmacy

Quang Trung St.

Bun Cha Ca 109 P.227

越南外貿商業銀行 P.225

Dana Pearl Highlands Coffee

Highlands Coffee

Dong Tien Bakery

Tran Cao Van St.

峴港醫院

Cua Go Café P.229

Goc Nha Tui Minh P.228

Hilton Da Nang P.233

峴港車站 P.218

Cua Hang An Uong Mau Dich 1986

Hai Phong St.

Mi Quang 1A P.227

Che Cung Dinh Hue P.229

Tran P.227

Memory Lounge

峴港美術博物館 P.221　**KFC**

ABC Bakery　Lotteria

Le Duan St.

Che Xuan Trang

露天市場

巴士德街

Cong Spa & Nail　SPA P.231

Hồng Ngọc

Di Hai Dung

Cong Ca Phe

Sora　劇院

Wonderlust P.230

大理石雕刻群

Sakura Friends Café

Cồn市場

雄王街

Hung Vuong St.

往安、五行山的巴士站 P.219、239

Te Mixology (3F) P.229

韓市場 P.220

Sun River P.235

Ly Thai To St.

Go!Danang P.230

Cong Ca Phe

Namto House P.228

峴港郵局 P.225

匯兌處林立 P.225邊欄

往峴港中央巴士站 (約5km) P.218

Vinh An寺

Sanouva Danang

Moonlight 2

後門　正門

Brilliant Hotel Danang P.234

Lotteria

Com Ga A.Hai P.228

Dai A P.235

Thai Phien St.

峴港大教堂 P.220

Dua Ben Tre 190 Bach Dang P.229

Cuisine De Vin

Charm Spa P.231

Shin Sushi

往峴港機場 (約1km)

法林寺Chùa Pháp Lâm

越南工商銀行

Bún chá cá Bá Phiến

Moonlight

Le Hong Phong St.

Nam House P.228

Bếp Hến

大理石雕像群

Golden Lotus Oriental Organic Spa P.231

Pheva P.230

Hoa Ly P.230

Hoang Van Thu St.

Pizza 4Ps

Mon Quang B. Mua P.227

Trinh Ca Phe P.229

越竹航空P.225

Family Medical Practice Danang P.225

Nguyen Van Linh St.

咖啡館林立

MITISA

One Opera Danang P.235

Cung Dinh佐川急便峴港分店P.408邊欄

Mường Thanh Luxury Sông Hàn

Fresco Village P.220邊欄

占婆雕刻博物館 P.221

Vanda P.235

龍橋劇院 P.220

Ba Duong P.227

T-Bros P.230

安盛寺

晚餐遊艇乘船處 (韓江)

三寶寺

Chùa Tam Bảo

Nai Hiên市場

韓江

禪光寺

Saigon Tourist

APEC公園

Mai Linh

普陀寺Long Anh

天后廟

越南街道名縮寫及參照：

Cao Thang St.

Dong Da St.

Dinh Tien Hoang St.

Le Loi St.

Nguyen Chi Thanh St.

Bach Dang St.

Tran Phu St.

Ham Nghi St.

Nguyen Hoang St.

Ong Ich Khiem St.

Hoang Dieu St.

Phan Chau Trinh St.

Tran Binh Trong St.

Yen Bai St.

Trung Nu Vuong St.

Le Hong Phong St.

Hoang Van Thu St.

Huynh Thuc Khang St.

Hoang Dieu St.

2 Thang 9 St.

N

0　　　　　500m

會安

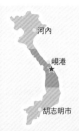

河內
峴港★
胡志明市

會安的洪水
越南中部9～11月正好是雨季，會安數年一次秋盆河會產生大氾濫，舊城區房子1樓部分都會淹至大水。預計9～11月前往會安的人，最好預先查好天氣預報等資訊。

行人徒步區
陳富街與白藤街之間的舊城區範圍，以及秋盆河對岸的阮福潤街Nguyễn Phúc Chu，在每日9:00～11:00、15:00～21:30期間禁止車子與摩托車進入（自行車例外），變成行人徒步區。

燈籠節
每月農曆14日（大約為滿月）的夜晚，舊城區的家家戶戶會關燈，只點亮屋簷下的燈籠，整座城市壟罩在夢幻般的氣氛當中。

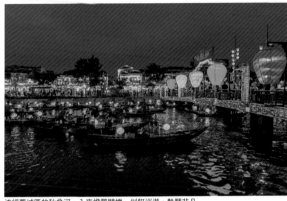

流經舊城區的秋盆河，入夜燈籠閃爍、划艇巡遊，熱鬧非凡

　　會安位於峴港東南方30km處，是在秋盆河Thu Bồn River流向南海三角洲處所形成的沿岸都市，也是過去占婆王國時代（→P.456）中國與印度、阿拉伯之間的貿易中繼都市，之後15～19世紀期間作為亞洲與歐洲的交易中心地而繁榮，並在16～17世紀期間，與泰國的大城府、菲律賓的馬尼拉同樣都興建了日本城。最盛時期有超過1000人以上的日本人居住，現在則只保留了市區的日本橋（來遠橋）與郊外的日本人墓園等遺跡。

　　之後由於江戶幕府時期的鎖國政策，日本城急速衰退，取而代之的是眾多華僑移民入住，也因此當地的古老建築及街景，都呈現出濃厚的中國南方特色。來到這裡，想像當時搭乘朱印船遠來此地的日本商人在此活躍的身影，也更讓人體驗到過去與越南之間的密切關係。

　　1999年時，當地的古城街道也被聯合國教科文組織登錄為世界遺產。

漫遊　　　　　　　　　　　　Orientation

　　保留古老街景的會安舊城區，位於陳富街Trần Phú與河岸的白藤街Bạch Đằng之間區域。陳富街西側的日本橋（來遠橋）是會安觀光的起點，過了橋順著陳富街走，便可看到古老的木造房屋與華僑所興建的中華會館、福建會館等中國建築林立，往南的阮太學街Nguyễn Thái Học有著古老的木造建築，彌漫著懷舊的氣氛。會安市區不大，步行遊覽綽綽有餘。

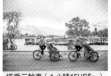

搭乘三輪車（1小時15US$～）或租自行車（1天2US$～）漫遊舊城區也很受歡迎

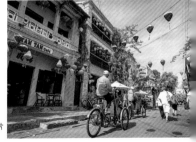

鮮豔燈籠裝飾的會安舊城區，圖片為阮太學街

交通 ✿ ACCESS

如何前往會安

●巴士

峴港中央巴士總站（→P.218）～會安巴士總站（MAP P.259上圖-2A）之間，有1號巴士往來，5:30～17:50每隔20分鐘發車，車資為1萬8000越盾，從峴港市中心出發所需時間約1小時，雖然是從峴港中央巴士總站出發，但也可以在峴港大教堂前（MAP P.237-3C）與胡志明博物館東側維新街的巴士站（MAP P.236-3A）上車。

可透過官網確認巴士路線，亦可下載App至智慧型手機中。

峴港市巴士 DanaBus

URL www.danangbus.vn

●計程車

從峴港市中心到會安搭乘計程車約45分鐘，跳表計程車車資約36萬越盾～，Grab叫車服務可能會比較便宜（→P.416邊欄）。此外，會安的歷史保存區內禁止車輛進入。

從會安出發的交通

●巴士

前往峴港的話，會安巴士總站（MAP P.259上圖-2A），5:30～17:50之間1號巴士每隔20分鐘發車，車資為1萬8000越盾，至峴港市中心約1小時車程。雖然終點是在峴港中央巴士總站（→P.218），但也可以在峴港大教堂前（MAP P.237-3C）與胡志明博物館東側維新街的巴士站（MAP P.236-3A）下車。

會安市區→峴港國際機場交通

以會安～峴港～峴港國際機場有機場接駁巴士行駛，停靠峴港車站等13個站點，單程13萬越盾、來回24萬越盾。會安出發，6:00、7:00、9:00、10:00、12:00、13:00、15:00、16:00、18:00、20:00共10班。峴港國際機場出發，7:00、8:15、10:15、11:15、13:15、14:15、16:15、17:15、19:15、21:00共10班。

Hoi An Express

住30 Trần Hưng Đạo ☎093-8405917（手機）

URL www.facebook.com/hoianexpress

資訊 ✿ INFORMATION

會安參觀套票售票處

參觀會安觀光景點時，不需在各景點支付門票費用，而是購買3張綜合套票，在進入各景點參觀時，收取其中1張作為門票。每份套票可隨意參觀3處景點，若需要參觀4處以上景點，則須購買2份套票。持有參觀套票，可參觀會安觀光局所指定的25處觀光景點，本書內介紹的景點幾乎都可使用此份套票（或不需要門票）入場參觀。此外，只要進入世界遺產區就要使用門票，舊城區入口會檢查門票。

市內共有10個以上售票處販賣參觀套票，票券每套為15萬越盾，套票上雖記載「有效時間為購買後24小時內」，實際上為2日內有效，有時甚至連3天前買的票都可進場，建議當地事先確認此類的使用期間。還可在此雇用英語導遊，約60分鐘遊覽5處費用為12萬5000越盾。

主要的參觀套票售票處

MAP P.259-2C 住6 Lê Lợi

MAP P.258-2B 住687 Hai Bà Trưng

MAP P.258-3B 住2 Nguyễn Phúc Chu

MAP P.258-2B 住155 Trần Phú

MAP P.258-2A 住Công Nữ Ngọc Hoa

MAP P.259-3C 住62 Bạch Đằng

營8:00～22:00（冬季～21:30） 休無休

URL www.hoianworldheritage.org.vn

資訊 ✿ INFORMATION

匯兌

●越南外貿商業銀行 Vietcom Bank

MAP P.258-1B

住2 Trần Cao Vân ☎（0235）3916619

營7:30～11:30、13:30～17:00 休週六・日

接受美金現金匯兌，也可以用信用卡在ATM提領現金。在市區還有越南工商銀行、農業銀行等，也可以在此匯兌或提領現金。另外，舊城區的陳富街上也有一排的貨幣匯兌處，可以換美金。

郵局

●會安郵局

MAP P.259-1C外 住6 Trần Hưng Đạo

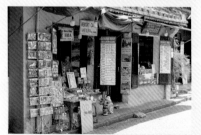

有許多貨幣兌換處也兼作雜貨店。

☎（0235）3862888 營6:30～20:00 休無休

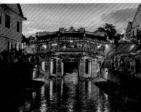

每晚18:00到約22:00之間橋上還會點燈，可以欣賞到夢幻的夜間橋景

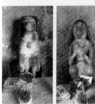

橋梁兩側入口旁有狗與猴的雕像鎮守著

日本橋（來遠橋）
📍Trần Phú ☎無
🕐8:00～21:30
休無休
🎫參觀套票（→P.239），每月農曆14日免費

廣勝古宅（均勝號）
📍77 Trần Phú
☎（0235）3863267
🕐7:00～20:00
休無休 🎫參觀套票（→P.239）

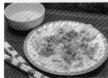

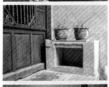

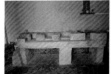

上／在住宅裡頭可品嚐到會安白玫瑰和炸餛飩（→P.248）中下／古時候的廚房和浴室直接保留了下來

240

★★ 日本商人架設的橋樑　　　　　　　　　　**MAP** P.258-2B
日本橋（來遠橋）
Cầu Nhật Bản(Lai Viễn Kiều)　　　　　　　Japanese Bridge

　日本橋是1593年建造、附有屋頂覆蓋的橋，越南的2萬越盾紙鈔上也印有這座橋的圖樣，是越南最具代表性的觀光景點之一。日本橋是過去住在會安的日本人所架設，堅固的構造是為了預防地震，因而具有耐震功能，橋當中還有一座小廟，兩側則特別有猴子及狗雕像守護，是因為橋建於申年（猴年），完成於戌年（狗年）。過去據稱橋內側（東側）為日本城，對面則為中國城，最近最新的調查則說日本城應該位於橋的西側，但至今仍未有清楚的考證。

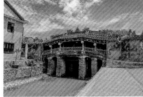

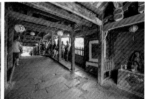

左／正式名稱為來遠橋，但也被稱為日本橋　右／橋內有座小廟，廟內裝飾著20世紀初和1950年代日本橋的照片

日本橋（來遠橋）的傳說
　據說當時建造這座橋的日本人，相信有著從印度到會安，甚至還出現在日本的大怪物大鯰魚，由於怪物移動會造成地震及洪水，因而建了這座橋擊退怪物，並且為了鎮壓怪物的魂魄，而在橋內建造了寺廟。

★★ 約300年前建造的中國人住宅　　　　　　**MAP** P.259-2C
廣聖古宅（均勝號）
Nhà Cổ Quân Thắng　　　　　　Quan Thang Ancient House

　廣聖古宅為建於約300年前的平房代表建築，是舊城區現存最古老的家屋，為過去中國福建出身的商人所建。會安的房屋特徵類似京都的狹長型建築，正面開口狹窄，建築細長，並多半設有中庭，這類建築多為木造建築，從外觀到內部都裝飾著精美雕刻。

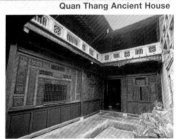

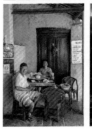

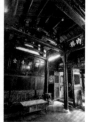

上／當時進行商談的中庭　左下、右下／現在為第6代居住，第一代經營中藥材貿易

Voice 會安的料理教室相當盛行，最近幾年寄宿家庭的人氣也愈來愈高，除了市區之外，騎腳踏車約10多分鐘的郊區民家也接受入住，寄宿家庭的數量一口氣暴增許多。↗

☆日本與中國建築樣式的結合
☆進記古宅（晉記古宅）
Nhà Cổ Tấn Ký　　　　　　　**Tan Ky Ancient House**

MAP P.258-3B

建於約200年前，為中國廣東省出身，以茶葉和香料發家的漁夫宅院，房舍四處可見日本與中國式混合建築樣式，並完美融合呈現，樑柱及窗格等的螺鈿裝飾十分精美，非常具有觀賞價值。天花板上則有淹水時將物品移至2樓用的格子窗。

面對白藤街的入口，也可以從阮太學街進入

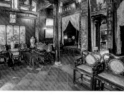
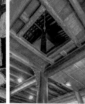

左／團體參觀可提供英語導覽解說　中／淹水時使用的格子窗　右／螺鈿裝飾十分精美，家具和樑柱也很吸睛

進記古宅
🏠101 Nguyễn Thái Học
☎（0235）3861474
🕐8:00〜18:30　🈺無休
🎫參觀套票（→P.239）

☆隨處可見生活的巧思
☆馮興古宅
Nhà Cổ Phùng Hưng　　　　**Phung Hung Ancient House**

MAP P.258-2B

約200年前由經營絲綢和藥草的貿易商人所建造的木造宅院，建築包含越南及中國樣式，屋頂更加入了日式特色。1樓天花板設有格窗，以便於淹水時將商品移到2樓，建築內部四處可見生活巧思，房子內並設有禮品店。

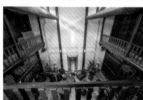
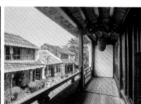

左／2樓加裝扶手的迴廊採中國風格　右／陽台可以眺望街道景致

馮興古宅
🏠4 Nguyễn Thị Minh Khai
☎（0235）3861280
🕐8:00〜18:00　🈺無休
🎫參觀套票（→P.239）

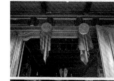
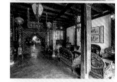

上／玄關上有「門眼」作為驅魔避邪的用途，在舊城區的民宅也可以看到　下／在會安的老房子中也算是非常寬敞的建築

☆由阮朝官員所興建
☆陳氏祠堂
Nhà Thờ Tộc Trần　　　　　**Tran Family Chapel**

MAP P.259-2C

1802年繼承中國血脈的阮朝官員為祭拜祖先與居住所建，祠堂共有3扇門，兩側為家族使用（從外側看，右側為男性用，左側為女性用），中間的大門則為祖先靈魂進出所設，因而只在特殊場合開啟。祠堂建設當時，越南當地已無日本人居住，但除了越南建築及中國風建築外，屋內裝飾等依然可見日式風格，十分有趣。

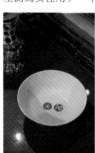
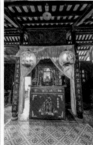

左・右／祠堂，內部還可以用硬幣占卜

陳氏祠堂
🏠21 Lê Lợi
☎（0235）3861723
🕐8:30〜18:00　🈺無休
🎫參觀套票（→P.239）
　提供免費英語導覽。

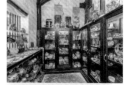

也有展示老餐具和雕像的區域

↘當然每一家都是申請過許可才可以經營，但似乎還是引起不少的糾紛。入住前請慎重決定，並且要抱有一定的警覺心。

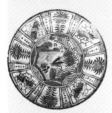

還有展示17世紀左右的肥前燒，可藉由展示內容深入了解會安在海上絲路的重要地位

貿易陶瓷博物館
（海上絲路博物館）
⬛80 Trần Phú
☎（0235）3862944
🕐7:00～21:30 🚫每月15號
🎫參觀套票（→P.239）

會安博物館
⬛10B Trần Hưng Đạo
☎（0235）3862367
🕐7:30～17:00
🚫每月第2個週一
🎫參觀套票（→P.239）

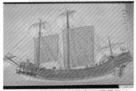

展示著當時與會安貿易的中國、日本、荷蘭等國的貿易船畫作，圖片為朱印船

沙黃文化博物館
⬛149 Trần Phú
☎（0235）3861535
🕐7:00～22:00（冬季～21:00）
🚫無休
🎫參觀套票（→P.239）

會安民俗博物館
⬛33 Nguyễn Thái Học & 62 Bạch Đằng
☎（0235）3910948
🕐7:00～21:30 🚫每月20號
🎫參觀套票（→P.239）

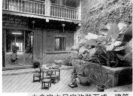

由會安古民宅改裝而成，建築也值得一看

242

★可了解貿易之都會安的歷史　　　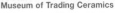MAP P.259-2C
會安陶瓷博物館（海上絲路博物館）
Bảo Tàng Gốm Sứ Mậu Dịch　　　Museum of Trading Ceramics

博物館設於2層樓的傳統特色民宅內，展示了許多附近出土的陶瓷器，以及由沉船所打撈起的遺物等，共約100件。此外還有描繪日本城與朱印船的繪卷照片等，可一窺會安過去日本住民的生活風貌。

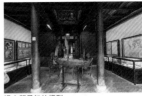

過去貿易船的模型

★可認識會安歷史的珍貴展示　　　MAP P.259-1C
會安博物館
Bảo Tàng Hội An　　　Hoi An Museum

透過會安出土的遺物和模型介紹當地的歷史與文化，共有3個樓層，最有看點的地方是2樓，展示占婆時代的飾品、朱印船為首各國貿易船的畫作、江戶時代的貨幣等，會安作為貿易港繁榮興盛的展示品。透過傳統民宅的建築模型和舊城區的古老建築（P.240～241）的參觀，實際造訪印象更為深刻。另外，頂樓景致宜人，可以欣賞舊城區景色。

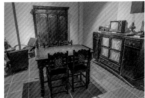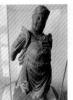

左／重現會安傳統民宅內部的區域　中／在占婆島發現的9～10世紀飾品　右／祭祀於日本橋內寺廟的玄武木雕像

★展出興盛於越南中部的沙黃文化遺物　　　MAP P.258-2B
沙黃文化博物館
Bảo Tàng Văn Hóa Sa Huỳnh ở Hội An　　　Museum of Sa Huynh Culture in Hoi An

沙黃文化發展於占婆文化之前，是西元前數世紀至西元2世紀左右，開始使用金屬時期的文化，主要興盛於越南中部。博物館內展示了越南中部出土，當時所使用的土器及埋葬時使用的瓶罐、生活用品等出土品。

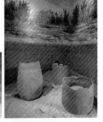

左・右／人類史上占有重要一頁的珍貴陳列品

★可認識會安民眾的生活　　　MAP P.259-3C
會安民俗博物館
Bảo Tàng Văn Hóa Dân Gian Hội An　　　Museum of Folklore in Hoi An

博物館透過當地人的生活模式，詳細介紹了會安的文化及歷史，1樓為會安絲綢工藝的相關展示，2樓則除了農具與漁具外，還有重現會安傳統房舍的展示，貼身生活道具與生活樣貌讓參觀者充滿了興趣。

祭祀武神關公
關公廟
Quan Công Miếu　　　　　Quan Cong Temple

MAP P.259-2C

建於1653年的小型寺廟，中央供奉著武神關公像，左側有周倉將軍、右側則有關平守護。龍的裝飾以及以紅色為基本色調的用色，在在呈現出中國樣式寺廟的特色。

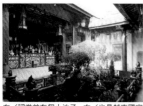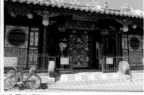

左／祠堂前有個小池子　右／也是越南國家文化歷史遺跡

祭祀航海安全的守護神
福建會館
Hội Quán Phúc Kiến　　Assembly Hall Of The Fujian Chinese Congregation

MAP P.259-2C

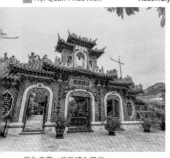

原為寺廟，後改建為殿堂

會館是過去華僑僑民同鄉聚會的場所，現在也仍在使用中。福建會館內祭祀著眾多福建僑民所信仰的航海安全守護神——媽祖，其祭壇就在前往最深處的途中，最內側的祭壇上供奉著17世紀自中國福建省前來會安的 6 家族族長像，與據說奠定越南醫療基礎的黎有卓Lê Hữu Trác小型雕像。

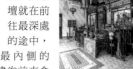

會館內垂吊著據說可燃燒 2 週左右的許願用環形線香

內部雕刻與鏤空雕刻值得好好欣賞
潮州會館
Hội Quán Triều Châu　　Assembly Hall Of The Chaozhou Chinese Congregation

MAP P.259-2D

1845年由中國潮州出身的人所建造的同鄉會聚會場所，祭祀著漢武帝和伏波將軍，樑柱及門上雕刻與鏤空雕刻雕工精美纖細，最內側的門上還有梳著傳統日本髮髻的女性雕像。

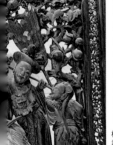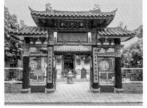

屋頂裝飾的鮮豔磁磚值得好好欣賞

梳著日本傳統髮髻女性的鏤空雕像，讓人聯想起當時居住此地的日本女性樣貌

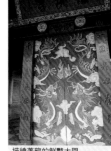

描繪著龍的鮮豔大門

關公廟
🏠 24 Trần Phú
☎ (0235) 3862945
🕐 7:00～11:30、12:00～17:00、18:00～22:00
🈵 無休
🎫 參觀套票（→P.239）

福建會館
🏠 46 Trần Phú
☎ (0235) 3861252
🕐 7:00～17:00
🈵 無休
🎫 參觀套票（→P.239）

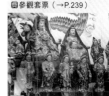
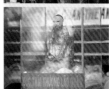

上／天后聖母媽祖的神像
下／黎有卓雕像

會安傳統醫療博物館
Bảo Tàng Nghề Y Truyền Thống Hội An
Hoi An Museum of Traditional Medicine
MAP P.259-2C
🏠 46 Nguyễn Thái Học
☎ 無
🕐 7:00～11:00、13:00～17:30
🈵 無休
🎫 參觀套票（→P.239）
　介紹廣南省傳統醫療的博物館，包含藥草等200件以上的展示品。

潮州會館
🏠 362 Nguyễn Duy Hiệu
☎ (0235) 3914853
🕐 8:00～17:30　🈵 無休
🎫 參觀套票（→P.239）

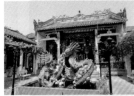
以馬賽克作的龍雕像就放在中庭

廣肇會館
176 Trần Phú　☎無
⏰7:30～18:30（冬季～17:30）
🚫無休
🎫參觀套票（→P.239）

海南會館（瓊府會館）
📍10 Trần Phú
⏰7:00～21:30（冬季～21:00）
🚫無休
🎫參觀套票（→P.239）

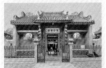
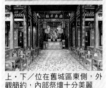
上・下／位在舊城區東側，外觀簡約，內部祭壇十分美麗

中華會館
📍64 Trần Phú
⏰7:00～22:00（冬季～21:30）
🚫無休
🎫免費

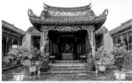
腹地內還設有中華學校，是當地生活的華人學習中文的學校

會安市場
📍Ngã 3 Trần Quý Cáp ─ Nguyễn Thái Học / Hoàng Diệu ─ Bạch Đằng
⏰依店家而異，大致為6:00～17:00　🚫無休

★ 廣州與肇州同鄉的聚會處

MAP P.258-2B

廣肇會館

Hội Quán Quảng Triêu　Assembly Hall of The Canton and Zhaoqing Chinese Congregation

　1786年中國廣州與肇州同鄉所興建的同鄉會館，屋頂及樑柱雕刻精美，中央則祭祀著關羽像，後院還有以磁磚與陶瓷裝飾而成的九頭龍像。

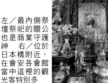
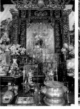

左／最內側祭壇祭祀的關公也是商業守護神　右／位於日本橋附近，在會安各會館當中這裡的觀光客特別多

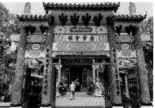

★ 為祭拜海南島人亡魂而建造

MAP P.259-2D

海南會館（瓊府會館）

Hội Quán Hải Nam　Assembly Hall of The Hainan Chinese Congregation

　為祭拜1851年在會安近海遭受殺害的108位海南島商人亡魂而興建的會館，祭壇前鑲著金箔的華麗雕刻，描寫了當時中國宮廷生活樣貌。

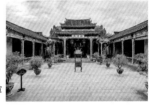
與其他會館相比沒那麼華麗，但有著十分寬敞的中庭

★ 中國5個省的共同集會所

MAP P.259-2C

中華會館

Hội Quán Ngũ Bang　Chinese All-Community Assembly Hall

　1773年福建、潮州、海南等共5省省會同鄉共同使用而建造的會館，作為商談和祈願的場所，成為華人的精神中心，中央的建築祭祀著守護海上安全的媽祖。

藍色外牆的入口令人印象深刻

★ 即使隨意逛逛也很有意思

MAP P.259-2C、2D

會安市場

Chợ Hội An　Hoi An Market

　建於Cẩm Nam橋橋墩的會安最大型市場，2層樓的市場內部光線較為昏暗，擠滿了許多販售日用雜貨、服飾、布料等的店家，裁縫店也很多。市場南側的秋盆河沿岸，有販售生鮮食品的露天市場，

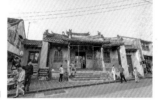
可以看到肉桂等會安近郊的特產，很有趣

這裡也被稱為會安市場，市場內的北側聚集了食物攤販，可見到許多外國人遊客。

★安會半島和舊城區2個地方
會安的夜市
Chợ Đêm Hội An　　　　**Hoi An Night Market**
MAP P.258-3B、259-2C～3C

　　會安的夜市位在An Hoi橋附近安會半島的阮黃銀街，以及舊城區會安市場附近的白藤街2處，兩者皆有伴手禮和在地美食的攤販，而安會半島上的夜市，還有數間燈籠店，可以看到店內職人製作燈籠的過程。

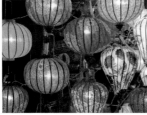
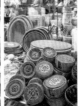

左／安會半島夜市裡的燈籠專賣店　右／越南伴手禮的攤販多半位在舊城區夜市

安會半島夜市並排的燈籠專賣店

會安夜市
🏠安會半島夜市：Nguyễn Hoàng St.、舊城區夜市：Bạch Đằng St. / Hoàng Văn Thụ St. / Trần Quý Cáp St. / Tiểu La St.
🕐18:00左右～23:00左右
休大雨時

★熱門動態表演
會安文化主題公園
Công Viên Ấn Tượng Hội An　　　**Hoi An Impression Theme Park**
MAP P.259上圖-2A

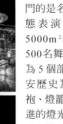

　　位在秋盆河河中沙洲Hen島上，是一座以16～17世紀會安城鎮為概念打造的主題樂園，最熱門的是名為「會安回憶」的動態表演劇碼，在廣大2萬5000m²的巨大舞台上，動員500名舞者的演出，全劇共分為5個部分，以16～17世紀會安歷史為中心，介紹越式旗袍、燈籠等文化，並使用最先進的燈光和音響，堪稱越南最大型的表演。園區內也有可以品嘗會安小吃的餐廳和酒吧。

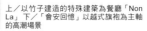

上／以竹子建造的特殊建築為餐廳「Non La」下／「會安回憶」以越式旗袍為主軸的高潮場景

會安文化主題公園
🏠Cồn Hến
☎主題公園：(0235)6299699、會安回憶：1900-636600（熱線）、090-4636600（手機）
URLhoianmemoriesland.com
🕐7:00～22:00（會安回憶19:30～20:45）
休週二　錢主題公園5萬越盾、兒童（身高未滿140cm）免費、會安回憶60萬越盾～、兒童（身高100～140cm）30萬越盾～
　門票可從上述網站購買。

要在會安欣賞傳統表演藝術的話
會安傳統藝術表演屋
Hoi An Traditional Art Performance House
MAP P.259-3C
🏠66 Bạch Đằng
☎(0235)3861159
🕐10:15、15:15、16:15（售票為14:30～17:15）
休無休
錢套票（→P.239）
　可欣賞占族舞蹈等中部的傳統表演藝術。
會安劇院
Rạp Hát Hội An Hoi An Theatre
MAP P.259上圖-2A
🏠548 Hai Bà Trưng
☎094-1378979（手機）
🕐週一・二・四～六18:30～17:15（售票為17:00～18:30，或者可於P.239售票處購買）　休週三・週日
錢8萬越盾　Card不可
　可欣賞北部的傳統表演藝術──水上木偶戲，公演約45分鐘。

★完成度高的雜技表演
Lune演藝中心
　　　　　　　Hoi An Lune Center
MAP P.259-3C

　　演出團體Lune Production，以胡志明市知名劇碼「A O Show」（→P.80）成名，在這裡也可以欣賞他們的演出。2024年8月的當下，定期演出以越南西南部高原少數民族生活的劇作「TEH DAR」，以水牛角等樂器演奏的音樂也值得關注，每個月的演出日期皆有變動，建議事先在官網確認。

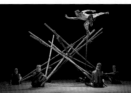
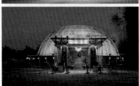

上／令人驚嘆的竹子雜技表演　下／位於安會半島上

Lune演藝中心
🏠1A Nguyễn Phúc Chu
☎084-5181188（熱線・手機）
URLwww.luneproduction.com
🕐18:00～19:00　休週一・五
錢70萬越盾～
Card A J M V

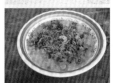

上／沙灘椅並排在海灘上
下／能品嘗蜆仔粥（2萬越盾）
等在地美食

安邦海灘
時夏季：4:30～18:30、冬季：
5:00～18:00
　　從會安城鎮車程約10分鐘

青河陶藝村
售票處
住Corner of Duy Tân St. &
Phạm Phàn, Thanh Hà
☎094-4871779（熱線、手機）
時8:00～18:00　休無休
費3萬5000越盾（含陶輪體驗）

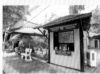

售票處

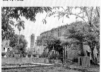

Thanh Hà Terracotta Park是
世界著名的迷你陶瓷花園

日本墓園
　　地點不易尋找，建議最好請
導遊或司機一同前往，從市區
搭摩托計程車幾分鐘就可到。

★ 享受水上活動　　　　　　　　　　MAP P.259上圖-1A外
安邦海灘
Bãi Biển An Bàng　　　　　　　　　　An Bang Beach

　　位在會安市區北邊約4km的海灘，海灘規模雖然不大，可以
在小小的海灘徹底放鬆，景致宜人吸引許多外國遊客前來造
訪，海灘周邊飯店、餐廳和按摩店與日俱增。

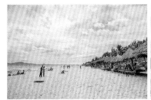
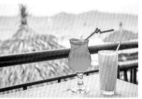

左／白沙的小海灘　右／有許多能眺望海景的時尚餐廳

郊區景點　　　　　　　　　　Sightspot

★ 自16世紀以來不斷傳承的傳統工藝村　　MAP P.258-2A外
青河陶藝村
Làng Gốm Thanh Hà　　　　　Thanh Ha Pottery Village

　　位於會安西南方約3km處，是自16世紀
便存在的陶藝村落。這裡製作的陶器多半
稱為青河燒，包含許多無上釉的陶器。在
村子入口處的售票處購買門票，就能免
費、不限次數在村內的各
個陶藝工坊體驗陶器製
作，在售票處附近還有一
間博物館附設的「Thanh
Hà Terracotta　　加水並吹氣
Park」，也能體　　和鳥兒的鳴叫聲
　　　　　　　　　聽起來像的長笛
驗陶器製作。

左／可以在工坊人員的指
導下，體驗陶器製作　右
上／村子用走的就能逛完
右下／陶器排列在工坊的
中庭裡進行乾燥

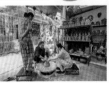
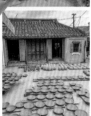

★ 面對日本方位而建　　　　　　　MAP P.259上圖-1A
日本墓園
Mộ Cổ Người Nhật　　　　　　　　Japanese Tombs

　　在市郊的水田中有寫有「谷彌次郎兵衛」的日本墓園，據說
此人過去因江戶幕府時代
鎖國政策因而不得不回
國，為了與留在會安的戀
人相會而回到此地，最後
於1647年死於會安，據說
這座墓園是面向故鄉日本
的方位而建。

「谷彌次郎兵衛」墓地

Voice 古岱海灘Bãi Biển Cửa Đại位在安邦海灘西側，每年海水不斷侵蝕陸地，依季節的
不同，有時候可能看不到海灘。MAP P.259上圖-1C

★ 占婆王國的聖地

世界遺產 美山聖地

Thánh Địa Mỹ Sơn　　　　　　　　**My Son Sanctuary**

MAP 摺頁正-3B、P.259上圖-2A外、下圖

美山聖地位於會安西南方約40km處，是過去占婆古國Chăm Pa（→P.456）的聖地。遺跡群四周群山環繞，北邊則有聖山Mahaparvata 矗立於盆地中央，此區域為祭拜與國王一體化的濕婆神等神像，因而建造了許多紅磚建築。4世紀後半，占婆王國的國王為祭拜濕婆神因而開始在此建造了木造寺廟，7世紀時則以紅磚重建，現在所見則是從8世紀至13世紀末期所興建，共有超過70間以上的遺跡埋沒在荒煙蔓草當中。

而探訪當地遺跡時，可欣賞到遺跡牆面裝飾的占婆王國女神像，與隨處放置的石雕雕像等，完全未使用任何接合劑而鑲嵌而成的磚牆建築技術，與未使用拱型搭建而成的屋頂建築等占婆文化，在在都值得細細品味。而Group C、D建築群的部分建築改為雕刻展示室，乍看之下像是隨意擺置，但每一件都是占婆的一級藝術品，可以如此近距離觀賞也是難得的體驗。過去除因自然毀壞外，部分建築由於在越戰時作為解放軍基地，因而成為美軍的轟炸目標，造成嚴重毀損。但來到這裡即使只是漫步在草堆掩埋的遺跡中，卻也能充分感受900年間占婆王國聖地的神祕氣氛。

1999年美山聖地正式被聯合國教科文組織登錄為世界遺產。

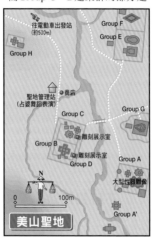

往電動車出發站
（約500m）

Group F
Group E
Group H
聖地管理站
（占婆舞蹈表演）
商店
Group C
Group G
雕刻展示室
Group B
雕刻展示室
Group D
Group A
大型性器雕像
Group A'

N
0　　100m

美山聖地

12～13世紀左右建造的遺跡，目前留存的Group B，還保留著寶物庫和小浴缸，據說裡頭曾裝有能洗腳淨化身體的聖水

美山聖地
🏠 Xã Duy Phú, Huyện Duy Xuyên, Tỉnh Quảng Nam
☎（0235）3731309
🕐 6:00～17:00
🚫 無休（雨天可能暫停開放參觀）
💰 15萬越盾（含博物館入館費）
　從會安市中心搭車前往約70分，從峴港市區前往則約1小時30分。
　在售票處購票後，從這裡走過橋後再走100m左右的地方，有電動車可以搭乘前往，約5分鐘後可抵達遺跡前的停車場，接著再步行前往聖地遺跡（約10分）。
美山博物館
　位在走入遺跡入口後的右手邊，館內以照片及地圖等方式介紹聖地。
🕐 8:00～16:00　🚫 無休
💰 包含在美山聖地門票內
占婆舞蹈表演
　在遺跡管理站每天有4次約30分鐘的占婆舞蹈表演。
🕐 9:15、10:45、14:00、15:30
🚫 無休　💰 免費

★ 高人氣的潛水景點

占婆諸島

Cù Lao Chàm　　　　　　　　**Cham Islands**

MAP 摺頁正-2B、P.223-2B

占婆島是位於會安東方約28km南海上漂浮的7座小島總稱，主要的勞嶼周圍約32km，大半由軍方管理，幾乎未經開發保留了自然的原始風貌。島上有著叢林群山與小型白色沙灘，周邊也是熱門的潛水景點。

這裡曾挖掘出9世紀左右的阿拉伯陶器與玻璃片等出土品，訴說著過去海洋貿易興盛的歲月。

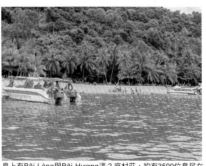

島上有Bãi Làng與Bãi Hương這2座村莊，約有3500位居民在此生活

占婆諸島
　通常為1日行程旅遊，從古岱港（MAP P.259上圖-2C外）搭乘快速船（單程約30分）和當地船隻（單程約1小時30分），可以到達勞嶼，快速船（2人以上發船，來回約43萬越盾左右）不過由於古岱港和勞嶼兩者在9:00～10:00左右發船，當地船隻（單程10萬越盾）7:30從古岱港發船，勞嶼11:30發船，想當天來回有些困難。快速船歸旅行社所有，因此必須事先預約，海況不佳時會暫停航行。

Voice 金奉木匠村（Làng Mộc Kim Bồng）以木雕工藝品和船隻製作聞名，從會安搭摩托車約20分鐘車程，也可以搭船前往。（乘船處為 MAP P.259-3C）。MAP P.258-3A外

●Jack Tran Tours

MAP P. 259上圖-2C

住 3 Phù Đổng Thiên Vương, P. Cửa Đại

☎（0235）3928900、083-4331111（手機）

URL jacktrantours.com 營8:00～17:00 休無休

Card 不可

　主要舉辦會安郊外鄉村旅遊行程的旅行社，包含稻米種植、乘坐擺渡小船、參觀Trà Quế村有機蔬菜農場等會安鄉村生活1日體驗行程（300萬越盾）等，搭乘自家遊艇欣賞日落的行程也很有人氣。

●TNK & APT travel JAPAN 會安分店

TNK & APT travel JAPAN Hoi An

URL www.tnkjapan.com

LINE ID：https://lin.ee/A2sNAk 3

　總店位於胡志明市的日系旅行社，2024年8月現在，在會安並無實際辦公室，但可透過官網或Line訂購行程，有會安舊城區＆美山聖地這2處的世界遺產1日之旅（75US$）等。

●The Sinh Tourist Hoi An

MAP P.258-1B 　住646 Hai Bà Trưng

☎（0235）3863948

URL www.thesinhtourist.vn

營8:00～17:00 休無休 Card J M V

　提供美山聖地導覽行程（49萬9000越盾～）等各種行程。

主要觀光行程

●美山聖地之旅

　不含門票，包含英語導遊與輕食為49萬9000越盾～，也有去程搭乘巴士，回程可選擇搭乘巴士或是船隻的行程。8:00出發，14:30左右回程抵達，觀光行程在當地遊覽時間約為2小時。有些地方也舉辦5:30出發、9:30左右回程抵達的日出之旅。

●占婆諸島1日之旅

　可以在占婆島體驗浮潛。8:00出發，14:00左右回程抵達，含船資、英語導遊、午餐、浮潛用具、登島費用等為69萬9000越盾～，視海況可能暫停行駛。

●種田體驗

　在郊區的農家體驗水牛犁田、播種等傳統水稻耕作，也有包含漁村參觀和乘船導覽的行程。

●料理教室

　由旅行社或餐廳、飯店舉辦的料理教室。旅行社舉辦的行程地點經常以Trà Quế村（→P.249邊欄）裡的餐廳作為料理教室。

●Cẩm Thanh村的擺渡小船遊船之旅

　Cẩm Thanh村位在會安舊城區以東約5km處，這座小村莊擁有水椰茂密生長的細窄水道，可以在此享受擺渡小船遊船之旅。8:30出發，13:00左右回程抵達，含擺渡小船遊船之旅、英語導遊、午餐的費用為70萬越盾～，也有下午出發的行程或包含料理教室的行程。

✿ *Column*　　**不可錯過的會安4大名產！**

　說到會安的名產，那絕對是「會安白玫瑰Bánh Bao Bánh Vạc」、「會安乾麵Cao Lầu」（→P.37）、「炸餛飩Hoành Thánh Chiên」、「會安雞飯Cơm Gà Hội An」（→P.38）這4道菜。

　會安白玫瑰是以米粉製作的皮包上蝦泥後蒸煮，半透明的皮中間開口有如白色玫瑰一般，因而得名。不過每家餐廳吃起來味道都一樣，那是因為幾乎每家餐廳的貨源都是來自同一家「White Rose」（→P.250）所生產的。過去曾經有許多人想仿效製造，但只有創始者特有的獨家祕傳配方，始終沒有任何人可以製作出相同味道。

　炸餛飩則是將豬絞肉與蝦泥包在黃色皮內油炸而成，開口處經過悉心包裹，可說是道功夫菜。

　會安乾麵則來自日本伊勢烏龍麵，據說是由日本人教授當地人作法的米製麵食。與白玫瑰不同，會因湯頭及上面擺放的食材，每家店的口味會有些微的差異。而炸餛飩同樣也會因為油炸時間、餡料等而使得味道有所不同。

　會安雞飯的起源則據說是從中國海南島傳來的雞飯，在用雞湯熬煮的飯上面放上水煮雞肉。

　這4道菜都是都是會安道地美食，且在其他城市很難品嘗到，來到會安旅遊，為了增添旅遊回憶，一定要嘗嘗看這會安4大名產。

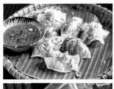
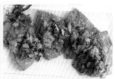
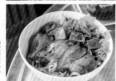
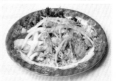

左上／會安白玫瑰，外型宛如白色玫瑰一般　右上／炸餛飩，因餡料不同各家口味也有差異　左下／會安乾麵，擠入萊姆汁後充分攪拌享用為基本吃法　右下／會安雞飯，跟香草、洋蔥一起品嘗

Voice 上述的會安雞飯，各個專賣店提供不同的種類，例如Cơm Gà Xé是使用水煮雞絲，Cơm Gà Đùi則是水煮雞腿肉，Lòng Trứng Non則是加上無殼金雞蛋的會安雞飯。

在古民家品嘗色彩豐富的一盤
Hoa Hien

越南料理

MAP P.259上圖-2A

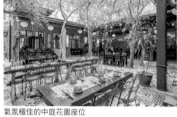
氣氛極佳的中庭花園座位

改建自河岸的會安風格古民家，是間洋溢著沉穩氣息的餐廳，提供以會安料理為首的越南各地料理，一律不使用化學調味料。有許多大量使用蔬菜、香草的料理，可品嘗到好看也好吃的健康越南料理，推薦用米紙包起來享用的越南中部越式捲餅（→P.38，7萬越盾），還有盛滿豬肉、蔬菜、蛋絲等豐富食材的順化風簡餐Cơm Âm Phủ（13萬越盾）等。

🏠33 Trần Quang Khải
☎（0235）3939668、090-3112237（手機）
🕐9:00～21:30　休無休
Card AJMV　預約最好先預約

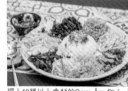
擺上10種以上食材的Cơm Âm Phủ，混合後依個人喜好搭配魚露一同品嘗

享受舒服微風吹拂的田園餐廳
The Field

越南料理

MAP P.259上圖-2B

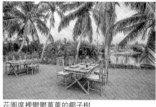
花園席裡鬱鬱蔥蔥的椰子樹

距離會安市中心約5分鐘車程，位在可以盡收田園風光的Cẩm Thanh村一隅，為獨棟的餐廳。腹地內熱帶花草樹木盛開，小溪流淌於細心打理的花園內，度過悠閒的時光。除了涼亭式的戶外座位外，還有花園席、河川旁的露台座位等可以在大自然中一邊放鬆一邊享受美食。菜色主要為使用當地食材的越南料理，也有創意料理，蔬菜料理6萬越盾～、肉料理9萬越盾～，一律不使用化學調味料，盡情品嘗發揮食材風味的美麗料理。

🏠Võng Nhi Hamlet, Cẩm Thanh
☎（0235）3923977　🕐10:00～22:00
休無休　Card MV　預約最好先預約

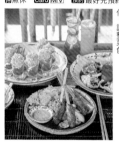
菜色有豬肉卷等，會依季節食材的變化，調整菜色

越南人料理研究家經營
Morning Glory

越南料理

MAP P.258-3B

主打中部街頭小吃大眾料理，頗受好評。老闆採用祖母傳承的祕方製作的香蕉葉蒸白肉魚（6萬5000越盾）等會安特色料理（→P.248）都很美味。

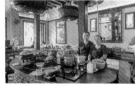
1樓為開放式廚房，系列餐廳也很有名

🏠106 Nguyễn Thái Học　☎（0235）2241555
🕐9:00～23:00　休無休　Card JMV　預約不要
（Morning Glory Signature）　MAP P.258-3B
🏠2F, 41 Nguyễn Phúc Chu

復古可愛的創意料理餐廳
Nu Eatery

越南料理

MAP P.258-2B

這間餐廳改裝自巷弄中的民家，在懷舊可愛裝潢的店內，可以品嘗到將越南料理加上健康概念的創意料理，推薦鬆軟饅頭夾入甜辣燉豬肉的夾餡饅頭和生春捲（4萬5000越盾）等，主餐也只要7萬5000越盾～，相當便宜。

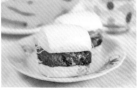
夾餡饅頭3萬5000越盾起

🏠10A Nguyễn Thị Minh Khai　☎082-5190190（手機）
🕐12:00～21:00　休週日　Card不可　預約最好先預約

Voice Trà Quế村以美味的香草和蔬菜為人所知，使用新鮮香草和蔬菜的餐廳與日俱增，也有許多地方舉辦料理教室。MAP P.259上圖-1A

Cảm Thanh村實力派餐廳
Baby Mustard
越南料理

MAP P.259上圖-1A

在餐廳急速增加的Cảm Thanh村中，Baby Mustard的評價也特別高。在竹製的建築中可以品嘗到使用Cảm Thanh村產無農藥蔬菜和香草製成的簡單料理，推薦香草蒸鯖魚和檸檬葉烤雞（9萬越盾）等料理。

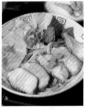

前方為香草蒸鯖魚Cá Thu Hấp Cuộn Rau Thơm（9萬9000越盾）

🏠Đường Biển, Cẩm Hà　☎090-5640577（手機）
🕐11:00～21:00　休無休　Card不可　預約不需預約

1976年開業的老字號
Cao Lau Ba Le
越南料理

MAP P.259-2C

位在Bale古井（→P.257）附近，由家族經營的會安乾麵（→P.37）老字號餐廳。以代代祕傳的配方製作的會安乾麵，配上大量的蔬菜和豬肉，甜辣滋味的醬汁包裹在免條上，相當美味。會安乾麵（→P.38、248，3萬5000越盾）和套餐組合（2人份）也很受歡迎。

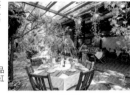

會安乾麵（3萬5000越盾）

🏠49/3 Trần Hưng Đạo　☎093-7691891（手機）
🕐11:00～21:30（週六 日6:30～）　休無休　Card不可
預約不需預約

濕潤的美味雞肉
Com Ga Nga
越南料理

MAP P.259-2C

在會安乾麵店家林立的潘周楨街上，也是一間總是擠滿客人的人氣店家。除了濕潤雞肉的美味水煮肉絲乾麵外，雞肉木瓜沙拉Gỏi Gà（20越盾）也是招牌料理。

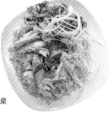

會安乾麵附湯，可以利用桌上的調味料改變味道

🏠8 Phan Chu Trinh　☎090-5300947（手機）
🕐11:00～22:00　休無休　Card不可　預約不需預約

巷弄裡的花園餐廳
Secret Garden
越南料理

MAP P.258-2B

店如其名，是靜靜座落於小巷深處的花園餐廳，巷弄入口在潘周楨街、陳富街、黎利街上。使用有機食材烹調，還可享用到會安的知名料理，不僅氣氛絕佳，味道與盛盤也是無可挑剔，料理每道大多為10萬越盾左右。

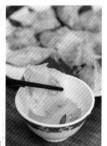

在花園座位中一邊品飲種類豐富的各國紅酒一邊用餐

🏠132/2 Trần Phú　☎083-9883866（手機）
🕐11:00～23:00　休無休　CardＡＤＪＭＶ　預約需預約

會安名產的生產商
White Rose
越南料理

MAP P.258-1B

會安名產之一會安白玫瑰（→P.248，7萬越盾）的生產商，在這裡每天生產約2000個會安白玫瑰並分送到各分店。炸餛飩（10萬越盾）也很好吃，此外，點會安白玫瑰時，蒸餃也會一起送上桌。

可以品嘗現做的會安白玫瑰

🏠533 Hai Bà Trưng　☎（0235）3862784　🕐7:00～21:00
休農曆5月5日　CardＪＭＶ　預約不需預約

巷弄裡的雞飯
Com Ga Ty
越南料理

MAP P.259-2C

從潘周楨街進到巷弄裡左側的家族經營的會安乾麵專賣店，手工的會安豆瓣醬滋味絕美，混合乾麵一起吃，好吃到停不下來，招牌菜是水煮雞絲會安乾麵Cơm Gà Xé（3萬5000越盾）。

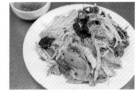

會安乾麵附湯

🏠27-29 Phan Chu Trinh　☎078-7661943（手機）
🕐11:00～21:00　休無休　Card不可　預約不需預約

Voice 可以眺望秋盆河景致的餐廳意外的稀少，推薦河岸旁的「Hoa Anh Dao（Sakura）」（MAP P.258-3B）料理十分美味。

醬料很美味的專賣店
Madam Khanh
越式三明治

MAP P.258-1B

　口耳相傳的人氣越式三明治（→P.38）店，儘管越式三明治只有6種口味（2～3萬越盾），味道平衡極佳，特別是夾配料後擠上的醬汁非常美味，推薦有蔬菜和起司、炒蛋的素食口味Chay（2萬越盾）等，店內有用餐的區域，其它也有販售飲料等品項。

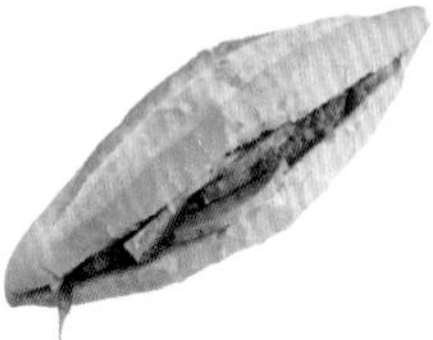

美味的甜辣肉末與火腿（2萬5000越盾）

🏠115 Trần Cao Vân　☎077-7476177（手機）　🕐6:00～19:00　🚫每月1號不定休　Card不可　預約不需預約

越南最好吃的越式三明治
Banh Mi Phuong
越式三明治

MAP P.259-2D

　海外媒體評價為「越南最好吃的越式三明治」的當地越式三明治店，同樣深受當地喜愛，店前有時還會有人龍等著外帶，16種口味最推薦的是烤豬肉＆肉醬丸子Bánh Mì Thịt Nướng+Patê（3萬越盾），也有加入海苔和海藻的原創口味。

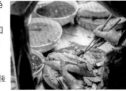

在店內熟捻的製作，後方有用餐區

🏠2B Phan Chu Trinh　☎090-5743773（手機）　🕐6:30～21:30　🚫無休　Card不可　預約不需預約

被藝術包圍的隱藏版咖啡館
Hoi An Coffee Hub
咖啡館

MAP P.259-2C

　在不起眼的巷子盡頭，會看到一間有許多當地年輕人在此休憩的咖啡館。巷子裡的外牆和店內裝飾著現代藝術作品，成為獨特的空間。最受歡迎的飲品是Vết Son Dại Khờ（3萬5000越盾），是一款在鹹奶油上淋上大叻草莓果肉製成的自製糖漿。

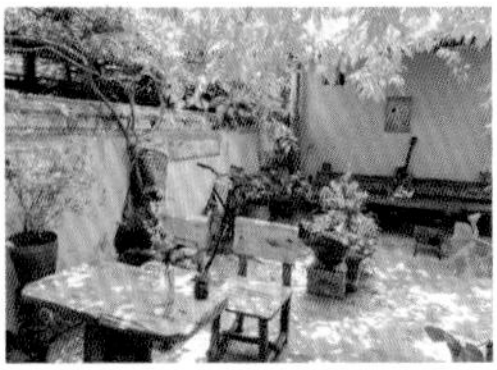

在綠意盎然的花園座位中休息一下

🏠11/5 Nguyễn Thái Học　☎091-3786626（手機）　🕐7:00～22:00　🚫無休　Card不可　預約不需預約

可以眺望舊城區的古民家咖啡館
Faifo Coffee
咖啡館

MAP P.259-2C

　頂樓景致極佳的古民家咖啡館，俯瞰著瓦製屋頂排列的舊城區，日落時尤其擁擠。菜單只有蛋糕和飲品，咖啡3萬9000越盾～。2樓的吧台座位可以看到陳富街，還可以欣賞古色古香的景色。

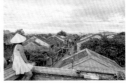

可以眺望舊城區的咖啡館瘳足珍貴

🏠130 Trần Phú　☎（0235）3921668　🕐7:00～21:30　🚫無休　Card M V　預約不需預約

若想品嘗美味的咖啡的話
Mia Coffee
咖啡館

MAP P.259-2D

　是一間九重葛在店門前絢麗綻放，現磨咖啡相當好喝的咖啡館，只使用嚴選過的高品質大叻咖啡豆，並在店內烘焙，點餐後才沖泡現磨咖啡豆，香味濃郁且風味芳醇。除了越南咖啡外，拿鐵（4萬5000越盾）也很美味。也有販售咖啡豆。

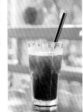

越南冰咖啡3萬越盾

🏠20 Phan Bội Châu　☎090-5552061（手機）　🕐7:00～17:00　🚫無休　Card M V　預約不需預約

會安持續展店的連鎖咖啡館
Hoi An Roastery
咖啡館

MAP P.258-2B

　對咖啡豆講究的咖啡相當美味而受到好評，從中部廣南省少數民族經營的咖啡農場直送的嚴選咖啡豆，經過自家烘焙後咖啡香氣十足，味道醇和。改裝自會安木造屋舍的店內，可品嘗手沖咖啡（3萬9000越盾）等咖啡。

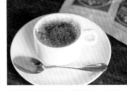

雞蛋咖啡也很受歡迎

🏠135 Trần Phú　☎（0235）3927277　🕐7:30～22:00　🚫無休　Card A D J M V　預約不需預約

Voice Khu Am Thuc約數家店集中於此的攤販街，依照區域各有店名，不管坐哪菜單和價格都相同。MAP P.259-3C　🏠1 Nguyễn Phúc Chu　☎無　🕐8:00～22:00　🚫無休

餐廳 Restaurant

活用老舊空間十分有魅力

The Hill Station

咖啡館・酒吧

MAP P.259-2D

可感受歲月痕跡的牆壁與古老地板等，將如廢墟般的建築重新裝潢後打造成咖啡館兼酒吧，店內擺設著與建築物氣氛極為契合的古董風格家具，營造出極具風格的空間。提供的餐點也以美味而聞名，還可品嘗多達13種類別的啤酒。

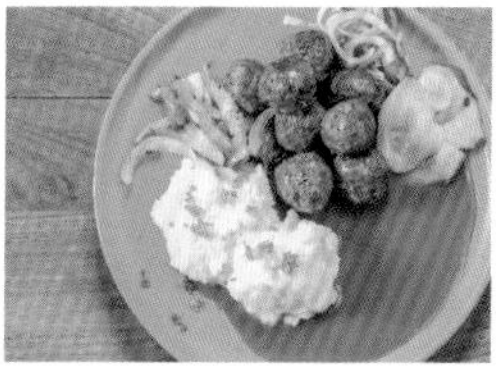

斯堪地那維亞肉丸（14萬5000越盾）也是招牌菜之一

住321 Nguyễn Duy Hiệu ☎（0235）6292999
營7:00～22:00 休無休 Card MV 預約不需預約

位於會安市場2樓的酒吧

The Market Bar

酒吧

MAP P.259-2D

位於白藤街和黃耀街側會安市場2樓的開放式酒吧，靠近街道的座位到了夜晚可以看到攤位和商販聚集在街道上。雞尾酒10萬越盾～、啤酒5萬越盾～，16:00～18:00的Happy Hour時段雞尾酒享6萬越盾優惠，盡情享受。

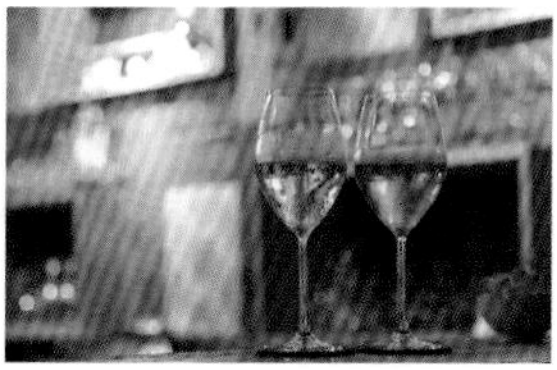

杯裝葡萄酒9萬5000越盾～

住2F, Chợ Hội An, 2 Bạch Đằng ☎098-5807783（手機）
營15:00～23:00 休無休 Card ADJMV 預約不需預約

其他餐廳 Restaurant

侍食堂 Samurai Kitchen

日本料理

MAP P.259-2C

住9 Tiểu La ☎077-8504627（手機）
營12:00～14:00、17:00～21:00 休週日、不定休
Card 不可 預約不需預約

日本店長兼主廚掌廚的日本料理店，招牌料理為炸豬排（13萬越盾，套餐為17萬5000越盾），大阪燒與拉麵也很受歡迎，另外也很推薦包含越南咖啡刨冰等共有3種口味的刨冰（3萬越盾～）。

Ivy Fruits

咖啡館

MAP P.258-2B

住103 Trần Hưng Đạo ☎090-5224466(手機)
營7:00～22:00 休無休
Card 不可 預約不需預約

這間咖啡館以戴著斗笠的女性壁畫令人印象深刻，路上還排列著小椅子。從果汁、奶茶到咖啡菜單種類豐富，推薦點餐後才新鮮現榨的果汁（2萬8000越盾）。

購物 Shop

色彩柔和的生活雜貨

Sunday in Hoi An

越南雜貨

MAP P.258-2B

集結可愛淺色生活雜貨的選物店，商品主要是手工製作或越南製造的物品，受歡迎的品項包含復古圖案的磁磚杯墊（11萬5000越盾）、燈心草包包、柔和色彩的陶瓷等。

天然材質製成的包款色彩絢麗，質感極佳，圖為水葫蘆包包，左邊57萬越盾、右邊59萬越盾。

住184 Trần Phú ☎079-7676592（手機）
營9:30～21:30 休無休 Card MV

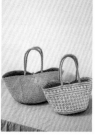

訂製簡約服飾

LiMe

服飾

MAP P.258-1B

如果想在裁縫店很多的會安訂製衣服，這裡是很好的選擇。使用大麻和亞麻等舒適的天然材料，搭配簡單且精緻的設計受到歡迎。從店內提供的設計中挑選、進行測量、選擇布料，大約24小時內就可以拿到成品，洋裝價位約50～60萬越盾起。

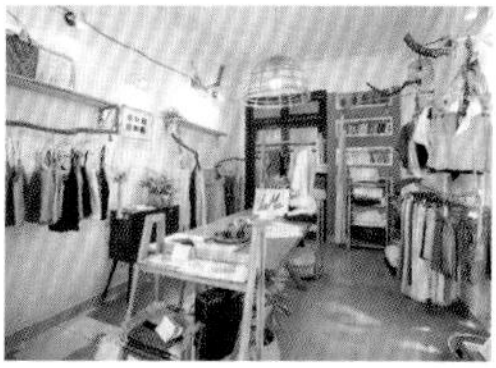

店內也可購買成衣

住107 Trần Cao Vân ☎035-3150613（手機）
營9:00～20:00 休週日 Card MV

Voice 在會安，只要提到會安雞肉飯（→P.38、248）就一定會想到這裡的名店「Ba Buoi」，雞飯會附湯，價格為3萬5000越盾，有時候會大排長龍。 ↗

購物　Shop

獨特的包包和簡約服飾
Mui the Label
包包＆服飾

MAP P.259-2C

販售以燈心草和水葫蘆等自然素材的包包，並加入蒂羅爾帶、流蘇和羽毛等設計，提供各式各樣的形狀和尺寸，小型的價位約30萬越盾左右～。也有販售短褲和洋裝等服裝，並提供訂製。

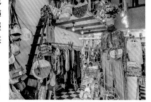

入手獨特的夏季包包

🏠15B Lê Lợi ☎093-1900300（手機）
🕐13:00～23:00　休不定休　Card MV

會安名產豆瓣醬的名店
Ot Tuong Trieu Phat
調味料

MAP P.259-3C

以5代祕傳製法持續生產的豆瓣醬老字號，會安豆瓣醬是會安乾麵、會安雞飯（→P.248）不可或缺的風味調整醬料，甜辣甜辣的滋味相當美妙。

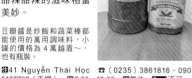

豆瓣醬是炒飯和蔬菜棒都能使用的萬用調味料，小罐的價格為4萬越盾～，也有瓶裝。

🏠41 Nguyễn Thái Học ☎（0235）3861816、090-5187798（手機）　🕐7:30～18:30　休無休　Card不可

品質深受好評
Reaching Out Arts & Craft Shop
越南雜貨

MAP P.258-2B

住在會安的身障者團體，為了幫身障者創造工作場所而開設了這間雜貨店，繡上刺繡的桌巾、拼布抱枕套、金工璧飾、書籤等，店內陳列著洗練的商品。

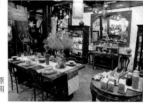

所有商品皆為原創，一點一滴用心製作

🏠131 Trần Phú ☎093-5323626（手機）
🕐8:00～18:30　休週日　Card AJMV

訂製鞋子的好所在
Tong
鞋子

MAP P.259-2D

在訂製鞋店眾多的會安舊城區中，這裡吸引許多旅居當地的外國顧客，評價相當高。可以選擇喜歡的顏色與形狀來訂做（所需時間1天～），完成後還可以直接送到飯店。以優質牛皮製作且鞋墊使用豬皮的芭蕾舞鞋為30US$～。

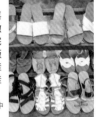

可以從店內的樣品中挑選喜歡的鞋型

🏠69 Phan Bội Châu ☎（0235）3915686、093-2115667（手機）、090-6552686（手機）　🕐9:00～21:00　休無休
Card MV

SPA＆按摩　Spa & Massage

Ozone Spa
SPA

MAP P.259上圖-2A

🏠Little Riverside - A Luxury Hotel & Spa, 9 Phan Bội Châu
☎（0235）3575555　🕐9:00～21:00　休無休　💆足部指壓按摩39萬9000越盾（30分鐘）等　Card AMV　預約需預約

15年以上資歷的資深按摩師擔任培訓師的實力派SPA，擁有一群高水準的按摩師。提供Little Riverside Hoi An Signature Massage（88萬越盾／70分鐘）等方案。很受歡迎，建議提前預約。

White Rose Spa
SPA

MAP P.258-1B

🏠529 Hai Bà Trưng ☎（0235）3929279　🕐9:30～22:00（L.O. 20:00）　休無休　💆白玫瑰特色按摩MASSAGE ĐẶC BIỆT 76萬越盾（2小時）等　Card JMV　預約需預約

休閒氛圍的城市SPA，最受歡迎的是白玫瑰特色按摩（53萬越盾／60分鐘），以及腳底按摩（27萬越盾／30分鐘），預約可享免費飯店接送服務。

La Spa
SPA

MAP P.258-2A下

🏠La Siesta Hoi An Resort & Spa, 132 Hùng Vương ☎（0235）3915915　🕐8:00～21:00（L.O. 19:15）　休無休　💆Total Foot Treatment 85萬5000越盾（75分鐘）等　Card AJMV　預約需預約

河內人氣SPA的會安分店，這是位在飯店內的花園SPA，充滿度假氛圍，所有療程室都是附設三溫暖的私人空間。La Spa以優秀的按摩聞名，按摩師會壓正確的穴位，讓身體徹底放鬆。

↘ MAP P.259-2C　🏠22 Phan Chu Trinh ☎090-5767999（手機）🕐10:30～14:00、17:00～20:00
休無休　Card不可　預約不需預約

法資經營的5星精品飯店
Hotel Royal Hoi An MGallery

高級飯店

MAP P.258-3A

沿秋盆河岸興建的5星飯店，徒步至舊城區約10幾分鐘路程，秉承法國首都雅高飯店集團旗下高級精品飯店品牌美憬閣的一貫風格，客房裝飾現代且古典，營造出高雅的氛圍。所有客房均設有浴缸和咖啡機，飯店內設有

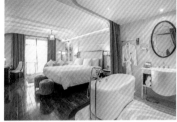
新館的Grand Deluxe客房

SPA、2個戶外泳池、會安少有的主餐廳「FaiPho」和壽司店「Wakaku」等餐飲設施，以及可以欣賞壯觀景色的屋頂酒吧。

🏠39 Đào Duy Từ
☎（0235）3950777
URL www.hotelroyal-hoian.com
💴Ⓢ Ⓦ Ⓣ 196萬越盾～套房538萬越盾～（含早餐）
Card A D J M V　共187房

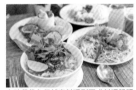
自助餐葷菜色從越南料理到西式料理種類選擇豐富

無所事事享受奢侈的非日常空間
Four Seasons Resort The Nam Hai

高級飯店

MAP P.259上圖-1A外

四季集團旗下極盡奢華的豪華度假飯店，所有房型全是Villa，建築以越南中部傳統住宅為靈感，內部由法國設計師設計，精緻時尚。約35公頃的寬廣腹地中，包含3座泳池、長達約1km的私人海灘、SPA、健身房、網球

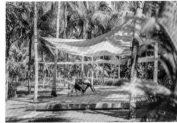
在熱帶花園中練習瑜珈

場等各項設施，可享受優雅的度假飯店住宿時光。也有料理教室和瑜珈等全方位的館內活動方案。

🏠Block Hà My, Đông B, Điện Dương Ward, Điện Bàn Town
☎（0235）3940000
URL www.fourseasons.com/hoian
💴Villa　2240萬越盾～（＋稅・服務費15％，含早餐）
Card A D J M V　共100間Villa

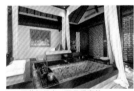
Villa天花板很高，而且很寬敞

皆為套房房型的河岸飯店
Little Riverside-A Luxury Hotel & Spa

高級飯店

MAP P.259上圖-2A

飯店位於可以看到秋盆河全景的地段，從河上吹來的微風和河對岸的熱帶綠意，讓人倍感舒適。飯店的裝潢採用精巧的傳統會安圖案，尤其是客房的氛圍充滿著通透、開放的氣氛。所有客房均為套房，最小的也有46m²。客

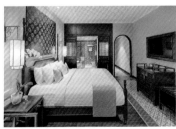
所有客房均有陽台，圖為河景客房

房設計精緻，結合了殖民時期的彩色地磚和木地板、燈籠式床燈和古典擺設。飯店設有頂樓泳池和Ozone Spa（→P.253）。

🏠9 Phan Bội Châu
☎（0235）3575555
URL www.littleriversidehoian.com
💴270萬越盾～（＋稅・服務費15％，含早餐）
Card A M V　共42房

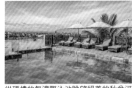
從頂樓的無邊際泳池眺望絕美的秋盆河景致

靠近舊城區的奢華飯店
Allegro Hoi An. Little Luxury Hotel & SPA

高級飯店

MAP P.258-1B

飯店距離舊城區只有幾分鐘的步行距離，但周圍卻綠意盎然，環境幽靜。作為會安深受歡迎的Little Hoi An 飯店集團之一，以優雅輕鬆的環境和殷勤周到的服務，為每個遊客提供熱情的款待。客房裝潢以金黃色為主

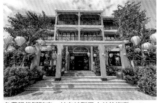
免費租借腳踏車，並有接駁巴士前往海灘。

調，床頭上鋪設殖民風格的瓷磚和裝飾鏡，燈籠圖案的時尚床頭燈和柚木拉門，融合了會安的傳統與現代。此外，安會半島上系列飯店「 Little Hoi An Boutique Hotel & Spa」（MAP P.258-3A）也很受歡迎。

⌂2-86 Trần Hưng Đạo
☎（0235）3529999
URL www.allegrohoian.com
💰套房275萬越盾～（＋稅・服務費15%，含早餐）Card AJMV　共94房

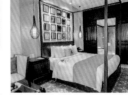
皆為套房客房，圖為可以從陽台眺望戶外泳池的Little Suite房型

古岱海灘沿岸的度假村
Victoria Hoi An Beach Resort & Spa

高級飯店

MAP P.259上圖-1C

從舊城區開車約15分鐘，就可以抵達面對古岱海灘而建的度假飯店。在越南全國展店的Victoria集團飯店腹地內，重現了古老漁村與會安街景，還有著水池及小路、禮品店的可愛街道，整間飯店呈現出異國風度假氣氛。寬

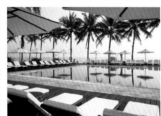
可以欣賞夕陽的戶外泳池

闊的套房內鋪設木頭地板，套房為西式，還有日式、殖民風等各類房型，面海泳池、私人海灘、餐廳和酒吧等飲食設施、SPA，以及兒童遊戲室等設施完善。

⌂Cửa Đại Beach
☎（0235）3927040
URL www.victoriahotels.asia
💰⑤①198萬越盾～　套房647萬越盾～（＋稅・服務費15%，含早餐）Card ADJMV
共109房

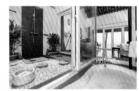
附按摩浴缸的套房房型

秋盆河畔的法國殖民樣式度假村
Anantara Hoi An Resort

高級飯店

MAP P.259上圖-2A

建於秋盆河畔，是奶油色的法國殖民樣式飯店，6 種房型中，其中 5 種為套房房型，均設有陽台和露台、會廳區和大沙發床。設有 3 間餐廳、泳池、酒吧和SPA、兒童遊戲室等設施完善。

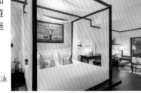
客房有花園景和泳池景

⌂1 Phạm Hồng Thái　☎（0235）3914555
URL www.anantara.com/ja/hoi-an　💰⑤⑩ 495萬越盾～
套房618萬越盾～（含早餐）Card ADJMV　共94房

鄰近安邦海灘的人氣精品飯店
Aira Boutique Hoi An Hotel & Villa

中級飯店

MAP P.259上圖-1A外

以大海為概念的飯店，距離海灘約1分鐘步行路程。客房以天然材料和藍色為基調，裝潢時尚。熱帶花園中設有露天餐廳、SPA和泳池。

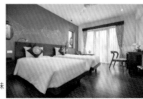
裝潢精美，品味不凡

⌂Bãi Biển An Bàng, Tổ 5 , Khối An Tân, Cẩm An
☎（0235）3926969　URL airaboutiquehoian.com
💰⑤⑩①234萬越盾～　套房260萬越盾～　家庭房328萬越盾～（含早餐）Card ADJMV　共44房 1 間Villa

以豐富服務自豪的精品飯店
Maison Vy
中級飯店

MAP P.259上圖-2B

「Morning Glory」（→P.249）的老闆兼主廚所開設，是以土耳其藍為基本色調的精品飯店，飯店內是洋溢著度假風情的舒適氣氛，客房內免費的香草足浴等服務都大獲好評，還設有戶外泳池、SPA。

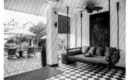
公共區域的氛圍佳

🏠 544 Cửa Đại ☎（0235）3862231
URL tastevietnam.asia/maison-vy-hotel-in-hoi-an
⑤Ⓦ Ⓣ108萬越盾～ 家庭房168萬越盾～（含早餐）
Card Ⓜ Ⓥ 共28房

知名建築師打造的城市飯店
Mulberry Collection Silk Eco
經濟型飯店

MAP P.258-2A

由越南著名建築師Võ Tr ng Ngh a設計的綠色生態主題飯店，飯店彌漫著綠意盎然的涼爽氣氛。 度假村風格的室外泳池、SPA、餐廳、池畔酒吧和健身房等設施完善。 所有客房皆有陽台。

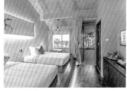
日式的Deluxe Twin房型

🏠 30 Đào Duy Từ ☎（0235）3666222
URL silkeco.mulberrycollectionvn.com ⑤Ⓦ Ⓣ105萬越盾～
套房200萬越盾～（含早餐） Card Ⓐ Ⓓ Ⓙ Ⓜ Ⓥ 共48房

會安古民家改建
Hoi An Ancient House Resort & Spa
經濟型飯店

MAP P.259上圖-2B

這是一間由古老民家改建而成的氛圍飯店，寬敞的房舍座落在一棟約200年前建造的老房子內。每天5:00～16:00間，賓客可以觀賞以傳統方法製作宣紙的過程。 飯店與古鎮和海灘之間有免費接駁巴士服務。

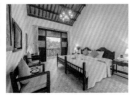
客房氛圍明亮清涼

🏠 377 Cửa Đại ☎（0235）3923377
URL ancienthouseresort.com ⑤Ⓣ126萬越盾～套房
329萬越盾～（含早餐）Card Ⓐ Ⓓ Ⓙ Ⓜ Ⓥ 共56房

舊城區附近的大型飯店
The Hoi An Historic
中級飯店

MAP P.259-1C

擁有4棟大樓的大型飯店，包括1棟客房大樓和1棟餐廳大樓，以及戶外泳池和網球場。客房氛圍別致，主要以深色柚木打造，設備齊全。

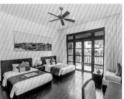
套房客房

🏠 10 Trần Hưng Đạo ☎（0235）3861445
URL www.hoianhistorichotel.com.vn
⑤Ⓦ Ⓣ160萬越盾～套房300萬越盾～（含早餐）
Card Ⓐ Ⓓ Ⓙ Ⓜ Ⓥ 共150房

河畔旁的休閒度假村
Thanh Binh Riverside
經濟型飯店

MAP P.258-2A

Thanh Binh集團中規模最大的飯店，客房的白牆與木質地板的對比營造出高雅氛圍，所有房間都設有陽台，此外，淋浴間與浴缸分開也很讓人開心。設有餐廳&咖啡館、游泳池、SPA等齊全設施，可享受住宿時光。

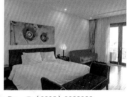
明亮寬敞的客房，圖為河景客房

🏠 Hamlet 6，Nguyễn Du ☎（0235）3922923
URL thanhbinhriversidehotel.com ⑤Ⓦ Ⓣ44US$～ 套房75US$～（含早餐）Card Ⓙ Ⓜ Ⓥ 共81房

寧靜祥和的空氣
Hoi An Chic
迷你飯店

MAP P.259上圖-1B

這家友善的迷你飯店距離會安舊城區約10分鐘車程。無邊際泳池可將稻田美景盡收眼底，營造出度假勝地的氛圍。寬敞的客房充滿別致的現代感，也提供免費自行車借用。

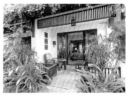
飯店建造於可以享受大自然環境的鄉村中

🏠 Nguyễn Trãi，Cẩm Châu ☎（0235）3926799
URL hoianchic.com ⑤Ⓦ Ⓣ140萬越盾～（含早餐）
Card Ⓐ Ⓜ Ⓥ（手續費＋2～3％）共17房

Voice! 會安市區的建築規定相當嚴格，因此新飯店難以申請開業，雖然在通往安邦海灘的沿路上與海灘旁的飯店數量逐年增長，但城市整體的房間數量還是不夠，尤其是房價40萬越盾以下、可稱為便宜住↗

住宿 Hotel

燈籠裝潢很可愛
Cozy Hoi An Boutique Villas　迷你飯店
MAP P.258-2A外

位在稍微遠離舊城區的巷弄深處，是以會安舊城區為概念的小型精品飯店，擺設高雅家具用品的客房內裝飾著繽紛的燈籠造型作品，感覺相當可愛。也有設置浴缸的房間。

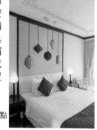

因為是人氣飯店，建議最好早點預約，也提供免費自行車。

住 108/2 Đào Duy Từ　**☎**（0235）3921666
E-mail info@cozyhoianvillas.com　**費** ⑤ⓌⓉ53US$～（＋稅，服務費15%，含早餐）　**Card** ＪＭＶ　共17房

田園風光的人氣飯店
Eden Hoi An Villas　迷你飯店
MAP P.259上圖-2A

於2019年底全新開幕的新飯店，距離舊城區約7分鐘車程。雖然規模不大，僅12間客房，但客房寬敞，並設有陽台，可從陽台欣賞鄉間風光。亦有游泳池。

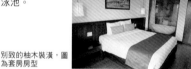

別致的柚木裝潢，圖為套房房型

住 63 Lý Thái Tổ　**☎** 091-4013355（手機）
E-mail edenvillahoian@gmail.com
費 ⑤ⓌⓉ 34US$～（含早餐）　**Card** ＡＪＭＶ　共12房

位於安邦海灘的溫馨迷你飯店
Cashew Tree Bungalows　迷你飯店
MAP P.259上圖-1A外

位於距離安邦海灘約3分鐘步行路程的小巷中。與海灘地區的飯店一樣，平房式房間有高高的天花板、篷式床、半露天淋浴間和開放感氛圍。

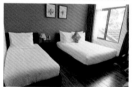

部分客房設有露台，早餐可在露台上享用。

住 Block 8，Biển An Bàng，Cẩm An　**☎**（0235）6268686
E-mail cashtreetreebungalow@gmail.com
費 ⑤ⓌⓉ26US$～　3人房38US$～（含早餐）　**Card** ＭＶ　共8房

舒適的高CP值飯店
La An Homestay　迷你飯店
MAP P.258-1B外

距離舊城區約10分鐘步行路程，以熱水淋浴、清潔舒適的客房和良好的服務而深受歡迎。早餐（15萬越盾）提供會安特色和西式菜餚，豐富且美味。因為經常滿房，建議提早預訂。

部分房型設有陽台

住 455 Hai Bà Trưng　**☎** 094-6920808（手機）
E-mail laanhomestay@gmail.com　**費** ⑤ⓌⓉ 23US$～
Card ＡＭＶ　共6房

❖ Column　會安不可思議的水

走在會安的小路上，四處都可看見水井，但幾乎一點都感覺不出來有使用的痕跡。其中所有會安當地居民都知道有一口還在使用的水井，也是會安飲食生活中不可或缺的，就是Bale古井Giếng Bá Lễ（**MAP** P.259-2C）。

傳說中這口井自占婆王國時代就開始使用，到今日都沒有乾枯而持續使用當中，而據說製作會安白玫瑰（→P.248）與會安乾麵（→P.37、248）時，一定要使用這口井裡的水才能製作出道地的口味與口感，這也可能是會安白玫瑰與會安乾麵在別的地方吃不到的原因之一吧。

或許有些人會產生「小鎮上的井水應該都是同一個地下水脈，每口井應該都相同吧」的疑問，不過對會安的人們而言，這口井水有著其特殊意義，現在只允許製作會安白玫瑰和會安乾麵的家族使用。

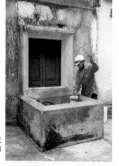

這座Bale古井是否只有傳言，還是水質內有什麼特殊祕密呢？

↘宿的飯店更是少之又少。住宿會安時，若特別要選便宜住宿的話，最好提早預約。

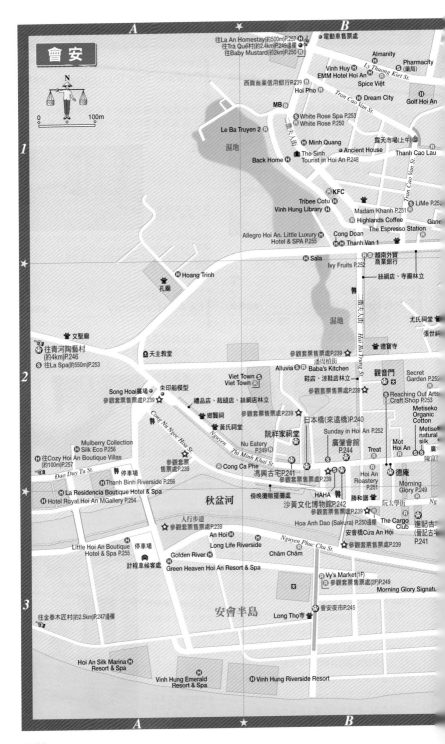

會安

N

0 100m

往La An Homestay(約500m)P.257
往Trà Quế村(約2.4km)P.249邊欄
往Baby Mustard(約2km)P.250

電動車售票處

Almanity

Pharmacity (藥局)

Vinh Huy
EMM Hotel Hoi An

Spice Việt

西貢商業信用銀行P.239

Hoi Pho

Dream City

Golf Hoi An

MB

White Rose Spa P.253
White Rose P.250

Le Ba Truyen 2

濕地

Minh Quang

露天市場(上午)

Thanh Cao Lau

The Sinh
Tourist in Hoi An P.248

Ancient House

Back Home

KFC

LiMe P.25

Tribee Cotu
Vinh Hung Library

Madam Khanh P.251

Gane

Highlands Coffee
The Espresso Station

Allegro Hoi An. Little Luxury
Hotel & SPA P.255

Cong Doan
Thanh Van 1

越南外貿
商業銀行

Sala

Ivy Fruits P.252

絲綢店、寺廟林立

Hoang Trinh

孔廟

尤氏祠堂

張世祠

德寶寺

文聖廟

天主教堂

往青河陶藝村
(約4km)P.246

往La Spa(約550m)P.253

參觀套票售票處P.239

潘周楨街

觀音門

Alluvia

Baba's Kitchen
鞋店、涼鞋店林立

Secret
Garden P.25

Song Hoai廣場

朱印船模型

Viet Town
Viet Town

參觀套票售票處P.239

Reaching Out Arts
Craft Shop P.253

參觀套票售票處P.239

禮品店、裁縫店、絲綢店林立

日本橋(來遠橋)P.240

Metiseko
Organic
Cotton

鄉賢祠

Metise
natural
silk

Mulberry Collection
Silk Eco P.256

黃氏祠堂

Sunday in Hoi An P.252

阮祥家祠堂

往Cozy Hoi An Boutique Villas
(約100m)P.257

Nu Eatery
P.249

廣肇會館
P.244

Treat

Mot
Hoi An

Đao Duy Tu St.

Cong Ca Phe

參觀套票
售票處P.239

Hoi An
Roastery
P.251

德庵

Thanh Binh Riverside P.256

停車場

馮興古宅P.241

參觀套票售票處P.239

Morning
Glory P.249

La Residencia Boutique Hotel & Spa
Hotel Royal Hoi An MGallery P.254

秋盆河

HAHA

勝和諧

阮太學街

Ng

沙黃文化博物館P.242

參觀套票售票處P.239

The Cargo
Club

進記古
(進記古
P.241

人行步道

參觀套票售票處P.239

Hoa Anh Dao (Sakura) P.250邊欄

安會橋Cửa An Hội

Little Hoi An Boutique
Hotel & Spa P.255

停車場

An Hoi
Long Life Riverside

參觀套票售票處P.239

計程車候客處

Golden River
Green Heaven Hoi An Resort & Spa

Nguyen Phuc Chu St.

Chăm Chăm

Vy's Market(1F)
參觀套票售票處(2F)P.249

Morning Glory Signatu

安會半島

Long Thọ寺

會安夜市P.245

往金奉木匠村(約2.5km)P.247邊欄

Hoi An Silk Marina
Resort & Spa

Vinh Hung Emerald
Resort & Spa

Vinh Hung Riverside Resort

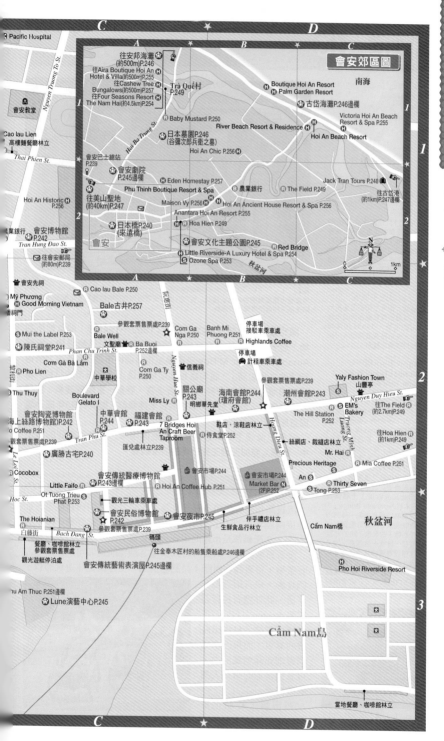

MAP 摺頁正-2B

順化區域號碼

洋溢著古都風情，阮氏王朝最後的首都

世界遺產 順化

Huế

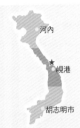
河內
★ 峴港
胡志明市

順化的洪水

9～11月是越南中部的雨季，順化每幾年香江河水便會暴漲，洪水氾濫因而造成新市鎮的房舍1樓幾乎淹沒在水中，近來洪水周期有變短的趨勢，甚至出現1年淹水2、3次的情況。

搭三輪車遊古城區

搭乘三輪車悠閒遊逛皇宮一圈，或是行走在皇宮周邊車輛較少的道路，1小時20萬越盾。在市區或皇宮出入口周邊都可搭乘三輪車。

Thanh Toàn橋
Cầu Ngói Thanh Toàn
Thanh Toan Bridge

MAP P.266-1B外
⏰24小時　無休　免費
距離市區東方約7km處的Thanh Toàn村內，有一座木造屋頂橋Thanh Toàn橋，這座橋架設於1776年。初造時只是一座簡陋竹橋，有一位名叫Trần Thị Đạo的女性為增加橋的方便性並兼作村民的休閒場所，因而捐錢改造了這座橋。橋的構造與會安的日本橋相類似，也因此又被歐美人士暱稱為「日本橋Japanese Bridge」，並成為熱門觀光景點。橋的內部設有座位，經常可看到村民在裡面聊天的景象。2021年經過整修，變得十分漂亮。過了橋左側設有農機具博物館Nhà Trưng Bày Nông Cụ（⏰7:00～18:00　無休　2萬越盾），內部展示了此處使用的古老農機具。

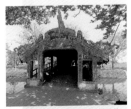
Thanh Toàn橋已成為村子的象徵

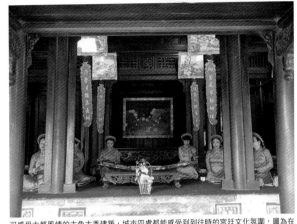
可感受古都風情的古色古香建築，城市四處都能感受到往時的宮廷文化氛圍，圖為在嗣德皇陵的傳統音樂演奏風景

順化是越南最後王朝阮氏王朝（1802～1945年）的首都所在地，過去聯合國教科文組織前總幹事阿馬杜·馬赫塔爾·姆博Amadou-Mahtar M'Bow曾讚譽順化這個城市是「建築史上值得稱頌的文化史詩」，這句話也貼切地表達出這座城市的特色。緩緩流過順化的香江河畔，點綴著皇宮、寺廟、皇陵等建築，整個城市散發出沉靜古意。而順化的古老建築群，則於1993年成為越南首座世界遺產。

順化不像峴港或胡志明市一般熱鬧喧嘩，漫步在幽靜的城市中，會讓人宛如回到王朝時代的浪漫錯覺。

漫遊　Orientation

流貫順化的香江將市區一分為二，包含新市鎮與舊城區，而連接兩區域的則有長錢橋Cầu Tràng Tiền與富春橋Cầu Phú Xuân，2座橋都是市區的重要交通要道。

漫遊舊城區時，只要時時以旗塔為地標前進即可，旗塔下設有廣場，可看到在樹蔭下談話的情侶、正在踢足球遊玩的孩子們身影。皇宮附近都是平房，此外還有被青苔覆蓋5～6m左右的石造城牆所環繞，呈現出莊嚴的氣氛。而東巴市場周邊則充滿朝氣活力，可看到當地的購物人潮熙攘往來。

新市鎮上有順化車站，住宅及商店集中，

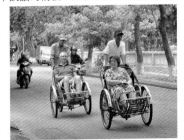
搭著三輪車在舊城區漫步放鬆身心

Voice 順化國學高中Quốc Học（National High School）包含胡志明在內許多名留近代越南史的重要人物都曾在此就讀，過去原為男校，但現改為男女合校紅色磚牆建築加↗

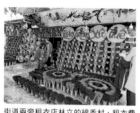
街道兩旁租衣店林立的線香村，租衣費為 5 萬越盾

也有許多飯店、以觀光客為客群的餐廳，順著河邊的黎利街Lê Lợi前進，東北側有Huong Giang（→P.275）飯店等大型飯店林立。近鄰一旁的范五老街Phạm Ngũ Lão周邊是餐廳、酒吧、紀念品店、經濟型旅館、迷你飯店等聚集的觀光區。

Thủy Xuân線香村
Làng Hương Thủy Xuân
Thuy Xuan Incense Village
`MAP` P.266-2A
住Corner of Lê Ngô Cát & Huyền Trân Công Chúa
　嗣德皇陵附近以線香聞名的村莊，這裡已經成為租借朝服和與五顏六色的線香合照的熱門地點。

資訊 ✿ INFORMATION

●越南外貿商業銀行　Vietcom Bank
`MAP` P.276-2A
住160 Nguyễn Trãi ☎（0234）3931934
營7:30～11:30、13:30～16:30　休週六・日
　市區各處除了有上述的越南外貿商業銀行之外也有其他銀行，各銀行都可兌換美金現金，另外還能以美國運通卡American Express、大來卡、JCB卡、萬事達卡MasterCard、VISA卡提領美金或越南現金（需要護照），若使用ATM則僅能提領越盾。

●越南航空　Vietnam Airlines
`MAP` P.276-3B
住23 Nguyễn Văn Cừ ☎（0234）3824709
營7:30～11:30、13:30～16:45　休無休
`Card` A J M V

●中央郵局
`MAP` P.277-3A
住8 Hoàng Hoa Thám ☎（0234）3826278
營7:00～19:00（週日～18:00）　休無休

交通 ✿ ACCESS

如何前往順化
●飛機
　從胡志明市出發越南航空（VN）和越捷航空（VJ）每日6班，越竹航空（QH）每日1班，所需時間約1小時25分；從河內出發越南航空和越捷航空每日2班，越竹航空每日1班，所需時間約1小時15分；也有從大叻Đà Lạt前往的航班。
●火車
　從河內方向或胡志明市（西貢）方向前往順化每日4班，所需時間依搭乘車種有所不同，最快的車班從河內約12小時46分，從胡志明市（西貢）約19小時，從芽莊約11小時54分，從峴港約2小時27分（→P.412）。
●巴士
　從胡志明市的西部巴士總站Bến Xe Miền Tây，6:00～18:00之間臥鋪巴士共14班，車資為60～70萬越盾～，所需時間約19～25小時。從峴港則是7:00～19:30間有10班次發車，車資15萬越盾，所需時間約2小時。其他從芽莊、大叻等主要城市也有巴士往來，從河內沒有直達順化的班次，須在峴港轉車，也可搭乘河內～胡志明市之間的臥鋪巴士中途在順化下車。

從順化出發的交通
　關於飛機、火車交通請參照如何前往順化（上述）。
●巴士
　前往南部的巴士可在新市鎮南方約3km處的南順化巴士總站Bến Xe Phía Nam Huế（`MAP` P.266-2B）搭乘，往峴港（經蘭可Lăng Cô）為8:00～18:00間每小時2～3班發車，車資8萬越

盾～，所需時間約3小時。往胡志明市在7:30～15:00間3班行駛，車資70萬越盾～，所需時間約25小時。從舊城區往西北約5km處的北順化巴士總站Bến Xe Phía Bắc Huế（`MAP` P.266-1A外），有前往東河Đông Hà、榮市Vinh、寮保Lao Bảo等北部城鎮的巴士行駛，前往順化郊區的短程巴士則在東巴士總站Bến Xe Đông Ba（`MAP` P.276-2B）搭乘。

從順化前往寮國
●參加觀光行程
　從順化沒有公共巴士直接前往寮國，可搭乘旅行社（→P.270）前往凱山豐威漢市Savannakhet或永珍Vientiane的巴士，或參加DMZ觀光行程（→P.270），中途在東河轉搭前往凱山豐威漢市的觀光巴士，以上可透過各旅行社預定。

富牌機場～市區交通
●富牌機場→順化市區
　從順化富牌機場到順化市區距離約15km，入境大廳內設有越南機場管理公司（ACV）經營的巴士售票櫃台，終點站為市區的河內街（`MAP` P.277-3B），所需時間約30分鐘。搭計程車跳表約為22萬越盾～，所需時間約20分鐘。
●順化市區→富牌機場
　ACV經營的巴士從市區的河內街（`MAP` P.277-3B　住20 Hà Nội）出發，基本上航班起飛2小時前每架航班只有1台巴士發車，儘量提早預約，預約後會到飯店接客人，預約請洽電：093-4754774（手機），售票時間為7:30～18:00，搭計程車的話大約為22萬越盾～。

↘上綠意盎然的校園，不時可看見學生三三兩兩聚集。`MAP` P.276-3B

順化皇城

囲 7:30～17:00
休 無休
翻 20萬越盾，兒童 4 萬越盾
※上述價格包含順化宮廷古董博物館的入場費。

也有皇宮與皇陵的套票，皇宮＋明命皇陵＋啟定皇陵 3 處景點為42萬越盾，兒童 5 萬越盾。再加上嗣德皇陵共 4 處景點的套票為53萬越盾，兒童為10萬越盾。販售日起的 2 天內有效。

可在皇宮入口處雇用英語導遊（1小時15萬越盾）。

通往皇宮的入口只有皇宮門這 1 處，出口則為和平門與顯仁門這 2 處。

入場時不可穿着無袖或露出大片肌膚的服裝，也不可穿着長度在膝蓋以上的短褲、短裙。

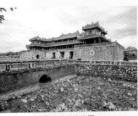

威風凜凜的皇宮門

皇宮鯉魚池

MAP 下圖-2A

穿過皇宮門後便可看到池塘，池子內有數百隻五彩繽紛的鯉魚，可以餵鯉魚吃現場賣的飼料，所有鯉魚會一擁而上搶食，這些皇宮內爭相搶食充滿活力的鯉魚，也成為皇宮內另類知名景觀。

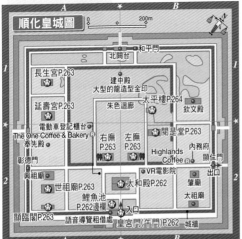

順化皇城圖

景點　　　　　　　　Sightseeing

★ 仿造紫禁城打造的順化皇城　　　　　**MAP** P.276-2A、下圖

順化皇城
Đại Nội　　　　　　　　　　Imperial Enclosure

1802～1945年間，歷經13代長期掌握政權的阮朝的皇宮，皇宮被東西橫跨約642m、南北約568m、高約6m的城牆所環繞，外側更建有壕溝，這座長方形的皇宮據說是仿造中國紫禁城而建造。皇宮的東西南北處各有 1 道門，正門為南方的午門，其他 3 道門分別為東方的顯仁門Cửa Hiển Nhơn、西方的彰德門Cửa Chương Đức、北方的和平門Cửa Hòa Bình。腹地內除了有正殿太和殿、菩提寺的世祖廟之外，還有皇族住所與劇院等建築。

皇宮門（午門）　　　　　**MAP** 下圖-2A、2B
Ngọ Môn　　　　　　　　　　Ngọ Mon Gate

仿造紫禁城午門而建的入口宮門，原建於明命帝時期，後於啟定帝時期重建。宮門建於17m高的石磚上，為兩層式的中國風建築，共有 5 座大門，中央門為皇帝外出專用門，在皇帝專用門上畫有鳳凰圖樣，左右兩側則為文武官所使用的門，外側的們則供士兵、大象、馬匹等使用，其中左右兩側的門現在則作為觀光客進出的大門使用。原文Ngọ Môn寫成漢字為「午門」，這裡的「午」也有南方的意思，緣由來自古代中國的「聖人君子從南方向天下側耳傾聽，便能和平統治世界」。另有一說則是一到正午時分，太陽剛好立在正上方。據說建設當時在石門上的木頭建築全部都貼滿金箔，現在則完全不復見當時景況。

太和殿　　　　　**MAP** 下圖-2A、2B
Nội Điện／Điện Thái Hòa　　　　Thai Hoa Palace

太和殿為皇宮正殿，中央放置有皇帝寶座，在這裡舉行了登基儀式等各式各樣的儀式。這裡也是仿造中國的紫禁城而建，最早為嘉隆帝時期所興建，之後歷經數度修復，在越戰中於1968年遭到破壞殆盡，後於1970年重建。

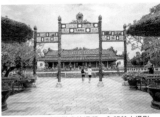

即位式等執行重要儀式的場所，內部禁止攝影

在太和殿中，包含屋頂上在內等各處都有代表皇帝的龍裝飾

世祖廟
Thế Tổ Miếu
MAP P.262-2A
The To Temple

阮朝的菩提寺，祭祀著除第 5 、 6 、13代以外從初代到第13代皇帝共10人的牌位。

顯臨閣
Hiển Lâm Các
MAP P.262-2A
Hien Lam Pavilion

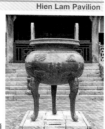

世祖廟的前閣，顯臨閣與世祖廟之間有著刻有明命帝下令製造的 9 座 3 腳大青銅鼎※，鼎上頭各自有「高」、「仁」、「章」、「英」、「毅」、「純」、「宣」、「裕」、「玄」的文字，此外青銅鼎表面上刻有越南各地四季山水景致，頗具趣味。

鼎高約1.5m，口徑約1.4m，重達約2.5噸

延壽宮
Cung Diên Thọ
MAP P.262-1A
Dien Tho Residence

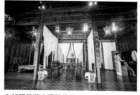

這裡是嘉隆帝母親皇太后所居住的寢宮，於1804年由嘉隆帝為皇太后所建，裡面原本裝飾了許多高貴的座椅與中國燈籠等古董，後因戰爭的破壞與陸續遭竊，已不復見當時的豪華風貌。

內部展示著家具等物品

閱是堂
Nhà Hát Duyệt Thị Đường
MAP P.262-2B
Royal Theatre

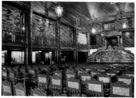

閱是堂建築曾經過復原，是欣賞過去皇族專享的Nhã Nhạc（宮廷雅樂）劇場，裡面 1 天共演出 2 場宮廷音樂與宮廷舞蹈表演，演出時間約為40分鐘，而宮廷雅樂也被聯合國教科文組織登錄為人類非物質文化遺產。

也展示著表演使用的面具和服裝

右廡、左廡
Hữu Vu / Tả Vu
MAP P.262-2A、2B
Hall of Mandarins / Ta Vu Building

過去高級官吏的值勤處，右廡為武官、左廡則為文官所使用。現在右廡改為供遊客穿皇帝服拍紀念照的攝影棚，左廡則展示宮廷音樂與舞蹈、皇宮修復工程相關的解說板。

長生宮
Cung Trường Sanh
MAP P.262-1A
Truong Sanh Residence

建於1822年第 2 代皇帝明命帝時期，當時命名為長寧宮Trường Ninh，而後經過多次修復，於1886年左右開始作為皇太后的寢宮之用，並且於1923年第12代皇帝啟定帝時期改為現在的名稱。

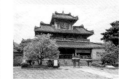

世祖廟內嚴禁穿鞋進入

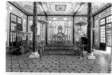

顯臨閣建於1821～1822年之間

皇宮内的電動車

最多可乘坐 7 人，可搭乘電動車遊覽皇宮，45分鐘24萬越盾，60分鐘30萬越盾，從皇宮到順化宮庭古董博物館單程為 7 萬越盾。
※以上皆為 1 輛車的費用。

阮朝歷代皇帝

1 嘉隆帝（1802～20）
　嘉隆帝四男
2 明命帝（1820～41）
3 紹治帝（1841～47）
　明命帝長男
4 嗣德帝（1847～83）
　紹治帝次男
5 育德帝（1883）
　嗣德帝外甥
6 協和帝（1883）
　嗣德帝弟弟弟
7 建福帝（1883～84）
　嗣德帝外甥
8 咸宜帝（1884～85）
　嗣德帝養子
9 同慶帝（1885～89）
　嗣德帝養子
10 成泰帝（1889～1907）
　育德帝兒子
11 維新帝（1907～16）
　成泰帝兒子
12 啟定帝（1916～25）
　建福帝兒子
13 保大帝（1925～45）
　啟定帝兒子

閱是堂
☎（0234）3529219
開演時間為10:00、15:00（10人以上才會演出）
無休
20萬越盾（附礦泉水）

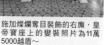

施加燦爛奪目裝飾的右廡，皇帝寶座上的變裝照片為11萬5000越盾～

※古代中國的青銅器，一開始原為煮菜用鍋具，而後變成放置拜神貢物的道具，最後成為國王及皇帝的權力象徵。

太平樓
Thái Bình Lâu

MAP P.262-1B
Emperor's Reading Room

第3代皇帝紹治帝下令建造，作為書齋之用的2層樓木造建築，於1921年第12代皇帝啟定帝時期經過修復，2010年開始進行為期4年的修復工程，並於2015年重新對外開放參觀。

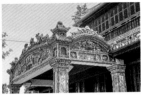

美麗磁磚裝飾的書齋建築必看

旗塔
Kỳ Đài

MAP P.276-2A
Flag Tower

旗塔於1807年嘉隆帝時代所興建，塔座為3層式，高17.4m，距頂邊則有29.52m，最上方還可眺望新市鎮街景。建造當時原為木造建築，歷經暴風雨及戰爭數度破壞，現在所見則為1969年重建的鋼筋水泥建築，塔座下方則仍留有槍彈痕跡。

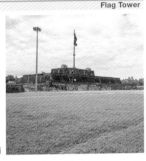

位於皇宮前的護城河對面

大砲（九位神公）
Cửu Vị Thần Công

MAP P.276-2A、2B
Nine Holy Cannons

初代皇帝嘉隆帝下令建造的9座大砲，1803年分為四季4個階段施工並於1年內完工，面向皇宮右側共設置了代表春、夏、秋、冬四季的4座大砲；左側則有各自代表中國五行思想木、火、土、金、水的5座大砲，這些大砲都未曾使用過，據說以超自然靈力誓死守護著皇宮。

★可欣賞到珍貴的宮廷收藏品
順化宮廷古董博物館
Bảo Tàng Cổ Vật Cung Đình Huế

MAP P.276-2B
Hue Royal Antiquities Museum

博物館建築建於1923年，並在近幾年內完成修復工程。館內展示著阮朝時代宮廷內使用的寶座、衣服、日用品、餽贈物與進貢物品等，不同於搭乘三輪車時欣賞阮朝皇宮的視角，可沉浸在細細欣賞文物細節的時光當中。

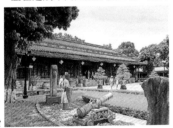

想花時間慢慢欣賞

★位在主要街道上的醒目建築
胡志明博物館
Bảo tàng Hồ Chí Minh

MAP P.276-3B
Ho Chi Minh Museum

順化是胡志明度過童年的地方，很多地方都與他有關，包括他當時的家（胡志明故居 → 邊欄）。博物館介紹了與胡志明有關的地方，重現了胡志明一家當時的生活，並展示了胡志明的文件和文物，還舉辦了 Quoc Hoc 展覽（→P. 260邊欄）。

旗塔
位於皇宮護城河外側，可免費參觀。

大砲（九位神公）
位於皇宮護城河外側，可免費參觀。

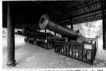

每座大砲上都刻有設置始末與神聖的個別名稱

順化宮廷古董博物館
📍3 Lê Trực
☎（0234）3524429
🕐夏季：6:30～17:30、冬季：7:00～17:00　🈵無休
💰阮朝皇宮的門票包含順化宮廷古董博物館的入場費，阮朝皇宮的門票也可以在此購買

胡志明博物館
📍7 Lê Lợi　☎（0234）3822152
🕐7:30～11:30、13:00～17:00
🈵週一　💰2 萬越盾
博物館內以胡志明為中心展出相片和胡志明個人用品等，以及介紹革命歷史及解放戰爭的景況。

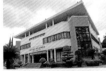

600m² 的空間中展示了1300件物品

胡志明故居
Nhà Lưu Niệm Bác Hồ
Ho Chi Minh's Memorial House
MAP P.276-2A
📍114 Mai Thúc Loan
☎無　🕐7:30～11:30、13:00～17:00　🈵週一　💰免費
胡志明在5～11歲和16～18歲間，生活了10年的故居，目前作為紀念館開放。

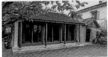

即使在開放時間內，故居也經常關閉

🔊Voice♪ 週五、六18:00～翌日2:00和週日～24:00，新市鎮的范五老街Phạm Ngũ Lão、朱文安街Chu Văn An、武氏六街Võ Thị Sáu會變成行人專用道。

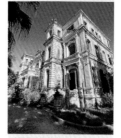

法國風的優美宮殿，中央展示著等身大的啟定帝銅像

★擁有美麗法國風裝潢的宮殿 MAP P.276-3C
安定宮
Cung An Định　　　　　　　　An Dinh Palace

為了作為啟定帝的離宮之用而於1917年興建的宮殿，保大帝繼位後則成為皇帝寢宮。1樓展示皇宮內使用的物品，2樓則展示保大帝與南芳皇后Nam Phương的照片。

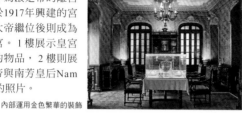

內部運用金色繁華的裝潢

★各個時代的珍貴陶瓷器收藏 MAP P.276-2B
阮朝王朝陶瓷器博物館
Bảo Tàng Đồ Sứ Kí Kiểu Thời Nguyễn　Museum of Nguyen Dynasty Commissioned Porcelains

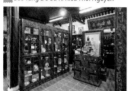

由順化研究者Trần Đình Sơn所設立，是展示阮朝王朝時期皇族們使用過的陶瓷器的博物館，展示品為創立者的父親Trần Đình Bá於1962年開始收集的珍貴收藏，其中還有法國、日本、中國製作的陶瓷器。

以朝代分類陶瓷器展品

★設有東遊運動革命家的墓園 MAP P.266-2B
潘佩珠紀念館
Nhà Lưu Niệm Phan Bội Châu　　Phan Boi Chau Memorial Hall

因受到日俄戰爭日本勝利的影響，而主張脫離法國殖民統治獨立的「東遊運動」革命的領導者潘佩珠，於1925～1940年期間都被法國軟禁在此，留有當時居住的房屋，與潘佩珠及雙親的墓園。腹地內除了有相片館之外，在場錢橋Trường Tiền橋墩處還設有他的胸像（MAP P.277-2A）。

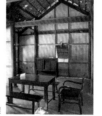

腹地內的軟禁場所是間樸素的小屋

★說到順化市場就一定想到這裡 MAP P.276-2B
東巴市場
Chợ Đông Ba　　　　　　　　Dong Ba Market

1樓為食材、雜貨類、當地食物攤販，2樓則主要為布料賣場，內部商品堆積如山，很容易迷路。東側街上生鮮食品賣場則特別有朝氣活力。

★水藍色的可愛教堂 MAP P.276-3C
順化大教堂
Nhà Thờ Dòng Chúa Cứu Thế　　The Most Holy Redeemer

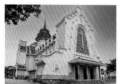

1956～1962年期間在美國援助下所建設的教堂，巧妙融合歐洲建築與越南建築特色外觀，十分獨特。以淡藍色裝飾的教堂內部，氣氛顯得格外神聖。

高台上教堂前的廣場微風怡然

Voice 「Mè xửng」是一種傳統的順化糕點，由年糕和芝麻和花生揉製而成。老字號Thiên hương總店（MAP P.276-2B），一包12個，在機場商店的價格超過12萬越盾，一罐只需4萬7000越盾就可買到。

安定宮
🏠 179B Phan Đình Phùng
☎ 無 🕐 夏季：6:30～17:30、冬季：7:00～17:00 📅 無休
💰 5萬越盾、12歲以下免費

阮朝王朝陶瓷器博物館
🏠 114 Mai Thúc Loan
☎ 090-5775166（手機）
🕐 8:00～11:30、14:00～18:00
📅 週一 💰 3萬越盾

順安海灘
Bãi Tắm Thuận An
Thuan An Beach
MAP P.276-1C外
這裡有著一片美麗的海岸，雖不是白沙配上青松，卻有著透明的海水拍打淡黃色沙灘的美景。每年4～9月為海水浴場開放季節，特別是6～8月會有許多小店及海鮮路邊攤營業熱鬧不已。除了順化當地人，近年來也有許多外國觀光客前往遊玩，10～3月期間遊客稀少，店家也幾乎都休息。
從市區騎摩托車約20～30分，順著順安街huận An直走就會看到。

潘佩珠紀念館
🏠 119 Phan Bội Châu
☎ 無
🕐 7:30～11:00、13:30～17:00
📅 週日・一 💰 免費

東巴市場
🕐 依店家而異，大致為7:00～19:00 📅 無休

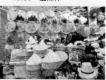

也有販售繽紛色彩刺繡的斗笠

順化大教堂
彌撒時間為平日5:15與17:30、週六為5:15、15:00、19:30、週日5:30、8:00、17:00也有，其他的時間則不定期開放入場參觀。

如何遊覽郊區景點
●旅行社主辦的城市觀光，請參考P.270。
●計程車
　最多4人乘坐，半天50萬越盾～（2個景點），1天80萬越盾（5個景點）。
●摩托計程車
　雖受限於天氣，但也算相當方便，可請旅行社或飯店代訂，1天收費35US$～
●租自行車・摩托車
　從市區前往各皇陵地形雖不是一直上上下下，但有些地方都是上坡，只適合體力好的人騎車遊覽，此外，雨季和盛夏時，騎自行車移動相當辛苦，1天3～4萬越盾。另外各個皇陵景點還須收取自行車停車費。

明命皇陵
⏰夏季：6:30～17:30、冬季：7:00～17:00　**休**無休
💰15萬越盾、兒童3萬越盾

★★★ 阮朝國勢最盛時期的皇帝陵墓
明命皇陵
Lăng Minh Mạng　　　　　　　　　Tomb of Minh Mạng
MAP 下圖-3A

　1840年起耗時3年建設完成的中國風皇陵，是當地最威嚴的一座皇陵，皇陵的協調性與精細作工的裝飾，令人嘆為觀止。

　正門只有曾經在第2代皇帝明命帝去世時使用過，現在則是關閉中的狀態，因此必須從正面右側的左紅門或是正面左側的右紅門進入。順著門往左走，可以看到由雪白石階構成的中庭，兩側立著用以守護死者靈魂的大象及馬、官員的石像。接著往上走便可看到立著刻有明命帝功勳石碑的建築，穿過前方3道拱形的顯德門，則是供奉皇帝與皇后牌位的建築崇恩殿。繼續往下走過蓮花池上的3座橋，則是兩層木造建築的明樓。

接著再走過新月形的蓮花池橋，便可看到墳墓。皇陵位於小山丘上，表面覆蓋著茂密的草坪，據說明命帝並非葬於此地，至今都未找到真正的墳墓所在地。明命帝當年採用科舉制度，是一位非常聰明的君王，而在任內據說也是越南發展最高潮時期。

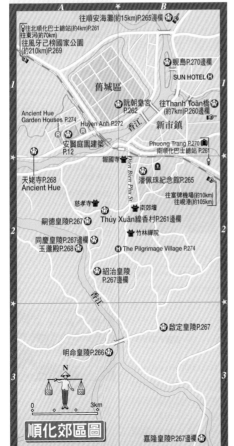

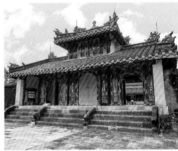

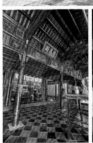

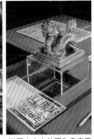

上／崇恩殿前的顯德門，3道門中中央的門為皇帝專用，目前是關閉中的狀態　下／華麗的崇恩殿　右下／展示在崇恩殿中的龍的金印

Voice 明命皇陵、嗣德皇陵、啟定皇陵入口處可租借語音導覽（有英語），費用為7萬越盾。

★皇帝生前的離宮
嗣德皇陵
Lăng Tự Đức　　　　　　　**Tomb of Tu Duc**　**MAP** P.266-2A

1864年2月至1867年3月耗時約3年所興建，是第4代皇帝嗣德帝的陵墓，寬敞帶有別墅風味的沉穩建築有如畫作一般優美，一進門右側可看到一座大蓮花池，池畔設有木造建築的釣殿——Xung Khiêm殿可供乘涼。在蓮花池的西側，則可看到宛如在眺望池子般的祭祀皇帝的廟宇，是過去皇帝長期居住用的行宮。接著回到樓梯，靠蓮花池左側步行約200m有階梯可上樓，往上走則可看到歌頌皇帝功勳的石碑，內側也有蓮花池，最裡面則可看到石牆環繞的皇帝陵墓。不過嗣德帝並未真正埋葬於此，和許多其他皇帝一樣，至今仍然沒有找到真正的埋葬地點。

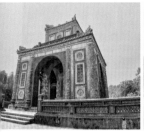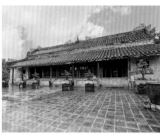
左／放置著據說是嗣德帝親筆的20萬噸重巨大石碑
右／祭祀皇帝和皇后牌位的和謙殿，據說是嗣德帝居住時使用

★東西洋混合的奇特建築
啟定皇陵
Lăng Khải Định　　　　　**Tomb of Khai Dinh**　**MAP** P.266-3B

第12代皇帝啟定帝的陵墓，自1920年起一直到啟定帝去世6年後的1931年才完成，共耗時11年建設。建築本身呈現西洋風，並具有高度藝術價值，與其他皇陵風格大異其趣。石階扶手上刻有龍的雕像，石階上則有馬及大象、衛兵等石雕盡立，用以守護皇陵，皇陵後方則有歌頌皇帝偉業的兩層樓

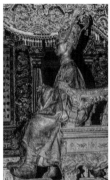
啟定帝喜愛新事物及華麗的物品，因此皇陵採東西方混合建築，加上啟定帝無特別宗教信仰，因而亦夾雜佛教、印度教、基督教宗教建築

八角形小石堂，兩側的高塔則為歐式風格。廟宇內部有著貼滿金箔的啟定帝等身大青銅像，下方則安置著皇帝的遺體，牆壁與天花板上都裝飾著中國的瓷器與日本玻璃，有如彩繪玻璃一般，裝飾十分美輪美奐，左側房間則展示了皇帝遺物。

啟定帝像上貼滿金箔，雕像底下9m處是啟定帝埋葬地，是歷代皇帝中唯一知道埋葬地點的皇陵

嗣德皇陵
夏季：6:30～17:30、冬季：7:00～17:00　無休
15萬越盾、兒童3萬越盾

啟定皇陵
夏季：6:30～17:30、冬季：7:00～17:00　無休
15萬越盾、兒童3萬越盾

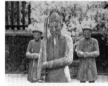
守護皇陵的傭人石像

其他皇陵
紹治皇陵
Lăng Thiệu Trị
Tomb of Thieu Tri
MAP P.266-2A
夏季：6:30～17:30、冬季：7:00～17:00　無休
5萬越盾，12歲以下免費

這裡是3代皇帝的皇陵，戰爭時遭受破壞後，在沒有修復的狀態下留存至今。皇陵為紹治帝次男嗣德帝所建，構造類似明命皇陵，內有歌頌皇帝功績的石碑、架設3座橋的新月池塘，最內側則是陵寢所在地。面對皇陵右側100m處的建築也屬於皇陵的一部分。

嘉隆皇陵
Lăng Gia Long
Tomb of Gia Long
MAP P.266-3B
夏季：6:30～17:30、冬季：7:00～17:00　無休
5萬越盾，12歲以下免費

皇陵位在順化市區南方約18km處，是所有皇陵中距離最遠的景點，此外由於建築本身大部分已損壞，除非時間充裕或對嘉隆帝有很大興趣的遊客，不建議前往遊覽。皇陵自1815年起費時6年建造，與其他皇陵最大不同為配合當地地形所建造。

同慶皇陵
Lăng Đồng Khánh
Tomb of Dong Khanh
MAP P.266-2A
夏季：6:30～17:30、冬季：7:00～17:00　無休
5萬越盾，12歲以下免費

從市區開車或騎車往南約15～20分，距嗣德皇陵則只有幾分鐘車程。同慶帝在位僅5年時間，也因此皇陵規模小，反而有著田園恬靜的悠閒氣氛，皇陵自1889年2月起至12月期間建造，造型為紅色兩層式建築屋頂的立方體建築。

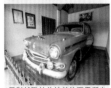

反對越戰的住持前往西貢所坐
的車

天姥寺傳說
　傳說在天姥寺偶爾會看到一
位童顏白髮白眉的老婆婆，穿
著紅衣綠褲坐在這裡的山丘
上，她對當地人預言「不久這
裡的統治者將會前來，並在此
建設樓塔」後，不久便完全消
聲匿跡。據說這位老婆婆是天
上的仙女，為了紀念這位仙女
而在此建設了寺廟，天姥寺也
因而得名。

玉盞殿
囲夏季：6:30～17:30、冬季：
7:00～17:00 困無休
圏5萬越盾，12歲以下免費
　順香江而下在前往明命皇陵
的途中便可看到，位於距市區南
方約8km處的森林中，開車或騎
摩托車、自行車等可從對岸搭
渡船，來回1US$～。

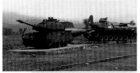

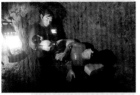

上／DMZ觀光行程的焦點之一
就是溪生基地遺址，保存著生
紅鏽的戰車、砲彈、輸送機、
塹壕等戰爭相關遺物　下／
Vịnh Mốc隧道是人氣與溪生基
地遺址不分上下的景點，圖為
重現隧道內生產的人偶，據說
實際上在越戰期間，在隧道內
產出了10多位的小孩

☆ 留下仙女的傳說　　　　　　　　　　MAP P.266-1A

天姥寺

Chùa Thiên Mụ　　　　　　　　　Thien Mu Temple

　創建於1601年，佛塔高
21.24m，為七層八角形建
築，各層安置有佛像。佛塔
名稱為福緣塔Từ Nhân（慈
悲），有著「招福與上天恩
惠」含意，佛塔後側有著以
漢字書寫此處歷史的石碑，
側邊則擺有一個重達2噸
的大鐘，穿過此處便可看
到天姥寺中心供奉迦牟
尼佛的大雄寶殿，殿內的青
銅佛像，是由平定西山之
亂，並協助嘉隆帝的葡萄牙
人所建。而在越南戰爭中，
住持為抗議政府而自焚事
件也相當有名，中庭並展示
了當時他搭乘前往西貢的
車輛。

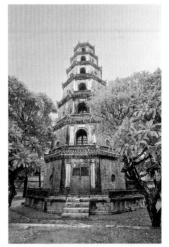

天姥寺的福緣塔是順化的城市象徵，從香江的
船上眺望此地景致獨有風味，在塔樓兩側還有
設置於鐘與烏龜上的石碑

☆ 據說來此參拜便會晚婚　　　　　　　MAP P.266-2A

玉盞殿

Điện Hòn Chén　　　　　　　　　Hon Chen Temple

　玉盞殿別名Ngọc Trản（意思是翡翠玉），緣由來自此處的山
丘。玉盞殿建於1832年，名字曾經過數次改變，原本是占族
（→P.159頁尾附註）的寺廟，原名為Y-A-NA。過去1年會有
2次朝聖，並於每年1月20日舉辦祭典。根據傳說，芽莊的占
族將部分神明遺骨請到此處，並在此供奉，此外還有「未婚女
性來此參拜會晚婚」的說法，女性前來參拜時還是要注意一下
比較好。

★ 越戰激戰地遺址巡禮　　　　　　　　MAP 摺頁正-2B
★
DMZ（非軍事區）

Khu Phi Quân Sự　　　　　　　　Demilitarized Zone

　DMZ為「DEMILITARIZED ZONE（非軍事區）」的簡寫，
在17度線附近東西流向的濱海河 Bến Hải沿岸，寬約4km的範
圍設定為禁止進行軍事活動的區域。自1954年起以17度線為
界，越南分裂為北越及南越，一直到1975年越戰結束後。
　順化當地旅行社有非軍事區南側東西向國道9號，以及國道
1號線沿線的越戰激戰地遺址觀光行程（→P.270）可供參加，
相當受到歐美人士的歡迎。行程中包含遊覽激戰地的東河、美
軍長距離砲彈基地Rock Pile基地、布魯斯·史普林斯汀Bruce
Springsteen的歌曲《生於美國Born in the USA》中也曾提到的
激戰區象徵的溪生基地Căn cứ Khe Sanh遺址、躲避美軍激烈攻
勢所挖掘的地下基地與地下房屋的Vịnh Mốc隧道、象徵南北分
裂的濱海河上的賢良橋Cầu Hiền Lương等景點。

Voice 「Thanh Tan Hot Spring」距離順化市中心約23km的天然溫泉，附設飯店，腹地
內還有SPA。MAP P.276-3A外　圉 Phong Sơn, Phong Điền, Thừa Thiên - Huế　　↗

MAP 摺頁正-2B

擁有世界最大的洞窟

世界遺產 風牙己榜國家公園
Vườn Quốc Gia Phong Nha-Kẻ Bàng　　　Phong Nha-Ke Bang National Park

擁有約300座大大小小的鐘乳石洞，被茂盛原生林覆蓋的腹地約達8萬6000公頃的國家公園，2003年由聯合國教科文組織登錄為越南第5座世界遺產。鐘乳石洞當中最受歡迎的觀光景點，便是風牙洞Động Phong Nha、天山洞Đồng Thiên Sơn與天堂洞Động Thiên Đường這3處。

風牙洞與天山洞位在同一座山上，風牙洞是經河川水流削切而形成的洞窟，充滿著地底湖般的神祕氣氛，河流在洞窟內延伸約8km形成地底河，可以搭乘船隻前進沿途參觀（途中也有徒步參觀時間）。另一方面，天山洞則是位在山腰處的洞窟，開放部分可欣賞到鐘乳石景色的區域供遊客參觀。

天堂洞位在風牙洞、天山洞直線距離約7km外的山上，被鐘乳石洞窟學者讚譽為「世界上所有洞窟都無可比擬的美」，裡面的石筍相當漂亮。此外，2009年進行調查的韓松洞Hang Sơn Đoòng，全長約9km，最高處約240m，截至2024年7月是世界上規模最大的洞窟。雖然有前往韓松洞的觀光行程（→邊欄），但以觀光目的造訪的難度還是很高。

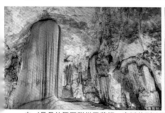
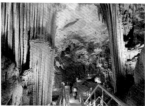

左／長長的巨石群從天花板一直延伸到地面，十分震撼（天堂洞）　右／經由美麗的燈光照射，創造更加神祕的氣氛（天山洞）

以美麗海灘而聞名

蘭珂村
Lăng Cô　　　Lang Co Village

從順化搭車經海雲關（→P.224）前往峴港途中，便會經過這個有美麗沙洲的村莊，雖只是個椰子樹環繞的小村莊，但在美麗潔白的白色沙灘環繞下，有如畫一般美麗。西側為潮間帶，東側的沙岸則是以鳴沙聞名的蘭珂海灘，海灘旁則有度假飯店「Lang Co Beach Resort」。

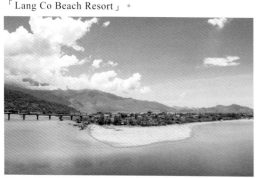

白色沙灘無邊無際的蘭珂海灘，從海雲關山中側也可看到蘭珂村

☎（0234）3553225　URL thanhtanhotsprings.com

風牙己榜國家公園

☎（0232）3677110　開7:30～16:00　休無休　費風牙洞：15萬越盾、天山洞：8萬越盾，身高130cm以下免費

除上列門票費用外，還需要另加船資，每艘船最多可搭12人，參觀2座鐘乳石洞每艘船55萬越盾，所需時間約4小時，如果找到人一起分攤會更划算。

最佳參觀季節為3～8月，9～11月雨季期間河川水量暴增，可能無法進入鐘乳石洞，一定要事先向當地旅行社等處確認清楚。

一般多參加從同海出發的觀光行程，也可從順化出發（→P.270）。

天堂洞

☎（0232）3506777　開夏季：6:30～17:00、冬季：7:00～16:00

休無休　費25萬越盾，身高110～130cm為12萬5000越盾，未滿110cm免費

從停車場到洞窟入口階梯處約1.5km，沿途步道鋪設完善，森林中只有單一路線不容易迷路，另備有電動車。4人座車單程6萬越盾，來回10萬越盾；6人座車單程9萬越盾，來回15萬越盾。從電動車停車場爬上石階後，走到洞窟入口約10分鐘路程。

韓松洞導覽行程

Oxalis Adventure Tours
住Phong Nha, Bố Trạch, Tỉnh Quảng Bình
☎（0232）3677678、091-9900357（手機、熱線）
URL oxalisadventure.com
開7:30～12:00、13:30～17:30（週六～12:00）
休週日　Card J M V

舉辦韓松洞導覽行程（6天5夜7200萬越盾～），最晚於3個月前在官網預約

蘭珂村

從順化市中心開車約1小時30分。

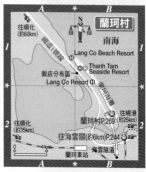

旅行社&旅遊辦事處

●順化遊客中心
Hue Tourism Information
MAP P.276-2A 住106 Đinh Tiên Hoàng
☎（0234）3820241
URL www.vietnamhuekanko.com
營7:30～11:30、13:30～20:30（週六～17:00）
休週日 Card不可

政府經營的遊客中心，可索取順化市中心的地圖、餐廳或飯店的手冊等等，還可報名各種觀光行程，也可免費使用Wi-Fi。

●The Sinh Tourist Hue
MAP P.277-1C 住38 Chu Văn An
☎（0234）3845022
URL www.thesinhtourist.vn
營6:30～21:30 休無休 Card JMV

在越南各地設有分店的旅遊辦事處，除了市區之旅、DMZ觀光行程之外，也有經營開往各主要城市的自由上下車觀光巴士。

●Backpacker Hostels Travel Desk
MAP P.277-1B 住10 Phạm Ngũ Lão
☎（0234）3933423 營7:00～23:00
休無休 Card不可

舉辦許多自行車和摩托車的各種旅遊行程，非住宿遊客也可以參加，至少需在前一天預約報名，部分行程若人數尚未額滿，當天10:00都可以臨時報名。

●Hanh Cafe（Ha Phuong Tourist）
MAP P.277-1C 住28 Chu Văn An
☎（0234）3837279
營7:00～18:00 休無休 Card不可

除了市內行程外，也經營開往各主要城市的自由上下車觀光巴士。

巴士公司

●Phuong Trang
MAP P.266-2B
住97 An Dương Vương（南順化巴士總站）
☎1900-6067（熱線）、091-1994426（手機）
營7:00～20:00
休無休 Card不可

在越南各地都有營業的大型巴士公司，經營開往胡志明市（40萬越盾）、大叻（38萬越盾）等主要城市的巴士，前往上述城市的巴士基本上為3列×2排的臥鋪巴士，可免費使用Wi-Fi，相當舒適，但還是要事先確認巴士車種。

●Camel Travel
MAP P.277-2C 住62 Chu Văn An
☎（0234）3829456
營6:00～21:00
休無休 Card不可

舉辦城市之旅為首的各種旅遊行程，峴港和會安行程（各8萬越盾）、風牙洞的臥鋪巴士行程（20萬越盾）等。

古都順化有許多阮朝時代所留下的遺跡，是熱門的遊覽觀光路線。另外越南中部是過去越戰的激烈交戰區，各旅行社也都有舉辦前往戰爭遺址的DMZ之旅。

旅行社大多都位在朱文安街和阮太學街上，飯店也可安排旅遊行程，旅行團的價格和內容因旅遊業者而異。

●城市觀光

前往飯店接客人加上英語導遊、含午餐價格約24萬9000越盾～（入場費另計）。出發時間為7:30左右，17:00左右回程抵達。行程內容一般為搭乘巴士上午前往啟定皇陵、明命皇陵、嗣德皇陵遊覽，下午則前往阮朝皇宮、天姥寺，之後搭船回市區，途中有時還會安插Thủy Xuân線香村（→P.261邊欄）等其他行程。另外也有半日行程（上午出發、下午出發）。

●DMZ觀光之旅

附英語導遊、含各景點入場費49萬9000越盾～，行程內容為參觀Rock Pile基地、賢良橋、Vinh Moc隧道、溪生基地遺址、戰爭罹難者之墓等戰爭遺跡。7:00左右出發，回程抵達時間為17:30左右，回程有可能會遇到塞車。

●風牙洞之旅

附導遊與午餐為59萬9000越盾～（含入場費及船資），6:30左右出發，20:00左右回程抵達。回程抵達為20:00。所有旅行社都只有在6～8月期間舉辦，主要是因為9～11月水位過高，可能無法進入洞穴，私人行程則須在當地確認。

●天堂洞之旅

附導遊與午餐為69萬9000越盾～（含入場費），6:30左右出發，20:00左右回程抵達。

天堂洞不分季節都可以進入，一般上不會有一次造訪風牙洞與天堂洞這2處洞窟的行程，私人行程雖然可能在1天內前往風牙洞與天堂洞這2處洞窟，但就算一大清早出發，回程抵達也21:00左右了，相當辛苦

●香江觀光船之旅
黎利觀光乘船處
Bến Thuyền Du Lịch Lê Lợi
MAP P.276-3A 住5 Lê Lợi
☎（0234）3846744
營依船隻而有所不同，大多為8:00～16:00
休無休 Card不可

從小船到可以搭乘30人的大船都有，可以搭乘各式各樣的船遊覽香江。2人搭乘船資1小時每人25萬越盾，3人則為每人20萬越盾～等。

●Ca Huế
MAP P.277-1B

可一邊欣賞宮廷音樂表演的觀光船，發船時間為19:00與20:00，1日2班，全程遊覽航行時間約1小時。1艘船25人搭乘，每人15萬越盾，附飲料但不含餐點。

Voice 順化名產蜆仔飯Cơm Hến（→P.38）發源地蜆島Cồn Hến（MAP P.276-1C），正如其名，周邊是蜆的產地，並有許多專賣店。另外，香江支流Như Ý河沿岸（MAP P.276-2C）也有許多賣蜆仔飯的店↗

以美麗庭園自豪的宮廷料理餐廳
Y Thao Garden
宮廷料理

MAP P.276-2A外

分隔為 4 個用餐區，包含開放感十足的遼闊庭園內的靜謐庭園座位、仿造王朝時代建築的古雅餐廳等，午、晚餐皆為裝盤精緻的宮廷料理（→P.40）套餐形式（28～60萬越盾／1人份）。

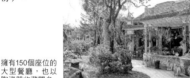

擁有150個座位的大型餐廳，也以陶瓷器收藏聞名

🏠3 Thạch Hãn　☎（0234）3523018　🕐11:00～22:00
🈂無休　Card JMV　預約最好先預約

便宜美味的休閒餐廳
Madam Thu
越南料理

MAP P.277-1C

可輕鬆享用萍餅（→P.30，5 萬5000越盾／10個）等順化特色料理的休閒餐廳，雖然菜色選擇不多，但每道菜售價 4 萬越盾～，價格相當合理，1 人也能輕鬆用餐。推薦集結所有順化料理的特別套餐（圖片）。

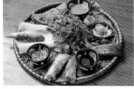

可以品嘗11種類型的順化料理，價格只要 16 萬越盾，十分實惠

🏠45 Võ Thị Sáu　☎（0234）3681969
🕐9:00～22:30　🈂無休　Card不可　預約不需預約

殿堂級餅類料理的
Ba Do
順化料理

MAP P.276-1B

水晶蝦Bánh Bột Lọc（→P.31）名店，也提供其他經典的順化料理（5 萬越盾～），所有料理都比其他餐廳的更Q彈可口。餐廳空間寬敞，充滿簡樸氣息，但總是擠滿了當地人和遊客。

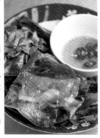

水晶蝦 5 萬越盾，萍餅（→P.30）6 萬越盾

🏠8 Nguyễn Bình Khiêm　☎（0234）3541182
🕐8:00～21:30　🈂無休　Card不可　預約不需預約

在舒適的殖民風格環境中享受優雅時刻
Les Jardins De La Carambole
越南料理&法國料理

MAP P.276-3A

殖民風格的別墅餐廳，擁有優雅的氛圍與高品質的服務，提供越南與法國料理，其中包括順化料理。越南料理套餐34萬越盾～，還有 2 號分店（MAP P.277-1C），氣氛稍為休閒。

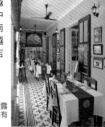

推薦在可以眺望花園景色的露台用餐，陽光明媚的日子，也有花園座位可供選擇。

🏠32 Đặng Trần Côn　☎054-3548815（手機）
🕐7:00～23:00　🈂無休　Card MV　預約不需預約

輕鬆品嘗豐富順化料理
Hanh
越南料理

MAP P.277-2C

這家順化餐廳於2022年改裝重新開幕，寬敞乾淨。以合理的價格提供多種如Banh Ram It（5 萬越盾）等經典的順化料理。晚餐後，不妨嘗嘗看百香果醬布丁（2 萬5000越盾）。菜單附照片可以輕鬆點菜。

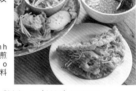

越式小煎餅Bánh Khoái是類似越式煎餅Bánh Xèo（→P.38）的順化料理，3 萬越盾

🏠11-15 Phó Đức Chính　☎（0234）3833552
🕐10:00～20:30　🈂無休　Card不可　預約不需預約

以蜆仔飯聞名
Nho
順化料理

MAP P.276-3B

順化名產蜆仔飯Cơm Hến（→P.38，1 萬3000越盾）名店，位在Parkview飯店腹地內，開業24年的這家餐廳據說是順化最好吃的蜆仔飯餐廳，此外也可以試試蜆仔米粉Bún Hến（蜆仔加米粉，1萬越盾）。賣完的話可能12點前就會提早打烊，建議儘量提早前往。

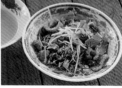

加上花生、香蕉花花蕾等各種食材，口感豐富

🏠13/137 Hàn Mặc Tử　☎090-6433223（手機）
🕐7:00～12:00　🈂無休　Card不可　預約不需預約

↘家，可以來到這裡尋找品嘗個人喜歡的口味，美中不足的是每間店家都不通英文。

順化必吃的牛肉麵
Kim Dong 1
麵

MAP P.276-3B

每到用餐時間都會擠滿當地人的牛肉米粉Bún Bò Huế專賣店，受歡迎的祕訣在於厚實鬆軟的牛肉，與微辣的湯頭和滑溜麵條搭配絕佳。市區也有分店（🏠21 Nguyễn Thị Minh Khai）。

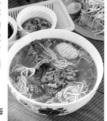

可以在點菜時選擇配料，每碗的價格3萬5000越盾～

🏠56 Hai Bà Trưng　☎091-5088175（手機）
🕐6:00～21:00　🈺無休　**Card**不可　**預約**不需預約

喜歡讚岐烏龍麵的人一定會喜歡
Huong
麵

MAP P.277-3A

這是順化眾多蟹肉米苔目Bánh Cánh Cua（→P.36）餐廳中最受歡迎的一家。以濃郁的蟹肉味噌風味湯頭和厚實的麵條獲得好評。不過偶爾會吃到蟹殼是個小缺點，但這也是使用真螃蟹的證明，是可以允許的範圍。

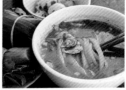

蟹肉米苔目不含配料，只有蟹肉，3萬越盾

🏠30 Phạm Hồng Thái　☎079-4224131（手機）
🕐6:00～21:00　🈺無休　**Card**不可　**預約**不需預約

作為皇陵巡禮的早餐如何？
Huyen Anh
越南料理

MAP P.266-1A

開店48年，所有順化人都知道的越南粉捲（→P.38）名店，每盤的分量不多，適合有點餓時享用，燒肉米粉Bún Thịt Nướng（→P.37，3萬越盾）、燒肉Thịt Nướng（7萬越盾）也相當好吃。

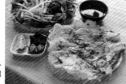

1盤5個2萬5000越盾，也有附魚露基底的醬料

🏠50 Kim Long　☎（0234）3525655
🕐8:00～19:00　🈺無休　**Card**不可　**預約**不需預約

日常越南食堂
Lac Thanh
越南料理

MAP P.276-2B

舊城區內深受遊客歡迎的小食堂，提供各式順化料理，包括牛肉米粉Bún Bò Huế（→P.36），都非常美味。用米紙包裹肉丸品嘗的美食Nem Lui，也可選擇豬肉、雞肉、海鮮或其他肉類。店裡提供英文菜單。

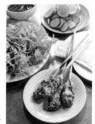

Nem Lui因大份量而深受歡迎，4萬越盾

🏠6 Đinh Tiên Hoàng　☎（0234）3524674
🕐7:00～22:00　🈺週日　**Card**不可　**預約**不需預約

母女經營的順化小吃攤
Mu My
順化料理

MAP P.276-3C

Bánh ép是順化的一種街頭小吃，由木薯粉和雞蛋麵團組成，上面鋪上蝦乾、牛肉末、肉醬和蔥等配料，放在2個圓形鐵板之間烤成薄餅狀。搭配的蔬菜則會像春捲一樣用Bánh ép捲起來，蘸醬料食用，口感類似稍硬的薄煎蛋。

每片6000越盾，一盤5片，可以不同口味混搭

🏠27 Lê Hồng Phong　☎078-9494404（手機）
🕐14:00～21:00　🈺無休　**Card**不可　**預約**不需預約

太猶豫會沒辦法點餐的熱門店家
Che Mo Ton Dich
甜品

MAP P.276-2B

順化最受歡迎的Chè（→P.46）專賣店，傳統種類選擇豐富。店面不大，一開始營業，周圍的街道就會擠滿顧客，找座位也是一項挑戰。如果多人前來，可以試試可以品嘗到12種Chè的套餐（7萬越盾）。

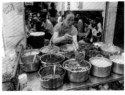

可以指著店裡的Chè點餐，但很難叫到忙碌的店員

🏠20 Đinh Tiên Hoàng　☎098-6408694（手機）
🕐18:00～24:00　🈺無休　**Card**不可　**預約**不需預約

可以品飲宮廷茶的庭園咖啡館
Vy Da Xua
咖啡館

MAP P.276-1C

可以體驗順化古都氣氛的越南風庭園咖啡店，店內也可欣賞到庭園風景，空間舒適，最裡頭還設有河川旁的露天座位。店內提供抹茶拿鐵（5萬8000越盾）、冰淇淋，另外還有以多種生藥調配的順化名物宮廷茶Trà Cung Đình（6萬9000越盾）。

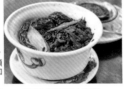
宮廷茶依功效分為7種，圖為據說擁有養顏美容的功效，後方為加入堅果的甜品

住131 Nguyễn Sinh Cung　**☎**054-3827131（手機）
時6:15〜22:30　**休**無休　**Card**不可　**預約**不需預約

可以喝到順化產的咖啡
PhinHolic
咖啡館

MAP P.277-3C

提供罕見的阿拉比卡咖啡「A Lưới」，生長於順化市郊的山區。自家烘焙的 A Lưới（2萬7000 越盾〜）可選擇越南式或手沖式等沖泡方式。也提供順化著名的鹽咖啡（3萬2000越盾），是咖啡愛好者的必訪之處。

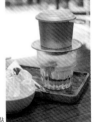
還提供各式各樣咖啡以外的餐點

住65 Bến Nghé　**☎**091-1715551（手機）
時7:00〜22:30　**休**無休　**Card**JMV　**預約**不需預約

其他餐廳 Restaurant

Nina's Cafe　咖啡館 **MAP** P.277-3B **住**16/34 Nguyễn Tri Phương　**☎**（0234）3838636 **時**9:00〜20:30　**休**無休 **Card**不可　**預約**不需預約		位於迷你飯店聚集的小巷盡頭，十分靜謐。每道料理約5萬越盾左右，價格合理，而半開放式的餐廳也很受西方人歡迎。提供可以品嘗多種順化料理的套餐（17萬越盾〜）。
Lien Hoa　素食 **MAP** P.276-2C **住**3 Lê Quý Đôn　**☎**093-5266046（手機） **時**8:00〜21:00　**休**越南農曆每月2‧16號 **Card**不可　**預約**不需預約		在寺廟眾多的順化當中，這家素食餐廳是順化美味又便宜的好評餐廳。由一旁的寺廟經營，提供以各種蔬菜、豆腐、豆皮等烹調製作的素食料理（2萬越盾〜），種類豐富，味道完成度高，值得一嘗。
Che Hem　甜點 **MAP** P.277-3B **住**1 Kiệt 29 Hùng Vương　**☎**（0234）3822099 **時**10:00〜22:30　**休**無休 **Card**不可　**預約**不需預約		位在巷子深處、超級貼近當地的越南甜品Chè（→P.46）專賣店，每個Chè的味道都很樸實，共有紫芋Chè Khoai Tía等15種口味，全部都是1萬5000越盾，店內只擺有小桌子和椅子，傍晚經常擠滿學生和小孩。

購物 Shop

可以入手高品質服飾
Cielo
服飾

MAP P.277-1C

順化設計師經營的小型精品店，店內提供各式各樣的女性化商品，以花卉及其他印花為主，布料則採用亞麻、棉及其他親膚材質，寬鬆的剪裁也是其特色。洋裝售價60萬越盾〜。

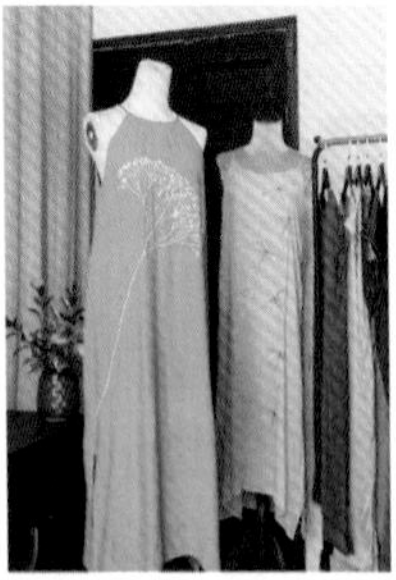

要看看船夫帽和包包等小物

住31 Chu Văn An　**☎**090-5531189（手機）
時8:00〜22:00　**休**無休　**Card**不可

網羅與順化有關的藝術家作品
Ta Gallery
畫廊＆雜貨

MAP P.277-2C

以順化出身或住在順化的藝術家為中心，展示並販售作品的商店＆藝廊，作品以漆畫、油畫為主，尤其是以鮮豔色彩繪製的順化風景與動物畫等，光是用看的就感到心情愉快。以巴莊燒為首，提供陶器、服飾、布製小物等手工雜貨。

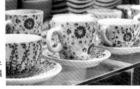
花卉圖案的杯子和杯碟（25萬越盾）

住44 Phạm Ngũ Lão　**☎**（0234）3824894、091-4196992（手機）　**時**9:00〜12:00、15:00〜22:00　**休**無休　**Card**JMV

Voice! 購買食品類伴手禮推薦可以到舊城區裡的Co.opmart（**MAP** P.276-2B），上述的宮廷茶這裡也可以買到。

改裝自殖民風格豪宅
Azerai-La Residence, Hue　高級飯店
MAP P.276-3A

多國政要下榻的五星級飯店，部分建築是由有90年歷史的法國殖民時代上將官邸翻修而成，內部裝潢採用精緻的殖民時期風格。客房設計經典，每間客房都有不同的裝潢風格。

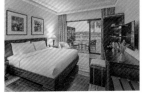

高級河景客房

🏠5 Lê Lợi　☎（0234）3837475
URL www.azerai.com　💰ⓈⓉ424萬越盾～套房954萬越盾～（含早餐）　Card AJMV　共122房

潟湖旁的自然系度假村
Vedana Lagoon Resort & Spa　高級飯店
MAP P.223-1A外

擁有綠意盎然遼闊腹地的豪華飯店，提供蜜月&結婚配套、冥想行程等豐富方案，也可以提出要享用兩人專屬的浪漫晚餐等要求。每天都有接駁巴士往返順化。

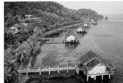

飯店位於潟湖旁，因此可以欣賞到日出與日落景觀

🏠41/23 Đoàn Trọng Truyền, Phú Lộc
☎（0234）3681688　URL www.vedanalagoon.com
💰ⓈⓌⓉ290萬越盾～Villa 385萬越盾～（含早餐）
Card ADJMV　共142房

順化歷史最悠久的飯店
Hotel Saigon Morin　高級飯店
MAP P.277-2A

創設於1901年的順化最古老歷史飯店，以白色為基底的殖民風格內裝呈現出高級感，客房內的用品十分現代化，設備也相當充實。除了提供越南料理為主的餐廳外，中庭還有泳池和花園咖啡廳。

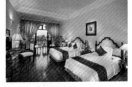

Premium River Deluxe客房

🏠30 Lê Lợi　☎（0234）3823526
URL www.morinhotel.com.vn　💰Ⓢ114萬越盾～
ⓌⓉ132萬越盾～　套房193萬越盾～（＋稅・服務費15%，含早餐）　Card ADJMV　共180房

鄰近市中心的自然風格度假村
The Pilgrimage Village　高級飯店
MAP P.266-2B

廣闊的腹地內有著度假小屋客房、SPA建築、餐廳建築等設施，提供使用100％純天然製品的SPA與多種瑜伽課程，可享受跳脫日常的度假時光。館內有5間飲食設施，也可享受宮廷料理。

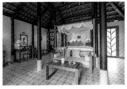

現代與傳統融合的客房

🏠130 Minh Mạng　☎（0234）3885461
URL www.pilgrimagevillage.com
💰Ⓢ219萬越盾、Villa 377萬越盾～（含早餐）
Card ADJMV　共100房　31間Villa

散發高級感的優雅奢華飯店
Indochine Palace　高級飯店
MAP P.276-3C

館內奢華的裝潢散發凜然的氣息，家具物品也一律使用高級品。飯店內設有越南料理與西洋料理餐廳、可享受鋼琴現場演奏的Lounge Bar等，餐飲設施也展現出高水準

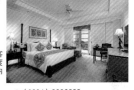

Palace Deluxe King客房擁有彷彿回到過去支那時期的優雅室內裝潢

🏠105A Hùng Vương　☎（0234）3936666
URL www.indochinepalace.com
💰ⓈⓌⓉ201萬越盾～　套房305萬越盾～（含早餐）
Card ADJMV　共222房

莊嚴的裝飾彷佛皇室貴族的體驗
Ancient Hue Garden Houses　高級飯店
MAP P.266-1A

皇宮附近的隱密飯店，由提供順化宮廷料理的高級餐廳開設，非房客也可在餐廳用餐。僅有9間的客房散布在模仿傳統順化房屋的Villa中，各自有其獨特的風格，可在此體驗順化王朝時代的貴族。

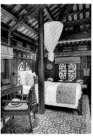

命名為Trường Tiền的客房

🏠104/47 Kim Long　☎（0234）3590356
URL www.ancienthue.com.vn　💰ⓈⓌⓉ450萬越盾～套房570萬越盾（含早餐）　Card ADJMV　共9房

住宿 🅗 Hotel

推薦河景房型

Huong Giang 高級飯店

MAP P.277-1C

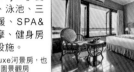

位於香江沿岸的大型飯店，河景房擁有美麗河岸視野景致，客房內擺設了藤製家具，設施相當完善。全館共分為3棟建築，飯店內設有宮廷料理的「Royal」餐廳、泳池、三溫暖、SPA&按摩、健身房等設施。

Deluxe河景房，也有花園景觀房

🏠51 Lê Lợi ☎（0234）3822122
URL www.huonggianghotel.com.vn Ⓢ Ⓣ100萬越盾〜 套房226萬越盾〜（含早餐）Card A J M V 共163房

明亮寬敞的大型飯店

Muong Thanh Holiday Hue 高級飯店

MAP P.277-2B

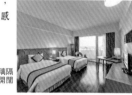

位在香江沿岸黎利街Lê Lợi上的11層樓飯店，白得發亮的外觀讓人印象深刻，明亮寬敞的大廳則為都會感的設計。所有客房設有陽台且空間寬闊，設備與用品感覺也很高級。

浴室與寢室以玻璃隔開，空間感覺很開闊（Deluxe雙床房）

🏠38 Lê Lợi ☎（0234）3936688
URL holidayhue.muongthanh.com Ⓢ Ⓦ Ⓣ140萬越盾〜 套房295萬越盾〜（含早餐）Card M V 共108房

2022年全新開幕的新飯店

Jade Scene 經濟型飯店

MAP P.276-2C

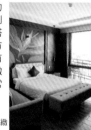

位於迷你飯店林立的小巷盡頭，步行即可到許多餐廳，而且可以搭計程車到飯店前，很方便。大部分房間都設有陽台，屋頂泳池可俯瞰城市景色，員工也非常友善。

大廳和房間都有精緻的壁畫裝飾

🏠30/42 Nguyễn Công Trứ ☎093-5353117（手機）
Ⓢ Ⓦ38US$〜 Ⓣ44US$〜（含早餐）
Card A D J M V（手續費＋3％）共35房

位於市中心附近，交通便利

Than Thien Friendly 經濟型飯店

MAP P.277-1C

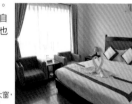

位於餐廳、咖啡館和酒吧林立的地區，交通便利。房間乾淨、裝潢有品味，配有電視、冰箱和吹風機。1樓餐廳的自助早餐口碑也很不錯。

Deluxe客房配有大窗，可讓陽光照射進來

🏠10 Nguyễn Công Trứ ☎（0234）3834666
URL thanthienhotel.com.vn Ⓢ Ⓦ Ⓣ60萬5000越盾〜 套房109萬5000越盾〜（含早餐）Card A D J M V 共37房

乾淨實惠

Stop & Go Homestay 迷你飯店

MAP P.276-2C

位於迷你旅館和經濟旅館林立的巷子內，員工友善且樂於助人，可提供旅遊安排建議。房間不大，但乾淨明亮且舒適。提供電視、迷你冰箱和吹風機等基本設施。

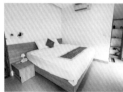

簡單乾淨的客房

🏠43 Lane 42 Nguyễn Công Trứ ☎（0234）3841269
URL www.stopandgohomestay.com Ⓢ Ⓦ Ⓣ43萬5000越盾〜 Card M V 共9房

舒適的人氣飯店

Sunny C(Original Binh Duong 4) 迷你飯店

MAP P.276-3B

飯店老闆與員工會說日語，老闆娘則是日本人，待客親切服務貼心，相當受到遊客歡迎。除提供出租自行車、摩托車之外，也可代為安排行程。周邊環境安靜，客房明亮清潔，也相當適合長期住宿。因為飯店人氣很高，建議及早預約。

室內設施齊全完全不輸給高級飯店

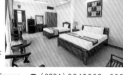

🏠7/25 Hai Bà Trưng ☎（0234）3849662、093-4716780（手機）URL binhduonghotel.info/100
E-mail binhduong_aki@yahoo.co.jp Ⓢ16US$ Ⓦ17US$ Ⓣ18〜20US$ Ⓓ3US$ Card M V 共10房

Angsana Lang Co
高級飯店
MAP P.223-1A外

住Cù Dù Village, Lộc Vĩnh Commune, Phú Lộc ☎（0234）3695800 URLwww.angsana.com 費ⓈⓌⓉ135US$〜（＋税・服務費15%，含早餐） CardＡＤＪＭＶ 共222房

距離順化富牌機場約42km的度假飯店，客房寬敞，有著善用自然素材的時髦內部裝潢。飯店內餐飲設施、SPA、各種度假活動應有盡有，是可以讓住客享受住宿時光的頂級飯店。有開往順化與會安的免費接駁巴士。

Imperial
高級飯店
MAP P.277-3B

住8 Hùng Vương ☎（0234）3882222
URLimperial-hotel.com.vn 費Ⓢ Ⓣ160萬越盾〜 套房350〜1050萬越盾（含早餐） CardＡＭＶ 共195房

海外VIP也曾入住的16層高樓飯店，天氣晴朗時高樓層的視野景觀是飯店的最大賣點之一，特別是頂樓「The King's Panorama Bar」露天座位的風景絕佳。

Sunny A(Original Binh Duong 1)
迷你飯店
MAP P.277-3B

住17/34 Nguyễn Tri Phương ☎（0234）3829990、091-3495663（手機） URL E-mail同Sunny C（→P.275）
費Ⓢ10〜20US$ Ⓦ12US$ Ⓣ12〜14US$ CardＭＶ 共24房

有許多來自世界各地背包客入住的老牌飯店，提供行程安排、租借自行車或摩托車等服務，所有房間設有空調、電視、熱水淋浴。Sunny A〜C這3間飯店為系列飯店，位在同一條巷弄上的Sunny B 費Ⓢ Ⓣ16US$〜。

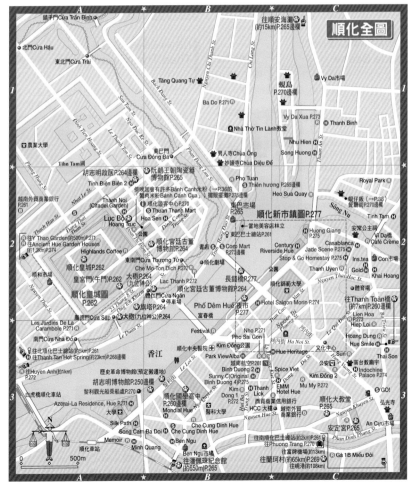

Voice 舊城區的Hàn Thuyên街，大致在15:00至翌日3:00（無休）左右，會變身成名為Bánh Canh Đường Hàn Thuyên的「Bánh Canh米粉」，（參考→P.36的「蟹肉米粉Bánh Canh Cua」）擁↗

探訪順化的另類風貌

●長錢橋點燈＆夜市

晚上若有時間，不妨前往香江的長錢橋（**MAP** P.276-2B）走走，這座橋每天晚上18:30～22:00之間都會點燈，每隔幾秒就會轉換顏色，讓參觀者目不暇給。橋左右兩側設有步道，漫步其中也很有意思。附帶一提，這座鐵橋是1897年由法國所建造，

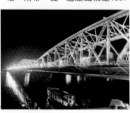

據說是知名的艾菲爾鐵塔設計師居斯塔夫‧艾菲爾Alexandre Gustave Eiffel

橋墩旁設有紀念照像館等店家，經常擠滿了人

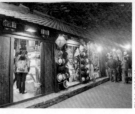

長錢橋南邊的河川旁，林立著以外國遊客為目標客群的紀念品店

所設計。

若晚上來到這座橋，在橋墩還有夜市可以逛，Phố Dêm Huế 夜市有服飾店、流行雜貨店、越南甜品 Chè攤販等店家，當地居民每晚都聚集在此順便乘涼，氣氛相當熱鬧。

MAP P.276-2B 图18:00～22:00 体無休（大雨暫停營業）

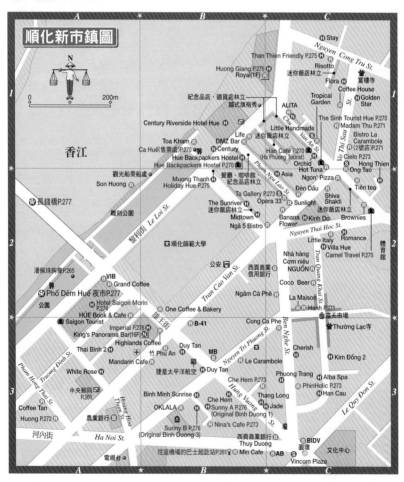

順化新市鎮圖

N

0　　　200m

香江

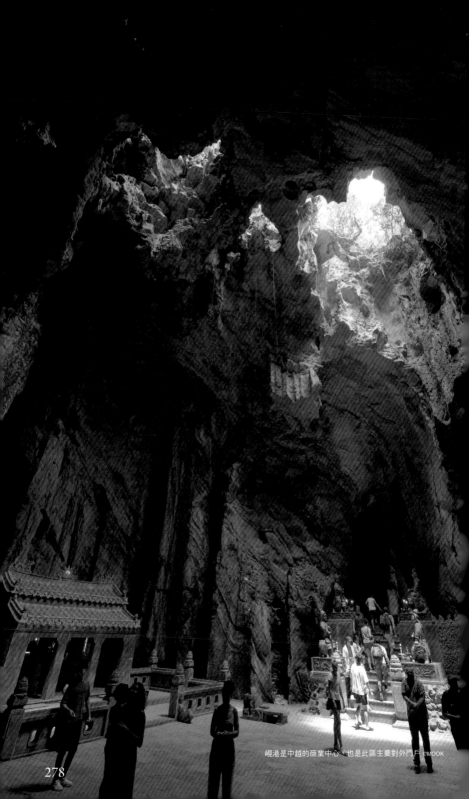

峴港是中越的商業中心，也是此區主要對外門戶。©MOOK

278

城市導覽

北部

河內

峴港

胡志明市

可以遇見許多少數民族的北河（→ P.375）

河內

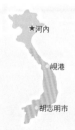

★河內

峴港

胡志明市

寺廟的名稱

越南有許多寺廟，河內更是如此，而不同的寺廟在名稱上會有些許差異，如果事先知道這些差異的話，對於了解不同寺廟也會有很大的幫助。

Chùa：佛教寺廟，漢字為「寺」。

Đền：供奉的是歷史上實際存在的人物神格化之後的神，漢字為「祠」。

Miếu：祭拜歷史上實際存在的人物的英靈，漢字為「廟」。

Điện：供奉眾神的地方，漢字為「殿」。

Đình：庭院中用來作為休息用的涼亭，漢字為「亭」。

廁所

市區各處、市場內等地點均設有公共廁所，使用時必須支付2000～3000越盾。廁所會有管理員，多少會負責打掃。

國內線與國際線之間的移動

作為國內線之用的第一航廈與國際線的第二航廈之間，距離約為850m，在5:15～翌日0:50之間每隔15～25分鐘會有免費接駁巴士行駛。此外還有電動車行駛其間，車資7000越盾。

關於入境手續

詳細的入境手續說明請參考P.404的「入境手續」。

機場的遊客中心
Tourist Information
📞8:00～20:00　無休
河南市所營運的遊客中心（→P.313）

※1986年，越南共產黨第6次黨代表大會提出了「Toi Moi」，意指市場經濟與外交開放的政策口號，也經常翻譯為「革新」。

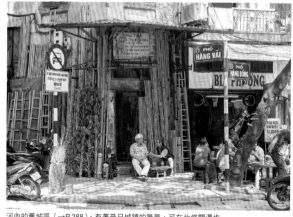

河內的舊城區（→P.288），有著昔日城鎮的氣氛，可在此悠閒漫步

越南社會主義共和國的首都——河內，若說南部的胡志明市是越南的商業中心，那麼河內就是政治、文化的重鎮，11世紀時的首都「昇龍」便是建都於此，境內許多歷史悠久的寺廟訴說著古都河內的千年歷史。此外，法國殖民時期所建造的洋樓與教會，仍有多數被保留下來，城市內井然有序的美麗林蔭大道、散布於各處的湖泊及公園、路上來回穿梭的人們臉上怡然自得的表情，形成河內沉穩的城市氛圍。

自改革開放政策※推動經濟改革後，河內的發展雖然看似落後胡志明市一步，但進步程度仍是有目共睹，街上不斷出現一幢幢舊屋拆遷改建的新大樓，人們的服裝打扮也愈來愈新潮，機車與高級汽車的數量也快速增加，尤其是西南邊的美亭地區Mỹ Đình、Trung Hoà地區、Cầu Giấy地區內陸續建設的現代摩天大樓，儼然已成為河內的新都心。

河內也可以作為通往下龍灣、沙霸及寧邊等北部觀光景點的起點，境內的巴茶村（陶器村）、圖南村（傳統文化村）等可以接觸傳統工藝與歷史的景點也相當受到矚目，外國觀光客也逐年增加當中。

抵達河內內排國際機場

機場內的服務
●匯兌

入境大廳內有越南工商銀行等的櫃台，可以用美金等現金兌換越盾，各家銀行的匯率與市區內的銀行幾乎相同。此外，入境大廳內也有ATM，可以利用MasterCard、Visa等信用卡預借越盾現金。銀行和ATM都是全年無休，營業時間是從第一班至最後一班飛機抵達時間，但銀行經常會有櫃台沒人的狀況發生。此外，雖然這裡是國際機場，但在越南農曆新年的3天期間所有銀行都會休息，請多加留意。

關於河內的地址欄標示：地址欄資訊中緊接在地名後的是行政區域的郡，但會將越南文的郡「Quận」縮寫，如巴亭郡為「Q.Ba Đình」一般，以「Q.○○」標示。↗

●購買SIM卡

如果使用SIM Free的手機，推薦購買SIM卡，連結網路可以使用地圖、用Grab App叫車等服務，即便只有短短幾天也能讓旅程更加舒適。入境大廳內有Vinaphone、Viettel、Mobifone等大型電信公司櫃台，可在此購買SIM卡。購買時需要護照，購買後便可馬上連結電話和網路，有純網路版和網路＋電話兩種版本，有關購買SIM卡的詳細資訊請見P.422。

機場到市區的交通

內排機場至河內市中心距離大約30km，從機場前往市中心的交通方式可選擇計程車、機場迷你巴士、路線巴士等。
計程車與迷你巴士經常發生車資糾紛，建議可以事先請下榻的飯店或旅行社安排接送，或是搭乘路線巴士。

●計程車

走出入境大廳後的左手邊就是計程車乘車處，可在此搭乘計程車，到市區約35分鐘。有多間計程車公司在此排班，每間都有4人座輴車與7人座廂型車這2種車種。

計費方式皆為跳表制，各家的費用都不盡相同，4人座起跳價格（開頭的30km內每1km）大約是1萬5000越盾。至於前往河內市區的車資估算，到河內車站周邊（**MAP** P.341-2D）約50萬越盾～、到舊城區周邊（**MAP** P.341-2D）約45萬越盾～、到西湖北側周邊（**MAP** P.341-1C）約35萬越盾～、到美亭地區Mỹ Đình、Cầu Giấy地區周邊（**MAP** P.340-2A、2B & 3A、3B）約55萬越盾～、遇到塞車時車資還會更高。比較讓人放心的計程車公司包含G7 Taxi、Mai Linh Taxi、計程車集團等（→P.286邊欄），G7 Taxi的4人座起跳價格（開頭的30km內每1km）為1萬7500越盾，之後每1km加1萬5000越盾；計程車集團的4人座則是每1km為1萬6700越盾。

此外，絕對不要乘坐車身沒有公司名稱的白牌計程車，或是跳表機附近沒有附有司機照片員工證的車輛。不過就算是車身有公司名稱的計程車也時常發生糾紛，建議使用計程車的叫車服務App（→P.416）（到舊城區約30萬越盾～），或者是從機場入境大廳的遊客中心安排前往市區的固定費用計程車，車資雖然比較高但卻較為安心（到舊城區1輛55萬越盾或24US$）。

●機場迷你巴士

走出入境大廳的出口，接著穿過眼前的車道後往左邊走，就能來到越捷航空的迷你巴士乘車處，連結機場與市區的機場迷你巴士就從這裡發車。除此之外，從第一航廈（國內線）還有越南航空的迷你巴士發車，到市區約40分鐘。市區的抵達地點為陳仁宗街Tran Nhan Tong St.上的統一公園門口附近（**MAP** P.348-1A），車資一律為5萬越盾（2US$），上車後付費。越南航空的迷你巴士在5:00～19:30間每隔1小時發車，會等乘客達到一定人數後才會出發，除非飯店距離市中心太遠，不然大多會送到指定的飯店，不過若是指定舊城區狹窄區域內的飯店的話，經常會被要求在中途下車。

搭乘迷你巴士前，建議先看看乘車時的注意事項（→邊欄）。

↘不過還看劍郡的地址會省略郡郡，只有標記道路名稱。

從機場搭乘計程車

隨著Grab計程車叫車服務App（→P.416）的普及，跳表計程車的品質也急速惡化，最近就連當地人與長居當地的外國人都不會搭乘。機場前往市區有一段距離，不小心搭到白牌計程車也找不到機會提早下車，最好事先安排好接送。

經常發生假接送導遊的被害案件！

河內的機場內會有許多舉著旅行社牌子的假導遊，導致經常發生強盜、詐騙的事件，如果稍微感到有異，記得向導遊借手機打電話向旅行社辦事處確認。

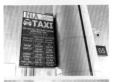

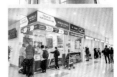

上／計程車乘車處有張貼各計程車公司的車資表　下／入境大廳有好幾間銀行，可以在此換錢，兌換之前先在幾間銀行比較匯率與手續費

搭乘機場迷你巴士時的注意事項

搭乘機場迷你巴士前往市區的優點就是車資划算，不過因為有許多惡劣的迷你巴士，所以還是不太推薦。機場迷你巴士常發生以下糾紛，若要搭乘，請先掌握好可能遇到的狀況。

・車坐滿才出發，出現在車內等待時間超過1小時以上的情況。
・指定停靠飯店要多付1～2US$左右的車資，更過分的還要要求支付數十美金的追加費用，請事先確認。
・在非指定的飯店地點被要求下車。

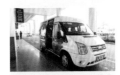

便宜但卻發生很多糾紛的機場迷你巴士

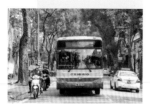
路線巴士的車身為紅色與黃色，相當顯眼

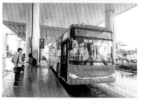
觀光巴士86號為橘色車身

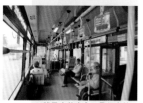
86號巴士的車內，帶行李箱上車不需要支付追加費用，有免費Wi-Fi

機場稅

國內線的機場稅已包含在機票內，不須在機場另外支付。

國內線機票的購買方式、搭乘手續

詳細的國內線機票購買方式、搭乘手續請參閱P.411的「國內交通」。

被路線巴士拒載

行駛於機場～市區之間的7號、90號、109號路線巴士，由於主要目的是提供機場員工搭乘，因此有時候會拒絕帶著大行李的外國旅客搭乘。而以遊客為對象的86號雖然車資較高，但可以用英語溝通，使用起來比較方便。

●路線巴士

路線巴士7號、90號、109號、觀光巴士86號行駛於機場與市區之間，如果住宿在Kim Mã地區，那就搭乘7號或90號，若住宿舊城區的話，搭乘86號到龍邊巴士總站Bến Xe Long Biên（ **MAP** P.343-1D）或是在終點站下車都很方便。

7號巴士：走出第二航廈後，往左手邊走即可到巴士總站，巴士開往Cầu Giấy巴士總站（ **MAP** P.340-2B），5:00～22:30間每10～15分鐘發車，車資8000越盾，所需時間約50分。

90號巴士：走出第二航廈後，往左手邊走即可到巴士總站，巴士開往Kim Mã巴士總站（ **MAP** P.342-2B），6:40～22:30間每20～30分鐘發車，車資9000越盾，所需時間約1小時5分。

109號巴士：走出第二航廈後，往左手邊走即可到巴士總站，巴士開往美亭Mỹ Đình巴士總站（ **MAP** P.340-2A），5:00～21:30間每20～30分鐘發車，車資8000越盾，所需時間約1小時。

86號巴士：走出第二航廈後穿過眼前的步道，接著往左走即可到「86號乘車處」，巴士開往河內車站（→P.284），6:18～22:58間每25～30分鐘發車，車資4萬5000越盾，所需時間約55分，市區的停靠處包含龍邊巴士總站、市劇院前、Melia Hanoi飯店前。

●旅行社或飯店的接送車

如果參加的是有附機場～市區接送的套裝行程的話，導遊會在剛走出入境大廳的地點附近拿著有公司名稱與名字的牌子迎接。自助旅行的人，也可以事先依旅行社官網申請接送服務。為避免找不到導遊或飯店員工，請先記下聯絡方式。

ACCESS

如何前往河內

飛機（場詳細資訊→P.410）

國際線：台北、高雄、台中、東京、大阪、名古屋、福岡、曼谷、香港、首爾、釜山、新加坡等機場都有直航班機運行（→P.399）。
國內線：各地皆有越南航空（VN）、越捷航空（VJ）、越竹航空（QH）的班機。

●從胡志明市出發（所需時間約2小時5分）
VN：每日21～23班 VJ：每日22～24班 QH：每日9～11班
●從富國島出發（所需時間約2小時5分）
VN：每日3～5便 VJ：每日2班 QH：每日1班
●從芹苴出發（所需時間約2小時）
VN：每日3班 VJ每日2班 QH：每日1班
●從歸仁出發（所需時間約1小時40分）
VN：每日2～3班 VJ：每週4班 QH：每日2班
●從邦美蜀出發（所需時間約1小時45分）
VN：每日1班 VJ：每日2班 QH：每日1班
●從大叻出發（所需時間約1小時55分）
VN：每日2～3班 VJ：每日4班 QH：每日2班
●從芽莊出發（所需時間約2小時）
VN：每日6班 VJ：每日6班 QH：每日4班
●從峴港出發（所需時間約1小時20分）
VN：每日12～14班 VJ：每日7班 QH：每日5～6班
●從順化出發（所需時間約1小時15分）

VN：每日2班 VJ：每日2班 QH：每日1班
●從同海出發（所需時間約1小時20分）
VN：每日2班 QH：每日1班
●從奠邊府出發（所需時間約1小時） QH：每日1班

●火車

主要路線如下：從胡志明市（西貢）方向每日4班，從老街Lào Cai出發有1班，從海防出發有4班。行駛時間的話，從胡志明市（西貢）出發最快的火車約32小時30分、峴港約15小時58分（→P.412）、老街約7小時55分、海防約2小時25分。此外，河內有河內車站Ga Hà Nội、嘉林車站Ga Gia Lâm、龍邊車站Ga Long Biên這3座車站，請多加留意。

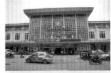

河內車站，站內有便利商店，周邊還有咖啡館、餐館與飯店

●巴士

幾乎每天都有來自海防、Bãi Cháy（下龍灣）、奠邊府Điện Biên Phủ、高平、老街、順化、峴港、大叻、芽莊、胡志明市等主要城市的巴士，詳細內容請參照各城市的交通介紹。

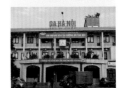

面向陳貴合街的河內B站

前往其他地區旅行的起點

越南首都河內位於越南的北部，是通往世界遺產下龍灣、寧平Ninh Bình或少數民族的居住地沙霸Sa Pa等北部觀光景點的起點，國內的移動方式有飛機、火車、巴士等，可挑選適合自己的交通方式搭乘。

●飛機之旅的起點

內排國際機場　國內線航廈

第一航廈為國內線航廈，距離第二航廈約850m，不同航空公司使用的大廳也不一樣，越南航空為大廳B，越捷航空為大廳A與E，越竹航空為大廳A，太平洋航空為大廳E、越旅航空為大廳E。

如何從市區前往機場

計程車

多間計程車公司的收費方式為固定車資（→邊欄），到機場的行駛時間約35分，另外也有跳表計程車，請示先確認清楚。

也可使用Grab叫車服務（→P.416），從舊城區出發約45萬越盾～，尖峰時刻價格會比較高。

機場迷你巴士

可從陳仁宗街Tran Nhan Tong St.上的統一公園門口附近（MAP P.348-1A），搭乘使用約24人座休旅車的機場迷你巴士，到機場所需時間40分，4:00～21:00間每隔1小時發車，費用為每人5萬越盾（2US$）。

路線巴士

7號路線巴士行駛於Cầu Giấy巴士總站（MAP P.340-2B）與機場之間，90號路線巴士行駛於Kim Mã巴士總站（MAP P.342-2B）與機場之間，109號巴士行駛於美亭巴士總站（MAP P.340-2A）與機場之間，86號觀光巴士行駛於河內車站（→P.284）與機場之間。7號巴士5:00～21:30間每10～15分鐘發車，所需時間約50分；90號巴士5:30～21:10間每20分鐘發車，所需時間約1小時5分；109號巴士5:00～21:00間每20～30分鐘發車，所需時間為60分；86號巴士5:05～21:40間每25～30分鐘發車，所需時間約55分。車資的部分，7號和109號為8000越盾、90號為9000越盾、86號為4萬5000越盾。從舊城區出發時，搭乘86號巴士比較方便，路線巴士則是會停

從市區到機場的計程車為固定車資

好幾間計程車公司從市區到機場都是採用固定車資，其中也有像G7 Taxi等公司一樣，一定距離內為固定車資，超過後則會加收費用，記得事先確認清楚。

G7 Taxi
☎（024）32323232
開始的30km，4人座26萬越盾、7人座30萬越盾，之後每1km的加收費用則為4人座1萬5000越盾、7人座1萬6500越盾。

Mai Linh Taxi
☎（024）38333333
開始的30km，4人座和7人座皆為30萬越盾，之後每1km的加收費用則為4人座1萬7500越盾、7人座1萬9500越盾。

計程車集團（→P272邊欄）的機場計程車
☎（024）38515151（機場）、38535353（市區）
開始的30km，4人座30萬越盾、7人座33萬越盾，之後每1km的加收費用則為4人座1萬5000越盾、7人座1萬7200越盾。

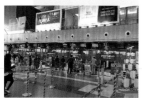
國內線報到櫃台，最晚要在出發前1小時30分抵達

如何購買火車票、搭乘方式與注意事項
　詳細的火車票購買方式、搭乘方式及注意事項，請參閱P.411的「國內交通」。
此外，也可從下列的越南鐵路網站確認火車時刻表與車資，並同時購買車票。
URLdsvn.vn

河內車站的售票處，依據目的地不同，窗口也不同

河內車站
MAP P.343-3C
120 Lê Duẩn
1900-0109（熱線）
統一鐵路專用售票處
5:00～22:00　無休
　河內B站、嘉林車站、龍邊車站的售票窗口營業時間為7:00～18:00。

河內B站
MAP P.343-3C
　位於河內車站的後方，自河內車站徒步約15分鐘的距離。也稱作陳貴合站Ga Trần Quý Cáp。

河內車站的行李寄放處
24小時
　4小時內5萬越盾、4～8小時10萬越盾，寄放24小時以上，上限金額為30萬越盾。
　是寄物櫃形式的寄放處，行李箱也放得進去。

靠在第二航廈的1樓入境大廳附近。從龍邊巴士總站（MAP P.343-1D）出發的17號巴士會停靠第一航廈（國內線）。
飯店接送巴士
　飯店有提供接送服務的話，利用這項服務是最安全且確實的，費用依各飯店不同。

從河內出發的航班
　往各地皆有越南航空（VN）、越捷航空（VJ）、越竹航空（QH）的班機。
●往胡志明市（所需時間約2小時5分）
VN：每日21～23班 VJ：每日22～24班 QH：每日9～11班
●往富國島（所需時間約2小時25分）
VN：每日4～7班 VJ：每日5～7班 QH：每日4～5班
●往芹苴（所需時間約2小時10分）
VN：每日3～4班 VJ：每日4班 QH：每日2班
●往歸仁（所需時間約1小時45分）
VN：每日2～3班 VJ：每日3班 QH：每日3班
●往邦美蜀（所需時間約1小時40分）
VN：每日1班 VJ：每日2班 QH：每日1班
●往大叻（所需時間約1小時50分）
VN：每日2～3班 VJ：每日4班 QH：每日2班
●往芽莊（所需時間約2小時）
VN：每日6～7班 VJ：每日6班 QH：每日4班
●往峴港（所要約1時間20分）
VN：每日13～16班 VJ：每日7班 QH：每日5～6班
●往順化（所需時間約1小時15分）
VN：每日2班 VJ：每日2班 QH：每日1班
●往海海（所需時間約1小時30分）　　VN：每日2班 QH：每日1班
●往奠邊府（所需時間約1小時）　　QH：每日1班

●火車之旅的起點
　河內市區的火車站除了河內車站之外，還有嘉林車站和龍邊車站等。河內車站出發的火車主要有通往胡志明市（西貢）方向、老街方向及海防方向的路線，也有通往中國北京的國際列車。
河內車站（Ga Hà Nội）MAP P.343-3C
　含河內車站以及河內車站後方面對陳貴合街Trần Quý Cáp的河內B站，部分車班從河內車站的剪票口進入，部分則從河內B站的剪票口進入。
嘉林車站（Ga Gia Lâm）MAP P.341-1D外
　開往北部城市的班次，位於市區東側、跨越紅河上的Chương Dương橋後，再往前行約2km處。從河內車站搭計程車約30分。
龍邊車站（Ga Long Biên）MAP P.344-1B
　開往海防、老街等東北部城市的班次在此發車，位於舊城區的北側，從河內車站搭計程車約15分。

從河內出發的火車
●往胡志明市（西貢）　每4班，所需時間32小時17分～，中途停靠順化、峴港、芽莊等站（→P.412）。
●往老街　每日1班，所需時間7小時55分。
●往海防　每日4班，所需時間約2小時25分～。

●巴士之旅的起點

　　在鐵路交通並不發達的越南，搭巴士是非常有效的交通方式，不只大城市一定會停靠，地方的小城市也可搭乘巴士前往。市區內依據目的地不同，共分為3個主要的巴士站。

美亭巴士總站（Bến Xe Mỹ Đình）**MAP** P.340-2A

　　位於市區西側，過了圓樂公園再往前走約2km處，座落在美亭地區。從河內車站搭計程車約40分，主要的路線是通往北部、西部的中程巴士。

●**往奠邊府**　臥鋪巴士於16:00、16:30、17:45、19:00、20:00發車共5班，每隔1小時發車，車資40萬，所需時間約10小時。

●**往老街**　5:30〜23:00間臥鋪巴士每隔1小時發車，25萬越盾，所需時間約4小時30分。

●**往高平**　6:00〜21:00間每隔1〜2小時發車，20萬越盾，所需時間約6小時。

●**往諒山Lạng Sơn**　5:00〜17:30間每隔20分發車，12萬越盾，所需時間約4小時。

●**往沙霸**　6:45〜翌日0:25間臥鋪巴士每隔1小時發車，31萬越盾，所需時間5小時〜6小時30分。

●**往Bãi Cháy（下龍灣）**　5:00〜19:00間每隔30分發車，沒有行駛高速公路的班次，行駛一般道路12萬越盾，所需時間約4小時30分。

●**往河江**　7:00〜21:30間臥鋪巴士每隔30分〜1小時30分發車，25萬越盾，所需時間7小時。

Giáp Bát巴士總站（Bến Xe Giáp Bát）**MAP** P.341-3D外

　　位於河內車站南方約5km處，主要的路線是開往中部、南部的長途巴士，亦稱為Phía Nam巴士總站。從河內車站搭計程車約20分，4萬越盾〜。

●**往胡志明市**　8:00〜20:00間5班，92萬越盾〜，所需時間34〜36小時。

●**往峴港**　13:30〜19:30間臥鋪巴士6班，35萬越盾〜，所需時間約13小時。

●**往寧平**　6:00〜18:00間每隔20分發車，9萬5000越盾，所需時間約2小時。

●**往海防（Lạc Long巴士總站）**　5:00〜17:00間每隔30分發車，12萬越盾，所需時間約2小時。

●**往諒山**　6:30〜17:00間每隔30分發車，10萬越盾，所需時間3小時30分〜4小時。

嘉林巴士總站（Bến Xe Gia Lâm）**MAP** P.341-1D外

　　位於市區東側，跨越紅河上的Chương Dương橋後，再往前走2km處，主要的路線為通往北部、東部的中程巴士。從河內車站搭計程車約30分。

●**往海防（Tam Bạc巴士總站）**　5:00〜21:00間每隔15分發車，12萬越盾〜，所需時間約2小時。

●**往Bãi Cháy（下龍灣）**　6:00〜17:30間每隔40分發車，25萬越盾〜，所需時間約4小時。

●**往老街**　於8:20、11:00、16:00、20:00發車共4班，26萬越盾〜，所需時間約5小時。

臥鋪巴士

　　從河內通往胡志明市、峴港、沙霸等地的巴士中，也有數家巴士公司推出臥鋪巴士。

開往老街的火車剪票口依火車與車票而異

　　開往老街的臥鋪火車，其中1個車廂專供飯店或旅行社使用，也有以獨自名稱售票的車廂。開往老街的一般座位與臥鋪要從河內B站的剪票口進入，不過這類車廂的臥鋪只會拿到兌換券（車票兌換券），大多數要在當天發車前到車站的指定地點兌換車票，「○○時，請在進入河內車站後右手邊的○○候車室集合」，絕大多數都要在河內車站集合，這時候就要從河內車站的剪票口進入。如果需要兌換車票，請仔細確認指定地點與時間。

從河內開往北京的國際列車

　　從嘉林車站開往北京的火車中途會停靠同登、中國的憑祥、南寧、桂林等地，每週二、五各有2班，所需時間約為40小時。

如何購買巴士車票、搭乘方式及注意事項

　　詳細的巴士車票購買方式、搭乘方式及注意事項，請參閱P.413的「國內交通」。

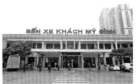
規模很大的美亭巴士總站

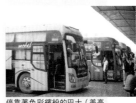
停靠著色彩繽紛的巴士（美亭巴士總站）

市區內的交通工具
計程車、摩托計程車、三輪車、路線巴士、租借自行車・摩托車等市區交通工具的詳細搭乘方法，請參閱P.415「國內交通」。

市區內的交通糾紛
有關計程車、摩托計程車、三輪車的糾紛請參閱P.429的「旅行糾紛」。

較不容易發生糾紛的計程車公司
在市區行駛的計程車當中，相對較少發生糾紛的公司為G7 Taxi、計程車集團等，上述兩者皆有叫車App。
G7 Taxi
☎（024）32323232
計程車集團（Taxi Group）
☎（024）38535353（代表號）

計程車、摩托計程車的叫車服務App
使用智慧型手機中的App「Grab」，就可以輕鬆叫到計程車、摩托計程車，還可以事先知道車資，相當方便（→P.416）。

有些道路會禁止三輪車進入
還劍湖附近的黎太祖街Lê Thái Tổ、丁先皇街Đinh Tiên Hoàng、Tràng Tiền街、黎筍街Lê Duẩn等道路，禁止三輪車進入。

三輪車的費用是？
依個人的殺價功力和路線而定，1個人單獨搭乘繞行舊市區約1小時為10萬越盾～。順道一提，作為交通工具時的計算基準是1km為5萬越盾～。

搜尋路線巴士的路線
可從下列網站確認巴士車資與行駛路線。（也可透過智慧型手機下載App）
URL busmap.vn
也有名為「Tìm Buýt」的巴士App。

市區交通

河內市區的幅員廣大，在市區內觀光必須要搭乘交通工具，在市區移動或觀光時搭乘的交通工具有計程車、摩托計程車、三輪車、路線巴士、租借自行車・摩托車等，觀光客比較方便利用的是計程車。

●計程車→P.415

有多間計程車公司，有輕型汽車、房車、休旅車等各種車型。每間公司都是跳表計價，輕型汽車的價格最便宜，雖然會依汽油價格變動，若以G7 Taxi的輕型汽車為例，開頭的0.5km為1萬2000越盾，之後20km內每1km增加1萬4500越盾。可以選擇在路邊直接招

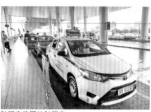
計程車集團的計程車

車，或是打電話到各計程車公司叫車，也可以用智慧型手機的App（→邊欄）在飯店等處叫車。河內市區有單行道，有些道路還會有計程車禁止通行的時段，搭乘計程車時記得先確認與目的地之間大致的地理方位。

●摩托計程車→P.417

市區各處都可以看到等著招攬客人的摩托計程車，利用上很方便，但車禍和費用的糾紛也不少，如果還是要搭的話，推薦可使用固定車資的叫車服務App（→P.417）。路邊叫的摩托計程車車資和搭計程車相差不遠，費用必須事前交涉，外國觀光客的收費水準約是1km為5萬越盾左右。司機會有多的安全帽，搭乘摩托計程車時一定要戴上。

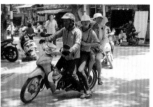
叫車服務App「Grab」的摩托計程車司機，穿著綠色制服

●三輪車→P.418

在河內與其說是移動用的交通工具，其實更常用於觀光，可以依照時間和預算搭乘三輪車在舊城區觀光。**MAP** P.347-2D內有觀光三輪車的聚集地，從這些地點開始搭乘繞行舊城區的路線相當受歡迎。

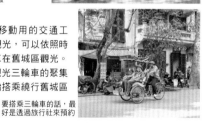
要搭乘三輪車的話，最好是透過旅行社來預約

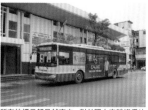
所有的標示都是越南文，對外國人來說搭乘比較困難

●路線巴士→P.416

有50條以上的路線行駛於河內市區內及郊區，依據路線不同，而有大型巴士或迷你巴士，大部分都是冷氣車，車資的部分市區內為7000越盾、9000越盾，依路線而定。行駛時間依不同路線而有些許差異，大致是5:00～21:00左右，約隔15～30分發車，但是路線和路線號碼經常變更，要特別注意。

● 租借自行車・摩托車 →P.418

有些舊城區的迷你飯店或Guest House會出借自行車或摩托車，但是由於河內市區內的交通量龐大，駕駛習慣也不好，對於不習慣當地交通狀況的外國人來說非常危險，實際上也發生過多次騎摩托車的外國人出車禍的狀況。此外，在越南騎摩托車除了駕駛技術和交通規則要注意之外，配合當地人的駕駛文化和步調也是關鍵因素，如果對越南人不夠了解的話，也可能會被撞，騎車時要十分小心。租借自行車1日5US$～・摩托車1日10～20 US$（不含油錢）。在越南騎50cc以上的摩托車一定要有駕照，而且不承認國際駕照。

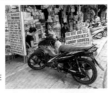

根據越南法律規定，外國人原則上不能在當地騎摩托車

● 電動車
舊城區周邊

還劍湖和主要觀光景點、受外國觀光客喜愛的街道都有觀光電動車行駛其中，出發地是Thăng Long水上木偶戲劇場前（**MAP** P.345-3C）與同春市場Chợ Đồng Xuân前（**MAP** P.344-1B）2處。有2條路線，路線1

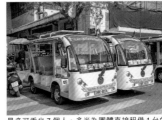

最多可乘坐7個人，多半為團體直接租借1台的模式

行走在可以直接感受舊城區喧囂的還劍湖北部的舊城區，路線2則是行走在還劍湖西側至南側較寬敞的道路上，行駛路線請參考P.344-345、P.346-347的地圖。

● 都市鐵路（河內捷運） →P.417

連接河內市區重點區域的都市鐵路於2010年動工，並於2021年11月投入營運。截至2024年8月，2A線全長約13公里，為設有12個車站的高架捷運，連接棟多郡Đống Đa的吉靈Cát Linh（**MAP** P.342-2B）到河東郡Hà Đông的安義Yên Nghĩa。首站到終點站約需24分鐘，車資8000越盾～1萬5000越盾，依距離而定。

Dongxuan Commercial Joint Stock Company
（電動車）
Dongxuan Commercial Joint Stock Company
☎(024)39290509、093-6624566（手機）
運行時間 8:00～21:00（週五～日～17:00）
休 無休
費 2條路線高速行駛的所需時間約30分，1輛車24萬5000越盾；慢速行駛的所需時間約60分，36萬越盾。最多可乘坐7人。

❖ Column

河內36古街 （→P.288）

越南的文學作品中，有許多是以河內為舞台，甚至以河內為書名，在這些作品中出現的河內並不單純是越南的首都，而是帶有每一位作者對這座城市的特殊情感。深愛河內的作家之一Thạch Lam（1910～1942），辭世前的最後一部作品《河內36街》描寫的就是河內舊城區，他用纖細的筆觸描寫舊城區內的風光文物、人物與食物，對河內極盡讚美。

然而，現在的河內擁有無數條道路，從寬廣有如林蔭大道者，小至只有十數米的小徑，而Thạch Lam所撰寫的《河內36街》指的是河內市中心還劍湖北邊的道路，這一帶過去是首都「昇龍」所在地。河內的範圍隨著悠久的歷史不斷擴張，新開發地區的道路大多以奠邊府Điện Biên Phủ或阮鷹

Nguyễn Trãi等歷史上的事件或民族英雄為名。相反地，位於昇龍所在區域的「河內36古街」大多則是以當時當地興盛的小型工商業為名，例如還劍湖往北第4條東西向的道路稱為Hàng Bạc街，「Hàng Bạc」的「Hàng」是商品、「Bạc」則是銀的意思，所以Hàng Bạc街就是銀街，這是由於從前這條路上有很多從事與銀器鍛造冶煉、防身用具、貨幣交易所等相關職業的緣故。此外，這條路似乎也是屬於在古代昇龍時期，相對較早發展商業因而繁榮的地區。

像這樣的例子多得不勝枚舉，這個地區的路名每一條都有其歷史淵源。

（加藤榮）

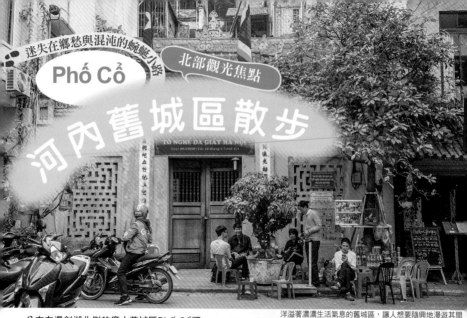

Phố Cổ

迷失在鄉愁與混沌的蜿蜒小路

河內舊城區散步

洋溢著濃濃生活氣息的舊城區，讓人想要隨興地漫遊其間

分布在還劍湖北側的廣大舊城區Phố Cổ瀰漫著傳統商業區風情，而被稱為「河內36古街」（→P.289 Column）的那一區從遷都河內的時代（11～19世紀）起就是繁榮的商業區，其機能與型態傳承至今。每條街都有相同類型的職人工作坊與店家齊聚，轉一個彎就能遇見新的風景，漫長的歲月培育出的文化與生活氣息，在瞬間就能帶領遊客走進不同的世界。

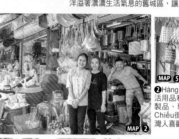

❷Hàng Khoai街上林立著塑膠生活用品和廚房用品的店家 ❺製品、環保袋店家林立的Hàng Chiếu街，仔細尋找還可找到台灣人喜歡的設計

`MAP 2`

發現了金魚造型的木製模型

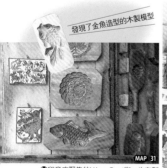

`MAP 31`

❸印章店聚集的Hàng Quạt街，也有製作月餅木製模型的店家

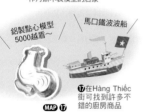

鋁製點心模型 5000越盾～

馬口鐵波波船

❼在Hàng Thiếc街可找到許多不錯的廚房商品

`MAP 17`

舊時的木鼓

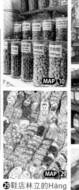

`MAP 10`

`MAP 11`

`MAP 29`

❷鞋店林立的Hàng Dầu街，還可以訂製木涼鞋（20萬越盾～）
❷Hàng Bạc街，「Bạc」是銀的意思，街上銀店林立

`MAP 21`

`MAP 9`

❿Hoàng Dương街有許多水果乾Mứt專賣店 ⓫Hàng Cân街48號的住家是胡志明起草獨立宣言的地點，現在已成為紀念館（`MAP`P.344-2B） ㉑一整排中藥店的懶翁街 ❾點心批發商櫛比鱗次的Hàng Giầy街

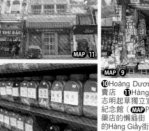

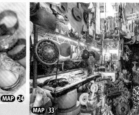

`MAP 24`

`MAP 33`

❸在Hàng Nón街可看到越南製造的珍貴樂器，不妨詢問使用方法嘗試看看

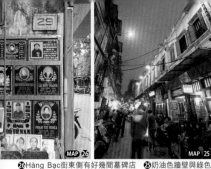
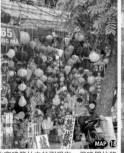
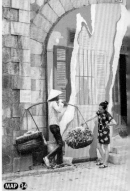

MAP 26 **MAP 25** **MAP 18** **MAP 34**

㉖Hàng Bạc街東側有好幾間墓碑店 ㉕奶油色牆壁與綠色木窗建築林立的謝現街，傍晚開始路
上會擺置桌椅，搖身一變成為酒館街 ⑱販售陪葬品、祭祀用面具等商品的店家林立，中國色彩
濃厚的Hàng Mã街 ㉞馮興街的高架拱門處被稱為「壁畫街」，上面描繪著河內標誌和懷舊風景
（**MAP** P.344-1A）

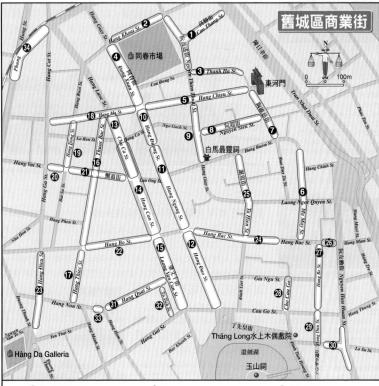

舊城區商業街

❶蔬果、乾貨等的露天市場 阮善述街（Nguyen Thien Thuat St.）、 高勝街（Cao Thang St.）	⓬時鐘 （Hang Dao St.）	㉔銀製品、紀念品 （Hang Bac St.）
❷生活雜貨的露天市場 （Hang Khoai St.）	⓭玩具 （Cha Ca St.）	㉕酒館街 謝現街（Ta Hien St.）
❸肉類、海鮮的露天市場 （Thanh Ha St.）	⓮衣物、文具 （Cha Ca St.）、（Hang Can St.）	㉖墓碑 （Hang Bac St.）
❹寢具、衣物 同春市場（Dong Xuan St.）	⓯玩具、越式旗袍、肉包 梁文干街（Luong Van Can St.）	㉗紀念品 （Hang Be St.）
❺燈心草、藤編籃子 （Hang Chieu St.）	⓰金屬製品 （Thuoc Bac St.）	㉘蔬果、肉類、乾貨等的露天市場 （Cho Cau Go）
❻紀念品 （Ma May St.）	⓱鐵皮製品、廚房用具 （Hang Thiec St.）	㉙鞋子、涼鞋 （Hang Dau St.）、（Cau Go St.）
❼小麥粉、果汁批發 陶維慈街（Dao Duy Tu St.）	⓲祭祀用紙製品 （Hang Ma St.）	㉚越南河粉店、食堂 （Lo Su St.）、
❽菸酒批發 阮超街（Nguyen Sieu St.）	⓳金屬製品、鑄鏡店 （Hang Dong St.）	（Nguyen Huu Huan St.）
❾點心批發 （Hang Giay St.）	⓴竹製品 （Hang Vai St.）	㉛儀式、祭祀用品、印章 （Hang Quat St.）
❿水果乾 （Hang Duong St.）	㉑中藥行 懷翁街（Lan Ong St.）	㉜果汁、甘栗、現切水果 （To Tich St.）
⓫衣物 （Hang Duong St.）、 （Hang Ngang St.）	㉒裁縫道具 （Hang Bo St.）	㉝樂器 （Hang Non St.）
	㉓茶、寢具 （Hang Dieu St.）	㉞壁畫街 馮興街（Phung Hung St.）

289

舊城區的街道保存

2011年時，舊城區謝現街Tạ Hiện（→P.305）上的民宅進行了外牆重新粉刷的工程，他們將外牆漆成奶油色、木製窗框漆成綠色，這是河內與法國的姊妹市土魯斯Toulouse共同推動「舊城區的保存與整建活動」的成果。這項活動後續仍持續進行，以中藥路聞名的懶翁街Lãn Ông（MAP P.344-2B）也預定將進行整修。

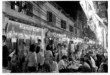

餐飲店林立的謝現街

推薦可小憩一番的復古咖啡館

Cafe Dinh
MAP P.345-3C
住 2F,13 Đinh Tiên Hoàng
☎（024）38242960
營 7:00～22:00　休 無休
Card 不可　預約 不需預約

走上老舊的公寓樓梯，眼前是時光彷彿停留在1987年開幕時的空間，目光不自覺地就會被吸引。不妨混入當地人當中，悠哉地品嘗越南咖啡（2萬越盾～）。

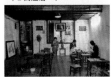

可俯瞰還劍湖的露天座位是特等席

還劍湖邊的行人徒步區

MAP P.347-1C、2C
每週五19:00～週日24:00之間，還劍湖的外圍道路會成為行人徒步區，成為行人徒步區的為以下街道。

丁先皇街、黎石街Lê Thạch街、Đinh Lễ街、阮熾街Nguyễn Xí、Trang Tien街、Hàng Khay街、黎太祖街、Lò Sũ街、Hàng Dầu街、東京義塾廣場Quảng Trường Đông Kinh Nghĩa Thục、陳元罕街、梁文干街、Phố Bảo Khánh街、Tràng Thi街、Hàng Hòm街。

布市場

Hôm市場
Chợ Hôm　Hom Market
MAP P.349-1C
在紛紛興建購物中心的河內市場中，這座市場仍保留著良好的舊式市場氣氛，1樓販售生鮮食品和服飾，2樓則是販售布料，這裡因布料種類齊全而聞名。

漫遊　　Orientation

河內是一個由市中心向東西南北各延伸6～7km的大都市，市內的各個區域有著不一樣的味道，風格迥異，在此介紹河內市內的各區域，可依照旅遊型態和目的選擇想要拜訪的區域。

適合開心漫步的舊城區　　MAP P.344～345

舊城區指的是位於還劍湖Hồ Hoàn Kiếm北側，被稱作「河內36古街」（→P.287、288）的地區，這個地區自11世紀李朝首都昇龍建都於此以來，就是作為產業中心的繁華地帶。這一帶被指定為文化保存區域，沒有政府許可不能任意改建，因此形成了一條條紀念品街、點心街、服飾街、金屬製品街等，獨特風格的巷弄交錯縱橫，以及一排排的古老民家，令人不小心就忘了時間，只想隨性地一直逛下去。舊城區內有許多迷你飯店、咖啡店、旅遊辦事處，也是河內最多外國觀光客聚集的地方。

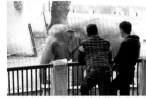
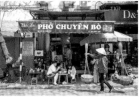

左／隨處都可以看到散發復古歷史氛圍的建築和住宅，這副景象也很有舊城區的特色　右／在路邊擺設桌椅營業的麵攤和咖啡館

對旅行者而言很便利的還劍湖周邊　　MAP P.346～347

以還劍湖為中心，四周的區域是對旅行者而言相當便利的鬧區。湖的周圍有步道，週末的行人徒步區（→邊欄）一整天都擠滿了人潮；湖的南側一帶有許多飯店、餐廳、旅行社、航空公司等聚集，也可以看到法國殖民時期所遺留下來的建築物，對旅行者而言最重要的一條路Tràng Tiền街也位在這裡，從湖的南端延伸至歌劇院，兩側林立著藝廊、書店、精品店與咖啡店。

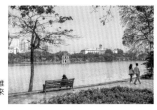

綠意盎然的還劍湖散步道，推薦早晨、傍晚天氣涼爽時前來走走

還劍湖南部、Hôm市場周邊　　MAP P.348～349

位於市區南側，Hôm市場周邊一帶的區域，有許多可以感受到當地人生活氣息的狹窄巷弄，這一帶以在地餐廳和咖啡館聚集聞名，其中也有不少有名的店家。此外，趙越王街Triệu Việt Vương周邊有很多日式料理店，每間店內都擠滿了在此連住多日的日本人與越南人們。

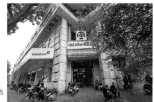

被稱為「布市場」的Hôm市場2樓布料賣場

有許多景點的胡志明陵寢周邊

MAP P.343-2C

　　舊城區的西側是博物館、寺廟聚集的觀光地區。進入到從鐵道西側開向西延伸的阮太學街Nguyễn Thái Học後，生活氣息漸次薄弱，眼前也開始出現大使館和政府單位的建築物，城市景觀轉為充滿行政機構的氣息。黃耀街Hoàng Diệu的東側是昇龍皇城（舊河內城遺跡）（→P.294），越南王朝時代的城牆與城門讓人感受到歷史的氛圍，再沿著奠邊府街Điện Biên Phủ
往北走，就可以到達巴亭廣場。巴亭廣場內有胡志明陵寢，加上周邊的觀光景點集中，是外國遊客必到之處；廣場北邊是綠意盎然的百草公園，一路延伸到西湖等自然景觀豐富的地區。

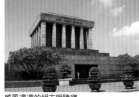
威風凜凜的胡志明陵寢

多數歐美人居住的西湖北測

MAP 下圖

　　西湖北測、春耀街Xuân Diệu周邊環境寧靜且景觀絕佳，是多數歐美人居住的地區，也因此有多間當地居民聚集的隱密酒吧、咖啡館、SPA，再加上近年來市區的房價高漲，在這周開幕的餐廳也愈來愈多。雖然有高級飯店，但因為景點不多，

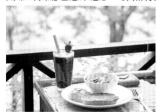
面對西湖的Quan An街上有許多設有露天座位的咖啡館和餐廳

所以這一帶並非是觀光區，儘管如此還是有許多餐廳值得注意。順帶一提，除了在餐廳頁面（→P.316）介紹的店家之外，牛排館「El Gaucho」、咖啡館「Maison de Tet Decor」等也相當有人氣。

郊外的Mega Mall值得矚目

Vincom Mega Mall Times City
MAP P.341-3D外
🏠458 Minh Khai, Q. Hai Bà Trưng　☎（024）32002101
　　擁有越南最大的水族館，宛如走在水中隧道般的海中隧道相當受歡迎，此外還有「Vinmec International Hospital」（→P.311）。
Vincom Mega Mall Royal City
MAP P.341-3C
🏠72A Nguyễn Trãi, Q. Thanh Xuân　☎（024）39743550
　　越南最大的購物中心，設有餐廳區、電影院、東南亞最大的溜冰場、越南最大的室內泳池等，其寬闊程度為東南亞之冠。

金氏世界紀錄認證，世界最大的陶瓷馬賽克壁畫
MAP P.343-1D
　　河內市內的陶瓷馬賽克壁畫在獲得金氏世界紀錄認證為世界最大的壁畫，這座壁畫是2010年為了紀念昇龍（河內古名）建都1000年，集結海內外的藝術家共同進行創作，以長約4km的長度而自豪。壁畫所在位置從河內市區東北方的Âu Cơ街開始，往南至Yên Phụ街、Trần Quang Khải街，接著延伸到龍邊橋。

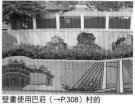
壁畫使用巴莊（→P.308）村的陶器

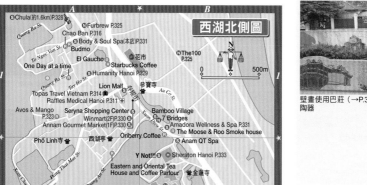

西湖北側圖

Ⓒ Chula(約1.6km)P.328
Ⓡ Furbrew P.325
Ⓡ Chao Ban P.316
Ⓢ Body & Soul Spa(本店)P.331
花市
Budmo
Ⓡ The100 P.325
Ⓡ El Gaucho
One Day at a time
Ⓒ Starbucks Coffee
Ⓡ Humanity Hanoi P.329
Ⓡ Lion Mall
參寶寺
Topas Travel Vietnam P.314
Raffles Medical Hanoi P.311
Avos & Mango
Ⓢ Seryna Shopping Center
Ⓢ Bamboo Village
Ⓡ 7 Bridges
Ⓢ Amadora Wellness & Spa P.331
Ⓡ The Moose & Roo Smoke house
Ⓢ Winmart(2F)P.330
Ⓢ Annam Gourmet Market(1F)P.330
Ⓡ Oriberry Coffee
Phở Linh寺
西湖亭
Ⓢ Anam QT Spa
Y Not!!! Ⓗ Sheraton Hanoi P.333
Eastern and Oriental Tea House and Coffee Parlour
金蓮寺
西湖蝦餅Bánh Tôm Hồ Tây、鱧魚、田螺料理聚集林立
Ⓗ InterContinental Hanoi Westlake P.332
Ⓡ Pepe La Poule P.322
Ⓗ Thang Loi
Thiền Quang寺
西湖府P.302
西湖

Hanoi Club Ⓗ

500m

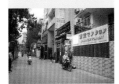

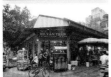

上／Linh Lang街上到處可以看到日文招牌　下／充滿在地氣氛的Linh Lang市場

藥局
Hapharco
MAP P.347-2C
住 2 Hàng Bài
☎ (024) 39387275
營 7:30～21:00　休無休
Card 不可
河內的藥局會把已經過期的藥品依舊擺在架上銷售，以下是受到長居當地外國人信賴的藥局。

日式料理店林立的Kim Mã街、Linh Lang街周邊

MAP P.342-2A

　　市區西側的Kim Mã街周邊，有許多長居當地的外國人居住的公寓，而且日本大使館也設立在此，所以有許多日本人居住在這一帶，也因此日式料理店眾多，尤其集中於Kim Mã街與Nguyễn Chí Thanh街交會處的西側一帶、圖樂公園北側的Linh Lang街，拉麵、定食、居酒屋、燒肉、海鮮等選擇豐富，店鋪數現在也持續增加當中。如果吃膩當地食物，不妨來這裡吃吃口味熟悉的日本食物。

最新的購物景點，河內大教堂周邊

MAP 左圖

　　為了追趕、超越胡志明市，河內也有愈來愈多時尚的餐廳與越南雜貨店。河內與胡志明市不同，有很多古建築，在這些古建築改建的商店內購物，別有一番樂趣，其中最值得注意的是河內大教堂（→P.300）周邊。教堂前方的Nhà Thơ街、李國師路Lý Quốc Sư、Nhà Chung街、Hàng Trống街、Hàng Gai街，這十幾年來已經搖身一變，成為紀念品店林立的時尚區域，除了有餐廳及咖啡店之外，也有愈來愈多販售原創商品的紀念品店，每家店獨特的風格吸引著外國觀光客的目光。此外，充滿越南風情的趣味小物紀念品店也逐漸增加，即使對購物沒興趣的人，只要走在這一帶，一定能一窺河內趣味的一面。

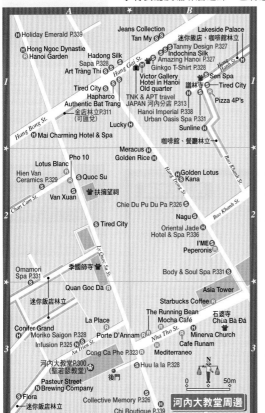

河內大教堂周邊

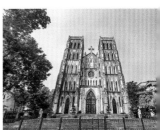

河內大教堂的外牆在2021年重新粉刷

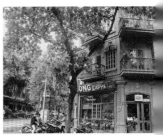

Nhà Thơ街上的人氣咖啡館「Cong Ca Phe」（→P.323）

景點 / Sightseeing

★★ 越南建國之父胡志明長眠之處
胡志明陵寢
Lăng Chủ Tịch Hồ Chí Minh — Ho Chi Minh Mausoleum

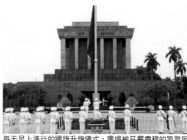
每天早上進行的國旗升旗儀式，廣場被莊嚴肅穆的氣氛所包圍

這座胡志明陵寢完工於1975年9月2日，也就是越南國慶日，全部採用大理石建造的廟宇是以蓮花為造型，裡頭安置了裝有越南民族英雄胡志明遺體的玻璃櫃，每天都有來自越南各地的人民到此參拜，尤其在胡志明逝世的9月2日（1969年），參拜人潮更是絡繹不絕。胡志明陵寢前方的巴亭廣場Quảng Trường Ba Đình，是1945年9月2日胡志明宣讀越南民主共和國獨立宣言的地方，也因此相當出名。陵寢的左右兩側立著大大的「Nước Cộng Hòa Xã Hội Chủ Nghĩa Việt Nam Muôn Năm！越南社會主義國萬歲！」「Chủ Tịch Hồ Chí Minh Vĩ Đại Sống Mãi Trong Sự Nghiệp Của Chúng Ta！偉大的胡志明主席，永遠活在我們心中！」標語。

胡志明陵寢在晚上22:00左右會點燈，非常美麗，巴亭廣場上也會聚集許多乘涼與欣賞胡志明陵寢點燈美景的人們。順道一提，廣場上的升旗台每天早晚都會有身穿純白制服的衛兵在此進行國旗升降旗典禮，早上升旗時間是6:00（冬季為6:30），晚上降旗時間為21:00，亦開放一般遊客參觀。

★★ 簡樸、親民的作風引人追念
胡志明故居（胡叔叔之家）
Nhà Sàn Bác Hồ Chí Minh — Ho Chi Minh's Stilt House

進入胡志明故居的腹地後，首先會看到右手邊有一棟奶油色的西式建築，這是當時的總統府，胡志明從1954年到過世時的1969年都在此辦公，很可惜並未開放參觀；順著道路往下走，接下來在左手邊看到一棟平房，左手邊的汽車是胡志明當年的座車，右手邊是1954年到1958年他所使用的書房，牆壁上還掛著馬克思和列寧的肖像。沿著左手邊的池子繼續向前走，就會看到胡志明到1969年過世前所居住的房子，雖然不能夠進到室內參觀，但從外面的走廊站著向裡頭窺探，可清楚看到書房及臥房內的小木頭桌、簡單的床鋪、他喜愛的書籍與時鐘等物品，可參觀到保留其生前原樣的景象。

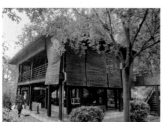
1985年時建造的木造高腳屋住家

城市導覽 北部 河內Hà Nội 漫遊／景點

胡志明陵寢
17 Ngọc Hà, Q. Ba Đình（入口為19 Ngọc Hà）
☎ (024) 38455128
4/1～10/31：7:30～10:30（週六・日、節日～11:00）、11/1～3/31：8:00～11:00（週六・日、節日～11:30）
休 週一・五、整修時休館，每年6月15～8月15休館，週一・五若遇到元旦、農曆新年的1月1日、國慶日、胡志明誕辰的5月19日則會開館
料 2萬5000越盾

入口位在胡志明陵寢西側的Ngọc Hà街上，隨身包包及相機等寄放在入口旁的寄物處後會拿到號碼牌，參觀完畢後就可以回來用號碼牌領取寄放的行李。如果旅遊行程的導遊有事先取得參觀預定申請許可書的話，就可以優先從陵寢南側的入口進場。每天只開放1個梯次參觀，因此要排成一列後入場。等候時間可能長達1～2小時，最好一開門就進入參觀。

如欲入內參觀，禁止穿著短褲、無袖上衣、膝上短裙及配戴太陽眼鏡，內部也禁止交談、駐足停留及攝影。

參觀內部時，幾乎是半強迫地必須參觀「胡志明故居」，不想參觀的話也可以直接脫離人潮離開。此外，只有胡志明陵寢內禁止攝影，之後則無攝影的限制。

胡志明故居（胡叔叔之家）
1 Hoàng Hoa Thám, Q. Ba Đình（入口為19 Ngọc Hà）
☎ 0804-4287（熱線）
4/1～10/31：7:30～11:00、13:30～16:00、11/1～3/31：8:00～11:00、13:30～16:00
休 週一五下午 料 4萬越盾

進入腹地前隨身行李需進行X光掃描檢查，注意不可攜帶打火機。

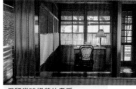
保留當時樣貌的書房

百草公園（植物園）
Công Viên Bách Thảo — Botanical Gardens
MAP P.342-2B
5:00～22:00 休 無休
料 5000越盾

位於「胡志明故居」西北側一帶的廣大公園，園內種植了各式各樣的植物，是綠意盎然的美麗公園。

293

胡志明博物館

19 Ngọc Hà, Q. Ba Đình
☎ (024) 38455435
⏰ 8:00～11:30
休 週一‧五　💰 4 萬越盾
　有免費的英文簡介手冊，禁止拍照攝影，進入腹地內隨身行李需進行X光掃描檢查，不可攜帶打火機。

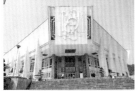

融入當代藝術的展覽方式讓人想起美術館。

一柱廟

⏰ 24小時　休 無休
💰 免費
　進入腹地內隨身行李需進行X光掃描檢查，注意不可攜帶打火機。

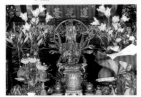

「蓮花台」的匾額下鎮座著一尊8手黃金觀音像

昇龍皇城遺跡

9 Hoàng Diệu, Q. Ba Đình
☎ (024) 37345427
⏰ 8:00～17:00　休 無休
💰 7 萬越盾、15歲以下免費
　門票只在位於Hoàng Diệu街南側的入口販售（**MAP** P.343-2C），這裡有重現當時河內街道的拍照點，也提供租借越式旗袍或宮廷服裝（30分鐘15萬越盾）。前往正北門時一定要先走出皇城外，進入正北門時也需要門票。

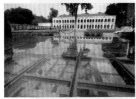

遺址設有資料館，館內展出挖掘現場的展示以及從遺跡內出土的遺物

★ 蓮花造型的大型博物館　　　**MAP** P.342-2B
胡志明博物館
Bảo Tàng Hồ Chí Minh　　　Ho Chi Minh Museum

　位在胡志明陵寢旁的白色壯觀建築物，就是在1990年 5 月19日胡志明100週年冥誕時，為紀念他所建立的博物館，建造時獲得舊蘇聯的援助，由列寧博物館的專家負責設計與內部裝設，將內部打造著嶄新又充滿藝術感。裡頭展示了包括胡志明出生故居的模型、他的愛用品、書簡等，讓人可以輕易了解他一步步邁向革命的路程。

★ 5000越盾上印製的知名地點　　　**MAP** P.343-2C
一柱廟
Chùa Một Cột　　　One Pillar Pagoda

　這是李朝太宗Lý Thái Tông在1049年所創建的延祐寺Diên Hựu Tự內的一座樓閣，由於將佛堂建造在一根柱子上的奇特外型，而獲得了一柱廟的稱號。相傳太宗因為夢見了坐在蓮花上、手上抱著小孩的觀音菩薩後不久，便有了子嗣，為了感念

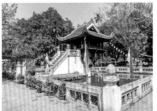

夢中的觀音，便以蓮花的形狀蓋了這座寺。這座佛寺規模雖小，但卻是越南具有代表性的古剎，屹立在蓮花池上的優雅姿態，是河內的著名地標之一。

正殿內供奉著一小尊佛像，據說對於祈求懷孕相當靈驗

★ 1010 ～ 1804年間的首都所在地　　　**MAP** P.343-2C
世界遺產 昇龍皇城遺跡（舊河內城遺跡）
Di Tích Hoàng Thành Thăng Long　　　Imperial Citadel of Thang Long

　在舊城區的西側、巴亭廣場的東側，這裡就是11～19世紀興盛的越南王朝城址所在。近年來，這塊區域被劃為軍事管轄地區，禁止一般人入內參觀，但是自2005年起，一部分已完成考察的昇龍皇城已經開始對外開放。如果時間允許的話，非常推薦遊客到此參觀，親身感受當年曾經繁華一時的首都昇龍的遺韻。昇龍皇城在2010年被聯合國教科文組織登錄為世界遺產，是越南的第 6 個世界遺產。

　截至2024年 8 月，雖然遺跡內的各個景點已經都對外開放，但是偶爾會因為需要再次調查、挖掘而禁止民眾進入的狀況，拜訪前記得事先向旅行社確認。

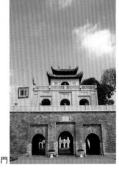

威風凜凜的端門

🌿 端門　　　**MAP** P.343-2C
Đoan Môn　　　Doan Gate

　第一道城郭的正門，樓閣上方的視野很好，緊鄰著後方的是挖掘調查遺跡，現場的部分區域可以看到地底深處堆積著好幾層的紅磚。

敬天殿
Điện Kính Thiên
MAP P.343-2C
Kinh Thien Palace

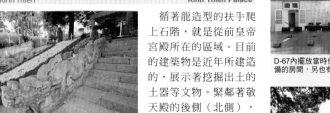

龍梯分為兩層，上層為皇帝衛門，下層為官員衛門

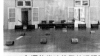

D-67內擺放當時使用的通訊設備的房間，另也有作戰會議室

循著龍造型的扶手爬上石階，就是從前皇帝宮殿所在的區域。目前的建築物是近年所建造的，展示著挖掘出土的土器等文物。緊鄰著敬天殿的後側（北側），留有法國殖民時期法國軍隊與後來的北越軍隊作為作戰司令部之用的建築（淡綠色建築），地下約10m處的「D-67」地下室，目前也開放參觀。這座作戰司令部在舊蘇聯的援助下建造而成，據說是可以不受原子彈爆炸破壞的設計，由此可看出他們徹底抗戰的決心。據說這裡的地下道可以通往約17km外的河東郡Quận Hà Đông，不過地下道並沒有對外開放。此外，緊鄰端門後面的建築西側還設有地下室，這裡則有對外開放。貼在牆上的手繪地圖上，設有美軍基地的日本沖繩也被畫上了記號，可看出越戰時日本與越南的微妙關係。

後樓
Hậu Lâu
MAP P.343-2C
Ladies' Pavilion

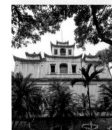

後樓是一座小巧的樸素建築

建於敬天殿的樓閣，主要為皇帝身邊的侍衛所用，可利用裡頭的階梯上樓。

正北門
Bắc Môn
MAP P.343-2C
Northern Gate

建於1805年，為第二城郭現存唯一的一道門，城門上方供奉過去對抗法國軍隊的英雄黃耀Hoàng Diệu和阮知方Nguyễn Tri Phương，城門正面左上方與左下方還留有1882年被停靠在紅河的法國艦艇所發射的砲彈轟炸的痕跡。

旗塔
Cột Cờ Hà Nội
MAP P.343-2C
Flag Tower

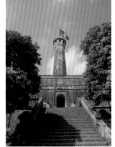

由旗塔上方的展望室眺望博物館中庭及端門的景色相當美麗，旗塔晚上也會點燈，非常漂亮

位於越南軍事歷史博物館（→P.296）內的旗塔也是屬於世界遺產的一部分，這座由紅磚打造的八角形旗塔，是1812年嘉隆帝耗時8年所打造而成的監視塔，如果包含下方的三層正方形底座，總高度約33m，內部有螺旋狀的階梯，可以爬到上面的展望室，可從這裡眺望端門正面。只參觀旗塔的話不需要門票。

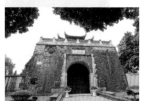

正北門的外觀隨時開放參觀，左上與左下的洞是砲彈的遺跡

皇城18號遺跡
Khu Khảo Cổ 18 Hoàng Diệu
MAP P.343-2C
Archeological site at 18 Hoang Dieu

2002年由於國會大樓的搬遷計畫，調查這塊區域時所發現的，當時發現這裡還遺留著從8世紀以來，各個時代的樑柱基礎或地基、水井等，其中主要以李朝（1010年～）和陳朝（1225年～）的文物為大宗，除了有以漢文書寫年號及名字的磚頭、磁磚外，也混有寫著暹羅文字的磚頭，除此之外，還有不同時代的中國的陶瓷、日本的有田燒、伊萬里燒等陶瓷器出土，可見當時越南王朝與其他文化之間交流的頻繁程度。

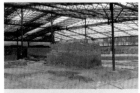

由於各王朝的建築物均為木造，完全無法保留下來（皇城18號遺跡）

越南軍事歷史博物館

越南軍事歷史博物館
📍28A Điện Biên Phủ
☎（024）38234264
🕐8:00～11:30、13:00～16:30
🚫週一・五
💰4萬越盾、7歲～大學生2萬越盾、6歲以下免費（攜帶照相機入內3萬越盾）
　　博物館腹地內設有旗塔（→P.295），只參觀旗塔的話可免費入場。

右／西貢被攻陷時衝進總統官邸的蘇聯製T54B型843號戰車
下／曾為越南英雄范遵Phạm Tuân愛機的國寶米格戰鬥機，他也因曾當過太空人而出名

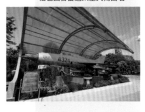

文廟
📍58 Quốc Tử Giám, Q. Đống Đa
☎（024）38452917
🕐8:00～17:30
🚫無休　💰3萬越盾、學生1萬5000越盾、15歲以下免費
　　入口位於國子監街Quốc Tử Giám一側，有免費英文導覽App（Van Mieu Audio Guide），語音導覽5萬越盾。

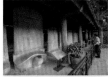

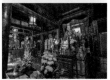

上／刻印著科舉考試合格者的石碑與烏龜像，禁止觸碰
下／祭祀於本殿的孔子

越南美術博物館
📍66 Nguyễn Thái Học, Q. Đống Đa
☎（024）38233084
🕐8:30～17:00　🚫週一
💰4萬越盾、6～15歲1萬越盾、5歲以下免費
　　提供作品資料簡介的導覽App（i Museum VFA）5萬越盾。

★☆ 介紹越南軍隊歷史的博物館　　　　MAP P.343-2C

越南軍事歷史博物館
Bảo Tàng Lịch Sử Quân Sự Việt Nam　　Military History Museum of Vietnam

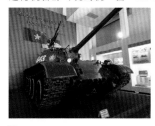

　　這座博物館內關於越戰當時北越軍、美軍所使用的輕兵器、戰鬥機等展示相當豐富，尤其是1975年4月30日攻陷西貢時衝進總統官邸（現為統一宮→P.74）的T54B型843號戰車，以及展示於博物館入口右側的21型5121號戰鬥機，更是訴說越南歷史的珍貴遺物，並於2012年認定為國寶。在2015年時，展示於博物館入口左側的米格21型4324號戰鬥機與「胡志明決心戰役地圖」也被認定為國寶。

★☆ 祭祀「學問之神」孔子的寺廟　　　MAP P.343-2C

文廟
Văn Miếu　　　　　　　　　　　　Temple of Literature

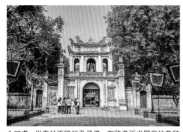

　　1070年為祭祀孔子所蓋的廟宇，又稱為孔廟。1076年，這裡開設了越南第一所大學，至1779年為止約700個年頭，孕育了許多的學者與政治家。用來作為大學設施之一的奎文閣興建於19世紀的阮朝時代，也是河內最具代表性的地標之一。

入口處，供奉於正殿的孔子像，有許多祈求學業的參拜人潮

　　穿過奎文閣後，可看見前方彷彿被池子圍繞的82座石碑，石碑全都放在一隻隻表情不同的烏龜背上，上頭刻著1442～1779年間科舉考試（3年1次的文官祿用考試，越南自李朝開始採行這項制度）1304位錄取者的名字。這82座石碑於2011年登錄為「世界記憶遺產」（→頁尾附註）。

★☆ 收藏多達6000件的美術作品　　　　MAP P.343-2C

越南美術博物館
Bảo Tàng Mỹ Thuật Việt Nam　　Vietnam Fine Arts Museum

　　除了近代美術之外，亦收藏有文化意義的藝術品，這座博物館以廣義的角度看待藝術並選擇館藏的美術作品、資料。建築物分為2棟，前棟的1樓是以青銅器為主的考古學、佛教相關的文物；2樓、3樓則是以繪畫為主的近代美術品。本館左側的建築物，地下樓層是陶器、2樓展示東胡版畫（→P.453）與地獄繪圖、住在越南中部高原的嘉萊族製作的木雕像等，3樓則展示少數民族的服飾與生活用具。

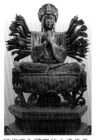

被指定為國寶的木造千手觀音菩薩像

「世界記憶遺產」是聯合國教科文組織主辦的遺產保護事業的一項，用以補足以不動產為對象的「世界遺產」不足之處的文化財產保護事業，也稱為「世界紀錄遺產」。另↗

★ 河內居民的休憩場所

還劍湖

Hồ Hoàn Kiếm

Hoan Kiem Lake

位在河內市中心的寧靜湖泊還劍湖（還劍的意思請參閱→下述的傳說），又名劍湖，綠意盎然的湖畔成為人們的休憩場所。這座湖泊可能是從前受到紅河侵蝕所形成的牛軛湖，16世紀時因為被切割為2座湖泊而有左望湖之名（另一邊的右望湖目前已不存在）。每週五19:00～週日24:00間湖泊周邊會成為行人徒步區（→P.290邊欄），氣氛更加熱鬧。

還劍湖的傳說

1428年黎朝的開國者黎利Lê Lợi（黎太祖Lê Thái Tổ）利用湖中棲息的烏龜所賜予的寶劍，成功擊退明軍，讓越南脫離了中國的統治。就在一切趨於平靜之後，烏龜又再度現身，並表示希望黎利將寶劍歸還，因此黎利便將寶劍歸還至湖中的小島。據說目前湖的南邊那座小巧的龜塔所在地，正是當年烏龜要求黎利歸還寶劍的地點。

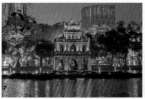
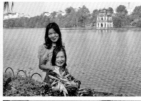
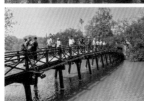
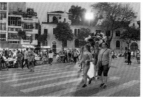

還劍湖的大烏龜

2016年1月時，確認棲息於還劍湖的最後1隻大烏龜死亡。這種烏龜稱作斑鱉，是生活在中國南部至越南北部一帶的大型淡水龜，身長約1.8m，與玉山祠內的標本幾乎一樣大小。

斑鱉除了在還劍湖裡曾有1隻外，只剩下中國動物園裡的2隻，學者認為野生的斑鱉已經絕跡，但是自從2008年，美國的研究小組在越南北部的湖泊中發現了野生的斑鱉之後，這件事情又再次受到世人的關注。

自古以來越南人就視烏龜為神聖的動物，據說烏龜出現就代表吉兆。

左上／河內象徵之一的龜塔，在入夜後會點燈　右上／湖泊周邊是人氣攝影地點，吸引許多人與當季盛開的花朵合照　左下／搭建在湖上的棲旭橋　右下／週末成為行人徒步區，除了伴手禮攤販外，還會有舞蹈家現身

★ 漂浮於還劍湖上的歷史悠久祠堂

玉山祠

Đền Ngọc Sơn

Ngoc Son Temple

位於還劍湖上的玉山島，祠本身的歷史可以回溯到13世紀的陳朝時代，現在的建築物最初建於1865年，之後又再度重建。入口的柱子上有知名的儒學家阮文超Nguyễn Văn Siêu所題的兩個字，分別是意味著幸福的「福」和意味著豐饒的「祿」；接著自岸邊越過大紅色的棲旭橋Cầu Thê Húc（意為朝陽所照射的橋），就可以抵達正殿（得月樓），正殿內供奉的是文、武、醫三聖人，繼續往前走，裡頭還祭祀著13世紀擊退元朝的英雄陳興道Trần Hưng Đạo。隔壁房間擺放著一隻長約2m的巨大烏龜標本，這是1968年在此湖中捕獲的烏龜，當時還因為傳言這是還劍傳說裡頭的烏龜而蔚為話題。

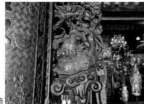
可以看見以還劍傳說為範本打造的裝飾

＼外還有非物質文化遺產」，以上3者也並稱為「三大遺產事業」。

玉山祠

🏠 Đinh Tiên Hoàng
☎ (024)38255289
🕐 7:00～18:00　休 無休
💰 3萬越盾、學生1萬5000越盾、15歲以下免費

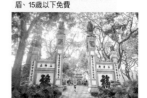
玉山祠的入口

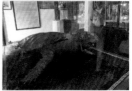
鎮守寺廟的傳說中（？）的巨大烏龜標本

水上木偶戲
Múa Rối Nước　　　　　　　　　　　　　　Water Puppetry

水上木偶戲
Th ng Long水上木偶戲劇場
Nhà Hát Múa Rối Thăng Long
Thang Long Water Puppet
Theatre
MAP P.345-3C
住 57B Đinh Tiên Hoàng
☎ (024) 38249494
URL thanglongwaterpuppet.com
時 每日5次公演，開始時間為
15:00、16:10、17:20、18:30、
20:00
休 無休　**料** 10萬越盾、15萬越
盾、20萬越盾（劇場入口旁售票
窗口8:30〜20:30）

英語語音導覽5萬越盾，座位皆為對號座，客滿就會停止售票，所以建議儘早買票，另外，市區內的旅行社也會賣票。也可能發生後排座位看到的木偶太小，難以理解劇情的狀況。入口附近可索取翻譯成各國語言的免費簡介。

蓮花水上木偶戲劇場
Múa Rối Nước Bông Sen
Lotus Water Puppet
MAP P.347-1C
住 16 Lê Thái Tổ
☎ (024) 39381173
URL bongsenwaterpuppet.vn
時 每日17:15　**休** 無休
料 10萬越盾、15萬越盾
Card 不可

和Thăng Long水上木偶戲劇場不同的集團所經營，這裡也會演出人偶戲代表性的劇目與結構，除了劇場規模比較小之外，與上述的Thăng Long水上木偶戲劇場沒有太大差別。劇目以英語解說。

以水面為舞台所展開的木偶戲是河內的傳統表演藝術，一套表演共分為9個短篇故事，每個故事3〜5分鐘，故事主題有民間故事、民俗、傳說或民族故事等，配合著越南傳統樂器輕快的音色，由線吊著的木偶在水面上擺動。即使語言不通，也會被趣味且作工纖細的木偶所吸引，了解故事的大方向並不難。

這個水上木偶戲從1000年前流傳至今，最早是太平省的農民們在豐年祭的時候，於戶外的水邊表演，到了11〜15世紀（李朝、陳朝）時，甚至流行到了宮廷內。河內市中心有2座劇場（→邊欄），其中推薦Thăng Long水上木偶戲劇場，這個劇場是1956年，越南的庶民英雄胡志明主席為了兒童所建設的，至今經歷過幾次的翻修、改建，越南的人們仍然小心利用著。

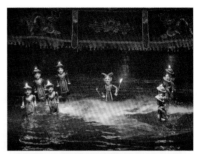

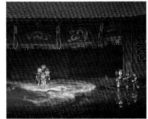
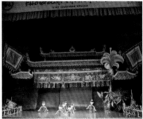

右上／靈媒師正在請神降臨的民間信仰儀式場景　　左下／以還劍湖傳說（→P.297）為主題的劇目（Th ng Long水上木偶戲劇場）右下／蓮花水上木偶戲劇場

1樓為日用雜貨與紀念品，2、3樓為大量的服飾店，尤其是棉、絲等材質做成的衣物以品項齊全、物美價廉聞名。而市場周邊也有販賣生鮮食品的露天市場，也是熱鬧非凡。

舊城區草蓆街Hàng Chiếu上，16個舊河內城門之一，建於1749年，於19世紀修復。

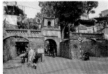
現存的舊河內城門只剩這一座

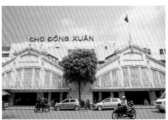
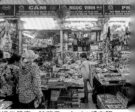

左／也有日用雜貨、服飾、小物的批發店，這些店不提供單賣，請留意　右／1樓有販售茶、點心、紀念品的店家，價格比市區還便宜一些，意外地很好買

★ 擁有千年以上歷史的河內最古老寺院　**MAP P.345-2C**
白馬最靈祠
Đền Bạch Mã　　　　　　　　　**Bach Ma Temple**

　　寺院內祭祀國家守護神龍肚Long Đỗ與白馬神，與象伏祠（→P.303）、鎮武觀（→P.302）同為守護河內東西南北的「河內四鎮」之一。本祠祭祀的白馬神，傳說中是「昇龍（現在的河內）建都時，李朝開國皇帝李太祖夢見了一匹白馬向他指示了建設城牆的地點」。

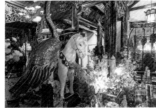

白馬像的兩側，祭祀著踩在象徵長壽的烏龜上的鶴像

★ 利用重要文化遺產建築改建的博物館　**MAP P.345-2C**
舊屋保存館
Bảo Tồn, Tôn Tạo Phố Cổ Hà Nội　　**87 Ma May's House**

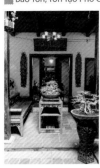

　　建造於19世紀後半的傳統中國風木造民宅，1999年作為舊城區老街保存運動的一環重新修復，並對外開放。房子內部也保留了當時的生活型態，客廳、廚房、臥室、廁所等都完整地保存下來，為了改善建築物的採光與通風所採用的建築工法，與會安（→P.238）古民宅使用的工法相同。館內於2014年改建，部分樑柱都已翻新。

據說過去居住了5個家族

★ 河內的一大象徵　**MAP P.343-1D**
龍邊橋
Cầu Long Biên　　　　　　　　　**Long Bien Bridge**

　　龍邊橋是架設於紅河上長約1700m的鐵橋，為了作為連結起大海玄關口海防港與河內的交通要衝，而於1902年建設完工，當時長度傲視全球居世界第2。完成後不久，便以印度支那總督保羅・杜美Paul Doumer之名命名，取名為「杜美橋」，並於第二次世界大戰後改名為現在的龍邊橋。越戰時，美軍為了要阻斷補給路線，好幾次用炸彈轟炸這座鐵橋，每炸過一次就修補一次，目前也經常性地進行補強工程，但是結構老化快速，也有近期內將拆除的消息。有人說這座橋與巴黎艾菲爾鐵塔同為居斯塔夫・艾菲爾Alexandre Gustave Eiffel所設計，現在則是以Dayde & Pille建設公司承包的說法最有說服力，在橋上行走時仔細瞧瞧，或許可注意到鑲嵌在橋梁鐵架上寫有「1899-1920 Dayde & Pille Paris」的鐵板。

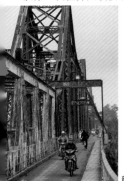

龍邊橋預計全面進行整修

Voice 可以從「Serein Cafe」（**MAP P.344-1B**）俯瞰龍邊橋。

白馬最靈祠
🏠Hàng Buồm & Hàng Giầy
☎無　🕐8:00～11:00、14:00～17:00（農曆1・15日8:00～21:00）　🚫週一　💴免費

舊屋保存館
🏠87 Mã Mây　☎(024)3926 0585　🕐8:00～20:00
🚫無休　💴1萬越盾

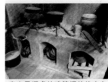

直走最深處的建築裡的後方有廚房

河內舊城區文化交流中心
Trung Tâm Giao Lưu Văn Hóa Phố Cổ Hà Nội
Hanoi Old Quarter Cultural Exchanges Center
MAP P.345-2C
🏠50 Đào Duy Từ
☎(024)39261426
🕐8:00～17:30
🚫無休　💴免費
　為了舊城區有形・無形文化遺產的保存與資訊傳布而創立了這間交流中心，1樓是與越南文化相關的企劃展，2樓展示著從昇龍時代到今日的舊城區發展歷史與風俗相關的解說板、傳統房屋的立體模型等，解說只有越南文。

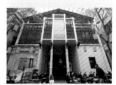

參考舊城區傳統建築而設計

龍邊橋
💴免費
　橋上以及橋周邊到了傍晚以後治安會稍微變差，參觀最好選擇白天前往。
　橋上也設有步道，雖然可看到徒步通過的越南人，但其實這條橋是禁止步行穿越的。步道與車道之間沒有柵欄，摩托車幾乎是快要貼到步行者一般，寬度相當窄，此外，鋪設於步道水泥磚有好幾處都脫落，感覺會掉下數十公尺下的河川當中，相當危險。雖然會認定2位同行的外國人過橋，但人數太多的話會被橋前方的交通公安官（交通警察）攔下來，這時候要好好順從警察的指示。

河內大教堂（聖若瑟教堂）

住Nhà Thờ　**電**無
時5:00～11:00、14:00～19:30
休無休　**費**免費
彌撒時間為週一～五5:30、
18:30、週六為5:30、18:00、週日
為5:00、7:00、8:30、10:00、
11:30、16:00、18:00、20:00。彌
撒以外的時間請走正面左側的
後門進入。

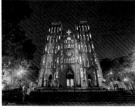

點燈的夜晚十分美麗

河內歌劇院

住Lê Thánh Tông
電（024）38267361
　　在河內歌劇院內，也有日本
人本名徹次先生擔綱首席指揮
的越南國立交響樂團在此舉辦
定期演奏會。
URLwww.vnso.org.vn
　　當日門票在劇院入口右手邊
的窗口購買，有公演的日子會
在8:30～17:30售票。
ticketvn.com
電091-3489858（手機）、
098-3067996（手機）
URLticketvn.com
CardA J M V
　　在河內歌劇院演出的歌劇等
門票有在網站上販售，門票可
以免費寄送。

國立歷史博物館

住1 Tràng Tiền & 216 Trần
Quang Khải
電（024）38252853
時8:00～12:00、13:30～17:00
休週一
費4萬越盾、大學生2萬越盾、
學生1萬越盾、6歲以下免費
（相機攝影：1萬5000越盾，相機
錄影3萬越盾）
　　出示護照可租借英語語音
導覽，包包必須寄放在入口處
的免費置物櫃。

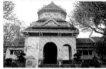

歷史博物館的前身是1910年建
造的河內首座博物館，現在的
建築建於1932年（A區）

☆ 內最大的教堂　**MAP** P.346-1B

河內大教堂（聖若瑟教堂）

Nhà Thờ Lớn　　　　　　　St. Joseph's Cathedral

　　這座教堂建於1886年，而這裡原本是佛教寺院的遺跡。1990
年初，教堂改建為現存擁有2座尖塔的新哥德式建築，外牆使
用的是白色和黑色的石材，但由於黴菌和灰塵累積的緣故，現
在看起來幾乎都是黑色的。內部則裝飾著美麗的彩繪玻璃，與
教堂嚴肅的氣氛共構成夢幻般的空間，這些彩繪玻璃據說是從
義大利威尼斯進口的。對河內周邊的天主教徒而言，這座教堂
是他們信仰的中心。

☆ 氣派威嚴的法國殖民風格建築　**MAP** P.347-2D

河內歌劇院

Nhà Hát Lớn Hà Nội　　　　　　Hanoi Opera House

　　這座於1911年法國殖民時期仿照巴黎的加尼葉歌劇院Opéra
Garnier（巴黎歌劇院）所建造的劇院，亦稱為歌劇院，是河內
知名的法式建築之一。現在仍有Làng Tôi的表演、音樂會或戲
劇在此上演，但很可惜的並未開放單獨參觀內部的行程，只能
欣賞建築外觀。若當天
有上演音樂會或戲劇的
話，19:00左右開始到散
場時間會進行夜間點
燈，可以欣賞到與白天
截然不同的夢幻景致。

湛藍天空下的奶油色外牆，歌劇
院正面右手邊有「Highlands
Coffee」（→P.324）

☆ 追溯史前時代到近代的越南歷史　**MAP** P.347-2D

國立歷史博物館

Bảo Tàng Lịch Sử Quốc Gia　　National Museum of Vietnamese History

　　由道路兩側的兩座建
築組成的博物館。A區
（長錢街Tràng Tiền一
側）展示自史前時代到
近代，越南各個階段的
歷史，1樓值得特別注
意的是從東山文化遺址
出土的銅鼓，其中最古
老的玉魯銅鼓據說是西
元前5世紀左右的產

館藏豐富程度為越南數一數二

物；2樓值得看的是占婆王國時期的印度教雕像，例如自廣南
遺址群出土的11世紀的迦樓羅神的頭部、自平定遺址群出土的
12世紀左右的濕婆神雕刻等，都是占婆藝術的一級文物。
　　B區（Trần Quang Khải街一側）過去曾是法國殖民地時期的
稅務署，館內以值得紀念的文物與解說板等展示，以時代順序
介紹2000年以來的越南人民抗爭與邁向獨立的苦難歷史。從19
世紀中期的抗法戰爭到印度支那戰爭，以至於現代的發展，可
以回溯越南過往的歷史。

火爐監獄（→P.301）：2008年代表共和黨出馬角逐美國總統大位的約翰·麥肯John
Sidney McCain在越戰時曾經被關在這座監獄，當時他參與1967年的爆破行動，他所↗

★ 藉由女性的身影欣賞越南
越南女性博物館
Bảo Tàng Phụ Nữ Việt Nam　　　**Vietnamese Women's Museum**　MAP P.347-2C

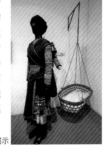

館內介紹越南女性在歷史、文化上所擔綱的角色，以及她們活躍於社會上的樣子，包括生活、服裝到戰爭中的女性士兵等，利用資料、模型、影像、照片等自各個面向介紹女性的功績。藉由參觀這座博物館可以了解到女性之於越南的重要性，以及為何越南女性如此堅強的理由，進而對越南的歷史文化有更進一步的了解。

麻族Người Mạ女性生產相關的展示

★ 介紹越南公安的古與今
河內公安博物館
Bảo Tàng Công An Hà Nội　　　**Hanoi Police Museum**　MAP P.346-2B

以年代順序介紹從1945年公安組織創立到現代的歷史，前半部除了介紹與法軍間諜、美國中央情報局（CIA）間諜之間的戰爭之外，還可以了解公安在越戰中扮演的鮮為人知的活躍角色，包含在空襲時的應對等等，後半部則介紹現代公安的職責範圍，包含取締交通違規、違法藥物、偽造品等。不同年代的制服、徽章的變遷等實物展示也很顯淺易懂，館內還有販賣各種公安商品，適合買來當紀念品。

★ 19世紀末法國人建造的監獄
火爐監獄
Di Tích Lịch Sử Nhà Tù Hỏa Lò　　　**Hoa Lo Prison**　MAP P.346-2B

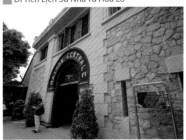

由於是法國統治時期的1890年代所建，入口的拱門上標示著法語的名字

這座代表越南歷史黑暗面的建築物，就遺留在河內的市中心，1km²的腹地內最多曾經收容過2000名以上的罪犯（1953年），奠邊府戰役（1954年）法國戰敗後，這座監獄也用來作為越戰人民軍的戰俘收容所，爾後在1993年完全關閉，並摧毀了一半以上的建築，空地也在1997年蓋了名為「Somerset Grand Hanoi（通稱為河內塔）」的摩天大樓。不過，部分建築則成為歷史文物受到保存，自1997年起對外開放。

館內展示當時的單人牢房、集體牢房、拷問道具及刻有當時景象的浮雕、處刑用的斷頭台、囚犯的隨身物品等。越戰當時，美軍囚犯諷刺監獄內嚴苛的環境而稱之為「河內希爾頓Hanoi Hilton」，之後還根據被俘虜而關進這間監獄的美國士兵親身經歷，推出了名為《河內希爾頓》的電影。

↘乘坐的飛機在河內上空被擊落，在利用降落傘逃脫墜地時被俘虜，之後在這座監獄中度過了約5年的時光。

越南女性博物館
🏠36 Lý Thường Kiệt
☎（024）39365973
🕐8:00～17:00　🚫無休
💰4 萬越盾
　1 樓有免費寄物櫃以及販售少數民族商品等的商店。

河內公安博物館
🏠67 Lý Thường Kiệt
☎069-2342098（手機）
🕐8:00～11:30、13:30～16:30　🚫週一　💰免費

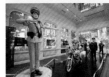

展示著穿著公安各部隊制服的人偶模型

書店
河內書街
Phố Sách Hà Nội
Hanoi Book Street
MAP P.346-2B
🏠19 Tháng 12　🕐依店家而異，大約為8:00～22:00左右
　林立著約20間書店、書店咖啡館的「書街」，有小說、兒童書、漫畫等各式書籍，即使只是來逛逛也很有樂趣。

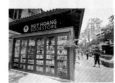

在年輕人之間也是人氣的拍照地點

火爐監獄
🏠1 Hỏa Lò
☎（024）39342253
🕐8:00～17:00
🚫無休　💰3 萬越盾、學生 1 萬5000越盾、15歲以下免費

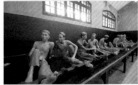

以人像重現收容所當時的樣貌

鎮國寺

住 Thanh Niên, Q. Ba Đình
☎ 無 **開** 7:30～11:30、13:30
～17:30 **休** 無休 **費** 免費

樂天觀景台
Lotte Observation Deck

MAP P.342-2A
住 65F, Lotte Centre Hanoi,
54 Liễu Giai, Q. Ba Đình
☎ (024) 33336016
開 9:00～24:00 **休** 無休
費 23萬越盾、兒童（3～12
歲）17萬越盾

　高度約267m的國內第3高
大樓「Lotte Center Hanoi」
內，設於65樓的觀景台。裡
頭有走在上面彷彿漂浮在
253m高空的玻璃地板「Sky
Walk」與咖啡館，而這棟大
樓屋頂的「Top of Hanoi」則
是河內最高的高空酒吧。

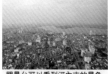

觀景台可以看到河內市的景色

鎮武觀

住 Thanh Niên, Q. Ba Đình
開 8:00～17:00
休 無休 **費** 1萬越盾

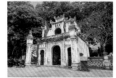

擁有壯觀大門的鎮武觀

西湖府

住 Đặng Thai Mai, Q. Tây Hồ
☎ 無
開 5:00～19:00（農曆1・15
日～21:00）
休 無休 **費** 免費

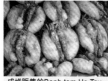

成堆販售的Banh tom Ho Tay

★ 越南最古老的寺廟 　　　　　　　**MAP** P.343-1C
鎮國寺
Chùa Trấn Quốc　　　　　　　　Tran Quoc Pagoda

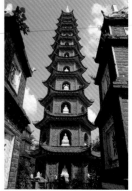

　李南帝（544～548年）在位時
建於紅河畔的這座寺廟（當時名
為開國寺），後來在17世紀時遷
移到西湖畔的小島，並改名為鎮
國寺。這裡供奉釋迦摩尼、菩
薩、關公、陳興道等不同的神祇
與聖人，由湖邊眺望鎮國寺，可
看見湖面上的佛塔與樹木相輝
映，別有一番風情。入口前為電
動車乘車處（→P.273）。

100越盾鈔票（現在市面上幾乎已經看不到，
幾乎是古錢的鈔票）上的圖像就是鎮國寺。
雖然名稱是「寺」，但也有「廟」和「祠」
的意義，境內可以看到各式各樣的建築樣式

★ 觸摸玄天上帝的腳尖許願 　　　　**MAP** P.343-1C
鎮武觀
Đền Quán Trấn Vũ　　　　　　　Quan Thanh Temple

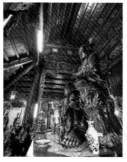

　位於竹帛湖Hồ Trúc Bạch南邊，
布滿青苔的道教廟宇，建於11世紀
李朝時代，當時是作為北方的守
護殿，別名Đền Quán Thánh，供
奉的是防禦北敵、護衛國家的玄
天上帝，寺內矗立著一座高約
4m、重達約4噸，降伏蛇龜的玄
天上帝銅像。

越南人相信觸摸玄天上帝的腳尖可以獲
得庇佑，因為參拜者觸摸的關係，腳尖變
的相當光亮

★ 靜靜矗立於西湖 　　　　　　　　**MAP** P.341-1C
西湖府
Phủ Tây Hồ　　　　　　　　　　Tay Ho Pagoda

　這裡是民間信仰聖母道Đạo Mẫu的中心，供奉的是天之女神
柳杏聖母等聖母道女神，河內的居民時常到這裡參拜，尤其是
農曆每月1日、15日，以及農曆年後的2個星期內，總是有大
批的人潮到此祭拜祖先。此外，通往廟宇的路上也有許多販賣
西湖名產西湖蝦餅Bánh Tôm Hồ Tây（→P.34）或專門烹調雷
魚、田螺料理的餐廳。

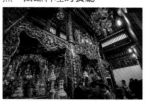
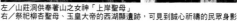

左／山莊洞窟供奉著山之女神「上岸聖母」
右／祭祀柳杏聖母、玉皇大帝的西湖顯跡，可見到誠心祈禱的民眾身影

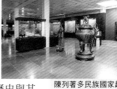
使用麻繩手織布的模樣

★ 對少數民族有興趣的人值得一訪　`MAP` P.340-2B

越南民族學博物館
Bảo Tàng Dân Tộc Học Việt Nam　**Vietnam Museun of Ethnology**

館內詳細展示了越南境內54個民族的生活、風俗與祭祀禮儀等，從越南各地收集而來的資料數量超過1萬5000件，大多數是利用生活用具、服飾、圖解或模型、影片的方式進行視覺展示，相當容易理解。展館依照地區別分成北部、中部、南部的展示區，順著參觀路線，可以清楚知道越南是一個多民族國家。常設展介紹中南部高原地區的「大原大象」文化，以及和

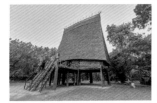

各國大使館合作企劃展也很受到矚目，此外，建築的後院內展示著自各地遷移過來的各個民族的建築，來參觀時不要錯過。

居住在中部高原的巴拿族的高架式房屋，內部裝飾有銅鑼與太鼓

越南民族學博物館
住 Nguyễn Văn Huyện, Q.Cầu Giấy　☎（024）37562193
時 8:30～17:30　休 週一
料 4萬5000越盾、大學生2萬越盾、學生1萬越盾，5歲以下免費（攜帶照相機、攝影機入內5萬越盾）
　有英語、法語導覽，約1小時費用10萬越盾，後院在週六‧日10:00、11:00、14:00、15:30上演水上人偶劇，費用為5萬越盾、兒童3萬越盾。

★ 想要更加認識河內的話就來這裡　`MAP` P.340-3A

河內博物館
Bảo Tàng Hà Nội　**Hanoi Museum**

介紹河內歷史的博物館，1～4樓的展示空間是越南最大的，館中央採用了螺旋梯，是一座現代風格的建築。1樓擺放了許多昇龍王朝時代的出土文物；2樓的館藏有河內周邊的礦產與動植物標本等自然科學，以及土器、箭矢等考古文物；3～4樓比較特別，有青銅器、古錢、陶器；4樓則展示著以近代河內照片介紹的展示品，是一座能夠接觸越南這個國家歷史與其他面向的博物館，相當值得一訪。

陳列著多民族國家越南才有的珍貴文化遺產，令人感受到越南歷史的深厚

河內博物館
住 Phạm Hùng, Q. Nam Từ Liêm
☎（024）62870604、62870603
時 8:00～11:00、13:30～17:00
休 週一　料 免費
　禁止拍攝攝影，相機、包包必須放在入口處的免費寄物櫃。

★ 設有動物園與遊樂園的大型公園　`MAP` P.340-2B

圖樂公園
Công Viên Thủ Lệ　**Thu Le Park**

位於市區西側的廣大公園，園內綠樹環繞，又有圖樂湖，是河內市民的休憩場所，尤其是附設的動物園非常受歡迎。此外，園內也有一座稱為象伏祠Đền Voi Phục（`MAP` P.340-2B）的廟，常有信眾前來參拜。

圖樂公園
住 32 Thủ Lệ, Q. Ba Đình
☎ 無
時 7:00～18:00
休 無休
料 3萬越盾、兒童（身高130cm以下）2萬越盾

象伏祠的傳說
中國軍隊攻打越南時，李朝第3代皇帝李聖宗Lý Thánh Tông派遣兒子Linh Lang出征，他帶著皇帝賜予的大象一同出發，有一次，他命令大象趴下，而大象也聽從他的命令屈膝跪下，在忠實的大象協助下，順利擊退敵人取得勝利。

統一公園
Công Viên Thống Nhất
Thong Nhat Park
`MAP` P.348-1A、2A
☎（024）35724163
時 6:00～22:00　休 無休
料 4000越盾、兒童2000越盾
　廣闊的公園內有七畝湖Hồ Bảy Mẫu，園內設有步道，公園內綠意盎然，寧靜悠閒。

左／公園擁有2處入口，從當中的西側入口前的Kim Mã街道進入後馬上就能看到象伏祠　右／園內有遊樂園、動物園、可搭遊覽的池子等，週末吸引親子與情侶前來，相當熱鬧

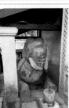
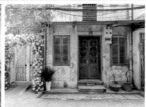

河內的其他景點

●防空・空軍博物館
Bảo Tàng Phòng Không-Không Quân
Air Force Museum
MAP P.341-3C 🏠173C Trường Chinh, Q. Thanh Xuân ☎098-3600253（手機）🕐8:00～11:00、13:00～16:00 休週五 💰3萬越盾（攜帶照相機入內5000萬越盾，手機免收費）

　這座博物館主要介紹越戰時越南空軍的歷史，館內2個樓層展示了許多照片及軍用戰機的零件，也會不定時播映介紹越南空軍英姿的紀錄電影。廣大的腹地內擺放著越戰當時使用的米格戰鬥機、直升機、對空砲、對空飛彈等武器。

●B52池　**Hồ B52**　**B-52 Wreckage**　**MAP** P.342-2B
　位於胡志明陵寢後方民宅聚集的空地，曾經有一架美軍的B52轟炸機被擊落，掉進這座池子，池中還保存著1972年12月被擊落的機體殘骸。墜落當時似乎還保有部分原型，不過之後陸續被人偷走當作廢鐵來賣，現在已經看不出原來的樣子了。這座池子的正式名稱其實是Hồ Hữu Tiệp池，但一般都通稱為B52池。

●二徵夫人廟
Đền Hai Bà Trưng　**Hai Ba Trung Temple**
MAP P.349-2C 🏠Hương Viên, Q. Hai Bà Trưng ☎無 🕐6:30～18:30（農曆1日～20:00）休不定期休館 💰免費

　為了感念徵氏姊妹在中國漢朝統治時，率領越南民眾反抗中國欺凌壓榨的事蹟，於1142年建立了這座廟，「徵氏姊妹起義」（→P.438）是西元40年所發生的武裝反抗事件，後來在西元44年遭漢朝軍隊平定。

●B52戰勝博物館
Bảo Tàng Chiến Thắng B52　B52 Victory Museum
MAP P.342-2B 🏠157 Đội Cấn, Q. Ba Đình ☎（024）62730994 🕐8:00～11:00、13:30～16:30 ※5人以上入館建議事先預約 休週一～五 💰免費

　館內收藏了越戰時，越南人民與轟炸河內的美軍B52轟炸機對抗的照片與戰爭遺物，據說會與北側的B52池一起規劃為「B52戰勝區」，推出觀光推動計畫。前院有遭擊落的B52殘骸，以及讓美軍航空機大為頭痛的SA-2地對空飛彈等展示。

在河內欣賞傳統戲劇

●嘥劇　**Hát Tuồng**
MAP P.344-3A
🏠51 Đường Thành（嘥劇中央劇院內）
☎（024）38252803、38287268
🌐vietnamtuongtheatre.com
🕐週一・四18:00～19:00
休週二・三・四・六日
💰15萬越盾，6歲以下7萬5000越盾
Card 不可

　這個劇場上演的是名為嘥劇Hát Tuồng（→P.453）的歌劇，嘥劇與嘲劇Hát Chèo不同，是帶有濃厚中國京劇色彩的宮廷戲，以宮廷內的生活或武將風起雲湧的人生為主題，演員穿著華麗的服裝、頂著濃妝，利用誇張的肢體語言演出各個故事，即使語言不通也能夠融入。

●**Làng Tôi**　My Village
🏠市劇場（→P.300）或是嘥劇中央劇院內（→左述）
☎084-5181188（手機）
🌐www.luneproduction.com/my-village
🕐2024年8月目前暫停演出，開演資訊請至網站確認。💰70萬～210萬越盾　**Card** M V

　由胡志明市著名的AO Show（→P.304）製作人製作的新型雜技表演，描繪越南北部生活的詩意場景與當代雜技之間交替進行，並伴隨著傳統樂器的現場音樂。

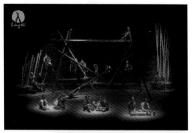

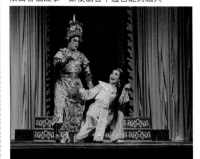

服裝和動作都類似中國的京劇

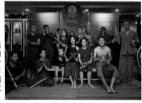

上／使用生活中不可或缺的竹子，演出令人屏息的動作
下／所有表演者都是越南北部出身

河內的夜遊景點

在河內的夜晚，造訪時尚酒吧（→P.325）相當不錯，還想多玩一點的話，不妨走上夜晚的街頭吧。

周末夜晚在舊城區購物

●夜市　Night Market

每週五～日（夏季：19:00～24:00、冬季：18:00～24:00），從舊城區的同春市場北側（**MAP** P.344-1B）到還劍湖（**MAP** P.345-3C）之間的Hàng Giầy街～Hàng Đào街會變成行人徒步區，聚集了約200間攤販，販售著紀念品、流行時尚商品、零食點心等。除了這個夜市之外，**MAP** P.344-2B、P.345-1C～2C的Hàng Chiếu街～Hàng Buồm街～Mã Mây街～陶維慈街Đào Duy Từ～Hàng Giầy街～梁玉眷街

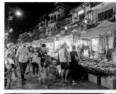
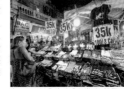

Lương Ngọc Quyến～謝現街Tạ Hiện也會成為行人徒步區，可以享受在街上漫遊的樂趣。不過時常發生被扒竊的案件，一定要小心看管隨身行李與智慧型手機。

上・下／經典伴手禮和當地T恤攤販林立

也有許多販售小吃的攤販，可以邊逛邊吃

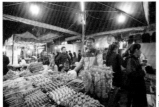

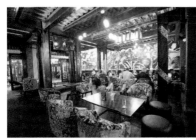
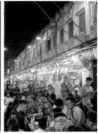
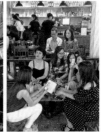
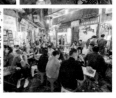

通稱「啤酒街」

●謝現街　Tạ Hiện St.　**MAP** P.345-2C

每晚從日落之後開始，謝現街道上就會擺出小桌椅，搖身一變成為酒館街。狹窄的巷弄中擠滿了當地年輕人與旅客，他們享用啤酒與BBQ的景象已成為現在舊城區的知名景色，推薦給想要在外頭熱鬧氣氛中飲酒的人。

左上／位在謝現街中心地段的俱樂部「1900」是改裝自劇院的時尚建築　中上＆右上／每晚20:00左右開始就會變得熱鬧非凡，週五・六人潮特別多　右／越南料理、火鍋、BBQ等店家林立，啤酒的價格約從2萬越盾左右起跳

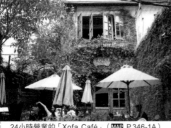

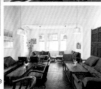

24小時營業相當讓人開心

●Phố Ẩm Thực

（Tống Duy Tân St.）
MAP P.346-1A

Tống Duy Tân街是麵店、粥店、火鍋店等餐館林立的小吃街，在晚上很早打烊的河內，這裡是市區內唯一開放讓餐飲店24小時經營的地區（但實際上因深夜顧客不多，幾乎都不會開店）。

24小時營業的「Xofa Café」（**MAP** P.346-1A）很受女性歡迎
除了有當地餐館之外，還有時髦的餐廳與酒吧
上／當地餐館林立
下／這附近還有老字號咖啡館「Puku Cafe & Sports Bar」（→P.324）

胡朝城遺跡

住Vĩnh Tiến, Huyện Vĩnh Lộc, Tỉnh Thanh Hóa
☎(0237) 8929181、3728661
開夏季：6:30～17:30、冬季：7:00～17:00 休無休
費4萬越盾、8歲以下2萬越盾
從河內出發車程約3小時，包車為150US$～。

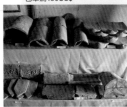

上／建有小型博物館，展示著磚瓦等出土品　右／石造城門，當地的居民平常也會穿梭其間

香寺

住Hương Sơn, Huyện Mỹ Đức 開24小時 休無休
費入場費8萬越盾，船費5萬越盾※通常每艘船要給約10～20萬越盾的小費。從下船的地方往前走十幾分鐘左右，可以搭乘纜車通往山頂，到山頂需時約10分。

（接下頁）

★ 2011年登錄為世界遺產　　　　　　　　MAP 摺頁正-1B

世界遺產 胡朝城遺跡
Thành Nhà Hồ　　　　　　　　　　Citadel of Ho Dynasty

　　胡朝城遺跡位於河內南方直線距離約130km處，胡朝是曾經短暫存在於越南歷史上7年（1400～1407年）便消失的短命王朝，但是在那段時間內胡朝所建造的石造城堡，卻被認為是當時東南亞最大規模的城堡，不僅如此，胡朝的建築技術高超，將10噸、20噸的大石塊一個個堆疊而成的城堡，只花了數個月就完成了。目前還有部分的城堡遺留在清化省Thanh Hóa偏僻

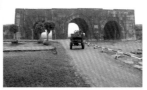

鄉村內僅1km²的水田中，但很可惜的是，除了四周圍有石造的城門遺留下來之外，完全沒有其他像樣的建築物，儘管如此，以石頭、磚瓦建造的城門等建築物具有珍貴的歷史價值，是很重要的文化遺產。

★ 山頂的洞窟寺院相當震撼！　　　　　　MAP 下圖-2A

香寺
Chùa Hương　　　　　　　　　　　　Perfume Pagoda

　　位於河內南方約65km、岩山緩坡上的香寺，每年農曆年過後的2月～3月期間，總有許多信眾前來參拜，是相當有名的寺廟。香寺其實是散落在香山Hương Sơn各處的13座寺廟的總

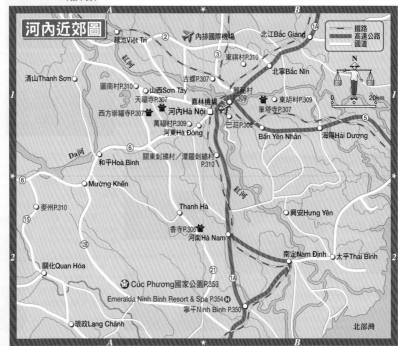

河內近郊圖

鐵路
高速公路
國道

越池Việt Trì
內排國際機場
北江Bắc Giang

清山Thanh Sơn
圖南村P.310
山西Sơn Tây
古螺P.307
東祺村P.310
北寧Bắc Ninh

天福寺P.307
嘉林機場
頗叢村P.309
東胡村P.309

西方崇福寺P.307
河內Hà Nội
巴莊P.308
筆塔寺P.307

萬福村P.309
河東Hà Đông
Bản Yên Nhân
海陽Hải Dương

和平Hoà Bình
關東刺繡村／潭羅刺繡村P.310

Mường Khến

麥州P.310
Thanh Hà
興安Hưng Yên

關化Quan Hóa
香寺P.306
河南Hà Nam
南定Nam Định
太平Thái Bình

Cúc Phương國家公園P.353
Emeralda Ninh Bình Resort & Spa P.354
寧平Ninh Bình P.350

琅政Lang Chánh
北部灣

紅河
Da河

N
20km

稱，這一帶是佛教的聖地。

從停車場附近改搭小船，沿著河流往上游前行約1小時30分，就會抵達香寺所在的岩山，從小船上望見四周的景色，水田與石灰岩形成的連綿山峰宛若一幅水墨畫般，美不勝收。對於外國觀光客而言，參拜寺廟本身或許並沒有太大的意義，反而是搭乘小船時的景色才是這段旅程的重點。

下了小船後就要依序參拜各座寺廟，沿途陡峭的石頭步道走起來有點辛苦，就這樣往上爬約1小時30分後（亦可選擇搭乘纜車），就會抵達洞窟寺院。洞窟寺院的入口直徑約有50m長，這是經過相當長的一段歲月所累積形成的巨大鐘乳石洞，它那神祕又莊嚴的景象令人心生感動。據說觸摸這些鐘乳石會讓財運變好，其中也有可以祈求生子的鐘乳石。

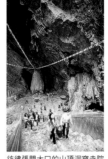

彷彿張開大口的山頂洞窟寺院入口

★ 必看國寶十六羅漢像
西方崇福寺
Chùa Tây Phương　　　　　　　　　Tay Phoung Pagoda
MAP P.306-1A

這座寺廟位於河內以西約30km處，一座外型類似水牛的小山丘上，爬上約230階的樓梯後，即可在山頂看到3間祠堂平行排列的西方崇福寺，祠堂內樑柱上的雕刻、寺廟內佛像等都是相當有價值的藝術品，值得細細玩味。西方崇福寺建於西元3世紀左右，之後歷經了多次的裝修、增建，據考證，現存最古老的建築物為西元8世紀左右的產物。

★ 也有人說這裡是水上木偶戲的發源地
天福寺
Chùa Thầy　　　　　　　　　　　　Thay Temple
MAP P.306-1A

天福寺位在河內以西約20km處，供奉的是佛陀與18羅漢。在羅漢像的右手邊，也供奉著12世紀的高僧徐道行Từ Đạo Hạnh的雕像，英文則叫做Master Pagoda。正面的池子中央有水上木偶戲用的舞台，歷代的皇帝都曾經在寺院門口欣賞水上木偶戲的演出，現在在農曆新年後，有時也會上演水上木偶戲。

★ 保留有越南佛教藝術傑作的古剎
筆塔寺
Chùa Bút Tháp　　　　　　　　　　But Thap Pagoda
MAP P.306-1B

在河內以東約25km、北寧省Bắc Ninh的寧靜田野中，筆塔寺就矗立在此。據考證，筆塔寺建於17世紀左右，寺院名稱的由來源自姿態如筆一般的五重塔。目前的建築物被認為是保留下建造當時的原樣，其中木雕的千手觀音像、修行僧等的表情栩栩如生，是非常珍貴的藝術品。

★ 越南最古老城市所在地
古螺
Cổ Loa　　　　　　　　　　　　　　Co Loa
MAP P.306-1B

古螺村位於河內以北約18km處，西元前3世紀左右，甌駱國Âu Lạc的安陽王An Dương Vương在此建造了數公里見方的大

（接續前頁）

⏰農曆1～3月底：5：00～20：00（其他時段的營運時間會時常變動，記得在當地事先確認清楚）
🈺無休
💰來回18萬越盾、兒童（身高120cm以下）12萬越盾，單程12萬越盾、兒童（身高110cm以下）9萬越盾

從河內搭車到此地約1小時30分，包車當天往返需要花費70US$～，建議從河內參加觀光行程。
※通往香寺的道路非常不好走，而且容易打滑，記得穿著運動鞋之類方便行走的鞋子。此外，扒手也很多，在黑暗的洞窟內要特別小心。

西方崇福寺
🏠Chùa Tây Phương, Huyện Thạch Thất
☎無　⏰24小時
🈺無休　💰1萬越盾

從河內開車約1小時，包車往返半天約45US$～，也可以參加從河內出發的觀光行程。

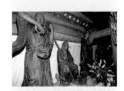

正殿內有16尊由波羅蜜木雕刻而成的十六羅漢像，為人們參拜的對象

天福寺
🏠Chùa Thầy, Huyện Quốc Oai
☎無　⏰6：00～17：00
🈺無休　💰1萬越盾

從河內開車約40分，包車往返半天65US$～，也可以參加從河內出發的觀光行程。

筆塔寺
🏠Bút Tháp, Huyện Thuận Thành, Tỉnh Bắc Ninh
☎無　⏰24小時　🈺無休
💰免費

從河內開車約1小時，包車往返半天70US$～，也可以參加從河內出發的觀光行程。

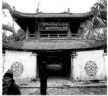

寺院內有石頭搭建的橋、五重塔等，木造與石造建築並存

古螺

圈8:00～17:00　**休**無休
圈1萬越盾

從河內搭車約40分，包車往返半天25US$～，只有部分旅行社有推出從河內出發的觀光行程。另外，從嘉林巴士總站（**MAP** P.341-1D外）可以搭乘市區巴士15號，從龍邊巴士總站（**MAP** P.343-2D）可以搭乘市區巴士17號；美亭巴士總站（**MAP** P.340-2A）可以搭乘市區巴士46號。

巴莊區域號碼
024

巴莊

從河內開車約20分，包車往返半天25US$～，也有河內出發的旅遊行程。從龍邊巴士總站（**MAP** P.343-1D）可以搭乘市區巴士47A號、47B號至終點站下車，兩者皆單程7000越盾，所需時間約40分。

巴莊與日本的淵源

巴莊燒陶器與日本的淵源已久，自16世紀左右就開始出口到日本，受到愛茶人士們的喜愛。當時日本人所訂製蜻蜓圖樣的陶器，後來也在越南普及開來，現在依然有許多蜻蜓圖樣的陶器。

城市，但現在只剩下幾間寺廟、祠堂、涼亭散落在各處。古螺村的範圍不大，幾個景點都在相聚幾百公尺的範圍內，徒步就能夠參觀，即使對於歷史或考古學沒有興趣，來到這裡能夠使人忘卻河內的喧囂，讓思緒回到甌駱時代悠閒散步也很不錯。每年農曆1月6日這裡也會舉辦悼念安陽王的盛大祭典。

郊區城鎮

歷史追溯至15世紀的陶器村　　　　**MAP** 下圖、P.306-1B
巴莊
Bát Tràng

巴莊位於河內市區往東南方約10km處的紅河沿岸，是以陶瓷器聞名的村落，在外國旅客間也頗有名氣，目前在這一帶依舊隨處可見燒製磚塊的烤窯，這座村子的磚塊燒製產業原本就相當興盛。從15世紀左右開始，這個村落就開始製作陶器，迄今約有100家左右大大小小的工坊，村子人口約5000人，當中有9成都是從事陶器製作。巴莊是一個小村落，只要徒步30分鐘左右就能夠繞整個村子一周，還可以在路邊牆上看到將燒窯用泥炭塗上曬乾的景象。隨著外國觀光客人數的增加，專做外國人生意的店家也增加了，村落的景觀亦隨著有些改變，不過大

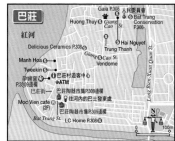

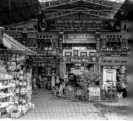

巴茶陶器市集品項十分齊全
（→P.309邊欄）

巴莊的商店　　Shop

LC Home
陶瓷器　**MAP** 上圖

圈34 Xóm 5, Bát Tràng　**☎**（024）38788222
圈8:00～16:30
休無休　**Card** 不可

耐熱而且可用於微波爐與洗碗機的嶄新巴莊燒陶器「New Bat Trang」，這裡就是製作此陶器的工坊兼展示廳，設計從復古到現代都有，類型多元，小碟子5萬越盾～的划算價格也很誘人。

Bat Trang Conservation
陶瓷器　**MAP** 上圖

圈68, Xóm 6, Bát Tràng
☎（024）36715215、090-4175170（手機）　**圈**8:00～17:00
休無休　**Card** ADJMV

巴莊內最大的商店，1～3樓是店面、4～6樓是工坊，可以參觀製作或彩繪的過程，也可以體驗彩繪。此外也可以請店家在盤子手繪上似顏繪（40US$～，所需時間7天～），價格偏高。

Delicious Ceramic
陶瓷器　**MAP** 上圖

圈227 Giang Cao, Bát Tràng　**☎**090-8068337（手機）
圈8:00～20:00
休不定休　**Card** 不可

巴莊燒陶藝家Nguyễn Xuân Nguyễn的工坊兼商店，商品彩繪上以越南風景為主題的圖案，可找到趣味盎然的作品。小碟子3US$～。

Gaia
陶瓷器　**MAP** 上圖

圈78 Alley, Giang Cao, Bát Tràng　**☎**093-2389218（手機）、
098-9869271（手機）　**圈**7:00～18:00
休無休　**Card** ADJMV

商品包含繪有草莓、魚、鳥等現代圖案的器皿與巴莊燒俄羅斯娃娃等，這間個性商店販賣他處所沒有的獨特商品，其中以貓頭鷹造型馬克杯（3US$）最受到喜愛。

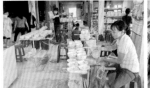

左／還設有讓遊客參觀、體驗彩繪上色的工坊　中／復古到現代的圖樣種類豐富　右／洗練的巴莊燒專賣店「Gaia」

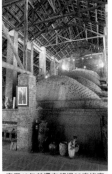

部分的店家還是以批發為業，價格比河內市區還便宜一些，可以安心享受購物之樂。此外，巴士站牌前有巴茶陶器市集，聚集了100家左右的小店。

以絲綢聞名的村落　　　　　　　　　**MAP** P.306-1A

萬福村
Vạn Phúc

位於河內西南方約10km處的萬福村，這個人口只有約1000人的小村落，9成以上的居民都是從事與絲綢相關的工作，這裡的每家絲綢工坊都是只有幾台織布機的家庭式工廠。走在鋪著紅磚的狹窄錯綜的小徑上，兩旁的民家傳來陣陣織布機「喀達、喀達」的運作聲響，令人感受到絲綢村的風情，走著走著也會在意想不到的地方發現縫製工坊或染布工坊。絲綢商店的品項雖然沒有河內市區內的商店豐富，但價格相當實惠。

製作木版畫的村落　　　　　　　　　**MAP** P.306-1B

東胡村
Đông Hồ

東胡村位在河內東方約30km處，屬於北寧省，在紀念品店常見的東胡版畫（→P.453）就是在這裡製作的。東胡村最早開始製作版畫是在16世紀左右，每個家庭都有代代流傳下來的版木，全村一起從事版畫製作。然而現在村落約2000人的人口中，只有約50人從事版畫印製，而單靠版畫製作維持生計的人家也只剩下2家。

東胡版畫在海外也獲得相當高的評價，Nguyễn Đăng Chế和Nguyễn Hữu Sam獲得了相當於日本無形文化財的勳章，是東胡版畫的第一把交椅。雖然Nguyễn Hữu Sam已於2016年逝世，但兩人的工坊都可以接受觀光客參觀。

工坊內可以參觀版畫的製作過程（圖為Nguyễn Đăng Chế的工坊）

直至40年前還有超過20座烤窯在運作的孕婦窯，烤窯占地1030m²，也被取名為「紅河窯」

孕婦窯
Lò Bầu Cổ
MAP P.308　■Xóm 3, Bát Tràng
☎097-9236326（手機）
■8:00～17:00　休無休
■免費
巴莊唯一留存的登窯（現在沒有使用）就保存在這個工坊內，登窯是為了一次燒製大量陶器而利用斜面而建，並且規劃成能讓燒爐內保持一定高溫的烤窯，因為窯的形狀就像孕婦的肚子一樣，所以被稱為孕婦窯。在這個工坊可以參觀孕婦窯，也可以挑戰陶輪陶藝體驗與彩繪。還有附設咖啡館。

巴茶陶器市集
Chợ Gốm Làng Cổ Bát Tràng
Bat Trang Pottery Market
MAP P.308
☎086-8933169（手機）
■依店家而異，大致為8:00～18:00　休無休

萬福村
從河內開車約30分，包車往返半天30US$～，也可以參加從河內出發的觀光行程。

東胡村區域號碼
0222

東胡村
從河內開車約1小時，包車往返半天50US$～，也可以參加從河內出發的觀光行程。

東胡村的工坊、商店

 Shop

Nguyễn Đăng Chế工坊　　　版畫工坊
Nguyen Dang Che
■Làng Đông Hồ, Tỉnh Bắc Ninh　☎（0222）3865308
■6:30～17:00
休無休　Card J M V

Chế由於經常參加各地的文化活動，所以大部分的時間都不在工坊內，由徒弟們在此進行版畫的製作。

Nguyễn Hữu Sam工坊　　　版畫工坊
Nguyen Huu Sam
■Làng Đông Hồ, Tỉnh Bắc Ninh　☎（0222）3865482
■7:00～17:00
休無休　Card不可

現在由Nguyễn Hữu Sam的女兒，同時也是首位女性東胡版畫家Oanh經營。從這個工坊徒步約5分鐘可以到達Nguyễn Hữu Sam家人Nguyễn Hữu Quả的工坊（☎（0222）3873847），也接受參觀。

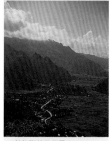

一望無際的田園風光

時間彷彿停留在數百年前的村落　**MAP** P.306-1A

圖南村

Đường Lâm

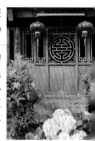

圖南村位於河內西方約50km處，周圍是一整片的農田景色，村落由Mông Phụ、Cam Thịnh、Đông Sàng、Đoài Giáp、Cam Lâm這 5 個聚落組成，占地約800公頃的遼闊土地上，約有8000人在此居住。村裡頭數百年前所建的民宅、水井、寺廟等散布在各處，鋪著紅磚的小徑交織的景象有著懷舊的氣氛，加上這裡的家具、衣服、祭祀或食物都保留著過去獨特的傳統文化，令人體會到圖南村悠久的歷史。

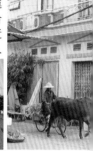

目前這個地區正由日本的大學與JICA帶領進行文物的保存考察，2014年整座村莊得到聯合國教科文組織亞太區文物遺產保護遺產獎，近年來這裡也成為從河內出發的 1 日旅行秘密人氣景點。

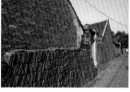

右上／可以透過觀光行程參觀百年歷史的民宅　左下／村落內留有鋪設紅磚的小徑與紅磚住家外牆　右下／傍晚則可在路上見到下完田的水牛

傳承螺鈿工藝技藝的職人村落　**MAP** P.306-1B

東祺村

Đồng Kỵ

河內東北方約18km處、屬於北寧省的東祺村，是以木造家具聞名的村落，路上滿載著木材的卡車與馬車來回交錯。村裡也有擺放著螺鈿家具的店家，店家深處傳來陣陣鋸子和木槌的聲響。

製作出大量刺繡商品的村莊　**MAP** P.306-1B

關東刺繡村／潭羅刺繡村

Quất Động／Thắng Lợi

河內往南約25km處、國道 1 號沿線的小村莊關東村與潭羅村周邊，是自古以來以刺繡聞名的地區。河內市區內可見的刺繡商品大多都是在這一帶製作，由各個家庭的數個成員組成的一間間工坊雖然接受觀光客參觀，但是參觀時必須要有導遊、司機同行。

可遇見少數民族　**MAP** 摺頁正-1A、P.306-2A

麥州

Mai Châu

麥州位於河內西南方約100km處，自和平省Hoà Bình的和平市出發必須再往西走約70km，來到與寮國交界的高山地帶才能抵達，這一帶有泰族和芒族的村落分布。以麥州附近的Văn村為中心，步行拜訪各個村落的行程相當受到喜愛，也可以住在Lạc村的泰族居民家中，品嘗泰族料理與欣賞民族舞蹈，體驗少數民族的生活。早上到村子裡的市場走走，可以看到稀有的山產，以及少數民族親手製作的各式商品。

銀行

●越南外貿商業銀行　Vietcom Bank

〔總行〕MAP P.347-1D　198 Trần Quang Khải
☎（024）39343137　8:00～12:00、13:00～
16:00　週六・日

可用美金現鈔兌換越盾，窗口接受利用JCB、
MasterCard、Visa卡預借現金、越盾現金（須確
認護照）。只有總行才能將越盾換回美金。

※在市區內也有其他分行，分行內的ATM也接受
利用MasterCard、Visa卡預借現金。

●越南國際銀行（VIB）　Vietnam International Commercial Joint Stock Bank

MAP P.347-1C　79 Hàng Trống
☎（024）39382180　8:00～12:00、13:00～
17:00（週六～12:00）　週日

接受美金現鈔兌換越盾，入口處的ATM可以利
用MasterCard、Visa卡預借現金。

●花旗銀行　Citibank

MAP P.342-2B　Horison Tower, 40 Cát Linh,
Q. Đống Đa　☎（028）35211111
8:30～17:30　週六・日、節日

設有ATM，只要有花旗銀行的金融卡就可以提
領（限越盾）。

●兌換處林立的街道

MAP P.346-1A、1B

Hàng Da Galleria南側的Hà Trung街上匯兌處
林立，可以用美金現金兌換越盾，每間店的匯率
都比銀行還好一些。數量雖不多，但在Hàng Gai
街上（MAP P.292-1A）、Hàng Bạc（MAP P.345-
2C）的金店與銀店也有可以換錢的地方。

主要醫院

●Tokyo International Clinic

MAP P.347-3D　10F, Hanoi Tourist Bldg., 18
Lý Thường Kiệt　☎（024）36611919
URL www.tokyo-clinic.tokyo　8:00～17:00
週日、節日

日系診所，提供一般內科、小兒科、消化科、
外科、皮膚科、泌尿科、整形外科、身心科等的
看診服務，有日本醫生常駐。

●Sakura Medical & Dental Clinic

MAP P.341-1C外
65 Trịnh Công Sơn, Q. Tây Hồ
☎（024）37181000
URL sakurahanoi.com
8:00～18:00（週六～13:00、牙科09:00～）
週日、節日

日系醫院，除了一般內科、小兒科等綜合診療
之外，也設有牙科。有日本醫生與日本牙醫常駐
（週六～13:00、牙科09:00～）。

●Lotus Clinic Hanoi

MAP P.342-3B　4F, D 2, Giảng Võ, Q. Ba
Đình
☎（024）38170000　URL lotus-clinic.com
9:00～12:30、14:00～18:00（週六～13:00、
預約櫃台8:30～12:00、13:30～17:30，週六預約
櫃台～12:30）
週日、節日

位於胡志明市的越南首間日系診所，在2016年
於河內開幕，院內有日本醫生與日本護理師常
駐，提供一般內科、外科、小兒科等各種診療服
務，醫療機器與設備也很齊全，除了特殊檢查外
都可以在院內檢查。

●Family Medical Practice Hanoi

MAP P.342-2A　298 i Kim Mã, Q. Ba Đình
☎（024）38430748（24小時緊急熱線）
URL www.vietnammedicalpractice.com
8:30～17:30（週六～12:30）　週日、節日
（緊急情況24小時均受理，但要支付額外費用）

設有一般內科、小兒科、婦產科、骨科等，以
及其他科別的專業治療，預約優先看診，有日本
醫生和日語翻譯。

●Vinmec International Hospital

MAP P.341-3D外　458 Minh Khai, Q. Hai Bà
Trưng　☎（024）39743556（代表號）
URL www.vinmec.com
8:00～12:00、13:00～17:00（週六～12:00）
週日、節日

設有一般內科、外科、小兒科、婦產科等，採
用最新設備，可以執行高難度的手術，也有負責
日語翻譯的工作人員常駐。

●Raffles Medical Hanoi Clinic

MAP P.291-1A　51 Xuân Diệu, Q. Tây Hồ
☎（024）39340666
URL www.rafflesmedical.vn
8:00～19:00（週六～18:00）　　週日

日本醫生值勤時間為週一～五8:00～19:00（週
三・六～16:00），也有 2 位日語翻譯，除了緊急
狀況外一律為預約制。

※若遇緊急情況，還是事先以電話聯絡為妥。
以上 6 家醫院皆與大型海外旅行平安險的保
險公司有合作，基本上被保者在接受治療時
不需支付醫藥費，但因為也有不在保險項目
內的診治，需要事先確認。此外，信用卡附
帶的旅平險基本上並非上述免支付醫藥費的
適用對象，請先在當地支付醫療費後，回國
再向保險公司申請理賠（出發前請確認保險
內容），加上每家信用卡公司合作的保險公
司也不同，出發前建議先確認自己的信用卡
附帶的保險是哪一家公司比較保險。

主要的航空公司

● 越南航空　Vietnam Airlines
MAP P.346-2B　🏠25 Tràng Thi（1 Quang Trung）　☎1900-1100（熱線）　🕐8:00～12:00、13:00～17:00　🚫無休
Card A D J M V

● 越捷航空　Vietjet Air
MAP P.342-2A　🏠302 Kim Mã, Q. Ba Đình
☎（024）71082868
🕐8:30～19:30（週六～12:00）
🚫週日　**Card** A D J M V

● 越竹航空　Bamboo Airways
MAP P.340-2B　🏠265 Cầu Giấy, Q. Cầu Giấy
☎1900-1166（熱線）
🕐9:00～18:00　🚫無休　**Card** A J M V

● 太平洋航空　Pacific Airlines
MAP P.346-2B　🏠1 Quang Trung
☎（024）39550550　🕐8:00～12:00、13:30～17:00　🚫週六・日、節日　**Card** A D J M V

● 日本航空　Japan Airlines
MAP P.340-2A
🏠1F, Hyatt Regency West Hanoi, 36 Lê Đức Thọ, Q. Nam Từ Liêm（Hyatt Regency West Hanoi內）　☎1-800-577725(中文・英語)
　　因為沒有櫃檯服務，請致電上述電話洽詢，每日7:00～17:00間提供服務。

● 全日空　All Nippon Airways
MAP P.347-1D　🏠9F, BIDV Tower, 194 Trần Quang Khải　☎（024）39262808　🕐9:30～16:30　🚫週六・日、節日　**Card** J M V

● 大韓航空　Korean Air
MAP P.340-2B
🏠14F, Discovery Complex, 302 Cầu Giấy, Q. Cầu Giấy　☎（024）39347247　🕐8:30～12:00、13:00～17:30　🚫週六・日、節日
Card M V

● 泰國航空　China Airlines
MAP P.347-2D
🏠4F, Opera Business Centre Bldg., 60 Lý Thái Tổ
☎（024）39366364　🕐8:00～12:00、13:00～17:00（週六～12:00）　🚫週日
Card A D J M V

● 寮國航空
Lao Airlines Booking Office
MAP P.346-1A
🏠38A Trần Phú Q. Ba Đình（Viet Care Travel內）
☎091-4425788（手機）
🕐9:00～18:00　🚫週六・日　**Card** 不可

郵政

● 國際郵局
MAP P.347-2C　🏠75 Đinh Tiên Hoàng
☎（024）38255948　🕐8:00～19:00　🚫無休
有國際郵件・包裹、郵票的窗口。

● 中央郵局
MAP P.347-2C　🏠75B Đinh Tiên Hoàng
☎（024）39333355　🕐7:00～20:00　🚫無休

主要的大使館

● 駐越南台北經濟文化辦事處　Taipei Economic and Cultural Office in Vietnam
MAP P.342
🏠21F PVI Building, No. 1 Pham Van Bach Street, Cau Giay District, Hanoi, Vietnam
☎38335501　**FAX** 38336621
URL www.taiwanembassy.org/vn/
🕐週一～五08:00～17:30
急難救助電話：手機(84)913-219-986、越南境內直撥0913-219-986
※急難救助電話專供如車禍、搶劫、有關生命安危緊急情況等緊急求助之用，非急難重大事件請勿撥打
※有關申請護照、返國之入國證明書相關資訊請見→P.416。

● 中國大使館
MAP P.342　🏠46 Hoàng Diệu, Q. Ba Đình
☎（024）38235569　**URL** www.visaforchina.cn
E-mail hanoicenter@visaforchina.org
🕐9:00～11:00、14:30～15:30　🚫週六・日、節日
　　可申請旅行證，申請所需文件：旅行證申請表格、台灣護照、越南簽證正本及影本、2吋彩色照片3張，費用35US$，一般在申請提出後的4個工作天後可取件。

● 寮國大使館
MAP P.346-3B　🏠40 Quang Trung
☎（024）39424576
URL application.visalaos.com/application
🕐8:30～11:30、13:30～16:00　🚫週六・日
　　申請所需文件：護照、簽證申請表、2張護照用尺寸照片及簽證規費40US$，一般在申請提出後的3個工作天後可取件，亦可申請電子簽證，規費為50US$，需要3個工作天，電子簽證可透過下列網址申請。

● 柬埔寨大使館
MAP P.346-3B
🏠71 Trần Hưng Đạo
☎（024）39424789
🕐8:00～11:30、14:00～17:00　🚫週六・日
　　台灣人前往柬埔寨可辦理落地簽證（需備妥回程機票供查驗）或是從網路上辦理單次使用的電子簽證，也可來此申請停留期1個月的觀光簽證（入境後可再延期1次計1個月），必須準備近期照片1張、申請費用30US$，一般在申請提出後的2個工作天後可取件。

旅行社＆旅遊辦事處 ✿ TRAVEL OFFICE & TOUR OFFICE

遊客中心

●遊客中心
Tourist Information
MAP P.345-3C 億28 Hàng Dầu 休無休
MAP P.347-2C 億Lê Thạch 休週六 日
☎無 營9:00～18:00 Card 不可

除了上述地址外，在機場入境大廳（→P.280邊欄）也設置有遊客中心。

這個外型就像車站內便利商店的遊客中心，是由河內市觀光局所經營的。位在億28 Hàng Dầu 的遊客中心，則附設有Vietnam Tourism（→P.314）舉辦的免費導覽行程預約櫃台，另外也有咖啡館。

旅行社＆旅遊辦事處

●TNK & APT travel JAPAN 河內分店
TNK & APT Travel JAPAN Ha Noi
MAP P.292-1B 億99 Hàng Gai
URL www.tnkjapan.com
LINE ID：https://lin.ee/A2sNAk3
營8:00～20:00
休無休 Card J M V

下龍灣遊輪專家任職，提供許多下龍灣過夜遊輪的行程。除了當地觀光團之外，也提供預約飯店、機票、火車等票務，或是安排開往沙霸的巴士。此外，不僅有河內觀光行程，還提供寧平、沙霸出發，下龍灣、海防出發的各式行程，滿足每個人的多元需求。還有自行製作的河內觀光地圖（每3個月修訂），裡頭刊載許多資訊，供旅客免費取閱。總公司在胡志明市（→P.89）。
※2024年8月現在，可以透過官網或官方Line帳號諮詢。

〔各種在地之旅〕
附日文導遊的下龍灣超值之旅（79US$）、下龍灣豪華船1日之旅（1000US$）、下龍灣住宿遊艇行程多達50種以上（95US$）、華閣 長安之旅（96US$）、絕美Hang Mua寺廟＆三古碧洞之旅（87US$）、市區半日遊（35US$）、水上木偶劇之旅（49US$）、沙霸住宿方案（125US$～）、沙霸出發Lao Chai和Ta Van村莊之旅（45US$）、沙霸限定Bac Ha市場觀光（70US$）等

●Wendy Tour（SMI-VN Travel Co., Ltd.）
MAP P.343-1D
億401, 62 Yên Phụ, Q. Ba Đình
☎（024）39765970
URL www.wendytour.com/vietnam
E-mail wendy.hcm@wendytour.com.vn
營9:00～18:00（週六9:30～17:00）
休週日、越南節日 Card M V

有日本籍的工作人員常駐，也有全程日語導覽的行程，亦可辦理機票、飯店預約等項目。

〔各種在地之旅〕
提供河內市區半日遊（79萬越盾）、巴莊半日遊（59萬越盾）、和平省（146萬越盾）、長安＆華閣1日遊（209萬越盾）、經由高速公路的下龍灣1日遊（310萬越盾）等超過10種以上的行程，最晚須於前一天預約。下龍灣的各種船上住宿的遊船之旅是這間旅行社的重點項目（499萬越盾～）。
※2人報名時的1人旅費。

●The Sinh Tourist Hanoi
MAP P.345-2C 億52 Lương Ngọc Quyến
☎（024）39261568 URL www.thesinhtourist.vn
營6:30～22:00 休無休 Card A J M V
其他分店
MAP P.345-1C 億64 Trần Nhật Duật
☎（024）39290394

這是在越南主要觀光區都有分店的The Sinh Tourist（原名Sinh Café）的河內分店，提供連接各個觀光景點的自由上下車觀光巴士及各種觀光行程，也可代為安排機票與火車票。

〔各種在地之旅〕
提供下龍灣1日遊（79萬9000越盾～）、下龍灣與卡巴海灘度假村2天1夜（196萬9000越盾～）、白定寺與長安1日遊（69萬9000越盾）、華閣＆三谷Tam Cốc 1日遊（62萬9000越盾）、麥州1日遊（63萬9000越盾）、河內城市之旅（54萬9000越盾）等10種以上的行程。
※河內市區內到處都可以看到Sinh Café（現為The Sinh Tourist Hanoi）的招牌，但是總店設在胡志明市，而在全國都有分店的The Sinh Tourist在河內市區的分店就只有上述的2個地點。

●ODC Travel
MAP P.344-2A 億13 Hàng Hương
☎083-8281977（手機）
URL www.facebook.com/odctravel.com.vn
營8:00～17:00 休週日 Card A J M V

提供各種觀光行程、機票、各種票券、導遊等預約。

〔各種在地之旅〕
提供下龍灣、卡巴島Quần Đảo Cát Bà、麥州、香寺、華閣、三谷、天福寺、河內近郊的傳統工藝村等50種以上的行程（費用依參加人數而異）。

●Handspan Travel Indochina
MAP P.345-2C
億78 Mã Mây ☎（024）39262828
URL www.handspan.com
營9:00～17:30 休週六・日
Card A J M V

旅行社&旅遊辦事處 TRAVEL OFFICE & TOUR OFFICE

主要提供健行、獨木舟、越野摩托車等各種戶外行程，也會舉辦下龍灣獨木舟這類獨特的環保旅行。

〔各種在地之旅〕

下龍灣獨木舟 2 天 1 夜（167US$～）、沙霸休閒&健行 2 天 1 夜（187US$～）等。

●**Topas Travel Vietnam**

MAP P.291-1A

住 Ngõ 12/70 Đặng Thai Mai, Quảng An, Q. Tây Hồ

☎(024)73070899　URL topastravel.vn

營8:30～17:30　休週六・日　Card 不可

Topas Travel的河內辦公室，由沙霸Topas Ecolodge（→P.377）所經營，可諮詢及預訂旅遊及住宿。

〔各種在地之旅〕

Topas Ecolodge與Topas Riverside Lodge的 3 天 2 夜靜修行程（638萬越盾）

巴士公司

●**Camel Travel**

MAP P.349-3C

住459 Trần Khát Chân, Q. Hai Bà Trưng

☎（024）85850555

營8:00～19:00　休無休　Card 不可

行駛河內～順化、峴港、會安之間的臥鋪巴士，車資為36萬越盾～最晚必須於前一天預約。

●**Sapa Express**

MAP P.345-3D

住70C Nguyễn Hữu Huân

☎(024)66821555

URL sapaexpress.com

營6:00～21:00　休無休

Card A J M V

經營河內的辦事處～沙霸市中心分店之間的巴士，24人座的臥鋪巴士（22US$）每日21:30發車，28人座的豪華巴士（19US$）每日7:00發車，所需時間約 5 小時30分，最晚必須於前一天預約。

直通寮國的巴士

●**寮國航空預約中心（→P.312）**

Lao Airlines Booking Office

經營從河內經Cau Treo跨越國境，抵達寮國首都永珍的直達臥鋪巴士。45人座巴士為冷氣車，到永珍的所需時間約22小時30分，到龍坡邦Luang Prabang約27小時；每日18:30發車，到永珍的車資55越盾、到龍坡邦的車資95萬越盾。最晚要在 2 天前預約。

※近期以巴士乘客為對象的強盜犯罪盛行，不建議使用。

國營旅行社

●**Vietnam Tourism**

MAP P.347-2C　住30A Lý Thường Kiệt

☎（024）38255552

舉辦由學生志工導遊帶領的英語免費行程，共有 3 條漫步在舊城區、殖民式建築、寺院與教堂等歷史遺跡的路線，各行程的所需時間約 1 小時30分，從下述櫃台報名。

〔免費行程營運&預約櫃台〕

MAP P.345-3C

住28 Hàng Dầu（遊客中心內）

☎091-1081968（手機）

營9:00～18:00（免費行程時間週三～日9:30、10:15、14:00、15:00、16:00）　休週一・二

※最低出團人數為 1 人，最多10人。

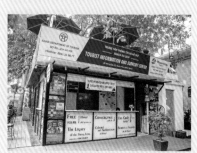

預約櫃台，當天也可以報名

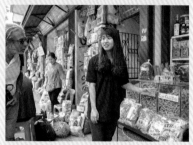

舊城區行程漫步在特色街道上，導覽人員解說當地的名產、歷史

Column

自由上下車的市區旅遊巴士

搭乘敞篷雙層巴士，一邊聆聽語音導覽遊覽各個觀光景點的「Hop-on Hop-off」，可以輕鬆散布在河內市區各處的景點，2024年8月現在有2間公司提供該服務，票券的有效時間、費用和路線皆不相同，請參考（MAP P.342～343）。

●Vietnam Sightseeing

Vietnam Sightseeing營運的紅色雙層巴士，車費包括1瓶礦泉水、耳機和日文小冊子，以及免費Wi-Fi。下車點有11處，繞行一圈約90分鐘，是3間公司中唯一使用日語語音導覽的行程。

售票櫃台&出發地點

MAP P.343-3D 住51 Lý Thái Tổ ☎1900-558865（熱線）URL vn-sightseeing.com 營週五～日9:00～17:00間隔30分鐘一班（售票櫃台8:30～

19:00） 休週一～四

費4小時29萬9000越盾、24小時42萬9000越盾、48小時59萬9000越盾 Card J M V

●Hanoi City Tour

紅色車體的雙層巴士，下車點共13處，繞行一圈約60分鐘。

售票櫃台&出發地點

MAP P.343-2D 住還劍湖北側※週六·日在河內歌劇院（→P.300）前 ☎091-1938282（手機）URL hanoicitytour.com.vn

營9:00～17:00間每隔30分鐘一班；中途不可下車的夜間城市之旅（10萬越盾～），則於週六日18:00～19:15開行駛 費4小時30萬越盾、24小時45萬越盾、48小時65萬越盾 Card 不可

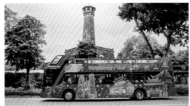

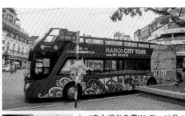

除了售票櫃台外，車內也可購買車票

上／車內提供免費Wi-Fi，以及1瓶免費礦泉水
左／位於還劍湖北邊的售票櫃台

Column

從河內出發的加購行程

以河內為中心的越南北部，擁有各種孕育出特殊自然景觀的觀光景點。河內的旅行社舉辦前往這類地點的觀光行程，每間旅行推出以便宜、豪華、有日語導遊、附帶各種加購行程等為賣點的獨特旅遊行程，供外國遊客參加。以下是詢問過河內旅行社後整理出來的人氣加購行程，希望能作為旅行的參考。

第1名：下龍灣（→P.356）

景色不負「世界遺產」之名，擁有超高人氣。無論晴雨、夏季或是冬季，不論在怎樣的天氣氣候條件下都可看到不同的姿態，根據調查，90%以上造訪河內的外國人都會前往下龍灣參觀，從河內出發的1日行程對時間不夠的台灣人來說很受歡迎。另外還有包含吉婆島Đảo Cát Bà外宿1晚或2晚的行程、住宿豪華船的1晚或2晚行程（→P.24、362）等，這些也很受到歐美人士的喜愛。

第2名：寧平（→P.350）

有「陸上的下龍灣」之稱，可欣賞到風光明媚的

奇岩群，可以從河內當天來回。包含這些奇岩群在內的地帶，於2014年以「長安名勝群」登錄為越南首處的自然與人文雙重世界遺產。

第3名：沙霸（→P.369）

可以接觸到彷彿與都市完全不同世界的少數民族生活，在歐美人士間極具人氣，據統計，造訪河內的歐美人士中就有70％的人會來訪，不過這裡離河內有段距離，最少也要預留3晚的時間。

以上述行程為中心規劃旅遊計畫，再加上香寺之旅（→P.306）、巴莊（→P.308）、塞滿河內主要景點的市區之旅、晚餐與水上木偶戲等成套的夜間之旅等，這些都是當天來回或半天的行程，可以輕鬆參加相當推薦。此外，最近1～2年以當地居民為主的圖南村之旅（→P.310）與高爾夫之旅的人氣也愈來愈高。

有山有海有歷史，擁有各種風貌的越南北部，只要活用加購行程，就能為旅行增添獨特的色彩。

五感全開的精品套餐
T.U.N.G Dining

創意料理

MAP P.346-2B

由越南新銳主廚Hoang Thung主理的餐廳，他畢業於芬蘭的大學，並在赫爾辛基和哥本哈根的米其林星級餐廳工作學習料理。餐廳名稱「T.U.N.G」是Twist、Unique、Natural和Gastronomic的縮寫，菜單上只有20道料理（205萬越盾～），每道菜都創新獨特。在這家融合斯堪地那維亞和亞洲風味的餐廳，等待顧客的是令人驚豔的用餐體驗。餐廳採完全預約制，建議提早預約。

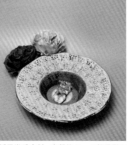
採用當季食材，套餐約3～4個月變更一次，圖為鰻魚咖哩

⌂2C Quang Trung
☎085-9933970（手機）
🕐18:00～23:00
休週一 ⊕稅・服務費另計
Card A J M V
預約 需預約

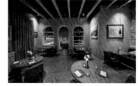
店內採北歐風格裝潢，附設有雞尾酒吧「Kuusi」

可以品嘗到不造作的越南家庭料理
Tam Vi

越南料理

MAP P.343-2C

在這家餐廳可以品嘗到懷念又深具風味的越南家常菜，菜色包括一般家庭的家常菜，可能不完全是台灣人心目中的越南味，推薦適合搭配白飯的椰子燉豬肉、蝦和豬五花春捲（11萬越盾）。餐廳裝潢充

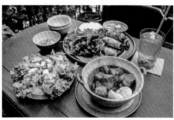
右前方為椰子燉豬肉（9萬5000越盾）

滿越南古宅風格，綠意盎然的露台上也有座位。由於很受歡迎，建議提早預約，電話預約僅提供越南語服務，最好請飯店協助預約。菜單附照片。

⌂4B Yên Thế, Q. Ba Đình
☎096-6323131(手機)
🕐11:00～14:30、17:00～22:00
休無休
Card M V
預約 需預約

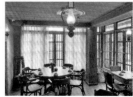
古民宅氛圍的舒適空間

休閒又正宗
Chao Ban

越南料理

MAP P.291-1A

年不幸暫停營業的人氣越南餐廳「Madame Hien」，其主廚和人員於2020年開設了這家餐廳。在法式小酒館的時尚氛圍中，可以享用精心烹調的越南美食，人氣料理包括香蕉葉烤鱸魚佐酸甜百香果醬汁，以及河內風味炸春捲（6萬5000越盾）。這家餐廳的越南家常菜口味溫和，氛圍溫馨，擁有許多粉絲。

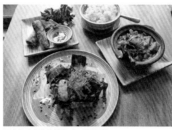
前方為香蕉葉烤鱸魚（25萬越盾）

⌂98 Tô Ngọc Vân, Q. Tây Hồ
☎(024)36333435
🕐11:00～14:30、17:30～21:00
休無休
Card D J M V
推薦 建議預約

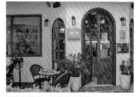
隱藏版餐廳，推薦露台座位

資訊欄中的「稅・服務費另計」，表示需額外收取稅金和服務費，稅（VAT）多半為10%，服務費通常為5％。

感動的素食料理
Uu Dam Chay

素食

MAP P.346-3B

播放曼特羅Mantra的藝術感空間，提供完全不使用任何動物性食品的素食料理，以精選食材製作的越南與泰國料理，味道之豐富讓人完全想不到是素食，甚至還可以有排毒的效果。推薦料理為搭配芒果和酪梨醬汁一起品嘗的生春捲Mango Avocado Spring Roll（15萬5000越盾）和北部少見的花鍋Rice-Flower Hotpot（35萬5000越盾）。菜單附圖片，很方便選擇。

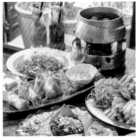

前方是用荷葉包起來蒸的糙米飯Brown Rice with Lotus Leaf（14萬5000越盾）

🏠55A Nguyễn Du
☎098-1349898（手機）
🕙10:30～22:00
休無休
Card AJMV
預約建議預約

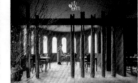

裝潢融合東西風格

欣賞還劍湖景就選這間店
Lau Cau Go

火鍋&越南料理

MAP P.345-3C

還劍湖畔人氣餐廳「Cau Go」，轉型為火鍋專賣店重新開幕。有2種火鍋款式可供選擇，雞肉火鍋配大量的泰國羅勒Lẩu Gà Lá É（2人份／28萬越盾）和著名的大叼火鍋Bà Toa風味牛肉火鍋Lẩu Bò Ba Toa（2人份／32萬越盾）。除了火鍋之外，也提供香蕉花雞肉沙拉（15萬越盾）、炸雞（19萬越盾）等各式各樣小菜。6樓還有一座寬敞的木造露台，可以在晚風中欣賞美妙的湖景享用美食。

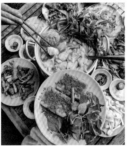

鹽味雞肉火鍋中，加入名為É的泰國羅勒增添清爽風味

🏠6-7F, 73 Cầu Gỗ
☎083-8332688（手機）
🕙10:00～22:00
休無休
Card AJMV
預約建議預約

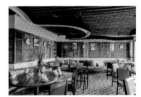

以舊日用品裝飾，創造懷舊精緻的氛圍

眺望湖景的花園座位十分舒適
Ngon Garden

越南料理

MAP P.346-3A

與Quan An Ngon（→P.318）為相同老闆的花園餐廳。除了提供從越南各地的家常菜和麵food，到豐盛的海鮮料理等多樣化的菜單外，還提供極致的豪華享受。擁有河內最大的花園空間，四周環繞著熱帶花卉樹木，印度支那風格的室內座位氣氛滿滿，還設有攤販式的開放廚房和私人包廂。早餐、午餐、下午茶時間和晚餐多元用餐時段，吸引人造訪。前菜15萬越盾～，主菜20萬越盾～。

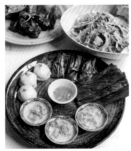

前方為順化風蒸料理套餐，右後方為大叼蔬菜和牛肉沙拉（各14萬5000越盾）

🏠70 Nguyễn Du, Q. Hai Bà Trưng
☎090-2226224（手機）
🕙6:30～21:00
休無休
Card AJMV
預約湖畔露台座位需預約

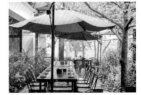

建於還劍湖畔，可以享受湖畔風光

充滿驚喜的蓮花料理
Sente

越南料理

MAP P.344-3A

餐廳裝潢以搶眼的蓮花馬賽克為特色，主打蓮花料理，所有料理都使用蓮子、蓮莖和蓮藕等蓮花部位。各種食材與蓮花搭配，口感和味道各不相同，這樣的創意料理讓人感到新鮮驚喜。強調以糙米和大量蔬菜製作的健康料理，也是一大特色。餐後可

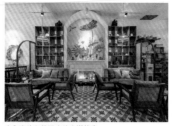
室內座位和花園座位充滿綠意

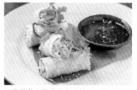

🏠20 Nguyễn Quang Bích
☎091-1048920（手機）
🕐10:00～14:00、17:30～22:00
休無休
Card D J M V
預約建議預約

以品嘗蓮子奶椰子咖啡或是加入蓮子珍珠的玄米蓮子飲料。料理6萬5000越盾～，菜單附圖片。

包裹蓮莖和豆腐的生春捲（6萬5000越盾）爽脆的口感很有趣

在時尚的氛圍中品嘗創意越南料理
Luk Lak

越南料理

MAP P.347-3D

由擁有河內5星飯店約25年主廚資歷的Binh女士掌廚，在傳統菜餚中加入現代元素的創意食譜，例如桑椹果醬烤鴨和五香烤鴿子釀糯米飯Bồ Câu Nhồi Nướng Ngũ Vị（33萬越盾）等，以嚴選食材製作的傳統菜色中增添了現代元素，這些創意料理也造成話題。假蒟葉烤牛肉捲Bò Lá Lốt（→P.33），則使用澳洲牛裏脊肉等精選食材製作，也有許多融入季節特產和當地蔬菜的菜色，讓顧客得以體驗到越南美食文化，而大受歡迎。

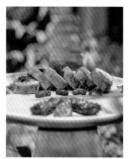
桑椹果醬烤鴨Vịt Nướng Lá Dâu Tằm

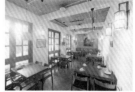
店內還設有包廂與戶外座位

🏠4A Lê Thánh Tông
☎094-3143686（手機）
🕐7:00～23:00
休無休
Card M V
預約不需預約

越南全國料理大集合
Quan An Ngon

越南料理

MAP P.346-2A

要吃便宜美味的越南料理就來這裡，這是一間連當地人和外國居民都給予好評的人氣餐廳。提供100種以上的菜色，生春捲、越式三明治等河內少見的南部特色料理，中部會安乾麵、街頭小吃、海鮮、火鍋等網羅越南各地料理。可坐在開放式的露天座位一邊欣賞路邊攤形式的廚房現場製作，一邊享用越南各地的美味。麵料理價格5萬越盾～，價格合理。

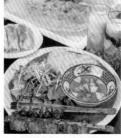
前方是用香蕉花包起來炭火燒烤的春捲米粉Bún Chả（7萬越盾），後方是約40cm的特大號越式三明治

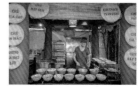
越南甜品Chè的攤販，可直接用手指的點餐

🏠18 Phan Bội Châu
☎090-2126963（手機）
🕐6:45～21:45
休無休
Card A D J M V
預約不需預約

Voice 上述的「Sente」，也有提供蓮藕與蓮子果汁（6萬5000越盾）等原創特色的飲料。

餐廳　🍴 Restaurant

想要體驗歌劇院演出的氛圍就來這裡
Backstage

越南&異國料理

MAP P.347-2D

位在2022年開幕的「Capella Honai」飯店內（→P.333），以「歌劇院後台」為概念，利用紅色和金色元素打造出華麗奢華的空間，推薦料理包括重現法國劇作家Edmond Rostand喜愛的鴨肉餡餅Duck Pithivier，搭配越南特產鴨肉，享受法式與越式料理的融合。前菜30萬越盾～，主菜約50萬越盾～，也提供每日套餐菜單（96萬越盾～）。

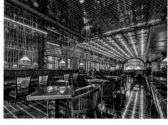
也展示歌劇服飾

🏠11 Lê Phụng Hiểu（Capella Honai內）
☎(024) 39878888
🕐6:00～10:00、11:30～14:00、17:00～22:00　休無休
Card A D J M V　預約需預約
Dresscode 休閒套裝

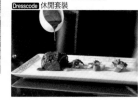
選用大叻產的高原蔬菜、富國島產的青胡椒等越南在地食材，提供講究的料理

招牌菜田蟹鍋十分美味
1946

越南料理

MAP P.343-1C

店名1946為第一次印度支那戰爭爆發的時代，也是越南的轉淚點。提供1946年左右的越南料理，具有懷舊的氛圍。推薦菜色為在番茄基底的高湯中，放入蟹肉&螃蟹味噌、炸豆腐、牛小腿肉等食材的田蟹鍋（28萬5000越盾～），濃郁的湯頭裡加上番茄清爽的酸味，感覺相當奢侈。菜單上還有多種小吃可供選擇，例如炸田蟹和荷葉Cua Đồng Rang Muối（7萬5000越盾）。

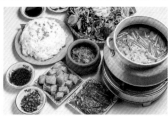
田蟹鍋將右邊的火鍋材料加入品嘗

🏠3 Ngô Yên Thành, 61 Cửa Bắc, Q. Ba Đình
☎(024) 62961946
🕐9:30～22:30　休無休
Card J M V
預約最好先預約

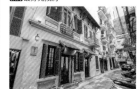
巷子裡的隱藏店家，有印度支那風格的1樓和榻榻米風格的2樓

講究的一品
Pho Thin

麵

MAP P.349-1C

有人說「這裡的河粉才是河內第一的河粉」，創業於1979年的這家河粉店，菜單只有炒牛肉河粉Phở Tái Lăn（7萬越盾）大量使用蔥和蝦夷蔥。配菜有炸麵包Quải（5000越盾／3個）和蛋Trứng Gà（5000越盾）。本店儘量避開用餐尖峰時間比較好，湯頭若賣完會提前打烊。除了越南外，在亞洲也有多間分店，河內2號店還提供限定版的越南風燉牛肉河粉Phở Sốt Vang（7萬越盾）。

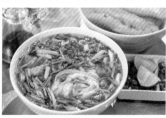
湯頭有一點油膩且濃郁

🏠13 Lò Đúc, Q. Hai Bà Trưng
☎無　🕐4:30～21:00　休無休
Card不可　預約不需預約
[2號店] MAP P.340-3B　🏠19 Hoàng Ngọc Phách, Q. Đống Đa　☎無
🕐6:00～14:00、17:00～21:00　休無休

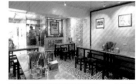
2號店走可愛咖啡館的風格，一人用餐也很自在

體驗配給制時代的越南
Cua Hang An Uong Mau Dich So 37　越南料理
MAP P.343-1C

以1976～1986年實施配給制的時代為主題的越南料理店，店內裝飾當時使用的琺瑯杯等古老日用品，搭配購買配給券而非食券的懷舊系統，營造出獨特的空間。推薦以生菜包著蝦仁、香草和發酵米的生春捲等料理。

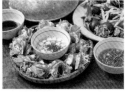

前方為生春捲Nem Cuốn（12萬越盾）

📍158 Trần Vū, Q. Ba Đình　☎（024）37154336　🕘9:00～15:00、17:00～22:00　🏠無休　Card MV　預約最好先預約

殖民風格滿溢的老字號餐廳
Nam Phuong　越南料理
MAP P.347-3D

獨棟老字號餐廳，這裡的料理以重口味居多，十分下飯。提供各式各樣的海鮮料理，如羅望子醬軟殼蟹（每盤17萬越盾）。6:00～10:00提供早餐麵食套餐（6萬5000越盾～），10:00～14:00提供午間套餐（20萬越盾）。

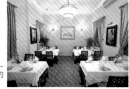

2樓 每日18:30～20:15有民族樂器的演奏

📍19 Phan Chu Trinh　☎（024）38240926　🕘10:00～14:00、17:00～22:00　🏠無休　Card AJMV　預約需預約

帶起蘑菇火鍋風潮
Ashima　越南料理
MAP P.348-2B

蘑菇火鍋（→P.39）的專賣店，湯頭（18萬越盾～）、30種以上的菇類（8萬5000越盾～59萬越盾）、肉、蔬菜等燉煮，當菇類開始滲出高湯的時候，就可以搭配用芝麻、花生、鹽調製的沾醬來享用。

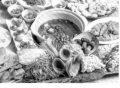

健康又美味，很受當地人和觀光客歡迎

📍182 Triệu Việt Vương, Q. Hai Bà Trưng　☎（024）73007318　🕘11:00～22:00　🏠無休　Card JMV　預約最好先預約
[分店] MAP P.342-2B　📍60 Giang Văn Minh　☎（024）73007317

必吃份量滿點的Chả Cá
Tan Tan　越南料理
MAP P.347-2C

有許多常客的北部家常料理店，以厚切的Chả Cá Hanoi聞名（→P.35鱧魚鍋Chả Cá Thăng Long），白肉魚此店使用鯰魚。類似可樂餅口感的Tan Tan風味炸春捲Nem Tôm Tân Tân（2萬5000越盾／1根）等料理都很美味。

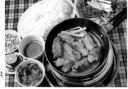

Chả Cá Hanoi也提供一人份，12萬越盾

📍2F, 15 Tràng Thi　☎（024）39342591　🕘10:30～14:00、17:00～21:00　🏠無休　Card不可　預約人數多的話要預約

能品嘗到山羊肉的大型餐廳
Nhat Ly　越南料理
MAP P.344-1A

可以品嘗到山羊肉料理的人氣越南餐廳，當地的吃法是先用燒烤的方式品嘗山羊胸Be Sữa和用數種香料醃漬的山羊肉Dê Ướp Nướng（各14萬越盾），最後吃山羊火鍋Lẩu Dê（36萬越盾～）。山羊腦Óc Dê也是一種珍味。

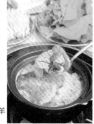

加上榆樹葉、枸杞和大棗的滋補山羊火鍋

📍15A Hàng Cót　☎（024）39271434　🕘10:00～15:00、17:00～22:00　🏠無休　Card JMV　預約不需預約

美味脆皮法國麵包
Banh Mi 25　越式三明治
MAP P.344-2B

藉由口耳相傳而人氣高漲的越式三明治攤販，在攤位對面一側還設有用餐空間。越式三明治3萬越盾～，推薦經炭火烘烤的麵包中夾入肉醬、烤豬肉、火腿、香腸的綜合口味（4萬越盾），以及加入豆腐的素食越式三明治（3萬9000越盾）。

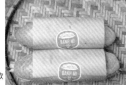

表面硬脆，內部柔軟的法國麵包超美味

📍25 & 30 Hàng Cá　☎097-7668895（手機）
🕘7:00～20:30　🏠無休　Card不可　預約不需預約

餐廳 Restaurant

大排長龍的人氣河粉店

Gia Truyen
麵

MAP P.344-3A

這是河內歷史最悠久、美味評價最高的生牛肉河粉（→P.36）店，提供Chín（熟牛肉，5萬越盾）、Tái（半熟牛肉，5萬5000越盾）、Tái Nạm（牛胸肉加半熟牛肉，6萬越盾）等。上頭還可以選擇要加Trứng Gà（雞蛋，5000越盾）。先在店前付錢領餐後再入座。

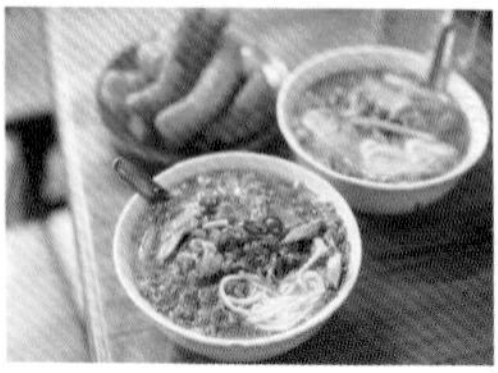

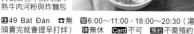

人氣菜色牛胸肉加半熟牛肉河粉與炸麵包

住49 Bát Đàn ☎無 營6:00～11:00、18:00～20:30（湯頭賣完就會提早打烊） 休無休 Card不可 預約不需預約

清爽的雞湯河粉

Mai Anh
麵

MAP P.347-3C

創業約40年的雞肉河粉專賣店，招牌菜色是加了肉丸子的雞肉河粉Phở Gà（→P.36），中碗6萬越盾、大碗9萬越盾，口味清爽很受女性歡迎。配菜則有炸麵包Quải（5000越盾）、生雞蛋Trứng Gà（5000越盾）。

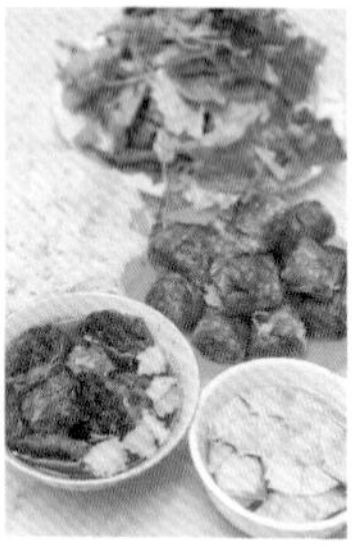

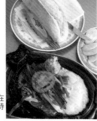

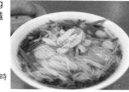

雞骨熬煮10～12小時的湯頭鮮美

住32 Lê Văn Hưu, Q. Hai Bà Trưng ☎（024）39438492 營5:00～15:00 休無休 Card不可 預約不需預約

份量十足的河內當地麵

Dac Kim
麵

MAP P.344-3B

1966年創業的春捲米粉（→P.37，7萬越盾）的專賣店。細米粉加上烤肉、肉丸、香草，蘸著加入青木瓜的魚露醬汁一起食用，是河內的知名料理。春捲米粉可以和蟹肉炸春捲Nem Cua Bể（1條2萬越盾）一起享用。

這間店的特徵就是春捲米粉的份量很多

住1 Hàng Mành ☎（024）38285022 營8:00～21:00
休無休 Card不可 預約不需預約
[分店] MAP P.346-1B 住67 Đường Thành

以新鮮現炸的蟹肉炸春捲為傲

59 Hang Ma
麵

MAP P.344-2B

經營超過50年的老字號麵店，在舊城區中以春捲米粉（5萬越盾）受到在地居民歡迎。除了春捲米粉外，蟹肉炸春捲（3萬越盾／1個）也非常好吃！店家較小，建議在避開11:00～13:00左右的尖峰時段用餐。

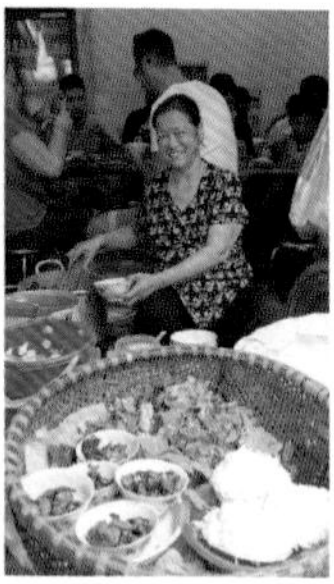

香草捲著肉丸在炭火上燒烤，非常美味

住59 Hàng Mã ☎094-2892895（手機） 營10:00～16:00
休不定休 Card不可 預約不需預約

熱騰騰的鐵板牛排搭配啤酒，太讚了

Hoang Long
大眾食堂

MAP P.349-1C

以燒熱鐵板直接上桌的牛排Bít Tết（12萬越盾）很受歡迎的牛排店，鐵板上有牛肉、肉丸、荷包蛋、馬鈴薯，還附上沙拉與麵包，份量十足。店內的桌椅感覺都有點油，可說是充滿大眾餐廳的風情。傍晚後的人潮特別多。

因為油會四濺，蓋上牛排蓋，在「滋～滋～」聲響停止前先稍待片刻

住70 Hòa Mã, Q. Hai Bà Trưng ☎094-3482468（手機）
營10:00～22:00 休無休 Card不可 預約不需預約

一個人也自在用餐

Com Pho Co
大眾食堂

MAP P.345-2C

受到當地越南人與遊客喜愛的Quán Cơm Bình Dân（→P.41），在11:00～14:00、18:00～21:00之間，在店內陳列出從經典到昆蟲等的鄉土料理，共有約40種菜色，想要嘗嘗北部家常料理的話就選在這個時段前往。提供附有照片的英文菜單。

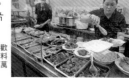

飯上各加上1道喜歡的蔬菜料理、豆腐料理、肉類料理，5萬越盾～

住16 Nguyễn Siêu ☎036-8192826（手機） 營10:30～14:00、17:30～21:00 休無休 Card JMV 預約不需預約

暖心的素食自助餐
Veggie Castle
素食料理

MAP P.343-1C

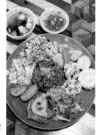

　提供無肉無魚素食自助餐的咖啡館，時尚的裝潢和每人 8 萬越盾的合理價格吸引了絡繹不絕的顧客。沙拉、燉菜、炒菜、炸物和蒸煮料理都是走溫和的口味，不小心就會吃太多。

每天供應約10種不同的菜色和 2 種湯，提供白米飯和糙米飯選擇

🏠 7 Yên Ninh, Q. Ba Đình　☎086-6911741（手機）　🕚11:00～14:00、18:00～21:30　🈚無休　Card 不可　預約不需預約

品嘗河內特色米飯料理
Xoi Yen
越南料理

MAP P.345-3D

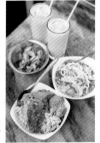

　專營越式米飯飯裡xôi的專賣店。 首先，可從玉米飯xôi Ngô、薑黃飯配綠豆沙xôi xèo或白飯xôi trang（每種 2 萬越盾）3 種中選擇，並搭配喜歡的配料。

配料包括滷蛋Trứng Kho（1 萬越盾）、豬肉Thịt Xá Xíu（2 萬2000越盾）等

🏠35B Nguyễn Hữu Huân　☎（024）39263427　🕕6:30～24:00　🈚無休　Card 不可　預約不需預約

高品質葡萄酒品項豐富
Colette
法國料理

MAP P.345-3D

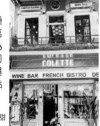

　可以輕鬆品嘗法國料理和葡萄酒的餐酒館，可以單杯品飲多達32種類的葡萄酒（每杯15萬越盾～），推薦菜色為乳酪鍋、拉克萊特起司等，菜單上也會列出與料理搭配的葡萄酒，點餐時可供參考。

商業午餐包含前菜、主菜、甜點，39萬5000越盾

🏠12 Lò Sũ　☎076-6253630（手機）　🕚11:30～22:00　🈷週一　Card A D J M V　預約建議預約

深受背包客喜歡的食堂
New Day
大眾食堂

MAP P.345-2C

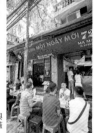

　有英文菜單也通英語的Quán Cơm Bình Dân（→P.41），收費透明，用餐時段坐滿了歐美人士，各種菜色都是小盤 2 萬越盾～、大盤 3 萬越盾～，能夠以便宜的價格吃到越南的庶民美食，並且不怕吃不飽。

一個人用餐則可以選擇將米飯與配菜一起盛盤的Cơm Đĩa（蓋飯），價位約 5 萬越盾～

🏠72 Mã Mây　☎（024）38280315、39262436　🕙10:00～22:30　🈚無休　Card J M V　預約不需預約

巧妙融合中華風格
Pepe La Poule
創意中華&義大利麵

MAP P.291-2A

　在高級中華料理店磨練廚藝的日本籍主廚開設的獨棟餐廳，無論哪一道菜都很美味，在地外國人經常造訪。推薦菜色為「真正的麻婆豆腐」、「四川擔擔麵」（皆為18萬越盾）等，平日還提供附沙拉、主菜、飲料和甜點的午間套餐（20萬越盾）。

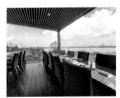

從屋頂還可以眺望西湖

🏠22 Quảng Khánh, Q. Tây Hồ　☎（024）62912641　🕚11:00～23:00（週日～21:30）　🈚無休　Card J M V　預約需預約

適合午餐或散步時休息
Rue Du Camp
越南料理&咖啡館

MAP P.346-1A

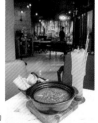

　位在一棟搶眼、設計怪異建築物的 1～4 層樓，是一間咖啡館兼餐廳。建議在這裡品嘗當地美食，例如河粉、越南風味的燉牛肉Bánh Mì Sốt Vang（ 8 萬越盾）等，以及以越南特有食材製作的飲料。

Bánh Mì Sốt Vang燉得軟嫩的牛筋和微辣的湯頭十分美味

🏠50A Tràng Thi　☎096-7448088（手機）　🕖7:00～23:00　🈚無休　Card 不可　預約大型團體需預訂

適合在西湖區散步時小憩
Avos & Mango
咖啡館

MAP P.291-1A

2017年在會安開幕的人氣餐廳，疫情過後於2021年搬遷至河內。提供以芒果和酪梨等河內可以品嘗到的季節性水果製作而成的甜點，每種甜點都很精緻，視覺感十足。店內空間也銷售當地藝術家的產品。

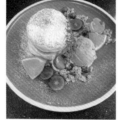

鬆軟的煎餅也很好吃

🏠50/12 Đặng Thai Mai, Q. Tây Hồ　☎039-6834404（手機）
🕐8:30～18:00　🈺無休　Card A D J M V　預約不需預約

在5星飯店享受甜食時光
Le Club
下午茶

MAP P.347-2D

在沙龍式的空間裡，配上讓光線充分照射進來的大型窗戶，享用著三層架呈盤的下午茶（69萬越盾）、巧克力盤（39萬越盾）或其他甜點，享受優雅的午後時光。每週二～日19:00～22:45提供現場爵士樂演奏。

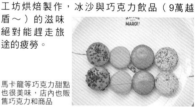

下午茶套餐含三明治、司康、5種甜點、瑪德蓮

🏠15 Ngô Quyền（Sofitel Legend Metropole Hanoi內）
☎(024) 38266919　🕐6:00～23:00（午茶15:00～17:30）
🈺無休　Card A D J M V　預約不需預約

古民家改建的舊城區咖啡館
Bancong Cafe
咖啡館

MAP P.345-3C

位於一棟擁有百年歷史的建築內，裝潢古色古香，是一間氣氛和諧的咖啡館。包含班尼迪克蛋的早餐套餐（13萬5000越盾），以及義大利麵料理都非常美味。餐廳共有3層樓，2樓的露台座位可俯瞰街道。

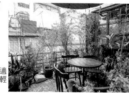

這是一個奇特又舒適的地方，可以度過輕鬆的時光

🏠2 Đinh Liệt　☎096-5300860（手機）　🕐8:00～23:00
🈺無休　Card M V　預約不需預約

提供獨特的巧克力甜點
Maison Marou Hanoi
咖啡館

MAP P.346-3B

源自胡志明市的單一產區巧克力品牌「Marou」，其開設的咖啡館兼商店，直接從越南國內6處農場進貨的可可，在店鋪最裡頭的工坊烘焙製作，冰沙與巧克力飲品（9萬越盾～）的滋味絕對能趕走旅途的疲勞。

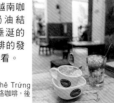

馬卡龍等巧克力甜點也很美味，店內也販售巧克力和商品

🏠91A Thợ Nhuộm　☎(024) 37173969　🕐9:00～22:00（週五・六～23:00）　🈺無休　Card A D J M V　預約不需預約

適合拍照的連鎖咖啡館
Cong Caphe
咖啡館

MAP P.292-3B

以共產主義風格妝飾的氣氛風雅咖啡館，裸露出來的紅磚牆上裝飾有社會主義宣傳藝術，舊書則隨興地放置在書架上。推薦最出名的Cà Phê Cốt Dừa（加入椰奶冰沙的咖啡，4萬9000越盾），飲料類也很便宜，咖啡2萬9000越盾～。

前方為加入椰奶的咖啡，很適合夏天

🏠27A Nhà Thờ　☎086-9353605（手機）
🕐7:30～23:30　🈺無休　Card不可　預約不需預約

雞蛋咖啡的發源地
Cafe Giang
咖啡館

MAP P.345-3D

雞蛋咖啡是一種於1940年代起源於河內的料理，將蛋黃和煉奶攪拌在一起，再將奶油倒在咖啡上。苦澀的越南咖啡與微甜的鮮奶油結合，創造出令人垂涎的甜點。在雞蛋咖啡的發源地，一定要試試看。

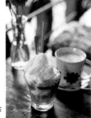

左前方是雞蛋咖啡 Cà Phê Trứng（3萬越盾），右邊為優格咖啡，後面是雞蛋啤酒

🏠39 Nguyễn Hữu Huân　☎098-9892298（手機）
🕐7:00～22:00　🈺無休　Card不可　預約不需預約

餐廳 Restaurant

健康又美味、樸實的Chè

Che 4 Mua

甜品

MAP P.344-2B

位於舊城區的在地Chè專賣店，經常有當地人光顧。最推薦的是冬天限定的白玉團子Chè（Bánh Trôi Nóng，2萬越盾）。暖暖的白玉團子裡夾滿了黑芝麻醬，再淋上椰奶，讓人身心溫暖起來。

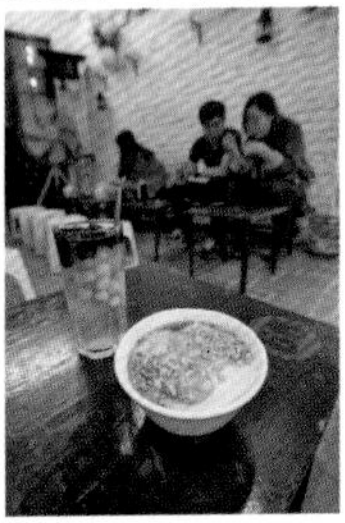

前方為白玉團子Chè，左後方為Sen Đá（白豆湯圓），左後方為蓮子Chè（Chè Sen Đá）

住4 Hàng Cân ☎098-4583333（手機）
營9:00～22:00 休無休 Card 不可 預約 不需預約

使用水果的甜點店

Hoa Beo

甜品

MAP P.344-3B

這家甜品店總是擠滿了當地人，以水果Chè（→P.46的Hoa Quả Dâm）為招牌，還有放上冰淇淋的Hoa Quả Kem（4萬越盾）、芒果塊堆成小山的雪花冰（6萬越盾）等，品項相當豐富。提供附照片英文菜單。

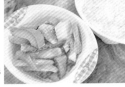

Hoa Quả Dâm（3萬越盾）

住17 Tô Tịch ☎093-7541988（手機）
營9:00～24:00 休無休 Card 不可 預約 不需預約

其他餐廳 Restaurant

Cay Cau

越南料理 MAP P.347-3D

住17 Trần Hưng Đạo（De Syloia Hotel內）
☎（024）39331010 營8:00～21:00 休無休
Card A J M V 預約 晚餐最好先預約

長居當地的外國人說「不論吃什麼，絕對都不會令人失望」，對這間店大力地支持。以海鮮料理為主，肉料理16萬9000越盾～，類似南部料理偏甜的濃厚調味是這裡的特徵，提供套餐選擇。每晚19:00～21:00有傳統樂器的演奏。

San Ho

海鮮料理 MAP P.346-2A

住58 Lý Thường Kiệt ☎（024）39349184
營11:00～14:00、17:00～22:00 休無休
Card A J M V 預約 需預約

這間海鮮餐廳店門口的整排水槽有龍蝦和螃蟹在裡頭游著，總共有3層樓，店內是讓人放鬆的休閒內裝，龍蝦（39萬5000越盾～／100g）、螃蟹（11萬越盾～／100g）等，價格略高但味道很好。

Sui Cao Tom Tuo

麵 MAP P.344-2B

住22 Hàng Phèn ☎098-3213638、093-7111898（手機）
營6:00～21:00左右 休無休
Card 不可 預約 不需預約

餛飩麵Mỳ Vằn Thắn（→P.36）的超人氣店，微微帶點甜味的湯頭中加入極細的油麵，再放上大量的巨大炸餛飩，形成一種絕妙的組合（4萬越盾），份量大，很有嚼勁。

Highlands Caffee

咖啡館 MAP P.347-2D

住1 Tràng Tiền ☎（024）39334801
營7:00～23:00 休無休
Card A D J M V 預約 不需預約

在越南各地開設分店的知名咖啡連鎖店，在河內有十幾間分店，尤其是位於河內歌劇院旁的這家店，露天咖啡座的設計受到外國觀光客及當地居民的喜愛。咖啡3萬5000越盾～，也有冰淇淋、越式三明治等輕食。

Cafe Pho Co

咖啡館 MAP P.345-3C

住11 Hàng Gai（位於穿過紀念品店的後方，不要猶豫，就從後方的樓梯不斷往上爬） ☎（024）39288153
營8:00～23:00 休無休 Card 不可 預約 不需預約

Phố Cổ是舊城區的意思，這家店將古老的中式民宅改裝成咖啡店，有著舊城區獨特的風情。菜單有咖啡（3萬越盾～）等，以及招牌名物——不知為何加入雞蛋的雞蛋咖啡（→P.49，4萬5000越盾～）。

Kinh Do Hanoi Cafe 252

咖啡館 MAP P.346-1A

住252 Hàng Bông ☎（024）38250216
營7:00～19:30 休無休
Card 不可 預約 不需預約

凱薩林·丹妮芙Catherine Deneuve在拍攝電影《印度支那Indochine》時經常造訪的河內老牌咖啡館，感覺時間停留在古早年代的古雅店內，提供「甜」、「濃」這類淺顯易懂口味的咖啡（2萬5000越盾～）與自製麵包，氣氛感覺相當懷舊。

Puku Cafe & Bar

咖啡館&酒吧 MAP P.346-1A

住16-18 Tống Duy Tân ☎（024）39381745
營24小時 休無休（偶爾會在深夜打烊）
Card J M V 預約 不需預約

在河內相當珍貴的24小時營業咖啡館兼酒吧，店內牆面上掛著老美國時代的招牌與海報，可以在自然休閒的氣氛中安靜地聊天。啤4萬越盾～、雞尾酒8萬5000越盾～，另外還有美味的餐點。

Voice! 若想在河內聽爵士樂，可以來到由越南爵士樂界第一把交椅Quyền Văn Minh先生所經營的爵士俱樂部Binh Minh's Jazz Club。現場演奏每天晚上21:00～演出，啤酒9萬9000越盾～等。MAP P.347-2D 住1A Tràng Tiền ☎（024）39336555 營9:00～24:00 休無休

提供美味雞尾酒的小型咖啡館＆酒吧
Infusion
咖啡館・酒吧

MAP P.292-3A

這家居家咖啡館 酒吧，如果住在鄰近地區，一定每天都想光顧。推薦來一杯 Elderflower Garden（17萬盾），這是一款以日本精釀杜松子酒ROKU為基底的獨創雞尾酒，帶有玫瑰和接骨木花的香氣，並以滴漏咖啡作為點綴。

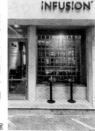

地點便利，也是一間咖啡館

🏠 20 Âu Triệu ☎ 096-4379293（手機）
🕐 8:00～23:30 休無休 Card A D J M V 預約不需預約

在舒適的空間享受雞尾酒
Bamboo Bar
酒吧

MAP P.347-2D

雖然是名門飯店的酒吧，但是也可在此隨興放鬆，是其一大魅力之處。竹製風扇運轉著的露天空間中，供應著曾下榻此地名人的自創雞尾酒，如：查理・卓別林Charlie Chaplin（26萬越盾）、葛拉罕・葛林Graham Greene（29萬越盾）等，也有提供無酒精雞尾酒和輕食。

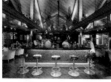

茅草屋頂令人印象深刻，地點位在泳池旁，開放感十足

🏠 15 Ngô Quyền（Sofitel Legend Metropole Hanoi內）
☎（024）38266919 🕐 6:00～23:00 休無休
Card A D J M V 預約不需預約

源自河內的精釀啤酒專賣店
Furbrew
啤酒酒吧

MAP P.291-1A

由位在花市後方巷弄的釀酒廠＆露天啤酒園「The 100」（**MAP** P.291-1B）經營的啤酒酒吧，和越南河粉使用一樣香料的Beer Pho等充滿對河內的愛與玩心的新鮮精釀啤酒（4萬越盾～），通常都會有20種左右的口味。

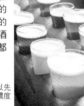

6種試飲組合12萬盾，可以先確認過IBU（苦度值）與酒精濃度後再試喝

🏠 8 Ngõ 52 Tô Ngọc Vân, Q. Tây Hồ ☎ 091-2666736（手機）🕐 16:00～24:00 休無休 Card M V 預約不需預約

浪漫的屋頂酒吧
The Summit
酒吧

MAP P.343-1C

裡最大的賣點是從20樓眺望的壯觀360度環繞景觀，稱得上是河內數一數二，店裡也有許多長居當地的外國人身影，西湖一側設有陽台，可觀賞西湖的優美日落美景。雞尾酒種類眾多（10US$～），十分推薦。

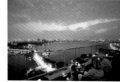

從陽台可望見河內首屈一指的日落景致

🏠 20F, 1 Thanh Niên, Q. Ba Đình（Pan Pacific Hanoi內）☎（024）38238888 🕐 16:00～24:00 休無休 Card A D J M V 預約不需預約

可品嘗罕見的雞尾酒
Ne Cocktail Bar
酒吧

MAP P.346-1A

由發明河內河粉雞尾酒（19萬盾）的著名調酒師所經營，可品嘗到河內特有的罕見雞尾酒，如豆腐甜點調製的雞尾酒（22萬盾）和用綠米C m調製的特殊雞尾酒。每週二 三21:30～23:00有現場音樂表演。

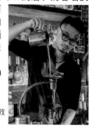

調製河粉雞尾酒時的火焰噴射效果，令人目不暇給

🏠 3B Tống Duy Tân ☎ 079-6495988（手機）
🕐 19:30～翌日2:00 休無休 Card A M V 預約不需預約
[分店] **MAP** P.344-2A 🏠 12 Cửa Đông

越式居酒屋
Highway4
餐廳・酒吧

MAP P.345-3D

餐廳提供水果、米等釀造的當地原酒（4種試飲11萬5000盾～），同時也可以品嘗到北部美食。酒精濃度大多落在濃烈的45～50%，若選擇水果酒和利口酒調製成的雞尾酒，會比較好入口。

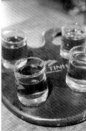

4款當地葡萄酒試飲「Son Tinh」，也有加入香草和米調製的葡萄酒，適合鑑賞家品嘗

🏠 5 Hàng Tre ☎（024）39264200 🕐 10:00～23:45
休無休 Card J M V 預約不需預約

網羅備受矚目的在地品牌
Collective Memory

越南雜貨

MAP P.292-3B

　走遍世界各地的旅遊作家與攝影師情侶檔老闆所開設的選貨店，以「原創與高品質」為關鍵字，店內販售他們走遍越南各地時找到的約30個品牌的商品，包含設計雜貨、少數民族雜貨、服飾、水果乾和果醬等食品、時尚的陶器、自然風格的美妝品等，每一樣都質感很好，還有許多河內他處所沒有的品項。

住 12 Nhà Chung
☎ 098-6474243（手機）
營 9:30～19:30
休 無休
Card D J M V

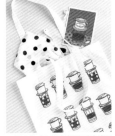
以越南咖啡為概念設計的托特包（26萬越盾），也有河粉、越式三明治的款式

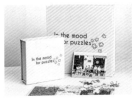
描繪河內街頭咖啡店的拼圖（45萬越盾／100片）

手繪巴莊陶器令人一見鐘情
Cerender

陶器

MAP P.347-2C

　在巴莊（→P.308）設有工坊的設計團隊「Jork Pap」製作的巴莊陶器專賣店，由10位以上的職人手工彩繪的新式巴莊燒，可以用在微波爐與洗碗機，尺寸眾多應用廣泛。陶器散發出手繪才有的品味且價格合理，讓人看得目不轉，推薦貓咪筷架、魚湯匙，價格依作家和尺寸而異，湯匙7萬越盾～、小碟子8萬越盾～等。

住 11A Tràng Thi
☎ 098-8595858（手機）
營 9:00～21:00
休 無休
Card M V

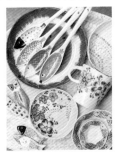
筷架3萬5000越盾，花朵圖案馬克杯20萬越盾

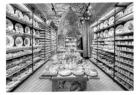
網羅其他店沒有的配色和花色的陶器，喜歡陶器的人一定要來看看

可以找到精緻的民族雜貨
Chie Du Pu Du Pa

手工藝品＆布製配件

MAP P.292-2B

　這家手工藝店是由一個保存越南少數民族刺繡、蠟染和手編布料傳統文化的組織所經營。店內販賣由泰族、寮族和苗族傳統布料製成的布製配件和服裝，價格標籤上會註明商品的產地和材質。對於喜愛少數民族商品的人來說，這家店是必到之處。色彩柔和的棉、絲布料飾品都很優雅，在台灣也可以使用。最受歡迎的商品是製作精良、有質感的小包，價位約15萬越盾。日本的JICA和非政府組織也參與了產品開發和銷售，並在區域發展方面進行合作。

住 66 Hàng Trống
☎ (024) 39387215
營 8:30～19:30
休 無休
Card A D J M V

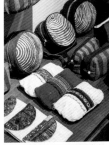
以黑麻和刺繡布料製成的小包包，13萬8000越盾

使用黑苗族蠟染和泰族編織品的杯墊

Voice 越南目前正在進行一項計劃，將咖啡豆餵給靈貓科動物，並將其糞便中未消化的咖啡豆打造成奢侈品。製作方法與印尼著名的「麝香貓」相同。越南市場上已經出現一定數量的「貂鼠咖啡」，但大↗

高品質的少數民族雜貨＆服飾
Indigo Store

服飾＆布製配件

MAP P.343-2C

商品包含黑泰族的藍染棉質連身洋裝、用苗族刺繡的零碎布料製作的化妝包等，是販售用越南北部少數民族的傳統布料製作的公平貿易商品的店家。1樓為小東西和服飾，2樓則販售古董民族服飾。所有圍巾和服裝都是用一件一件用天然染料染色，獨一無二。日本老闆推出的設計自不在話下，還考慮到使用的舒適度，可找到耐用的珍品。也有開設藍染工作坊（23萬越盾）。

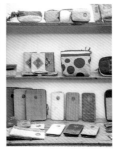

🏠33A Văn Miếu, Q. Đống Đa
☎（024）37193090
🕐8:00〜21:00
🈺無休
Card A D J M V

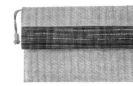

錢包類11萬5000越盾〜，也有護照套等小物

靛藍色點綴的麻質手拿包

來自越南的新興品牌
Tanmy Design

服飾＆越南雜貨

MAP P.292-1B

這是橫跨3個世代，持續引領河內絲織品潮流的人氣絲織品店所企劃的大型精品店，網羅了在越南相當活躍的各國籍頂尖設計師的服飾作品，獨創刺繡小物和寢具織品在2樓。

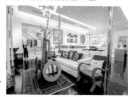

這家店共有3層樓，1樓附設咖啡館

🏠61 & 63 Hàng Gai　☎（024）39381154
🕐9:00〜19:00　🈺無休　Card A J M V

越南伴手禮最齊全的河內商店
Amazing Hanoi

越南雜貨

MAP P.292-1B

Amazing Hanoi精選各式越南紀念品，包括刺繡小物、巴莊陶器、竹製工藝品、水牛角飾品、天然化妝品、咖啡、茶和巧克力。在寬敞的店內逛逛，一定能找到想要的東西，如果找不到需要的東西，也可以詢問店員。

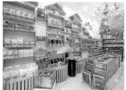

在這裡一次採購伴手禮非常方便

🏠69 & 71 Hàng Gai　☎（024）38285104
🕐9:00〜18:00　🈺無休　Card A J M V

掌握胡志明市的潮流趨勢
Craft House

越南雜貨

MAP P.346-1B

以越南品牌為主的胡志明市人氣商店正式進駐河內，精心挑選的商品種類繁多，從工藝品到食品、酒類和美妝保養品一應俱全，可以參考包含一組明信片和其他物品的河內紀念品套組（78萬越盾）。

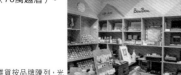

雜貨按品牌陳列，光看就很樂趣

🏠19 Nhà Chung　☎（024）62920919
🕐9:00〜21:30　🈺無休　Card A D J M V

遇見有韻味的雜貨
Tohe

越南雜貨

MAP P.340-3B

繽紛的用色、輕鬆的風格，每一件商品都充滿藝術感，能舒緩心情讓人放鬆。這邊的商品將越南北部身心障礙兒童與貧困家庭兒童的圖畫，製作成各式各樣以布製配件與包包為主的商品，由非營利團體經營。錢包（11萬越盾〜）相當受歡迎。

髮圈（各1萬越盾）非常適合綁頭髮的紀念品

🏠8 Đỗ Quang, Q. Cầu Giấy　☎083-7790465（手機）
🕐9:00〜19:30　🈺無休　Card M V

↘部分都是人工調味的假貨，需要敏銳的眼睛、鼻子、舌頭和金錢才能找到正品。

想在台灣穿的高品質亞麻服飾
Moriko Saigon　　服飾＆布製配件
MAP P.292-3A

　　這是一間精品服飾店，販售著以精緻、美麗的手工刺繡和淺色亞麻布製成的洋裝（288萬越盾～）和越式旗袍。所有洋裝都是在胡志明市的工廠製作，款式符合台灣人的風格。店內也有來自河江省的天然化妝品品牌「Story of the forest」。

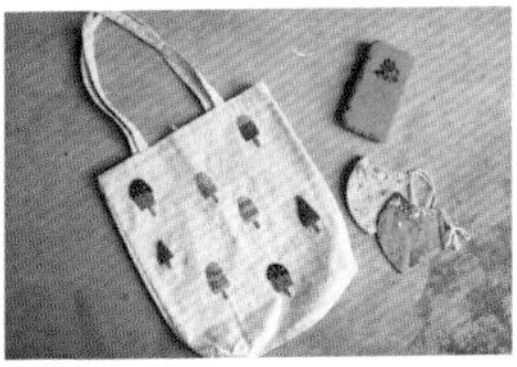

也有販售小東西，托特包75萬越盾～、口罩12萬越盾～等

🏠18 Áu Triệu　☎093-8780767（手機）
🕐9:00～20:30　休無休　**Card** J M V

俏皮又前衛的洋裝
Chula　　　　服飾
MAP P.291-1A外

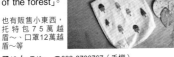

　　由西班牙設計師夫妻開設的精品店，靈感擷取自越南的文化、食物、人等各個面向，以越南素材製作的洋裝宛如藝術品一般，還有融入龍邊橋與越南河粉的設計，創意令人大為佩服。洋裝400萬越盾～。

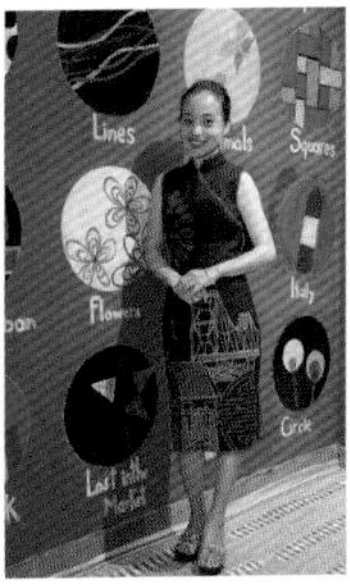

繡上龍邊橋刺繡的丹寧布中式旗袍（430萬越盾）

🏠43 Nhật Chiêu, Q. Tây Hồ　☎098-9886480（手機）
🕐9:00～18:00　休無休　**Card** A D J M V

老字號少數民族雜貨
Sapa　　　包包＆布製配件
MAP P.292-1A

　　以北部少數民族居住地「沙霸」（→P.369）為店名，店裡使用少數民族的布料所做成的包包、錢包、抱枕套、絲巾、服飾等布製配件堆積成山，另外也有同樣使用少數民族的布料做成的民族襯衫。

約半數的商品都是獨創商品，還有古董布料、鞋子等珍品

🏠108 Hàng Gai　☎（024）39380058
🕐7:00～21:30　休無休　**Card** A D J M V

潮流設計的當地T恤
Ginkgo T-Shirts　　T恤
MAP P.292-1B

　　這間T恤專賣店的商品是將越南隨處可見的日常生活景象、象徵性物品等印製成的T恤（60萬越盾～），例如電線打結了的電線桿、載滿貨物的摩托車等，透過法國設計師的眼睛將看到的影像轉化，變成時尚的T恤。這裡的T恤顏色和尺寸都有很多選擇，有男性、女性服裝和童裝，縫工也很紮實。

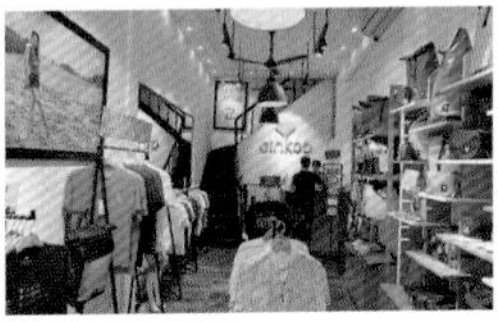

在胡志明市及會安都有分店

🏠79 Hàng Gai　☎（024）39382265　🕐9:00～21:00　休無休
Card A D J M V　［分店］**MAP** P.345-3D　🏠44 Hàng Bè

獨一無二的現代越式旗袍
Huu la la　　越式旗袍
MAP P.292-3B

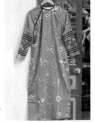

　　改建自古民家的小型精品店，店內包含運用傳統技術製作繡有可愛刺繡的越式旗袍、碎花圖案、水滴圖案等每一件布料與質感各異的休閒越式旗袍等，這些由女性越南設計師Huu女士製作的色彩繽紛越式旗袍，都洋溢著少女風格，也有販售包包、筆記本等。

棉質布料的越式旗袍200US$～、絲質則為300US$～

🏠2 Nhà Chung　☎089-8128223（手機）
🕐9:00～22:00　休無休　**Card** M V

網羅珍貴民族雜貨
Craft Link　　布製配件
MAP P.343-3C

　　這是協助手工藝品生產者的NPO所開設的少數民族雜貨店，以花苗族、瑤族、泰族、儂族、麻族M等少數民族傳統布料製作的錢包、包包、耳環等商品數量是河內最多的，也可以買到水牛角製的飾品和漆器等作品。

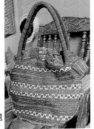

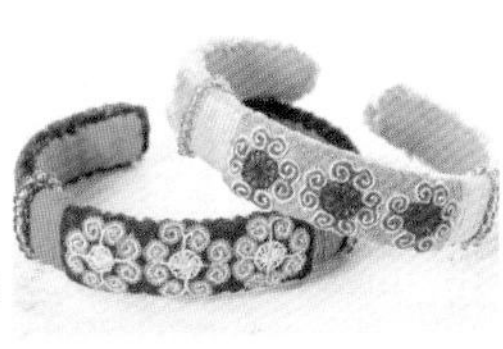

苗族天鵝絨手環各15萬9000越盾

🏠51 Văn Miếu, Q. Đống Đa　☎（024）37336101
🕐9:00～18:00　休無休　**Card** A J M V

邂逅有故事的商品
Humanity Hanoi　服飾＆雜貨
MAP P.291-1A

這間生活風格商店提供來自越南和東南亞製造商的精選產品，製造商皆具備環保和社會意識。 店內的原創服飾和配件品味高雅、品質優良。 收益的 5％會捐贈給當地的慈善機構。

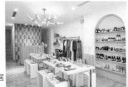

也有販售化妝品和居家用品

🏠16 Tây Hồ, Q. Tây Hồ　☎079-6100050（手機）　10:00～18:00（週五 六～19:00）　休週一　**Card** A J M V

隱藏在古老法式別墅中的小店
Hien Van Ceramics　陶器
MAP P.292-2A

北寧省Hien Van村陶器工作室直營的展示館和商店，喜愛越南歷代陶瓷的藝術家Bui Hoai Mai，在繼承傳統陶瓷美感的同時，又加入了現代的精髓，創造出Hien Van陶器，悄然流行於河內。

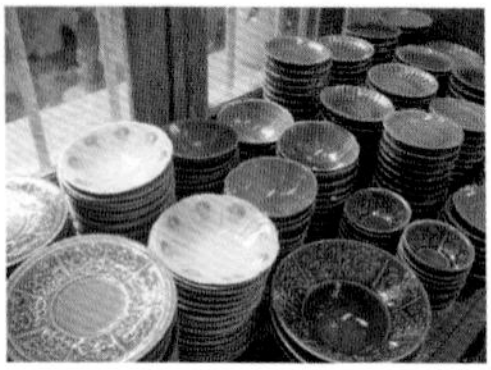

Hien Van陶瓷帶有懷舊的感覺，小盤子15萬越盾～，大盤子30萬越盾～等

🏠2F, 8 Chân Cầm　☎094-4683390（手機）　9:00～18:00　休無休　**Card** J M V

怦然心動的復古琺瑯餐具
Nhom Hai Phong　琺瑯餐具
MAP P.344-1A

店內陳列著在河內少見的琺瑯餐具，在海防的工廠生產製作，杯子或是畫上動物、玫瑰花圖案的復古盤子價格從11萬越盾左右起跳，杯子則是14萬越盾～。因店面不大，小心不要錯過了。

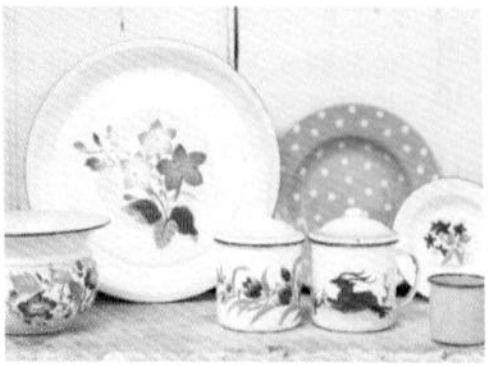

越南製的琺瑯餐具因為產量日漸減少，價格不斷上升

🏠38A Hàng Cót　☎（024）38269448　7:30～17:30　休無休　**Card** 不可

來自越南的帆布品牌
Jamlos　包包
MAP P.345-2C

專門生產最適合休閒服裝的帆布包，店內提供各式各樣的包包，包括托特包、杯子提袋、和波士頓包等品項豐富，所有包包都方便使用且堅固耐用，價格也很合理，最歡迎的是三角形肩背包，33萬越盾。

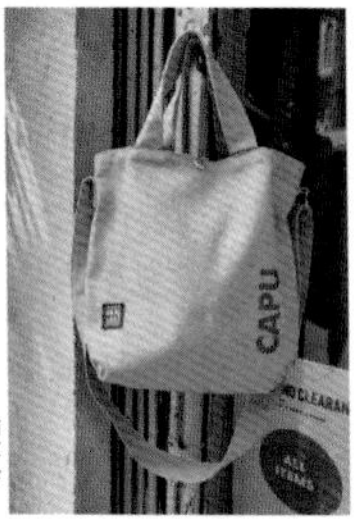

迷你手提包，也可當作單肩包使用（27萬越盾） 有棕色和其他顏色可供選擇

🏠26 Đào Duy Từ　☎089-9899767（手機）　10:00～20:30　休無休　**Card** 不可

可以買到價格實惠的陶器
Dragonfly　手工藝品＆陶器
MAP P.344-3B

在這裡可購買到陶器、竹製品、漆器品等越南傳統手工藝品中，融入了現代化元素的高質感商品，粉彩色陶器餐具上呈現出手捏的曲線，造型相當新穎，還可以用在微波爐，是很棒的商品，也有提供竹製器具、用水牛角製作的商品等。

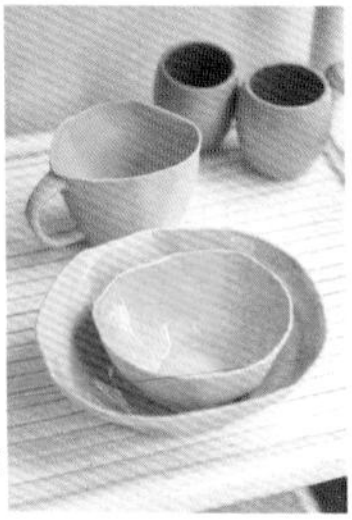

也有出口到歐洲各國，小碟子4萬越盾、馬克杯6萬越盾

🏠10 Tô Tịch　☎（024）38285532　7:00～18:00　休無休　**Card** A J M V

網羅寶石到可愛雜貨
Star Lotus　珠寶＆越南雜貨
MAP P.349-2C

寶石中反射出星狀光芒，這款在亞洲也有只極少地區生產的稀少寶石就在這間店內販售，另外也有賣越南雜貨。店內陳列著日本老闆優異的眼光挑選出的星彩紅寶石（280US$～）等最棒的商品。還提供紅寶石、尖晶、海藍寶石等寶石切割體驗（80 US$～）

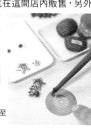

寶石切割體驗將把成品帶回，至少須在前一天預約

🏠111 Mai Hắc Đế, Q. Hai Bà Trưng　☎（024）39749710、091-8152992（手機）　10:30～19:30　休無休　**Card** J M V

印章老字號
Phuc Loi
印章

MAP P.344-3B

門口擺放著一個個以越南本土動物，或生活、文化等為模型所製作的印章，受到外國觀光客喜愛，可接受訂做，可依喜歡的大小、圖案、文字（中文字、古漢字、平假名、片假名、英文字母均可）雕刻製作，小的印章約需30分鐘～好幾小時（依訂單狀況而異），費用為 2 ～ 30US$，也可訂製似顏繪的印章（10US$）。

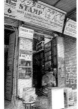

印章的材質有木頭、石頭、水牛角、橡膠、塑膠等

🏠6 Hàng Quạt ☎（024）39940970 🕐7:00～18:00 Card不可 [分店] MAP P.345-2C 🏠2B Tạ Hiện

越南風味巧克力
Pheva
巧克力

MAP P.346-1A

使用越南南部檳榔Bến Tre栽種的崔尼塔利奧品種Trinitario可可豆的單一產區巧克力，是最新的經典越南伴手禮，共有黑胡椒、肉桂、柳橙皮、薑等18種口味，盒裝分為 6、12、24、48入這 4種，可以自由組合自己喜歡的口味，可以試吃。

也有巧克力棒，各 3萬越盾的實惠價格

🏠8B Phan Bội Châu ☎（024）32668579 🕐8:00～19:00 🏠無休 Card A J M V

適合贈禮的真正蓮花茶
Huong Sen
茶葉

MAP P.344-3A

這家店的蓮花茶（80萬越盾／100g）保留了過去受到王公貴族喜愛的傳統作法，從古承襲至今，每年只有 6 ～ 7 月收成 1 次，由於只使用雄蕊，必須用上120朵以上的蓮花才能製作出100g的蓮花茶。現在為 第 4 代老闆 Hai先生經營，提供試喝。

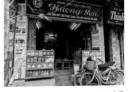

另外還有茉莉花茶（18萬越盾／100g）、Mứt Sen（糖蜜蓮子，5 萬越盾／150g）。

🏠15 Hàng Điếu ☎（024）38246625 034-4585378（手機）🕐8:00～18:30 🏠無休 Card J M V

購買食品伴手禮的好地方
Lotte Mart
超市

MAP P.342-2A

這家超市位於樂天百貨地下 1 樓，是採購大量食品伴手禮的便利場所。這裡有一個大型的越南紀念品專區，也有來自大叻、包裝時尚的食品品牌Lan Pham（→P. 110、206）。此外，還有一個小型美食廣場。

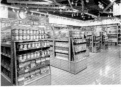

網羅在地產品的越南區域

🏠B1, Lotte Center Hanoi, 54 Liễu Giai, Q. Ba Đình ☎（024）37247501 🕐8:00～22:00 🏠無休 Card D J M V

Annnam Gourmet Market
食品

MAP P.291-1A

🏠1F, Syrena Shopping Center, 51 Xuân Diệu, Q. Tây Hồ
☎（024）66739661 🕐7:00～21:00
🏠無休 Card A D J M V

販售進口食品、越南國內生產的高品質食品、化妝品等的高級超市，也有販售Marou等越南在地巧克力，可以來這裡選購伴手禮，原創的環保袋也很可愛。

BRG Mart
超市

MAP P.347-1C

🏠120 Hàng Trống
☎（024）38256148 🕐6:00～22:00
🏠無休 Card M V

位於觀光區的超市，方便購買伴手禮，1 ～ 2樓有各式各樣的當地蔬菜和冷凍食品，也有酒類和糖果等豐富進口商品。3 樓則是伴手禮和生活雜貨的賣場。

Winmart
超市

MAP P.291-1A

🏠2F, Syrena Shopping Center, 51 Xuân Diệu, Q. Tây Hồ
☎（024）71066866 🕐8:00～21:30
🏠無休 Card J M V

生活的商品種類繁多，在這裡也可以看到許多當地外國人的身影。除了越南製造的食品外，還有來自泰國、中國和其他國家的進口食品。

非凡的旅程
Le SPA du Metropole　SPA

MAP P.347-2D

在 5 星級飯店的優雅氣氛中，享受絕佳技術的高級SPA服務，受歡迎的療程有使用溫暖藥草球的越式按摩Vietnamese Journey、使用法國Sothys產品的臉部護理療程等。

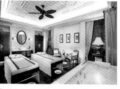

共有 7 個房間，內部裝潢各有不同

🏠15 Ngô Quyền（Sofitel Legend Metropole Hanoi內）
☎（024）38266919（分機8700）　🕐10:00〜22:00
🈺無休　💰身體護理療程160萬越盾〜（60分鐘）等
Card A J M V　預約需預約

體驗紅瑤族傳統療法
Dao's Care　SPA

MAP P.342-1A

提供紅瑤族的傳統民俗療法包括草藥浴（15萬越盾／15〜20 分鐘）和使用藥草的按摩。按摩由視障人士服務，雖然位置有點偏離市中心，但提供的獨特服務，值得一訪。

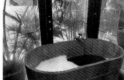

含有多種藥草的紅瑤族藥草浴

🏠351 Hoàng Hoa Thám, Q. Ba Đình
☎（024）37228316、097-8899539（手機）　🕐9：00〜21:00　🈺週二　💰瑤族按摩28萬越盾、藥草按摩32萬越盾（皆為60分鐘）等　Card M V　預約最好先預約

技術可靠，深受在地外國人歡迎
Omamori Spa　SPA

MAP P.292-2A

由支援視障人士獨立生活的組織所經營的SPA，提供高水準的細心療程，舒緩全身僵硬。由於非以營利為目的，因此價格很合理。可以自由選擇按摩師的性別和療程的強度，不需支付小費。

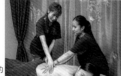

由 2 位按摩師進行的按摩也很受歡迎

🏠48 Ngõ Huyện　☎（024）37739919　🕐9:00〜23:00（L.O.21:30）　🈺無休　💰舒適按摩30萬越盾、無油按摩35萬越盾(為60分鐘)　Card不可　預約不需預約

散步途中休憩的好所在
Body & Soul Spa　SPA

MAP P.292-2B

位在西湖區域的人氣SPA，提供30分鐘腳底按摩 3 小時方案等各式各樣的療程，按摩師擁有10年以上的經驗，採用傳統越南療法，深受好評。

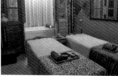

內部裝潢以越南風情的紅色為主

🏠108 Hàng Trống　☎076-6067080（手機）
🕐9:00〜22:00　🈺無休　💰身體與心靈招牌按摩療程68萬5000越盾（60分鐘）等　Card M V　預約需預約
[總店] MAP P.291-1A　🏠53 Tô Ngọc Vân, Q. Tây Hồ

河內規模最大的SPA
Amadora Wellness & Spa　SPA

MAP P.291-1B

高水準的按摩手法與服務相當受到當地國外人喜愛，尤其是可護理全身上下的套裝療程更是大受好評，也有提供長達 5 個小時的療程。使用各種藥草製作的藥草球的按摩也很有人氣。

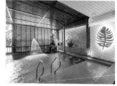

內部裝潢也講求放鬆的空間

🏠50 Xuân Diệu, Q. Tây Hồ　☎（024）37951702
🕐9:00〜21:30　🈺無休　💰臉部護理療程67萬5000越盾〜（60分鐘〜）、身體按摩127萬5000越盾〜（90分鐘〜）、各種套裝療程147萬5000越盾〜（2小時30分〜）等
Card A J M V　預約需預約

日本人喜歡的休閒SPA
Urban Oasis Spa　SPA

MAP P.292-1B

約 50%的顧客是日本人，提供高水準的療程、貼心的服務和合理的價格，令人滿意。推薦夏季方案（140萬越盾／2 小時30分鐘）包含椰子磨砂、全身按摩和臉部護理。

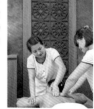

7 層高的大型SPA，設有電梯

🏠39A Ngõ Hàng Hành　☎（024）33543333　🕐9:00〜22:00（L.O.21:30）　🈺無休　💰身體按摩43萬越盾（60分鐘）、手部及肩頸按摩29萬越盾（45分鐘）等
Card A J M V　預約最好先預約

河內最負盛名的名門飯店
Sofitel Legend Metropole Hanoi

高級飯店

MAP P.347-2D

擁有百年以上歷史，延續著傳統與禮儀的這家飯店，內部殖民風格的內裝與擺設，隨處可見歷史的痕跡，有許多來自各國的貴賓與名人入住。質感絕佳的寢具、對客人的服務等，都讓人感受到這家飯店貼心的待客之道。飯店內共有

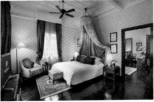
本館的Luxury Suite房型

5間餐飲設施，包括被稱為越南第一的法國餐廳「Le Beaulieu」、設有個人包廂的高級SPA「Le SPA du Metropole」（→P.331）等，住宿以外尚有許多值得造訪之處。建築分為經典內裝的Metropole Wing（本館），以及俐落時尚風格的Opera Wing（新館）。

🏠15 Ngô Quyền
☎（024）38266919
URL www.sofitel-legend-metropole-hanoi.com
💰⑤Ⓦ⑦718萬越盾 套房2290萬越盾
（＋稅・服務費15%）
Card AⒹJⓂⓋ 共364房

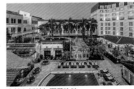
本館和新館包圍著泳池

俯瞰西湖的極上療癒時光
InterContinental Hanoi Westlake

高級飯店

MAP P.291-2B

這間飯店將客房大樓安排在美麗的西湖上，營造出私人的空間與時間，極盡奢華。所有房間都有陽台，可欣賞到絕佳風景，尤其是面西湖側的客房景致更是絕倫。客房採用高雅的內裝與優雅配色，演繹出讓人放鬆的空間，再

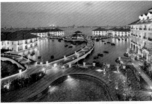
相當有度假氣息的游泳池

加上每間客房面積都達43m²以上，寬敞居河內飯店之冠。可以優雅享用下午茶的「Diplomat Lounge」、以亞洲料理與葡萄酒數量自豪的「Saigon」、「Sunset Bar」等精緻的餐廳與酒吧，也非常吸引人。

🏠5 Từ Hoa, Q. Tây Hồ
☎（024）62708888
URL hanoi.intercontinental.com
💰⑤Ⓦ⑦144US$～ 套房270US$～（＋稅・服務費15.5%、含早餐）
Card AⒹJⓂⓋ
共318房

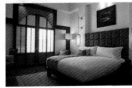
統一為暖色系的高級房型

聳立於西湖畔，來自新加坡的5星飯店
Pan Pacific Hanoi

高級飯店

MAP P.343-1C

所有客房使用高品質寢具與助眠的特製床鋪，而且Deluxe客房除了浴缸之外還有淋浴設備，可以好好放鬆。游泳池是屋頂可開關的全天候型溫水游泳池，一整年都能使用。可享受360度全景景觀的頂樓「The Summit」（→P.325）、美味飲茶

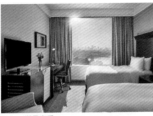
Deluxe湖景套房

頗受好評的「Ming Restaurant」、國際自助餐「Pacifica」等餐飲設施也應有盡有，也設有酒店式公寓，可供商務人士等長期住宿者使用。

🏠1 Thanh Niên, Q. Tây Hồ
☎（024）38238888
URL www.panpacific.com/ja/hotels-and-resorts/pp-hanoi.html
💰⑤Ⓦ⑦116US$～ 套房182US$～
（＋稅・服務費15%，含早餐）
Card AⒹJⓂⓋ 共324房

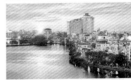
位於西湖畔的飯店，推薦選擇湖景房

住宿 Hotel

注重細節的新穎飯店
Capella Hanoi

高級飯店

MAP P.347-2D

由新加坡Capella Hotels & Resorts營運的豪華5星飯店，於2022年在河內市中心開幕。設計靈感源自河內的歌劇院，融入法國殖民時代的印度支那風格。由建築師Bill Bensley設計，他也曾參與多座熱門度假村的設計工作，光彩奪目的世界令人嘆為觀止。

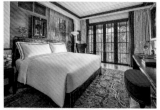
擁有藝術裝潢的Premier客房

🏠 11 Lê Phụng Hiểu
☎ (024) 39878888
🌐 capellahotels.com/en/capella-hanoi
💰 ①1004萬越盾～ 套房1227萬越盾～
（+稅‧服務費15%，含早餐）
Card A D J M V 共47房

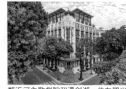
鄰近河內歌劇院和還劍湖，位在觀光方便的地點

餐廳的水準很高，包括「Backstage」（→P.319）、高級日本料理「光輝」和生蠔酒吧「Hudson Rooms」。飯店的設施也很完善，設有泳池和SPA。

可以眺望河內街景的飯店
Lotte Hotel Hanoi

高級飯店

MAP P.342-2A

在地下5層樓、地上65層樓，以越南第3高的267m高度自豪的大樓「Lotte Center Hanoi」內，占據38樓到61樓的飯店。每間客房的窗戶都很大，可以遠遠眺望河內市區的景色是其一大魅力。客房統一為柔和優雅的色調，所有房間備有浴缸、

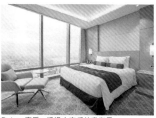
Deluxe客房，透過大窗戶俯瞰街景

🏠 Lotte Centre Hanoi, 54 Liễu Giai, Q. Ba Đình ☎ (024) 33331000
🌐 www.lottehotel.com/hanoi
💰 ⑤ⓌⓉ400萬越盾～套房654萬越盾～
（+稅‧服務費15%，含早餐）
Card A D J M V 共318房

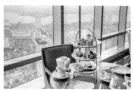
推薦38樓「Lounge Sky」的下午茶
（🕐14:00～18:00）

獨立淋浴與免治馬桶。包含頂樓的餐廳兼酒吧「Top Of Hanoi」、36樓的「添幸運」等7間餐飲設施評價都很好。35樓的「Evian Spa」，也很受歡迎。

各國貴賓名人入住
Sheraton Hanoi

高級飯店

MAP P.291-2B

飯店建於讓人忘卻城市喧囂的靜謐環境當中，擁有河內最棒的西湖景觀。飯店內有設有三溫暖及按摩室的健身中心、游泳池、商務中心、4間高水準餐廳等最棒的設施，特別推薦「Oven d'Or」的午餐和晚餐自助餐。所有客房都使用幫助舒適好眠的特製記憶床墊、高質感的擺設等，也擁有最先進的設備。

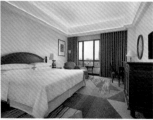
行政房Executive Room擁有天花板挑高的寬敞空間

🏠 K5 Nghi Tàm, 11 Xuân Diệu, Q. Tây Hồ ☎ (024) 37199000
🌐 sheraton.marriott.com
💰 ⑤ⓌⓉ套房400～1200US$（+稅‧服務費17%）
Card A D J M V 共299房

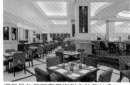
週日早午餐可享用海鮮自助餐的「Oven d'Or」

飯店有日本工作人員，因此在越南文化當中也流露出日本的細膩服務。

地點良好的 5 星精品飯店
Hotel De l'Opera Hamoi-MGallery

高級飯店

MAP P.347-2D

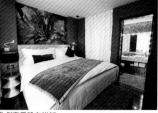

歌劇套房設有浴缸

🏠29 Tràng Tiền
☎（024）62825555
URL www.hoteldelopera.com
⑤⑥①321萬越盾～套房460萬越盾～
（＋稅・服務費15%）
Card A D J M V 共107房

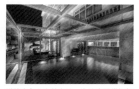

附設室內和室外泳池，泳池旁備氣氛良好的陽台異國情調設計的Deluxe客房

外觀洋溢著法國殖民風格的氣息，一踏入館內氣氛驟變，舉目所及是都會風格的藝術感大廳，大廳的大型吊燈和中庭的噴泉，無處不顯時尚氣息，讓人忍不住想拍照留念。融合現代與復古風格的時髦客房設備齊全，高品質的床墊與咖啡、茶具一應俱全。設有以主題下午茶聞名的「La Fée Verte」餐廳，以及供應越南料理的「Satine」餐廳，都有極高的水準，推薦可以在此用餐。

住宿也能欣賞藝術
Apricot

高級飯店

MAP P.347-1C

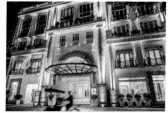

週末時飯店前的道路會變成行人徒步區

🏠136 Hàng Trống
☎（024）38289595
URL www.apricothotels.com
⑤⑥W①317萬越盾～套房718萬越盾～（＋稅・服務費15%）
Card A D J M V 共123房

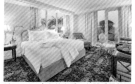

以Canvas命名的客房，每間房間都配有 2 個以上的作品

以「生活藝術博物館」為主題，大廳、餐廳、SPA、客房等所有設施共展出600件以上越南籍藝術家創作的擺設與繪畫作品，是精采度不輸美術館的 5 星飯店。雖然位於交通便利的還劍湖畔，但飯店內部的新古典風格卻像是進入到另一個世界般，讓人忘卻城市的喧囂。客房以Canvas、Gallery等10種以上藝術相關的詞彙來命名。附設餐廳、可以喝下午茶的咖啡館、高空酒吧「One 36」等。

為世界各地的人們提供日式款待
HÔTEL du PARC HANOÏ

高級飯店

MAP P.348-1A

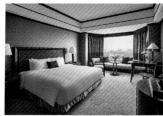

可眺望飯店名稱由來的公園與湖泊景觀

🏠84 Trần Nhân Tông, Q. Hai Bà Trưng
☎（024）38223535
URL hotelduparchanoi.com
⑤⑥W①套房700US$～（＋稅・服務費15.5%，含早餐）　Card A D J M V
共255房

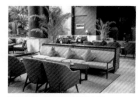

綠意點綴，富有開放感的大廳

河內唯一的 5 星日式飯店，環境別致優雅，營造出高品味的舒適氛圍。日籍員工隨時待命，提供只有日系飯店才能提供的高品質服務。除了提供含日式料理的自助式早餐外，所有客房皆設有浴缸，並配備免治馬桶及免費擦鞋服務，貼心服務獲得日本住客好評。設有游泳池、健身房、SPA及按摩設施，附設國際餐廳「Voyage」、日本料理「麻布」等餐廳。

住宿 Hotel

設有屋頂游泳池與酒吧的城市度假村
Peridot Grand Luxury Boutique
高級飯店

MAP P.344-3A

於2022年8月盛大開幕的5星精品飯店，地點位於舊城區的核心地帶，隱匿在小巷中，營造出獨特的氛圍，讓周遭的熱鬧喧囂顯得近乎魔幻。周邊有市集、街頭小吃攤、啤酒屋等，可一窺當地生活，建議想深度享受河內的旅客

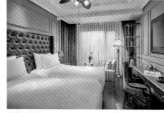
採藍色調的別致豪華客房

入住此處。飯店氛圍優雅，客房內裝採用木材和竹子等天然材料，非常環保。Premier Deluxe以上房型均有窗戶。設有屋頂泳池和空中酒吧，可以從高處欣賞舊城區景色。

33 Đường Thành
☎（024）38280099
URL peridotgrandhotel.com
ⓈⓉ329萬越盾～套房464萬越盾～（＋稅・服務費15%，含早餐）
Card ADJMV 共104房

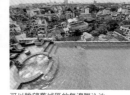
可以眺望舊城區的無邊際泳池

Marriott集團中等級最高的飯店
JW Marriott Hanoi
高級飯店

MAP P.340-3A

搭載高科技的客房設備使用方便、雙床房內放置2張雙人床等，以寬闊的客房為賣點，法國料理「French Grill」、異國料理「JW Cafe」等餐飲設施的水準都很高。

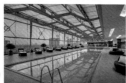
可以眺望新興地區的室內泳池

8 Đỗ Đức Dục, Q. Nam Từ Liêm ☎（024）38335588
URL www.jwmarriotthanoi.com
ⓈⓌⓉ560萬越盾～套房658萬8000越盾～（＋稅・服務費15%）Card ADJMV 共450房

河內規模最大的飯店
Daewoo
高級飯店

MAP P.342-2A

對於保全方面相當注重，因此許多名人貴客會選擇入住此飯店。客房內統一使用高級的織品，設備面上無可挑剔。飯店內設有日本料理「江戶」、中華料理「Silk Road」等餐廳充足。

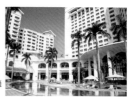
泳池約80m長，很適合度假使用

360 Kim Mã, Q. Ba Đình ☎（024）38315000
URL www.daewoohotel.com/ja ⓈⓉ套房270US$～（＋稅・服務費15%，含早餐）Card ADJMV 共411房

各國重要人士也會下榻的高級飯店
Melia Hanoi
高級飯店

MAP P.346-2B

以俐落的服務與空間為賣點，飯店所在地點絕佳，是街道上的路標建築。自助式的「EL Patio」、亞洲料理「El Oriental」等餐飲設施很豐富。

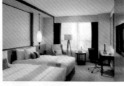
追求機能性與舒適度的客房相當寬敞，可享受優雅的住宿時光。有日籍員工常駐

44B Lý Thường Kiệt ☎（024）39343343
URL www.melia.com ⓈⓌⓉ336萬越盾～套房416～（＋稅・服務費15%，含早餐）
Card ADJMV 共306房

座落在觀光、洽公都很方便的地點
Hilton Hanoi Opera
中級飯店

MAP P.347-2D

距離歌劇院只要1分鐘，是一間以殖民風格外觀讓人印象深刻的飯店。客房內使用的是高級的寢具，所有房間都有浴缸及淋浴間，越南料理餐廳「Ba Mien」，在當地外國人中相當有人氣。

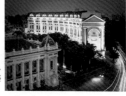
壯麗的建築物美得令人陶醉，前方的建築物是歌劇院

1 Lê Thánh Tông ☎（024）39330500
URL hanoi.hilton.com ⓈⓉ95US$～（＋稅・服務費15%）Card ADJMV 共268房

服務人員親切友善
Da Hanoi Le Jardin Hotel & Spa 中級飯店
MAP P.343-1C

2019年全新開幕，是一間外觀獨特、裝潢漂亮的飯店。備有多種房型，從舒適的21m² 客房到可容納 4 位成人的家庭連通客房都有。

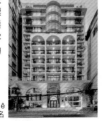

可享用越南料理「Khuê Restaurant」，以美味聞名

46A Nguyễn Trường Tộ, Q. Ba Đình
☎（024）66682299　URL lejardinhotels.com
⑤①68US$～ 套房142US$～
Card A D J M V 全72室

Accor集團經營
Pullman Hanoi 中級飯店
MAP P.342-2B

明亮且開放感十足的挑高大廳、館內各處與客房皆統一採用都會感設計與明亮色調，設備具機能性，還提供Minibar免費無酒精飲料等讓人開心的服務。飯店內設有會議室，常有商務人士利用。

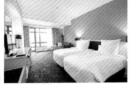

現代的豪華客房

40 Cát Linh, Q. Đống Đa （024）37330688
URL pullman-hanoi.com
⑤①196萬越盾～套房456萬越盾～（＋稅・服務費15%，含早餐）Card A D J M V 共242房

法國殖民風格的精品飯店
Aira Boutique Hanoi Hotel & Spa 中級飯店
MAP P.346-1A

廣受歡迎的Essence Hanoi於2020年遷址、更名並重新裝修。熱情好客的服務與舒適感自Essence時期以來從未改變，人氣依舊高漲。客房雖然略顯簡樸，但即使是Superior客房也會有小窗戶，房內相當明。

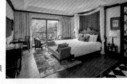

打掃、維護做得很確實

38A Trần Phú （024）39352485
URL airaboutiquehanoi.com
⑤①222萬越盾～ 套房378萬越盾～（含早餐）
Card A J M V 共59房

以優質款待獲得好評
Oriental Jade Hotel & Spa 中級飯店
MAP P.292-2B

鄰近河內大教堂（→P.300）的12層樓飯店，於2019年開幕。設計概念融合河內文化與現代感，充滿奢華氣息。客房設備齊全，設有餐廳、SPA和屋頂泳池。

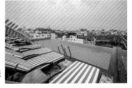

屋頂無邊際泳池也是飯店的一大亮點

92-94 Hàng Trống ☎（024）39367777
URL www.theorientaljadehotel.com
⑤W363萬越盾～套房832萬越盾～（＋稅・服務費15%，含早餐）Card A D J M V 全120室

飲食設施水準很高
La Siesta Central Hotel & Spa 中級飯店
MAP P.345-3D

以時髦設計與俐落服務聞名的「La Siesta」集團飯店，可期待寧靜優雅的住宿時光。飯店內有高空酒吧「Twilight Sky Bar」是非住宿者也會想來造訪的名店。

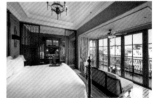

共有 8 種客房，套房有寬敞的陽台

27 Hàng Bè ☎（024）39290011
URL lasiestahotels.vn/hangbe ⑤①103萬越盾～套房178萬越盾（含早餐）Card A D J M V 共50房

推薦附陽台的房型
MK Premier Boutique 中級飯店
MAP P.345-2C

建於白馬最靈祠（→P.299）旁，是最適合舊城區觀光的精品旅館。飯店奇特的外觀宛如梯田一般，3 分之 1 的客房有陽台，內裝則大量使用藤、竹，可感受度假的氣氛。

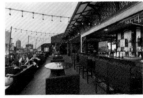

非住宿客也可使用屋頂酒吧

72-74 Hàng Buồm ☎（024）32668896
URL mkpremier.vn ⑤W①131萬越盾～套房241萬越盾～（＋稅・服務費15%，含早餐）Card A D J M V 共52房

住宿 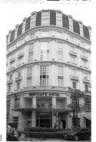 Hotel

超值的商務飯店
Hilton Garden Inn Hanoi　中級飯店
MAP P.347-3C

飯店內給人高級商務飯店的感受，整間飯店與所有房間都全面禁菸。所有客房設有免治馬桶與浴缸，書桌很寬敞，很適合商務人士使用。提供希爾頓集團才有的高水準服務。從地點、設備、服務的角度來看，是讓人感覺相當划算的飯店。

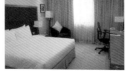

客房的床鋪與椅子是希爾頓特別訂製的

🏠20 Phan Chu Trinh　☎（024）39449396
URL www.hanoi.hgi.com　⑤①205萬越盾～套房284萬越盾～（＋稅・服務費15%，含早餐）　Card A D J M V　共87房

想沈浸在舊城區就選這裡
Hanoi Allure　中級飯店
MAP P.345-2C

巴洛克式豪華外觀讓人印象深刻的精品飯店，所有客房都有陽台，也設有連通房。雖然是可好好遊逛舊城區的飯店，但要注意週末晚上飯店前的道路會成為行人專用區。

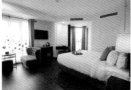

客房統一使用白色與綠色，給人清爽放鬆的感覺

🏠52 Đào Duy Từ　☎（024）33958899
URL hanoiallurehotel.com　⑤⑧①170萬越盾～套房210萬越盾～（含早餐）　Card A D J M V　共39房

奢華的4星飯店
JM Marvel Hotel & Spa　經濟型旅館
MAP P.346-1B

地點就緊鄰Hàng Da Galleria一旁，館內統一採用經典現代的裝潢，被寧靜優雅的氣氛所圍繞。客房分為9種房型，其中也有無對外窗的房間。設有高空酒吧和泳池。

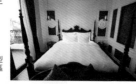

套房和陽台房型可以俯瞰舊城區的景致

🏠16 Hàng Da　☎（024）38238855
URL hanoimarvelhotel.com　⑤⑧①138萬越盾～家庭房221萬越盾～套房180萬越盾～（＋稅・服務費15%）　Card M V　共45房

便於觀光與購物
Lan Vien　中級飯店
MAP P.347-3C

徒步到還劍湖只要5分鐘的便利地點，客房有大片窗戶所以相當明亮，木頭地板與木製家具營造出雅致的氣氛，11樓的餐廳景觀雖然說不上是絕景，但可眺望到街景。2024年8月目前暫停營業。

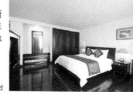

部分客房設有陽台

🏠32 Hàng Bài & 37A Lý Thường Kiệt
☎（024）37228888　⑤180萬越盾～①210萬越盾～套房330萬越盾～（含早餐）　Card A D J M V　共105房

館內採用藝術感的裝潢
Mercure Hanoi La Gare　中級飯店
MAP P.346-2A

從河內車站徒步數分鐘可達的這家飯店，內部裝潢也使用了以鐵路為主題的照片或內裝，館內餐廳、酒吧、健身中心、商務中心等各項設施一應俱全，工作人員的應對也很得體。觀光旅行及商務旅行皆宜。

曲線的殖民式風格令人印象深刻

🏠94 Lý Thường Kiệt　☎（024）39447766　URL all.accor.com/hotel/7049/index.ja.shtml　⑤①159萬～278萬越盾（＋稅・服務費15%）　Card A D J M V　共100房

宛如在日本般的舒適體驗
Business Cottage Hanoi　經濟型飯店
MAP P.342-2A

日本連鎖飯店，有日籍員工、男女分開的公共浴池、日式早餐、日語電視頻道、淋浴（水為軟水）和廁所，設施齊全。還設有法式餐廳「Kitchen Kasuga」，由大倉飯店前行政主廚掌廚。

位於Linh Lang區，特別適合商務使用

🏠14-16 Kim Mã Thượng, Q. Ba Đình
☎（024）73023123　URL businesscottagehanoi.com
⑤①129萬越盾～套房157萬越盾～（含早餐）
Card J M V　共44房

巷弄內的寧靜地段很有魅力
Hanoi Imperial
經濟型旅館

MAP P.292-1B

從飯店的所在位置徒步至還劍湖只要數分鐘，周邊有許多咖啡店、餐廳、紀念品店等，相當方便。飯店小巧精緻，館內維持得相當乾淨整潔，也有SPA＆按摩，以及可以看到美麗景致的餐廳，客房的設備也很齊全。

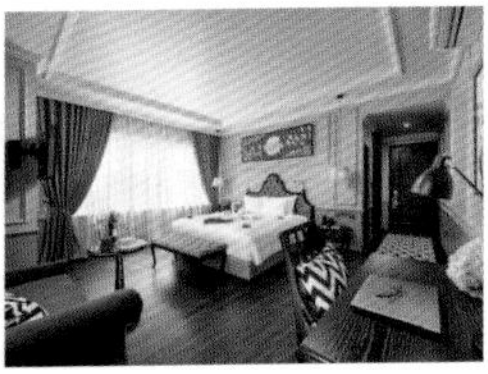

許多日本人入住，房客中約30％是日本人，2019年完成全館整修

🏠 44 Hàng Hành ☎ （024）39335555
URL www.hanoiimperialhotel.com ⑤⑤ⓦⓣ161萬越盾～
套房244萬越盾 Card AJMV 共40房

越南各地皆有分店的商務飯店
東屋 Kim Ma 2館
經濟型旅館
Azumaya Kim Ma 2

MAP P.342-3A

這裡的賣點就是附設三溫暖的露天風呂，早餐為和食、會講日語的員工、所有房間都可即時收看日本民放電視台等，有許多日系飯店才有的服務，還有供應烤串、拉麵的日式餐廳與腳底按摩服務。

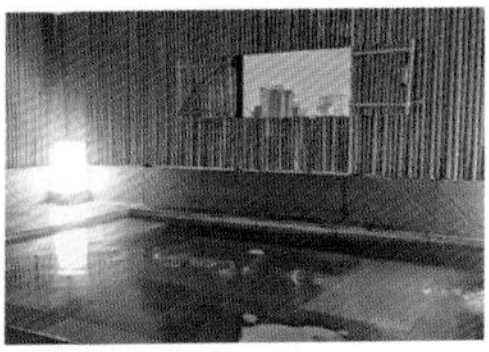

露天風呂為男性專用，非住宿者支付10萬越盾即可使用

🏠 18 Phạm Huy Thông, Q. Ba Đình
☎ （024）37247570 URL azumayavietnam.com
⑤⑤ⓦⓣ55～75US$（＋稅10％，含早餐）
Card JMV 共36房

推薦步行派的人入住
May De Ville Old Quarter
經濟型旅館

MAP P.345-3C

在市區擁有5間飯店的集團，這是其旗下規模最大的一處。位在舊城區的中心，很適合觀光，飯店內還有SPA＆三溫暖、最頂樓的咖啡館＆酒吧以及游泳池。May De Ville City Center（MAP P.349-1D）所在地點靜謐。

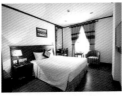

所有房間都有保險箱、吹風機、浴缸等

🏠 43 Gia Ngư ☎ （024）39335688 URL www.maydeville.com ⑤⑤ⓦⓣ55US$～ 套房85US$（＋稅・服務費15％，含早餐） Card ADJMV 共96房

受到日本人與歐美人士喜愛，經常是客滿狀態
De Syloia
經濟型旅館

MAP P.347-3D

這間飯店規模雖小，但設備和貼心的服務水準比起高級飯店絲毫不遜色。重新整修後，於2022年5月重新開幕。以越南料理為主的餐廳「Cay Cau」（→P.324）不論氣氛或味道都很有水準。

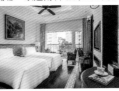

附陽台的豪華陽台房

🏠 17A Trần Hưng Đạo ☎ （024）38245346
URL www.desyloia.com ⑤⑤ⓦⓣ247萬越盾～套房312萬越盾～（＋稅・服務費15％，含早餐） Card ADJMV 共33房

乾淨舒適的飯店
Conifer Boutique
經濟型旅館

MAP P.347-2D

這間精品飯店位於精品店與餐廳林立的時尚區域，不論購物、享受美食、觀光等都相當便利。館內及客房稍嫌狹窄，但內裝明亮且優雅，設備也很齊全。還有為日本顧客推出的日本房名客房。

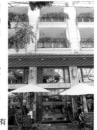

入口前有一間咖啡館，前方則有一間麵包店

🏠 9 Lý Đạo Thành ☎ （024）32669999 URL www.coniferhotel.com.vn ⑤ⓣ95US$～ 套房140US$～（＋稅・服務費15％，含早餐） Card AJMV 共34房

位在日本餐廳聚集的區域
Sakura
經濟型旅館

MAP P.342-2A

接待時一律使用日語，還有日籍員工常駐，飯店內有男性專用大浴場、三溫暖、免費洗衣服務等完善設施，早餐則提供和食。客房內使用日式風呂、空氣清淨機等，以無微不至的服務為最大特色。

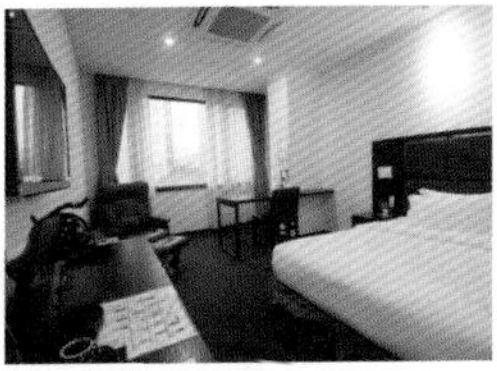

所有房間都有浴缸，可收看日本的民放電視台

🏠 16 Liễu Giai, Q. Ba Đình ☎ （024）71065678
URL www.sakurahotel.net ⑤⑤ⓦⓣ60～80US$（＋稅・服務費15％，含早餐） Card ADJMV 共47房

住宿 Hotel

來自日本的設計師飯店
Hotel Kuretakeso Tho Nhuom 84 Hanoi 經濟型旅館
MAP P.346-2B

提供日系飯店集團才有的高品質服務，男女區分的大浴場、可免費使用的洗衣機與乾衣機等齊全的設備也是這裡的一大魅力。所有雙人房都設有系統廚房，另外還有Kim Mã店（MAP P.342-2B）。

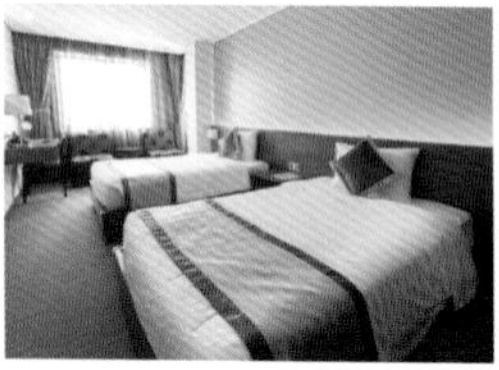

所有房間都有浴缸、空氣清淨機，可以好好地放鬆。

🏠84 Thợ Nhuộm　☎（024）37847777
URLwww.kuretake-inn.com　🏨ⓈⓌⓉ64US$～
Ⓣ73US$～（含早餐）　Card AJMV　共182房

位在舊城區的精品飯店
Hanoi Glance 經濟型旅館
MAP P.344-2B

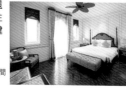

以舊城區的殖民風格建築改建而成的迷你精品飯店，客房雖然略顯狹小，但裝潢一致，家具品味高雅，營造出別致的氛圍。工作人員服務品質很好，還可協助預約前往沙霸的巴士或健行活動。

套房房型，部分房間沒有窗戶

🏠21 Hàng Phèn　☎（024）39233397
E-mailres@hanoigracefulhotel.com　🏨ⓈⓌⓉ65萬越盾～套房80萬越盾～（＋稅・服務費15%）
Card ADJMV　共21房

療癒的暖心服務
Holiday Emerald 經濟型旅館
MAP P.292-1A

乍看之下是隨處可見的迷你飯店，但因為由人氣飯店集團建設，打造出充滿玩心的內裝與細膩服務，絕對能享受到舒適的住宿時光。淡季可享10US$折扣。

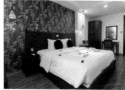

客房內Minibar、快煮壺等應有盡有，也有無對外窗的房間，但設有讓住客使用的露台

🏠24 Hàng Mành　☎（024）38282814
URLwww.holidayemeraldhotel.com　🏨ⓈⓌⓉ40萬越盾～家庭房70萬越盾～（含早餐）　Card JMV　共17房

有乾淨宿舍房的青年旅館
Little Charm Hanoi Hostel 青年旅館
MAP P.344-3B

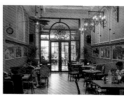

這間旅館位於舊城區的核心地帶Hàng Bồ街，兩旁都是手工藝品用品店。住客也可以參加舊城區散策之旅（免費）和越南料理教室（45US$）。亦有室內泳池和女性專用宿舍房。

設有咖啡館和酒吧

🏠44 Hàng Bồ　☎（024）22116895
URLlittlecharmhanoihostel.vn　🏨Ⓓ9～14US$（含早餐）　Card ADJMV　共24房（148個床位）

其他住宿 Hotel

Silk Path Hanoi 中級飯店
MAP P.346-1A

🏠195-199 Hàng Bông　☎（024）32665555
URLsilkpathhotel.com　🏨ⓈⓌⓉ76US$～　套房100US$～（＋稅・服務費15%，含早餐）　Card ADJMV　共106房

飯店規模以舊城區附近而言算是大型的飯店，外牆使用的是義大利進口的大理石，建築構造與內裝則都是都會型的設計。還設有以美味披薩得到好評的「Bellissimo」等2間餐廳、SPA、健身房。

Chi Boutique 中級飯店
MAP P.292-3B

🏠13-15 Nhà Chung　☎（024）37192939
URLwww.thechihotel.com　🏨ⓈⓌⓉ75US$～　套房110US$～（＋稅・服務費15%）　Card ADJMV　共65房

推薦給熱愛購物者的精品飯店，整間飯店一律選用時尚雅致的設計，1樓有供應飲茶的廣東&越南料理，頂樓則有可將河內景致盡收眼底的高空休息室。

Tirant 經濟型飯店
MAP P.345-3C

🏠36-38 Gia Ngư　☎（024）62698899、62655999
URLwww.tiranthotel.com　🏨ⓈⓌⓉ63.75～110US$　套房140.25US$（含早餐）　Card ADJMV　共80房

擁有華麗的大廳，房間則是走古典風格，設備相當齊全。所有客房均禁菸，並配有電腦，房間略小，部分房間沒有窗戶，需在預訂時確認。屋頂泳池和9樓酒吧，可俯瞰舊城區。

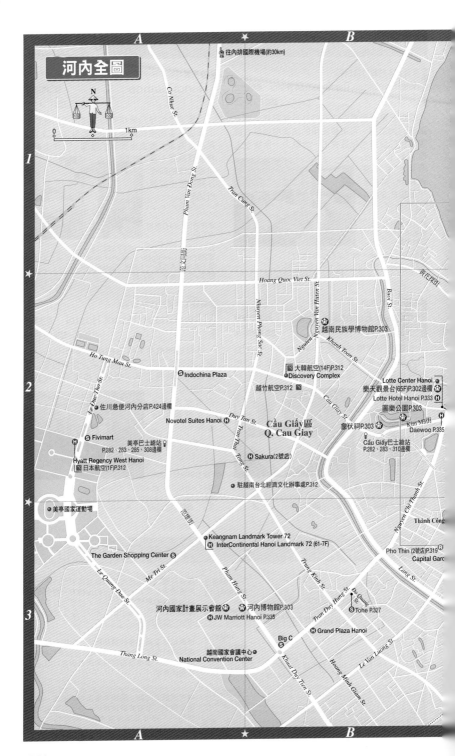

河內全圖

N

0 _____ 1km

往內排國際機場(約30km)

Co Nhue St.

Pham Van Dong St.

Tran Cung St.

Hoang Quoc Viet St.

Nguyen Phong Sac St.

Nguyen Van Huyen St.

Khanh Toan St.

Buoi St.

越南民族學博物館P.303

大韓航空(14F)P.312
Discovery Complex

越竹航空P.312

Indochina Plaza

Ho Tung Mau St.

Le Duc Tho St.

佐川急便河內分店P.424邊欄

Duy Tan St.

Tran Thai Tong St.

Cau Giay St.

Lotte Center Hanoi
樂天觀景台(65F)P.302邊欄
Lotte Hotel Hanoi P.333
圖樂公園P.303

豪伏祠P.303

Kim Ma St.

Daewoo P.335

Novotel Suites Hanoi

美亭巴士總站
P.282、283、285、308邊欄

Cầu Giấy區
Q. Cau Giay

Cầu Giấy巴士總站
P.282、283、310邊欄

Fivimart

Hyatt Regency West Hanoi
日本航空(1F)P.312

Sakura(2號店)

駐越南台北經濟文化辦事處P.312

Nguyen Chi Thanh St.

Thành Công

美亭國家運動場

Pham Hung St.

Me Tri St.

Keangnam Landmark Tower 72
InterContinental Hanoi Landmark 72 (61-7F)

Trung Kinh St.

Pho Thin (2號店)P.319
Capital Gard

The Garden Shopping Center

Le Quang Dao St.

河內國家計畫展示會館
JW Marriott Hanoi P.335

河內博物館P.303

Tran Duy Hung St.

Do Quang St.

Tohe P.327

Lang St.

Big C

Grand Plaza Hanoi

Hoang Minh Giam St.

Le Van Luong St.

Thang Long St.

越南國家會議中心
National Convention Center

Khuat Duy Tien St.

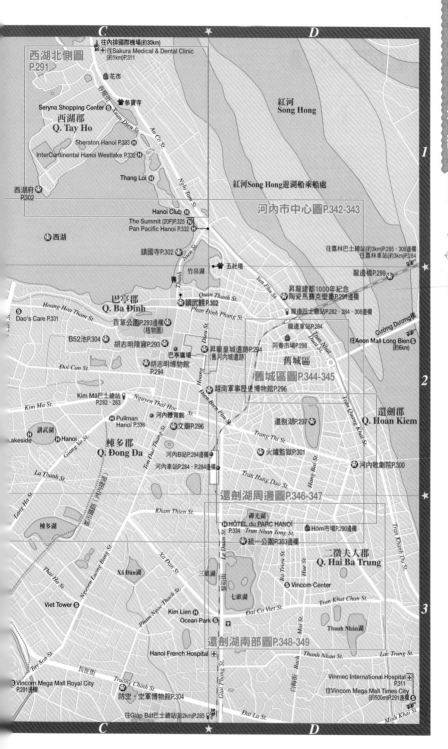

C ★ **D**

西湖北側圖
P.291

往內排國際機場(約30km)
往Sakura Medical & Dental Clinic
(約1km)P.311

花市

紅河
Song Hong

Seryna Shopping Center S
曇參寶寺

西湖郡
Q. Tay Ho

Yen Dien Ve St.

Sheraton Hanoi P.333 H

InterContinental Hanoi Westlake P.332 H

Thang Loi

Au Co St.

Nghi Tam St.

西湖府
P.302

紅河Song Hong遊湖船乘船處

Hanoi Club H

河內市中心圖P.342-343

The Summit (20F)P.325
Pan Pacific Hanoi P.332 N

西湖

鎮國寺P.302

Thanh Nien St.

竹帛湖

五社塔

往嘉林巴士總站(約3km)P.285、308邊欄
往嘉林車站(約3km)P.284

龍邊橋P.299

Hoang Hoa Tham St.

Quan Thanh St.

昇龍建都1000年紀念
陶瓷馬賽克壁畫P.291邊欄

Yen Phu St.

Cuong Duong橋

巴亭郡
Q. Ba Đình

Dao's Care P.331 S

鎮武觀P.302

Phan Dinh Phung St.

龍邊巴士總站P.282、284、308邊欄

龍邊車站P.284

往Aeon Mall Long Bien S
(約6km)

百草公園P.293邊欄
(植物園)

阿春市場P.298

B52池P.304

胡志明陵寢P.293

Hung Vuong St.

胡志明博物館
P.294

巴亭廣場

昇龍皇城遺跡P.294
(舊河內城遺跡)

Dien Bien Phu St.

舊城區

舊城區圖P.344-345

Tran Nhat Duat St.

越南軍事歷史博物館P.296

Kim Mã巴士總站
P.282、283

Nguyen Thai Hoc St.

河內體育館 H

Doi Can St.

Pullman
Hanoi P.336 H

文廟P.296

Trang Thi St.

還劍湖P.297

還劍郡
Q. Hoan Kiem

Kim Ma St.

棟多郡
Q. Đong Da

Giang Vo St.

講武湖

Lakeside

Hanoi H

火爐監獄P.301

Tran Quang Khai St.

河內B站P.284邊欄

河內車站P.284、P.284邊欄

Ton Duc Thang St.

河內歌劇院P.300

Hang Bai St.

La Thanh St.

Tran Hung Dao St.

還劍湖周邊圖P.346-347

棟多湖

Lang Ha St.

都市鐵路(河內建造中)

Kham Thien St.

禪光湖

HÔTEL du PARC HANOI
P.334 H

Tran Nhan Tong St.

Hóm市場P.290邊欄

統一公園P.303邊欄

Viet Tower S

Thai Ha St.

Nguyen Luong Bang St.

Xã Đàn St.

三歐湖

Le Duan St.

Ba Trieu St.

Hue St.

二徵夫大郡
Q. Hai Ba Trung

Vincom Center S

七歐湖

Tran Khat Chan St.

Pham Ngoc Thach St.

Kim Lien H

Ocean Park S

Đai Co Viet St.

Thanh Nhàn湖

還劍湖南部圖P.348-349

Hanoi French Hospital H

Tran Khanh Du St.

Mai St.

Lac Trung St.

Tay Son St.

長征路

Truong Chinh St.

Giai Phong St.

Thanh Nhan St.

Bach Mai St.

Vinmec International Hospital H
P.311

S Vincom Mega Mall Royal City
P.291邊欄

防空・空軍軍事博物館P.304

往Giáp Bát巴士總站(約2km)P.285

往Vincom Mega Mall Times City
(約500m)P.291邊欄

Minh Khai St.

Đai La St.

C ★ **D**

1

2

3

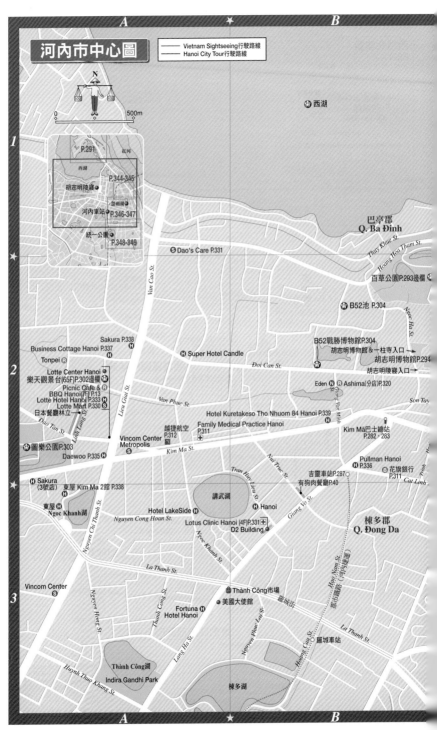

河內市中心圖

— Vietnam Sightseeing行駛路線
— Hanoi City Tour行駛路線

N
0　　　　500m

P.291
西湖
胡志明陵寢
P.344-345
河內車站　P.346-347
統一公園　P.348-349

西湖 🚉

⑤ Dao's Care P.331

巴亭郡
Q. Ba Đình

百草公園P.293邊欄

🚉 B52池 P.304

Sakura P.338
Business Cottage Hanoi P.337
Tonpei Ⓡ
Ⓗ Super Hotel Candle
Đoi Can St.

B52戰勝博物館P.304
胡志明博物館＆一柱寺入口→
胡志明博物館P.294
胡志明陵寢入口→

Lotte Center Hanoi Ⓢ
樂天觀景台(65F)P.302邊欄
Picnic Cafe & Ⓡ
BBQ Hanoi(7F) P.13
Lotte Hotel Hanoi P.333
Lotte Mart P.330 Ⓢ
日本餐廳林立
圖樂公園P.303
Daewoo P.335

Van Phuc St.

Hotel Kuretakeso Tho Nhuom 84 Hanoi P.339
Family Medical Practice Hanoi
越捷航空 P.312
P.311
Vincom Center
Metropolis
Kim Ma St.

Eden Ⓡ Ashima(分店)P.320

Kim Mã巴士總站
P.282、283

Pullman Hanoi
P.336
花旗銀行
P.311

吉靈車站P.287
有狗肉餐廳P.40

棟多郡
Q. Đong Da

Ⓗ Sakura
(3號店)　東屋 Kim Ma 2館 P.338
東屋
Ngoc Khanh湖
Hotel LakeSide Ⓗ
Lotus Clinic Hanoi (4F)P.331
D2 Building
講武湖
Ⓢ Hanoi

Vincom Center Ⓢ

Thành Công市場
美國大使館
Fortuna
Hotel Hanoi
La Thanh St.
羅城街
羅城車站

Thành Công湖
Indira Gandhi Park
棟多湖

342

※地圖中右上角小圖內的紅框部分，是指這張地圖在河內全圖（P.340-341）的
相對應位置。

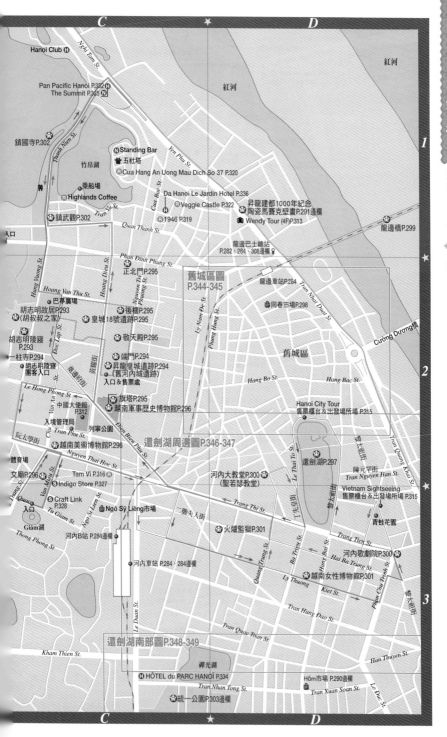

C ★ **D**

Hanoi Club

Nghi Tam St.

Pan Pacific Hanoi P.332
The Summit P.325 M

紅河

紅河

鎮國寺 P.302

Thanh Nien St.

Standing Bar
竹帛湖 五社塔
Cua Hang An Uong Mau Dich So 37 P.320

Yen Phu St.

1

Highlands Coffee

Da Hanoi Le Jardin Hotel P.336

Cua Bac St.

Veggie Castle P.322

鎮武觀 P.302 入口

1946 P.319

昇龍建都1000年紀念
陶瓷馬賽克壁畫 P.291邊欄
Wendy Tour (4F) P.313

Tran Vu St.

龍邊橋 P.299

Quan Thanh St.

Phan Dinh Phung St.

龍邊巴士總站
P.282、284、308邊欄

Hung Vuong St.

Hoang Van Thu St.

正北門 P.295

Nguyen Tri Phuong St.

Hoang Dieu St.

舊城區圖
P.344-345

龍編車站 P.284

Tran Nhat Duat St.

Ly Nam De St.

同春市場 P.298

巴亭廣場

胡志明故居 P.293
(胡叔叔之家)

Doc Lap St.

後樓 P.295

皇城18號遺跡 P.295

敬天殿 P.295

Phung Hung St.

舊城區

胡志明陵寢
P.293

一柱寺 P.294

端門 P.294

昇龍皇城遺跡 P.294
(舊河內城遺跡)
入口&售票處

Hang Bo St.

Hang Bac St.

胡志明陵寢
園客入口

黃耀街

後牆街

Le Hong Phong St.

旗台 P.295

越南軍事歷史博物館 P.296

Hanoi City Tour
售票櫃台&出發場所場 P.315

Chu Van An St.

中國大使館
P.312

Le Thai To St.

還劍湖 P.297

Tran Nguyen Han St.

入境管理局

Dien Bien Phu St.

列寧公園

還劍湖周邊圖 P.346-347

陳元罕街

Tran Phu St.

阮太學街

越南美術博物館 P.296

Nguyen Thai Hoc St.

河內大教堂 P.300
(聖若瑟教堂)

Ba Trieu St.

Hang To St.

Vietnam Sightseeing
售票櫃台&出發場所場 P.315

青蛙花園

體育場

文廟 P.296

Van Mieu St.

Tam Vi P.316

Indigo Store P.327

Trang Thi St.

河內歌劇院 P.300

Phan Chu Trinh St.

Quoc Tu Giam St.

Craft Link
P.328

Ngo Sy Lien St.

Ngô Sỹ Liêng市場

二徵夫人街

火爐監獄 P.301

Ly Thuong

Hang Bai St.

Trang Tien St.

越南女性博物館 P.301

入口

Giám湖

河內B站 P.284邊欄

Kiet St.

Thong Phong St.

河內車站 P.284、284邊欄

Le Duan St.

Quang Trung St.

Ly Thuong
Kiet St.

Tran Hung Dao St.

Han Thuyen St.

Kham Thien St.

還劍湖南部圖 P.348-349

禪光湖

Lo Duc St.

HÔTEL du PARC HANOI P.334

Hôm市場 P.290邊欄

Tran Nhan Tong St.

Tran Xuan Soan St.

統一公園 P.303邊欄

C ★ **D**

3

343

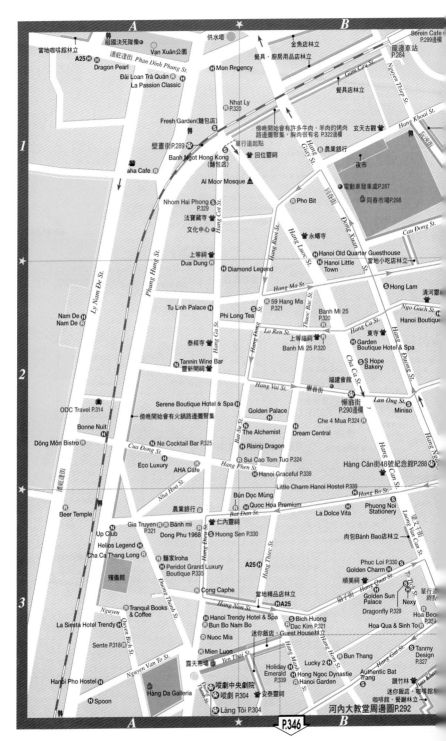

当地咖啡馆林立
祖国决死队像
潘庭逢街 *Phan Dình Phung St.*
Vạn Xuân公园
供水塔
金鱼街林立
餐具、厨房用品店林立
Serein Cafe P.299邊欄
龍邊車站 P.284

A25 🏠
Dragon Pearl
Mon Regency 🏠
Gạm Cầu St.
餐具店林立
Nguyen Thiep St.
Hang Khoai St.

戴湾茶馆
La Passion Classic
Nhật Ly P.320
傍晚開始會有許多牛肉、羊肉的烤肉
路邊攤聚集，胸肉很有名 P.322邊欄
玄天古觀
Hang Khoai St.

Fresh Garden(麵包店)
壁畫街 P.289
Banh Ngot Hong Kong (麵包店)
回位靈祠
農業銀行
夜市

aha Cafe
Al Moor Mosque ▲
電動車發車處 P.287
同春市場 P.298

Nhom Hai Phong P.329
法寶藏寺
文化中心
Pho Bit
永暘寺

上等祠
Dua Dung
Diamond Legend
Hanoi Old Quarter Guesthouse
當地小吃店林立
Hong Lam
清河靈

Hang Ma St.
Tu Linh Palace
Phi Long Tea
59 Hang Ma P.321
Banh Mi 25 P.320
Hanoi Little Town
東寺
Ngo Gach St.
Hanoi Boutique

泰樞寺
Lo Ren St.
上等福祠
Banh Mi 25 P.320
Garden Boutique Hotel & Spa

Tannin Wine Bar
靈新開祠
S Hope Bakery

ODC Travel P.314
Serene Boutique Hotel & Spa
Golden Palace
福建會館
懶翁街 P.290邊欄
Miniso

Bonne Nuit
傍晚開始會有火鍋路邊攤聚集
The Alchemist
Che 4 Mua P.324
Lan Ong St.

Đông Môn Bistro
Ne Cocktail Bar P.325
Rising Dragon
Dream Central

Cua Đong St.
Eco Luxury
AHA Cafe
Sui Cao Tom Tuo P.324
Hanoi Graceful P.339
Hàng Cân街48號紀念館 P.288

Nha Hoa St.
Little Charm Hanoi Hostel P.339
Hang Bo St.

Beer Temple
農業銀行
Bún Đọc Mùng
Quoc Hoa Premium
Phuong Noi Stationery

Gia Truyen P.321
Bánh mì
Bat Dan St.
La Dolce Vita
Luong Van Can St.

Up Club
Dong Phu 1968
仁內靈祠
Huong Sen P.330
肉包Bánh Bao店林立

Helios Legend
麵家Iroha
Hang Bien St.
A25
Phuc Loi P.330
Golden Charm

Cha Ca Thang Long
Peridot Grand Luxury Boutique P.335
順美祠
Golden Sun Palace
Nexy

殯儀館
Cong Caphe
當地精品店林立
A25
Dragonfly P.329
Hoa Beo P.324

Nguyen
Tranquil Books & Coffee
Hang Non St.
A25
Bich Huong
Dac Kim P.321
Hoa Qua & Sinh To

La Siesta Hotel Trendy
Hanoi Trendy Hotel & Spa
Bun Bo Nam Bo
迷你飯店、Guest House林立
Bun Thang
Tanmy Design P.327

Sente P.318
Nuoc Mia
Lucky 2
Authentic Bat Trang

Hanoi Pho Hostel
Mien Luon
Yen That St.
Holiday Emerald P.339
Hong Ngoc Dynastie
Hanoi Garden
讚竹林

Spoon
露天市場
Hàng Da Galleria
嘲劇中央劇院
嘲劇 P.304
安泰靈祠
河內大教堂周邊圖 P.292
迷你飯店、咖啡館林立
咖啡館、餐廳林立

Làng Tôi P.304
P.346

344

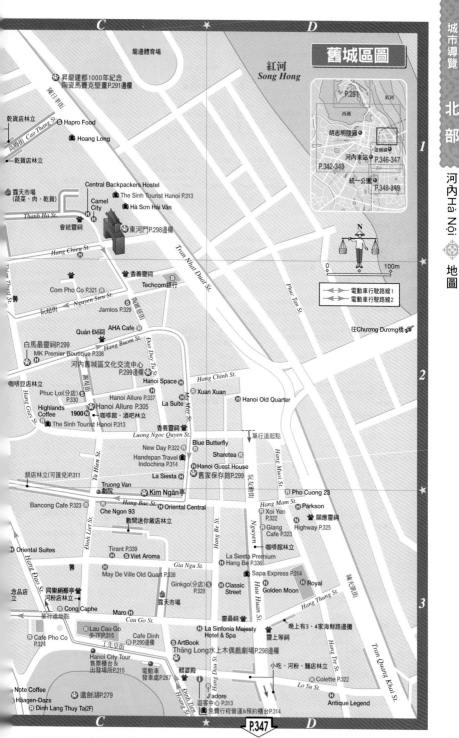

舊城區圖

紅河 Song Hong

P.291

胡志明陵墓

河內車站 P.346-347

P.342-343

統一公園 P.348-349

N

0   100m

電動車行駛路線1
電動車行駛路線2

昇龍建都1000年紀念
陶瓷馬賽克壁畫 P.291邊欄

Hapro Food

Hoang Long

露天市場
（蔬菜、肉、乾貨）

Central Backpackers Hostel

The Sinh Tourist Hanoi P.313

Camel City

Hà Sơn Hải Vân

東河門 P.298邊欄

會統靈祠

Thanh Ha St.

Hang Chieu St.

Tran Nhat Duat St.

Com Pho Co P.321

香義靈祠

Techcom銀行

Nguyen Sieu St.

Jamlos P.329

Quán Đê円

AHA Cafe

白馬最靈祠 P.299

Hang Buom St.

MK Premier Boutique P.336

河內舊城區文化交流中心
P.299邊欄

咖啡豆店林立

Hanoi Space

Hang Chinh St.

Phuc Loi(分店) P.330

Xuan Xuan

Hanoi Old Quarter

Hanoi Allure P.337

La Suite

Highlands Coffee

Hanoi Allure P.305

1900

咖啡館、酒吧林立

The Sinh Tourist Hanoi P.313

香義靈祠

Luong Ngoc Quyen St.

單行道起點

New Day P.322

Blue Butterfly

Handspan Travel

Sharetea

Indochina P.314

Hanoi Guest House

La Siesta

舊家保存館 P.299

銀店林立(可匯兌) P.311

Truong Van
劇場

Kim Ngân亭

Pho Cuong 23

Bancong Cafe P.323

Oriental Central

Hang Mam St.

Parkson

Che Ngon 93

Hang Bac St.

Xoi Yen
P.322

顯應靈祠

數間迷你飯店林立

Giang
Cafe P.323

Highway P.325

Oriental Suites

Tirant P.339

咖啡館林立

Viet Aroma

La Siesta Premium

Hang Be P.336

May De Ville Old Quart P.338

Gia Ngu St.

Sapa Express P.314

念品店立

同樂絹鞋亭

Ginkgo(分店)
P.328

Classic Street

Royal

河粉店林立

Golden Moon

Cong Caphe

Maro

露天市場

靈最祠

Cau Go St.

單行道起點

Lau Cau Go
(6-7F)P.315

Cafe Dinh

La Sinfonia Majesty
Hotel & Spa

靈上等祠

晚上有3、4家海鮮路邊攤

Cafe Pho Co
P.324

P.290邊欄

ArtBook

Hanoi City Tour
售票櫃台＆
出發場所點 P.315

Thăng Long水上木偶戲劇場 P.298邊欄

電動車
發車處 P.287

韓窯殿

小吃、河粉、麵店林立

Note Coffee

還劍湖 P.279

Colette P.322

Häagen-Dazs

Dinh Lang Thuy Ta(2F)

J'adore

免費行程體驗＆預約櫃台 P.314

Antique Legend

P.347

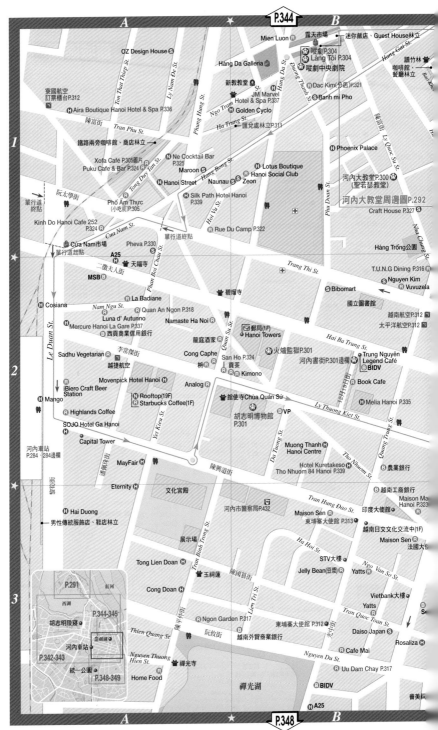

※地圖中左下角小圖內的紅框部分，是指這張地圖在河內全圖（P.340-341）的相對應位置。

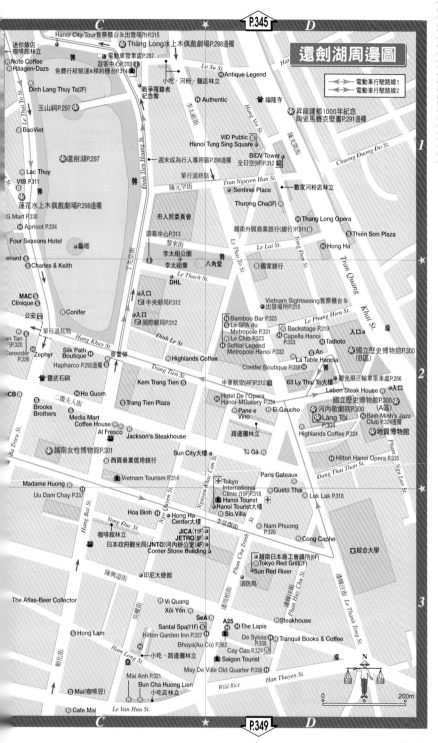

還劍湖周邊圖

電動車行駛路線1
電動車行駛路線2

Hanoi City Tour售票櫃台&出發場所P.315
迷你飯店、咖啡館林立
Note Coffee
Häagen-Dazs
Đinh Lang Thuy Ta(2F)
玉山祠P.297
BaoViet
還劍湖P.297
Lac Thuy
VIB P.311
蓮花水上木偶戲劇場P.298邊欄
G Mart P.330
Apricot.334
Four Seasons Hotel
龜塔
enard
Charles & Keith
MAC
Clinique
公安
Conifer
Zephyr
Serender P.326
Hapharco P.292邊欄
靈武石祠
CB
Ho Guom
二徴夫人街
Brooks Brothers
Media Mart Coffee House
Al Fresco
Jackson's Steakhouse
越南女性博物館P.301
西貢商業信用銀行
Madame Huong
Uu Dam Chay P.337
Vietnam Tourism P.314
Hoa Binh Center大樓
JICA (11F)
JETRO (9F)
日本政府觀光局(JNTO)河內辦公室 (4F)
Corner Stone Building
The Atlas-Beer Collector
Hong Lam
Mai(咖啡豆)
Cafe Mai

Thăng Long水上木偶戲劇場P.298邊欄
電動車發車處P.287
遊客中心P.313
免費行程營運&預約櫃台P.314
戰爭罹難者紀念像
小吃、河粉、麵店林立
Antique Legend
Authentic
福隆寺
昇龍建都1000年紀念陶瓷馬賽克壁畫P.291邊欄
VID Public
Hanoi Tung Sing Square
BIDV Tower 全日空(9F)P.312
週末成為行人專用區P.290邊欄
單行道終點
Sentinel Place
Thuong Cha(3F)
數家河粉店林立
Thang Long Opera
市人民委員會
遊客中心P.313
黎太祖公園
李太祖像
八角堂
Le Thach St.
DHL
入口
中央郵局P.312
入口
國際郵局P.312
Vietnam Sightseeing售票櫃台&出發場所P.315
Bamboo Bar P.325
Le SPA du Metropole P.331
Le Club P.323
Sofitel Legend Metropole Hanoi P.332
Thiên Sơn Plaza
Hong Ha
國家銀行
越南外貿商業銀行(總行)P.311
Backstage P.319
Capella Hanoi P.333
Tadioto
An
La Table Hanoia
Conifer Boutique P.338
國立歷史博物館P.300 (B區)
入口
觀光用三輪車乘車處P.286
Lebon Steak House
入口
國立歷史博物館P.300 (A區)
河內歌劇院P.300
Lang Tôi P.304
Binh Minh's Jazz Club P.324邊欄
地質博物館
Hilton Hanoi Opera P.335
Highlands Coffee
麥當勞
Silk Path Boutique
Highlands Coffee
Kem Trang Tien
Trang Tien Plaza
中華航空(4F)P.312邊欄
Hotel De l'Opera Hanoi-MGallery P.334
Pane e Vino
El Gaucho
路邊攤林立
63 Ly Thai To大樓
Highlands Coffee P.324
Tú Gà
Sun City大樓
Paris Gateaux
Gusto Thai
Luk Lak P.318
Tokyo International Clinic (10F) P.318
Hanoi Tourist
Hanoi Tourist大樓
Slo.Villa
Nam Phuong P.320
Cong Caphe
越南日本商工會議所(6F)
Tokyo Red Grill(2F)
Sun Red River
綜合大學
陳興道街
印尼大使館
消防局
Vi Quang
Xôi Yến
SeA
A25
The Lapis
Santal Spa(11F)
Hilton Garden Inn P.337
Bhaya(Au Co) P.362
De Syloia P.338
Cay Cau P.323
Saigon Tourist
May De Ville Old Quarter P.338
Steakhouse
Tranquil Books & Coffee
Mai Anh P.321
Bun Cha Huong Lien
小吃店林立
小吃、路邊攤林立
Wild Rice
Han Thuyen St.

N

0   200m

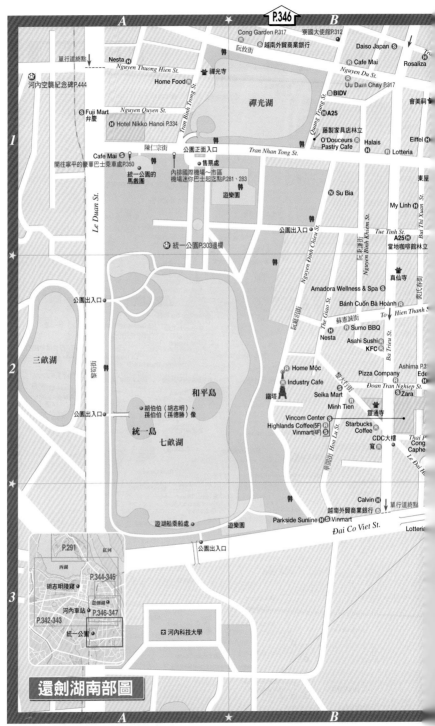

Cong Garden P.317　　寮國大使館P.312

阮攸街　　越南外貿商業銀行

Daiso Japan Ⓢ

Nesta Ⓗ　　　　　　　　　　　　　Rosaliza

Nguyen Thuong Hien St.　　　　　　Cafe Mai Ⓡ

河內空襲紀念碑P.444　　Home Food Ⓡ　禪光寺　　Nguyen Du St.

　　　　　　　　　　　　　　　　　Uu Dam Chay P.317

Fuji Mart　Nguyen Quyen St.　　禪光湖　　BIDV Ⓑ　　會美祠

弁慶　　　Hotel Nikko Hanoi P.334　　　　Ⓗ A25

陳仁宗街　　　　　　　　　　　　藤製家具店林立

開往寧平的豪華巴士乘車處P.350　公園正面入口　O'Douceurs　Halais　Eiffel

Cafe Mai Ⓢ　　　　　　　　　Tran Nhan Tong St.　Pastry Cafe

統一公園的　　　　　　　　售票處　　　　　　　　　　Lotteria Ⓡ

馬戲園　　　內排國際機場～市區

　　　　　機場迷你巴士起迄點P.281、283

　　　　　遊樂園　　　　　　　　　Su Bia Ⓝ

　　　　　　　　　　　　　　　　　　My Linh Ⓡ

　　　　　　　　　　　　　公園出入口　Tue Tinh St.

　　　　　　　　　　　　　　　　　Ⓗ A25

統一公園P.303邊欄　　　　　　　　　當地咖啡館林立

三歐湖　　　　　　　　　　　　　真仙寺

　　　　　　　　　　　　　Amadora Wellness & Spa Ⓢ

　　　　　公園出入口　　　　　Bánh Cuốn Bà Hoành Ⓡ

　　　　　　　　　　　　　　　　　To Hien Thanh St.

　　　　　　　　　　　　　　Nesta　Ⓝ Sumo BBQ Ⓡ

　　　　　　　　　　　　　　　Asahi Sushi Ⓡ

　　　　　　　　　　　　　　　KFC Ⓡ

和平島　　　　　　　　　　　　Ashima P.3

　　　　　　　　　Home Mộc Ⓡ　Pizza Company Ⓡ　Ede

　　　　　Industry Cafe Ⓡ　　Đoan Tran Nghiep St.

公園出入口　　　　　　　鐵塔　　Seika Mart Ⓢ Zara

胡伯伯（胡志明）、　　　　　　Minh Tien Ⓡ

孫伯伯（孫德勝）像　　　Vincom Center　靈通寺　Thai P.3

統一島　　Highlands Coffee(5F) Ⓡ　Starbucks Cong

七歐湖　　Vinmart(4F) Ⓢ　　　　Coffee　Caphe

　　　　　　　　　　　　　　　CDC大樓　寬 Ⓡ

　　　　　　　　　　　　　　　　　Calvin Ⓗ　單行道終點

　　　　　　　　越南外貿商業銀行　Ⓑ

遊湖船乘坐處　　遊樂園　Parkside Sunline Ⓗ Ⓢ Vinmart　Lotteria

　　　　　　　　　　　　　Đai Co Viet St.

公園出入口

P.291　紅河

西湖　　P.344-345

胡志明陵寢

P.342-343　河內車站　P.346-347

統一公園　　　　　　　　河內科技大學

還劍湖南部圖

※地圖中左下角小圖內的紅框部分，是指這張地圖在河內全圖（P.340-341）
的相對應位置。

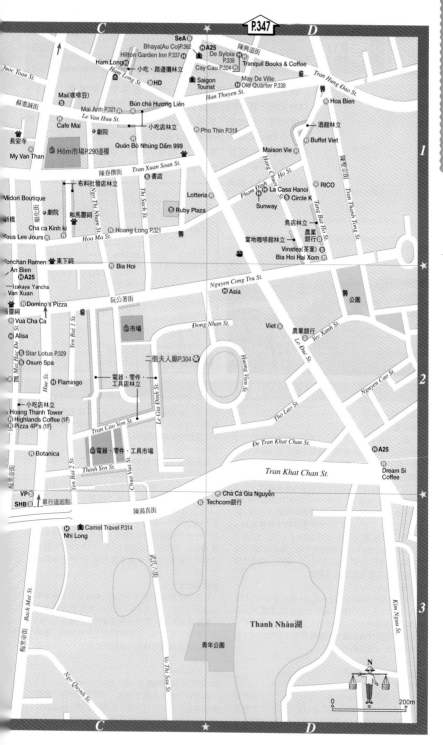

C · D

SeA
Bhaya(Au Co) P.362
A25
Hilton Garden Inn P.337
De Syloia P.338
陳興道街
Ham Long
小吃・路邊攤林立
Cay Cau P.324
Tranquil Books & Coffee
HD
Saigon Tourist
May De Ville
Old Quarter P.338
Mai(咖啡豆)
Han Thuyen St.
Hoa Bien
Mai Anh P.321
Bún chả Hương Liên
Le Van Huu St.
酒館林立
Cafe Mai
小吃店林立
Pho Thin P.319
Buffet Viet
長安寺
劇院
Maison Vie
My Van Than
Hôm市場 P.290邊欄
Quán Bò Nhúng Dấm 999
Tran Xuan Soan St.
RICO
陳春撰街
布料批發店林立
書店
Midori Boutique
劇院
Lotteria
La Casa Hanoi
Circle K
新橋
和馬靈祠
Ruby Plaza
Sunway
Cha ca Kinh ki
Hoang Long P.321
鳥店林立
Tous Les Jours
Hoa Ma St.
當地咖啡館林立
農業銀行
Vinatea(茶葉)
Tonchan Ramen
東下祠
Bia Hoi Hai Xom
An Bien
A25
Bia Hoi
Izakaya Yancha
Van Xuan
Nguyen Cong Tru St.
Domino's Pizza
阮公著街
Asia
靈祠
Vua Cha Ca
市場
Đong Nhan St.
Alisa
Viet
農業銀行
Star Lotus P.329
二徵夫人廟 P.304
公園
Osum Spa
電器、零件、工具店林立
Flamingo
Tho Lao St.
小吃店林立
Hoang Thanh Tower
Tran Cao Von St.
Highlands Coffee (1F)
Đe Tran Khat Chan St.
Pizza 4P's (1F)
A25
Botanica
Dream Si Coffee
Thinh Yen St.
電器、零件、工具市場
Tran Khat Chan St.
VP
Chả Cá Gia Nguyen
SHB
單行道起點
Techcom銀行
陳渴真街
Camel Travel P.314
Nhi Long

Thanh Nhàn湖

青年公園

N

0 ——— 200m

世界遺產 寧平

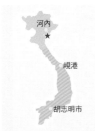

河內
峴港
胡志明市

寧平市位於河內南方約100km處，是寧平省的省會，在10～11世紀時，當時的王朝建都於現在的寧平市西部、名為華閭Hoa Lư的地方，因此想了解越南的歷史，寧平是重要的必訪之地。其中三谷Tam Cốc、長安Tràng An地區風光明媚，石灰岩形成的奇峰異石讓此處有「陸上的下龍灣」之稱。2014年，包含古都華閭的遺跡、長安與三谷等景點、碧峒寺等洞窟寺廟的長安綜合景觀（→P.27）登錄為世界遺產。

獨特的石灰岩隆起景色，不斷綿延的三谷

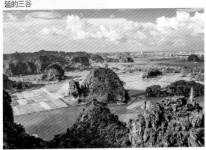

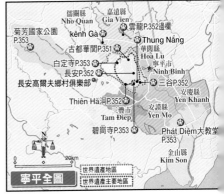

寧平全圖

世界遺產地區
世界遺產主要地區

交通 ✿ ACCESS

如何前往寧平

●**火車**
從河內每天有4班車前往寧平，所需時間約2小時09分。從順化、峴港、芽莊、胡志明市出發的火車，每天也有4班會停靠寧平。

●**巴士**
從河內的Giáp Bát巴士總站每天會有數班巴士公司的班次前往寧平，6:00～18:00間每隔20分鐘發車，車資9萬5000越盾～，所需時間約2小時。同個巴士站，7:00～17:00也有迷你巴士頻繁發車，車資9萬盾～，所需時間約2小時。從海防（Niệm Nghĩa）每日8:00有1班，車資8萬5000越盾～。從下龍灣（Bãi Cháy）、順化、峴港方面等地也每天都有班次前往寧平。

●**豪華巴士**
X.E Viet Nam公司（→右述）有經營從HÔTEL du PARC HANOI對面的巴士乘車處（MAP P.348-1A）開往寧平市中心的9人座豪華巴士，每日5～8班，車資17萬越盾，所需時間約1小時20分，最晚要在前一天以網路預約。

從寧平出發的交通

●**火車**
前往河內有1:58、2:41、3:26、16:30出發的4班火車，所需時間約2小時14分。前往胡志明市（西貢）的班次（沿途停靠順化、峴港、芽莊）每

日4班，所需時間為30小時5分。※寧平車站的售票處在11:30～12:30、18:30～19:30暫停開放，在寧平車站可使用免費Wi-Fi。

●**巴士**
每天從寧平巴士總站（MAP P.351-2B）出發，前往河內的Giáp Bát巴士總站的巴士，5:00～17:00間每隔15～25分鐘發車，車資7萬越盾～。前往海防於12:45發車1班，車資9萬越盾。前往諒山Lạng Sơn則有2班，分別於5:30、13:30發車，車資10萬越盾～。前往下龍灣（Bãi Cháy）每日2班，分別於5:30、11:00發車，車資10萬～13萬越盾。此外，寧平巴士總站在6:00～17:00之間有許多迷你巴士前往河內，車資7萬越盾～，所需時間約2小時。

●**豪華巴士**
X.E Viet Nam公司（→右述）有經營從寧平市中心開往HÔTEL du PARC HANOI對面巴士乘車處（MAP P.348-1A）的9人座豪華巴士，每日5～11班，車資17萬越盾，所需時間約1小時20分，最晚要在前一天以網路預約，提前預約的話可到市區飯店迎接。

X.E Viet Nam
☎1900-1731（熱線）　營7:00～22:00
電話中只會以越南語溝通，用電話預約後，最晚會在乘車的幾小時前回電告知車牌號碼，建議請住宿的飯店員工等人幫忙電話預約比較保險。

越南工商銀行 Vietin Bank：MAP P.351-2B　住951 Trần Hưng Đạo　☎（0229）3872675　營7:00～11:30（冬季7:30～）、13:30～17:00（冬季13:00～）　休週六

景點　Sightseeing

★★ 越南首座獨立王國的首都
古都華閭
Cố Đô Hoa Lư

MAP P.350

Hoa Lu Ancient Capital

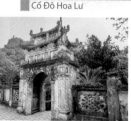

可感受到歷史韻味的丁先皇祠門

華閭是丁朝自西元968年建都起，直到1010年黎朝遷都昇龍（現在的河內）為止約40年間的丁朝、黎朝首都所在地。10世紀中葉，四方強豪為統一天下而相互征戰，最後由出身此地的丁部領Đinh Bộ Lĩnh（又稱丁先皇Đinh Tiên Hoàng，968～980年在位），統一了整個北越，國號大瞿越，為越南第一個獨立的王朝。據考證，古都華閭的中心應位於現在的寧平市西北方約12km處，現今的丁先皇祠與黎大行Lê Đại Hành（980～1005年在位）祠周邊，這2座祠都是17世紀時重建的重要古蹟，祠內祭祀的是這2位皇帝及其皇族，雖然規模不大，但卻是越南歷史上非常重要的地點。據說過去宮殿四周有堅固的城牆圍繞，現在還有部分城牆保留下來。

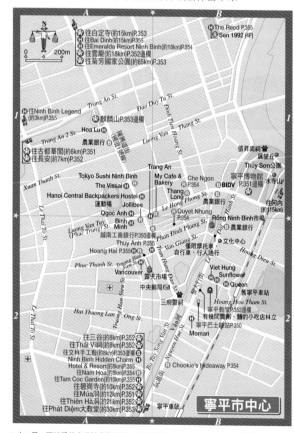

寧平市中心

右・日　可接受美金現鈔兌換越盾，也可利用MasterCard、Visa卡在此預借現金。

古都華閭
☎ （0229）3621890
🕐 夏季：6:00～18:30、冬季：6:30～18:00　休無休
💰 2萬越盾，兒童（6～15歲）1萬越盾，未滿6歲免費

寧平博物館
Bảo Tàng Ninh Bình
Ninh Binh Museum
MAP 左下圖-1B
住 Lê Đại Hành
☎ （0229）3871462
🕐7:30～11:00、13:30～16:30
休週六・日　💰免費
　博物館內介紹了寧平從古到今的歷史，也展示了寧平周圍挖出土的石器、銅鼓、近代戰爭的照片等。

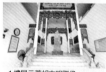

1樓展示著胡志明雕像

Múa洞
Hang Múa　Mua Cave
MAP 左圖-2A外
☎無　🕐6:00～19:00
休無休　💰10萬越盾
　有石灰岩鐘乳石洞，從後山山頂可以眺望三谷景致。登上頂的階梯很陡，最好穿著運動鞋等好走的鞋子。

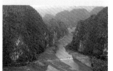

爬上約450階的階梯後，就能欣賞的絕美的景

旅行的建議
●想要拜訪寧平近郊的景點的話，建議請飯店協助安排比較好，包車（4人座）1日40US$～（依目的地而異），搭摩托計程車則為1日10US$。租借摩托車1日7US$～、租借自行車1日2US$～。
●連結寧平市中心～古都華閭～菊芳國家公園10km左右城鎮的8號路線巴士（車資2萬越盾，🕐6:30～17:00）也很值得搭乘，只要在國道1號線沿線招手就可以攔車，上車後向司機告知目的地，司機便會說出下車地點。
●長安、白定寺都設有遊客中心，可在這裡叫回程的計程車。
●遊船之旅結束後，建議給每位船夫5萬越盾左右的小費。

長安

☎ (0229) 3620335
開夏季：6:00～16:45、冬季：
7:00～16:30　休無休
費包含遊船費用25萬越盾、兒童12萬越盾（乘坐4～5人）、未滿4人會和別人併船，若支付5人的船資則可包船

　遊船之旅的路線有3種，最經典的就是①路線，詳細內容如下。
　路線①：遊覽包含黑洞、釀酒洞等在內的9個洞窟，以及3處祠堂與寺廟。
　路線②、③：兩者都是遊覽3個洞窟、3處寺廟。
　※路線、遊覽的區域幾乎相同，但造訪的景點卻不一樣。

三谷／Thái Vi祠

☎無
開7:00～17:00　休無休
費12萬越盾（兒童6萬越盾）＋遊船費用15萬越盾（以乘船人數來除）、1艘船最多可搭2位外國人）
　在三谷的遊船之旅中途可下船造訪Thái Vi祠Đền Thái Vi，在水田中的筆直道路走約10分鐘就可抵達。給船夫一點小費就可以讓船隻在此等候，並且在回來後再次搭船回到乘船處。

其他的遊船之旅

雲龍　Vân Long
MAP P.350
☎ (0229) 3502385
開6:00～17:00　休無休
費入場費每人2萬越盾，遊船費1艘船5萬越盾（乘坐2人）
　乘船遊覽面積廣達約3000公頃的北部三角洲最大的濕地，所需時間約1小時。濕地內棲息457種植物、39種動物，未經開發的大自然景致讓人嘆為觀止。觀光客不多，相當安靜。

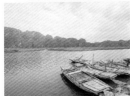

只有這裡才體驗得到傳統竹製手搖船的遊船之旅

Thiên Hà洞

☎091-3292458（手機）
開8:00～18:00　休無休
費包含遊船費用12萬越盾（船隻供2～4人乘坐、1人包船為24萬越盾）
　遊覽Thiên Hà洞、Thiên Thanh等處的行程，約2小時。也有從山河村出發前往三谷的路線。

352

★乘船遊覽神祕的鐘乳石洞內部
長安
Tràng An　　　　　　　　　　Trang An

MAP P.350

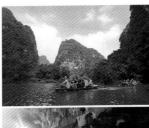

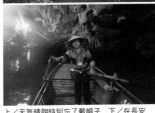

上／天氣晴朗時別忘了戴帽子　下／在長安的溪流發現3萬～4000年前的生活痕跡

　石灰岩奇岩綿延的長安喀斯特地形，在約2億4000萬年前形成，可說是全球喀斯特地形中歷史最短的一處。以考古學角度來看也相當珍貴的優美景觀為賣點，長安共有多達48個鐘乳石洞，因此造成洞窟、祠堂、寺廟約3小時的遊船之旅非常搶手，可以搭乘搖船緩慢通過必須低下頭才能穿過的320m長狹窄洞穴黑洞Hang Tối、因湧出乾淨的水所以過去曾在此釀酒的釀酒洞Hang Nấu Rượu等處，可以接觸到悠久的歷史與自然之美。

★置身水田中的遊船之旅
三谷
Tam Cốc　　　　　　　　　　Tam Coc

MAP P.350

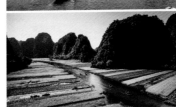

上／三谷的遊船出發地附近，與長安相比觀光客較少　下／可搭乘遊船行駛在水田當中的三谷，在割稻前的3、6月左右相當漂亮

　三谷在越南文是「3個洞窟」的意思，一如其名，遊船之旅途中會有3次穿越上方有鐘乳石、伸手不見五指的黑暗洞窟。在沿途還可看到在13世紀陳朝時代建設的Thái Vi祠Đền Thái Vi，這是當時的軍事基地——Vũ Lâm宮所在地，裡頭除了陳朝初代皇帝陳太宗之外還有祭祀其他4位皇帝。

★乘船遊覽洞窟內的「小宇宙」
Thiên Hà洞
Động Thiên Hà　　　　　　　Thien Ha Cave

MAP P.350

　Thiên Hà洞是位在10世紀中葉左右守護華閭王朝的自然要塞——Tuồng山脈中的鐘乳石洞。從山河村Sơn Hà的旅遊行程中心出發，搭乘搖船越過運河前往洞窟，這個洞窟的焦點就是洞窟內的水道遊船，打上燈光的鐘乳石映照在水面上，呈現出宛如銀河般的絕美景色，也因此得到了「銀河洞Galaxy Cave」的別名。

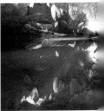

平穩的水面宛如鏡子一般

★彷彿像佛教的主題樂園一般
白定寺
Chùa Bái Đính

MAP P.350

Bai Dinh Pagoda

位於寧平市中心西北方約18km處的小山坡上，為新建的寺廟，這裡所有東西的尺寸規模都特別大，占地面積也是東南亞佛寺當中最為寬闊的。鎮守於釋迦佛殿中的主神佛像高約10m、重量約100噸，據說是亞洲最大的鍍金銅像，另外還有約36噸重的越南最大鐘樓等，擁有許多景點。順帶一提，原本的白定寺是位在新寺廟後山走約800m處的洞窟寺，由約1000年前的高僧李國師Lý Quốc Sư所建。

★神聖的洞窟寺
碧峒寺
Chùa Bích Động

MAP P.350

Bich Dong Pagoda

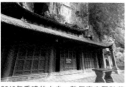

2010年重建的中寺，整個廟宇緊貼著山壁而建

位在從三谷再往山裡面前行約2km處的深山中，於1705年興建，1774年由鄭森Trịnh Sâm取名為現在的名字。從山麓沿著陡峭的石階往上爬，首先會抵達下寺Chùa Hạ，再往前走是據說11世紀時所建的中寺Chùa Trung，背對著岩山走進寺內，可見到內部是一座巨大的洞窟，後方供奉著數尊佛像。跨出洞窟後再繼續沿著石階而上可抵達上寺Chùa Thượng，從上寺可往下眺望山路美麗的層峰美景。

★融合新舊東西建築樣式的美麗教堂
Phát Diệm大教堂
Nhà Thờ Đá Phát Diệm

MAP P.350

Phat Diem Cathedral

Phát Diệm大教堂位於市區東南方約30km處，建於1875年，建築風格融合了傳統寺廟建築與哥德式建築，其獨特的建築美學使得這座教堂頗富盛名。進入教堂後，首先映入眼簾的鐘樓是有著石塊砌成的拱門與磚瓦屋簷的奇特建築，鐘樓後方是寬24m、深80m、高18m的雄偉的大主教堂（建於1891年），大主教堂的正面也是石頭建成的，後方的屋頂則鋪滿了磚瓦，側面與內部利用一根根的木頭柱子支撐著整個建築。在教堂後側還可看到身穿越南式旗袍的瑪利亞像。

融合了石頭與木頭2種建材的稀有建築，現在為了能登錄為世界文化遺產而與日本研究團隊共同進行深入研究

★健行行程很受歡迎
菊芳國家公園
Vườn Quốc Gia Cúc Phương

MAP P.350

Cuc Phuong National Park

位於寧平市區西北方約65km處，或從河內出發往西南約90km處。菊芳地區Cúc Phương約有2200公頃的土地被自然林木所覆蓋，於1962年被認定為越南首座的國家公園。園區廣大的腹地內有著2200種以上的珍貴植物，以及松鼠、猴子、蜥蜴、蝴蝶等各式各樣的動物在此棲息。來到這裡可以選擇以樹齡千年的神木為目標的健行之旅，時間約3～4小時。此外，園區內也有數個石灰岩洞窟（史前時代石器出土處），也可以參加參觀洞窟的行程。

白定寺
☎無 ◷7:00～22:00
休無 料免費（寶塔5萬越盾）
從停車場徒步到寺廟入口約20分，搭電動車（7:00～21:30）所需時間約5分，來回車資6萬越盾。廁所2000越盾。

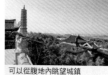

可以從腹地內眺望城鎮

文林手工藝
Minh Trang Hand Made
MAP P.351-2A外
住 Tam Cốc
☎（0229）3618015
◷8:00～22:00 休無休
Card M V
寧平裡的巴士村文林村Văn Lâm是一座繁榮了700年的刺繡村，這裡的工作坊和商店提供的刺繡產品，皆是傳統的刺繡技術。推薦刺繡錢包作為紀念品，價格約3萬越盾。

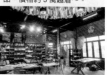

也可以看見製作的過程

碧峒寺
☎無 ◷6:30～18:30
休無休 料免費

Phát Diệm大教堂
☎無 ◷教堂區域內為6:00～18:00。大教堂除5:00與17:00的彌撒之外，不定期開放
休無休 料免費
從寧平的巴士總站搭乘開往Lai Thành的路線巴士，在Kim Sơn下車，從下車地點徒步到大教堂約20分。搭乘摩托計程車來回10～12US$，計程車來回約35US$。

菊芳國家公園
☎（0229）3848006 ◷7:00～17:00 休無休 料6萬越盾、兒童1萬越盾
園區內嚴禁隨地丟棄垃圾，此外園區內有小木屋可供住宿。可租借摩托車。

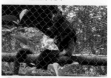

還設有「Vooc」等瀕臨絕種猴子的保育設施

在星空下享用美食和啤酒
Chookie's Hideaway

異國料理

MAP P.351-2B

　Q彈餅皮的披薩和貝果搭配融化的起司和當地蔬菜，與在地釀造的啤酒（2萬5000越盾）簡直是絕配，也提供豆腐披薩等素食料理。開放感十足的花園座位，由店主利用廢棄木材裝飾成有溫度的空間。

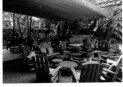

入夜後常常客滿，具有高人氣

🏠147 Nguyễn Huệ　**☎**091-9103558（手機）
🕐9:00～22:00　**休**無休　**Card** J M V　**預約**不需預約

豬肉米粉專賣店
Quyet Nhung

麵

MAP P.351-2B

　位在寧平東南部，是金山縣知名麵條「豬肉米粉Bún Mọc」（→P.36）的專賣店，在細米麵當中放上Mọc（豬肉丸）、Giò Chả（像炸魚餅的豬肉火腿）、炸大蒜後，再淋上豬骨熬製的清爽湯頭，是早上的經典菜色（2萬5000越盾）。

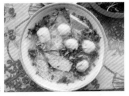

Q彈的豬肉丸十分美味

🏠13, Ngõ 22, Vân Giang　**☎**094-8649165（手機）
🕐5:00～10:00　**休**無休　**Card**不可　**預約**不需預約

Nam Hoa

越南料理

MAP P.351-2A外

🏠2F, Nam Hoa Hotel, Tam Cốc, Bích Động
☎（0229）3618043　**🕐**11:00～13:00、17:00~21:00　**休**無休
Card不可　**預約**不需預約

Che Ngon

甜品

MAP P.351-1B

🏠17 Đinh Tiên Hoàng　**☎**（0229）6287022
🕐8:00～22:00　**休**無休
Card不可　**預約**不需預約

位在同名飯店的最高樓，是當地越南人也時常造訪的人氣餐廳，一走出電梯後就有三谷溪谷的絕美景色迎接著來客。推薦菜色為烤山羊肉（30萬越盾）、Cơm Cháy（16萬越盾）等寧平知名料理，有提供英文菜單。

Chè專賣店，初次嘗試Chè可以選擇加入綠豆、黑豆、紅豆、椰奶等食材的什錦Chè Chè Thập Cẩm（→P.46，2萬越盾）。布丁Caramen（5000萬越盾）和柚子Chè Chè Bưởi也很推薦。菜單附照片。

可入住飯店的4星級度假村
Emeralda Resort Ninh Binh

高級飯店

MAP P.351-1A外

　寧平首屈一指的度假酒店，從雲龍（→P.352邊欄）乘船處步行約10分鐘的距離即可抵達。在遼闊的腹地內設有9處Villa區、大大小小共5個戶外泳池、SPA、餐廳、酒吧等設施，宛如一座村莊一般。溫暖的木造Villa客房寬敞舒適，面積50～107

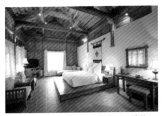

仿造傳統木造房舍的客房全部都是Villa房型

㎡不等，有些屬於Villa式套房。酒店提供前往長安、三谷和菊芳國家公園的私人旅遊行程。是適合跳脫日常生活，讓身心重新充電的絕佳飯店。

🏠Vân Long Nature Reserve, Gia Vân, Gia Viễn
☎（0229）3658333
URLwww.emeraldaresort.com
🕐S W T273萬～1049萬越盾　（含早餐）
Card A J M V　共172房

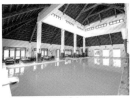

室內泳池和室外泳池齊全

Voice! 在寧平一定要試試看山羊肉料理和Cơm cháy（鍋巴）。特別是將湯淋在鍋巴上，美味十足！鍋巴也可以在各大景點等伴手禮店買到。

住宿　Hotel

都無可挑剔的設施和服務
Ninh Binh Legend
高級飯店

MAP P.351-1A外

「服務至上」為飯店主人的待客之道，而這理念也確實地實踐在飯店的每個角落，員工最棒的微笑也療癒了疲倦感。客房空間寬敞，所有房間設有浴缸，泳池、三溫暖、網球場、酒吧等館內設施一應俱全，還可代為安排前往寧平各地的行程。

開放感十足的戶外游泳池

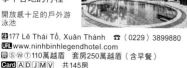

🏠 177 Lê Thái Tổ, Xuân Thành　☎（0229）3899880
URL www.ninhbinhlegendhotel.com
🛏Ⓢ ⓦ Ⓣ110萬越盾　套房250萬越盾（含早餐）
Card Ａ Ｄ Ｊ Ｍ Ｖ　共145房

方便觀光的奢華飯店
Ninh Binh Hidden Charm Hotel & Spa　高級飯店

MAP P.351-2A外

這間奢華飯店推薦給想要觀光也想要感受度假氣息的人，徒步到三谷的遊船乘船處只要幾分鐘，飯店內風格時尚俐落，宛如來到另一個世界，餐廳、酒吧、SPA、會議室等設施也都應有盡有，從戶外泳池還可看到世界遺產三谷的奇岩就聳立眼前，坐擁奢侈的景觀。

內部裝潢奢華的豪華雙人房，所有客房都設有浴缸

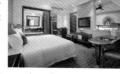

🏠 9 Tam Cốc, Bích Động　☎（0229）3888555
URL hiddencharmresort.com　🛏Ⓢ ⓦ Ⓣ140萬越盾～　套房250萬越盾～（含早餐）　Card Ａ Ｊ Ｍ Ｖ　共96房

獨佔三谷奇岩
Tam Coc Garden
高級飯店

MAP P.351-2A外

靜靜聳立在田園風景當中的小型度假飯店，共計有8棟度假小屋，法國磁磚與自然素材風格很契合，散發著溫暖的氣氛，餐廳則供應用新鮮有機食材製作的餐點。推薦可以參加料理或刺繡教室、釣魚體驗等飯店主辦的課程（收費），切身感受越南的文化。

泳池前是奇岩與田園風景

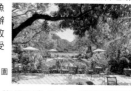

🏠 Thôn Hải Nham, Xã Ninh Hải, Hoa Lư　☎037-8253555（手機）　URL www.tamcocgarden.com　🛏490萬～1400萬越盾（含早餐）　Card Ａ Ｊ Ｍ Ｖ　共25間度假小屋＆Villa

只是體驗SPA也很值得造訪
The Reed
高級飯店

MAP P.351-1B

建於市中心，是附設會議中心的現代化大型飯店，寬敞的客房簡約且機能性十足，住來相當方便，且所有房間都設有浴缸與陽台。設施方面，無邊際泳池、SPA「Sen1992」、玻璃帷幕的時尚越南料理餐廳等的水準也很高。

Grand Deluxe客房

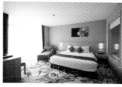

🏠 Đinh Điền, Đông Thành　☎（0229）3889979
URL thereedhotel.com　🛏Ⓢ ⓦ Ⓣ168萬越盾～　套房230萬越盾～（含早餐）　Card Ａ Ｊ Ｍ Ｖ　共160房

其他住宿　Hotel

Bai Dinh
中級飯店

MAP P.351-1A外

🏠 Bái Đính Pagoda　☎（0229）3868789
URL www.baidinhhotel.com　🛏Ⓢ ⓦ Ⓣ118萬越盾～　套房258萬越盾～（含早餐）　Card Ａ Ｊ Ｍ Ｖ　共55房

位在白定寺（→P.353）腹地內的飯店，一定要參加住宿此處者專屬的夜間行程（每人18萬越盾～）。行程狀況請記得事先確認。

Thuy Anh
經濟型旅館

MAP P.351-2A

🏠 2 Trương Hán Siêu　☎（0229）3871602、3882712
URL www.thuyanhhotel.com　🛏Ⓢ ⓦ Ⓣ65萬～75萬越盾　3人房90萬越盾（含早餐）　Card Ｊ Ｍ Ｖ　共35房

位在寧平市中心，是可以享受市區漫步樂趣的地點，1樓為餐廳，6樓則有高空酒吧。這間在寧平也為老牌飯店，但飯店內保持得很乾淨，員工應對宜客。與上述Ninh Binh Legend為同經營者。

Hoang Hai
經濟型旅館

MAP P.351-2A

🏠 28 & 34 Trương Hán Siêu　☎（0229）2210631、3875177
URL ninhbinhhotel.com.vn　🛏新館：Ⓢ ⓦ Ⓣ58萬5000～76萬5000越盾　舊館：Ⓢ ⓦ Ⓣ35萬越盾～　Card Ｍ Ｖ　共60房

營業邁入第27年的老字號飯店，座落在市區，巴士總站也在徒步範圍內。有新館（No.28）與舊館，兩者皆附設餐廳。客房裝潢簡約，所有房間都有空調、電視，感覺相當乾淨。

世界遺產 下龍灣

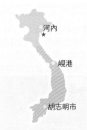
河內
★
峴港

胡志明市

何時是最佳的季節？

9～11月放晴的天數較多，12～3月即使放晴氣溫也相當寒冷，所以記得要穿著禦寒衣物。4～10月雖然會下雨，但如果想在島上游泳的話，6～8月是最佳季節。

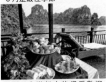
2天1夜遊船之旅很受歡迎
（→P.362 Paradise Cruise）

下龍灣2000顆大大小小、形狀奇特的島嶼突出於海面上，與平靜的海面相輝映，不負「海上桂林※」的稱號，夢幻的景致就宛如一幅美麗的圖畫一般。下龍的下Hạ是降臨的意思，傳說中這個地區從前因受到外敵入侵所苦，有一天有一對龍的父子降臨此地（→P.361龍

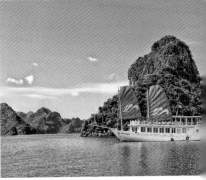
下龍灣為北越的觀光重點

天寺），不僅擊退敵人，更從口中吐出寶石，化成了一座座的島嶼，協助村民抵禦外敵。下龍灣深綠色的海水透露出神祕的氣氛，相當符合傳說中的感覺。

下龍灣在1994年被聯合國教科文組織登錄為世界遺產，因而受到全世界觀光客的注目，也因此當地的觀光開發盛行，外資企業的飯店、觀光景點陸續在此興建，目前已是越南北部最具代表性的景點之一了。

交通 ✿ ACCESS

如何前往下龍灣

●**飛機**

從胡志明市，越南航空和越捷航空每日1班，越竹航空每週4班，所需時間約2小時。

●**巴士**

從河內的嘉林巴士總站Bến Xe Gia Lâm出發前往Bãi Cháy的巴士，從6:00～17:30每隔40分鐘發車，車資為25萬越盾～，所需時間約4小時。此外，從河內的美亭巴士總站Bến Xe Mỹ Đình出發前往Bãi Cháy的路線，從5:00～19:00間每隔30分鐘發車，車資12萬越盾，所需時間約4小時30分。也有從海防和寧平的巴士。

河內也有許多到指定地點接送的豪華巴士，可以透過 URL vexere.com網路預約，部分也可請飯店協助預約，河內出發，車資26萬越盾～，所需時間約2小時。

※請注意，雖然有「下龍灣」這個地區的名稱，但是實際上並沒有叫做「下龍灣」的行政區，因此河內等地的巴士總站等所使用的是「Bãi Cháy」或是「Hồng Gai」等行政區的名稱。下龍灣的Bãi Cháy巴士總站（ MAP P.359-1A）與Bãi Cháy的飯店所在的區域有數公里之遠，從巴士總站到飯店所在的區域搭乘摩托計程車為5萬越盾～。

●**船**

從吉婆島Đảo Cát Bà的Gia Luận出發到巡州島Đảo Tuần Châu有固定航班的渡輪行駛，每日9:00、11:30、13:00、15:00、16:00（冬季為9:00、13:00、16:00）出發，船資8萬越盾，所需時間約1小時。

從下龍灣出發的交通

飛機的交通時間與費用與左述相同。

●**巴士**

從Bãi Cháy巴士總站（ MAP P.359-1A）到河內的嘉林巴士總站，7:30～15:00每隔20分鐘發車，車資25萬越盾；前往河內的美亭巴士總站則是5:45～17:00之間每隔15分鐘發車，車資15萬越盾，所需時間3小時30分～4小時。也有前往海防、寧平的班次。

※從Bãi Cháy巴士總站前往河內的巴士除了會顯示「河內Hà Nội」外，也會同時顯示「嘉林Gia Lâm」、「美亭Mỹ Đình」等巴士總站的名稱，搭車前往河內時要注意。

●**船**

從巡州島的乘船處（ MAP P.359右圖）有連接吉婆島的Gia Luận的渡輪定期航線，7:30、9:00、11:30、13:30、15:00（冬季8:00、11:30、15:00）出發，8萬越盾，所需時間約1小時。

※天候不佳或是人數不到30人時就不會出船，請多加留意。

※桂林：位於中華人民共和國廣西壯族自治區，石灰岩的山峰層層相連，經常作為水墨畫的題材，是有名的風景名勝。

漫遊　Orientation

一般稱為下龍灣的地區是廣寧省Quảng Ninh的Bãi Cháy及Hồng Gai這2座城鎮組成的地區，這2個城鎮隔著港灣以橋相連接，觀光上是Bãi Cháy較為便利。在下龍街走在Muong Thanh Luxury Quang Ninh（→P.364）的右手邊，此時轉進Vườn Đào街，便進入到許多1晚10～30US$左右的迷你飯店與小吃店等店家林立、充滿觀光氣氛的地區，如果想節省住宿費的話可以到這一帶尋找旅館。

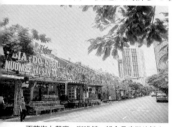

下龍街上餐廳、咖啡館、紀念品店櫛比鱗次

沿著下龍街往西直走，就會進入精品旅館櫛比鱗次的觀光地區。沿海地帶的下龍海灘（→P.359）於2015年開放，2016年則有主題樂園「太陽世界下龍綜合娛樂城Sun World Ha Long Complex」（→P.283）開幕；2019年下龍國際港開港（→邊欄），成為大型遊輪碼頭，現在持續開發中。

此外，在Bãi Cháy西南部的沿海一帶填海造地的新興地區，近年來開始興建中級、高級飯店，國外的旅行團也會在此住宿。

繼續往西前進走過架設在海上的橋樑，就能來到開設了遊輪碼頭的巡州島Đảo Tuần Châu，巡州國際港過去曾是遊輪停靠的主要港口，現在以及逐漸被下龍國際港所取代。

Bãi Cháy對岸Hồng Gai的下龍市場周邊是飯店與餐廳聚集的市中心，有新鮮又便宜的海鮮，近年來，填海造陸的土地上建造了新城區和5星飯店，成為備受矚目的高速發展地區。

景點　Sightseeing

★北部觀光的焦點

下龍灣觀光船之旅

MAP P.359

Ha Long Bay Cruise

下龍灣巡禮一般的行程內容包含欣賞奇特的島嶼，中途前往鐘乳洞、水上人家，時間約3～5小時，無論是跟團還是單獨參加，都是從下龍國際港或巡州國際港（→邊欄）出發。跟團的話一般從河內出發，不過也能向下龍灣周邊的飯店報名行程，或是可在港口購買船票。跟團的團費大多會包含所有費用，單獨參加的話需要和別人組團，選擇下列行程1或2，並在櫃台購票，為了湊足人數可能需要長時間等待，請多加留意。

	參觀行程	下龍灣入境費用	遊船費用	每人總計金額
路線1（所需時間約3小時）	狗造型岩石～門雞岩～水上人家～天宮洞	29萬越盾（包含1座洞窟的入場費）	15萬越盾	44萬越盾
路線2（所需時間約5小時）	狗造型岩石～門雞岩～水上人家～驚訝洞～英雄島		20萬越盾	49萬越盾

越南外貿商業銀行
Vietcom Bank
MAP P.360-2A
166 Hạ Long, Bãi Cháy
☎（0203）3811808
7:30～11:30、13:00～16:30
週六・日

提供美金現金的匯兌服務，有24小時的ATM，提供MasterCard、VISA卡的預借現金服務。

Bãi Cháy橋
Cầu Bãi Cháy
Bai Chay Bridge
MAP P.361-1C

連接Bãi Cháy與Hồng Gai之間，由日本的ODA（譯注：Official Developing Assistance，政府開發援助）與最新的建築技術所建造而成，橋身全長903m，兩座主塔之間長435m，從橋墩欣賞到的景色相當漂亮。

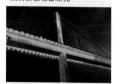

晚上會打燈，使得橋身較白天看來更為壯觀

下龍灣觀光船乘船處
下龍國際港
Halong International Cruise Port
MAP P.360-2B
9 Hạ Long, Bãi Cháy
☎032-8225699（手機）
6:00～22:00　無休
巡州國際港
Tuan Chau International Marina
MAP P.359右圖
Tuần Châu Island
☎（0203）6275658
6:30～18:30　無休

上述2座國際港，都是下龍灣觀光船發船的大型碼頭，單獨參加的話要到櫃台購買共乘觀光船票，費用請參閱左下角的表格。

想要包船的話，平日1小時70萬越盾～（週末、越南節日最多要加30%）。

※可能會因天候狀況不佳而臨時停駛，颱風接近時等情況需特別注意。

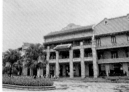

2019年開港的下龍國際港

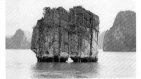
下龍灣最有名的島嶼「香爐島」，同時也是20萬越盾鈔票上的圖案

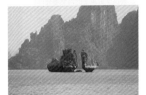
「鬥雞岩」也是下龍灣具代表性的奇岩之一

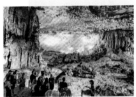
打上繽紛燈光的驚訝洞

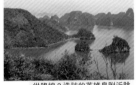
從巡遊線2造訪的英雄島附近眺望的景色

天宮洞
Động Thiên Cung

MAP P.359-1A

Thien Cung Cave

天宮洞是位於木頭島Đảo Đầu Gỗ的鐘乳洞，在下龍灣區域內的各個鐘乳洞中，觀光船最常停靠的就是天宮洞，這個洞穴內部高約20m、寬10m，稱不上特別大，但內部利用藍色和綠色的燈打亮之後，形成有著神祕氣氛的世界，沿著鋪設好的階梯和腳燈依序前行，沿途可看到許多有著奇特名稱的鐘乳石和石筍。

距離天宮洞約300m處還有一個名為木頭洞Hang Đầu Gỗ（MAP P.359-1A）的洞窟，根據傳說，在13世紀元朝入侵之際，陳興道將軍用木樁將這座洞窟遮掩起來。

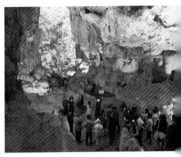
天宮洞內的階梯很滑，要多留意

驚訝洞
Hang Sửng Sốt

MAP P.359-2B

Sung Sot Cave

驚訝洞是位於Bãi Cháy南方約13km外，是Bo Hon島上最大的鐘乳洞，「Sửng Sốt」是越南語「驚訝」的意思，讓人感到震撼的巨大規模，以及打上燈光的奇形怪狀岩石相當有人氣。相較於天宮洞，這裡的遊客數量較少，可以安靜地散步欣賞。只有長程的觀光船或是住宿船上的2天1夜之旅船隻才會造訪這裡。

鼓洞
Hang Trống

MAP P.359-2B

Trong Cave

周邊有好幾個鐘乳洞，尤其在風大的時候，風穿過洞穴時會發出的許多不同的聲音，據說聽起來很像是太鼓的聲音。

下龍灣觀光船之旅路線 1

13:00 搭乘觀光船出發。

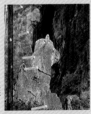
上／搭船後馬上就在船上享用午餐 右／外形像狗的岩石

13:30 抵達水上人家，改搭手搖船參觀奇岩景觀。

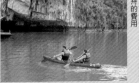
記得事先確認費用當中有沒有包含手搖船或是獨木舟的費用

16:00 一邊遠眺右側的Bãi Cháy橋，船隻回到觀光船乘船處。

15:30 參觀結束後再次搭船，船隻折返。

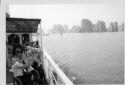
天氣晴朗的話，可以走上甲板與身後的奇岩合拍紀念照

14:30 抵達木頭島，下船參觀天宮洞。

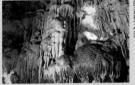
可飽覽大自然鬼斧神工的造型之美

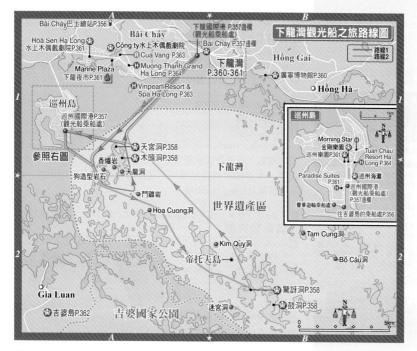

下龍灣觀光船之旅路線圖

路線1
路線2

Bãi Cháy巴士總站P.356
Hoa Sen Ha Long
水上木偶戲劇院P.361
Bãi Cháy
Công ty水上木偶戲劇院
Marine Plaza
下龍夜市P.361
下龍國際港 P.357邊欄
（觀光船乘船處）
Bãi Cháy P.357邊欄
Cua Vang P.363
Muong Thanh Grand
Ha Long P.364
Vinpearl Resort &
Spa Ha Long P.363

Hồng Gai
下龍灣
P.360-361
廣寧博物館P.360
Hồng Hà

巡州島
巡州國際港P.357
（觀光船乘船處）

參照右圖

天宮洞P.358
木頭洞P.358
香爐岩
天龍洞
狗造型岩石
鬥雞岩
Hoa Cuong洞

下龍灣

世界遺產區

巡州島
Morning Star
金剛樂園
巡州樂園P.361
Paradise Suites
P.361
巡州海灘
巡州國際港
（觀光船乘船處）
P.357邊欄
豪華遊輪乘船處
往吉婆島的乘船處P.356
Tuan Chau
Resort Ha
Long P.364

Kim Quy洞
帝托夫島

Tam Cung洞
Bồ Câu洞

驚訝洞P.358
鼓洞P.358
迷宮洞

Gia Luan
吉婆島P.362
吉婆國家公園

★ 充滿越南特色的巨大主題樂園

太陽世界下龍灣綜合娛樂城

Sun World Ha Long Complex

MAP P.360-2A～2B

主打「越南規模最大」的越南最大的主題樂園，占地約214公頃的主題公園內，劃分為海灘區與Ba Đèo山頂區，兩處園區之間以全長約2km的女皇纜車Queen Cable Car銜接。

海灘區內開設了可享受刺激萬分的雲霄飛車、漂流船等約20座遊樂設施的遊樂園「龍樂園Dragon Park」，以及下龍海灘、設有12個滑水道與遊樂設施的主題水上樂園「颱風水上樂園Typhoon Water Park」。

山頂區的「神祕山Mystic Mountain」內，則有仿造日本庭園的「禪庭園Zen Garden」、蠟像館「名人堂Fame Hall」等設施，最受矚目的設施就是可以將超廣角的下龍灣景致盡收眼底的摩天輪「Sun Wheel Ha Long」。

各區都設有餐廳與商店，可以整整玩上半天，各個區域都要購票入場。

太陽世界下龍灣綜合娛樂城
🏠9 Hạ Long, Bãi Cháy
☎（0203）3616838
URLhalongcomplex.sunworld.vn
休無休　Card J M V
龍樂園
開14:00～18:00（週六・日9:00～）
費20萬越盾、兒童10萬越盾
神祕山&女皇纜車
開14:00～19:00（週六・日9:00～）　費35萬越盾、兒童25萬越盾
颱風水上樂園
開9:00～18:00
費20萬越盾、兒童10萬越盾
※開園時間依季節而異，請事先確認。

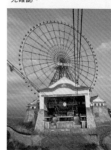

建於標高215m的Ba Đèo山山頂的摩天輪「Sun Wheel Ha Long」，要搭乘2層式的女皇纜車前往

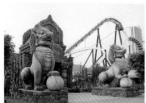
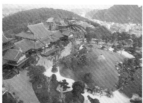

左／疾駛在下龍灣上空的雲霄飛車「Dragons Run」
右／座落在Ba Đèo山頂區的神祕山

Bãi Cháy市場
🕐 依店家而異，大致為7:00～
17:00　🔒 無休

下龍市場
🕐 依店家而異，大致為7:00～
17:00　🔒 無休

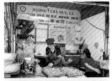
這裡也有下龍灣名產炸花枝
Chả Mực的攤販

廣寧博物館
🏠 Trần Quốc Nghiễn, Hồng
Gai　☎ (0203) 3825031
🌐 www.baotangquanginh.
vn　🕐 8:00 ～ 13:00、14:00
～ 17:00　🔒 無休　💰 4 萬越
盾、兒童 1 萬越盾，身高未滿
120cm免費。

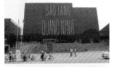
西班牙建築師操刀設計的奇特
建築物，相當有存在感

☆ 洋溢著生活氣息的當地市場　**MAP** 下圖-1B
Bãi Cháy市場
Chợ Bãi Cháy　　　　　　　　　　**Bai Chay Market**

　　Bãi Cháy最大的市場，相較於下龍市場，這裡的魚貝類店家
較少，生活雜貨和服飾的店家較多。

☆ 充滿朝氣活力的大型市場　**MAP** P.361-2D
下龍市場
Chợ Hạ Long　　　　　　　　　　**Ha Long Market**

　　位於Hồng Gai的下龍灣最大市場，2 層樓的市場裡，生活雜
貨、電器、服飾等店家整齊排列著，緊連著後方就是魚貝類、
蔬菜、水果等生鮮食品賣場，生鮮賣場屬於下龍市場的一部
分，也稱為Hồng Gai市場。

☆ 不僅止於下龍灣，也可接觸到廣寧省的魅力之處　**MAP** P.359-1B
廣寧博物館
Bảo Tàng Quảng Ninh　　　　　　**Quang Ninh Museum**

　　館內依時代依序介紹廣寧
省的歷史、文化、自然等，
包含 1 ～ 3 世紀建造的水井
等珍貴出土品，以及罕見樂
器、戰爭時代的影像等，各
式各樣的展示品共超過 2 萬
件以上。

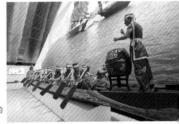

1 樓展示廣寧省的生物、過去漁業使用的
工具與船隻等

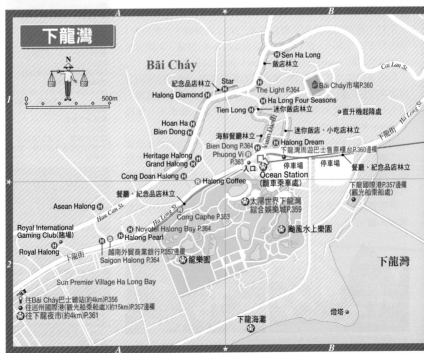

下龍灣

N
0　　　　　500m

Bãi Cháy

🅗 Sen Ha Long
・飯店林立　　　　Cai Lan St.

紀念品店林立　Star 🅗
Halong Diamond 🅗　The Light P.364　🅗 Bãi Cháy市場P.360

🅗 Ha Long Four Seasons
Tien Long 🅗　・迷你飯店林立　　●直升機起降處

Hoan Ha 🅗
Bien Dong 🅗　　　　・迷你飯店、小吃店林立　　下龍街 Ha Long St.

海鮮餐廳林立
Bien Dong P.364　🅗 Halong Dream
Phuong Vi 🅗　　　下龍灣周遊巴士售票櫃台P.360邊欄
P.363　　入口　停車場　　停車場　餐廳、紀念品店林立

Heritage Halong 🅗
Grand Halong 🅗　Ocean Station
Cong Doan Halong 🅗　　　(纜車乘車處)　　下龍國際港P.357邊欄
　　　　　🅗 Halong Coffee　　　　　(觀光船乘船處)

餐廳、紀念品店林立

Asean Halong 🅗　　　太陽世界下龍灣
　　　　　　　　　　綜合娛樂城P.359
Hau Can St.　Cong Caphe P.363

Royal International
Gaming Club(賭場)　🅗 Novotel Halong Bay P.364
🅗 Halong Pearl　　　🅗 颱風水上樂園
Royal Halong　下龍街
　　越南外貿商業銀行P.357邊欄
　　Saigon Halong P.364　　龍樂園

Sun Premier Village Ha Long Bay

🅗 往Bãi Cháy巴士總站(約4km)P.356
🅗 往巡州國際港(觀光船乘船處)(約15km)P.357邊欄
🅗 往下龍夜市(約4km)P.361

下龍海灘　　　燈塔 ●

下龍灣

Voice 可自由上下車的下龍灣周遊巴士很便利，由Vietnam Sightseeing所營運的雙層巴士
可以遊覽下龍灣的各個主要景點，10個下車點有 2 小時、5 小時、10小時、24小時有效↗

★據說是龍降臨傳說的地點
龍天寺
Chùa Long Tiên

MAP 下圖I-2D

下龍灣最大的寺廟，建於1941年相對上是一座新的廟宇，據說這裡就是傳說中龍最初降臨的地方（→P.356），平日參拜者便絡繹不絕，每年在農曆3月24日還會舉行盛大的祭典。

寺廟內香火繚繞

Long Tien Temple

龍天寺
🏠Long Tiên, Bãi Cháy
☎無
🕐5:00～20:00（每月農曆1日～21:00）
🈳無休 💴免費

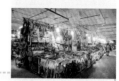

下龍夜市遍布販售越南紀念品的商店

如何在下龍灣過夜

下龍灣的夜晚也有許多的娛樂活動，以大型主題樂園「太陽世界下龍灣綜合娛樂城」（→P.359）為首，還有於2021年全新開幕，聳立著大型金剛雕像的金剛樂園。購物方面，太陽世界下龍灣綜合娛樂城旁林立著念品店，還可以前往Marine Plaza內的下龍夜市。另外也有表演會場，最具人氣的是水上木偶戲，可以欣賞仙女跳舞、還劍傳說等傳統劇目，而在巡州樂園，則會舉辦海豚表演。

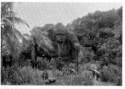

金剛公園毗鄰巡州樂園

●Hoa Sen Hạ Long水上木偶戲劇院
Nhà Hát Múa Rối Nước Hoa Sen Hạ Long
MAP P.359-1A 🏠Lô 46- Khu Bán Đảo 2, Khu Đô Thị Dịch Vụ Hùng Thắng ☎（0203）3656866 🕐16:30、17:30、18:30、19:30 🈳無休 💴12萬越盾 **Card**不可

●下龍夜市 **Chợ Đêm Hạ Long**
MAP P.359-1A 🏠Marine Plaza, Hoàng Quốc Việt, Bãi Cháy 🕐17:00～22:00 🈳無休

●巡州樂園 **Tuan Chau Park**
MAP P.359右圖 🏠Tuần Châu Island ☎（0203）3842200 🕐8:00～22:00（海豚秀10:00、15:00、20:30） 🈳無休 💴35萬越盾 **Card** M V

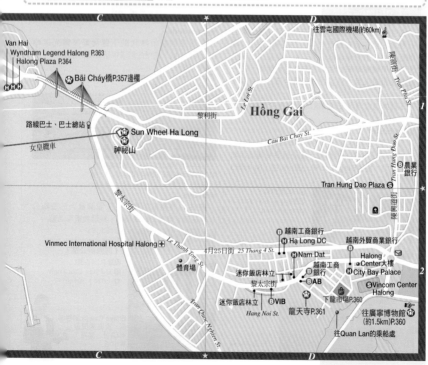

Van Hai
Wyndham Legend Halong P.363
Halong Plaza P.364

Bãi Cháy橋P.357邊檔

路線巴士、巴士總站🚏

女皇纜車

Sun Wheel Ha Long
神祕山

Vinmec International Hospital Halong✚

往雲屯國際機場（約60km）✈

黎利街

Hồng Gai

Cau Bai Chay St.

Le Loi St.

農業銀行

Tran Hung Dao Plaza 🚇

越南工商銀行
Hạ Long DC
4月25日街 25 Thang 4 St.
Nam Dat
越南工商銀行
迷你飯店林立
黎太宗街
AB
迷你飯店林立
VIB
Hang Noi St.
龍天寺P.361

Le Thanh Tong St.
體育場

Tran Quoc Nghien St.

越南外貿商業銀行
Halong Center大樓
City Bay Palace
Vincom Center Halong
下龍市場P.360
往廣寧博物館（約1.5km）P.360
往Quan Lan的乘船處

前往吉婆島的交通方式、從吉婆島出發的交通

　前往吉婆島，參加從下龍灣出發的觀光行程是最普遍的方式。另外，從下龍灣的巡州島（→P.356）或海防（→P.365）都有定期船班。

　如果是從河內出發的話，建議在河內先請旅行社預約船票再行前往。

國家公園健行

　有2～6小時各種不同內容的行程可以選擇，也可以搭配吉婆島周邊的觀光船行程，大部分的飯店都可以協助安排健行行程。

　如果想要單獨參加的話，包括導遊、國家公園入場費、汽車（或船、摩托車）等各種費用大約2小時15US$～、6小時30US$～。

★下龍灣上的野生樂園
吉婆島
Đảo Cát Bà　　　　　　　　　　　　Cat Ba Island

　吉婆島位於Bãi Cháy南方約10km的海上，是下龍灣最大的一座島嶼，南北約18km、面積約354km²的這座島嶼，將近一半的面積與東南方包含Đầu Bê島在內的近海90km²區域，為了保護島上的自然景觀而被指定為國家公園，區域內的自然景觀包括亞熱帶的常綠樹森林、紅樹林、湖泊、瀑布、鐘乳洞等，種類繁多且值得一看的景點也很多。此外，也有許多野生動物棲息，其中包括有著金色毛髮的猴子等珍禽異獸，周邊海域也有約1000種的魚類、貝類或海豚、海豹等海洋動物，是名副其實的自然寶庫。

　島上也有飯店和餐廳，如果時間允許的話，非常建議在此停留1～2晚。相較於Bãi Cháy，這裡觀光開發的程度較低，也有美麗的沙灘，夏天時聚集許多來自河內的越南當地人，熱鬧非凡。

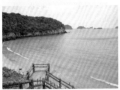
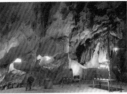
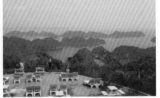

左／透明度極高的吉婆海灘Bãi Tắm Cát Cò　　中／越戰時作為醫院使用的洞窟Hospital Cave　　右／從海拔177m的要塞「Cannon Fort」眺望的絕景

❖ **Column**　　　　　　　　# 下龍灣2天1夜遊輪之旅

　前往下龍灣的方式以參加河內出發的當天來回行程為主流，但在最近幾年，在遊輪上住宿1晚的行程也愈來愈受到歡迎，在船上眺望夕陽或日出、按摩體驗等享受住宿才有的特別體驗。每一艘船都很有人氣，建議在官網提早預約，可參考P.24。

※下述為包含河內來回接送、2天1夜的價格。

●**Paradise**

　與下龍灣奢華飯店「Paradise Suite」（→P.363）是同一經營者，能充分享受海陸活動充滿魅力，提供Elegance號、Grand號、Sails號3種遊輪。

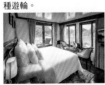

💰620萬越盾～
URL www.paradise vietnam.com

Paradise Sails Terrace Suite房型

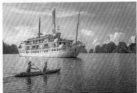

皮艇是遊輪熱門的活動之一

●**Emeraude**

　重現法國統治時代的下龍灣豪華觀光遊輪Emeraude號，精緻的裝潢保留當時的氛圍。

💰100US$～
URL www.emeraude-cruises.com
☎1800-599955（熱線）

左／從甲板上眺望奇岩，也是種醍醐味
右／可享用新鮮的海鮮料理

●**Bhaya**

　擁有17艘豪華遊輪，是下龍灣最大的遊輪公司，在船上可以體驗太極拳、料理教室等活動。

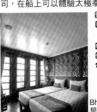

💰365US$～
URL bhayacruises.com
【河內辦公室】
MAP P.347-3D
🏠47 Phan Chu Trinh
☎（024）39446777

Bhaya Classic的標準房，所有房間設有陽台、廁所與淋浴

餐廳 Restaurant

Cua Vang
海鮮料理
MAP P.359-1A

🏠32 Phan Chu Trinh　☎（0203）3819919
🕐8:00～22:00　🈲無休
Card AJMV　預約團體要預約

以螃蟹料理聞名的餐廳，最受歡迎的是螃蟹鍋（110萬越盾／2人份～），可從店面活跳跳的食材中挑選，並指定烹調方式，主菜料理20萬越盾～。

Phuong Vi
海鮮料理
MAP P.360-1B

🏠97 Hạ Long　☎098-3161578（手機）
🕐8:30～22:00　🈲無休
Card 不可　預約不需預約

位在Bãi Cháy的觀光區，獨自一人也可輕鬆進入。菜色囊括各種海鮮料理與越南料理，可從店面前的活跳跳食材中挑選，蝦子1kg為55萬越盾～，螃蟹1kg為80萬越盾。

Cong Caphe
咖啡館
MAP P.360-2A

🏠Kios C101-C201, Công Viên Sunworld Hạ Long
☎091-1866494（手機）　🕐7:30～23:00
🈲無休　Card 不可　預約不需預約

來自河內的復古連鎖咖啡館的分店，靠近「太陽世界下龍灣綜合娛樂城」（→P.359）附近餐飲店聚集的區域，招牌為椰奶冰沙（4萬9000越盾～）、優格飲等很受歡迎。

住宿 Hotel

所有房間皆為套房房型的精品飯店
Paradise Suites
高級飯店
MAP P.359右圖

位在下龍灣遊輪玄關巡州島上的唯一一間精品飯店，散發殖民風格的建築，分別取名為下龍、河內、西貢、順化的4棟大樓，飯店內越南和西式料理餐廳、酒吧、SPA、私人海灘等設施也很齊全。客房可

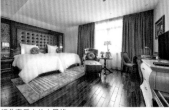
經典套房走仿古風格

以分為以木頭為基調的簡約經典套房和現代裝潢的潮流套房2種。也有同公司旗下的觀光船Paradise Cruise，並推出結合遊船之旅的住宿方案。

🏠Paradise Town, Tuần Châu
☎（0203）3815088
URL www.halongparadisesuites.com
💰Ⓢ Ⓦ Ⓣ115萬越盾～（＋稅・服務費15%，含早餐）
Card ADJMV　共156房

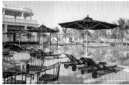
可以看見大海的戶外泳池

Bãi Cháy地區首座的5星飯店
Wyndham Legend Halong
高級飯店
MAP P.361-1C

Bãi Cháy橋附近的5星飯店，從豪華裝潢的客房與露天泳池眺望的下龍灣與Bãi Cháy橋景致讓人驚豔。飯店內有酒吧在內的4間餐飲設施、SPA、三溫暖、健身房、兒童遊戲區、旅遊行程櫃台等設施也應有盡有。

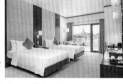
可從大型陽台眺望下龍灣的Deluxe海景房

🏠12 Hạ Long, Bãi Cháy　☎（0203）3636555
URL www.wyndhamhalong.com
💰Ⓢ Ⓦ Ⓣ330萬越盾～　套房470萬越盾～（含早餐）
Card ADJMV　共450房

Rều島上的5星度假飯店
Vinpearl Ha Long Bay Resort
高級飯店
MAP P.359-1A

從Bãi Cháy搭乘專用小船前往後，就能來到這處奢華的異世界。客房最小也有40m²，所有房間設有浴缸與陽台，格局設計感覺相當開闊。飯店內有5間餐飲設施與SPA，每一間的水準都相當高。

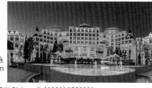
還擁有戶外泳池與約1.5km長的海灘

🏠Đảo Rều, Bãi Cháy　☎（0203）3556868
URL vinpearl.com　💰Ⓢ Ⓦ Ⓣ365萬越盾～　套房519萬越盾～（＋稅・服務費15%，含早餐）　Card ADJMV　共384房

住宿 Hotel

下龍灣最高級的飯店

Novotel Halong Bay

高級飯店

MAP P.360-2A

館內有露天泳池、餐廳、酒吧、SPA與健身房等設施的高樓飯店，客房內現代化的設備與時尚的內裝讓整座飯店充滿度假風情。約65%的客房有面灣景致，也有山景房。

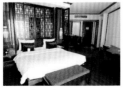

Superior海景房，可提出有無浴缸的需求

住160 Hạ Long, Bãi Cháy ☎(0203) 3848108
URL www.novotelhalongbay.com 費ⓈⓉ214萬～253萬越盾 套房319萬越盾～（＋稅．服務費15%，含早餐）
Card ADJMV 共225房

巡州島上的度假飯店

Tuan Chau Resort Ha Long

高級飯店

MAP P.359右圖

環境寧靜的度假飯店，寬廣的園區內擁有私人沙灘、泳池、越南和西式餐廳、三溫暖和SPA。客房設備齊全，配有東方家具和現代度假風格的裝潢。

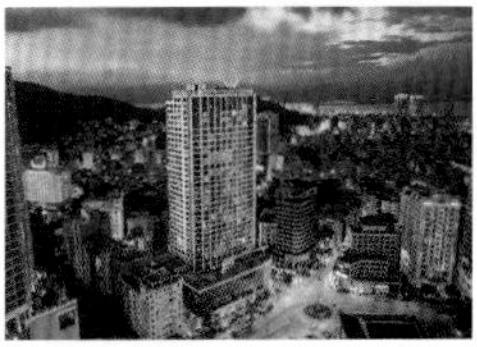

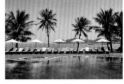

露天泳池外是綿延的沙灘

住Tuần Châu Island, Hạ Long ☎(0203) 3842999
URL www.facebook.com/tuanchauresorthalong
費ⓈⓌⓉ185萬越盾～ 套房225萬越盾～（含早餐）
Card AJMV 共170房

Bãi Cháy區的高樓飯店

Muong Thanh Luxury Quang Ninh

高級飯店

MAP P.360-1B

位在Bãi Cháy觀光區的大型飯店，擁有下龍灣最高的34層樓建築，從高樓層靠海客房眺望的景色絕美。飯店內除了泳池、餐廳、SPA&按摩、網球場等設施外，客房內還備有最新設備，是相當舒適的空間。

Bãi Cháy觀光的絕佳地段

住Hạ Long, Bãi Cháy ☎(0203) 3646618
URL luxuryquangninh.muongthanh.com 費ⓈⓌⓉ290萬～340萬越盾 套房470萬～3500萬越盾（含早餐）
Card ADJMV 共508房

服務、客房設備都擁有高度人氣

The Light

迷你飯店

MAP P.360-1B

服務、客房設備都擁有高度人氣的迷你飯店，明亮乾淨的客房內有電視、空調與冰箱。飯店內還設有旅遊行程櫃台，可以安排下龍灣觀光船、巴士，或是租借摩托車等，另外也有餐廳和屋頂泳池。

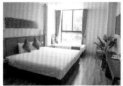

客房走柔和藍色調的簡約裝潢

住108A Vườn Đào, Bãi Cháy ☎(0203) 3848518
URL www.facebook.com/thelight.108 費ⓈⓌⓉ平日50萬～65萬越盾（週末比平日加價10萬越盾）
Card ADJMV 共13房

其他住宿 Hotel

Halong Plaza

高級飯店 MAP P.361-1C

住8 Hạ Long, Bãi Cháy ☎(0203) 3845810
URL www.halongplaza.com 費ⓈⓌⓉ140萬越盾～套房350萬越盾～（＋稅．服務費15%，含早餐） Card ADJMV 共185房

12層樓的高級飯店，客房內裝現代化，設備也齊全，高樓層的面海客房有絕佳的景致，館內有泳池、健身房、三溫暖、按摩等設施。週末「Four Seasons」餐廳的海鮮自助餐（營18:00～22:00）很受歡迎，不論味道或氣氛都很棒。

Saigon Halong

高級飯店 MAP P.360-2A

住168 Hạ Long, Bãi Cháy ☎(0203) 3845845
費ⓈⓉ119萬越盾～ 套房459萬越盾～ （含早餐）
Card AJMV 共223房 4 棟別墅（17房）

這座度假飯店的客房分為位於海岸線旁的14層樓現代化建築的客房大樓，以及Villa兩種型態，這裡的特色就是最頂樓（14樓）有可180度眺望下龍灣絕景的餐廳。所有海景房都設有陽台，讓人相當滿意。

Muong Thanh Grand Ha Long

高級飯店 MAP P.359-1A

住7, Block 20, East of Hùng Thắng, Bãi Cháy ☎(0203) 3812468
URL grandhalong.muongthanh.com 費ⓈⓌⓉ150萬越盾～ 套房400萬越盾～（含早餐） Card JMV 共180房

建於Bãi Cháy的新興地區，飯店內整體來說略顯老舊，不過客房擁有大扇窗戶，視野很好，客房內的設備也很齊全，可以住得相當舒服。各國旅行團也會下榻此處，服務也很機靈。設有海景餐廳、按摩、泳池、會議室等設施。

越南北部海路的玄關

海防

海防位於河內以東約100km，是越南北部僅次於河內的大都市，這裡有與西貢港齊名的國際港灣──海防港，是著名的港都。尤其是近年來，許多外國企業紛紛於郊區建設工廠，市區內的外國人身影逐漸增加，整座城市也愈趨朝氣蓬勃。每年5月，兩旁的法國風建築營造出異國風情的道路上，盛開的鳳凰木將整座城市染得火紅。雖然這裡不像下龍灣有著風光明媚的景致，但仍值得在等待前往吉婆島（→P.362）的船班時稍做停留，在城市裡走走看看。

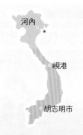

海防的市中心位於奠邊府街Điện Biên Phủ與光中街Quang Trung周邊，這一帶有飯店、餐廳、旅行社、銀行等店家聚集，相當方便。

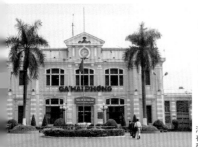

海防之旅的起點海防車站，是一座在法國統治時代開通的歷史性車站，殘留著法國殖民風格印象的建築

海防的法國風建築

海防市區內留有許多法國風的建築，例如市民歌劇院、中央郵局、海防車站、海防大教堂、海防博物館等，在市區散步時，記得多留意兩旁的建築物，說不定會意外地發現有趣的街景也不一定。此外，聽說海防市民歌劇院內部比河內歌劇院（→P.300）更為豪華。

交通 ✿ ACCESS

如何前往海防

●飛機

從胡志明市出發前往海防的越南航空每日6～7班，越捷航空每日7～8班，越竹航空每日1班，所需時間約2小時。從峴港出發的越南航空和越竹航空每日1班，越南航空每日2～3班，所需時間約1小時15分。從邦美蜀Buôn Ma Thuột出發的越捷航空和越竹航空每週4班，所需時間約1小時40分。從芽莊出發的越南航空每週3班，越捷航空每日1班，越竹航空每週5班，所需時間約1小時45分。從大叻出發的越捷航空每週4班，所需時間約1小時45分。從富國島出發的越捷航空每日1班，越竹航空每週3班，所需時間約2小時5分。

●火車

從河內每日有4班車前往海防，車資8萬5000越盾～，所需時間約2小時25分。

●巴士

從河內的Giáp Bát巴士總站前往Lạc Long巴士總站（MAPP.366B圖-1A），5:00～17:00間每隔30分發車，車資12萬越盾。從河內的嘉林巴士總站Bến Xe Gia Lâm前往Niệm Nghĩa巴士總站（MAPP.366B圖-2A外）或Cầu Rào巴士總站（MAPP.366B圖-2B外），5:00～19:30間每隔15分鐘發車，車資12萬越盾，所需時間約2小時。從Bãi Cháy（下龍灣）在5:00～19:00間，每隔30分鐘發車，15萬越盾，所需時間約2小時。此外，從寧平、峴港等地也都有班次前往海防。

●船

吉婆島出發的高速船8:00～17:00之間共有6班，船資20萬越盾，所需時間約50分。不過常常會取消班次或變更路線，記得要事先確認。

從海防出發的交通

飛機相關資訊請參考如何前往海防（→左述）。

●火車

前往河內有6:10、9:10、15:00、18:40出發的4班火車，車資8萬5000越盾～，所需時間約2小時35分。

●巴士

從Lạc Long巴士總站（MAPP.366B圖-1A）出發前往河內的Giáp Bát巴士總站的巴士，於5:00～18:00每隔15分鐘發車，車資為12萬越盾，所需時間約2小時。前往Bãi Cháy（下龍灣）5:00～17:00每隔15分鐘發車，15萬越盾，所需時間約1小時30分。從Niệm Nghĩa巴士總站（MAPP.366B圖-2A外）也有前往老街Lào Cai、諒山Lạng Sơn等地的巴士。

●船

Bến Bính乘船處（MAPP.366B圖-1A）位於Tam Bạc街上，可搭乘前往吉婆島的快速船，7:00～16:00之間共有6班，船資20萬越盾，所需時間約50分。另外還有前開往位在觀光區的吉婆島船處Bến Tàu Cát Bà、島嶼西北部的Cao Tốc乘船處Bến Tàu Cao Tốc的船班，但請注意Cao Tốc～吉婆之間搭乘免費接送巴士約需30分鐘。

海防博物館
66 Điện Biên Phủ
☎（0225）3823451
🕐8:00～11:00、14:00～17:00
🚫週一 💰免費

海軍博物館
353 Cầu Rào, Q. Dương Kính
☎（0225）3814788 🕐8:00
～11:00、14:00～16:30（有時
在開館時間內仍會暫停開放，
請多加留意）🚫無休 💰免費

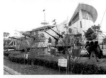

前院展示著真的機炮、魚雷與
水雷等

花市
Chợ Hoa Flower Market
MAP 右B圖-2B 📍Hoàng Văn
Thụ 🕐依店家而異，大致為
7:30～20:00 🚫無休
　被四季盛開的花朵點綴得
五彩繽紛的十數家花店聚集
在此，除了花束外，包裝美麗
的花卉禮品也值得一看。

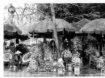

只有這一區綻放著花朵

越南外貿商業銀行
Vietcom Bank
MAP 右B圖-1B
📍11 Hoàng Diệu
☎（0225）3822423
🕐7:30～11:30、13:00～17:00
🚫週六・日
　提供美金現鈔匯兌服務。

越南航空
MAP 右B圖-2B
📍166 Hoàng Văn Thụ
☎（0225）3810890
🕐7:30～12:00、13:30～17:00
🚫無休 Card AJMV

中央郵局
MAP 右B圖-1B
📍5 Nguyễn Tri Phương
☎（0225）3842547
🕐7:30～18:00（週六～
12:00）🚫週日
　有DHL的辦公室。

景點　　　　　　　　　　Sightseeing

⭐可認識海防的發展歷史　　　　　　　MAP 下A圖-1A
海防博物館
Bảo Tàng Hải Phòng　　　　　　Hai Phong Museum

　館內展出超過 2 萬件橫跨西元前到近代的展品，藉此回顧海
防的歷史。1 樓為海防近郊出土的西
元前青銅器、法國殖民時代使用的人
力車等等，2 樓則展示胡志明與海防
相關文物，或港都海防發展歷史相關
的資料。

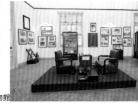

將建於1919年的經典建築改建成的博物館

⭐學習「軍港都市」海防的歷史　　　　MAP 下B圖-2B外
海軍博物館
Bảo Tàng Hải Quân　　　　　　　Navy Museum

　海防在阮朝時代被建設為軍事基地，爾後的法國殖民時代，
這裡也是法國在遠東最大的海軍基地，是漢字標記為「海防」
的軍港都市。這座博物館以照片、模型介紹軍港之都海防的越
南海軍歷史。

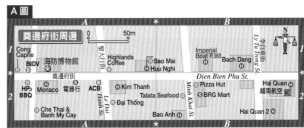

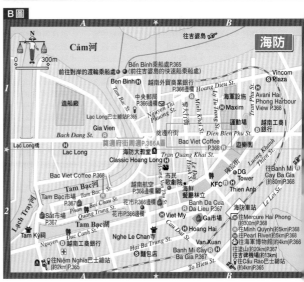

★ 混亂的氣氛充滿了樂趣

Tam Bạc市場

Chợ Tam Bạc　　　　　　　　　　　**Tam Bac Market**　**MAP** P.366B圖-2A

市場內部有布料及服飾品店，每一家店的商品都堆積成山，狹窄的走道只勉強容得下兩人錯身而過，舉目所及都是成堆的商品，讓人分不清楚前後左右。此外，市場周圍的露天市場也適合一邊散步一邊走馬看花，路上滿滿的路邊攤兜售著生鮮食

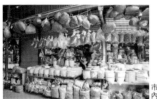

品、日用雜貨、服飾衣物等，你想得到的東西都有賣，朝氣蓬勃。

市場內的乾貨市場，上午最為熱鬧，市場內則是到中午過後還是擠滿了人

★ 電器商品種類豐富

Sắt市場

Chợ Sắt　　　　　　　　　　　　　**Sat Market**　**MAP** P.366B圖-2A

總共3層樓的大型市場，內部有點昏暗又雜亂，1樓是日用雜貨及電器、五金賣場，2樓是服飾賣場。當地人都知道要到這座市場買電器最便宜，不過這裡的電腦主機與螢幕、電視與遙控器等都是分開來賣，對於外國人來說不太方便購買。

郊區城鎮

濱海度假勝地

塗山

Đồ Sơn　　　　　　　　**MAP** 摺頁正-1B、P.366B圖-2B外

位於海防東南方約20km處的靠海城鎮，由於從河內或海防可以當天往返，因此成為了度假勝地，旺季時會有大量的觀光客湧入，好不熱鬧。此外，在長住越南的外國人之間則是以有賭場聞名。

陳街街上知名路邊攤（→下述）的蟹肉紅米苔目

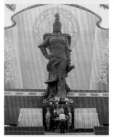

致力於城市建設的女中豪傑黎真Lê Chân像（**MAP** P.366B圖-2A）守護著這座城市

Tam Bạc市場

🏠4 Hoàng Ngân　🕒依店家而異，大致為7:00～18:00　🚫無休

Sắt市場

🕒依店家而異，大致為7:00～18:00　🚫無休

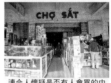

連令人懷疑是否有人會買的中古商品，都是經過修理的正規商品

海防的知名料理

蟹肉紅米苔目Bánh Đa Cua（→P.36）是海防的知名麵食，將米磨成的粉中加入甘蔗汁所製成的茶色的米苔目，放入螃蟹敲碎後熬煮的高湯，製作成湯麵。

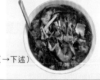

餐廳　　🍴 Restaurant

蟹肉紅米苔目名店

Banh Da Cua Da Lieu　　麵

MAP P.366B圖-2B

蟹肉紅米苔目Bánh Đa Cua（→P.36、367邊欄，3萬5000越盾）的路邊攤，在其他城市沒什麼機會吃到，一定要把握這次機會享用。這裡雖然說是路邊攤，但卻是只要提到「Bánh Đa Cua Trần Phú」，當地無人不知無人不曉的超有名店家。

吃過一次就會上癮的口味，週末總是人滿為患，建議避開用餐時段來訪

🏠140 Trần Phú　☎無　🕒7:00～19:00（湯頭用完就會打烊）　🚫無休　💳Card不可　📋不需預約

使用海蟹的名產麵

Banh Da Cua Ba Cu　　麵

MAP P.366B圖-2B

這裡的蟹肉紅米苔目Bánh Đa Cua（4萬越盾）和其他家不一樣，是使用海蟹製作，海蟹的肉比較厚實，感覺相當奢侈。蔬菜配料用其他盤子裝，可以吃到飽。蟹肉炸春捲Nem Cua Bể（5萬越盾）也是絕品美食。

一定要吃吃看填入滿滿蟹肉的蟹肉炸春捲，也有乾拌的蟹肉紅米苔目

🏠179 Cầu Đất　☎090-4666053（手機）、098-3963384（手機）　🕒7:00～21:00　🚫無休　💳Card不可　📋不需預約

Banh Mi Cay Ba Gia
越式三明治
MAP P.366B圖-2B

📍57 Lê Lợi　☎090-6084368（手機）
🕐8:00～22:00　🈶無休
Card不可　**預約**不需預約

以細長型的法國麵包製作的越式三明治（1條3000越盾）是海防名產，店裡賣的是只抹了奶油和肝醬類抹醬的簡單的三明治，奶油香氣讓人深深著迷。

Minh Quynh
火鍋
MAP P.366B圖-2B外

📍188 Văn Cao　☎（0225）3501533
🕐10:00～23:00　🈶無休
Card不可　**預約**不需預約

海防知名火鍋田蟹鍋Lẩu Cua Đồng的名店，在搗碎的田蟹與番茄基底的湯頭中，加入豆腐、菇類、蔬菜、海鮮、肉類等一起熬煮，最後可以加上揉進蟹泥的寬麵Bánh Da來收尾，12萬越盾。

Bac Viet Coffee
咖啡館
MAP P.366B圖-2A

📍103 Tam Bạc　☎098-8727554（手機）
🕐7:00～23:00　🈶無休
Card不可　**預約**不需預約

以復古越南為主題，受到年輕人喜愛的咖啡館。可以在用社會主義宣傳藝術和古董家具裝飾的時尚店內，享用咖啡或冰沙Sinh Tố（3萬5000越盾～），推薦屋頂的露天座位。在**MAP**P.366B圖-1B設有分店，市區有6間分店。

殖民樣式的純白外觀
Avani Hai Phong Harbour View
高級飯店
MAP P.366B圖-1B

　殖民樣式的純白外觀的精品飯店，飯店以優質服務聞名，包括客房內的免費Minibar和管家提供的鋪床服務。館內設有4間餐廳、游泳池、健身中心、SPA & 按摩等設施。

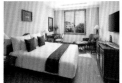

客房舒適，氛圍輕鬆

📍12 Trần Phú　☎（0225）3827827
🔗www.avanihotels.com/ja/hai-phong　💰⑤Ⓦ219萬越盾～套房595萬越盾～（＋稅·服務費15%，含早餐）
Card A D J M V　共122房

28層樓的高樓飯店
Mercure Hai Phong
高級飯店
MAP P.366B圖-2B外

　國際級的Accor飯店集團插旗海防，位在景致怡人的市區地段，私人別墅房可以享用貴賓室的免費下午茶和晚餐。有高空酒吧和SPA等設施。

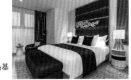

客房採紅色和紫色為基調，也有公寓房型

📍12 Lạch Tray　☎（0225）3240999
🔗www.mercurehaiphong.com　💰⑤ⓌⓉ210萬越盾～
Card A D J M V　共233房

設備齊全的超值飯店
Pearl River
中級飯店
MAP P.366B圖-2B外

　雖然座落在市郊，但擁有歐洲風格的豪華裝潢，服務水準也很高，以房價來說感覺相當划算。設有2間餐廳、酒吧、露天泳池、SPA&三溫暖、健身房和會議室等設施，很齊全。

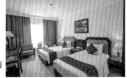

乾淨舒適的客房，圖為豪華雙床房

📍Km 8 Phạm Văn Đồng　☎（0225）3880888　🔗www.pearlriverhotel.vn　💰Ⓣ74～150US$　套房185～716US$（＋稅·服務費15%，含早餐）　**Card** A D J M V　共113房

城市漫遊方便的高樓飯店
Imperial Boat
高級飯店
MAP P.366A圖-1B

　座落在飯店林立的莫邊府街上，特色獨具的外型相當與眾不同。客房一律為簡約風格，空間也夠寬敞，Deluxe客房設有浴缸，飯店還有餐廳、SPA。

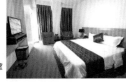

高樓層客房可以眺望街景

📍48 Điện Biên Phủ　☎（0225）3666789
💰⑤ⓌⓉ200萬～270萬越盾（含早餐）
Card A J M V　共110房

Voice 在海防特產的寬麵條米苔目Bánh Đa中，用米粉和甘蔗混合製成的棕褐色麵條被稱為「Bánh Đa Đỏ」，特別是Dư Hàng Kênh村生產的特別有名。

優美梯田與少數民族村落

MAP 摺頁正-1A

沙霸

沙霸區域號碼

0214

Sa Pa

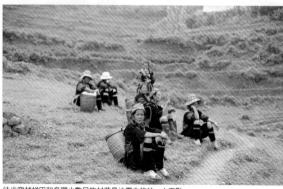

徒步穿越梯田和參觀少數民族村莊是沙霸之旅的一大亮點

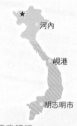

沙霸位於老街Lào Cai（→P.379）西南方約29km、黃連山脈海拔1560m的山中，1918年耶穌會傳教士來到此地傳教，因而讓西方人首次知道沙霸的存在，從此以後許多法國人為了避暑方便，紛紛在此興建了別墅。1954年奠邊府戰役（→P.383、P.445）之後，隨著法國軍隊戰敗，法國人也撤離此處，當時多數的法國風建築遭到破獲，因此現在幾乎已經找不到能夠回憶當時景象的建築物了。

沙霸西方約9km就是越南最高峰番西邦峰Núi Phan Xi Păng（→P.373），周圍的山中散布著數個少數民族的村落，拜訪這些少數村落健行（→P.370）相當有趣。每個週六及週日會有大型的市集，許多少數民族的人民聚集在此，好不熱鬧，因此欲前往沙霸可以選擇週末時前往。

農業銀行
Agri Bank
MAP P.372A圖-2A ⬛1 Cầu Mây ☎(0214) 3871206
🕐夏季：7:00～11:30、13:30～17:00、冬季：7:30～12:00、13:00～16:30 🈺週六・日

提供美金等貨幣現鈔兌換的服務，有24小時的ATM，提供JCB、MasterCard、VISA卡的現金預借服務。

匯兌
在大部分的飯店都可以用美金現金兌換越盾。

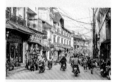

市中心飯店和餐廳林立的Cau May街

交通 ✿ ACCESS

如何前往沙霸
●巴士
從老街車站附近的巴士站（**MAP** P.379A圖-2B）搭乘路線巴士前往，5:20～17:00之間每隔30分鐘發車，車資3萬越盾，所需時間約1小時。此外，在巴士站旁的停車場（**MAP** P.379A圖-2B）也有配合火車抵達時間行駛的迷你巴士，車資5萬越盾，所需時間約45分。從河內的美亭巴士總站Bến Xe Mỹ Đình在6:45～翌日0:25間有每隔1小時發車的臥鋪巴士，31萬越盾，所需時間5小時～6小時30分，巴士起迄站在沙霸市場前（**MAP** P.372B圖-1B）。

從河內出發的豪華巴士
也許多到點接駁的豪華巴士，可透過 URL vexere.com網路預約。

從沙霸出發的交通
●巴士
要前往老街，可從公園附近的巴士發車處（**MAP** P.372A圖-2B）搭乘1號路線巴士，7:00～18:30之間每隔30分鐘發車，車資3萬越盾，所需時間約1小時。搭乘迷你巴士為5萬越盾，所需時間約45分，要在飯店預約。

往河內的臥鋪巴士
Hason Hai Van
MAP P.372B圖-1B ☎1900-6776（手機）
🕐8:00～17:00 🈺無休 **Card** 不可

每日8:30、10:45、13:00、14:00、16:15發車，共5班，車資24萬～35萬越盾，抵達Giáp Bát巴士總站、美亭巴士總站、嘉林巴士總站Bến Xe Gia Lâm。

Hung Thanh
連結沙霸市場前的Hason Hai Van專用巴士總站～河內的臥鋪巴士，往Gia Lâm巴士總站Bến xe Gia Lâm於11:30、14:00發車，豪華巴士車資為65萬越盾，所需時間約6小時。

Sapa Express
MAP P.372B圖-1B ⬛6 Ngõ Vườn Treo
☎098-4890055（手機）、098-6107055（手機）
URL sapaexpress.com 🕐6:30～21:00
🈺無休 **Card** 不可

經營連結沙霸市中心～河內辦事處（→P.314）的臥鋪巴士，共24個座位的臥鋪巴士（22US$）每日14:00發車，共28個座位的豪華巴士（19US$）每日15:00發車，所需時間約6小時，最晚要在前一天預約。也可以在河內的內排國際機場下車。

造訪少數民族故鄉
健行之旅

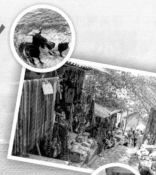

沙霸周邊的山上分布著少數民族的村落，可以一路健行沿途遊覽這些村子。雖然也可以自行前往，但途中很容易迷路，建議參加旅行團比較保險。不論選擇哪一種方式，健行活動都必須長時間步行，參加之前記得先考量自己的體力。

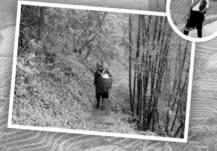

主要的當天來回行程

部分行程可能會搭車，可住宿當地人家的村落為Tả Phìn、Cát Cát、Lao Chải、Tả Van、Bản Ho、Giàng Tả Chải等處。Mỹ Sơn是Xá Phó族的村落，也有可以安排當天來回之旅的旅行社（→P.374），可以尋找看看。

Cát Cát / Sín Chải
用步行的方式拜訪黑苗族的2個村落及欣賞瀑布（4～5小時）。行走距離相對較近，較多人參加。

Ý Linh Hồ / Lao Chải / Tả Van
漫步在據說是最美的Ý Linh Hồ梯田中，拜訪黑苗族村落Lao Chải，以及解族、黑苗族、紅瑤族居住的Tả Van。

Má Tra / Tả Phìn
拜訪紅瑤族的村落，近郊有一整片黑苗族的美麗梯田。

Bản Khoang / Tả Giàng Phìn
拜訪紅瑤族的村落Bản Khoang與黑苗族的村落Tả Giàng Phìn，進入Tả Giàng Phìn需要有入境許可證，有些旅行社沒有推出這裡的行程，最晚要在前一天預約。

Bản Hồ / Thanh Phú
拜訪泰族和解族的村落。

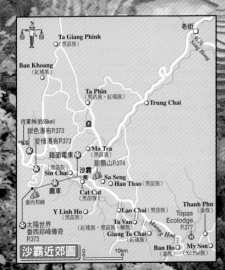

沙霸近郊圖

Ta Giang Phình（黑瑤族）
老街
Song Hong
Ban Khoang（紅瑤族）
Ta Phin（黑苗族、紅瑤族）
Trung Chai
往萊州（約55km）
銀色瀑布P.373
愛情瀑布P.373
路面電車P.373
Ma Tra（黑苗族）
龍麗山P.374
沙霸
黑苗族
Sin Chai
Sa Seng
纜車
Hau Thao（黑苗族）
番西邦峰
Cat Cat（黑苗族）
Y Linh Ho（黑苗族）
Lao Chai（黑苗族）
Thanh Phu（泰族）
Topas Ecolodge P.377
太陽世界番西邦峰傳奇
Ta Van（紅瑤族、黑苗族、解族）
Giang Ta Chai（黑苗族）
Ban Ho（泰族）
Mỹ Son（Xá Phó族）
Muong Hoa
10km

健行行程頻繁發生糾紛

最常發生的糾紛就是「實際的行程和當初的說明不同」，報名之前除了要詳細確認行程內容與細節之外，也要注意旅行社的制度及管理體制，選出正當經營的旅行社。

沙霸周邊少數民族的服裝

各個民族傳統服飾的特徵都顯現在女性的服飾上。

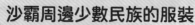

黑苗族
Black H'mong

上半身為袖口、領口有刺繡的藍色上衣，下半身穿著裙子與褲子，多數人腰上繫著有光澤的腰帶；頭髮盤起，戴圓筒狀的帽子也是黑苗族的特徵。

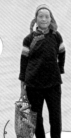

花苗族
Flower H'mong

穿著從領子到右側腋下有刺繡花紋的上衣，外頭再罩上有刺繡的圍裙。花苗族的服飾是越南所有民族中最鮮豔的。刺繡的裙子約有1kg重，最近幾乎所有人都穿中國製的印花裙。

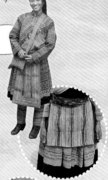

普拉族
Phu La

穿著黑色褲裝加藍色上衣，宛如臂帶一般的繽紛刺繡是主要的特徵。

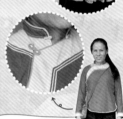

解族
Dzay

上衣是淺色布料，於領口到右側腋下縫上有刺繡的布，下半身著黑色長褲。

泰族
Tay

穿著黑色長褲與上衣，頭上戴著帽子。目前只有黑色長褲是泰族服飾的特徵，右圖是傳統風格的服飾。

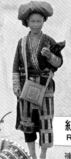

紅瑤族
Red Dzao

褲子上有刺繡，黑色上衣的領口與袖口也有刺繡，頭上裹著的紅布有鈴鐺或流蘇等裝飾。成人女性會剃掉眉毛與頭髮也是紅瑤族的特徵。

在沙霸發現的少數民族商品

市場裡也有細緻刺繡製作的服飾 **C**

紅解族的刺繡腰間綁帶（10萬越盾），也可以當作披肩使用 **C**

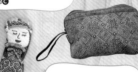

少數民族吉祥物45萬越盾 **A**

利用黑苗族藍染布料製作的典雅錢包 **A**

iPad收納袋和護照套各15萬越盾 **B**

A Indigo Cat（→P.376）
B Hemp & Embroidery　**MAP** P.372A圖-3B　**住** 14 Mường Hoa　**☎** 035-5523850（手機）　**營** 8:00～22:00
休 無休　**Card** 不可　**C** 沙霸市場（→P.374）

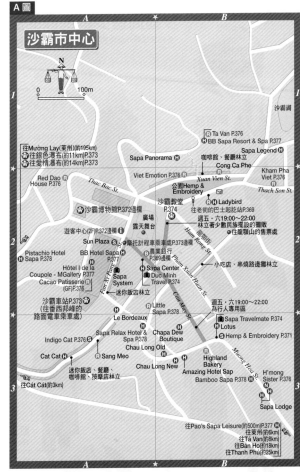

遊客中心
Tourist Information Center
MAP 右圖 -2A 住2F, 2 Phan
Xi Păng ☎ (0214) 3871975
URL www.sapa-tourism.com
營 7:45〜11:30、13:30〜17:30
休無休
　提供協助安排健行及飯店介
紹的服務，也可索取沙霸地圖
與資料，還可安排從老街出發
前往河內的火車票。

沙霸博物館
Bảo Tàng Sa Pa
Sa Pa Museum
MAP 右圖 -2A 住2F, 2 Phan Xi
Păng ☎ (0214) 3873239
營 7:30〜11:30、13〜17:00
休不定休 費免費
　館內介紹沙霸的歷史、自然
景觀，也藉由照片、衣物、生
活用具等物品展示居住在沙霸
周邊少數民族的生活，使用了
許多實物介紹生活細節，值得一
看。1樓是販售沙霸特產的
商店。

最適合旅遊的季節與服
裝

　如果要參加健行的話，4〜
5月左右及9〜11月左右是最
適合的，特別是9月左右還可
欣賞到金色稻穗結實纍纍的美
麗梯田。6〜8月經常下雨，
而1〜2月又太過寒冷。這裡
的夏天氣候涼爽，晚上溫度有
可能下降到10℃左右，記得要
帶外套或毛衣之類的衣物；冬
天必須穿著防寒衣物（厚毛
衣、夾克、襪子等）。健行時
一定要穿慣穿的鞋子，也可以
租借雨具或長靴。

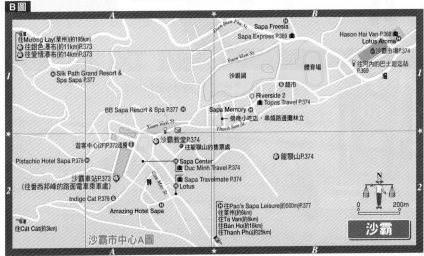

景點　　　　　　　　　Sightseeing

★ 搭乘纜車前往中南半島最高峰
太陽世界番西邦峰傳奇
MAP P.370

Sun World Fansipan Legend

黃連山脈Hoàng Liên Sơn的一部分——以中南半島最高峰（3143m）的高度自豪的番西邦峰，這裡就是以此山為舞台的大型主題樂園。從位在沙霸市中心的沙霸站（**MAP** P.372A圖-2A）搭乘路面電車前往黃連山站後，再轉搭纜車前往山頂附近的番西邦峰站，接著再搭乘小火車到山頂附近。在山頂拍過紀念照之後，可以一邊參觀山頂附近的大佛與寺廟，一邊漫步到番西邦峰站。

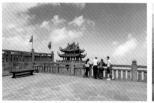
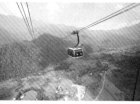

右／番西邦峰站附近建有10座以上的寺廟與佛塔
左／全長6292.5m、高度差1410m的纜車，沿途可以欣賞梯田和雄偉的山景

★ 因愛的傳說而命名
愛情瀑布
MAP P.370

Thác Tình Yêu　　　　　　**Love Waterfall**

位在沙霸市中心以西約15km處，是番西邦峰登山口附近擁有浪漫名稱的瀑布。因此處流傳妖精與青年之間愛的傳說，因此而取名為「愛情瀑布」，在越南情侶之間也很有人氣。從瀑布流瀉而下的溪流看起來如黃金一般，因此也被稱為「黃金溪Golden Stream」。

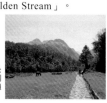

瀑布位在國家公園內，從入口到瀑布要走30分鐘左右的步道

高低落差約100m，還可看到外國觀光客在瀑布下游泳

★ 代表「銀色絲綢」的意思
銀色瀑布
MAP P.370

Thác Bạc　　　　　　　**Silver Waterfall**

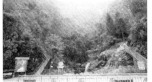

從岩石紋理間留下的水流，宛如銀色的絲綢一般

這座瀑布位在沙霸前往愛情瀑布的途中，在海拔1800m的Mường Hoa山山頂從約200m的高度畫出數道彎曲急流而下，極具震撼感。也可以爬上樓梯到瀑布附近散步。

前往各景點的交通

教堂廣場附近的路口有固定輛數的摩托計程車乘車處（**MAP** P.372A圖-2A、☎096-5876668〈手機〉），有明確標示不同目的地的單程、來回價格，搭乘時相當方便，前往Cát Cát（→P.370）單程為4萬越盾，前往銀色瀑布（→下述）單程為7萬越盾。

計程車起跳價格為1萬8000越盾～，租借摩托車1天15萬越盾～。

太陽世界番西邦峰傳奇
☎（0214）3818888
URL fansipanlegend.sunworld. vn/en　營7:45～18:30（週六‧日7:00～19:30）
休無休　費路面電車來回9萬9000越盾、纜車來回73萬7000越盾、前往山頂的小火車單程9萬9000越盾
Card M V

各站都設有餐廳、咖啡館與商店，山頂上的氣溫相當低，記得穿著保暖服裝。
※心臟病、高血壓、糖尿病等病患若對高海拔處有所顧慮的話，請多加小心留意。

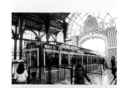
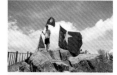
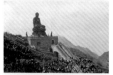

上／沙霸站～黃連山站之間搭乘路面電車單程約10分　中／山頂有紀念碑與國旗，是絕佳的紀念照拍攝處　下／可以從階梯上眺望高31m的大佛像

愛情瀑布
營9:00～17:00　休無休
費7萬越盾

銀色瀑布
營8:00～17:30　休無休
費2萬越盾

龍頸山
☎（0214）3871289
🕐6:00～18:00（夏季～18:3）
🈺無休　💰7萬越盾、兒童（身高130cm以下）3萬5000越盾
　可索取免費的遊園步道地圖，園內的民俗村內1天會舉辦4～6場的少數民族舞蹈表演。

沙霸教堂
彌撒時間為週一～六5:30、18:30、19:00、週日8:30、9:00、19:00。

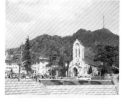
沙霸教堂是這裡的地標，附近有販賣紀念品或輕食的路邊攤

沙霸市場
🕐6:00左右～18:00左右
🈺無休
　沙霸教堂～沙霸市場間有電動汽車行駛，單程6000越盾。

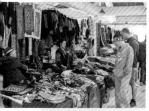
種類豐富的民族布料

★ 可俯瞰優美的沙霸街景　　　　　　　　　　MAP P.370
龍頸山
Đồi Hàm Rồng　　　　　　　　　　　　　Ham Rong Hill

沙霸以東的一塊丘陵地上，一根根或白或灰的石灰岩如雨後春筍般突出於地表（由於看起來像是龍的下巴，因而被稱為Hàm Rồng〈Hàm＝下巴、Rồng＝龍〉），周圍已建設成自然公園，園內有販賣果汁的雜貨店，還有一座介紹少數民族日常生活的博物館。來到這裡，建議一定要登上名為Sân Mây的山頂上，天氣好的時候，從沙霸可以遠眺番西邦峰，或者也可以選擇登上南邊設有廣播天線的Trạm Viba，從這裡遠眺的景致也很美麗。

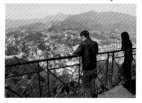
龍頸山上有多處觀景處，可以遠眺沙霸街景與群山景致

★ 城市的象徵　　　　　　　　　　MAP P.372A圖-2B
沙霸教堂
Nhà Thờ Sa Pa　　　　　　　　　　　　　Sa Pa Church

法國人於1920年所建造的教堂，在1954年的奠邊府戰役法國軍隊戰敗時，教堂的部分建築也遭到破壞，爾後花費了十幾年的時間終於修復完成。彌撒以外的時間會緊閉大門，無法入內參觀。

★ 要買少數民族商品的話就要來這裡　　　　MAP P.372B圖-1B
沙霸市場
Chợ Sa Pa　　　　　　　　　　　　　　　Sa Pa Market

位在沙霸湖北側的現代化市場，市場前設有巴士站，附近則有許多便宜小吃店等店家。市場1樓紀念品、衣服、香料、中藥、生鮮食品賣場與小吃店，2樓主要是服裝賣場，2樓北側還設有黑苗族、紅瑤族等少數民族雜貨的製作與販售區，雖然對觀光客的推銷攻勢太過積極，但如果有想要的少數民族雜貨的話，這裡是種類最豐富且價格也很公道的地方。

旅行社&旅遊辦事處 ✿ TRAVEL OFFICE & TOUR OFFICE

●Duc Minh Travel
MAP P.372A圖-2A
🏠10 Cầu Mây（Sapa Centre Hotel內）
☎（0214）3871881　URL ducminhtravel.com
🕐6:00～22:00　🈺無休　Card J M V
　入住少數民族人家（2天1夜～5天4夜）、番西邦峰之旅（3天2夜～）、自行車之旅等行程很受歡迎。造訪Trung Chải等少數民族村落與梯田的1日健行之旅，全程約需徒步5小時，每人19US$～，6人以上出團。

●Sapa Travelmate
MAP P.372A圖-3B　🏠5 Mường Hoa（Lotus Hotel內）　☎（0214）3873625～6
URL sapatravelmate.com　🕐7:30～12:00、14:00～18:00　🈺無休　Card J M V
　包含紅瑤族、苗族在內共有15為當地導遊，舉辦

當天來回到全長1週等各式各樣的行程，最受歡迎的是前往Ma Tran與Tả Phìn的1日之旅（15～20US$）、北河Bắc Hà之旅（15US$～），住宿Lao Chải、Tả Van的當天來回行程15US$～，2天1夜30US$～。也可以安排番西邦峰健行。

●Topas Travel
MAP P.372B圖-1B　🏠15 Lê Văn Tám
☎（0214）3871331　URL www.topastravel.vn
🕐7:30～17:30（週六・日8:00～）　🈺無休
Card A D J M V
　這間旅行社在離沙霸約18km遠的紅瑤族村落Ecolodge（MAP P.377）、約35km遠的Nam Khan村建有河畔小木屋，以各小木屋為據點安排充滿特色的個人之旅。費用包含行程導遊、住宿費、餐點費、入場費等。

Voice 在沙霸，即使是夏天早晚也會比較涼，因此各間餐廳會推出自己調配的薑茶，雖然各掛上Rice Tea、Emotion Tea等不同名稱，但基底是將切碎的生薑加上紅茶、↗

郊區城鎮

開設的市集吸引少數民族聚集

北河
Bắc Hà

MAP 摺頁正-1A、下圖

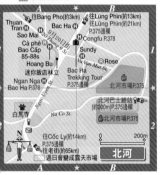

北河位於沙霸東北方約110km處，自老街出發開車約需2小時的深山裡，平常寧靜無波的城鎮，每到週日就會有許多少數民族的人們自周圍的山村前來，目的就是為了參加市集，使得小小的城鎮瞬間朝氣蓬勃，因此如果選在週末來到沙霸的話，一定要在週日造訪北河，享受這裡純真素樸的人情，以及令人懷念的農村風景。

北河的景點　Sightseeing

★ 以花苗族開設的週日市集聞名
★ 北河市場
Chợ Bắc Hà

MAP 上圖-1B、2B

Bac Ha Market

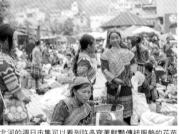

北河的週日市集可以看到許多穿著鮮豔傳統服飾的花苗族女性

一定要在週日造訪這座市場，穿著色彩繽紛傳統服飾的花苗族女性，有的兜售著農作物，有的黎明分就自大老遠出發，走過約20km的路只為了在這裡與朋友相見。市場和周邊有一整排賣蔬菜、日用品、傳統服飾的路邊攤，走道被背著大竹簍的女性們擠得水洩不通，看著一大片五彩繽紛的傳統服飾，就好像在欣賞滿開的花田一般賞心悅目。除了花苗族外，也會有普拉族、紅瑤族、泰族等各個民族的人來此處，但人數較少。市場在6:00左右開始，最熱鬧的尖峰時刻是10:00～中午過後這段時間。另外，北河近郊的Cần Cầu在週六上午、Cốc Ly在週二上午也會舉辦市集。

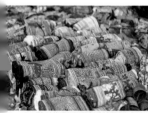
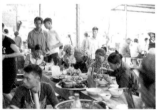

左／陳列著繡著鮮豔刺繡的配件　右／市場裡也有用餐區域，可以品嘗麵等料理

↘肉桂、砂糖等沖泡的茶，再各自加上蘋果香氣等風味，每間店的味道都不一樣，疲勞時一定要試試這個薑茶暖和身子。

北河區域號碼 0214

如何前往北河
從老街巴士總站出發前往北河的巴士，6:30～17:00之間有10班車，車資6萬盾，所需時間約2小時30分。從北河巴士總站（**MAP**左圖-2B外）前往老街，則在5:30～16:00之間有6班車，車資6萬越盾，所需時間約2小時。搭計程車的話，沙霸～北河單程80US$～，老街～北河單程40US$～。從沙霸出發的行程於週日9:30出發，15:00回程抵達，費用15US$～。

兌幣
大部分的飯店均提供美金現鈔兌換越盾的服務。

北河的餐廳
餐廳多半為在北河市場、飯店聚集的9月20日街與Ngoc Uyen街上，也有咖啡館。

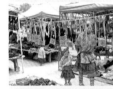

北河市場的少數民族商品比沙坪便宜

北河的旅行社
除了下述旅行社之外，有些飯店、Guest House也可以幫忙安排行程。
Bac Ha Trekking Tour
MAP左上圖-1B
🏠152 Ngoc Uyên
☎098-2804708（手機）
URLwww.bachatrekking.com
💳事先聯絡　🚫無休
舉辦北河出發的健行行程和摩托車行程，包含Cần Cầu市場觀光的2天1夜行程70US$～

其他郊區景點
Cần Cầu　Cán Cấu
MAP左上圖-1B外
Cần Cầu位於北河北邊約20km處，搭車或摩托車約30分鐘，從老街出發約2小時車程。

Cốc Ly
MAP左上圖-2A外
Cốc Ly位於北河的西南邊約18km處，搭車或摩托車程約40分，從老街出發約1小時30分車程。

沙霸特色料理
Kham Pha Viet
越南料理
MAP P.372A圖-2B

　　這是一間當地很受歡迎的酒館，可以品嘗到據說是起源自中國的苗族傳統馬肉火鍋Lẩu Thắng Cố（40萬越盾～），推薦沙霸鮭魚鍋Lẩu Cá Hồi（50萬越盾～）和使用當地蔬菜的料理Rau Cải Mèo（5萬越盾～）等沙霸特色料理。

前方為烤馬肉（20萬越盾），品嘗時請搭配在地的蘋果酒Rượu Táo Mèo

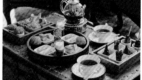

🏠15 Thạch Sơn　☎(0214)3871555、091-2032430（手機）　🕐9:00～22:00　休無休　Card 不可　預約 不需預約

美味與外觀皆具的下午茶
Cacao Patisserie
咖啡館
MAP P.372A圖-2A

　　位於「Hôtel de la Coupole M-Gallery」（→P.377）飯店內的咖啡廳，這裡的下午茶（62萬9000越盾／2人），以份量、口味和視覺吸引力獲得好評。

下午茶可選擇沙霸高地茶具或英式風格

🏠1 Hoàng Liên　☎(0214)3629999　🕐7:00～19:00（僅限非客人：週五至週日9:00-18:00）　休無休　預稅・服務費另計　Card AMV　預約 不需預約

Ta Van
亞洲&西洋料理
MAP P.372A圖-1B

🏠Hoàug Diệu（BBSapa Resort & Spa內）　☎(0214)3871522　🕐6:30～22:00　休無休　Card AJMV　預約 不需預約

這間飯店餐廳以使用當地季節性食材的亞洲和西洋料理為特色，推薦使用沙霸鮭魚的料理，例如廣受歡迎的沙霸特色火鍋等，預算約30萬越盾，週六晚間有少數民族舞蹈表演。

Little Sapa
越南料理&西洋料理
MAP P.372A圖-2A

🏠5 Đồng Lợi　☎038-8063526（手機）　🕐10:00～15:00、17:00～22:00　休無休　Card 不可　預約 不需預約

提供各式越南與西式料理，是受到歐美人士喜愛的老字號餐廳，最受歡迎的是用熱滋滋鐵板上菜的「Little Sapa Style」燒烤料理，可選擇牛肉、魚肉、豬肉等，推薦豬肉與香茅燒烤（12萬5000越盾）。

Viet Emotion
越南料理
MAP P.372A圖-2B

🏠17 Xuân Viên　☎(0214)3872669　🕐7:30～23:00　休無休　Card 不可　預約 不需預約

可品嘗到有機且不使用化學調味料的講究料理，自製豆腐與炒番茄（7萬5000越盾）、燒烤茄子（8萬5000越盾）等使用新鮮沙霸蔬菜製作的菜色，以及100%阿拉比卡的濃縮咖啡（3萬9000越盾～）是店家的自豪之作。

Red Dao House
各國料理
MAP P.372A圖-2A

🏠4B Thác Bạc　☎(0214)3872927　🕐8:00～21:00　休無休　Card MV　預約 需預約

店裡的氣氛像山中小屋一般令人放鬆。以西洋料理為主，雞肉和豬肉等肉類料理（14萬越盾～）相當美味，最推薦的菜色是附上炸薯條與沙拉的沙霸鮭魚（25萬越盾）與香茅&辣椒口味的鹿肉（15萬5000越盾）。

H'mong Sister
酒吧
MAP P.372A圖-3B

🏠31 Mường Hoa　☎097-6259828（手機）　🕐14:00～深夜　休無休　Card 不可　預約 不需預約

用花苗族織物裝飾的時尚酒吧，對於酒吧不多的沙霸來說相當珍貴。啤酒為3萬5000越盾～，愛爾蘭馬丁尼等雞尾酒為10萬5000越盾～，也可以體驗水煙（25萬越盾）的樂趣。

Indigo Cat
手工藝品&布製配件
MAP P.372A圖-3A

🏠34 Phan Xi Păng　☎098-2403647（手機）　🕐8:30～21:00　休無休　Card MV

販售居住在沙霸附近的苗族的手工藝品，所有的手工藝品都具有優良的品質和設計，例如以各種刺繡布料製成的杯墊（5萬越盾）。也可以Ta Van的工作坊體驗杯墊製作，需事先預約（40萬越盾，交通費另計）

Voice 沙霸鮭魚為當地的特產之一，為鱒魚的一種，英文稱為Trout。

住宿 Hotel

環境友善的環保度假村
Topas Ecolodge 高級飯店
MAP P.370

這座度假村被大自然環繞，位於山中美麗的梯田中，距沙霸市中心約18km。度假村座落在一座小山上，接待處建在傳統泰式棚屋中，設有餐廳、SPA、49間度假小屋、可眺望梯田美景的無邊際泳池以及菜園等，讓

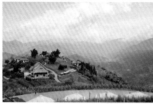

也可參觀周圍的村莊和梯田

人彷彿置身於村莊中。　身為友善環境與當地社區的生態度假村，料理時會使用自家農田或鄰近村落的蔬菜，客房家具也都使用永續產品。在與大自然融為一體的空間裡，享受什麼都不做的奢侈時光。

住Bản Lếch Dao, Xã Thanh Bình
☎（024）37151005（河內辦公室）
URLtopasecolodge.com 圖ⓈⓌⓉ
225US$～（含早餐）Card ADJMV
共49間度假小屋＆Villa

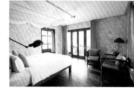

所有客房皆為度假小屋或Villa房型，沒有電視和Wi-Fi，Wi-Fi僅可在大廳使用

設計非凡的豪華飯店
Hôtel I de la Coupole - MGallery 高級飯店
MAP P.372A圖-2A

飯店黃綠相間的殖民風格外牆，是以法屬印度支那時代的懷舊風格與少數民族傳統文化相結合的概念。 從入口到餐廳，從客房到電梯，風景如畫的建築猶如一件藝術品。

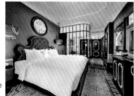

綠色調的Deluxe King房型

住1 Hoàng Liên ☎（0214）3629999 URLmgallery.com
圖ⓈⓌⓉ99.35US$～ 套房279.02US$～（＋稅‧服務費15%，含早餐） Card AMV 共249房

獨佔梯田景致
Pao's Sapa Leisure 高級飯店
MAP P.372A圖-3B外

Mường Hoa溪谷壯觀梯田的超廣角視野，是這間5星飯店的一大賣點，除了客房外，從餐廳、高空酒吧、溫水游泳池也可以盡享牧歌般的景色。雖然離市中心稍遠，但所在位置便於前往梯田健行。

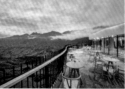

能眺望絕美景致的高空酒吧與吧台座位

住Mường Hoa ☎（0214）6253999 URLpaoshotel.com
圖ⓈⓌⓉ230萬越盾～ 套房520萬越盾～（含早餐）
Card ADJMV 共223房

奢華5星飯店
Silk Path Grand Resort & Spa Sapa 高級飯店
MAP P.372B圖-1A

位在可以俯瞰沙霸市中心的小山丘上，一踏進飯店的瞬間便來到奢華的異世界當中。用少數民族織品裝飾的客房，所有房間都有陽台或露台。可體驗紅瑤族藥草浴的「Chi Spa」等設施也有著高水準。

整面玻璃帷幕的溫水泳池

住Đội Quản 6 ☎（0214）3788555
URLsilkpathhotel.com/en/sapa 圖ⓈⓌⓉ253萬越盾～套房560萬越盾～度假小屋1213萬越盾～（＋稅‧服務費15%） Card AJMV 共152房

山丘上的度假村
BB Sapa Resort & Spa 高級飯店
MAP P.372A圖-1B

從「Victoria Sapa Resort & Spa」改名為「BB Sapa Resort & Spa」，同時保留了SPA和餐廳等廣受好評的設施，與殖民風格的「BB Hotel Sapa」（MAP P.372A圖-2A）為同一個經營者。

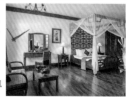

客房以溫暖的木頭風格裝飾

住Hoàng Diệu ☎（0214）3871522 URLbbhotels-resorts.com/bb-sapa-resort-spa12 圖ⓈⓌⓉ130～250US$（＋稅‧服務費15%，含早餐） Card AJMV 共77房

擁有絕佳景色的豪華飯店
Pistachio Hotel Sapa　　高級飯店
MAP P.372A圖-2A

地理位置優越，可俯瞰黃連山脈和孟花谷，並欣賞日出和日落。客房以民族布料裝飾，奢華又不失舒適。館內附設SPA、2個室內和露天恆溫泳池，也有餐廳。

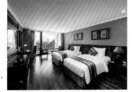

所有客房均設有浴缸，以寬敞的客房自豪

🏠29, Tổ 5, Thác Bạc　☎（0214）3566666
URL pistachiohotel.com　⑤⑩①220萬越盾～套房450萬越盾～（含早餐）　Card AJMV　共106房

面山谷的房間景致絕佳
Bamboo Sapa　　經濟型旅館
MAP P.372A圖-3B

山間小屋風的設計搭配現代化設備的飯店，內部乾淨整潔，客房設備也齊全，所有房間均附電暖爐與壁爐，尤其面山谷的房間景致絕佳。餐廳窗外的風景也很美，食物的水準也很高。這座飯店相當熱門，建議及早預約。

有新館和舊館，圖為新館Deluxe客房

🏠18 Mường Hoa　☎（0214）3871076
URL www.bamboosapahotel.com.vn　⑤①117萬～235萬越盾　套房297萬越盾～（含早餐）　Card JMV　共109房

Sapa Relax Hotel & Spa　　經濟型飯店
MAP P.372A圖-3A

🏠19 A Đông Lợi　☎（0214）3800368
URL www.saparelaxhotel.com　⑤⑩①60US$～套房100US$～（含早餐）　Card MV　共58房

飯店可俯瞰壯麗的黃連山脈，從客房的陽台可以欣賞到鬱鬱蔥蔥的山景和鄉村風光。客房乾淨整潔，設備齊全，鋪有木地板和暖氣。SPA以紅瑤族的傳統草藥浴和三溫暖而廣受歡迎。

Ngan Nga Bac Ha　　迷你飯店
MAP P.375-1A

🏠117 Ngọc Uyển　☎（0214）3880286
URL www.nganngabachahotel.com
⑤①22～50US$（含早餐）　Card JMV　共12房

在北河算是大規模，設有旅遊行程櫃台，歐美旅客也很多。餐廳的料理美味，許多從沙霸參加當天來回行程的旅客會在這裡吃午餐。Deluxe客房附設陽台。

Congfu　　迷你飯店
MAP P.375-1B

🏠152 Ngọc Uyển　☎（0214）3880254、097-7415929（手機）
E-mail congfuhotel@gmail.com　⑤65萬越盾～ ⑩①70萬越盾～3人房80萬越盾～（含早餐）　Card MV　共25房

在北河算是比較新的飯店，客房內裝簡單也稍嫌狹窄，但電暖爐、空調等各項設備均齊全。館內的餐廳也有許多從沙霸來的旅行團客人在此用餐。

沙霸消失的歌垣

隨著造訪沙霸的外國觀光客愈來愈多，各個少數民族的文化與風俗也開始產生變化，其中一個例子就是歌垣※（戀愛市集）的消失。1990年代後半之前，每到週末的夜晚，沙霸市場周邊就會聚集許多苗瑤族的年輕男女，女生為了要吸引男生注意，會以類似哼唱的獨特方式唱歌，或播放錄音帶的音樂。然而，現在幾乎已經看不到這樣的光景了（沙霸以外的某個村落仍保留著這個風俗），最主要的原因據說是外國觀光客會像湊熱鬧一般聚集圍觀所致。

對於少數民族的文化和風俗抱持著興趣是一件好事，但一定要謹守「我們是外來客」的分寸，不要莽撞侵入少數民族的生活。

※所謂的歌垣指的是未婚的男男女女聚集在一起，利用歌謠對唱進行求婚的習俗。這是一項古老的習俗，現在仍存在於中國南部到東南亞的部分地區，日本在久遠以前也曾有這項習俗。

老街

老街區域號碼
0214
Lào Cai

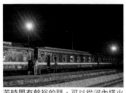

若時間有餘裕的話，可以從河內搭火車享受鐵道旅遊的樂趣

老街位於河內西北方約240km處，與中國的雲南省相接，是位於國界上的城鎮，過去由於中越邊界紛爭，自1979年後便關閉國界，至1993年才再度開放，連接中越兩國的貨運列車來來往往，國境之間的貿易也更趨熱絡。以新中越友誼橋為中心，城市的變化更是日新月異，再者，2014年還開通了河內通往中國昆明的高速公路部分路段，河內到老街之間原本要10小時車程，現在縮短到只要不到4小時的時間。

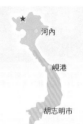

匯兌

車站前及國界的移民辦公室附近，Cốc Lếu地區都有銀行，提供美金現鈔兌換越盾的服務；阮惠街Nguyễn Huệ上的商店也提供美金、人民幣現鈔兌換越盾的服務。

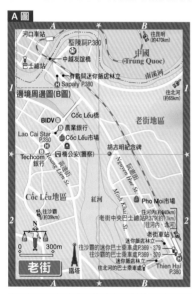

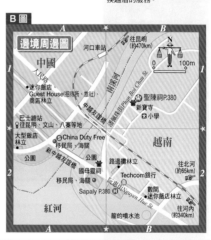

交通 ✿ ACCESS

如何前往老街

●火車

從河內車站出發，每日1班列車，所需時間約7小時55分，各飯店與旅行社專用且掛上各自名稱的火車車票，可以在各旅行社或飯店購買。

●巴士

河內的美亭巴士總站5:30～23:00之間每隔1小時發車，車資25萬越盾，所需時間約4小時30分。河內的嘉林巴士總站則於8:20、11:00、16:00、20:00發車共4班，車資26萬越盾，所需時間約5小時。從沙霸出發的1號路線巴士7:00～18:30之間每隔30分鐘行駛，車資3萬越盾，所需時間約1小時。從北河Bắc Hà出發5:30～16:00之間共6班，6萬越盾，所需時間約2小時。

從老街出發的交通

●火車

前往河內車站有21:30共1班車，所需時間為8小時。

●巴士

從老街車站附近的巴士站（ MAP 上A圖-2B）前往沙霸的1號路線巴士，5:20～17:00之間每隔30分發車，車資3萬越盾，所需時間約1小時。此外，從巴士站旁的停車場（ MAP 上A圖-2B）還有配合火車抵達時間行駛的迷你巴士，車資5萬越盾，所需時間約45分。前往北河6:30～17:00之間共10班，車資6萬越盾，所需時間約2小時30分。前往河內的話，從老街巴士總站（ MAP 上A圖-2B外）前往嘉林巴士總站共有18:45、17:00發車的2班車，前往美亭巴士總站則有6:30、8:15、16:00、18:45發車的4班車，車資23萬越盾，所需時間約4～5小時。

Voice 從河內出發前往老街的巴士，大多是由經營開往沙霸臥鋪巴士的公司（→P.314）行駛。

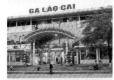

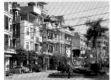

上圖為老街車站，下圖為車站前阮惠街周邊林立著迷你飯店與小吃店

邊境開放時間
🕐7:00～22:00

聖陳祠
☎無
🕐7:00～22:00　**休**無休
💰免費

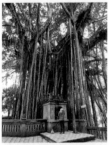

上／爬上階梯的右手邊有一株菩提樹，聽說已有數百年的樹齡，現在是信仰的對象
右／位在國界的新中越友誼橋附近

漫遊　Orientation

　流經老街的紅河將市區切割為Cốc Lếu地區與老街地區，Cốc Lếu地區有主要街道黃連街Hoàng Liên，郵局、學校、市場、人民委員會等都位於這條路上，城市的主要機能均位於此區域。跨過連接兩區域的Cốc Lếu橋到對岸的老街地區走走，可看到街上狹窄的道路兩旁，飯店與小吃店等店家林立，沿著這條路往北步行約10分鐘，就能抵達與中國國境相連的橋，這一

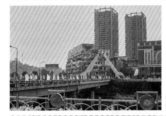

帶有許多擔著扁擔運送貨物的歐巴桑來來回回，以及成群的摩托計程車，好不熱鬧。最近這一帶的中國觀光客也愈來愈多。

從新中越友誼橋下，就可以看到中國近在眼前

景點　Sightseeing

★祭祀英雄的神社　　　　　　　　　MAP P.379B圖-1B
聖陳祠
Đền Thượng　　　　　　　　　　Thuong Shrine

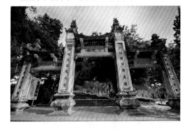

　聖陳祠幾乎可說是老街唯一的景點，當初是為了供奉13世紀擊退元朝侵略的英雄陳興道，而於17世紀初期建設的神社，每年農曆1月中旬都會舉辦祭典。由於這座祠所在位置較高，可以眺望南溪河與對岸的中國。

住宿　 Hotel

如何找到老街市的飯店

　要在老街找飯店的話，可以前往車站前的阮惠街、潘廷逢街Phan Đình Phùng，街道上林立著1晚30～50萬越盾的迷你飯店。也有很多飯店會提供以半天或1小時為單位的住宿，等巴士或火車時可以善加利用。

Sapaly　　　　　　　中級飯店
　　　　　　　　　　　MAP P.379B圖-2B
🏠48 Nguyễn Huệ　☎（0214）3666222
URLsapalyhotel.com　💰⑤①110萬～130萬越盾、套房150萬越盾～（含早餐）　Card ADJMV　共186房

17層樓的飯店，高樓層擁有絕佳景色，客房設施也無可挑剔。共有3間餐飲設施，越南料理與中華料理的水準都很高。位在中國邊境附近。

Lao Cai Star　　　　　中級飯店
　　　　　　　　　　　MAP P.379A圖-1A
🏠3 Hoàng Liên　☎（0214）3823328　URLwww.laocaistarhotel.com　💰⑤W①90萬越盾～套房160萬越盾～VIP房380萬越盾（含早餐）　Card AJMV　共141房

建於Cốc Lếu地區中心的大型飯店，客房明亮，設備也無可挑剔，飯店內還有按摩、餐廳與咖啡館，分為舊館與新館。

Thien Hai　　　　　經濟型旅館
　　　　　　　　　　　MAP P.379A圖-2B
🏠306 Khánh Yên
☎（0214）3833666
💰⑤W①60萬～100萬越盾（含早餐）　Card不可　共45房

位於從老街車站徒步只要30秒的地方，共10層樓的建築，是車站周邊規模最大的飯店，設備也現代化，還有可以儲熱水的浴缸，館內也有旅遊行程窗口，相當方便。最頂樓（10樓）的咖啡館兼酒吧可以欣賞老街的景色。

獲得歷史性勝利的激戰地

奠邊府

奠邊府區域號碼

0215

Điện Biên Phủ

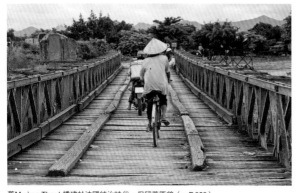

舊Mường Thanh橋建於法國統治時代，保留著原貌（→P.383）

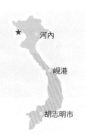
河內
峴港
胡志明市

這個從河內開車要10幾個小時、搭飛機約 1 個小時，四周被山丘圍繞的小城鎮正是在歷史課本上都會出現的地名，近年來還有以《奠邊府》為名的漫畫在月刊雜誌上連載，應該也有人是從漫畫認識這個地方的。這裡是法越戰爭勝敗的轉捩點，也是法國殖民地軍隊與越南獨立同盟會軍隊最後一場戰役的所在地（→P.383、P.445），長期在越南執行殖民統治的法國在這場戰役上敗北，而西歐在亞洲的殖民地政策也從此劃上句點。

從市中心往郊區步行約30分鐘可看到一整片的水田與泰族的高腳式住家，奠邊府就是這樣位於深山裡的鄉下城鎮，不過隨著道路與飯店的建設漸趨健全，前來此地的外國觀光客也有逐年增加的趨勢。

漫遊 Orientation

行經山羅Sơn La一進入奠邊府，國道兩旁馬上出現數個山丘，這些幾乎都是過去法國軍隊的基地所在，每個山丘都有編號，其中幾個山丘還有用水泥標上編號。奠邊府雖然只是一個小鎮，但想要全數探訪這些山丘實際上是不可能的，其中的A 1山丘（→P.382）及指揮官卡斯特里Castries的司令部遺跡（→P.383），已整建為觀光用途對外開放，離市區也算近，徒步就可以抵達。

Noong Nhai紀念碑
Đài Kỷ Niệm Noong Nhai
Noong Nhai Monument
MAP P.382-2B外
從市區往老街方向約2.5km的地方，有一座母親抱著已經過世小孩的雕像，這是為了撫慰1954年 4 月25日法國軍隊空襲時過世的444人而建造的紀念碑。

Pa Thơm洞窟
Động Pa Thơm
Pa Thom Cave
MAP P.382-2B外
距離市區約40km，與寮國邊境附近的山裡有一座巨大的鐘乳洞，從洞口大約可以往裡頭走100m，但洞窟內沒有點燈，必須自備手電筒。另外，從中途的Xã Pa Thơm村到洞窟之間的道路很險峻，必須要有可信賴的司機或導遊同行。

交通 ✿ ACCESS

如何前往奠邊府
●飛機
從河內每日有 1 班越竹航空飛機前往奠邊府，所需時間約 1 小時。
●巴士
河內的美亭巴士總站在16:00、16:30、17:45、19:00、20:00有 5 班臥鋪巴士發車，車資為40萬越盾～，所需時間約10小時。另外，從山羅、萊州Lai Châu也有巴士前往奠邊府。

從奠邊府出發的交通
●飛機
交通方式如左述。
●巴士
從奠邊府巴士總站（MAP P.382-1A）出發前往河內的美亭巴士總站，在20:00、21:00的 2 班臥鋪巴士發車，車資38萬越盾～，所需時間約12小時。另外也有前往從山羅、萊州、寮國龍安邦的班次。

奠邊府勝利博物館
📍 Tổ 1, P. Mường Thanh
☎ (0215) 3831341
🕐 7:00～11:00、13:30～18:00
（冬季～17:30）
🚫 無休 💰 10萬越盾

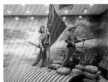

越軍登上法軍總司令部的屋頂，
是奠邊府戰役戰勝的瞬間

A1山丘
☎ (0215) 3830874
🕐 7:00～11:00、13:30～17:00
🚫 無休 💰 2萬越盾

景點　　　　　　　Ｓ ｉ ｇ ｈ ｔ ｓ ｅ ｅ ｉ ｎ ｇ

★ 奠邊府戰役的資料相當豐富　　　　　　MAP 下圖-2B
奠邊府勝利博物館
Bảo Tàng Chiến Thắng Lịch Sử Điện Biên Phủ　　Dien Bien Phu Victory Museum

規模相當大的博物館，館內有約1000件的資料與照片，分別以4個主題來介紹奠邊府戰役，展示著當時使用的小型槍砲、照片、人偶等，當時在越軍軍備上，大多數人力、武器都屬於舊款且數量不足，可藉由展示清楚了解越軍如何在此劣勢下對抗法國軍隊。博物館建築則是以奠邊府戰役中士兵穿戴的竹帽為設計靈感。

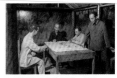

召開作戰會議的模樣，中間
為胡志明

★ 抗法戰爭中法國軍隊死守之處　　　　　　MAP 下圖-2B
A1山丘
Đồi A 1　　　　　　　　　　　　　　A1 Hill

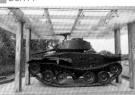 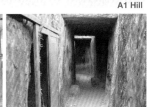

左／戶外展示著數台法軍戰車
右／法軍的壕溝　下／960kg的炸
彈轟炸處，有個說法是說越軍挖了
好幾公里的隧道，將炸彈設置的法
軍壕溝的下方後引爆

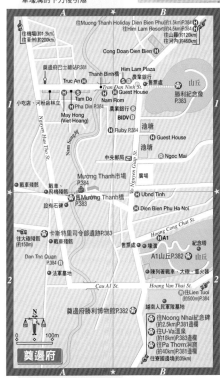

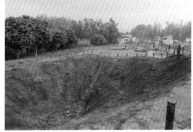

這是法國軍隊面對越南獨立同盟軍隊的陣陣攻勢下，最後死守的幾個山丘之一，山丘南側可見當時使用的戰車、大砲、重火器。沿著壕溝右手邊的小路往上走，山頂附近建了一座紀念塔，一旁可見被破壞的法國軍隊M24戰車放置在此，也有法國軍隊設下的堅固壕溝陣地。從山頂向東邊往下走約20m，可以看到越南獨立同盟軍使用960kg的炸彈轟炸此地後留下來的窟窿，再繼續往下走就是兩軍所挖如網子一般的壕溝，重現了當時布滿有刺鐵絲的基地模樣。在這座山丘往西的數百公尺之處，設有法軍的總司令部，可說是兩方對決的最後堡壘，據說是兩軍拚盡全力的激戰地點。

（地圖標示）

往機場(約1.3km)
往萊州(約200km)

往Muong Thanh Holiday Dien Bien Phu(約1.5km)P.384
往Him Lam Resort(約4.5km)P.384
往山蘿(約120km)
往河內(約460km)

Cong Doan Dien Bien
奠邊府巴士總站P.381
Truc An
Thanh Binh橋
Him Lam Plaza
農業銀行
售票處
山丘
Tran Dan Ninh St.
Guest House
勝利紀念像
P.383
Tam Do
Nam Rom
小吃店、河粉店林立
Pha Din
農業銀行
May Hong
(Viet Hoang)
BIDV
池塘
Ruby P.384
Guest House
Nguyen Hue Thi St.
池塘
Ngoc Mai
中央郵局
廣場
Muong Thanh市場
P.384
Nam Song
戰車殘骸
戰車、
飛機殘骸
Vo Nguyen Giap St.
Ubnd Tinh
Muong Thanh橋
P.383
設有石碑
Dien Bien Phu Ha Noi
Hoang Cong Chat St.
往大砲殘骸
卡斯特里司令部遺跡P.383
(約150m)
戰車殘骸
A1
紀念塔
Dan Toc Quan
P.384
售票處
壕溝
A1山丘P.382
山丘
法軍墓地
陳列著戰車、大砲、重火器
Cau A1 St.
Hoang Van Thai St.
往Lien Tuoi
(約500km)P.384
越南人民軍墓地
奠邊府勝利博物館P.382
往Noong Nhai紀念碑
(約2.5km)P.384
往U-Va溫泉
(約18km)P.383邊境
往Pa Thom洞窟
(約40km)P.381邊境
往寮國邊境(約35km)

N
0　　100m

奠邊府

★法國軍隊的總司令部遺跡
卡斯特里司令部遺跡

MAP P.382-2A

Hầm Kiên Cố của Tướng De Castries　　Bunker of Colonel De Castries

這是奠邊府戰役法國軍隊的總司令部遺跡，當時法國軍隊命令少數民族砍伐木頭，鋪在地下戰壕上作為天花板，上頭再鋪上鐵片後堆上2.5m厚的沙土，最後再於上方罩上半圓形的天花板，裡頭就是總司令部。內部有一條中央走道，兩旁各有4間房間，從北側的入口進入室內，左手邊第3間房間就是卡斯特里的司令室，右手邊的4間房間為通訊室。

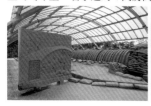
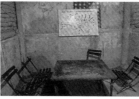

卡斯特里司令部遺跡
☎無
🕐7：00～11：00、13：30～18：00
🚫無休　💰2萬越盾

U-Va溫泉
Suối Nóng Khoáng U-Va
U-Va Hot Spring
MAP P.382-2B外
☎（0215）3959005
🕐7：00～22：00　🚫無休
💰門票5萬越盾（紅瑤族的藥草浴8萬越盾）
　從距離市區約18km的山上湧出的天然溫泉，風格不同於日本溫泉，有住宿設施。

左／保留著當時半圓形的鐵板與內部木材　右／昏暗的司令部內部

★為了紀念戰勝50週年而建
勝利紀念像

MAP P.382-1B

Tượng Đài Chiến Thắng　　Victory Monument

2004年為了紀念戰勝50週年，越南政府在過去曾經是奠邊府戰役中法軍基地的一座山丘上建立了這座紀念雕像，據說是以攻下卡斯特里司令部時，爬上屋頂的越南獨立同盟軍的士兵為模型所打造的。

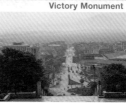
山丘上的紀念雕像的景致

勝利紀念像
☎無
🕐7：00～11：00、13：30～18：00（冬季～17：00）
🚫無休
💰1萬5000越盾（營業時間之外免費）

★法軍架設的鐵橋
舊Mường Thanh橋

MAP P.382-2A

Cầu Mường Thanh　　Muong Thanh Bridge

法軍於Nam Song河上所架設的全長約30m、寬約5m的鐵橋，在橋的起點設有石碑，上頭寫著「1954年5月7日14：00，第312師360中隊進攻Mường Thanh橋，攻陷了司令部」。

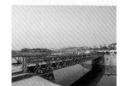

Mường Thanh橋仍以當時的姿態提供人們通行，橋梁東側有Nho市場，因此很多人通行

奠邊府戰役

　由卡司里令官所率領的法國軍隊在大勢已去後，就在鄰近寮國邊境的奠邊府建設機場、砲台等，打造堅固的基地以求扳回頹勢。會選在這個地點的原因據說是因為越軍沒有飛機所以擁有地理上優勢，也有可以切斷越軍往寮國的補給路線的戰略性考量。相對地，越南獨立同盟軍則認為法軍將基地建設在「幾乎不可能運送物資」的深山裡，於是不分晝夜地朝該地前進，持續運送槍砲和彈藥，最後終於抵達了奠邊府盆地上方的山陵上，他們巧妙地布好不易被攻擊的砲台，就在一切準備就緒後的1954年3月13日，開始朝著法軍基地展開大砲攻擊，法軍面對越軍的人海戰術與游擊隊的攻擊，只能採取空中作戰，利用空軍運送物資並持續空襲，但是受到越軍高射砲的

箝制，不得不節節敗退，最後退到了Mường Thanh南方、國道12號沿線的Hồng Cúm，在這裡準備背水一戰，但不敵越軍在夜晚的猛烈攻勢。雖然當初法軍在兵器數量、裝備都占有壓倒性優勢，但最後甚至連想要救出傷者都不可得，就在1954年5月7日宣告戰敗，戰死人數超過2000人以上。

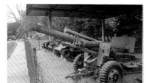
城鎮隨處可見法軍戰車與飛機殘骸

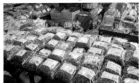
Trung Tâm市場
營依店家而異，大致為7:00～17:00
休無休

★莫邊府最大的市場

Trung Tâm市場
Chợ Mường Thanh

Muong Thanh Market

位於中心的市場，規模很大，在食物的賣場陳列著許多沒見過的樹木果實、獸肉、河川裡的魚等，也有很多山中市場才有商品。另外在西側也有超市。

也有販售茶葉和中藥食材等

餐廳　🍴 Restaurant

Lien Tuoi　　越南料理
MAP P.382-2B外

住64 Hoàng Văn Thái, P. Mường Thanh
電094-1003999(手機)　營11:30～14:00、17:30～22:00
休無休　Card不可　預約最好先預約

莫邊府無人不知無人不曉的名店，主菜有雞肉、牛肉、魚類等豐富選擇，相當美味。也有英文菜單，大多是供團體享用的菜色，因此每一道的量都很多，價位約20萬越盾～。

Dan Toc Quan　　岱依族料理
MAP P.382-2A

住Thanh Trường　電(0215)3828666、091-2575405(手機)
營8:00～22:00　休無休
Card不可　預約不需預約

由岱依族Tày經營，改建自岱依族木造高腳房舍，餐廳內要脫鞋坐在地上用餐。菜單上只有越南文，需要有一定程度的越南語與越南料理知識。肉類料理美味，也有當地產的酒，有許多罕見的菜色，兩人以上推薦可以嘗試到各種料理的套餐（約40萬越盾～）。

住宿　🏨 Hotel

市區最大的飯店
Muong Thanh Holiday Dien Bien Phu　中級飯店
MAP P.382-1B外

建於市中心的8層樓4星飯店，雖然建築稍嫌老舊，但客房設備現代化，感覺是較為豪華的商務飯店。飯店內有2間餐廳、酒吧、泳池、按摩&三溫暖等設施。

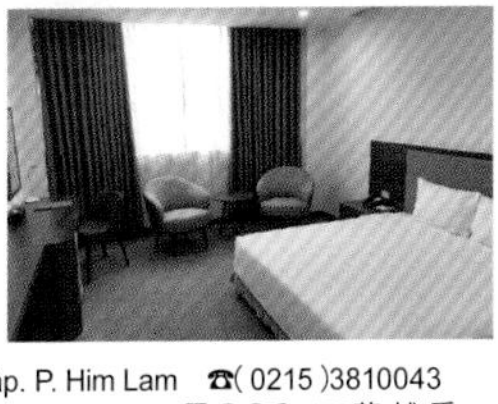

氣氛沉穩的房間

住514 Võ Nguyên Giáp. P. Him Lam　電(0215)3810043
URLdienbienphu.muongthanh.com　營ⓈⓌⓉO 150萬越盾～
套房240萬越盾～（含早餐）　Card MV　共134房

被樹林包圍的山屋風格飯店
Him Lam Resort　中級飯店
MAP P.382-1B外

位於市中心往西約4km處，矗立在湖畔旁、被大自然環繞的越南式高原度假村，廣闊的腹地上建造著一棟棟泰族高腳式住宅風格的客房群，以及餐廳、露天泳池、三溫暖、健身房等設施。

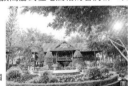

餐廳供應當地的泰國美食

住Tổ 6 , P. Him Lam　電(0215)3811666
URLhimlamresort.vn　營ⓈⓌⓉ60萬～ 100萬越盾（含早餐）
Card MV　共83房

其他住宿　🏨 Hotel

Pha Din　　經濟型旅館
MAP P.382-1A

住63, Tổ 3 , Trần Đăng Ninh, P. Thanh Bình　電(0215)6558888
E-mailphadinhotel@gmail.com　營ⓈⓌ35萬越盾　Ⓣ45萬越盾
套房70萬越盾　Card MV　共68房

位在距離觀光景點近、附近有許多餐廳的良好地段，受到外國遊客高度好評，客房明亮整潔，標準房也有24m2的寬敞空間，設備齊全。入口旁附設同名咖啡廳。

Ruby　　經濟型旅館
MAP P.382-1A

住43 Nguyễn Chí Thanh, P. Mường Thanh　電(0215)3835568
營Ⓢ56萬越盾　Ⓦ⓲68万～79萬越盾　3人房90萬越盾　套房170萬越盾（含早餐）　Card MV　共31房

館內設施只有餐廳，雖然相當簡單，但地點絕佳，經過悉心打掃的客房明亮乾淨，因此很受歡迎。Minibar、空調等客房設備也很齊全。

Voice莫邊府的米（Muong Thanh米）以Q彈口感和香氣聞名。

因與中國之間交易而繁盛的國境城市

諒山

MAP 摺頁正-1B

諒山區域號碼番
0205
Lạng Sơn

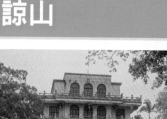

位於同登（→P.386）的中國邊境友誼關

諒山位於河內東北方約150km，與中國的邊境距離只有約15km，在1979年的中越紛爭（→P.442）時，諒山遭受到中國軍隊的侵略，整個城鎮有一半以上都遭到破壞，但是目前隨著中越之間外交關係正常化，諒山也持續恢復過去的朝氣。

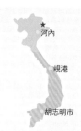
河內
峴港
胡志明市

匯兌
市區到處都有銀行，提供美金現鈔和人民幣兌換越盾服務。

從諒山市場內各式各樣來自中國的電器產品、餐具、奇形怪狀看似中藥材的物體等商品，可窺見現在中越兩國邊境貿易的興盛。此外，市場內也可看到穿著黑色傳統服飾的儂族人的身影。

景點　Sightseeing

★ 可從岩山眺望景色的鐘乳洞
三清洞
Động Tam Thanh　　　　　　　　Tam Thanh Cave
MAP P.386-1A外

位於遠離市區的一座小小岩山中的鐘乳洞，山腰上有一座寺廟，許多信眾會到此參拜。鐘乳洞內有點燈，相當美麗，也可進入參觀。此外，若登上岩山的山頂，可將諒山與周邊開闊的田園風光盡收眼底。

三清洞
☎無　🕐6:00～18:00
休無休　💰2萬越盾

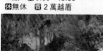
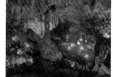
洞窟深處雖然有打燈，但腳邊還是很昏暗，攜帶手電筒會很方便

★ 擁有佛教寺廟的美麗鐘乳洞
二清洞
Động Nhi Thanh　　　　　　　　Nhi Thanh Cave
MAP P.386-1A外

與三清洞同樣是鐘乳洞，內部也有點燈，這裡也是佛教寺廟，被當地人視為聖地。

二清洞
☎無　🕐7:00～17:00
休無休　💰2萬越盾

交通 ✿ ACCESS

如何前往諒山
●火車
截至2024年8月，從河內開往諒山的火車停駛中。從河內的嘉林車站Gia Lâm開往中國南寧的火車在週二、五21:20發車，每週2班車，前往同登Đồng Đăng（→P.386），2024年8月目前停駛。

●巴士
從河內的美登巴士總站5:00～17:30之間每隔20分發車，車資12萬越盾，所需時間約4小時。從河內的Giáp Bát巴士總站在6:00～17:00之間每隔30分發車，車資10萬越盾，所需時間約3小時30分～4小時。也有從河江的班次。

從諒山出發的交通
●火車
截至2024年8月，往河內的火車停駛中。從中國南寧前往河內的嘉林車站的火車於1:55發車，只有1班，2024年8月目前停駛。

●巴士
北諒山巴士總站Bến Xe Phía Bắc Lạng Sơn（**MAP** P.386-1B外）出發前往河內的巴士，4:35～17:00之間頻繁發車，目的地有嘉林巴士總站、美亭巴士總站、Giáp Bát巴士總站，車資12萬越盾，所需時間約3～5小時。諒山市內或同登也有往同登頻繁發車，包含可至飯店接駁的巴士，可以透過**URL** vexere.com網站預約。

諒山的市場

Giếng Vuông市場
Chợ Giếng Vuông
Gieng Vuong Market
MAP右圖-1A
⏰大約為6:00～16:00 🚫無休
　諒山當地規模最大的市場，
尤其是生鮮食品、服飾的種類
最豐富，市場所面對的Bắc
Sơn街早上也有露天市場。

Đông Kinh市場
Chợ Đông Kinh
Dong Kinh Market
MAP右圖-2A
⏰大約為6:00～18:00 🚫無休
　有豐富的中國製商品。

Đêm Kỳ Lừa市場
Chợ Đêm Kỳ Lừa
Ky Lua Night Market
MAP右圖-1A
⏰大約為7:00～23:00（週六
日11:00～24:00） 🚫無休
　週六・日晚上變成攤商林立
的夜市。

諒山的餐廳

New Century
MAP右圖-1A
🏠Đảo Hồ Phai Loạn ☎(0205)
3898000 ⏰9:00～23:00
🚫無休 **Card**不可 **預約**不需
預約
　從越南的代表性料理到海
鮮料理，菜色非常豐富，也相
當美味。1道菜10萬越盾～。

同登區域號碼 0205

如何前往同登

　諒山的主要大街在6:00～
17:00之間會有開往同登的路
線巴士，每隔20分發車，車
資1萬越盾。另外還有迷你巴
士行駛，車資 2 萬越盾，所
需時間20分。

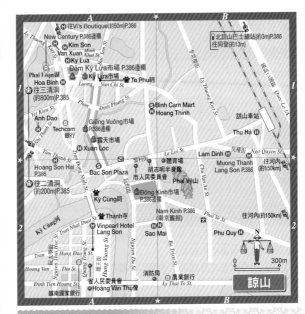

郊區城鎮

與中國廣西壯族自治區相鄰的城鎮

同登

Đồng Đăng

MAP摺頁正-1B、上圖-1B外

　從諒山再往北北西方向前進約13km就會抵達同登，這是與中國廣西壯族自治區相鄰的邊境城鎮。同登市中心在市場附近，也就是從同登車站往北走約2km（搭計程車約5分鐘），羅列著中國商品的市場及其周圍400～500m的範圍，從市區只要再搭計程車約5分鐘就可以抵達中國邊界。中國一側的邊境處有名為友誼關的關卡。

住宿 Hotel

Muong Thanh Lang Son
中級飯店　**MAP**上圖-1B

🏠68 Ngô Quyền ☎(0205)3866668
URLluxurylangson.muongthanh.com ⏰⑤①80萬～150萬越盾
套房250萬越盾（含早餐）　**Card**ADJMV 共124房

諒山規模最大的飯店，洋溢著高級感，內有餐廳、泳池、按摩、三溫暖等設施，12樓的咖啡館兼酒吧（⏰9:00～22:00）景致為諒山第一，客房設備也無可挑剔。

Vi's Boutique
經濟型旅館　**MAP**上圖-1A外

🏠185 Trần Đăng Ninh ☎(0205)3886633
⏰Ⓦ①65萬～150萬越盾（含早餐）
CardMV 共58房

現代化設備齊全的 3 星飯店，木地板與氣氛讓人放鬆的裝潢，可以享受舒適的住宿時光。接待櫃台24小時開放，可免費連Wi-Fi。

Hoang Son Hai
迷你飯店　**MAP**上圖-2A

🏠57 Tam Thanh ☎(0205)3710479
E-mailhoangsonhai.tpls@gmail.com
⏰⑤①40萬越盾～　**Card**不可 共32房

位於前往二清洞、三清洞只要步行10幾分鐘的位置，共 9 層樓的飯店，在這一帶算是規模比較大的飯店，但客房稍嫌狹窄，設備也舊，空調、電視等設施一應俱全。

Nam Kinh（南京賓館）
迷你飯店　**MAP**上圖-2B

🏠40 Ngô Gia Tự ☎(0205)3717698
⏰⑤Ⓦ①45萬～100萬越盾
Card不可 共27房

緊鄰Đông Kinh市場（→邊欄）後方，構造老舊的 8 層樓飯店，經過打掃整理相當乾淨，雖然簡約但客房也夠寬敞。有許多中國人入住，英語不太通是缺點之一。

Voice在Đêm Kỳ Lừa市場（→邊欄）西側入口附近，有一塊飯館與河粉店聚集的區域，雖然有點不衛生，但可以用很便宜的價錢果腹。

胡志明的淵源之地

高平

高平區域號碼
0206
Cao Bằng

高平位於河內北方直線距離約200km處，是與中國相鄰的高平省省會。Bằng Giang河流經的高平市規模出乎意料的大，市場周邊朝氣蓬勃。市區內並沒有特別值得一提的景點，但欲前往郊

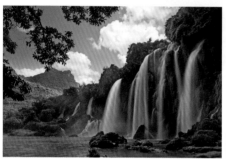

區的**Bản Dốc瀑布**、**Pác Bó遺跡**、**Thang Hen湖**、**Ba Bể湖**等景點，從高平出發最方便。

Bản Dốc瀑布（→下述）
雨季變成一片水流傾瀉
而下的景色，震撼十足

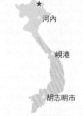

河內

峴港

胡志明市

Bản Dốc瀑布
🎫 4萬越盾・船資5萬越盾
　從高平的巴士總站搭乘開往Bản Giốc的迷你巴士，5:20～16:45之間共12班車，車資7萬越盾，所需時間約3小時。欲前往Nguờm Ngao洞的話，可以和司機說要在瀑布前下車（7萬越盾），從Nguờm Ngao洞走到瀑布約45分，只有1條鋪柏油瀝青的車道，不會迷路，搭摩托計程車單程5萬越盾。
※Bản Dốc瀑布位在國境處，所以外國人需要有入境許可證（10US$），可以當天在出入境管理局申請並領取。
出入境管理局
Xuất Nhập Cảnh
MAP P.388-2A　🏠 54 Kim Đồng　☎ (0206) 3852940
🕐 7:30～11:30、13:30～16:30（週六～11:30）　🚫 週日
Nguờm Ngao洞
Động Nguờm Ngao
Nguom Ngao Cave
MAP P.388-1B外
🎫 4萬5000越盾

郊區景點
Sightseeing

★ 在山中流淌的神祕瀑布
Bản Dốc瀑布
Thác Bản Giốc
Ban Gioc Waterfall

MAP 摺頁正-1B、P.388-1B外

位於中越邊境深山裡的瀑布，高約50m、寬約300m，是越南國內最大的瀑布之一。階梯型流洩而下的瀑布，在5～9月水

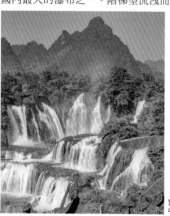

量多的季節時更是充滿震撼感，還可以乘坐竹筏前往水花四濺的瀑布附近。河川劃分出這個地區的中越國界，也有很多從對岸中國前來的中國觀光客搭乘竹筏來此遊覽。此外，在瀑布前約3km的深山上，還有名為Nguờm Ngao洞的鐘乳石洞，可以和瀑布安排在一起參觀。

世界排名第4、亞洲最大的瀑布，中國邊境一側的則為德天瀑布

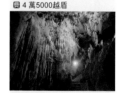

在石筍垂下的Nguờm Ngao洞內，可以徒步深入洞窟內數百公尺

交通 ✹ ACCESS

如何前往高平
● 巴士
　從河內的美亭巴士總站6:00～21:00之間每隔1～2小時發車，車資20萬越盾，所需時間約6小時。

從高平出發的交通
● 巴士
　從高平巴士總站（MAP P.399-1B）出發前往河內的美亭巴士總站，6:30～21:30之間共有7班臥鋪巴士，車資35萬越盾～，所需時間約8小時。

Pác Bó遺跡
Cốc Pó洞
Hang Cốc Bó
Coc Bo Cave
💰 2萬越盾
胡叔叔紀念館
Nhà Tưởng Niệm Bác Hồ
Memorial Hall of Uncle Ho
🕐7:30～12:00、13:30～
17:00 ⓧ無休 💰免費

從高平開往Hà Quảng的市
營巴士，外觀是塗上黃色與紅
色的白底車身，在6:00～
17:00之間每隔30分發車。巴
士會繞行市區並且在各巴士站
停車，最容易辨識的就是巴士
總站前的道路上，往北向（背
對巴士總站的左向）行進的車
道的巴士站，車資3萬5000
越盾，所需時間約1小時10
分，在Hà Quảng下車。接著
轉乘摩托計程車，約15分可
抵達售票處，和摩托計程車講
好來回10萬越盾），從售票
處再往前走約800m就會抵達
停車場，在這裡從摩托計程車
下車後，徒步約15分即可抵
達洞窟。也有電動車（來回
2萬越盾）。

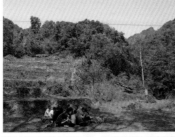
腹地內田園風光在眼前展開，也可以看到年輕人野餐
的身影

Pác Bó遺跡位在距離
高平市中心約55km，在
抵達中越邊界前約3km
處的地方。這處遺跡是
胡志明在1941年2月8
日自海外返國後，為了
推翻支配著北越的大日
本帝國，在此計畫革命
的構想而住了4年的地
方，因此對越南人而
言，這裡某種程度上是
一個神聖的場所。

Pác Bó遺跡包含胡志明實際居住過的小型Cốc Pó洞，洞窟售
票處前有胡叔叔紀念館，洞窟前則有胡志明命名的列寧河Suối
Lê Nin。Pác Bó洞內有簡樸的木床、代替桌椅用來辦公的岩
石、據說是胡志明詠詩的地點、工作結束後在列寧河釣魚的地
方等等，留有許多與胡志明相關的景點。

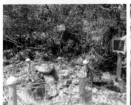

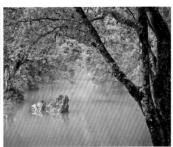

左上／據說是胡志明取代桌椅用來辦公的
岩石
右上／Cốc Pó洞內胡志明的簡樸木床

流經洞窟前的列寧河，河水相當清澈透明

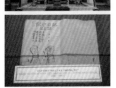

上・下／胡叔叔紀念館內，用
照片、遺物等藏品介紹胡志明
在此地生活時的記錄，也有胡
志明在獄中的日記

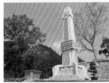

石碑標示出連結越南南端與北
端的胡志明道路終點

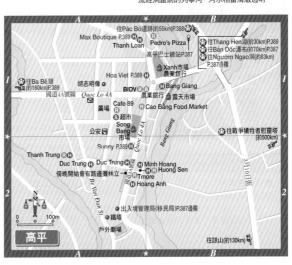
往Pác Bó遺跡(約55km)P.388
Max Boutique P.389
Thanh Loan
Pedro's Pizza
高平巴士總站P.387
往Thang Hen湖(約30km)P.389
往Bản Dốc瀑布(約70km)P.387
往Người Ngao洞(約83km)
P.387邊欄
Xanh市場
農業銀行
Hoa Viet P.389
雲天市場
往Ba Bể湖
(約160km)P.389
胡志明像
Bang Giang
國道4A號線 Quoc Lo 4A
BIDV
農業銀行
Cao Bằng Food Market
Cafe 89
廣場
超市
Song
Bằng
市場
公安
往戰爭犧牲者慰靈塔
(約500km)
Bang Giang
Sunny P.389
Thanh Trung
Duc Trung Duc Trung
Minh Hoang
傍晚開始會有路邊攤林立
Huong Sen
Tmore
Hoang Anh
Quoc Lo 4A
3月10日街
100m
Bế Văn Đàn St.
鐵塔
戶外劇場
出入境管理局(移民局)P.387邊欄
高平
往諒山(約130km)P.387

388

★鑽石狀的大型湖泊
Thang Hen湖
Hồ Thang Hen

MAP P.388-1B外

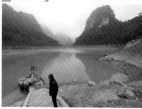
11～3月乾季水位下降，餐廳也暫停營業

Thang Hen Lake

從高平往中越邊界方向前行約30km處的大型湖泊，周邊的湖泊包含Thang Hen湖在內大大小小共有36個。7～8月水量豐沛，週末會有許多人從高平來此健行，相當熱鬧。湖畔設有餐廳，湖上還有改造自竹筏的觀光船。

Thang Hen湖
🚕2萬越盾
搭乘摩托計程車來回20US$～、汽車來回30US$～，單程約1小時。

★森林環抱中的淡水湖
Ba Bể湖
Hồ Ba Bể

MAP 摺頁正-1B、P.388-1A外

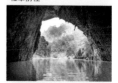
Ba Bể湖為北乾省最大的天然湖泊

Ba Be Lake

距離高平約160km的湖泊，周邊有瀑布、溪谷及洞窟等各種天然景觀，目前已被指定為國家公園。湖位於海拔約150m處，是周圍長度約有7km的大型湖泊。流經附近的Năng河Sông Năng上可搭乘觀光船前往泰族或解族的村落，此外，附近的Puông洞Động Puông是一座高約30m、全長約300m的巨大洞窟，也是觀光船之旅的重點之一。

Ba Bể湖
🚕4萬6000越盾
搭乘汽車來回50US$～，單程約3小時。由於距離稍遠，現實上不可能搭乘摩托計程車前往。

從Ba Bể湖到Puông洞的遊船導覽行程約需4小時

住宿 😊 Hotel

市中心位置優越的飯店
Max Boutique
經濟型旅館

MAP P.388-1A

距離Xanh市場徒步約3分鐘，交通便利，附近有許多餐廳和酒吧。客房配有保險箱、Minibar以及免費咖啡和茶具組等設備齊全，且多數客房均可欣賞山景或河景。附設餐廳和旅遊櫃台。

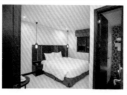

🏠117 Vườn Cam
☎（0206）3881999、083-9781555（手機）
E-mail Sales@maxboutiquehotel.com
🛏ⓈⓌⓉ55萬越盾～（含早餐）※週五六59萬5000越盾～ **Card** Ⓥ 共40房

簡約乾淨的客房，圖為Deluxe Double房型

其他住宿 😊 Hotel

Sunny
經濟型旅館
MAP P.388-2A

🏠40 Kim Đồng ☎（0206）3828888 **URL** www.caobanghotel.com.vn 🛏ⓈⓌ58萬～140萬越盾 Ⓣ75萬～140萬越盾 套房198萬越盾～（含早餐） **Card** ⒿⓂⓋ 共80房

建於國道4A號線上的11層樓飯店，飯店構造、客房設備都很新穎且具備齊會感，住來相當舒服，就提供的設備來說房價相當便宜，感覺很划算。11樓的越南料理餐廳口味很好，景色也很棒。

Hoa Viet
迷你飯店
MAP P.388-1A

🏠14 Kim Đồng ☎（0206）3828688 **URL** www.hoavievhotelcb.com.vn 🛏⒮Ⓣ35萬～40萬越盾 **Card** 不可 共20房

外觀細長往上延伸的典型迷你飯店，建築為9層樓，可從高樓層俯瞰Xanh市場，設計以白色為主色調，感覺很時尚。客房略顯狹窄，但設備卻很現代化，而且相當乾淨。

Voice! 高平河粉走乾拌路線，配料有烤鴨、豬五花、竹筍等，帶點酸味、微辣，十分美味。

深山裡的桃花源

河江

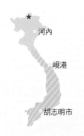

河內
峴港
胡志明市

河江省位於越南最北部的山區，壯觀的喀斯特高原在歲月的洗禮下孕育而生，而在石灰岩面上辛勤耕作的少數民族更是令人目不暇給。在被稱為「越南最後邊疆」的河江省來一趟周遊旅行，參觀越南最壯觀的景點吧。

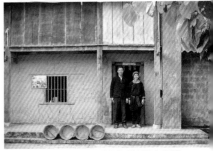

也推薦在河江來一次能近距離接觸當地生活的寄宿活動

天堂門
🏠Tam Sơn, Quản Bạ
☎（0219）3846929
（Quang Ba遊客中心）
🕙24小時 🈺無休 💰免費
距離河江市約1小時車程。

景點 Sightseeing

★ 宛如天堂的絕景在眼前展開

天堂門
Cổng Trời

MAP 下圖

Heaven Gate

天堂門是位於河江市以北約40km處Quang Ba的景點。觀景台位於海拔1500m的Quang Ba遊客中心旁邊。郊區有2座美麗的圓錐形喀斯特地形，有著當地苗族男子和妖精的傳說，而被稱為「Núi Đôi（妖精山）」。

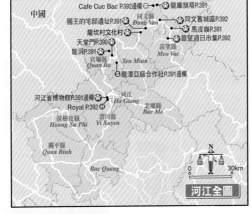

中國

Cafe Cuc Bac P.392邊欄 ● 龍庫旗塔P.391
國王的宅邸遺址P.391 同文縣 同文舊城區P.392
Đông Văn
龍坎村文化村 馬皮嶺P.391
苗旺縣 苗望週日市集P.392
天堂門P.390 Meo Vac
龍洞P.391 Yen Minn
官壩縣
Quan Ba
龍潭亞麻合作社P.391邊欄
河江省博物館P.391邊欄 河江
Royal P.392 Ha Giang 北縣
Bac Me
黃樹皮縣 渭川縣
Hoang Su Phi Vi Xuyen
關平縣
Quan Binh
Bac Quang
0 ____ 30km

河江全圖

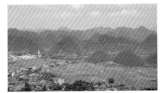

右／下方的2座小山為妖精山

交通 ✿ ACCESS

如何前往河江
●巴士
　從河內美亭巴士總站出發前往河江市的巴士總站，7:00～21:30間每隔30分～1小時有臥鋪巴士發車，車資約25萬越盾，所需時間約7小時。

從河江出發的交通
●巴士
　從河江市的巴士總站出發前往河內美亭巴士總站，5:00～21:00左右頻繁發車，車資約25萬越盾～。也有開往嘉林巴士總站出發的巴士，但班次較少。其他也有往老街、沙霸等地的班次。

前往各景點的交通方式
　以包車移動最佳，河江市內的飯店可代為包車，1日約100～200萬越盾（包含司機住宿費、油錢）左右。自駕也很歡迎，但越南不接受台灣的國際駕照，需特別留意。

Voice 河江市本身並不需要入境許可證，但如果要前往同文市或其他邊境地區，則需要入境許可證。費用為22萬越盾，可透過入住的飯店代為辦理，雖然原則上不太會被檢↗

石灰岩洞穴的自然奇觀
龍洞
Đông Lùng Khúy　　　　　　　　　　　Lung Khuy Cave

MAP P.390

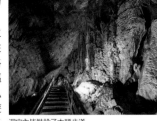

被指定為世界地質公園的河江省有無數的鐘乳石洞，但唯一可以參觀的洞穴是位於Quang Ba的龍洞。前往鐘乳石洞需徒步30分鐘，路途中可以看到苗族人在崎嶇的岩壁上耕種著玉米。鐘乳石洞全長約500m，由於遊客稀少彷彿有種探險的氛

洞穴內皆裝設了木頭步道

圍。還可以欣賞到像孕婦肚子的石筍等，獨特造型的鐘乳石。

握有巨大權力的苗族國王居所
國王的宅邸遺址
Di Tích Kiến Trúc - Nghệ Thuật Nhà Vương　　Vuong Castle

MAP P.390

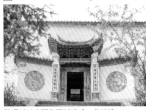

該遺址以木頭和石材建成，佔地達1120m²

苗族國王Chính Đức（1865-1947）的宅邸遺址，他曾以種植鴉片原料的罌粟和貿易而發家，統治整個同文地區約7萬人。始建於1919年，耗費8年的時間建成，正值國王權力最鼎盛時期，建築融合了中國、法國和苗族的傳統建築風格，還留存著有國王的照片和手工雕刻的石頭浴室。

建於中國雲南省邊境附近
龍庫旗塔
Cột Cờ Lũng Cú　　　　　　　　　　Lung Cu Flag Pole

MAP P.390

旗塔聳立在越南最北端的龍庫村龍山Núi Rồng山頂上。旗幟的面積為54m²，與越南的民族數目相同。從塔頂可以眺望同文喀斯特高原、水稻梯田，甚至是中國。附設紀念品商店。

到旗塔前須經過400階樓梯，至塔頂還需要再攀登140階樓梯

馳騁天際
馬皮嶺
Đèo Mã Pí Lèng　　　　　　　　　　Ma Pi Leng Pass

MAP P.390

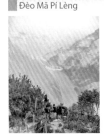

這是一條連結同文和苗望Meo Vac的高速公路，於1959～1965年間建造而成。全長20km、最高點海拔為2000m的公路，也被稱為「天際隘口」，據說可以眺望越南的壯麗景色。從位於山口半山腰的觀光中心觀景台可以眺望野生石灰岩山脈和流經山谷的Nho Quế河的絕美景致。

每年4月會在馬皮嶺舉辦河江馬拉松

龍洞
⌂ Quản Ba　☎ 無　🕐 7:30～17:30　休 無休　💰 5萬越盾
　距離河江市車程約1小時。

河江省博物館
Bảo Tàng Tỉnh Hà Giang
Ha Giang Province Museum
MAP P.390
⌂ Nguyễn Trãi, Hà Giang
☎（0219）3867029
🕐 8:00～11:00、14:00～16:00
休 週一　💰 免費
　1樓為河江省歷史和自然的展示，2樓則展示著彝族、赫族、富拉族、拉吉族等居住在河江的少數民族們的照片、服飾，以及使用的農具和祭祀工具等。

國王的宅邸遺址
⌂ Xà Phìn, Đồng Văn
☎ 無　🕐 7:00～17:30
休 無休　💰 2萬越盾
　距離同文舊城區，約30分鐘車程。

龍庫旗塔
⌂ Lũng Cú, Đồng Văn
☎ 無　🕐 7:00～17:30
休 無休　💰 2萬5000越盾
　距離同文舊城區，約1小時車程。

馬皮嶺
　從同文舊城區出發，經馬皮嶺前往苗望，加上參觀時間約需1小時。

龍潭亞麻合作社
Hợp Tác Xã Lanh Lùng Tám
Lung Tam Linen Cooperative
MAP P.390
⌂ Lùng Tám, Quản Bạ
☎ 085-5147665（手機）
🕐 9:00左右～17:00左右
休 無休　💰 免費
　苗族的傳統布料製作工坊兼商店，可以看到包括紡線、去除顏色，以及用石頭踩踏手織麻布使其柔軟等傳統布料的製作過程。

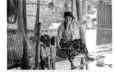

使用腳踏式紡車紡紗

＼查以防萬一，還是需要隨身攜帶。若萬一警察要求檢視入境許可證，卻沒有入境許可證的情況下，也可以現場申請。

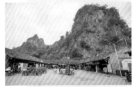

旧同文市場前的廣場的後方，矗立著一座石灰岩懸崖

MAP P.390、下圖-1A

★ 百年歷史老房子林立
同文舊城區
Phố Cổ Đồng Văn　　　　　Dong Van Ancient Street

同文為是河江省的主要觀光區之一，徒步喀斯特高原、參觀少數民族早市和越南最北的龍庫村旅程都從同文開始。同文舊城區過去為法國統治時期所建的舊同文市場（現為紀念品商店和餐廳）的北側和西側，是一條老房子林立的小街道。舊城區中心飯店、餐廳和商店林立。舊同文市場的北側還有法軍興建的堡壘，從這裡可以俯瞰全城景色。

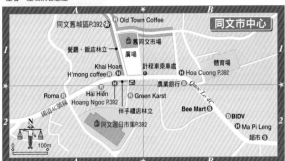

同文舊城區P.392　Old Town Coffee　同文市中心
餐廳、飯店林立一　舊同文市場　廣場
Khai Hoan　計程車乘車處　體育場
H'mong coffee　Hoa Cuong P.392
農業銀行
Roma　Hải Hiến　Green Karst
Hoang Ngoc P.392　　Bee Mart
伴手禮店林立　BIDV
同文週日市集P.392　Ma Pi Leng
國道4C號線　超市
100m

★ 苗族群聚的週日市集
同文週日市集
Chợ Đồng Văn　　　　　Dong Van Market

MAP 上圖-2A

同文週日市集
🏠Đồng Văn
🕐週日6:00～12:00左右

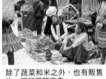

除了蔬菜和米之外，也有販售牛、豬和雞等家禽

於每週日日出到中午左右時間舉辦的週日市集，在平常的同文市場周邊，會有米、蔬菜、服飾、家禽等攤商擺攤，光顧的民眾多半是苗族人。

★ 大規模的週日市集
苗望週日市集
Chợ Mèo Vạc　　　　　Meo Vac Market

MAP P.390

苗望週日市集
🏠Mèo Vạc
🕐週日6:00～12:00左右

位於同文市中心往約20km處的苗望，每週日皆會舉辦週日市集，與同文週日市集相比規模更大，是認識苗族和其他民族（包括邵族）的好地方。

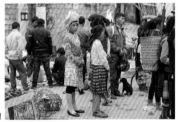

身著鮮豔傳統服飾的苗族少女們

住宿　Hotel

Royal　　中級飯店
MAP P.390
🏠89-91 Lê Quý Đôn, Hà Giang　☎（0219）3867515
📧royalhotelhagiang@gmail.com　💰⑤Ⓦ①40萬越盾～45萬越盾
3人房50萬越盾　Card Ⓜ Ⓥ（＋手續費3.5%）　共22房

距離河江巴士總站約10分鐘車程，為現代的3星飯店。客房寬敞，空調、熱水壺和吹風機一應俱全。也可以透過飯店協助雇用司機，安排個人旅行行程。

Hoa Cuong　　中級飯店
MAP 上圖-1B
🏠5 Thị Trấn, Đồng Văn　☎（0219）3856868
🌐kshoacuong.vn　💰⑤Ⓦ①60萬越盾　3人房80萬越盾 VIP房130
萬越盾（含早餐）　Card不可　共81房

同文縣內規模最大的8層樓飯店。客房色調統一為白色系，寬闊且充滿開放感。住宿棟的隔壁也有一棟大型的餐廳建築。提供代辦入境許可證或規劃當地旅行團。

Hoang Ngoc　　中級飯店
MAP 上圖-1A
🏠QL4C, Đồng Văn　☎（0219）3875888
💰⑤Ⓦ①40萬越盾～50萬越盾 家庭房50萬越盾 VIP房90萬越盾
Card Ⓜ Ⓥ　共45房

建於同文縣中心，周邊有許多食堂與餐廳，十分便利。新館的客房很乾淨，而且具備有熱水壺和冰箱。1樓設有餐廳。提供代辦入境許可證或規劃當地旅行團。

Voice 咖啡館「Cafe Cuc Bac」，由屋齡約150年的彝族傳統房屋改建而成，務必要來一趟。MAP P.390
🏠Lũng Cú, Đồng Văn　☎037-8122088（手機）　🕐10:00～16:00　🚫無休

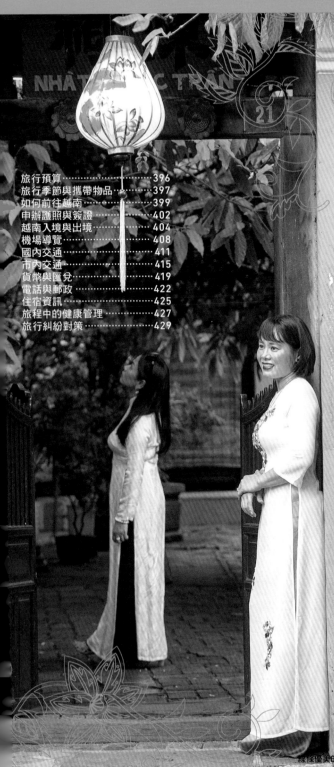

旅行準備與技術篇

線條優美的越南傳統服裝——越式旗袍

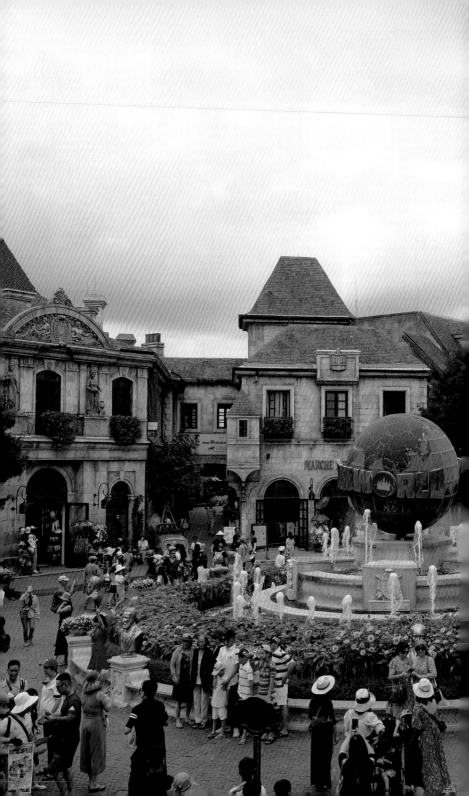

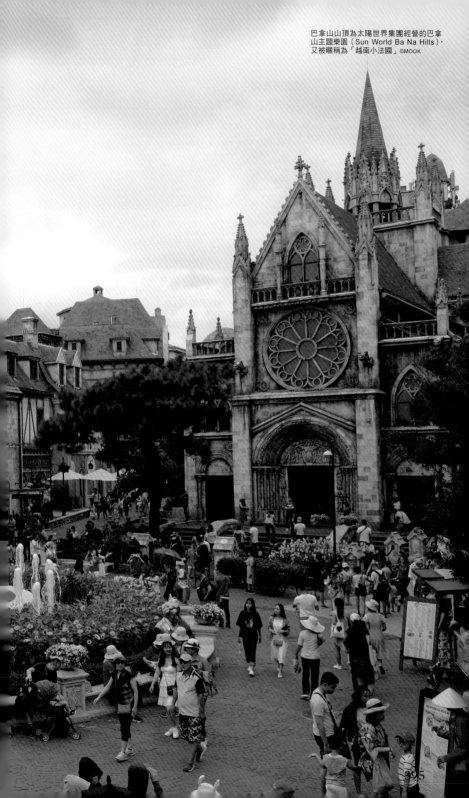

巴拿山山頂為太陽世界集團經營的巴拿
山主題樂園（Sun World Ba Na Hills），
又被暱稱為「越南小法國」©MOOK

旅行預算

如何規劃預算

在越南，從背包旅行到奢華的名流之旅，可以依照旅遊風格享受不同旅遊時光。從不同旅遊風格區分，注重省錢的背包旅行1天預算約台幣1000元左右，若是住在貴一點的迷你飯店或是便宜中級飯店，並且在餐廳用餐的中庸派，1天預算大約台幣3000元；若是想要享受奢侈之旅的名流派的話，1天預算大約為台幣14000元。旅行的預算總額大約是1日預算×天數×預備金1.5。

主要物價

礦泉水等主要物價如下。
- ●礦泉水（500mℓ）
  5000越盾～
- ●罐裝啤酒（330mℓ）
  1萬越盾～
- ●咖啡（路邊）
  8000萬越盾～
- ●洗髮精（500mℓ）
  4萬越盾～
- ●防曬乳
  5萬越盾～

越南的物價

越南的各項物價都比台灣便宜，不過進口商品與外資的服務可能和台灣差不多，比台灣貴的地方也很多。此外，請先謹記大城市的物價高，地方城市的物價便宜。

住宿費

從1晚35萬越盾（約台幣450元）左右的Guest House、迷你飯店，到1晚800萬越盾（約台幣1萬3000元）以上的高級飯店都有，可以依照旅行方式來選擇（→P.425）。

餐費

價格落差很大，休閒餐廳1餐50萬越盾左右～，高級餐廳的話，有些地方1餐甚至要300萬越盾以上。普通餐廳1餐10萬越盾左右，攤販1餐約4萬越盾左右～。

交通費

從胡志明市搭飛機前往河內的費用為100萬越盾～，有些提早購票會比較便宜，搭臥鋪巴士的話為70萬越盾～，搭火車的軟床座位為139萬1000越盾～。市區交通方面，最便宜方便的交通工具為計程車，起跳價格為1萬2000越盾左右～，乘車費用經常依油價調整，變動幅度達好幾千越盾。

旅行情報收集

在越南當地收集情報

越南觀光總局雖然是相當於政府觀光局的機構，但卻沒有提供像其他國家一樣的自助客服務。因此，在當地最好是到旅行社、大城市的遊客中心等處索取資訊。

另外還有針對在地日本人推出的日文免費雜誌《Vietnam Sketch》 URL www.vietnam-sketch.com、新聞和商業資訊的《週刊Vetter》 URL wkvetter.com、商業專門資訊《Access》 URL access-online.net等，提供以日系為主的餐飲店等資訊。

方便蒐集越南情報的網站

從各家旅行社到個人架設的官網，可以從各式各樣的網站獲得越南旅行情報。近年來，上述3家日文免費雜誌都設有網站，還有許多其他資訊網站。

越南觀光總局
URL vietnam.travel

MOOK景點家
URL www.mook.com.tw

背包客棧
URL www.backpackers.com.tw

前進越南論壇
URL www.seeviet.net

旅行季節

各地區不同的氣候

越南的氣候整體而言是高溫多雨、年均溫22℃以上的熱帶季風型氣候，但因為國土南北狹長、東西窄，依照地區不同，氣候也有很大的差異。此外，本書在P.10有記載南部胡志明市、中部峴港、北部河內的氣溫與雨量表，也建議參考這張表來規劃。

南部的氣候

大致上可區分為乾季（11～4月左右）和雨季（5～10月左右），年均溫為26℃左右。雨季時1天當中會一口氣連續降下1個小時左右、人稱「芒果雨Mango Shower」的暴雨，雨停後氣溫也隨著下降，甚至會感覺涼爽，雨量最多的是6、7月及9月。乾季時日照還是一樣強烈但濕度下降，所以這樣的熱度多少還有辦法忍耐，尤其1～2月大多是晴朗無雲的日子，早晚有時會像台灣的秋天一樣稍有涼意。此外，即將進入雨季4月左右，不僅日照強烈，濕度也可能高達80～90%，悶熱的程度是幾乎坐著不動也會流汗，這段時期有時也會被稱為「暑期」。

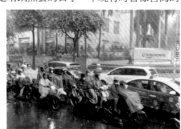
突然下起大雷雨也司空見慣，在摩托車盛行的越南甚至有騎摩托車專用的雨衣，種類豐富

▶南部的最佳造訪季節
相對較涼爽且雨量較少的11～3月左右，不過就算是雨季，也很少有整天持續降雨的情形，所以可以說是一整年都是適合旅行的季節。

中部的氣候

一整年的雨量和氣溫都有劇烈變化，和南部一樣都有雨季與乾季的分別，雨季（9～2月）是稍有涼意的下雨季節，乾季（3～8月）持續都是炎熱的天氣。中部夏天炎熱的程度絕對不是鬧著玩的，尤其8月到達巔峰時氣溫甚至會飆升到38～40℃，10月開始雨量增多，進入到類似台灣梅雨季一樣整日有雨的天氣。10～11月是下最多雨的時期，氣溫也會降低，有時甚至會下探16℃，1～2月則連日溫度達到20℃以下，感覺微涼。

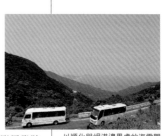
以順化與峴港邊界處的海雲關（→P.224）為界，據說兩側的氣候與民眾的氣質都截然不同

此外，中部位於颱風行進的路線上，每年都會有幾個颱風登陸（9～12月），導致市區淹水、田地汪洋一片的情況也不少見，如果連著幾個颱風的話，順化或會安也可能會淹水，屆時就不可能提供觀光了。

▶中部的最佳造訪季節
要想造訪海灘的話，乾季當中放晴天數較多的5～8月較為合適，以觀光為主的話，還沒開始炎熱、剛進入乾季的3月中旬，這段短短的時間是最佳的造訪季節。

南部芽莊周邊的氣候

一樣是南部，但乾雨季期間卻又與胡志明市周邊不同，5～8月左右非常炎熱且很少降雨，尤其是風不大，海浪平穩的4～5月海水相當清澈，最適合潛水或海水浴。相反地，最容易陰天、雨量也最多的時期是9～12月左右，這段期間也很容易受到颱風侵襲。

北部‧山區的氣候

位於山區的沙霸也有雨季和乾季，1～6月屬於乾季，雖說是乾季但也不是完全不下雨，反而下午經常會下雷陣雨；6～8月雖然也會下雨，但氣溫相較於河內周邊，可說是涼爽許多。12～3月經常有毛毛雨，氣溫也可能會下降至接近0℃。

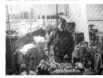

位於北部山區的沙霸，12～3月經常會起霧並下著綿綿細雨，冬天需要穿著羽絨外套

最好選擇穿慣了的鞋子

旅行中需要步行的時間總是比想像中多，如果是在大城市享受美食或購物的話，穿者包鞋或皮鞋也無所謂，但是如果要進行其他旅遊型態的話，還是建議穿著穿慣的運動鞋。另外，若前往海灘的話建議帶一雙涼鞋會更加方便，除了去海灘外，若想要在青年旅館等住宿點附近散步一下，穿涼鞋也很合適。

防蚊工作要確實

在越南，就算是大城市蚊子還是很多，也可能會染上登革熱或茲卡病毒。要攜帶防蟲噴霧並且經常噴灑，不要露出肌膚，也不要靠近池塘、積水等岸邊，好好做好防蚊對策。

貴重物品的保管方式

保管在飯店客房內的保險箱是最安全的方法。將貴重物品寄放在櫃台也可能遇上糾紛，即使是保管在上鎖的行李箱內，也有發生過被打開的案例，請多加留意。此外，越南飯店有壓護照的習慣，如果飯店人員要求交出的話就乖乖聽從指示。

北部的氣候

北部屬於亞熱帶氣候，勉強有四季之分，夏季的5～10月下旬是雨季，幾乎每天都會有短時強降雨，氣溫也很高，尤其是6～8月會非常炎熱，進入連日高溫超過30℃的「酷暑期」。此時濕度也攀升至將近90％，簡直像在蒸氣室裡一樣悶熱難

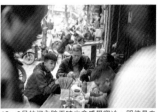

12～3月的河內陰天時也會感覺寒冷，即使是白天也要穿上外套

耐，到了晚上氣溫也不見下降。山羅附近若出現焚風，甚至有可能上升到40℃。11月～4月是乾季，在這短短期間內經歷了秋冬春3季。1～4月會下毛毛雨（越南文為Mưa Phùn），氣候會變得非常涼爽，特別是12～2月左右最低溫甚至會下降到7～8℃。

▶北部的最佳造訪季節

相當於秋季的10～11月，雨量少、氣溫也下降，是一整年裡頭最舒適的季節。

▶ 旅行攜帶物品

穿著符合季節的服裝

在越南，氣候會隨著不同地區與季節而變化，要依照旅行時間及旅遊目的地好好搭配服裝。雖然南部全年可都穿短袖，但有些室內設施的冷氣很強，最好攜帶可披在身上的長袖等保暖衣物。另外要注意的是，若是冬季來到北部，河內等地在12～2月左右也會常常氣溫驟降，一定要攜帶防寒衣物。此外，若打算前往沙霸等山區，一定要準備羽絨外套、圍巾等衣物，確實做好防寒準備。

日常用品可以在當地購買

洗髮精、牙刷、面紙等大部分的日常用品都可以在當地的超市或商店購買，可善加利用下列的基本攜帶物品確認清單。

基本攜帶物品確認清單

貴重物品
- [ ] 護照
- [ ] 簽證
- [ ] 機票(電子機票)
- [ ] 信用卡
- [ ] 現金
- [ ] 海外旅遊保險證明

洗臉用具
- [ ] 洗髮精類
- [ ] 牙刷、牙膏
- [ ] 洗臉皂
- [ ] 化妝水、乳液
- [ ] 毛巾

衣服
- [ ] 平常穿的衣服
- [ ] 貼身衣物、襪子
- [ ] 帽子
- [ ] 涼鞋

其他
- [ ] 太陽眼鏡
- [ ] 口罩
- [ ] 防曬乳
- [ ] 摺疊傘
- [ ] 濕紙巾
- [ ] 防蟲噴霧
- [ ] 藥
- [ ] 相機
- [ ] 電池、充電電池

如何前往越南

台灣～越南之間的直航班機

從台灣有許多直飛越南的航班，直飛班機包含長榮航空（BR）、中華航空（CI）、越南航空（VN）、越捷航空VietJet Air（VJ）、星宇航空Starlux Airlines（JX）、台灣虎航Tigerair Taiwan（IT）。

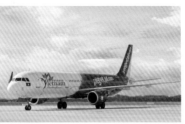
越捷航空班機

可從台北、台中和高雄直飛河內、胡志明市、峴港、富國島。另外也可以在各國首都或大城轉機前往越南。

台灣→越南的直航班機

▶前往胡志明市

出發地	目的地	航空公司	所需時間
台北	胡志明市	長榮航空、中華航空、越南航空、越捷航空、星宇航空	約3小時20～35分
台中	胡志明市	華信航空、越捷航空	約3小時20～30分
高雄	胡志明市	中華航空、越南航空、越捷航空	約3小時10分

▶前往河內

出發地	目的地	航空公司	所需時間
台北	河內	長榮航空、中華航空、越南航空、越捷航空、星宇航空	約2小時55分～3小時10分
台中	河內	越捷航空	約2小時55分
高雄	河內	中華航空、越南航空、越捷航空	約2小時40分

▶前往峴港

出發地	目的地	航空公司	所需時間
台北	峴港	中華航空、長榮航空、越南航空、星宇航空、台灣虎航	約2小時40分～50分
台中	峴港	星宇航空	約2小時40分
高雄	峴港	台灣虎航	約2小時25分

▶前往富國島

出發地	目的地	航空公司	所需時間
台北	富國島	越捷航空、星宇航空	約3小時40分～4小時
台中	富國島	越捷航空	約3小時30分
高雄	富國島	越捷航空	約3小時20分

各航空公司的網站
●長榮航空
URL www.vietnamairlines.com
●中華航空
URL www.china-airlines.com
●華信航空
URL www.mandarin-airlines.com
●越南航空
URL www.vietnamairlines.com
●越捷航空
URL www.vietjetair.com
●星宇航空
URL www.starlux-airlines.com
●台灣虎航
URL www.tigerairtw.com

關於電子機票

現在幾乎全球的所有航空公司都使用電子機票憑證與護照就可以報到。電子機票可在網路上檢視和儲存，或傳送至自己的E-mail信箱。

部分航空公司還會提供作為登機證的QR Code。若透過旅行社訂票，機票通常會透過E-mail寄送。

關於再次確認

現在大部分航空公司都不需要再次確認Reconfirm，像是越南航空、全日空、日本航空、長榮航空，以及大韓航空、韓亞航空、國泰航空等飛往越南的各家航空公司都不需要再次確認。

善加利用便宜機票
　比各家航空公司推出的正規促銷價格（PEX）還便宜的划算機票，依各家旅行社各自設定的價格來販售，是針對自助旅行者推出的機票。在旅客數不多的淡季折扣也會更多，記得查詢看看。

便宜機票搜尋&預約網站
●Skyscanner
URL www.skyscanner.com.tw
　在這個網站可以一次搜尋&預約旅行代理店、航空公司等十多間公司的機票費用與飛航時間。

越南→台灣的直航班機

▶從胡志明市出發

出發地	目的地	航空公司	所需時間
胡志明市	台北	長榮航空、中華航空、越南航空、越捷航空、星宇航空	約3小時20～35分
胡志明市	台中	華信航空、越捷航空	約3小時20分
胡志明市	高雄	中華航空、越南航空、越捷航空	約3小時10分

▶從河內出發

出發地	目的地	航空公司	所需時間
河內	台北	長榮航空、中華航空、越南航空、越捷航空、星宇航空	約2小時35分～55分
河內	台中	越捷航空	約2小時25分
河內	高雄	中華航空、越南航空、越捷航空	約2小時25分

▶從峴港出發

出發地	目的地	航空公司	所需時間
峴港	台北	越竹航空、捷星太平洋航空	約2小時35分
峴港	高雄	台灣虎航	約2小時45分～50分

▶從富國島出發

出發地	目的地	航空公司	所需時間
富國島	台北	越捷航空、星宇航空	約3小時40分～4小時
富國島	台中	越捷航空	約3小時30分
富國島	高雄	越捷航空	約3小時15分

經由陸路入境

經陸路入境的注意事項

　可從中國、寮國及柬埔寨這3個國家經由陸路入境越南，但外國人經由陸路入境的路徑有限。因有些道路與交通建設均尚未完成，有些路徑可能無法在當天抵達越南，請記得事先調查清楚。

跨越中國邊境

　包含芒街Móng Cái、Hữu Nghị、老街Lào Cai、峙馬Chi Ma、Hoành Mô，共5個地方，外國觀光客較常利用的是有火車通過的老街，從河內～中國（南寧、北京）的國際火車2024年8月目前停駛。

跨越寮國邊境

包含Tây Trang、Na Mèo、Nâm Cắn、Cầu Treo、Cha Lo、寮保Lao Bảo、Pờ Y，共7個地方，外國觀光客較常利用的是Cầu Treo和寮保。另外，河內～寮國的直達巴士是經由Cầu Treo，峴港～寮國的直達巴士則是經由寮保。

跨越柬埔寨邊境

有華閭Hoa Lư、Xa Mát、Mộc Bài、Bình Hiệp、Thường Phước、Vĩnh Xương、Tịnh Biên、Xà Xía、Lê Thành、Dinh Bà，共10個地方，最主要的路徑是僅僅7個小時就能連接起胡志明市～金邊的Mộc Bài路線（柬埔寨境內的城市為巴域Bavet）。另外，胡志明市～金邊的直達巴士也是走這一條路線。另外從Vĩnh Xương還可以搭乘航行於朱篤Châu Đốc～金邊的快速船跨越國境。

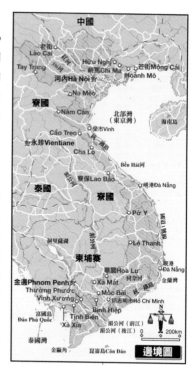

邊境圖

參加套裝行程

划算的套裝行程

旅遊期間為4～10天的短期旅遊，並且考慮2人以上同行的話，有時參加套裝行程會比自己規劃更加划算。尤其是前往胡志明市、河內時，以價格為導向的機加酒行程是主流，雖然價格會依旅遊時期、停留都市、住宿處等條件變動，但仍會有許多約1萬5000元左右的行程可以選擇。這種行程的住宿幾乎都是經濟型旅館（有時也有迷你飯店），但有些旅行社與行程方案也可以加價選擇飯店等級，或是附贈免費機場接送等等。在越南當地幾乎都可以自由活動，因此也可以參加在地之旅等活動，機動性高是其一大特色。

除此之外，越南各地的世界遺產巡禮之旅、中部峴港的度假村住宿之旅、以越南美食為主題的飲食文化體驗之旅、北部山區的祕境河江Hà Giang之旅等等，有各式各樣的行程可以參加，可以依需求選擇適合的方案。參加行程時，為了避免到了當地才覺得不喜歡或發生糾紛，千萬要記得事先確認行程的詳細內容。

套裝行程比價網
●Expedia
URL www.expedia.com.tw

申辦護照與簽證

申請護照必要文件

普通護照申請書：1份

　　在護照申請書填上個人資料，申請書可至外交部領事事務局網站下載（URL www.boca.gov.tw）填寫，也可直接到外交部領事事務局拿單子，現場填寫。

身分證明文件：1份

　　身分證正本及正、反面影本分別黏貼在申請書正面，未滿14歲且沒有身分證的人，需準備戶口名簿正本及影本1份。

相片：2張

　　需準備6個月內拍攝光面、白色背景護照專用照片。照片規格為直4.5公分×橫3.5公分，自頭頂至下顎之長度不得少於3.2公分及超過3.6公分，半身、正面、脫帽、露耳、嘴巴閉合，五官清晰之照片。

其他

　　未成年人如要申請護照，應附父母親或監護人同意書且需加蓋印章；男子（16～36歲）及國軍人員需在護照申請書上加蓋兵役戳記（戳記可在內政部派駐外交部領事事務局櫃台辦理）。

護照相關資訊詢問處

●外交部領事局

🏢台北市濟南路一段2-2號3～5F

☎(02)23432807、(02)23432808

URL www.boca.gov.tw/passport/Notes.html

●中部辦事處

🏢台中市黎明路二段503號1樓

☎(04)22510799

●南部辦事處

🏢高雄市成功一路436號2樓

☎(07)2110605

●東部辦事處

🏢花蓮市中山路371號6F

☎(03)8331041

●雲嘉南辦事處

🏢嘉義市東區吳鳳北路184號2樓之1

☎(05)2251567

辦理另紙簽證的必備文件

效期超過6個月的護照。

2吋照片2張（6個月內拍攝）

申請書可在網路（URL visa.mofa.gov.vn/_layouts/registration/ApplicationForm.aspx）填寫後列印下來，若是到現場才拿表格填寫，則需要另行收費。

🌏 簽證

申辦護照

　　護照是證明自己是台灣人的身分證，是安全通過和保護目的地國家所需的官方文件，換句話說，護照是政府核發的國際身分證，旅行的旅行的第一步就是從申辦護照開始。

　　普通護照的有效期間為10年（未滿14歲者以5年為限）。首次申請普通護照者，必須本人親自至領事事務局或外交部中、南、東部或雲嘉南辦事處辦理；若無法親自辦理，則須親自至全國任一戶政事務所進行「人別確認」後，再委任代理人續辦護照。護照申辦地點為領事事務局或外交部中、南、東部，以及雲嘉南辦事處。

　　在入境越南時，護照的有效期限必須要有6個月以上，如果有效期限已經很接近6個月的人，建議及早更新。

申請天數與申請規費

　　申請普通護照一般為10個工作天（自繳費之次半日起算），遺失補發為11個工作天。須在核發日起3個月內領取護照，逾期即予註銷，所繳費用亦不退還。護照規費為每本1300元，未滿14歲者每本900元。

🌏 簽證

簽證的種類

　　越南的旅遊簽證分為另紙簽證與落地簽證，效期分別有1個月、3個月，不論哪一種均可再分為單次入境的單次簽證，與有效期間內可多次入出境的多次簽證。除了旅遊簽證外，另外還有工作簽證與商務簽證。

▶在台灣辦理另紙簽證

　　將申請資料備齊後前往駐台北越南經濟文化辦事處窗口辦理，申請流程需要3個工作天，費用為台幣1400元。由旅行社代辦比較方便，但價格較高。在台灣簽發下來的越南簽證為一張單獨的紙本（另紙簽證），不會黏貼或影印在護照上，所以要小心保管，以免遺失。

　　申請簽證原則上需要有邀請函，但申請1個月有效的單次或多次簽證則例外，不需要邀請函即可申請。申請3個月有效的多次簽證則必須提出邀請函，考慮到取得的工夫及時間，委託旅行社辦理是較實際的作法。

▶越南電子簽證

越南電子簽證Vietnam Evisa於2017年2月2日起由越南出入境管理局推出，2023年08月15日起開放台灣人申請，透過線上申請和發行，減少舟車勞頓的麻煩。申請電子簽證的有效期限可長達90天，並可多次入境越南。

電子簽證申請流程如下：

1. 前往越南政府官方電子簽證網站，點選「Submit Application」按鈕，上傳個人大頭照、個人護照身分頁和英文個人資料

2. 完成後會收到1組註冊碼，並支付25US\$申辦費用，約3個工作天可以取得電子簽證，會寄發到登記的E-mail信箱，或者上申請網站確認。

取得電子簽證後，建議列印文件，並在入境越南時出示。

▶越南落地簽證

在出發前往越南之前要先上網申請落地簽許可函Vietnam Visa Approval Letter，接著自行列印填寫出入境表格Entry and Exit Form，準備好上述2個文件與2吋照片2張，抵達越南機場後，即到VOA（Visa on arrival）櫃台辦理落地簽證。

越南落地簽證的申辦地點為河內的內排國際機場、峴港的峴港國際機場、胡志明市的新山一國際機場、芽莊的金蘭國際機場、富國島的富國國際機場、海防的吉碑國際機場這6座機場。1個月效期的單次入境簽證許可函費用為6US\$，越南落地簽證費用方面，1或3個月單次入境簽證費25US\$，1或3個月多次入境簽證費50US\$。

申請延長簽證

現在外國人可以在越南當地申請延長簽證，自從2015年簽證相關法令修改之後，申請規定不斷變動。因此建議不要到了當地才申請延長，而是要出發前就先取得符合自己行程的簽證。原則上禁止個人前往申請延長簽證，一律必須透過旅行社辦理相關手續，此外，未申請新簽證而停留超過有效期限者，在出境時會被課予罰款。

▶事先取得的觀光簽證如何延長

觀光簽證的延長愈來愈難申請，截至2024年8月，只限1個月（有時會放寬到2個月）單次、多次入境的觀光簽證才能申請延長，且只能延長1次。費用依代辦旅行社而異，無論在哪裡辦都會比在台灣事先取得簽證的費用還高出許多。

駐台北越南經濟文化辦事處
📍台北市松江路65號2～3樓
☎(02)2516-6626
🕐8：30～12：00、13：30～17：00；申請簽證必須在11：00以前送抵。
🌐http://www.vecolabor.org.tw/vecotw/page.php?22

泰國（曼谷）的越南大使館
📅週六・日、越泰兩國節日

金邊的越南大使館
📅週六・日、越柬兩國節日

馬德旺的越南領事館
📅週六・日、越柬兩國節日

西哈努克港的越南領事館
🕐（週六8：00～12：00）
📅週六・日、越柬兩國節日

關於商務簽證
越南的商務簽證細分為各種不同類別，實際上適用的簽證類行為DN簽證（在越南企業工作的外國人）、NN3簽證（在駐外代表處或分行工作的人），兩者都一定要由越南當地的企業提出申請，並由越南出入境管理局發行邀請函。此外，商務簽證在當地的簽證代理店最多可延長1年。

越南入境與出境

入境程序

截至2024年8月資訊，入境越南時不需要提交入境卡，但入境時若攜帶必須向海關申報的物品時，必須提交海關申報單（→P.405）。

機場的入境手續

❶ 入境審查（移民局）

進入入境航廈後就直接前往移民局窗口，台灣人適用寫著「Foreigner」的窗口。到了窗口請將護照及出境的電子機票憑證交給移民官，如果沒有電子機票憑證的話，有可能被要求當場購買出境機票或是會被罰款，也有可能被拒絕入境。預計以陸路方式出境的人或許可以出示出境時的巴士票，但有些移民官的做法是會要求購買機票，最好是能夠出示出境時的機票。

❷ 領取行李

入境審查結束後，由電子看板確認行李轉盤的號碼後，至轉盤處領託運的行李，萬一行李一直不出來時，請將出發時拿到的行李條Claim Tag交給附近的工作人員，請他們幫忙找。

❸ 海關檢查

如果沒有攜帶需要申報的物品的話，只要在路燈的檢查台出示護照，並遵從海關人員的指示將行李通過X光機檢查即可。若攜帶必須向海關申報的物品時，請填寫放置於海關櫃台的海關申報單後，在紅燈的檢查台與護照一同提交給海關人員，並將行李通過X光機、按照指示完成行李檢查。檢查完成後，海關人員會退還海關申報單上的出國用憑證，這張憑證在出境時海關會檢查，所以要小心保管。

❹ 前往入境大廳

在機場出口會有工作人員要求出示在搭機地點託運行李時取得的行李條，以確認行李上的號碼是否與行李條上的相同，所以記得不要提早丟掉行李條。

✦ Column　　禁止攜帶情色刊物進入越南

越南政府嚴格禁止旅客攜帶任何批判社會主義或越南的印刷品和DVD，以及情色刊物和DVD入境，其中因海關發現攜帶情色刊物與DVD而被罰款的外國人比比皆是。在台灣機場購買的雜誌，來到越南很有可能只是因為其中一張照片就被禁止！因此很常因為一本雜誌而被困在海關無法通行，若是被海關查到的話，除了當場沒收，還必須要支付罰款，罰款金額是情況而定，大約是數百美元，但也曾經有被罰了數千美元的例子。

那麼，判斷是否屬於「情色刊物」的基準是什麼呢？根據在越南工作了十多年的日本觀光業者的說法是，「沒有一定的標準，看海關人員如何判定，不過例如女性的乳腺透過衣服清楚可見的照片，或是女性穿著泳裝但看得到乳頭的線條的照片就一定不行。」此外，如果攜帶大量DVD的話，也會受到嚴格的檢查，請旅客要特別小心。

海關申報單的填寫方式

除簽名外，所有項目均必須英文印刷體填寫。

❶ 姓名
❷ 性別
（男性請勾選Male、女性請勾選Female）
❸ 生年月日（請參閱※）
❹ 國籍
❺ 護照號碼
❻ 抵達班機名稱（請填寫班機號碼。例如越南航空的951號班機則填寫VN951）

❼ 入境日（請參閱※）
❽ 簽名（務必填寫與護照相同的簽名）
❾ 停留時間
❿ 攜帶的行李數量
在越南的住宿地點
（填寫飯店名稱，即使尚未預約也必須填寫一家飯店名稱。例如住宿Caravelle飯店則填寫CARAVELLE HOTEL）
⓫ 郵寄送達越南的物品數量？
⓬ 是否有暫時帶進來越南後又要帶走的物品，或是自越南帶出去後又要帶進來的物品？
觀光客若攜帶高額的電腦、相機入境，之後又會帶走的話，就符合這項規定（有的話請打勾）
⓭ 是否攜帶免稅品以外的商品？
（有的話請打勾）
⓮ 攜帶的現金
⓯ 金額
⓰ 越盾、美金等其他外幣現金
（在右方欄位填寫貨幣名稱和金額）
⓱ 匯票（企業匯票或銀行匯票等）、支票等
（在右方欄位填寫種類和金額）
⓲ 貴金屬和寶石（黃金除外）
（在右方欄位填寫種類數量和金額）
⓳ 銀和白金
（在右方欄位填寫種類數量和金額）
⓴ 鑽石、紅寶石、藍寶石和祖母綠
（在右方欄位填寫種類數量和金額）
㉑ 黃金（在右方欄位寫克數和金額）
※按照Day（日）、Month（月）、Year（年）的順序填寫。例如：2024年8月13日的話，請填寫13 08 2024。

AB 0105647

1. Họ và tên trong hộ chiếu (chữ in hoa) /Full name as appears in passport (please fill in block letters):
❶

2. Giới tính/Sex: ❷ Nam/Male Nữ/Female
3. Sinh ngày/Date of birth: ❸
Ngày/Date tháng/month năm/year

4. Quốc tịch/Nationality:
❹

5. Số hộ chiếu/Passport No:
❺

6. Số chuyến bay/Tên tàu/Biển số xe (Flight/Vessel/Car No):
❻

7. Ngày/Date:......./....../20...... (DD/MM/YY) ❼
Chữ ký/ Signature:
❽

8. Xác nhận của Hải quan /Certification by Customs:

2

1. Họ và tên trong hộ chiếu (chữ in hoa)/Full name as appears in passport (please fill in block letters): AB 0105647
❶

2. Giới tính/Sex: ❷ 3. Sinh ngày/Date of birth: ❸
Nam/Male Nữ/Female Ngày/Date tháng/month năm/year

4. Quốc tịch/Nationality: ❹ 5. Số hộ chiếu/Passport No: ❺

6. Số chuyến bay/Tên tàu/Biển số xe (Flight/Vessel/Car No): ❻ 7. Thời gian lưu trú/ Duration of stay: ❾

8. Hành lý mang theo/ Accompanied baggage ❿ kiện, túi/ pieces
9. Hành lý không cùng chuyến/ Unaccompanied baggage ⓫ kiện, túi/ pieces
10. Hàng hóa tạm nhập - tái xuất hoặc tạm xuất – tái nhập/ Temporary import, re-export goods or temporary export, re-import goods: ⓬ Có/Yes Không/No
11. Hàng hóa phải nộp thuế/Goods subject to duty: ⓭ Có/Yes Không/No

12. Lượng tiền mang theo/ Carry on cash: ⓮	Trị giá/ Amount: ⓯	13. Kim loại quý, đá quý mang theo (trừ vàng)/ Bringing precious metals, gemstone (other than gold). ⓲	Trị giá/ Amount:
- Đồng Việt Nam / VND: - Đô la Mỹ/USD: - Ngoại tệ khác/ other foreign currencies (GBP, EUR, CAD...) ⓰		Kim loại quý: Bạc, bạch kim/ Precious metals: Silver, platinum ⓳	
		Đá quý: Kim cương, ruby, saphia, và ê-mơ-rốt/ Gemstone: Diamond, ruby, sapphire and emerald. ⓴	
		14. Vàng/Gold: ㉑	Trọng lượng/ Gross weight: ....gram.
Hối phiếu, séc/ Drafts, cheques: ⓱		15. Ngày/Date:......./....../20...... (DD/MM/YY) ❼ Chữ ký/ Signature: ❽	

截至2024年8月資訊，從越南出境時不得攜帶相當於5000US$的外幣或是1500萬越盾以上的越南盾，經X光檢查時被發現的話就會被沒收。此外，幾乎所有航空公司都不需要重新確認（→P.399邊欄）。

機場的出境手續

1 報到（搭機手續）

胡志明市的國際線航廈位於新山一國際機場3樓，峴港國際機場為2樓，河內的內排國際機場則是在第二航廈的3樓。報到櫃台通常於起飛時間的2小時前（越南航空為3小時前）開始開放，若搭乘班次眾多的晚班飛機回台灣的話，辦理搭機手續、出境審查時都會大排長龍，最好配合開始報到的時間提早抵達機場，若能事先網路報到（→邊欄）的話也比較放心。不同航空公司分為不同的報到櫃台，可以在電子看板上確認要搭乘的航班編號與櫃台號碼，報到櫃台處還設有商務艙、頭等艙、已網路報到的乘客託運行李專用的窗口，託運完行李、領取登機證之後就完成登機手續。

2 出境審查（移民局）

各個機場在海關檢查與安全檢查之前要先進行出境審查，在出境審查櫃台處提交護照與登機證，沒有問題的話移民官就會在護照上蓋出境戳章後交還。

3 海關檢查&安全檢查

每個機場都會一起進行海關檢查與安全檢查，會以X光檢查隨身行李。入境時有向海關申報者，請將當時退還的申報單與登機證、護照3項一同出示予海關人員。入境時未向海關申報者，只要出示登機證與護照即可，不論是有申報還是沒申報，通常只要行李接受X光檢查就能通過，但有時候還是會有被要求打開行李檢查的情形，尤其是發現禁止攜帶的物品或是需要申報的物品時（→P.404邊欄），還會沒收並處以罰金。攜帶老舊盤子、壺、陶器、佛像等似乎是古董的物品時，就會被徹底檢查，請多加留意（→邊欄）。此外，飲料等液體也禁止帶上飛機，會被沒收，打火機的話依航空而異（→邊欄）。

4 登機

手續全部完成後，便可前往登機證上所寫的登機門，有時候會變更登機門，請注意聽候機室的廣播。

Voice 由於胡志明市和河內的國際航線深夜班機十分集中，就算提前2小時抵達，辦理登記和出關仍然很剛好，建議事先網路辦理報到，並提前2個半小時抵達機場為佳。

方便的網路報到

在網路報到後就不必在機場辦理登機手續的服務，每間航空公司的規定都有所不同，網路報到時間大致為出發前24小時開始到2小時前或1小時前，不只是一般航空，廉價航空也有提供此服務。此外，即使事先網路報到，出境審查處還是會大排長龍，最好預留充裕的時間抵達機場。

自助報到&登機證列印

胡志明市、峴港、河內等各國際機場都設有越南航空的自助報到&登機證列印機，輸入預約號碼與電子機票號碼後就能印出登機證，不需要在報到櫃台排隊就能順利報到，很方便。

帶上飛機的手提行李

除了刀具類、噴霧類、瓦斯、油等物品之外，超過100ml以上的液體（包括凝膠）也禁止帶上飛機。此外，打火機則禁止託運，只能隨身帶上飛機，越南航空和越捷航空禁止攜帶打火機，全日空和日本航空每人限帶1個，其他航空公司對於聯營航班則可能有其他規定。
●交通部民航局
URLwww.caa.gov.tw

託運行李&手提行李的重量限制

各航空公司的規定不同，以越南航空的桃園～越南之間為例，經濟艙的託運行李不得超過23kg，長寬高3邊長總計158cm以內；手提行李則只能攜帶1件行李和1件背包，總計不超過12kg。

嚴禁攜帶古董&仿冒商品

基本上不能從越南將古董出境，雖然有商店開出的收據似乎就可以免於被沒收的命運，但也可能要求支付錢賄賂。收據最好是名為Red Invoice的越南正式收據。除此之外，若攜帶假名品牌或違法複製音樂軟體所製作的盜版商品回國的話，不只會在海關被沒收，視情況還可能會被要求損害賠償，千萬不要購買。

越南盾換其他外幣

在胡志明市的新山一國際機場、峴港國際機場、河內的內排國際機場，都可以在機場內的銀行將越南盾換回美金。

入境台灣

飛機降落後，首先經過檢疫檢查哨，接著接受入境審查，並在護照上蓋印後歸還，之後前往顯示航班班次的轉盤提領託運行李。持有物品都在免稅範圍內，選擇「免申報檯」（即綠線檯）通關；若是超出免稅範圍或者不清楚有無超出免稅範圍，必須由「應申報檯」（紅線檯）通關。而未成年者不適用酒類、香菸免稅規定，須特別注意。

●財政部關務署
URL web.customs.gov.tw

入境台灣免稅範圍（每位成人）

項目		數量、價格	備註
酒類		1公升	
香菸	捲菸	200支	滿20歲之成年旅客始得適用
	雪茄	25支	
	菸絲	1磅	
其他	非管制進口物品，並且是攜帶者已使用過的行李物件	每件完稅價格在台幣1萬元以下	
	未使用過的禮品，完稅價格總值低於台幣3萬5000元	全部	・管制品及菸酒除外 ・旅客攜帶貨樣，完稅價格在新台幣1萬2000元以下者免稅

附加價值稅（VAT：Value Added Tax）的退稅制度

截至2024年8月資訊，胡志明市的新山一國際機場、河內的內排國際機場、峴港國際機場、慶和省的金蘭國際機場、富國國際機場等5座機場與胡志明市的慶會港Khánh Hội、峴港港、芽莊港等3座港口都設有附加價值稅的退稅櫃檯（VAT Refund Counter），並可進行退稅。

退稅對象
・持有越南以外國家護照者。

退稅適用商品
・未拆封使用的附加價值稅課稅商品中，可攜帶進入機內的商品。
・不屬於出口管制商品清單中的商品。
・退稅申請書兼收據等，於出國日往前推30天內發行者。
・同一天於同一店家購買的商品總金額達200萬越盾以上。

附加價值稅的退稅程序

在政府認定的附加價值稅退稅店家（購買前請確認）購買。→結帳時出示護照，請店家製作退稅申請書兼收據。→購買商品後的30天內前往上述5座機場與3座港口，在辦理登機手續前（胡志明市的新山一國際機場則是報到之後）到附加價值稅的退稅櫃台提交護照、商品、退稅申請書兼收據。→一般都會當場領回退稅金額，偶爾會要求到銀行櫃台領取，此時要領取退稅金請款書，並前往機場內的指定銀行櫃台領取退稅金。

退稅金一律為越盾，不可選擇外幣。

※所謂的附加價值稅是營業稅的一種，是在生產的各個階段都會被課予的稅收，英文為Value Added Tax，簡稱VAT。

※附加價值稅退稅指的是利用規定好的手續，申請退還在國外支付的附加價值稅。

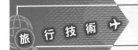

機場導覽

從台灣直飛可達的機場共有4座

　　從台灣直飛可達的機場共有4處，包括胡志明市的新山一國際機場、峴港國際機場、河內的內排國際機場、富國島的富國國際機場，以下介紹其中3座主要機場的詳細地圖。

 胡志明市　　　　　　　　機場～市區間的交通請見 **→P.57**

新山一國際機場 國際線航廈

國際線出境大廳 3樓

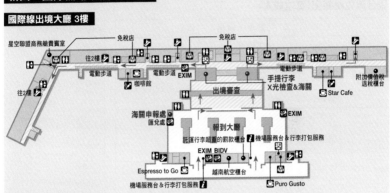

星空聯盟商務艙貴賓室
免稅店
免稅店
往2樓
電動步道　電動步道　電動步道
往2樓
咖啡館　EXIM
手提行李
X光檢查＆海關
附加價值稅退稅櫃台
Star Cafe
海關申報處
匯兌處
報到大廳
EXIM
託運行李超重的罰款櫃台　機場服務台＆行李打包服務
EXIM BIDV
越南航空櫃台
Espresso to Go
機場服務台＆行李打包服務
Puro Gusto

國際線下機門 2樓

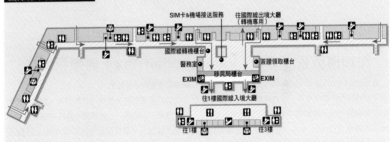

SIM卡＆機場接送服務　往國際線出境大廳（轉機專用）
國際線轉機櫃台
醫務室　簽證領取櫃台
移民局櫃台
EXIM　EXIM
往1樓國際線入境大廳
往1樓　往3樓

國際線入境大廳 1樓

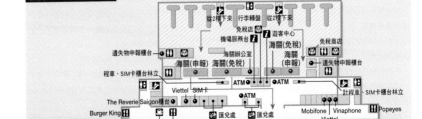

從2樓下來　行李轉盤　從2樓下來
免稅店
機場服務台　遊客中心
海關（免稅）
免稅商店
遺失物申報櫃台　海關辦公室
海關（免稅）海關（免稅）
海關（申報）
遺失物申報櫃台
程車、SIM卡櫃台林立
海關（申報）海關（申報）
ATM　ATM
計程車、SIM卡櫃台林立
Viettel SIM卡
The Reverie Saigon櫃台　ATM
Burger King
Mobifone Vinaphone Popeyes
Viettel
往國內線航廈　Star Cafe　Big Bowl
匯兌處　匯兌處
跳表計程車乘車處
計程車券計程車乘車處
109號、152號巴士乘車處

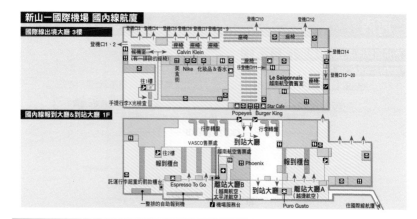

新山一國際機場 國內線航廈

國際線出境大廳 3樓

國內線報到大廳&到站大廳 1F

峴港

機場～市區間的交通請見 →**P.217**

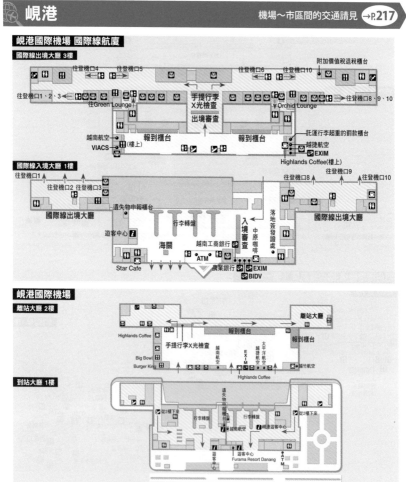

峴港國際機場 國際線航廈

國際線出境大廳 3樓

國際線入境大廳 1樓

峴港國際機場

離站大廳 2樓

到站大廳 1樓

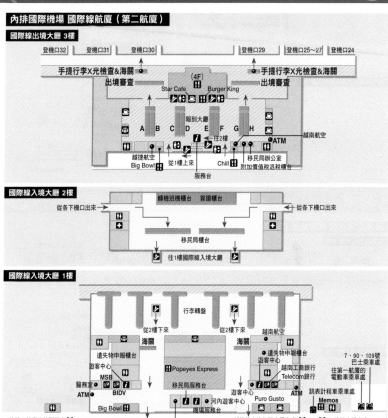

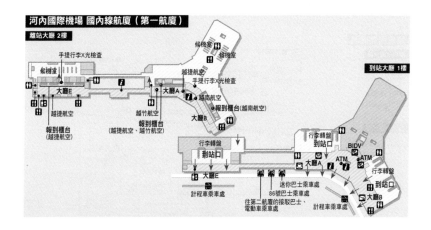

國內交通

✈ 飛機　　　　　　　　　　Máy Bay

國內航線四通八達

　　越南航空在十幾個主要城市之間均有安排航線，對於想要短時間到達目的地的人而言是最有效率的交通方式，此外，部分航線也有越竹航空、太平洋航空等廉價航空的航班運行，但班機常常會延誤，如果停留時間有限的話建議搭乘越南航空或越捷航空。

🚂 火車　　　　　　　　　　Tàu Hỏa

以銜接起南北部的統一鐵路為主

　　越南的鐵路由國營的越南鐵路經營，其中最重要的路線就是由河內到胡志明市（西貢車站），全長約達1726km的南北縱貫線「統一鐵路」，其他還有胡志明市～藩切線、胡志明市～歸仁線這2條以胡志明市

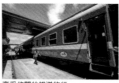
享受悠閒的鐵道旅行

為起點的路線，還有以河內為起點的4條地方路線，包含河內～海防線、河內～老街線等。

火車的種類

　　統一鐵路（河內～胡志明市）的火車都標有SE1、SE2等編號，奇數是由河內出發前往西貢、偶數是由西貢出發前往河內的火車，速度最快的是SE1和SE2，SE1河內～西貢只要約32小時17分就可以抵達，SE2則為32小時30分。全車附冷氣。班次時間經常變動，請多加留意，此外，越南新年（春節）等節日也會加開班次。

　　前往沙霸時搭乘的河內～老街之間的臥鋪火車中，部分車廂會專供飯店或旅行社使用，並且以各自獨有的名稱對外售票。

座位的種類

　　座位的分類，依照火車的種類而有各式各樣的分類方式，每一種分類方式的費用都不相同。以統一鐵路為例，座位的分類如下，不同座位類型會以不同車廂區隔。

▶統一鐵路的座位分類

● 軟座：座位較窄，座椅椅背可向後倒。
● 硬床：分為上、中、下三層的床鋪，床上鋪有薄薄的床墊。價格從上層→中層→下層由低至高，只有冷氣座位。
● 軟床：上下兩層床鋪，4人1室（也有2人1室）的隔間，鋪著墊子的床鋪很舒服。下層床鋪比上層貴，也只有冷氣座位。

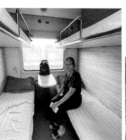
軟床的4人1室隔間

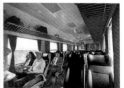
軟座的車廂

主要國內線航空公司
● 越南航空
🌐 www.vietnamairlines.com
● 越捷航空
🌐 www.vietjetair.com
● 越竹航空
🌐 www.bambooairways.com
● 太平洋航空
🌐 www.pacificairlines.com

帶上飛機的手提行李

　　禁止攜帶刀具類、噴霧類、瓦斯、油，打火機等物品。越南航空雖然可以攜帶電子菸等加熱式菸，但不可以在機上充電和使用。為防止短路，請單獨將電池放入保護袋中攜帶。另外，榴槤、魚露等有強烈氣味的食物和物品也不允許帶入。部分機場或時期可能會嚴格檢查液體類。

託運行李&手提行李的重量限制

　　和國際線一樣，鋰電池不得託運，務必放在手提行李中。重量方面各航空公司的規定不同，以越南航空經濟艙為例，託運行李23kg以內，手提行李則只能攜帶1件。

國內線搭機手續

　　上述航空公司都不需要再次確認，但可能會有班機延誤或停飛的狀況，最好事先確認飛航時間。開放報到櫃台的時間為起飛前2小時，即使已事先網路報到，但部分機場或時段可能會大排長龍，最好在出發時間的1個半小時～2小時前抵達機場。

前往中國的國際火車

　　越南開往中國南寧、北京、昆明的火車，2024年8月目前停駛中，復駛時間未定。

越南鐵路
Vietnam Railways
URL dsvn.vn

鐵道旅行的注意事項

車站內與火車內有許多扒手與小偷出沒，在車廂內記得將行李上鎖，並且不要讓行李離開視線。貴重物品則要記得隨時帶在身上。

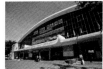
峴港車站，行駛沿海路線，可享受峴港～順化間的鐵道之旅

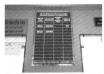
峴港車站有數位顯示螢幕，可確認月台號碼和列車抵達時間

車票預約與購買方式

搭乘長途列車的座位、臥鋪時，必須事先預約，尤其是越南新年前後等尖峰時期更需要訂位，否則可能得等上1個星期。如果欲變更統一鐵路的車票，最遲需要在發車前24小時變更，手續費2萬越盾。如欲取消車票，最遲必須在發車前4小時取消，取消手續費發車前24小時為10％，發車前4～24小時為20％。

▶在車站購票

各個火車站的窗口都可以預約及買票（要出示護照），通常乘車日的1個月左右之前就可以預約，在西貢車站或河內車站等外國人較多的車站也可以通英語（河內車站有國際列車專用窗口）。此外，鄉下城鎮的車站窗口不會24小時開放，大多會在發車時刻的1小時前左右開始開放。

▶在旅行社購票

大多數的旅行社都有提供預約、代為售票的服務，雖然有些地方會收取數美元的手續費，但由旅行社安排較為確實方便。

▶網路購票

可從越南鐵道的官網購票，可選擇網路付款或事後付款，選擇事後付款的話，可以在指定的郵局或銀行付錢。此外，用官網來確認時間表與車資也相當方便，不妨使用看看。

火車的搭乘方式

越南的火車相當準時，很少發生誤點情形，由車站大廳前往月台中間會先經過剪票口，向工作人員出示車票即可通過，若在發車車站則火車已停靠在月台等候，只要找到自己要搭的車班上車即可，若在中途車站上車，則在列車進站前可先在候車室或月台等候。不論哪個車站一天都不會有太多班次，所以並不會找不到停靠月台。

統一鐵路時刻表（河內～西貢）
▶河內車站發車

站名＼列車號碼	SE1	SE3	SE5	SE7
河內	22:15	19:25	15:45	6:00
寧平	0:24	21:41	18:01	8:16
同海	7:59	5:45	2:37	16:25
順化	11:01	8:55	5:55	20:22
峴港	13:36	11:33	8:52	23:00
芽莊	23:04	22:04	19:38	9:31
西貢	6:32	5:47	4:45	17:10

▶西貢車站發車

站名＼列車號碼	SE2	SE4	SE6	SE8
西貢	21:10	19:00	16:00	6:00
芽莊	4:08	2:16	0:10	13:42
峴港	13:17	11:59	10:26	0:32
順化	16:09	15:08	13:44	3:27
同海	19:09	18:15	17:07	7:10
寧平	3:23	2:18	1:55	16:27
河內	5:40	5:00	4:17	19:12

※只刊載主要車站的時刻，除發車車站外，其餘均為抵達時刻。河內→西貢每日4班（→P.284）、西貢→河內也是每日4班（→P.61）。（2022年10月之時刻表）

統一鐵路票價表
▶河內⇒西貢　SE1（約32小時17分）　單位:千越盾

種類＼目的地	軟座（冷氣車）	軟臥（冷氣車）	3層床鋪上鋪（冷氣車）	3層床鋪中鋪（冷氣車）	3層床鋪下鋪（冷氣車）	2層床鋪下鋪（冷氣車）
順化	523	677	783	864	902	984
峴港	613	718	830	916	957	1043
芽莊	895	938	1085	1196	1250	1363
西貢	996	1044	1208	1331	1391	1516

▶西貢⇒河內　SE2（約32小時30分）　單位:千越盾

種類＼目的地	軟座（冷氣車）	軟臥（冷氣車）	3層床鋪上鋪（冷氣車）	3層床鋪中鋪（冷氣車）	3層床鋪下鋪（冷氣車）	2層床鋪下鋪（冷氣車）
芽莊	395	488	564	621	649	708
峴港	616	699	809	891	931	1016
順化	677	735	850	937	979	1067
河內	996	1044	1208	1331	1391	1516

※只刊載主要車站之間的票價。（2022年10月的票價表）

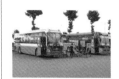

巴士 Xe Buýt / Xe Khách

路線網絡延伸至小城市的民眾代步工具

巴士與其他交通方式相比，算是經濟實惠，而且許多沒有飛機和鐵路的城鎮都有巴士通行，搭乘巴士不管多麼鄉下的小城鎮都可以抵達。

巴士的種

▶中・長途巴士

起迄站都在各城鎮的巴士總站，越南國內大多數的城鎮都有中、長途巴士，有好幾家公司可以選擇，巴士的種類、時刻表、費用也各有不同。最近還有推出各巴士公司的比價網，還可以網路或電話預約，相當方便。預約及付款方式依各巴士公司而異。

▶郊區巴士

大多是連結距離100km以內的城鎮與城鎮之間，巴士多使用中型或迷你巴士，中途除了巴士總站之外，路上都可以隨招隨停。以外國人經常造訪的城鎮而言，從早上到傍晚大約每30分～1小時就會有巴士發車。

▶臥鋪巴士

上下兩層的床鋪雖然並不寬，但可以躺下伸直雙腿已經算得上舒適，相當適合長程移動。經營臥鋪巴士的公司很多，有些車型還有附Wi-Fi、廁所或是餐點，也有一些公司以「絕不中途停車載客」、「行李會編號防止偷竊」等貼心的服務為賣點。不論哪一家公司的巴士都相當搶手，記得提早預約。

▶迷你巴士・豪華巴士

過去大多是使用小型巴士或休旅車，連結的城鎮之間的距離大多較短，沒有時刻表，只要人數湊齊了就發車，近年來幾乎很少見。目前多半是定時出發的迷你巴士，近年豪華巴士的數量持續增加，車輛以麵包車或休旅車改造而成，提供舒適的座位和服務，還有按摩椅和提供Wi-Fi的VIP級座位。

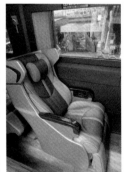

▶自由上下車觀光巴士

是旅行社所經營的巴士，每日來回於主要的觀光地之間，以從河內到胡志明市為例，車票是買到終點的胡志明市，但是中間的順化、峴港、芽莊也都可以隨意下車觀光，各個城市的分店都可以預約，最遲須在前往下一個目的地的前一天預約。巴士均配備冷氣，車子從迷你巴士到大型巴士都有，長程也會使用臥鋪巴士，每個城鎮的下車地點為該旅行社的當地分店或合作的飯店前。

前後左右都有空間，可以充分後躺的豪華巴士

最近開始有停靠觀光景點，或中途又再區分路線等服務，雖然變得更便利，但是路線也愈趨複雜，因此便常發生搞錯集合地點、時間，或是搭錯巴士等糾紛。搭乘時記得確認時間、地點、費用等基本資訊。

越南的巴士比價網
●Vexere
URL vexere.com

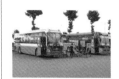

中、短途路線的大型巴士

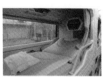

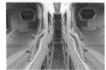

有窗簾可以保有私人空間的舒適膠囊巴士登場，圖為連結胡志明市～哈田的Tuan Nga巴士

關於巴士票價
中、長途巴士即使相同路線還是會依不同公司而有不同的車資，此外，即使是同間公司的同一條路線，窗口也會標示出好幾種票價，這是因為巴士品質不同的緣故，價格愈高舒適度也會提升。自由上下車觀光巴士的票價非常透明，可以安心購買。

搭乗巴士的注意事項

搭乘大型巴士以外的迷你巴士或豪華巴士，部分巴士可能無法攜帶大件行李，務必事先確認。若搭乘大型巴士，巴士公司會將大件行李放在地板下方的行李放置處，或堆積在車頂上，因此貴重物品及易碎品要記得隨身保管。包包裡和口袋裡的物品也經常會不見，記得多加注意。若寄放後背包，建議放入塑膠袋中，較為保險。中途下車上廁所時，記得帶著貴重物品，並確認自己搭乘的巴士車號或特徵，以免回頭搭錯車。

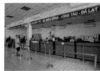

Phuong Trang是一家主要在越南南部城鎮運營的大型巴士公司，通常在每個城鎮的巴士總站都設有自己的售票處和候車室

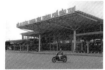

大多數巴士總站都有咖啡館，圖為芹苴中央巴士總站

車票預約與購買方式

▶中・長途巴士

長途巴士的巴士總站內會有售票口，民營巴士公司都有開設不同的窗口，窗口人員大多可以通一點英文，郊區可能只能講越南文；郊區巴士則大多是直接將費用交給車掌或司機。至

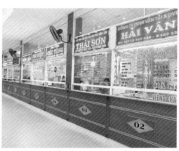

巴士總站售票處，每個巴士公司都有一個攤位

於購買車票的時間，如果是頻繁發車（每15分～1小時1班）的路線的話，當天購買也可以，但若是1天只有數班車的長途巴士的話，最好前一天就先在窗口購買。

▶迷你巴士・豪華巴士

座位少的迷你巴士和豪華巴士，人氣路線可能會提早銷售一空，建議可以事先透過各公司的辦公室（部分在巴士總站設有公司窗口）或者電話預約，也可以請飯店櫃台人員協助電話預約會更加方便。部分巴士也可以透過巴士比價網站Vexere（→P.413邊欄）預約，依各巴士公司而異，部分可以至飯店接駁，建議事先詢問。

▶自由上下車觀光巴士

觀光巴士必須最晚在出發日的前一天向各旅行社報名，可以買到最終目的地的車票，但也可以只購買1個區間。

巴士的搭乘方式與營運狀況

巴士大多會按照時刻表準時出發，因此建議出發時刻的1小時前抵達巴士總站，中、長途巴士的車票上會有車牌號碼，很容易找。除了部分長途巴士與臥鋪巴士外，大部分的巴士都是自由入座。除了臥鋪巴士和自由上下車觀光巴士外，車內都會播放越南音樂，司機也經常邊按喇叭邊開。搭乘中、長途巴士時，中途會休息上廁所或用餐。

🚢 船 　　　　　　　　　　　Tàu Thủy ▶

部分航線很有利用價值

對觀光客而言較方便的水路交通路線有胡志明市～頭頓、富國島～迪石Rach Giá、富國島～哈田、下龍灣（巡州島）～吉婆島、海防～吉婆島等。

連結富國島～哈田的快速船 Super Dong

胡志明市～頭頓之間單程約2小時，花費的時間和巴士差不多，但因為是從市中心發船，相當便利（→P.62）。此外，下龍灣（巡州島）～吉婆島、海防～吉婆島之間，可同時享受觀光船之旅與下龍灣的景色（→P.356、365）。

計程車　　　　　　　　　　　　　　Taxi

跳表計程車便宜值得搭乘

對觀光客而言最容易利用的應該是計程車吧，大城市裡有一些計程車司機受過仔細的訓練，不只有禮貌，而且不論多麼小的巷弄都清楚掌握，相當專業。大型計程車公司較少發生糾紛，可以安心搭乘。

計程車的車種

大致上可區分為使用多功能休旅車的7人座、使用房車的4人座、使用輕型車的3人座（通稱為迷你計程車）。

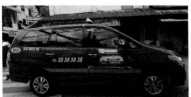

左／大型計程車公司Mai Linh Taxi的7人座　右上／河內的計程車集團的4人座　右下／3人座的迷你計程車，在河內數量很多

計程車的費用規則

採用跳表制，起跳價和跳表的級距各家車行都有不同的計算方式，只要沒被動過手腳，移動距離在幾公里以下不論哪一種算法都不會有太大差異。此外，胡志明市的7人座與4人座的車資沒有差異，河內的車資則是7人座、4人座、3人座依序愈來愈便宜，不同城市多少也會有些差異。

計程車的搭乘方式

指定較少發生糾紛的計程車公司，或是請飯店、商店等處的員工幫忙叫車比較安心，路上攔車的方式與台灣相同，舉手招車即可。車門不會自動開關，要自己打開再自己關上，告知目的地時，與其拿地圖給司機看，不如告知知名觀光景點或是飯店、餐廳名稱，不然就是直接給他地址更妥當。

搭乘計程車時的注意事項

車子開動後記得確認司機是否有按下跳表機，並攤開地圖確認位置以防司機繞遠路。遍及越南各地的大型計程車公司Vinasun Taxi，有許多車種都搭載汽車導航，也可以確認汽車導航。

其中也有惡質司機聲稱「公司的規定就是統一價格」、「跳表是顯示美金」等，請多加留意。

河內有很多當地人會使用「Ｇｒａｂ」等叫車服務（→P.416），在跳表機上動手腳藉以敲竹槓的惡質司機數量激增。若遇到具備下列邊欄特徵的計程車時，請不要搭乘。

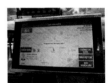

胡志明市Vinasun Taxi上裝備的汽車導航

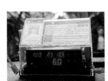

也有省略最後2位數的跳表機，6.0表示6000越盾

❖ Column　　　　　　問題計程車的辨識方法

以下為容易引起糾紛的計程車特徵，請先記在腦中當作參考。

❶車頂雖然有標示公司名稱的燈，但車身沒有公司名稱的計程車，這種白牌計程車，車資大多較高。

❷車身標誌或顏色類似大型計程車公司，但仔細一看，不是差1個字母就是標誌不一樣。這是白牌計程車，車資大多較高。

❸沒有跳表機外殼或司機大頭照的計程車，這類車子的跳表機可能被動過手腳，不然就是對司機、

車資管理很隨便的公司。大型計程車公司為了防止司機對跳表機動手腳，會在跳表機與大頭照上蓋上塑膠外格，並貼紙封住。

❹不跳表而是提議「到那裡的話○○越盾如何？」，即使是議價，對方也不會給一副是外國人的人任何好處。

一般來說，在觀光地候客的計程車大多會符合上述特色，請多加留意。

叫車服務公司
● Grab
URL www.grab.com/vn/en

以新加坡為據點向泰國、馬來西亞等東南亞國家發展，只要用智慧型手機簡單操作就能叫計程車或摩托計程車，相當方便。最便宜的車種大部分都是使用3人座的小車子，登錄時要有可以接收認證碼簡訊的電話號碼，可以在台灣登錄之後，在當地用Wi-Fi連線使用Grab，如果要用越南電話號碼登錄的話，請購買SIM卡，SIM卡可在機場或電話公司等處購買（→P.422）。App為英文介面。

使用叫車服務的注意事項

雖然比普通計程車還少發生糾紛，但還是發生過繞路等糾紛，千萬不能大意。此外，操作智慧型手機容易成為搶匪的下手目標，強烈建議在室內使用App。

善加利用叫車服務

可以在智慧型手機或平板下載專用App後，叫計程車的系統。過去越南只限胡志明市、河內、峴港、海防等大城市才可使用叫車服務，現在許多地方城市可以使用叫車服務的城鎮也日漸增加（也有部分城市只提供摩托車叫車服務），大多會比一般計程車還便宜，而且還有評價系統，司機的身分也很明確，因此較少發生糾紛，使用者在最近幾年逐漸增加。具代表性的叫車服務為「Grab」（→邊欄），車資依車種及地區而異，起跳價為2km內2萬2000～2萬5000越盾，此外也可使用摩托計程車的叫車服務（→P.417）。

▶**叫車服務的使用方式**

①開啟專用App，輸入乘車地點與目的地的地址，或是在地圖上標記出乘車地點與目的地。

②選擇車種（不同車種的車資各異），選擇支付現金或以信用卡結帳後，便會顯示前往目的地的車資。

③提出叫車要求後，附近的司機會回應，並且跳出車牌號碼、司機頭像與名字的通知，接著在司機的地圖上就會顯示現在所在地與大致的抵達時間，另外也可以提出指定時間的叫車要求。

④確認車牌號碼後上車，安全抵達目的地後，如選擇支付現金，就支付App上顯示的金額後下車，選擇信用卡付款的話則可直接下車。

🚌 路線巴士　　　　　　　　　　Xe Khách

在主要城市行駛

在胡志明市、河內、峴港等主要城市都有路線巴士，不只路線固定，而且票價便宜，有些路線的巴士也會配備冷氣（參考各城市的說明）。胡志明市與河內的路線眾多，早晚尖峰時間路上和車上都會比想像中還擁擠，還有可能會被拒絕上車，所以最好避開尖峰時段。行駛時間大致為5:00～19:00左右（大城市也有深夜行駛的路線），每隔5～30分發車。

搭乘路線巴士的注意事項

車內與巴士總站扒手非常多，請隨時注意隨身行李。胡志明市與河內的巴士路線都很複雜，小心不要搭錯車。

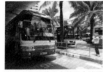

車身上標示著大大的巴士號碼（胡志明市，西貢巴士總站）

巴士的票價規定

路線巴士的車資依路線而異，幾乎都是均一價，以胡志明市為例，18km內6000～7000越盾，部分為5000越盾。河內的話，依路線不同車資可能會是7000越盾或9000越盾。搭車時請準備小面額紙鈔。

巴士的搭乘方式

從起迄的巴士總站或中途的站牌都可以上車，每個巴士站都有標示路線號碼的站牌，相當好辨識，但沒有標示站名，各路線雖然有時刻表，但未必會準時。前後都有車門的巴士必須從前門上車、後門下車。

搭上巴士後，向車掌或司機支付車資後領取車票，之後會再來檢查一次車票，因此下車前請不要弄丟。只要事先向車掌或司機告知目的地，快到下車地點時他們便會通知。

摩托計程車　Xe Ôm

可靈活活動，方便的交通方式

摩托計程車就是利用50～100cc的摩托車後座載客，可靈活活動，所以行經小巷或塞車時搭乘相當方便。基本上都要交涉車資，也因此很常發生糾紛，車資也比計程車高。在大城市可使用摩托計程車的叫車服務，不僅便宜也讓人放心，頗具好評。

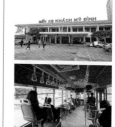

左／搭乘不同號碼的巴士，候車地點也不一樣，請事先確認好（河內的美亭巴士總站）
右／在河內行駛的路線巴士

摩托計程車的費用規則

▶叫車服務的費用

計程車叫車服務Grab（→P.416邊欄），除了大城市外，地方城市也開始提供服務，車資是根據距離變動的定額費用，起跳價格為2km內1萬2000越盾～，比一般摩托計程車便宜。車資和叫車服務的計程車一樣，事先就會顯示前往目的地的車資，下車時依App上顯示的車資付錢，簡單易懂，也較少發生糾紛。

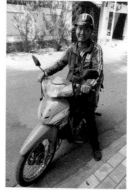

▶街邊摩托計程車的費用

只能事先溝通價格，車資依地區而異，大城市1km大致為2萬越盾～，地方城市1km大致為1萬越盾～。以時間單位計價時則依移動距離而異，大城市1小時20萬越盾～，地方城市1小時15萬越盾～。

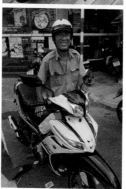

上／Grab Bike的司機穿著綠色的外套　下／路上隨招隨停的摩托計程車，司機備有乘客使用的安全帽

摩托計程車的搭乘方式

在道路轉角會有幾台隨招隨停的摩托計程車停靠候客，他們會在街上詢問「摩托計程車？」，此時可以在交涉車資後搭乘，叫車服務則請參考前述的使用方法。無論哪種摩托計程車都必須配戴安全帽，司機會準備好。

搭乘摩托計程車的注意事項

搭乘路上的摩托計程車時，一定要在乘車前好好殺價。因為經營摩托計程車並不需要執照，所以有非常多惡質的司機，除了敲竹槓之外，也曾發生強盜或強暴事件，此外，也要謹記摩托計程車曾發生許多交通事故。

都市鐵路　Tàu Điện Metro

河內都市鐵路／河內捷運開始運行

2021年11月，越南最早的捷運於河內通車。目前運行中的，是棟多郡的吉靈站至河東郡的安義站，以長13公里之高架道路連結的2A號線。從起點站至終點站的行駛時間約24分。票價約8000～1萬5000越盾，班次間隔約6～10分鐘。河內預定在2030年之前，完成包含機場到市中心的8條路線。另外，胡志明市的捷運建設也正在進行。

三輪車　　　　Xích Lô

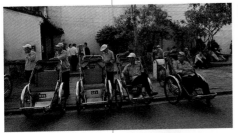

針對遊覽會安舊城區觀光客推出的三輪車大受歡迎

遊覽觀光景點時可以搭乘

這是在自行車前方放置人力車座椅的奇特交通工具，以前是平民百姓的代步工具，現在則大多成為大城市觀光用的交通工具。每個城鎮的三輪車造型都有些許差異，都坐坐看比較一下也很不錯，經由旅行社來搭乘也是不錯的選擇。

三輪車的費用規則

個人搭乘時必須事先溝通價錢，司機喊價很貴，最後的價錢也會比摩托計程車貴。

三輪車的搭乘方式

個人搭乘時，在河內、會安、順化等觀光地區都有觀光用三輪車的停車處（請參照各城市頁面與地圖），向候客中的三輪車交涉後搭乘。

搭乘三輪車的注意事項

大城市的三輪車司機有些會竊取乘客的物品，或將乘客帶到自己夥伴聚集的地方索討金錢，風評並不好。此外，胡志明市或河內的大路上有禁止三輪車進入的區域（參考各城市的說明），搭乘時記得注意。

租借自行車‧摩托車時的注意事項

租借前記得確認煞車、輪胎是否充飽、是否上鎖等細節。此外，由於沒有保險，車子被偷都算是租借人的責任，因此為了避免遭竊，停車後一定要確實上鎖。在越南，汽車與摩托車為右側通行，自行車不是騎在步道上，而是要騎在車道上（右側通行）。

不適用國際駕照

越南規定騎乘50cc以上的摩托車必須隨身攜帶駕照，外國人也不例外，萬一忘了帶駕照而受到警方臨檢時，也會被課以罰款。越南並未加入國際駕照的條約中，因此國際駕照在越南無法使用。

穿越馬路時的注意事項

越南雖然有基本的交通規則但民眾不太遵守，還有車子會逆向行駛或闖紅燈，過馬路時一定要再三小心。穿越沒有紅綠燈的馬路時，記得要保持一定的速度慢慢走，突然走出去或停下來是最危險的。

按照地址尋找地點

越南的地址是以道路為界，一邊是雙數、一邊是單數，按照地址尋找地點時可以參考這個訣竅。

租借自行車／摩托車　Xe Đạp Cho Thuê / Xe Máy Cho Thuê

在部分城市值得搭乘

可在飯店、旅行社、出租自行車與摩托車的專門店等處租借，因胡志明市與河內的交通流量大，不推薦租借，但像交通流量少的會安就有很多人會租自行車，因此在部分城市是易於使用的交通工具。

租借自行車&摩托車的費用規則

租借時有時會被要求出示押護照或押金，強烈建議前往可用押金租借的地方。費用是自行車1天5萬越盾～，摩托車15萬越盾～，汽油費另計。

租車　　　　Xe Ôtô Cho Thuê

基本上都有附司機

越南還沒有國際性的租車公司，這裡所說的租車指的是附司機的私家車或包車，車種從一般房車到休旅車都有，旅行社及飯店都可以協助安排。

租車的費用規則

費用依車種、時間，每個公司有不同的規定，1天25～100US$，差異頗大。費用通常是含司機與油錢，但並不包含中途的停車費。最晚前一天必須向飯店櫃台或旅行社預約。此外，需注意在越南開車無法使用國際駕照，必須持有越南的駕照，若尚未取得越南駕照或未攜帶駕照，即使是外國人也會被課以重罰。

貨幣與匯兌

越南的貨幣

越盾

越南的貨幣單位為盾（Đồng＝VND），有紙鈔與硬幣，硬幣幾乎不在市場上流通。

美金也是可流通的貨

越南基本上禁止以外幣標示價格或付款，因此美金的流通度比之前還低。儘管如此，飯店、旅行社等可用美金付款的地方還是很多，不僅限於大城市，有些外國客人眾多的地方也可使用。

越盾→台幣的簡單計算方法
越盾標示價格拿掉最後3個0，再乘以1.3就是換算成台幣的大致價格。

標價上的「K」是什麼？
標示價格時會使用「20K」等當中的「K」符號，K代表1000的意思，「20K」也就是「20000」越盾。

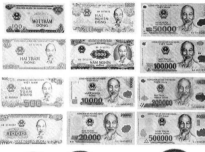

越盾的紙鈔，左行由上往下為100、200、500、1000越盾，中間由上往下為2000、5000、1萬、2萬越盾，右行由上往下為5萬、10萬、20萬、50萬越盾。100、200萬越盾幾乎沒有在市面上流通

越盾的硬幣，由左至右為200、500、1000、2000、5000越盾，硬幣幾乎沒有在市面上流通

如何攜帶現金

帶台幣前往是最佳選擇

雖然在越南幾乎無法使用台幣付款，但若是在當地兌幣的話，帶台幣比帶美金來得好，主要是因為如果將台幣先換成美金，之後在當地再換成越南盾的話，等於是被收取了2次手續費，而越南的主要都市都可以找到將台幣兌換成越南盾的地方，因此直接攜帶台幣是較好的做法。此外，講求方便的話也可以先在台灣換好越盾。

有信用卡較為安心

大城市有許多飯店、航空公司、商店等店家都可以使用信用卡，雖然已經普及，但地方城市還是很少用。不過即使無法用信用卡付款，還是可以在ATM提領現金，帶1張在身上比較安心。使用信用卡的詳細資訊請參閱→P.421邊欄。

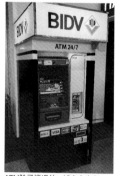

ATM除了機場外，城市中也有

越盾的參考匯率
1US$≒2萬5034越盾
1台幣≒776越盾
1越盾≒0.0013台幣（1000越盾
≒1.3台幣）
（2024年8月的匯率）

匯率表怎麼看
　　用台幣兌換越盾時適用「Buy」欄位的匯率，如果顯示「776」，則表示10000÷776，1萬越盾＝台幣約12元。

匯率並非一致
　　雖然多少有些差異，但每間銀行的匯率都差不多，即使在匯率較好的地方，換下來也不會差太多。每次兌換台幣數千元～1萬元左右的價差很小，特地花時間尋找匯率好的匯兌處或是搭計程車前往匯兌處都沒什麼好處。

換錢時一定要確認清楚
　　領取兌換後的紙鈔時，一定要當場（在窗口人員的面前）比對匯率並點清金額。此外，領取的紙鈔中，若有破損或以膠帶修補的紙鈔，或是有嚴重汙損的紙鈔的話，也要馬上要求更換，因為有時店家會不收破損或污損的紙幣。

越南新年期間匯兌注意事項
　　越南新年（農曆新年）的3～7天期間，匯兌處也會休息，請記得事先換好前。

電子支付
　　城市地區電子支付也很盛行，但若沒有越南銀行帳戶或電話號碼就無法使用。

在越南換錢

　　機場內的銀行和匯兌處、市區內的銀行和匯兌處、取得銀行的代理匯兌許可證的飯店，都可以將外幣兌換成越南盾，此外，在未持有銀行的代理匯兌許可證的地方，外幣匯兌不被政府許可，在沒有許可證的金店（黃金、飾品店）或匯兌處換匯屬違法行為。

▶在銀行換錢

　　在銀行的外幣匯兌窗口Foreign Currency Exchange可匯兌，越南外貿商業銀行Vietcom Bank等大型銀行在各個主要城市都有分行，可以用美金等主要國家的貨幣來兌換。此外，部分銀行在匯兌時需要出示護照，請事先確認。

▶在匯兌處換錢

　　胡志明市等大城市有好幾間匯兌處有取得銀行的代理匯兌許可證，營業時間比銀行長，可以輕鬆利用，相當方便。此外，取得許可證的匯兌處會標示出代理銀行的匯率。

▶在機場換錢

　　各機場都不太一樣，但匯兌的匯率與市區銀行幾乎相同，不過有些地方會收取手續費，請確認過後再換錢。

聰明的匯兌訣竅

　　當然依照個人旅遊型態不同，可以有不同的做法，但是我們建議不要一次將所有外幣都兌換成越南盾，因為一方面花不完的越南盾要再換回外幣時，兌幣地點並不多，另一方面隨身攜帶大把鈔票並不安全，只停留2晚、3晚的短期旅行的話，建議抵達時先換台幣約3000元，接下來再視情況分次換錢。此外，在小型的商店或計程車上，若以5萬越盾以上的鈔票支付的話，很可能對方會說沒有零錢可找，所以在兌幣時先換成1萬越盾、2萬越盾的鈔票之後使用起來較為方便。

再換回外幣

　　在主要城市的銀行、取得銀行的代理匯兌許可證的匯兌處、各國際機場等處都可以將越盾換成美金、台幣，不過換回台幣時，有時也不接受小額兌換，零錢則幾乎都會用越盾找，所以匯兌的越盾還是全部用完比較好。

信用卡

信用卡的普及程度

　　大城市的信用卡使用狀況愈來愈普及，飯店、旅行社、商店、餐廳等觀光客經常造訪的地方大多已經導入信用卡，部分店家會收取手續費，或是有消費數十萬美金以上才可使用等規定。在地方城市則尚未普及，大部分地方都要用現金付款。有些5星飯店在登機住房時會要求過信用卡以作為押金。

可帶去越南的信用卡種類

　　以信用卡種類的普及度而言，MasterCard、VISA信用卡的流通程度最高，其後依序是JCB卡、美國運通、大來卡，因此攜帶MasterCard、VISA信用卡前往較為安心。另外，在胡志明市、河內等大城市也有很多地方可使用JCB卡，在有些5星飯店等地方也可使用大來卡。

信用卡的優點

　　在越南使用信用卡的主要優點如下列所述。

①遺失、遭竊時的補償

　　若不幸遺失信用卡或是遇到遭竊等糾紛時，只要聯絡信用卡公司就能停卡，此外，提出被害證明後，有些信用卡公司還會往前追溯至一定期間提供賠償。

②可在ATM提領現金

　　若持有可在海外提領現金的信用卡，即可在設置於機場、銀行、市區等處的ATM提領越盾現金，手續費依各家銀行或信用卡公司而異，約3～4%。

　　大約會在1～2個月後從台灣的帳戶扣款，會在信用卡公司決定的當日匯率加上指定金額，並且還會加上利息。信用卡提領現金的一般年利率是18%（20天約1%），只要回國後馬上聯絡信用卡公司要求一次還清海外提領的現金，就不需支付剩下的利息。

③信用卡附帶的服務

　　有些信用卡附有海外旅遊保險、購物折扣、可免費使用機場的貴賓室等優惠，出發前先確認手上的信用卡有哪些優惠。

信用卡的缺點

　　比起其他國家，越南的加盟店數量還不多，可使用的地點有所侷限，曾發生結帳金額比實際消費金額還高的糾紛與盜刷事件，部分店家的手續費很高等。在商店或飯店使用信用卡時，讓對方在自己視線內刷卡，並且要好好保管收據，回國後也要確認消費明細。

如何在ATM提領越盾

　　確認機器上是否有各信用卡公司的標誌，找尋可使用的ATM。

●美國運通卡
AMERICAN EXPREE的標誌
●JCB卡
Cirrus的標誌
●MasterCard
Cirrus的標誌
●VISA卡
PLUS的標誌

使用ATM時的糾紛

　　大城市的ATM常常發生卡片插入機器後就拔不出來的糾紛，銀行內的ATM可以直接請員工來幫忙，但若是晚上在市區的ATM提款的話，則一定要留在現場。因此在使用ATM時，強烈建議使用正在營業的銀行內的ATM。

遺失信用卡的話

　　聯絡信用卡發卡公司停卡，並一併辦理重新發卡的手續。為以防萬一，請先記下信用卡公司的緊急聯絡電話、信用卡號碼與有效期限。

需要小費嗎？

　　越南原本沒有給小費的習慣，但尤其是在胡志明市等大城市隨著外國觀光客增加，已逐漸形成這樣的習慣，小費的行情請參考下述資料，此外，計程車司機不需要給小費。

●飯店
飯店門房人員或房務人員1萬～2萬左右。
●做觀光客生意的
餐廳、咖啡館
一般會加上10%稅金與5%的服務費，確認過收據後若發現沒有包含服務費，只要留下消費金額5～10%的零錢當小費即可。
●旅行團導覽或司機
私人旅行團的話1天5萬～10萬越盾左右，便宜團的話，給不給都沒關係。
●按摩或SPA
行情大概是5萬～10萬越盾，費用包含小費，有些地方則是視客人心情給小費，可以事先確認清楚。

電話與郵政

電話

如何撥打國內電話

哪裡可以撥打電話？
　國內電話與國際電話都可以從飯店和郵局等處撥打。

從越南撥打對方付費電話
　對方付費電話Collect Call是受話人支付通話費的國際電話服務，有中文語音引導，通話費會比一般的國際電話還貴。

▶市內電話

　從飯店客房撥打時，首先必須先按下外線號碼（依飯店而異，大多是「9」或「0」），再依序按下對方的電話號碼。費用會由飯店收取，1分鐘300～1萬越盾左右（撥打行動電話1分鐘1000～1萬越盾左右）。也有部分飯店市內通話免費。

▶市外電話

　先撥區域號碼（參閱各城市介紹），再撥對方的電話號碼。

如何撥打國際電話

▶從越南撥往台灣

　從飯店客房內的電話或郵局內的國際電話亭都可以直接撥打國際電話，國際直撥電話稱為IDD（International Direct Dialing），打回台灣的順序是，（在飯店要先按外線號碼）➡國際電話識別碼「00」➡台灣國碼「886」➡去掉「0」之後的區域號碼➡對方的電話號碼。通話費每分鐘2萬4000越盾，以通話秒數計費。此外要注意即使對方未應答，飯店也可能會收費。

▶從台灣撥往越南

　國際電話識別碼「002」➡越南國碼「84」➡去掉「0」之後的區域號碼➡對方的電話號碼。

台灣的國際電話諮詢處
●中華電信
Free手機直撥800、市話撥打0800-080-090
URL www.emome.net
●台灣大哥大
Free手機直撥188、0809-000-852
URL www.taiwanmobile.com
●遠傳電信
Free手機直撥123
URL www.fetnet.net

越南的主要電信公司
　大型電信公司包含Mobifone、Vinafone、Viettel這3間，以上3間公司都有推出胡志明市、峴港、河內限定的4G SIM卡。

在越南使用手機

　越南的手機普及率相當高，也有很多人使用智慧型手機，不僅是大城市，就算市郊區與農村，基本上通話都沒什麼問題，但若是在觀光勝地的下龍灣船上等處，因訊號不好所以難以撥通。

　預計長期旅行或是多次造訪越南的話，推薦可購買SIM卡，在台灣販售的手機也可以在越南使用，也可以在越南購買手機（→P.423）。通話費用依不同電信公司而有些微差異，國內電話大致為1分鐘980越盾～，撥往台灣的國際電話1分鐘4141萬越盾～。

▶購買SIM卡

　SIM卡可以在電信公司直營店、手機店等處購買，在胡志明市、峴港、河內的國際機場也會有主要電信公司的攤位，也可以來這裡購買SIM卡。以胡志明市的Vinafone為例，只有4G數據通訊功能的SIM卡12萬越盾（2GB／日）～，通話＋數據通訊的SIM卡18萬越盾（4GB／國內通話50分鐘）～，有效期限為30天。

　此外，越南的手機一般都採用儲值式，餘額用完後就得加值Top Up，除了電信公司的直營店、手機店之外，其他商店、便利商店也有販售。

（例）從越南撥打台北的(02)1234-5678時

在飯店客房要先按外線號碼（在客房以外則不需要）	+	國際電話識別碼 **00**	+	台灣國碼 **886**	+	去掉「0」之後的區域號碼 **2**※	+	對方的電話號碼 **1234-5678**

※從越南撥打往台灣的行動電話0912-345678時，則去掉最前面的「0」，只要撥打912＋對方的電話號碼345678即可。

（例）從台灣撥打胡志明市的(028)38123456時

國際電話識別碼 **002**	+	越南國碼 **84**	+	去掉「0」之後的區域號碼 **28**	+	對方的電話號碼 **38123456**

※從台灣撥打越南行動電話090-1234567時，在越南國碼84之後，要去掉最前面的「0」，直接撥打90＋對方電話號碼1234567即可。

▶購買行動裝置

在手機店可以約200萬越盾的價格購買行動裝置，主要手機店包含在主要城市開設分店的「The Gioi Di Dong」等等。

▶用手機撥打電話

撥打越南國內市話時，依序撥打區域號碼與對方電話號碼，也可以打國際電話，撥往台灣時，請撥「＋」➡「台灣國碼886」➡去掉「0」之後的區域號碼➡對方的電話號碼。手機撥打國際電話時，不能打免付費電話。

關於Wi-Fi

設置有完善的Wi-Fi（無線網路）環境，各個機場、飯店、餐廳、咖啡館、商店等處都可以免費使用Wi-Fi，幾乎所有地方都有設密碼，可以詢問員工。另外也可以租借海外專用的WiFi無線網路分享器。

INFORMATION

在越南使用智慧型手機、網路

首先，可善加利用飯店等處的網路服務（收費或免費）、Wi-Fi熱點（無線網路連接處，免費）。在越南的主要飯店與市區都有Wi-Fi熱點，最好事先上網查詢住宿飯店是否可以使用、哪裡有Wi-Fi熱點等資訊。不過Wi-Fi熱點可能會遇到網路速度不穩定、無法連線、連線地點有限制等缺點，如果自由使用智慧型手機與網路的話，可以考慮以下方式。

各電信公司的「漫遊上網定額方案」

日租型方案每天有收費上限，另外也有定量型等各種方案，中華電信等各公司都有提供相關的漫遊服務。

可以使用平常用的智慧型手機，不一定得要在海外旅遊的期間全程使用，可以任選一天使用規定範圍內的上網量，在沒有其他通訊方式時也可以在緊急時派上用場。此外，在不適用此類方案的國家與地區，漫遊上網服務的價格也很高，一定要多加注意。

租借海外Wi-Fi無線網路分享器

也可以選擇租借在越南可以使用的Wi-Fi無線網路分享器，可在定額費用內使用，有多間公司提供此項服務。Wi-Fi無線網路分享器是可以在當地供智慧型手機、平板電腦與電腦等設備連線的機器，可先預約，選擇在機場等處領取。不僅費用便宜、1台分享器可供多台機器連線（可以分享給同行者），而且還可以隨時隨地使用，移動時也可以舒服地使用網路，因此使用者也越來越多。

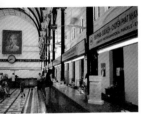
依不同服務分設窗口的胡志明市中央郵局

郵政

在越南銀行可辦理的事項

越南的郵局是由名為Vietnam Posts and Telecommunication Group（VNPT）的郵電公社所經營，除了運送郵件、包裹外，也可以打電話、傳真。

國際郵件

▶明信片・信件

雖然可以投遞至郵筒，但直接到郵局窗口寄送是最確實的方法，在窗口遞出郵寄物之後，窗口人員就會秤重並蓋上費用戳章或是給郵票，付款後可直接交給窗口人員或自行投遞。寄到台灣，請參考下列郵資表，空運寄達天數為10～15天。

國際郵便料金

重量(g)	～20	20～100	100～250	250～500	500～1000	1000～1500	1500～2000
明信片、信件、印刷品(VND)	3萬	7萬	13萬4000	28萬	55萬5000	90萬3000	125萬1000

▶EMS（國際快捷郵件）

重量最多30kg，是國際郵件中寄送速度最快的郵寄制度，在各城市的郵局都設有EMS窗口。

以越南到台灣為例，信件、文件500g以下為39萬6300越盾，之後每多500g追加6萬4900越盾；包裹小包500g以下為53萬3400越盾，之後每多500g追加7萬9400越盾。寄達天數為2～3天。

▶國際包裹

分為船運與空運，船運1kg以下47萬5600越盾，之後每多1kg追加18萬5800越盾，到台灣的寄達天數約22.5天～54.5個工作天（約1～3個月）；空運500g以下37萬3200越盾，之後每多500g追加6萬63000越盾，到台灣的寄達天數約1個月，稅金與燃油價錢另計。

寄送時先在申請書上面以英文填寫各物品的名稱、數量、價格等，將申請書與寄送物品一起交給窗口人員，此時必須讓郵政海關檢查內容物，檢查後支付郵資或依需求支付包裝費。雖然有提供箱子與包裝紙（收費），但沒有防撞包裝，請自行準備。

國際快遞

各個主要城市都有DHL、FedEx（聯邦快遞）等國際快遞的服務，配送日數各家公司或有不同，寄到台灣大約是5～7天。在胡志明市、河內、峴港還有佐川急便，可以直接宅配到家。若使用佐川急便，不可寄送食品、餐具也有所限制，至少需要提前3天預約，宅配費用不包含關稅、消費稅等。

國內郵件的郵資

郵資依重量、寄送方式而異，信件的一般郵資為20kg以下4000越盾～、20～100g為6000越盾。

越南的郵筒

分為國際郵件專用、國內郵件專用這2種，國際郵件專用的郵筒上會標示「International」。

不能寄往台灣的物品

不能郵寄的物品有受華盛頓公約所規定的物品、藥物、刀槍、具有100年以上歷史的貴重古董品（有些100年以下的陶器亦適用）、未貼有資訊文化部認可標籤的盜版DVD、CD等。

佐川急便越南

URL sagawa-vtm.com.vn
可以到飯店等處收包裹。
●胡志明市分店
→P.88
●河內分店
MAP P.340-2A
3F, MHDI Bldg., 60 Hoàng Quốc Việt, Q. Cầu Giấy
☎090-6231786(手機)
E-mail sgv_info_hcm@sgh-global.com
●峴港分店
MAP P.236-1A
Lot B1-10, B1-11, B1-12 Nguyễn Phúc, T Da Nang Aquaculture Service Industrial Park, Q. Sơn Trà
☎（0236）3832248

住宿資訊

飯店類型

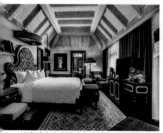

地方城市也有許多全球連鎖的飯店進駐，就算是城鎮，一流的飯店住宿費用也需要1000US$以上。（沙霸Hotel de la Coupole - MGallery）

高級飯店

▶1晚100～600US$

這個等級的飯店除了餐廳、酒吧、商務中心、健身房、SPA等設施一定必備之外，其他例如24小時客房服務、衣服送洗服務等各項服務也多少會配備，所有房間內舉凡空調、浴室、廁所、電話、網路、電視、Minibar、保險箱等一應俱全，浴室備品也是基本裝備，客房清潔也很徹底。櫃台一定可以通英語，部分飯店還會有日籍員工，大城市則有許多外資豪華飯店。

中級飯店

▶1晚50～150US$

大多是客房數為50間左右的飯店，有些飯店的設備與高級飯店不相上下，住起來很舒適。客房設備與浴室備品等級雖然比不上高級飯店，但大多都與高級飯店一樣設備齊備，也經過用心打掃。有許多都位

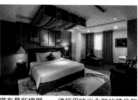

備有最新機器，一律採用時尚內裝的精品飯店也愈來愈多（胡志明市The Odys）

在市中心便利的地區，許多飯店位於市中心交通方便的地帶，價格也實惠，對於女性或初次到越南旅行感到有點不安的旅客而言，最起碼住宿這個等級的飯店就不會有問題。

經濟型旅館

▶1晚30～80US$

館內設施的齊全度不比高級、中級飯店，有些地方只有附設餐廳。房間內有空調、廁所、熱水淋浴、電視、電話、網路連線、Minibar等，附早餐

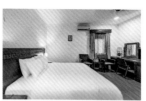

依不同的費用與地點，經濟型旅館的客房設備差異也很大（峴港Chu Hotel）

的地方也很多，住起來最起碼還能感到舒適。特別是在大都市，這個等級的旅館數量也正逐漸增加。

迷你飯店・Guest House

▶1晚10～40US$

數量逐年增加的個人經營迷你飯店，尤其是河內和胡志明市的數量特別多，大多是精緻小巧的建築物裡設置了5～20間客房左右的規模，或是由民宅改建，其中有些甚至相當豪華。

登記入住&退房

在越南登記入住時要抵押護照，有些飯店則是影印完護照就會馬上交還。登記入住時間依飯店而異，大多是14:00或15:00開始，有時也能提早入住，退房時間一般為12:00。

關於押金

在高級飯店登記入住時要出示信用卡或支付現金作為押金，若以信用卡抵押時，通常飯店會保管信用卡的影本，並於退房後將影本丟棄，不會真的請款。若以現金抵押的話，退房後就會將現金交還。

關於住宿費

飯店一般以越盾結帳，截至2024年8月，有許多飯店也會一併列出美金價格，很多地方可以用美金付款。書中為了方便起見，也以美金標示住宿費。

關於客房類型

在越南幾乎沒有1間房間內只有放1張單人床的單純單人房，房內會放1張大型雙人床，房價則依1人住宿或2人住宿而變動。本書的是只有1張床的單純單人房費用，抑或是1人入住雙床房、雙人房的費用，此外，為2人入住雙床房、雙人房的總住宿費，則為多人房中1床的房價。

不提供外國人住宿的旅館

飯店的越南語是Khách Sạn，另外還有Nhà Nghỉ（Guest House、愛情賓館）Nhà Trọ（旅社）、Nhà Khách（公營住宿）等其他住宿設施，但很多地方不提供外國人住宿。

不可不知的客房設備&服務
入住飯店前的小常識

越南飯店的主要客房設施及服務如下。

●淋浴
即使是迷你飯店大多也都有提供熱水淋浴，不過如果飯店的熱水是儲水槽式的，有可能洗到一半就變成冷水。

●空調
在越南，一般而言只有冷氣就算是空調，即使在北部也也少有提供暖氣的飯店。（沙霸飯店備有暖氣）

●毛巾
經濟型以上的飯店必備，幾乎所有迷你飯店和Guest House也會準備。

●浴室備品
部分迷你飯店和Guest House也會提供牙刷組、肥皂、洗髮精。

●電視
即使是迷你飯店也大多會配備電視，也可以收看衛星電視或有線電視，如果是日本人經常入住的飯店，甚至可以收看NHK的衛星電視。

●Minibar
1晚10US$以上的話大多都有，不過有些是外出拔掉房間鑰匙後就會斷電。

●保險箱
有些迷你飯店和Guest House也會配備保險箱。

●衣物送洗服務
中、高級飯店是以「1件襯衫○○越盾」的形式，將要送洗的衣物與房間內的送洗單一同提出，最後退房時再一起結算。迷你飯店或Guest House則是以「1kg○○越盾」的方式計算，方式依飯店而異，但幾乎沒有免費提供這項服務的地方。為避免放錯送洗衣物，可能會在衣服的標籤上用油性筆寫上房間號碼或文字。

●網路（Wi-Fi）
從高級飯店到迷你飯店、Guest House，幾乎所有地方都可以免費連接Wi-Fi，但有些迷你飯店、Guest House的訊號不夠強，很難連上網路。

飯店預約網站
●Agoda
URL www.agoda.com
●Expedia
URL www.expedia.co.jp
●Booking.com
URL www.booking.com
●Hotels.com
URL jp.hotels.com

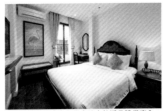
即使是迷你飯店也有很多地方乾淨且設備齊全，可以度過舒適的住宿時光（河內Hanoi Graceful Hotel）

設備依房價不同而異，以20US$左右的客房而言，大多配備有空調、廁所、熱水淋浴、電視、網路連線、Minibar、簡單的浴室備品，部分飯店還會有保險箱或是附早餐。這類飯店乾淨整潔，服務又好，相當受歡迎。

此外，最近幾年以多人房為主的時尚迷你飯店、Guest House在大城市等地迅速增加，受到歐美顧客與越南年輕人的歡迎。

度假飯店
▶1晚100～600US$

在峴港、芽莊、富國島等地都有度假類型的飯店，尤其是峴港與會安之間的海岸線旁數量更是急速增加，擁有與高級飯店一樣的館內設施、客房設備、服務等，還有些飯店為了讓客人享受各種活動

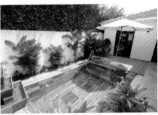
若要入住度假飯店，那就選擇有私人海灘、房間空間寬敞的飯店（峴港Grandvrio Ocean Resort Danang）

與水上活動而在度假村內設有齊全的設施。許多飯店客房為Villa房型，還設有私人泳池。

訂房

事先訂房的必要性？

胡志明市或河內等大城市的話，由於飯店數量多，一般情況即使不事先訂房也沒有問題，在當地多問幾家，一定找得到空房，不過若是想入住高級飯店，或是晚上很晚才會抵達，建議先訂房比較保險。若在越南的節日或連休時前往度假勝地的話，因為到處都會擠滿越南人，所以建議提早訂房。此外，河內的高級飯店有持續性的客房供不應求的情況，若要住在河內高級飯店的話建議提早訂房。

方便划算的預約方式
▶線上訂房網站方便划算

上網從線上訂房網站訂房的房價，有時比直接向飯店議價還便宜，各個線上訂房網站上都羅列出各式飯店，對於飯店的設施、設備等也有詳細介紹，可一邊參考網路評價，依照預算及喜好選擇飯店。

▶各飯店的官方折扣促銷

時許多高級飯店在部分時期會推出各種促銷活動折扣價，或是推出各種划算的住房方案，促銷活動可查詢各飯店網站或是到台灣國內的預約中心詢問。而且有些飯店還會推出網路預約限定的特別折扣，記得查詢看看。

旅程中的健康管理

越南的醫療

在越南大城市裡可以找到設備齊全的醫院，在胡志明市、河內、峴港還有外資或日系診所，至於鄉下則大多是設備或藥品不足、衛生管理不佳等的問題醫院，若要接受治療的話，前往大城市的醫院會比鄉下醫院來的好。若症狀嚴重時，建議到第三國（新加坡或曼谷）或直接回到台灣接受治療。也有專門將病患緊急移送第三國治療的醫院，但必須花費龐大費用，建議事先投保包含緊急移送的海外旅遊保險。

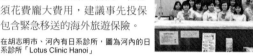

在胡志明市、河內有日系診所，圖為河內的日系診所「Lotus Clinic Hanoi」

在越南會感染的疾病

在越南會感染的疾病特徵

在越南會感染的疾病原因，大多是由於當地特有的氣候風土以及衛生環境不佳的緣故，雖然衛生環境年年都在改善當中，但鄉下的衛生條件還是令人無法放心。不過，若只是在以大城市為主的地方觀光的話，只要多注意飲食，就可以預防大多數的疾病。

▶ **細菌型腸胃炎（食物中毒）**

細菌來自患者或帶菌者的排泄物，感染途徑為吃到含有細菌的食物或手沾附細菌後經口傳染，通常會導致腹瀉、腹痛、嘔吐、發燒等症狀。大多數的細菌感染，只要細菌自體內排出後即可痊癒。感染時不要過度服用止瀉藥、留意因腹瀉造成的脫水症狀，並補充足夠的水分與礦物質。

▶ **病毒性肝炎**

病毒性肝炎有A、B、C、E型等種類，在旅行中較容易得到的是A型肝炎，越南全國都有這種病毒，因接觸到被肝炎患者的排泄物所污染的水或食物，或是食用了被病毒污染的食物（尤其是貝類），都會感染這種急性肝炎，症狀有全身倦怠、食欲減低、發燒等，持續幾天後會產生黃疸現象（有些情況不會產生黃疸），只要懷疑有可能感染肝炎，請儘早接受醫師的診斷。A、B型肝炎有疫苗，出發前先接種就可以預防感染，但效果只能持續數個月。此外，B型肝炎則是透過性行為也會感染。

▶ **登革熱**

這是受到家蚊（普通的蚊子）叮咬所傳染的傳染病，一般認為在雨季較容易流行，但基本上是一整年都會發生的疾病。在越南就連大都市也會有人感染登革熱，而且每隔幾年就會有一次大流行，通常經過2～7天的潛伏期後，就會有突發性高燒、頭痛、腰部四周的嚴重肌肉痠痛、全身關節痛、眼睛痛等症狀，3～4天後就會出現紅疹，嚴重時甚至會有毛細管出血、引發肝功能障礙等症狀，必須治療1個月以上才能痊癒，甚至有可能會死亡（尤其是小孩很容易因感染而死亡）。只要懷疑感染了登革熱，請儘快接受醫師的診斷。預防方法只有避免被蚊子叮咬一途。

事先確認當地傳染病等危險資訊
● 外交部領事事務局旅外安全資訊
URL www.boca.gov.tw

預防疾病

● **水**
越南的水是硬水，對於喝了容易會拉肚子的人，建議飲用礦泉水，市區內都會有賣礦泉水的地方，此外，有些冰塊也是用生水製作，要儘量避免。

● **生菜**
除了在鄉下一定要小心之外，在大城市也儘量避免食用小吃攤等處的生菜或水，由於越南很多菜園會使用人的排泄物作為肥料，因此生菜上也有可能會有寄生蟲。

● **魚貝類**
魚貝類很可能會有寄生蟲，尤其是貝類容易帶有A型肝炎病毒，因此一定要吃調理過、熟的貝類。

● **乳製品**
乳製品由於很容易有細菌附著，應避免在衛生條件差的商店購買。

● **蟲、動物**
記得攜帶防蚊液及蚊香等防蟲物品（也可以在當地購買），也要記得蒼蠅、塵蟎、跳蚤等也是各種寄生蟲散布病原的媒介。此外，動物也可能會帶有各式各樣的病原體，也可能會有狂犬病，千萬不要不顧後果隨意接近。

● **在河川等處戲水**
尤其是湄公河流域有湄公河血吸蟲，會由皮膚侵入人體，若遭到感染可能引發肝功能障礙，甚至導致死亡。不要因為氣候炎熱，看到當地人也在戲水就妄自踏入河川或湖泊。

● **赤腳**
土壤或水中有破傷風菌及寄生蟲棲息，只要皮膚有小傷口就可能感染，在衛生環境惡劣的地區千萬不要赤腳走路。

傳染病好發的季節？
●南部
　全年都會有傳染病流行，尤其是雨季（5～10月）期間有好發的趨勢，瘧疾和登革熱則是在雨季剛結束的10月份容易流行。此外也要小心日射病或熱射病等中暑情況。
●中部
　9～12月雨季當中10～11月是最容易流行的期間，瘧疾與登革熱也最常發生在這段期間。
●北部
　4～10月高溫時期，瘧疾、登革熱也是這段期間最多。

要小心交通事故傷害
　在大城市交通流量大的城市應該要極力避免租借自行車或摩托車，在胡志明等大城市有許多以外國人為目標的摩托車強盜，也有人因遭到襲擊而受傷。遇到事故或外傷，即便當場沒有什麼大礙，也可能留下後遺症，受傷時建議還是要找醫師進行適當的處置。

殘留的枯葉劑
　有些地方可能遺殘留著越戰時所使用的枯葉劑，切勿任意食用野生的水果，尤其是孕婦要特別注意。

預防接種
　入境越南之前，並沒有一定要接種疫苗，至於疫苗接種的各項問題，請向各所在地的衛生所或鄉鎮市公所預防保健課詢問。

加入海外旅遊保險
　在旅途中死亡、受傷、生病、遭竊等都可以申請海外旅遊保險賠償，有許多信用卡也有自動附帶海外旅遊保險，但賠償金額低、不賠償因病死亡等，涵蓋的範圍有限，請事先確認賠償內容，若覺得不夠的話再另外購買海外旅遊保險。

▶瘧疾

　大都市內很少有感染病例，在山岳地帶則很常見。瘧疾是由於被瘧蚊叮咬所感染，一般分為熱帶瘧、四日瘧、三日瘧、卵形瘧4種類型，越南的瘧疾大多屬於熱帶瘧，這種瘧疾因有抗藥性，如果沒有及早接受診斷、治療的話，數日內就可能導致腦病變死亡。瘧疾的潛伏期為12天（熱帶瘧）～30天左右，依種類而異，在潛伏期後會產生畏寒及顫抖，持續1～2小時的高燒，之後畏寒症狀稍減，發燒症狀加劇、臉部潮紅、結膜充血、嘔吐、頭痛、肌肉痠痛等症狀，這些症狀會持續數個小時，在大量流汗後退燒。若懷疑感染到瘧疾，一定要儘快尋找醫師診斷。預防方法只有避免被蚊子叮咬一途，此外，受到感染後有數種內服藥可以抑制發病，但也因此產生了抗藥性的瘧疾及副作用等問題，服用藥物時要特別留意。

▶茲卡病毒感染症

　被帶有茲卡病毒的黑斑蚊叮咬所感染，潛伏期為2～12天，與登革熱近似的輕度症狀會持續2～7天。在疫區，得到茲卡病毒感染症後的小頭症新生兒增加，也曾有病患出現急性或多發性神經炎的吉巴氏綜合症狀。最好的預防方法只有避免被蚊子叮咬一途。越南在2016年曾發生茲卡病毒感染症。

▶寄生蟲·原蟲

　越南有各式各樣的寄生蟲及原蟲，基本上這些寄生蟲及原蟲會寄生在消化器官，導致腹瀉、腹痛、體重降低的症狀，而幼蟲則大多寄生在消化器官以外的臟器。預防勝於治療，例如極力避免生食、不要到河川游泳、赤腳走過水邊等。

▶愛滋病AIDS（後天免疫缺乏症候群）

　越南的愛滋病感染情況以南部較多，尤其是胡志明市內從事性交易的女性或吸毒者之間感染者正在急速增加中，據說越南的愛滋病感染者中，80～90%都是由於與性交易者之間的性行為所感染，因此預防方式只有請個人依照自己的良知行動一途。

▶禽流感

　2005年前後從東南亞開始流行，並擴散至中亞及歐洲的禽流感，在越南雖然也造成感染者死亡，但由於資訊相對開放，政府也及早採取對策，2013年於中國出現的新型禽流感（H7N9），截至2024年8月在越南都沒有出現病例。要避免感染禽流感，主要就是要避免與家禽類接觸，以及不要食用未徹底加熱的雞肉與雞蛋，尤其是市場內有些販賣生家禽的地方，要儘量避免靠近。

▶新冠肺炎（COVID-19）

　由新型冠狀病毒引起的傳染病，於2019年底在中國武漢首次發現。該疾病自2020年初開始大流行，在越南造成大量感染和死亡。截至2024年8月，該病毒仍處於研究過程中，但已知其會像流感一樣透過飛沫傳播。 如需最新資訊，請參考外交部領事事務局旅外安全資訊。

旅行糾紛對策

越南整體的治安並不算太差，沒有傳出恐怖攻擊等罪大惡極的案件，儘管如此，越南平時就經常發生偷竊、搶奪等輕微犯罪，犯罪發生率比台灣高，尤其是在大城市還有許多以外國人為下手目標的案件。以下介紹常發生的糾紛，不妨一起思考看看犯罪傾向與對策。

搭乘摩托計程車&計程車時的糾紛

▶傾向與對策

摩托計程車發生很多糾紛，有人回報說司機會先讓顧客看寫有別人推薦評語的筆記本，等卸下心防後再詐騙錢財，要特別小心在高級飯店前或觀光景點等候載客的司機，以及拒絕後還死纏爛打的司機。在大城市搭乘摩托計程車時，推薦可使用叫車服務（→P.417）。

計程車的車資也引起許多糾紛，白牌計程車幾乎確定是100%會遇上糾紛，絕對不要搭乘，也有部分白牌計程車巧妙地使用與大型計程車公司相似的車身，要多加留意（問題計程車的辨識方法→P.415專欄）。此外也有公司會使用省略2位數的計程車跳表機，有司機就以此為詐騙的手段，例如多要求1個零的車資、堅持「車資的單位是美金」等等，遇到這些狀況時，就直接用越盾支付跳表機上顯示的金額後迅速離開。若是跳表機被動過手腳的話，發現時就立刻要求下車，只支付這段的車資也比較不會有麻煩。

除此之外，在胡志明市與河內發生非常多起從機場搭計程車時的糾紛，雖然從胡志明市與河內的國際機場搭計程車要支付機場使用費，但價格只有1萬越盾。

機場的糾紛

▶傾向與對策

入境審查相當嚴格，規定必須「出示護照與出境時的機票」。如果沒有機票的話，只要給人的印象還不錯，倒不至於不能入境，但不是會被要求購買機票不然就是被要求支付罰款，請要有心理準備。入境相關資訊→P.404。

從河內機場出發的迷你巴士糾紛也是很多，有發生過「被要求支付數十萬越盾」、「已經付錢了但上車後又再度死纏爛打地要求付錢」等被害案件。最好儘量不要搭乘迷你巴士，在河內與胡志明市搭乘路線巴士（→參閱各城市資訊）比較方便。遇到糾紛時，不要照司機或攬客者說的做，要毅然決然地拒絕，面對威脅的言語時，常常一句「Police！」便意外地能將他們逼退。此外也要謹記迷你巴士停靠的飯店也是經常發生糾紛的飯店。

越南機場的安全檢查非常耗時且嚴格執行，尤其在深夜航班集中的河內國際機場，安檢需要很長的時間等待，務必預留充裕的時間。另外，打火機會被沒收，需多加留意。

市區的扒手・強盜

▶傾向與對策

不分日夜，智慧型手機與行動電話被摩托車搶匪搶走的案件時有所聞，邊走邊滑手機自不用說，將手機放在口袋也可能會被搶走，因此儘量不要在路上使用，將手機收在包包裡。此外也有發生斜背包硬是被搶走或是被拖行的案例，最好換成後背包，或是將斜背包移到身體前方，走路時一邊用手壓著。

另外，在河內的夜市內有許多扒手，有發生過包包被刀具割開後裡面貴重物品被偷走的案例。不僅止於夜市，只要是人潮擁擠的地方，連當地人都要小心扒手的危險地帶，貴重物品最好不要隨身帶著走。

市區的糾紛

▶傾向與對策

發生過許多以外國人為目標的強制募款或是擦鞋詐騙案件，曾發生過募款時對方以強硬的口氣威脅說「最少也要50US$！」，拒絕的話便飆出髒話的案例。2013年有落網的詐欺現行犯集團，據說犯人們持有支援活動團體的偽造身分證以及翻譯成6種語言的文件等，因詐騙手法巧妙，因而能持續詐騙外國人約2年的時

間。若遇到詐騙集團，有讀者表示作勢要拍下對方出示的身分證或是對方大頭照就能逼退他們，要不然就是立即離開。

購物的糾紛

▶傾向與對策

對於預付後再郵寄到台灣的狀況，可要求到貨後再支付另外一半的金額，以分散風險。

餐廳的糾紛

▶傾向與對策

經常發生收據有誤的狀況，結帳時一定要確認收據內容。在越南有些店家會故意提高收據上的金額，要態度堅決地指出對方的錯誤。

在越南還可能會收到破損或汙損的紙鈔，尤其外國人拿到破損鈔票的機率相當高，付錢時還可能遇到店家將自己付的鈔票偷換成破損紙鈔，此時要以堅定的態度應對，此外在收到找錢後也務必要確認紙鈔是否有破損。

按摩店的糾紛

▶傾向與對策

在按摩後強行索取高額小費的情況非常多，加上有些人總是老實地付小費，因此在胡志明市的購物地區，有愈來愈多按摩店就以此為目標進行詐騙，按摩的小費行情是5萬～10萬越盾左右，被要求天價小費時一定要斷然拒絕。

此外，越南有很多按摩店葫蘆裡賣的不知是什麼藥，中級以下的飯店內附設的店家、位在巷弄內的店家，或是裡頭坐著濃妝艷抹、穿著短裙女子的店家都很有可能是不正派的店，在這類店家除了會被強行索取小費外，也有很多糾紛，不推薦到這些店家按摩。

飯店的糾紛

▶傾向與對策

保險箱的款式有很多種，有些飯店保險箱的緊急鑰匙一般的工作人員就能夠輕易打開。如果自己判斷連保險箱都無法信任的話，最後的手段就是將貴重物品分成幾份，一些放在保險箱，一些24小時隨身攜帶。此外，在入住便宜住宿等處時，客房的窗戶大多是敞開的，請記得將門窗關好再出門。

其他注意事項

請留意撲克牌賭博的詐欺行為

他們會用花言巧語拐騙觀光客一起玩撲克牌，一開始會讓觀光客先贏，最後讓對方賭上身上所有的現金，外國人遭此詐騙的案件層出不窮。犯罪手法是會先在市區向下手目標攀談，不是說和台灣有所淵源，不然就是說對身上的衣服或物品很有興趣，等氣氛熱絡之後就將目標帶到他們的巢穴，接著就是找尋適當的時機邀請一起玩撲克牌賭博。雖然在解說時會說一定可以贏錢，但最後身上的錢卻被洗劫一空，甚至還要拿信用卡刷額度上限的金額。這類詐騙集團包含前來搭訕的女性、等候著的朋友、之後來的朋友、賭輸後還強力鼓吹加注的男人，每個人都扮演著不同的角色，可說是專業的詐騙集團。被害者因為前來搭訕的人裝作友善、態度溫和的女性與夫妻（自稱新加坡人、馬來西亞人、泰國人），所以從一開始就徹底被騙到。因此在市區遇到有人主動攀談時，請謹記一定要多加小心。

過去胡志明市有個撲克牌賭博詐騙集團（菲律賓人）落網，但之後還是有傳出詐欺案件，因此之後還是要特別留意。

此外，在越南除了國營的賭場之外的賭場都是違法的，外國人也同樣會受罰。

觀光行程的注意事項

包含下龍灣觀光船沉沒的事件等等，行程中也可能發生攸關人命的意外事故，因此參加觀光行程時千萬別忘記確認保險內容。不過雖然如此，但民營的旅行社在發生意外後，幾乎也不會負擔任何賠償責任，為了在有任何萬一時獲得足夠的保障，出國前最好先各自投保海外旅遊保險以防萬一。

此外，若不是在旅遊辦事處而是在便宜住宿報名行程的話，雖然行程內容一樣，

但價格常常比在旅行社報名還貴，因此建議盡可能親自跑一趟旅行社，直接確認行程內容與費用後再報名。

找警察時的注意事項

東西遭竊後，為了申請保險金而到警察局開立失竊證明，但請注意要前往遭竊地點轄區內的警察局，不然是拿不到證明的。此外，一般警員英文幾乎不通，最好是能請飯店員工同行幫忙翻譯。

調查當地的治安狀況

出發前可以到下列網站確認當地的最新治安狀況，在網路上也可以查到許多旅遊體驗等資訊，這些也可作為參考。

● 外交部領事事務局
URL www.boca.gov.tw
● 駐越南台北經濟文化辦事處
URL www.taiwanembassy.org/vn/
● 駐胡志明市台北經濟文化辦事處
URL www.roc-taiwan.org/vnsgn/

緊急聯絡方式

● **駐胡志明市台北經濟文化辦事處（胡志明市）**
MAP 摺頁反-2B
🏠 336 Nguyen Tri Phuong St., District 10, HO CHI MINH CITY, Vietnam
☎ (8428)38349160～65
🕐 週一～五8:00～12:00、13:30～17:30
急難救助電話：從台灣撥打002-84-903927019、越南境內直撥0903-927019

● **駐越南台北經濟文化辦事處（河內）**
MAP P.340-2A
🏠 21F PVI Building, No. 1 Pham Van Bach Street, Cau Giay District, Hanoi, Vietnam
☎ 38335501
🕐 週一～五08:00～17:30
急難救助電話：行動電話(84)913-219-986、越南

境內直撥0913-219-986
※急難救助電話專供如車禍、搶劫、有關生命安危緊急情況等緊急求助之用，非急難重大事件請勿撥打

● **旅外國人急難救助全球免付費專線**
桃園國際機場的外交部辦事處設有「旅外國人緊急服務專線」，從越南撥打的號碼為00-886-800-085-095，在國外如果無法與台灣駐外館處取得聯繫，可在當地撥打這支電話尋求協助。

● 警察 ☎ 113
● 消防局 ☎ 114
● 救護車 ☎ 115
● 河內市警察署 **MAP** P.346-3B
☎（024）39423076（24小時窗口）
☎（024）39396100

遺失護照時的處理方式

河內的駐越南台北經濟文化辦事處，或胡志明市的駐胡志明市台北經濟文化辦事處（上述）都可以辦理「護照申請」或「返國之入國證明書」，記得先向遭竊時的轄區警局申請「遭竊證明」，再前往辦理護照申請或證明書申請。

● **申請護照遺失以及補發**
[必備文件]
普通護照申請書（申請書可在駐外館處領務櫃台取得，或自外交部領事事務局網站下載「國外用或在台無戶籍國民在國內填用」之護照申請書）
最近6個月內相片2張（長5cm×寬3.5cm）
護照、身分證或駕照影本、居住越南／寮國之身分證明（如暫居證）等
報案證明（若當地警察機關不受理、不發給報案證明，可以自己書寫一份「遺失護照說明書」代替）
規費
　內植晶片護照，需要2～3週，每本收費45US$。
　若因急需使用護照，來不及等候晶片護照補、換發，可申請補發非晶片護照，需要5個工作天，每本收費31U$。

● **申請入國證明書**
[必備文件]
越南公安單位發給的護照遺失報案證明
最近6個月內相片2張（長5cm×寬3.5cm）
本人親自到辦事處填寫「具結書」、「護照遺失說明書」、「入國證明書申請書」各乙份
護照、身分證或駕照影本、居住越南／寮國之身分證明（如暫居證）等
規費：免費

※想要拿新申請的護照離開越南，必須有被留在當地等候文件齊全的心理準備，而在越南原則上沒有護照是無法在飯店住宿，因此在申請期間內基本上無法離開原本所在的城市。

※入國證明書上准予進入臺灣的截止日期，為核發日算起的30天內。獲發入國證明書者，抵達台灣機場時應向移民署設於該處之國境事務單位換領入國證明文件並繳納規費，持憑查驗入國；供持證人申辦護照或戶籍遷入登記。

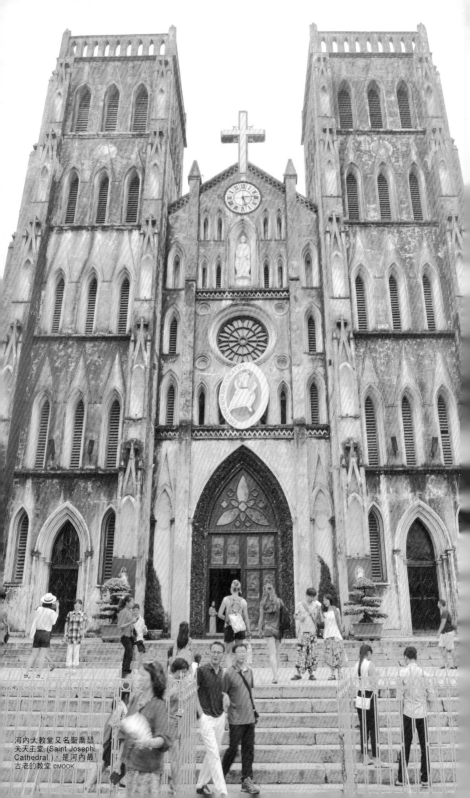

河內大教堂又名聖喬瑟夫天主堂（Saint Joseph Cathedral），是河內最古老的教堂©MOOK

越南小百科

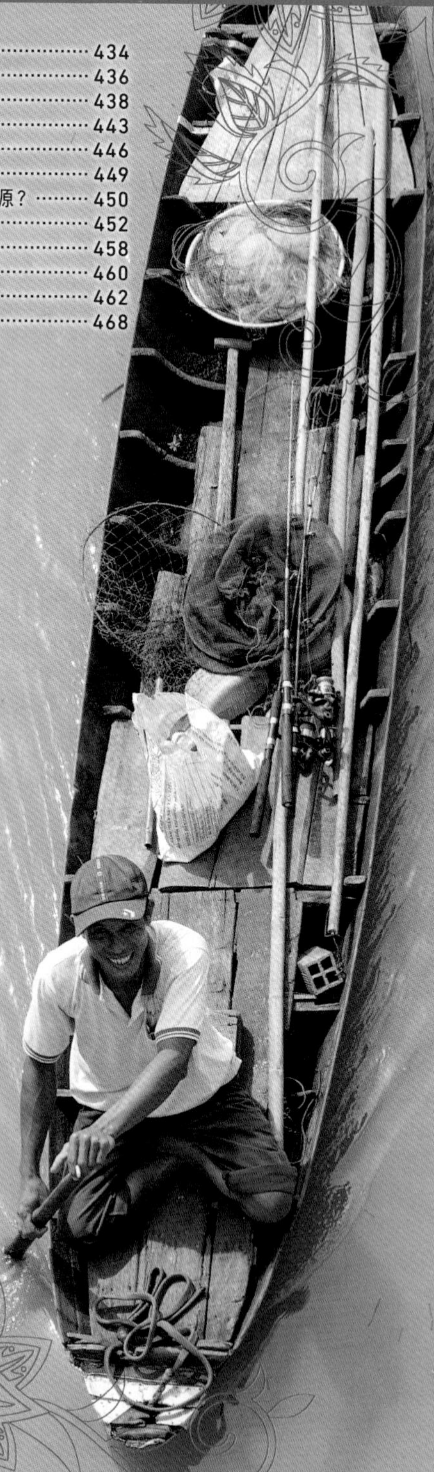

在湄公河三角洲的鄉村中，船是重要的交通方式

地形與自然

第一步先攤開地圖

　　南的面積涵蓋了整個中南半島東側，經緯度位置是北緯8.35度～23.4度，東經102.8度～109.4度，呈現狹長的S形，這樣的S形，越南人將它比喻成天秤兩端垂吊著兩個籠子，或看作是一尾倒立的龍。

　　越南國土有3/4屬於山地，越南的脊柱安南山脈Dãy Núi Trường Sơn沿著西側南北縱走，也成為越南與寮國、柬埔寨的國界；至於東側則面向南海，有著約3260km的既長且淺的海岸線，由於這樣的地形，越南國境內的大大小小河川均由西向東、由北而南流入海中，並在下游出海口形成三角洲，尤其是在安南山脈盡頭以南所形成的廣大的湄公河三角洲。由此可知，越南國內有山地、有海岸，也有平原，各式各樣的地形形成了多采多姿的風景

南 部

　　從泰國曼谷搭飛機前往越南第一大城胡志明市大約需要1小時30分，中途從窗戶向下眺望，廣大的湄公河三角洲開展在眼前，令人目不轉睛，湄公河三角洲總面積約4.4萬km²，在越南境內的面積則多達約3.6萬km²，是一塊物產豐饒的大地。穿越雲海的縫隙所見到的湄公河景致用「渾沌」來形容是最為貼切的，帶著泥濘的綠色大地，與悠然穿梭其間的湄公河，這片三角洲就像是永無盡頭般地不斷向外延伸。

　　形成這座平坦三角洲的湄公河是中南半島最長的河流，全長約4300km、流域面積約81萬km²，湄公河發源於遙遠的西藏高原，流經中國、緬甸、寮國、泰國、柬埔寨等國之後，最後才進入越南國土，流經越南境內的長度不過全長的1/20，卻在這裡分成9個入海口進入大海。

　　越南人暱稱湄公河為「九龍」，而人們就是與這條時而如龍一般狂妄、孕育大地又水淹大地的湄公河不斷奮鬥，耕耘出一大片的水田。

　　聽到湄公河三角洲，腦中第一個浮現的印象是泥濘的濕地與草木叢生的叢林，但是從上空眺望時，映入眼簾的反而是法國殖民時期所開發的運河網，與交錯其間的一畝畝水田，湄公河三角洲不只是越南的，更是亞洲的一大穀倉。

　　芹苴Cần Thơ等湄公河三角洲的城市是南越的主要稻米產地，也是物產豐饒、朝氣蓬勃的城市。

　　從胡志明市前往位於南邊約75km處的美萩Mỹ Tho，沿途的道路兩旁都是寧靜的水田，偶爾會出現一兩顆椰子樹等熱帶樹種聳立其間，彷彿要劃破天際一般。水田與椰子樹這樣的組合對於外國人而言很是新鮮，而且明明越南有3/4的國土都是山地，在這裡放眼望去卻看不到山的蹤影，不禁再次令人讚嘆湄公河三角洲之廣大。

　　踏入湄公河三角洲後，腳底下筆直延伸的紅色道路，映襯兩旁深綠色的熱帶植物，兩者形成鮮明的對比，而這個紅色的土壤，也就是玄武岩風化後所形成的紅土（法文為Terre Rouge），正是為這片土地帶來肥沃土壤的主角。

　　同奈河Sông Đồng Nai的支流西貢河Sông Sài Gòn流經湄公河三角洲東北部，而位於西貢河右岸的胡志明市是一座充滿南國情調的城市，城市裡盛開著紅色與橘色的花朵，街上的路樹也充滿朝氣，仔細想想，在這樣一個整年高溫，最低溫也有20℃左右的城市，擁有這樣的景致也是理所當然。

　　越南南部的海岸線沿岸有大片水深不到100m的大陸棚，在這樣的淺灘裡有大量的浮游生物，也成為了漁獲量豐富的漁場，難怪越南的海鮮如此美味。湄公河三角洲的海岸線大多屬於平坦的沙岸，許多沙灘甚至還有沙丘，其中頭頓Vũng Tàu就是以一整年都能夠下水游泳，且擁有美麗白沙海岸而聞名。

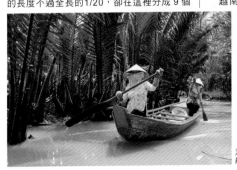

湄公河三角洲內有如網子一般的湄公河支流流經，船是這裡重要的交通工具（檳椥）

中　部

　　若從胡志明市出發前往中部的海岸都市峴港的話，離目的地愈近，山就愈明顯，那就是縱貫越南的安南山脈，越南中部因為安南山脈一路綿延直到海岸線，因此景致與南部截然不同，中部地形的最大特徵就是東邊是海、西邊是山。

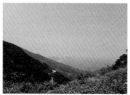
海雲關常常起霧，有時還能看到順化方向與峴港方向完全有著截然不同的天氣

　　在中部的兩大城市順化與峴港之間隔著海雲關Đèo Hải Vân，這裡就是名符其實的山海相連，交通非常困難，這座山嶺全長約20km，海拔496m，視野非常好，自古以來就是隔絕南北的軍事要衝。據說隔著此嶺的南北方天氣也迥然不同。

　　從海雲關可以眺望南海的迷人景色，也可遠眺名為蘭珂Lăng Cô的美麗漁村與村內建在沙洲上的教堂。

　　2005年貫穿這座山嶺的海雲隧道落成後，很可惜地一般的車輛便不再需要登上這座山嶺了，但是仍然有行駛於順化～會安之間的旅遊巴士會攀上海雲關，可見這座山嶺上所能望見的誘發旅人情懷的景色之美。

　　中部的海岸有許多天然良港，峴港就是其中之一，這裡雖然有知名的唐人海灘Bãi Tắm Non Nước等海水浴場，但是並非一整年都能游泳。

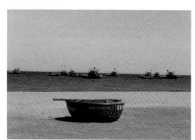
漁船停靠在峴港的黃沙海灘

北　部

　　進入越南北部後，較少見到南國風情的樹木，四周反而有點像日本的農村水田風景，而越南的首都河內就位於紅河三角洲之中，Hà Nội（河內）的Hà就是河，Nội就是內的意思。

　　從河內郊區的機場前往市區的路上會經過一座巨大的鐵橋，那就是昇龍橋Cầu Thăng

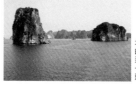
北部最具代表性的名勝下龍灣，造型獨特的島嶼——從海裡冒出頭來

Long，橋下緩緩流動著的大河就是紅河Sông Hồng，河水的顏色正如其名，主要是因為河水中混雜著含有鐵質的紅土的緣故，紅河與湄公河不同，在越南境內的流域占了大部分，全長約1140km，發源於中國的雲南省，經過寮國之後就進入越南，長度約有500km，上游是叢林密布且河面狹窄的激流，到了下游則河面突然變得寬廣，流速也變得緩慢，流經昇龍橋下的紅河讓人無法想像上游水流湍急的樣子，就這麼緩緩地留著，蜿蜒在紅河三角洲上。因為匯集了許多支流，河水中夾帶了大量泥土的緣故，紅河在三角洲內的河床高於地面，就像流在半空中一樣，也因此河岸旁都建起了堤防。

　　在北部除了三角洲之外，還有各式各樣的美麗風景值得欣賞，首先必須要提的就是越南首屈一指的名勝下龍灣Vịnh Hạ Long，海中矗立著大大小小2000個以上形狀奇特的石灰岩小島，獨特的風景被譽為「海之桂林」，令人讚嘆於大自然造物之美。

　　另一個令人不禁懷疑怎麼會有這麼美的風景的地方就是北部的山區，北部的山區中又以東北部，也就是與中國的邊界一帶有著1000m等級的石灰岩丘陵地，經過長年累月的風吹雨打侵蝕下，形成了一整片奇峰林立的喀斯特地形，而由於喀斯特地形沉入海裡後所形成的就是下龍灣。紅河三角洲裡頭散布的石灰岩山丘也同樣是喀斯特地形。

　　此外，在越南與寮國的邊境，也就是西北部有許多少數民族所居住的地區，也是中南半島最高峰番西邦峰Núi Phan Xi Păng（海拔3143m）等高山所在的山岳地帶。

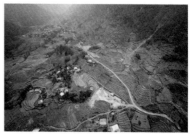
沙霸周邊散布少數民族的聚落，腳下是美麗的梯田（沙霸）

放任的形象與一黨獨大

越南自1976年南北統一之後就一直維持著共產黨一黨領政的狀態,單從社會上毫無秩序的表象看來,或許會認為共產黨的統治是很放任的,但相反地,他們在政治上極為嚴厲,不容許有共產黨以外的政黨存在,其嚴厲程度從國會議員選舉投票率將近百分之百的情況可見一斑。雖然也有少數國會議員不是共產黨員,但他們並未反對共產體制。

總統(國家主席)、總理與共產黨總書記這3項是國家與黨的最高職位,總統的實權很小,只是禮儀上必須有這個職位,總理是行政部門的負責人,而黨總書記則是最高的掌權者。

共產黨大會每隔5年舉辦1次,此時會決議國家發展方針,並且決定黨總書記等黨內人事。共產黨大會的幾個月後,會在全國一起舉行國會與地方議會的選舉,基本上為此推出的候選人與新的國家與地方領導人,都會依照黨大會決定的黨內人事安排。

現任黨總書記和總統為曾為公安部部長的蘇林Tô Lâm於2024年開始就任,現任總理則為2021年開始就任的范明正Phạm Minh Chính。

共產國家屬於集體領導,較無一人獨裁的傾向,但因為是缺乏批判勢力的獨裁國家,貪污腐敗的情況相當嚴重,雖然國內總是有打擊貪污的聲浪,但是總不見成果。

從教條式社會主義到改革開放

1976年南北統一之後,南部也同樣採用了否定市場機制的教條式社會主義,卻招來失敗,爾後1986年起,越南政府便打出了「Toi Moi」改革開放政策(→P.280邊欄)作為新的改革路線。當初的改革開放政策原先也將政治改革放入計畫中,但受到中國天安門事件(1989年)及蘇聯與東歐的共產政權瓦解(1989~1991年)的衝擊,便將改革限定在經濟領域,按照「導入市場經濟」與「對外開放」的2大路線持續推動。

越南自從1978~1989年出兵攻打柬埔寨後,便孤立於國際社會間,1991年越南最大的國際援助來源與貿易對手國蘇聯瓦解,迫使越南必須加速轉換為全方位外交。

1995年越南正式加盟東南亞國協(ASEAN),也恢復與美國的邦交,2007年加盟世界貿易組織(WTO),2009年越南日本經濟合作夥伴協定(VJEPA)生效,2015年東協經濟共同體(AEC)啟動。2019年日本等11國的跨太平洋夥伴關係協定(TPP)生效,與歐盟(EU)的自由貿易協定也在2020年生效等這15年間大步邁向自由貿易體制。伴隨著激烈的國際競爭,2018年開始,東南亞協各國廢除汽車關稅,越南國內汽車產業受到進口車的衝擊。2019年當地Vingroup開始使用歐洲設備生產國產汽車,但卻在2022年1月震撼宣布退出汽油車,轉而生產電動車(EV)。未來動向如何值得關注。

開放持股的國營企業效率提升

自從改革開放推動後,自由經濟活動也隨之解禁,民間企業因此急速增加,但還是留下許多效率不彰的國營企業。國營企業效率不彰的代表,就是在2010~2012年破產的國營造船公司(Vinashin)與國營海運公司(Vinalines),近年接二連三被民間企業揭發非法集資,各大公司的知名創辦人也驚傳被捕。

隨著市場經濟的推動,2000年開設了胡志明市證券交易所(HOSE),2005年則開設了河內證券交易所(HNX),以配合市場經濟的轉型。 政府一直積極對國營企業進行改革,向國內和國外投資者出售政府股份,企業參與管理。 國營企業佔企業總數雖然不到0.1%,但卻佔了GDP的30%。

出口高達7成的外資企業

越南主要出口品有電子產品(行動裝置等)、衣服、原油、鞋子、水產、木頭製品、稻米、咖啡、橡膠等,除了原油之外每一項都是需要大量人力進行加工、組裝或栽培的貨品,由此可知,越南經濟是倚賴著廉價的勞動力所形成的。

電子產品的出口則幾乎都來自外資企業,佔出口總額近3/4。生產智慧型手機和其他產品的南韓三星電子(Samsung Electronics)的存在尤其顯著,光是該公司就佔了出口總額的20%。

農產品具有競爭優勢,胡椒的出口量和腰果加工量居全球第1,稻米和咖啡出口量則是多年居於全球第2。1986年改革開放啟動的同年,中、南部沿海的海底油田也開始開

採石油，原油成為重要的出口品。近年產量漸減，轉變成了石油輸入國。

過去長年以來的電力不足問題威脅到經濟活動與民生生活，現在因大型火力發電廠的興建而逐漸改善。2009年國會核准核能發電廠，在中南部寧順省的2個地點，分別與俄羅斯、日本合作推動建設的準備工作，但之後發電方式的重心轉移到火力與可再生能源，因此在2016年取消核能發電廠計畫。受到世界局勢的影響，在2022年重新檢討核能發電廠計畫。

跨越體制差異的友好國家

越南出口到日本的貨品以服飾、水產、木頭製品、原油、煤炭為主要品項。日本長年以來為越南接受海外投資最主要的國家，但在最近幾年，放棄在中國生產的韓國企業大舉進入越南，韓國的累積投資額也超越了日本。

日本的汽車與摩托車在越南的市占率高，大部分都是在越南當地組裝生產的汽車，之後可能也會進口在泰國、印尼生產的日本車。

同時日本也是連續20年對越南提供最多ODA（政府開發援助Official Development Assistance）的國家，歷年來對越南提供的援助金總額的4成左右都是來自日本。日本給予越南的ODA運用在胡志明市的新山一國際機場新航廈、都市鐵路1號線（興建中）、河內的內排國際機場第二航廈等大眾運輸維護，以及各地的發電廠建設、下水道維護等環境、醫療、教育的改善。

日越關係良好，兩國的友誼超越了當今政權與體制的差異，使日本維持在越南主要友好國家的位置。越南民眾對日本的看法也是普遍良好，也有許多人的第二外語就是學習日語。此外，前往日本旅行、留學、或者實習生約聘工作等的人數也激增，在日本的越南人多達40萬人，在日外國人中越南領先韓國佔第2，中國為第1。

新冠肺炎影響也出現負成長

1992～1997年越南經濟成長率維持8～9％成長，但之後的成長卻無法超越9％，這樣的狀況也持續至今。近10多年來平均成長率不過6％，2016年為6.2％，2017年則成長至6.8％。

2012年前超越成長率的通貨膨脹持續發展，2013年金融緊縮政策的弊害造成景氣冷卻，出現不動產泡沫化等狀況的嚴峻時期持續了一段期間，2014年開始慢慢恢復景氣，

物價與匯兌價格也穩定下來。

全國第一座都市鐵路開通

越南社會近年來貧富差距、毒品、賣春、環境污染等因經濟成長所伴隨的各種問題相當受到矚目，交通狀況也相當惡劣，連日發生多起悲慘事故。2021年末河內開通了全國第一條都市鐵路（高架），胡志明市在日本的協助下也預計在2024年末開通都市鐵路（高架＋地下）。

而政治方面，社會上對於否定多元主義的政權感到不滿的情緒逐漸醞釀，相對地政府也對反對人士展開鎮壓，也發生了部落客因在網路上發表了政治性言論便遭到逮捕的事件。根據由無國界記者組織（總部位於巴黎）所公布的新聞自由度調查（2022年度），越南在全世界180個國家中的排名為倒數第7名，長年以來名次都沒有提升。

2019年，教育部發出通知，禁止小學生在社交媒體上發布與共產黨路線或國家政策相悖的內容，這也顯示與台灣是不同的社會。

南海紛爭與反中情緒

在斯普拉特利群島Spratly Islands（中國稱南沙群島，越南稱長沙群島Quần đảo Trường Sa）、帕拉塞爾群島Paracel Islands（中國稱西沙群島，越南稱黃沙群島Quần đảo Hoàng Sa）有領土爭議的南海上，接連發生中國船隻向越南漁船開槍、衝撞的事件。

2014年，中國在越南中部外海的越南專屬經濟海域（EEZ）設置了石油開採裝置（石油平台），並且不斷對越南公務船噴射水柱、衝撞，造成越南國民反中情緒沸騰，2018年反中示威也演變成暴動。

中國在南海領土的主張在2016年被荷蘭海牙仲裁法院的裁決駁回，但中國卻違反這項裁決，將島嶼軍事化，將越南主張擁有所有權的島嶼、岩礁開發成人工島並進駐武力。越南在2017年前收到向俄羅斯下訂的6艘潛水艇，美國在2016年全面開放對越南的武器出口，日本也在2015年提供6艘巡邏船。2017～2020年，日本海上自衛隊最大的艦艇且可運送直升機的護衛艦「出雲」和美國航空母艦靠港等國際勢力壓制中國。另一方面，一貫避免將烏克蘭戰爭歸咎於俄羅斯的越南，與日本、美國和歐洲之間存在著差異。

（岡　和明）

437

越南歷史

提到越南，不論是誰第一個想到的應該都是越南戰爭吧，越南因為與中國國境相接，自古以來數度長期被中國或其他國家所占領，也就是說若要以一句話形容越南歷史，說是被征服的歷史也不為過，而這些歷史的傷痕至今仍未曾磨滅。

越南的史前文化

在越南境內發現人類最早的遺跡是在北部清化省Thanh Hóa的渡山（海拔158m），發現了約30萬年前的舊石器時代前期的石器。

到了西元前1萬年到西元前5000年，被稱為和平文化Hoabinhian的時代，越南的氣候與地理環境已經與現在無二致，越南的考古學家認為就是在這個文化時期，開始有原始農業與使用土器。

之後在西元前8000年到西元前6000年左右的新石器時代前期為北山文化Bắc Sơn，爾後到了西元前4000年左右有在北越所發現的Đa Bút文化、Quỳnh Văn文化，據考證到了這個時期，Đa Bút人類已經脫離原本居住的山中洞窟與岩洞，搬到海拔較低的廣闊平地居住，並進行狩獵、漁撈、農業。

到了西元前3000年左右的新石器時代後期，出現了Bàu Tró文化、下龍文化Hạ Long等各種文化，而農耕與漁撈的文化在此階段已有長足的發展。

●青銅器文化

越南的青銅器文化有Phùng Nguyên、Đồng Đậu、Gò Mun這3項文化，遺蹟均分布在越南北部的紅河流域，判斷為西元前2000年～西元前1000年的產物，在這個階段人類以農耕為主，青銅器為從事農業生產時所利用，也已經可以看到有社會階層分化。

在東南亞區域內所出土的青銅器中，品質最優良的銅鼓（青銅製大鼓）正是由越南的東山文化所出土，東山文化Đông Sơn的名稱源自於文物出土處的地名，這個文化雖被認為是青銅器文化，但同時出土的還有鐵器，因此也被認為已開始進入鐵器時代，時間上相當於西元前8世紀至西元後1～2世紀左右。東山社會實行農耕生活，是部落首長有權支配部落成員的階級社會。此外，根據越南的史書，西元前1000年中期，住在紅河沿岸被稱為雄王的王家建立了名為文朗國的國家，越南的學者將傳說中的雄王、文朗國與東山文化以及更之前的青銅器文化連結在一起，而文朗國在西元前257年被安陽王所滅，安陽王則建立起了甌駱國。

中國統治的時代（前期）

古代中國因為希望能掌握從雲南到海港的最短路線，因此曾經覬覦紅河的支配權，也就是說，當時的紅河三角洲便已經扮演著中國與西方交易重要據點的角色。

秦朝自從秦始皇駕崩之後，對於越南的掌控力便逐漸減弱，到了秦朝末期，南海郡（中國為了支配邊疆而設立的地方行政區）的掌權者趙佗宣布獨立，以現今中國的廣州為首都成立了南越國。南越國雖然在西元前208年征服了南方的甌駱國，但之後又在西元前111年被繼秦朝之後統一中國的漢朝所滅，越南從此受到漢朝的統治，爾後將近1000年的時間，越南都受到中國的支配。此外，在這段期間由婆於中部建立了獨立國家（又稱林邑或占城），而南部也有高棉族的伏南國。

統治越南的漢朝將官吏派遣至越南境內，不斷地壓榨當地的人民，但是這麼做反而喚醒了人民強烈的民族意識，時常發動反抗行動。在中國統治期間發生過4次大型的起義行動，分別是西元40～44年的二徵起義（→P.304，二徵夫人廟）、西元248年趙嫗起義、西元544年的李賁起義與西元791年的馮興起義，不過不論是哪次起義，最多都只能維持數年便宣告失敗，最終還是只能繼續隱忍接受中國統治。

●扶南王國的盛衰

位於湄公河的下游的扶南王國建立於西元1世紀左右，傳說中有以下的建國故事。扶南國原本是由名為柳葉的公主所統治，有一天來自印度東部的模跌國、名為混慎的男子搭乘商船來到該地，混慎後來與柳葉結婚成為了扶南國的國王，也因此扶南國有著濃厚的印度文化色彩，語言上使用梵語、也同樣信仰印度教，扶南國擁有相當高的文化水

準，是中東、西洋與中國連結的重要中繼貿易站，儼然為海上絲路的核心。然而，扶南王國愈興盛，被中國討伐的危險性就愈高，後來受到中國分裂的影響，貿易收入開始減少，逐漸地扶南國的勢力也開始減弱，到了550年左右受到高棉族的真臘攻打，最後滅國。

● 4 世紀開始的占婆國

西元192年占婆人於今日的順化地區建立了占婆國，西元347年當時的范文王引進了中國風的王宮建築與軍事機構，但是其王孫拔陀羅拔摩一世信仰婆羅門教的濕婆神，於國內興建了代表占婆藝術的美山寺廟（→P.247、456）。占婆國由於扼守中國與巴格達的交通要道，成為通商貿易的據點（也就是所謂的海上絲路），經濟上相當繁榮。

到了 8 世紀中期，占婆國遷都芽莊、藩朗，後來又因為安南都護府的衰退，再次遷都中部的東陽，爾後因無法承受來自北越的侵略，又於1000年第三度遷都至南部的毘闍耶。

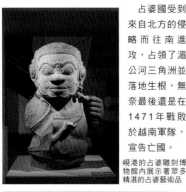

占婆國受到來自北方的侵略而往南進攻，占領了湄公河三角洲並落地生根，無奈最後還是在1471年戰敗於越南軍隊，宣告亡國。

峴港的占婆雕刻博物館內展示著眾多精湛的占婆藝術品

越南獨立

西元907年唐朝滅亡後，廣州出現了名為南漢的地方政權，越南也在南漢的統治範圍內，但是在西元938年，吳權於紅河三角洲的入口白藤江擊敗南漢軍隊，並自立為王，建都於古螺，從此越南便脫離了長久以來的中國統治。

然而，吳朝在西元965年便宣告滅亡，隨之而來的是列強割據的局面，首先統一建立朝代的是丁朝（968～980年），爾後是前黎朝，但前黎朝只短暫地維持了30年的統治（980～1009年），成為了一個短命的王朝。不過前黎朝的始祖黎桓攻陷了南部的占婆國，自此占婆便開始向越南朝貢，某種程度上在前黎朝時，越南已經達成了統一。

李朝

西元1010年李公蘊定都昇龍（今河內），以大越為國號開始了李朝的歷史，而李朝也成為了越南歷史上第一個長期的王朝。李朝當時為了使國家更為健全，引進了許多中國宋代的制度，西元1070年建立了現今河內的名勝文廟（→P.296）、西元1075年引進科舉制度，同時也引進佛教，文學與藝術也隨之普及，現在胡志明陵寢旁的一柱廟（→P.294）正是在李朝時所興建的。

此外，越南也在李朝時三度遠征攻打占婆，取得了其一部分的土地，與南洋各國的頻繁交易使得經濟相當繁榮，但是到了末期因對農民的壓榨招致反抗，將政權拱手讓給了陳氏。

陳朝

西元1225年陳氏取得政權，定都昇龍，制度則幾乎全盤承襲李朝。

陳朝時，越南的文學興盛，也設計了自己的文字（字喃），不再使用中國的漢字，當時的社會環境除了農業相當發達外，工商業也很興盛，貨幣經濟也是在這時候開始普及。陳朝的事蹟中特別值得一書的是以游擊戰擊退中國元朝軍隊一事。然而也因為擊退元軍耗費了太多國力，國家自此步向衰退，加上飢荒頻傳、山區居民的叛亂等亂事此起彼落，尤有甚者，地方官欺壓農民導致人民的不滿、反抗，最後在西元1400年遭到黎氏（爾後的胡氏）奪取政權，宣告滅亡。但是，陳朝的支持者在胡氏的統治下仍不斷策動反抗行動，國家內亂不斷，而中國（明朝）見機不可失便伺機入侵，滅了胡氏王朝。

中國統治的時代（後期）

自從胡氏被滅之後，中國在1414年～1427年統治越南，廢除越南當地的語言與風俗習慣，強迫接受中國的文化，加上苛吏暴政，使得各地都有反抗暴政的人民，最後由黎利在1418年揭竿起義反抗中國。

戰亂的時代

黎利在越南人民的支持下，終於在1428年協助越南脫離了中國的統治，他所立的朝

代稱為後黎朝，在黎朝的統治下，越南的行政、軍事制度健全，同時也獎勵農業，而法律上女性與男性在家庭內擁有相等的權利。後黎朝也完全占領了占婆國，達成越南統一。然而後期繼位的都是無能的國王，導致諸侯抗爭，莫登庸在1527年奪取了政權，卻導致南北分裂，揭開越南長達200年北部鄭氏、南部阮氏的分裂局面。

這裡所說的南部其實是順化一帶，實際上是位於越南中部。南部的阮氏持續南進，取得交趾後，又併吞了一部分的柬埔寨領土，而在這段期間，傳教士亞歷山大‧羅德Alexandre de Rhodes以羅馬拼音書寫越南語，成為了Quốc Ngữ（國語）的起源。

西元1717年，阮氏末期因高壓統治與物價攀升，各地都湧現了不滿的浪潮，西山三兄弟起義，陸續取得中部及交趾，於1777年將阮氏流放，並且進一步北上攻打鄭氏，終於在1786年進入昇龍城完成南北統一，但最後由於內部鬥爭，給與舊阮氏一族反攻的機會。這段期間在歷史上稱為西山黨之亂。

阮朝時代與法國的侵略

阮映於西元1788年奪回越南中部，利用大砲與海軍實力擊潰西山黨，並在1801年攻陷順化，隔年進入昇龍城，再次統一了越南，當時他借助法國志願役士兵及傳教士的力量，因此統一之後也不得不同意法國勢力進入越南。阮映自己登基為皇帝，更名嘉隆，統治現在的越南領土，並將柬埔寨納入勢力範圍，定都順化，阮朝歷史自此展開。

下一任皇帝明命帝與阮映不同，選擇了禁止天主教在境內傳教及拒絕西歐各國的路線，這樣的決定招來法國的不滿，於1858年

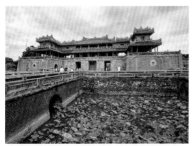

越南最後的王朝阮朝建都於順化，圖為順化皇城

對峴港（沱 ）展開大砲攻擊，迫使明命帝在1862年6月簽下協議，將湄公河三角洲的一部分割讓與法國，也同意天主教在境內傳教，但是即使如此，地方官與農民仍持續抵抗法國，因此法國決定以直接統治越南全國為目標，整併了湄公河三角洲。法軍在1882年占領了河內，位於順化的政權也名存實亡，最終越南納入了法國的管轄，成為實質的殖民地。

●法國統治時的地方體制

在越南人民的敵意與反抗下，法國仍對越南進行直接統治，高層由法國人掌權，實際的行政業務則交由越南人執行。

在一開始仍有許多反彈的聲浪，但是逐漸地越南人當中也出現了願意與法國合作的人，也就是原本阮朝的官員及地方掌權階級。爾後為了將殖民地法國化，法國人在越南建設小學，而接受法國化政策所產生出的知識分子，後來在越南南部成為了特權階級。

法屬印度支那時期

經過上述的法國化政策後，對於法國人來說，越南成為了容易統治殖民地，但是在越南人看來，則是受到外來政權的強取豪奪，也因此產生了激烈的排法運動。法國人採取懷柔政策，籠絡地方掌權階級分化越南人，四散的農民只能以中部、北部的農村為中心展開反法運動。

當時的越南人聽到日本在日俄戰爭中戰勝了俄國，一度以為同為黃色人種的日本人會對越南伸出援手而深懷期待，沒想到日本接受了法國的要求，迫害在日本國內的越南人，也因此使得越南人放棄了尋求日本協助的夢想，開始自力救濟設法脫離法國的統治。

第一次世界大戰後，胡志明（本名阮必成）在法國社會黨大會上發表「解救我們」的演說，1925年於中國廣州成立了越南青年革命同志會，該組織以武力解放越南為目標，1930年在乂靜Nghệ Tĩnh地區大舉起義，但遭到鎮壓，革命行動也暫時中斷。

●民生崩壞

法國對越南實行了不平等的關稅制度，加上不斷自中國及日本進口貨物，使得越南產

生了嚴重的貿易赤字，此外，又實行鹽、鴉片、酒類的專賣制度，導致這類商品價格急遽上漲。

● 教育制度的變遷

1907年在當地受過先進教育的知識分子及官僚、都市商人等的運作下，於河內成立了「東京義塾」，這並不單純是一座學校，而是兼具教育、宣傳、著作及財政等部門的綜合機構，教育部門負責教授國語（以羅馬字撰寫的越南語）、漢文、法文、歷史及文學等，幾乎所有的學生都是上流階級或富裕的商人子弟；宣傳部門則負責分發手冊、舉辦演講等；著作部門則發行提升民族意識的出版品。但是不久之後「東京義塾」就因為反法思想過於強烈，被法國勒令關閉。

另一方面，法國為了分化都市地區的知識分子，設立了印度支那大學進行文化的推廣與國語的普及，加上對於其他越南人的懷柔政策，基本上獲得了一定程度的效果。

越南的教育制度穩健地發展，若包含非官方認可的學校在內的話，1935年在學的學生一共有43萬人以上，河內大學612名學生中，也有518名是越南人。然而這些越南人大學生出社會後，不論就職或待遇等層面都受到嚴重的歧視，對於清楚這個世界樣貌的他們而言，反而成為了反法勢力的核心人物，這是對法國教育政策的一大反諷。

日軍進駐與獨立運動，以及法國的再侵略

第二次世界大戰初期（1940年）法國遭到納粹德國攻擊而戰敗後，日本便進軍越南北部，隔年又進軍越南南部。

雖然日本打著「大東亞共榮圈」的口號，但是曾經被日本人背叛的越南人並不相信這個說法，由於日本與法國殖民政府簽了協議，越南實質上則淪落為日法的雙重統治，也同時受到日法雙方不斷地鎮壓與掠奪。轉為地下化的越南共產黨（前身為越南青年革命同志會），計畫對日本與法國展開武裝抗議行動，並集結成立了越南獨立同盟會（Việt Minh），主要的口號是沒收帝國主義者與背叛者的土地，將之分配給窮人，並減輕土地費用與利息。

● 法國的再侵略

在日本宣布無條件投降的1945年8月19日，越南獨立同盟會在河內起義，是為「八

月革命」，緊接著順化也發生了起義行動，皇帝保大退位，阮朝也徹底瓦解。雖然在波茨坦宣言中明定北部由中國、南部由英國負責對日軍解除武裝，但是9月法國在英國的支持下，對越南展開了再侵略，隔年2月北緯15度線以南遭平定，成為了法國的統治區域，而這也成為了後續長期的南北分裂與南部解放政策的開端。

南北對峙與美國的鎮壓、越南戰爭

胡志明於9月26日發表了「敬告南部同胞」的演說，反對法國殖民主義，並同意給予南部支援，南部人民對法國的抵抗也更為強烈。

北越的胡志明在1946年的大選中獲得95%的壓倒性支持後，11月在海防展開對法國的攻擊，導致許多人民殉難，爾後戰火延燒至河內，維持了2個月之久。這是第一次印度支那戰爭。

法軍雖然在開戰初期雖然居於上風，但是隨著法國國內經濟開始步向破產，法軍也提出了停戰協議的要求，由於北越並不接受停戰協議的請求，法軍便開始攻擊越軍所占領的山區，導致嚴重的損害，也使得戰爭轉向長期化。

● 1950年代的反抗運動

1950年中國及蘇聯承認了越南民主共和國，結束北越長期被孤立的狀態，然而美國也承認了法國的傀儡政權保大越南。越南民主共和國自此轉守為攻，消耗法國軍隊的戰力，結果使得法國轉而變成依賴美國。1954年3月發生了歷史上有名的奠邊府戰役（→P.383、445），在長達55天的攻擊下法軍終於敗退，明顯地居於劣勢。5月的日內瓦會議上，針對停戰的話題進行了討論，妥協的結果是以北緯17度線為軍事分界線，不論名義上或實質上越南正式分裂為2個國家。

北部的越南民主共和國在1960年頒布了以終極統一為目標的憲法；南方則在美國的支持下成立了吳廷琰政權，但是由於對反抗者進行激烈鎮壓，反而招致民眾的武裝鬥爭。

1954年時，「西貢堤岸和平委員會」成立，會員廣及宗教分子及知識階級，國內開始出現公然反美、反吳廷琰政權的運動。

除了這個組織之外，農民與勞工也同樣反

抗吳廷琰政權，1960年12月「越南南方民族解放陣線」成立，集結了上述的各個反抗團體，而這個組織也對美國及吳廷琰政權宣戰，自此展開了第二次印度支那戰爭。

●美國正式展開侵略

雖然甘迺迪總統正式對越南進行軍事介入，但是解放軍戰線不斷延伸到各個地方，使得戰況陷入膠著，事情到了這步田地，美國也狠心地棄吳廷琰政權於不顧，擁立了新政府，並於1964年開始對北部的越南南方民族解放陣線展開轟炸攻擊。

然而，民族解放陣線的頑強抵抗使得美國蒙受了莫大的損傷，加上南部的越南共和國政府頻繁地進行內閣改造，1965年阮文紹與阮高祺政權相繼對人民執行「流血鎮壓」，這樣的恐怖政府行徑使得民心向背，不再支持政府。

●解放越南

1968年農曆春節（越南新年）時，越南軍隊與解放軍在全國展開攻勢，再度演變成一番激戰，美軍於1972年2月對河內進行大空襲，但戰況已經一發不可收拾。1973年的巴黎協議中，美國決定自越南撤兵，但是依然持續對南越進行實質援助。

1973年北越軍轉而展開反攻，到了1975年已經攻陷包括湄公河三角洲在內的各個地區，南越的西貢政府不待北越的攻擊早已崩解，4月30日西貢被攻陷，這段維持了好久好久的南北越分裂歷史終於劃上休止符。隔年1976年召開統一國會，國家名稱為越南社會主義共和國，由共產黨握有實權。

●中越紛爭

中國原本一直對越南提供支援，但是兩國關係在1970年初開始惡化，主要的原因有以下3項。首先是中美關係好轉，對越南而言，美國是正在打仗的對手，看不過去中美

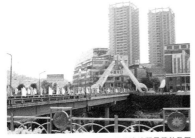

與中國的外交正常化後，現在兩國的邊境貿易蓬勃發展
（中國方面的邊境都市河口）

交好是當然的，越南也因此失去一個盟友，結果也造成與舊蘇聯之間的關係愈趨緊密；其次是兩國的邊境糾紛中，爆發南沙群島與西沙群島的主權問題；第三項是柬埔寨內戰所引發的對立，中國支持迫害柬埔寨人民的波帕政權Pol Pot，越南則進攻金邊，擁立韓桑林政權Heng Samrin，因為中國持續在柬埔寨內戰中支援波帕政權，導致中越兩國的關係降到冰點。此外，越南於1978年迫害境內的華僑，導致中國在1979年2月出兵越南北部，兩國的紛爭正式檯面化。

●統一後在南部進行工商業改造

越南統一後，因政府在1978年禁止南部的資本主義工廠繼續營運，當時的副總理杜梅便強制將3萬名的工商業人士安排至國營的流通業或國營企業，或命其組織合作社，而不贊成這項的做法的華僑或越南南部的人士開始脫離越南逃到國外，而這項政策也招來中國反感，成為中越紛爭的元因之一。

●現在的越南

1988年12月越南國會修正憲法前文，刪除對法國、日本、美國及中國的批判敘述，並且隨著改革開放政策的實施，與西方諸國的合作關係也漸趨擴大。中越的邊境貿易也在越南自柬埔寨撤兵的同時重新開啟，1911年11月中國宣布與越南的外交關係正常化，中越兩國的對立關係相隔20年再次修復。

於1986年12月的共產黨第6次大會中通過的改革開放政策中，決定加快對農業與工業改革的腳步，也就是食糧、消費品、出口物品的3大增產政策。此外，透過縮小計畫經濟、導入市場經濟的作法，試圖將外國的資金、技術導入越南國內，在這樣的作法下，美國成為了第二大出口國。而隨著舊蘇聯減少對越南的援助，越南與西方諸國的關係更為緊密，與東南亞各國的貿易也更加擴大，相對於舊蘇聯的瓦解，越南反而獲得更多來自台灣、香港等東亞各國，及英國、澳洲等先進國家的援助，也將資金導入國內。

的確，現在在越南的大都市經常可見這些國家的合資企業、產業、建築等，此外，越南與越戰當時的敵國韓國也開始進行貿易，1995年7月與美國的外交關係也終於正常化。

越南戰爭

在2015年4月30日迎來越南戰爭終戰40年的胡志明市，舉辦了紀念南北越統一40週年的儀式典禮。越南戰爭曾經是《前進高棉Platoon》、《金甲部隊Full Metal Jacket》等電影的主題，究竟越南戰爭時的情況是什麼？又改變了什麼？越南戰爭對現在的我們而言又該如何理解？

接下來讓我們從越南戰爭發生的背景開始回顧這段歷史。

1975年4月30日　西貢

大量的摩托車與汽車來回穿梭著的胡志明市（舊名西貢）街頭，在1975年之前，這座城市的樣貌與現在大異其趣。

兩旁有著市民劇院與市政府的同起街Đồng Khởi，1975年這條主要的繁華大街兩旁種滿了茂密的行道樹，林蔭比現在更為濃鬱，路上的景象就如電影《早安越南Good Morning, Vietnam》所描寫的一般，汽車與摩托車自顧自喧囂地穿梭著，是那樣的一個時代。

在那個時代，以美國為首的資本主義文化正在西貢滲透，相較於今日的胡志明市，雖然車水馬龍如常，但喧囂程度卻不若當時。對於越南戰爭在人類歷史中的地位，已故的哲學家吉野源三郎認為其足以與法國大革命或美國獨立戰爭相比擬。

漫步在胡志明市街頭，仍殘留著幾個讓人能夠追憶、體驗越南戰爭具代表性的地方，

「黎筍街Lê Duẩn」（舊名4月30日街）走到底是舊總統官邸，現在稱作統一宮，1975年4月26日北越人民軍等數十萬的解放勢力宣布進攻西貢，史稱「胡志明戰役」，到了4月30日，當時的景象引用越戰報導中知名的近藤紘一的敘述：「解放軍的士兵們拿著槍，以大軍壓境的姿態拖著胡志明鞋的聲響進入西貢。」之後解放軍的戰車行列也進入市內，經過時發出的聲響讓人以為地面就要崩裂。

插著解放陣線旗幟的戰車在正午時分進入總統府，30分鐘後解放陣線的旗幟升上了總統府的屋頂，迎風飄揚，越南戰爭也就此告終。

踏入這座舊總統府，可看到裡頭有好幾座豪華的會議室，總統辦公室內金色的牆壁光彩奪目，還有總統夫人與朋友們談笑風生的房間、舞廳及酒吧、視聽室，屋頂上甚至還有直升機。

從屋頂上可望見當年解放軍的戰車開進來時通過的鐵門，而現在鐵門的那一面已經被鬱鬱蒼蒼、枝葉繁茂的樹木所包圍，汽車、摩托車、自行車則一如往常地行駛在路上，誰能想像40多年前在同一條路上，解放軍曾經大軍壓境般地由地面發出震天聲響，以這個地方為目標筆直地急駛而來。

從解放軍士兵們眼中、殘留在總統府內的人們眼中，隔著一道門所窺見的未來世界與人生，想必是完全不同吧。

從這座舊總統府沿著黎筍街往前走，跨越4條垂直的街道後，左手邊為美國領事館，這就是當年的美國大使館，1975年這裡也曾經展開一幕壯烈的場景，就在西貢陷落已經迫在眉睫時，大量有錢人成群地湧進美國大使館，希望能夠取得難民的身分逃離越南。

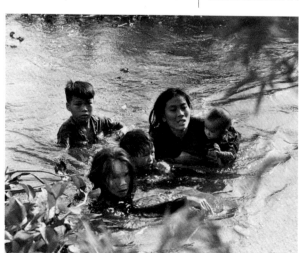

從戰火中逃離的家族。照片中仍在強褓中的小女孩現在也已經為人母，由澤田教一所拍攝的這張以「逃向安全」為主題的照片，獲得了1966年的普立茲獎

©Bettmann/CORBIS/amanaimages

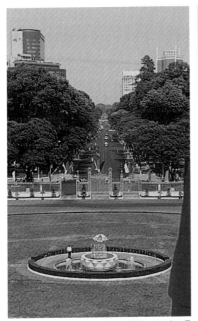

由舊總統府（現名統一宮）所見的黎筍街，1975年4月
30日解放軍的戰車就是沿著這條路一路駛來

地道　古芝地道

開車離開胡志明市中心約1小時30分，進入到兩旁都是水田的狹窄道路上，四周盡是悠閒的水田風景，在一處小小的森林中下了車，沿著灑落日光的林蔭隧道向前走，前方有一座以枯木組成屋頂的長方形洞窟，越南南方民族解放陣線（美軍稱之為越共）的指揮官們，就在這座利用自然所做出的「會議室」中進行作戰演練。

再往前走一小段路會發現地上靜靜地躺著一塊長方形木板，將木板掀開後下面是一個洞穴，洞口僅能勉強容納一個人穿過，這就是地道的入口。

這個地道據說是越南戰爭時所挖掘的，長度有人說是200km，也有人說是250km，在西貢作戰時，解放陣線就是以這裡為主要的軍事基地，地道內甚至還有診療室，規劃得相當精巧。

利用地道移動的解放陣線只能說是神出鬼沒，因此美軍及南越政府軍均試圖將手榴彈、毒氣與水放到地道內進行攻擊，但是並沒有獲得太大的效果，當時地道附近是橡樹園，因被解放陣線占據作為基地，因此遭到美軍大量噴灑枯葉劑，甚至幾番地轟炸當地，連根拔起毫不留情。

屠殺事件　美萊村

由胡志明市市郊的新山一機場，經空路約1小時可以抵達中部最大的城市峴港，由峴港市區往南約130km可抵達廣義市，繼續搭車前行，左手邊會出現「往美萊村紀念館12km」的指示牌，沿著僅能勉強容許1輛車子走的石子路再往前行，直線距離不長但因路面顛簸不平，導致得花上1小時才能抵達，四周是與越南其他地方的農村同樣的水田風景，遠處綠色的山脈相當美麗，終於美萊紀念館出現在左手邊。

1968年3月16日早上，從山上基地出發的直升機降落在這個村莊，聽說那天的天空晴朗無雲，村人們一如往常的準備著早餐，突然凱利中尉所率領的小隊突然入侵村莊，接下來就是一陣不由分說的屠殺，總共有504名村人在這場大屠殺中犧牲。

這個大屠殺的現場現在已經被綠意點綴，整理得相當乾淨，旁邊的小溪潺潺流動著，就在一片寂靜中，一座右手伸向天空、左手抱著小孩的母親雕像，無言卻強烈地訴說著此地所發生的悲慘事件，要世人不可遺忘。

春節攻勢　順化

由峴港往北穿過海雲隧道後，順著鋪設得平整的道路持續向前可抵達古都順化，香江緩緩地流著，路邊的扶桑花鮮豔奪目，河面上有許多來往捕魚的小船，這座古都裡有被巨大的城牆與壕溝圍繞的順化皇宮，從過去到現在都靜靜地佇立在城市裡，未曾改變。

皇宮的午門過去只有皇帝才能從這裡通行，在穿過午門之前忍不住被旁邊帶著沉重歷史感的石壁及路面吸引而佇足，仔細一看發現不論是牆壁上或路面上，都有一顆顆似乎被東西擊中而留下的龜裂痕跡，啊！是彈孔呀！

1966年2月在順化展開的攻防戰，是越南戰爭中最慘烈的一場戰役，史稱春節攻勢。34歲就在戰場上隕落的攝影師澤田教一，紀錄下背靠在古城牆上戰鬥的美軍的身影，在這場戰役中被破壞的嘉隆皇陵，現在仍維持著瓦礫堆的樣貌，訴說著戰爭的無情。

北方轟炸　河內

越南的首都河內，這裡車水馬龍的程度完全不亞於胡志明市，人們臉上的表情比起南部更為安穩。

美軍在這個城市所投下的炸彈數量高達8萬噸，但是那些轟炸的痕跡現在幾乎都已經

不在了，只有在河內車站往南的Khâm Thiên街上，樹立著一座抱著死去孩童的母親雕像（河內空襲紀念碑 MAP P.348-1A）。

在河內的主要大街上，咖啡店、餐廳、雜貨店等商店林立，人們坐在路邊的咖啡店裡看報紙或小說，這樣的風景不論在越南的哪個城市都看得到，並不奇特，但是自從1965年美軍開始對這裡進行轟炸後，道路兩旁建造了無數個為了躲避空襲所用的掩體壕，只要空襲警報一響，市民及孩子們就會打開掩體壕的蓋子隱身其中，而這項戰爭遺物現在已不存在於這座城市的任何一個角落了。

被水雷封鎖的港口　海防

由河內往東前行約100km可抵達海防，這裡有來自世界各地的船隻進出，也是一座軍港，市區街道兩旁的鳳凰木相當醒目，路上有許多送貨的人及搭乘渡輪的客人，車水馬龍好不熱鬧。

海防這座城市當年也曾經受到美軍三番兩次的轟炸，因為支援越南的國家或團體所寄來的物資要進入越南，都必須經由海防這個交通要衝的緣故，尤其是1972年美軍用水雷封鎖這座港口時，國際輿論強烈地批判美國的這項舉動。

現在因為市區內有軍港，未經許可不能隨意拍照，觀光客能夠體會到的緊張感大概就是這樣了，反而是利用渡輪趕忙往返於越南名勝下龍灣的庶民所散發出的日常生活的氣味，才是現在越南應有的樣貌。

越南戰爭的濫觴　奠邊府

奠邊府位於從河內出發沿著國道6號線往西約475km處，緊鄰與寮國邊界的山中，一路上穿越溪谷，彷彿就像要前往桃花源一般。這塊位在紅河西側的地區海拔2000～3000m，有岱依族等少數民族居於此處，清晨從少數民族的村莊升起裊裊白煙的風景，對外國人而言，彷彿就像是誤入了完全不同的世界一般奇幻。

1954年在這塊土地上所發生的戰役，將越南的歷史從此一分為二，也就是越南人民軍（越南獨立同盟會）與法軍所進行的奠邊府戰役。為了包圍法軍基地，越南人民君不斷地挖掘坑道建立基地網，越南人民軍的勝利也將之視為人力戰勝現代兵器。

法軍戰敗後，下一個入侵越南的就是美國，因此奠邊府戰役可說是一場戰爭的結束，卻又同時是與美軍的戰鬥——越南戰爭的開始。

越南戰爭戰史資料

奠邊府戰役

1945年8月隨著日本宣布戰敗，越南獨立同盟會也發動起義，9月2日宣布了越南民主共和國獨立宣言，然而法國卻以恢復對印度支那的統治為目標，兩方的戰爭在1946年11月正式展開。法軍在這場戰爭總共花費了36億美元，其中一半是來自美國的援助，而1954年5月7日奠邊府塞�被攻陷則成為了法國戰敗的關鍵一役

河內轟炸

美軍是在1965年開始在北越展開轟炸，在河內所進行的轟炸中最激烈的是1972年12月長達12天的轟炸行動，當時市中心的Khâm Thiên街、An Dương住宅區、白梅醫院Bệnh Viện Bạch Mai均全毀，死亡人數1318人。不過美軍最自豪的B52戰機當時一共有34架在河內周邊被擊落。

春節攻勢

1968年1月30日解放陣線在進入農曆春節（越南新年）的這個時間點展開了猛烈攻勢，此時順化被解放戰線佔領了將近1個月的時間，而在這次的春節攻勢中，西貢的美國大使館、新山一機場、總統府都遭受到攻擊，約有1500人因此喪命。自此以後，美國國內便開始重新檢討對越南的政策。

美萊村事件

1968年3月16日這座村莊發生了美軍進行的大屠殺事件，當時美萊村Mỹ Lai聚落共有504人死亡，其中包括17名孕婦、60名老人、173名小孩、56個1歲以下的幼兒，殘存下來的人數只有5、6人。指揮官凱利中尉在1974年一度被判處無期徒刑，但隔年又被撤銷。

水雷封鎖海防

北方轟炸中，美軍最主要的目標是海防港，這裡在1972年時曾被水雷封鎖，當時運載著要給北越支援物資的船舶只能停在近海，由敢死隊往返於船舶與碼頭之間，只為了要將船上的物資運到陸地上。後來美國又更進一步在1972年對市中心展開猛烈轟炸，An Dương地區的死傷人數多達200人以上。

越南全境解放

1975年4月30日，因北越人民軍與解放陣線的共同作戰使得西貢遭到攻陷，越南戰爭就此終結。這一波攻勢是在1974年12月至1975年1月所召開的越南勞動黨政治局會議上決定的，當初所訂的方針是預計在1975年奠下總攻擊的條件，1976年再一鼓作氣解放越南全境。

越南人的民族性

越南人的起源

走在越南的街道上觀察來往行人的模樣，突然給人一種好像走在日本的某個地方的感覺，越南人的祖先從前是中國的百越地方居民，在漢人南移之前一直住在長江以南。

而百越對於形成日本古代的基層文化有著莫大的影響，在古代，日本人的祖先與越南人的祖先之間的距離說不定比現在更近呢。

我們現在所使用的「越南人」這個稱呼，其實指的是在越南這個多民族國家占了約86％人口的多數民族，也就是京族，或稱越族。

有關於越南人的起源目前最有力的說法是，住在中南半島山區的高棉人（現在柬埔寨人的起源，古代歐亞大陸上東南亞的主要居民）遷移到現在越南北部的紅河下游一代，在當地與來自北方的泰族（現在泰國人的起源，過去是百越的主要居民）融合之後，就是現代越南人這個族群的基礎。

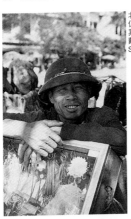

北部的居民現在仍舊喜愛穿著卡其色的衣服，配戴名為Mũ cối的Safari帽的造型

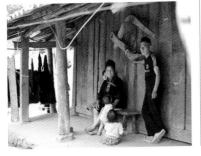

在越南除了京族（狹義的越南人）之外，還有53個少數民族，圖為北河的花苗族

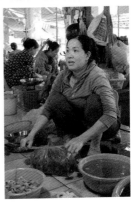

在市區各處都可以見到女性工作的身影，她們和煦的微笑令人印象深刻

越南人的民族意識

越南的建國神話

今日所流傳的越南建國神話，必須追溯到據說是漢人的起源的中國三皇傳說之一，炎帝神農氏的故事，神農氏的後代一名龍族男性與仙女結合，兩人之間生下了100個卵，孵化出了100名男子，後來其中50人跟隨父親到了海邊的平原，另外50人跟隨母親往山上去，跟著父親的其中一人成為了雄王，建立了越南最早的國家文朗國。

這個故事的後半部簡單說就是水與火的精靈交配後生下了胞狀物，從這些胞狀物再生出了國王及其他各民族的祖先，像這樣的故事在中南半島的大多數民族也都有，推測應該是世代住在越南的人所流傳下來的。

相較於後半部，前半部很明顯地是從中國傳進來的故事，應該是越南的學者後來利用中國的傳奇故事所增補的。

另一方面，這個神話故事中，既強調與中國的淵源，又保留越南自身的原始性的結構，也正好與越南傳統文化的表現一致。

原始的民族意識

越南人的祖先在紅河下游流域建立了高水準的青銅器文化，東山銅鼓就是當時文明的象徵，在那之後，從西元前2世紀到西元10世紀為止的1000年以上期間，越南都受到中國的直接統治。

即使成功從中國獨立建國之後，北方的巨人＝中國對越南而言，時而是威脅國家存亡

的大敵，時而又是仿效的典範，為進行國家建設時的越南提供了良好的模範。

在這樣的歷史演變下，越南人當中積極吸取中國文化者，成為了現今越南的主要民族京族，而並未受到中國文化影響的人便成為了少數民族之一的芒族。

越南人透過這樣既抵抗中國又接受中國文化的薰陶，形成了可稱作是原始的民族意識情感。

越南人原始的民族意識是將中國視為北國，而自己是南國這樣的南國意識，越南主張自己絕非蠻夷之邦，而是與中國同樣受到文明照耀，屬於「中華文化」的一員，但是卻又同時有著與中國截然不同的、屬於自己的領域、文化、王朝及歷史。

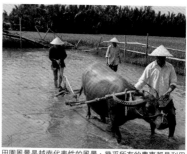
田園風景是越南代表性的風景，幾乎所有的農事都是利用人力進行

越南是小中國嗎？

越南人的國家版圖在10世紀～15世紀為止，其實只限於今日的越南北部及越南中部的北半邊，但是到了15世紀末期，當占族人在今日的越南中部所建立的占婆國被越南人所滅之後，越南的版圖便正式往南擴張，18世紀時又進軍原本是高棉人（柬埔寨人）勢力範圍的湄公河三角洲。

在向南拓展的過程中，越南一面納入那些不同於自己原本位於紅河三角洲的版圖區域，打造出充滿多樣性的國度之外，也一面強化與寮國、柬埔寨等其他中南半島國度之間的連結。

在這樣的背景下，對於如何整合國內勢力與建立區域內的秩序，越南的統治者們提出的想法是要將自己打造為小中華，對內建立以儒家思想為基礎的集權體制國家，對外則

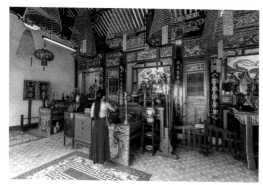
越南隨處都可見到中國文化的身影（會安的福建會館）

將周邊民族視為「蠻族」，目的在將其納入自己的統治下，換句話說，就是要將越南打造為小中國。

然而，這個想法不僅在國內因多樣的原始性而遭受到反彈，對周邊其他國家也由於越南並不像中國擁有壓倒性的強大國力，在拓展勢力範圍時遭受到挫折。

到了19世紀後期，受到法國殖民統治的越南人擺脫了傳統的「中華文化」觀念，重新思考越南在全世界，以及在包括同屬印度支那殖民地這個大框架中的寮國、柬埔寨在內的東南亞區域中，應該如何自我定位。

關於這個問題的答案，有一部分的越南人認為應該要繼承越南＝小中國這個論點，以儒家思想為越南傳統文化的精髓，並以此為核心建構新的越南文化；相對於上述論點，另外有人主張對內應更加著重越南原始的價值，以長期以來抵抗中國各個王朝的過程中所孕育出的「愛國主義」視為傳統上最重要的價值，對外則與國際共產主義連結，與柬埔寨、寮國解放運動攜手建立新的對外拓展策略，而這就是胡志明所指導的革命勢力的論點。後者的主張成為了日後在第二次世界大戰後，越南奮勇抵抗法國與美國的行動很重要的力量。

在今日的越南，建國神話中被認為是必須傳承的價值而受到重視的，是神話的後半部，這個部分將現在的越南所包括的平地居民、山地居民等各個民族均視為「同胞」，並如此教育人民，成為了越南這個多民族國家統合的象徵。

官弱民強的越南社會

如果要舉出一個越南社會最大的特徵的話，應該是越南那根深蒂固的村落社會吧。越南有一句諺語「國之王法也只能到村落的圍牆邊」（→見下方專欄），越南的村落是在16世紀到18世紀的戰亂期間，由國家統治下開始獲得相對較多的自主性，這樣變化的開端原本是國家將「公田」，也就是國家的田地的處置權交給村落內的掌權者，後來演變成村落共同體的共有田。

越南的社會結構之所以成為對外強調自主性、對內則受到嚴格共同體規則限制的村落社會，除了由於上述變革，使得村落的掌權者不再是地主或儒家學者之外，對如今仍張著社會主義國家大旗的當代越南而言，這樣的部落社會也時時扮演著維持社會秩序的重要角色。

各個政府機關裡的人員想法也像村落社會，因此雖然單位內有著命運共同體的想法很容易整合，但是若是上級的命令被認為是旁人的意見的話，就不會被接受，各個機關之間也可以說是毫無橫向聯繫可言。此外，對於越南以外的世界更幾乎是毫無興趣。

16世紀到18世紀之間是村落的自主性逐漸提高、緊密程度也逐漸增加的時代，然而，在此同時也有許多挑戰規範的人或品行不良的人遭到放逐，使得國家出現大量遊民。

被趕出村落的人若是將來出人頭地，對於村落來說也很光榮，所以並非與村落斷絕關係，但是村落社會對內愈團結，對外就愈排斥，這是一體兩面。

這樣的現象與1970年代後期到1980年代所發生的越南難民流亡的問題，應該有某種程度上的相關，只是過去被放逐的人，目標是成為前往南部湄公河三角洲的先鋒，而今日這個目標擴展到全世界罷了。

女性掌權的社會

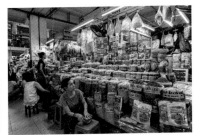

不論市場、商店或路邊攤，管理金錢的都是女性，越南的女性很堅強

侵略越南的各方勢力對越南的人民或文化多是帶著輕蔑的態度，當然這是侵略者的常態，但是他們也幾乎一致地對一件事情讚譽有加，那就是越南女性的美貌。不曉得是不是被美麗的外表所迷倒，這些侵略者都沒有發覺到越南女性的堅強。

雖然農業社會原本女性的地位就高於男性，再加上長期的戰爭，男性都被送到戰場上，戰爭之外的社會運作就不得不由女性一肩扛起，也因此在越南，女性能夠發揮的空間就更廣了。雖然儒家思想中男尊女卑的觀念依舊根深蒂固，但是實際上越南社會上不論是在外工作或在家主導家務，大多都是女性，村落社會將主婦稱之為「內主」，如同「國之王法不如村之規戒」一般，「丈夫的命令也不如內主的一句話」，這就是越南人日常生活的寫照。

（古田元夫）

多民族國家越南

越南的國民認為自己除了擁有越南社會主義共和國的國民身分外，同時也是屬於構成越南這個多民族國家中某個民族的族人。

現在，越南政府所認定的國內民族數量為54個民族，其中人口比例最高的多數民族為京族（或稱越族），其他的53個民族就是通稱的少數民族，其實53這個數字並非固定不變的，而是會由於某個群體的自我意識變化或行政權的認定而改變，有可能因此產生出某個被認定是新的民族的群體，也可能是被迫放棄作為一個獨立的民族。

多數的少數民族

到這些分布於越南各地的眾多民族特徵時，第一項不得不提的就是被認為是民族的群體數量之多與多樣性，越南有「民族的十字路口」之稱，由於越南屬於歷史上曾經有許多民族興亡的東南亞一部分，另一方面又是從前住在中國華南地區的居民受到漢族發展，被迫南遷後所定居下來的地方，這樣的歷史背景便形成了今日的多民族國家。

如馬賽克圖形的民族分布

若以地圖標示越南的民族分布，其模樣看起來就像是切割得非常細密的馬賽克圖樣，多數民族京族住在平原地帶，包括最具生產力的河內所在的紅河三角洲、中部海岸平原、湄公河三角洲等都是屬於京族的居住區域，與京族住在相同區域的還有華裔越南人（華人）、中部海岸平原與湄公河三角洲的原住民占族、高棉族等。

沿著紅河而上，在河川沖積扇及山間盆地內的小平原內種植水稻維生的民族有芒族、岱依族、泰族、儂族等，這些民族與京族相近，但又屬於泰族系統；圍繞著上述山間平原地帶的高山中，居住其間的苗族、瑤族等高山民族，以燒墾輪耕的方式耕種維生。

簡而言之，除了河口三角洲地帶之外的山區、高原地區均屬於少數民族的居住區域，以人口比例而言只占了越南總人口10%的少數民族，他們的居住區域包括鄰近中國邊境的越北地區、鄰近寮國邊境的西北區，以及越南南部的中部高原等，總面積占了越南國土的2/3。

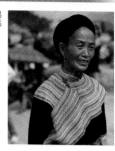

沙霸是觀光客最容易接觸到少數民族生活的城鎮

民族的分界

近年來，越南政府為了緩解平原地區人口過剩的狀態，並同時加速山區的經濟開發，獎勵京族人往山區遷移，民族分布也因此產生了變化，但是在這之前，平地居民與山區居民之間，其實存在著「分界」的原理。

山區居民雖然通常是被平地的國家或諸侯所統治，但是因為統治手段並不嚴格，因此平地居民與山地居民依據各自居住地區的海拔高度，相互「圈地」且相互承認，對於彼此的社會內部應是如何並不干涉，長久以來維持著這樣的關係。

其實，每個民族雖小但也都保有著獨立的居住空間，若以其所在的行政區來看，一個行政區內居住著多數的民族情況是常態，現在的山區仍經常可見一個村落中有5個民族居住其中的情形。

即使如此，各個民族之間仍然時常必須面對許多新衍生的問題。苗族人會擔心若與平地居民加入同一個組織會不會被騙？會不會受到不平等的待遇？相對地，作為接受方的平地居民若碰到稻作欠收時，腦中浮現就是因為有苗族人這些「食客」才會這樣的想法的人也所在多有。

從1960年代開始設置的山區合作社在成立以來的這40多年之間，實際上也是經歷了不斷解散再重組的反覆過程。

從前各個民族之間的「共生」體制是在「分界」原理下，互不干涉也就相安無事，然而在今日要維持這樣的分界已經不可能了，如何從中產生新的「共生」體制，越南的各個山區現在仍持續在摸索當中。

（古田元夫）

少數民族是美女的根源？

有著眾多穿著越式旗袍Áo Dài的美女，這就是越南！越南在「改革開放（→P.266邊欄）」政策推動時，重新評價了傳統文化，也因此曾經一度幾乎不見蹤影的越式旗袍又重新受到重視，高中生開始穿著白色的越式旗袍制服，越南的航空公司的空服員也開始穿著越式旗袍，越式旗袍開衩深及腰部的特徵是越南的傳統，穿著越式旗袍的美女再現，也是「改革開放」所產生的社會現象之一。

如果向越南友人詢問哪裡的女性最美，免不了會在越南人之間引發一場論戰，公認出產美女的地方有北部的北寧、海防，中部的古都順化、胡志明的故鄉義安Nghệ An，以及南部的胡志明市等地，而值得注意的是這些地方都是多民族混居之地，港口都市大概不會有爭議，或許有人會問北寧這類的農村也算是嗎？北寧過去在中部的占婆國（→P.456）被越南的王朝所滅後，戰俘就是被移送到北寧，據說正是因為這段歷史讓這個地方出產美女，也孕育出官賀Quan Họ這項擁有高度藝術性的民謠音樂。

所以越南美女的根源來自於其多樣的民族結構，今日的越南，單政府公認的少數民族就有53個，是一個多民族國家，少數民族雖然只占越南總人口數的1成，但是其類別包括泰族系統、高棉族系統、馬來族系統、緬族系統，加上也有華人，可說是網羅了東南亞區域的各項民族，有著高度的多樣性。

想要探尋越南美女的根源，就從接觸少數民族生活開始吧！

芒族

由河內搭車往西1小時左右的車程，很快就能到達芒族村落分布的地區，芒族是越南的少數民族中與京族（越南的多數民族，狹義的越南人）關係最近，也是自古將越南人的文化傳承至今日的民族之一。

現在要分辨京族和芒族很容易，京族的女性會穿著名為Quần的長褲，而芒族女性則是腰上纏著一塊布。住宅上，芒族人居住在高架式建築，1樓則適用來養豬或雞等家禽家畜，若住在芒族人家中，很可能會被地板下傳來的家禽家畜的叫聲給吵醒。

芒族人在祭典或歡迎遠道而來的客人時，最能表示歡迎之心的就是竿子酒，芒族人將這種以糯米製成的酒倒入一個大型的壺中，並插上許多根竹子做的吸管延伸到四邊，大家便以吸管喝酒。

宴會上與竿子酒同樣不可或缺的是銅鼓，銅鼓從2000年以前的東山文化流傳至今，同時也是芒族人祭祀的對象，當春祭時，芒族人就會到祭祀著銅鼓的洞窟內參拜。

泰族

經過芒族的居住地區後往西行，進入到與寮國邊境的西北地區後，那裡就是泰族的居住地區了。泰族據說還保留著今日建立泰國的泰人各民族最古老的文化。

位於西北地區入口的山羅省Sơn La木州縣Mộc Châu有著白泰族的高架式建築，寬15m、長10m的架構相當寬敞，屋內中央有暖爐，地上也鋪著草蓆，讓人彷彿到了傳統農家的錯覺。背對大門的左後方是未婚女性的房間，這裡就算是家人也不能隨意進出，因此在當年與法國抗戰時，這個房間經常用來藏匿游擊隊。

在泰族的習俗中，當家裡有遠方來的陌生

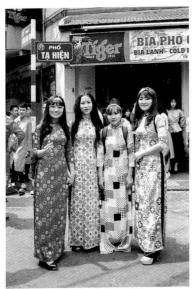

目光忍不住被穿著越式旗袍的女性所吸引

客人時，會以酒款待，當客人睡著之後，泰族人會將棉絮放在客人的腳尖並點火，若客人並未因此醒來，代表這個人很爽快的接受款待，是不需要擔心的人物，因此家裡的人也可以安心入睡。

一邊喝酒、一邊與泰族的美女共舞傳統舞蹈，是西北地區的夜生活。

苗族

「魚在水中游、鳥在空中飛、我們生活在山中」，這是分布於中國南部到中南半島北部的苗族諺語，「生活在山中」就是苗族人基本的生活型態，在山地進行燒墾輪耕的農業生活，當一塊耕地的養分已耗盡時，便在山中遷徙尋找另一塊耕地。

苗族是否最初就是以燒墾輪耕的方式生活已不得而知，但是現在可以知道的是，苗族人選擇山裡與其他較有權勢的民族不感興趣的地方作為自己的居住空間，相對於政治上、經濟上較優越的「主民」，甘願退居「客民」的定位，以維持自我的民族認同。

雖然是住在深山裡，苗族人並非就此斷絕來自世界的影響，要驗證這個事實，只要知道苗族人民從19世紀中葉開始所栽種的農作物，就是鴉片這個在全球市場上販賣的物品原料──罌粟，便不言而喻。

越南政府一直設法要協助苗族人放棄栽種罌粟，改種其他作物，但是近年來由於國家給予少數民族地區的補助金額遭到刪減的緣故，部分的苗族人又回頭栽種罌粟，而吸食鴉片者的數量增加也成為了一項社會問題。

嘉萊族

接下來，讓我們到南邊看看吧。南方的少數民族集中在中部的高原地帶，這裡有高棉系統及馬來系統的民族居住，其中最大的集團就是居住地以嘉萊省Gia Lai、崑嵩省Kon Tum為主馬來系統的嘉萊族。

中部高原現在已經有來自平地的京族人遷移至此，嘉萊族等原住民變成了當地人口中的少數，然而在法國殖民統治初期，這裡還保持著半獨立的地位，嘉萊族的首長「火王」與「水王」同時也是周邊各民族的精神領袖。

正因如此，這個地區內反對越南中央政府統治的分裂運動，一直以各式各樣的型態存在著，外國人也很難踏進這塊區域。然而

1991年聯合國在柬埔寨設置了暫時統治機構時，最後的武裝抵抗集團同意解除武裝，中部高原也逐漸地對外國觀光客敞開大門。

嘉萊族的村落稱為「Zon」，他們住在屋頂很高的高架式建築的共同住宅內。現在住在大都市近郊的嘉萊族人，雖然會與越南人穿著相同的服裝，但是到了祭典的時候，嘉萊族的男性就會回到村落內，站在高架屋前裸體穿上丁字褲，掛上以銅、鉛、錫或水牛角做成的手環、項鍊等，展現勇士的姿態。

高棉族

湄公河三角洲有許多此地的原住民高棉族的村落，他們與柬埔寨的高棉人一樣，都是小乘佛教的信徒，以在泰國或柬埔寨常見的寺廟為中心組成村落，所以很容易分辨，高棉族的女性與一般越南農民不同，不是戴著斗笠，而是以一塊像大毛巾的布纏在頭上。

過去以湄公河三角洲為中心的交趾支那是法國的直接管轄地區，因此這裡的高棉人比起柬埔寨國內的高棉人，較有機會接受現代教育。對柬埔寨國內的高棉人而言，此地的高棉人是越南人的手下，但是越南人又認為此地的高棉人是柬埔寨人的手下，他們就夾在這樣複雜的越柬關係中，不斷擺盪。在這樣的背景下，這個地方也出現了許多活躍於柬埔寨近現代史的政治家，例如1993年大選後，擔任柬埔寨議會議長的宋雙，便是出身於湄公河三角洲。

生活在此的高棉人看著壯闊的湄公河從眼前流過，他們的身影向我們說明了這個地區複雜的歷史。

（古田元夫）

見到少數民族的方法

芒族的村落大多位於河內以西約100km處和平省的和平市周邊；泰族則分布於木州、山羅、奠邊府周邊；苗族位於萊州Lai Châu、沙霸、山羅周邊；嘉萊族位於崑嵩省、百里居市Pleiku周邊；高棉族則在湄公河三角洲。

山區建議包下旅行社的車前往，此外，河內的旅行社有推出前往和平或沙霸的少數民族村落的行程，報名參加也是一種方法。

越南文化

越南語及其書寫方式

對於認為自己是「中華文化」一員的越南傳統知識分子而言，使用「中華文化」神聖的文字，也就是中文字書寫文章是毫無疑問的，尤其官方文件都是以中文字書寫，在這樣的背景下，越南文和日文或韓文一樣，都使用了大量的中文字（漢字）。

然而，越南文與中文屬於完全不同的語系，使用中文字來書寫越南文還是有極限，因此越南的知識分子便和日本的萬葉假名一樣，利用組合部首的方式創造出了名為字喃Chữ Nôm的新文字，後來在吟唱越南文的詩歌時都會使用這項文字。

然而，字喃是將中文字更加複雜化的文字，除了已經懂得中文字的知識分子之外，一般人根本無法學會，但是越南並未像日本的片假名、平假名，或韓國的韓文一般，朝向文字的簡化發展，普遍認為這是由於越南語屬於聲調語言，音節的種類繁多，若要以一個音節對應一個文字的話，至少需要4000個以上的文字才足夠。

將越南納為殖民地的法國試圖要以法文取代一直以來中文字、中文在越南所具有的地位，為了要將越南人導向法文，他們使用的手段是獎勵越南人使用歐洲傳教士所發明的越南語羅馬拼音。

當初越南人非常反對這項政策，反法的知識分子也持續使用漢字、字喃來書寫文章，但是到了20世紀初期，由於民族運動必須要向一般大眾宣導，使用必須以認識漢字為前提的字喃，顯而易見地效果有限，因此民族主義的知識分子也採納了越南語的羅馬拼音標記法，並稱之為「Quốc Ngữ（國語）」，致力於國語的普及與修飾能力的提升。

國語原本只是殖民地時期，為了使越南人學習法文的一種輔助手段，能夠讀寫國語的人也是少數，但是到了越南獨立之後，它成為了國語，時至今日，所有越南語都是使用國語進行書寫。

這件事情提升了越南的識字率、讓所有人都能使用文字、並且也能夠書寫其他國家或周邊民族的詞彙或音節，就為越南語帶來了新的可能性這一點而言，成果豐碩。然而，從另一個角度來看的話，這也就代表著只有在學校受過中文，或其他閱讀越南古典書籍的特別訓練的人才能夠理解中文字，而這件事也衍生出了與傳統之間的切割等其他的文化問題。

官賀（民謠）

「請你不要走，留在這裡，不要就這麼一走了之，若你就這麼離去，我應會被淚水淹沒……若你堅持要走，那麼先決定再會的日子吧，我的愛會一直等著你，不會再給其他人。請你不要走……」

這是越戰當時在北越爆紅歌曲中的其中一小段，這首歌原本是名為「官賀Quan Họ」的民謠，是紅河三角洲北寧地區Bắc Ninh的民謠。

官賀是村落的祭典時，由年輕男女以輪唱的方式所演唱的戀愛歌曲，在越南不同的民族都有從過去流傳至今的歌謠。

河內方言是擁有6個聲調的越南語，是非常具有音樂性的語言，即使是與中文字世界無緣的民眾，也會以詩歌的形式創作這些藝術作品，一代一代地傳唱下來，而這也形成了越南豐富的民謠世界。官賀的歌詞大多也都採用6、8體這種越南的傳統詩詞的形式。

開頭介紹的歌曲是官賀的祭典最後，已經熟識的男女歌詠捨不得離別的心情，到了1960年代中期，越南戰爭況日趨激烈，多數的青年必須加入軍隊，這首歌被重新改編成現代歌曲，並成為了在越南全國都被傳唱的當紅歌曲。南越的居民也是每當到了河內電台要播放這首歌的時間，就會偷偷地收聽河內電台。

在越南的歌曲世界裡，與聲音好壞與否同受重視的，就是歌詞的創作能力。演唱官賀時，當對方從自己會唱的曲目中挑選一首歌曲演唱後，聽者也必須以相同的旋律譜上自己做的歌詞作為回應，因此即使是這首紅遍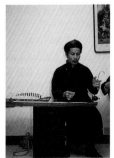全國的歌曲，每一位歌手或合唱團都會以自己獨有的、不同的歌詞來演唱。

越南的民族樂器之一弦琴

大眾文學

在文學的領域也同樣地受到聲調語言的強烈影響，以詩的形式撰寫，並一路流傳至今日，就算說大眾文學＝民謠也不為過，長的詩甚至長達8000行，整篇讀下來幾乎可說是一篇故事了。自古以來詩的內容以訴說對生活的不滿、對統治者的諷刺居多，就像「官賀」是紅河三角洲地區的名稱一樣，每個地區都有自己不同的名稱。

可稱為這樣的越南民族文學的代表作品，是18～19世紀時阮攸以字喃所撰寫的《金雲翹》，這項作品也是採用6、8體的詩詞形式，是關於被官僚欺凌、受到殘酷對待的美少女悲劇生涯的故事，也包括了對封建社會的批判。雖然題材是來自中國，但是這項作品強烈地刻劃了越南人的思想。

流傳至今的歌垣（→P.378專欄）

歌唱男女自由戀愛的歌垣在少數民族之間持續傳唱，居住在河內東北北寧省的京族（越南人）現在也保留著歌垣，每年舉辦一次作為春天的活動。自古代代相傳延續至今，傳唱男女戀愛的歌垣，是越南重要的文化遺產。

北寧省尤其以戀愛的歌曲最為盛行，由這裡所孕育出的歌曲中，有好幾首就算是在越南南北分裂的時期，也同樣流傳到南越，且受到當地人的喜愛。

嘲劇 大眾歌劇

氏敬是有錢人家的太太，過著幸福的生活，但是有天晚上她看到丈夫趴在書桌上睡覺，想拿剃鬚刀替丈夫刮鬍子，沒想到丈夫突然睜開眼睛，以為氏敬意圖行兇，便與氏敬離婚；無處可去的氏敬只好偽裝成男性進入寺廟當和尚，沒想到村裡的一位有錢人家千金竟然愛上了氏敬所裝扮的「俊美」和尚，並不斷向氏敬示愛，氏敬對其愛理不理的態度，最後惱怒了這名千金小姐，她故意與手下的男性發生關係且懷了孩子，硬指稱是氏敬的小孩要她負責，最後因為小孩的緣故不得不離開寺廟。一路行乞一邊養育孩子的氏敬，最後在小孩3歲那年踏上通往極樂世界的道路。

這就是越南傳統民族歌劇「嘲劇Hát Chèo」的代表作《觀音氏敬》的摘要，嘲劇的歷史比起受中國影響甚劇的宮廷歌劇「嗺劇Hát Tuồng」更久，從更早之前就存在於越南，是極具越南特色的歌劇。嘲劇在村莊的祭典等場合，是以即興的方式在村裡頭的廣場上演，演員唱起村莊的歌曲相當好聽，觀眾也不是純粹欣賞，而是就像戲劇的配角一般，成為整齣戲的一部分，成為嘲劇的一大特色。

舉例來說，當主要登場人物第一次上台時，會先詢問台下觀眾「我可以出來嗎」，當觀眾回答「可以唷」之後演員才會上場。

現在不論是嘲劇或嗺劇都有專門的劇團負責演出，表演也更具有藝術性，可以在河內市現代化的劇場（→P.304專欄）等場所欣賞，但是總覺得嘲劇似乎更適合戶外的即興舞台。

東胡版畫

我想要再介紹一項自村落社會所孕育出的藝術，那就是與「官賀」同樣發源於北寧省，在東胡村Đông Hồ（→P.309）所製作的版畫，東胡版畫以生活或四季風景、民族英雄等為題材，在手工製作的紙張上以橘色或紅色等顏色打底，之後再以手刷的方式刷上五顏六色的色彩，屬於多版多色的版畫，現在仍有許多人喜愛以東胡版畫作為過年的裝飾。

東胡版畫的代表作之一就是《嫉妒》（→P.454圖）這幅畫作，在畫的旁邊所提的字喃的字句，是一名想要調解元配與小妾之間糾紛的自私男子的話語，他說「好了好了，不要生氣了，這樣讓我和旁人都難堪的事情一點好處都沒有」。

東胡版畫在東胡或河內的美術館、書店等都能買得到。

繪畫‧雕刻

絹畫和漆畫可稱得上是越南較具特色的繪畫。絹畫是於絹織品上所作的繪畫，主要是女性的肖像，手法為水墨畫，屬於現代繪畫；漆畫則是以美麗的貝殼工藝所製作的繪畫作品。

雕刻以占族人的石雕最有名，但要以越南獨有的為例的話，則屬順化皇宮內的雕刻最獨特，皇宮內的裝飾及柱子、擺設等，都刻有象徵國王權力的龍，但是順化皇宮的龍看不到威嚴或權勢，而是利用很細的線條刻劃

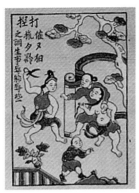

東胡版畫的紙使用的是一種生長於中越邊境的原始樹木，製作這種紙的工匠現在也僅剩下2、3人了。圖為東胡版畫的代表作《嫉妒》

出纖細的、宛如蛇一般的龍，非常特別。

如上所述，不論是歌曲、戲劇或繪畫，讓人感覺越南的藝術愈是接近一般大眾就愈有可看性。

之所以會有這樣的現象，到底是因為對越南這個社會主義國家而言，大眾藝術會獲得較高的評價呢？抑或是反應著越南社會「民強官弱」的傳統？著實耐人尋味。

與占族文化的關聯

若以「石頭文化」、「紙類文化」分類，京族的文化可說是紙類文化，而占族的文化與其他受到印度文化影響的東南亞地區相同，都是屬於石頭文化。每個地區汲取印度文化的特點都不同，但是相同的是這些文化都是在石碑或石頭的建物上刻上各自獨特的雕刻。

越南的宮廷音樂受到占族民族音樂影響的色彩強烈，甚至日本的雅樂也看得到占族音樂的色彩。

（古田元夫）

越南的祭典

●越南新年（農曆春節）
在1月下旬～2月中旬的農曆春節時，舉國慶賀的一項傳統農民春祭。
●花市
自越南新年的7天前開始擺設，一直到除夕夜當天的24:00，地點在河內的同春市場（→P.298）旁的Hàng Lược街。
●新春花會
自大年初一開始為期2週於河內的統一公園（→P.303邊欄）舉行，有各式各樣的花卉與盆栽的競賽，優勝者可以得到獎賞。
●天福寺（→P.307）的祭典

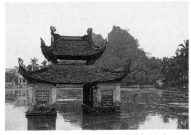

天福寺前有一個池塘，有時會有水上木偶戲在此上演

位於河內西部的天福寺每年在農曆3月5日至7日都會舉辦祭典，這座寺廟以美麗的山及洞窟聞名，每年都有許多人到此登山、造訪洞窟並欣賞民俗技藝與水上木偶戲。
●Lim會
這是北寧省Lim村的祭典，每年農曆1月13日舉辦，有舞獅、下棋及鬥雞、鬥鳥等活動，還有將

小孩分組進行邊唱歌邊問答的遊戲，歌曲以官賀（→P.452）進行。
●香寺（→P.306）的祭典
農曆2月中旬至3月底，越南人到河內西南邊的香山地區，走訪山川、寺廟、洞窟，或乘坐渡船、登山等。這個時期的氣候通常都相當宜人。
●中秋節
農曆8月15日，是小孩子的祭典，人們會湧入河內舊城區的Hàng Mã街上購買玩具或燈籠，路上充滿了拿著舞獅或燈籠、太鼓的小孩，好不熱鬧，越南人在這一天會吃Bánh Trung Thu（類似月餅的點心）。

以巨大鐘乳石洞洞窟寺廟為看點的香寺，越南新年時會從全國各地湧入參拜人潮，熱鬧非凡

●棟多會
1788年，中國清朝的軍隊為了占領昇龍（今河內），派遣了20萬人的士兵前來越南，光中阮惠皇帝率領農民擊退了入侵的清兵，在農曆1月5日這天獲得勝利，從此之後每年的農曆1月5日就會在距離河內市中心約5km的棟多舉辦祭典，紀念這次的勝利，祭典上會有摔角比賽等活動。

※以農曆標示的日期每年會有所變動，記得確認。

越南小百科

越南文化

越南有8處世界遺產

位於寧平省的「長安名勝群」（→P.27、350）於2014年6月登錄為越南首座的複合遺產，在世界遺產當中，除了文化遺產與自然遺產之外，還有上述兩者混合體的複合遺產。相較於海上自然遺產下龍灣（→P.26、356），長安長久以來便以陸地上的風景名勝而聞名，不過為何不是自然遺產而是登錄為複合遺產呢，這是因為在長安近郊有丁朝在遷都河內之前短暫的首都所在地華閭（→P.351），雖然當中也有重建的建築，但因有祭祀10世紀到11世紀丁朝與前黎國英雄的靈廟建築（丁廟、黎廟）等，彷彿有仙人居住一般，來到了氣氛玄幻的世界當中。現在則部分區域規劃為博物館對外開放，成為和昇龍皇城遺跡等地一樣重要的文化、觀光據點，其中的重要景點為17世紀重建的丁先皇祠（→P.351）、留有精湛雕刻地板磁磚的宮殿遺跡，以及丁廟與黎廟等處。除了上述景點之外，在寧平省還有Phát Diệm大教堂（→P.353），在越南，開始認真宣揚基督教的時間為16世紀左右，不過當初便已興建傳教士主導的西洋式教堂。這棟的建築風格融合了越南傳統寺廟建築與哥德式建築，呈現出越南特有的教堂風格，相當有趣。

目前，越南共有8個地方被登錄為世界遺產，其中包含2個自然遺產（下龍灣→P.26、356，風牙己榜國家公園→P.29、269）、5個文化遺產（順化古蹟群→P.28、260，會安→P.28、238，美山聖地→P.29、247，昇龍皇城遺跡→P.27、294，胡朝城遺跡→P.27、306），以及上述的複合遺產長安名勝群。

昇龍皇城遺跡位在河內市中心，基礎是7世紀中國人所建築的據點（安南都護府），11世紀李朝於此建造皇宮，爾後的陳朝、黎朝也延續使用。到了現代，因建國會大廈時被發現，包括皇宮的架構與大量的陶器都由此出土，因為歷代宮殿的保存狀況均相當完整，未來各個時代國王的生活景象應會逐漸被考證公布。再加上從中國支配期到獨立之間建立短期政權的丁朝遺產成為世界遺產，更是意義非凡。

昇龍皇城、胡朝城遺跡是受中國深刻影響的政權遺產、美山是印度教占婆的聖地、會安是南北往來交易的據點、順化是19世紀政權由北部轉移至中部的皇宮所在地，這些是依序刻畫出越南歷史的各地據點。

自然遺產的下龍灣是大自然所創造出來的奇觀，透過自然景觀可窺見中式庭園與日本的枯山水融合為一體，搭乘觀光船將自然的造物之美盡收眼底，手持酒杯在甲板上欣賞夕陽的夢幻場景，就算是凡人也會變成詩人。

美山是從西元2世紀末～17世紀末盛極一時的占婆國的宗教聖地，目前仍保有8世紀～13世紀所建造的磚瓦建築，在這裡不僅僅只是藉由修復維護方式來保存遺跡價值，遺跡內還有以日本的ODA所建設的遺址博物館，館內採用激發訪客的想像力，一同感受當時的歷史氛圍的手法。

會安是仰賴貿易的占婆國核心港口，支撐著國家的貿易，世界遺產將城市的生活與祭典整體一同納入認定範圍，意義重大。

順　化是19世紀初期的首都城跡，當時政治的重心正式從北部轉移到中部，阮朝逐步併吞占婆國的領土，達成了南北統一，來自各地的商人、工匠都聚集在這座首都，開始建設新的國家。當時的阮朝雖然為越南帶來維新，但是因為想要急速推動統一及現代化，過分倚賴法國的力量。

如上所述，看似彼此完全無關的文化遺產，若能透過世界遺產深入理解的話，便能掌握越南的歷史概要。

登錄世界遺產的意義

對越南來說，登錄為世界遺產一方面是能藉由觀光收入確保財源，一方面也是能藉此讓民眾對越南文化感到驕傲自豪。即使在日本，明治時期以後也有許多由外國人「重新發現」到的文化，戰前研究人員與工程師都人手不足。不得不承認在越南專門研究世界遺產與其他文化財產的研究人員與工程師，以及其所屬組織的裝備都不是最先進的。

在順化古蹟群登錄為越南首座世界遺產後過了30多年，管理遺跡的順化遺跡保存中心也每年愈來愈進步，皇宮內的復原公營也逐步進行中。與當時相比，造訪的旅客也多了年輕背包客、成群女性、長期住宿者等，族群愈來愈多樣化。文化觀光的重點，就是要考量到能否給人想要造訪的感覺。

雖然越南的文化財產保護系統被指責還被不夠成熟，但人才培育與組織改善都需要耗費時間，為了達成上述目標，勢必要以世界遺產為核心發展，讓世界各地民眾著眼在周邊的文化遺產上，藉此才能讓越南民眾意識到這些就是越南的遺產，只要他們的意識抬頭，保存範圍就能拓展得更廣。

越南各地都有需要作為文化財產保存下來的遺產，像是分布在北部的佛教寺院、其旁邊建造的教堂、作為村落集會設施之用的殿Điện、阮朝時期建造的傳統民宅聚落等等。在日本有很多近代之後的遺產沒能保存下來，越南則各自仍與生活息息相關，身為外國人的我們只能重新發現其中的價值，但我認為藉此也能讓越南遺產流傳後世。

（重枝　豐）

占婆國與占婆遺跡

占婆國存在於西元2世紀末至17世紀，主要領土為越南中部的海岸平原，盛極一時，尤其在9世紀以降，占婆國成為東南亞海上交易的要角，當時將在高山上所採收的苦楝樹、奇楠等香木或新香料等主要商品，透過古都會安、南方的芽莊、藩切等港都將商品運送出去，位於東南亞的占婆帝國是連結中國與東方世界的貿易中繼點。

王國興盛時所建造的建築物遺留至今的大約都是8世紀至17世紀的遺跡，將這些遺跡進一步分類，可分為6大群，分別是美山地區的「美山聖地」，扣除美山聖地，其他位於峴港近郊的「廣南遺跡群」、歸仁近郊的「平定遺跡」、芽莊地區的「婆那加遺跡群」、藩朗-塔占、藩切附近的「Pô Hải遺跡群」，以及屬於王國末期的「衰亡期遺跡群」。

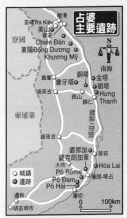

造訪各遺跡群

1. 美山聖地（→P.29、247）

根據碑文的記載，這是從4世紀到13世紀橫跨了900年所建造的，作為占婆王國聖地的宗教建築，在東南亞區域內，像這樣在同一個地點持續建造宗教建築的例子非常稀有，對了解東南亞的歷史是很重要的一項遺跡群，現在區域內的建築群分為Group A～G，分別進行修復整理。

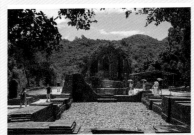

四方被山巒環繞，充滿神祕氣息的美山聖地

2. 廣南遺跡群

遺留在廣南省境內的這個遺跡群包含了東陽遺跡Đồng Dương（9世紀末～10世紀初）、Khương

Mỹ遺跡（10～11世紀初期）、Chiên Đàn遺跡（11～12世紀）、Bằng An遺跡（12世紀），每個遺跡的建造時間不同，但是共通點是都建造於平坦的用地上，且規模較美山的建築物來得大，東陽遺跡是占婆國內擁有最大型的伽藍的佛教寺院，但是在抗法戰爭時遭到毀滅性的破壞，現在只剩下瓦礫堆；Khương Mỹ遺跡的牆面裝飾，可看出融合了高棉與爪哇的美術風格；Chiên Đàn遺跡群的特色是建築物底座的裝飾部分使用了砂岩，且造型是方形的平面；Khương Mỹ、Chiên Đàn遺跡的特徵同為3座主要的建築物（塔廟）均面向東邊建造；Bằng An遺跡是占婆國唯一使用八角形的平面建造的主塔廟，相當珍貴。Khương Mỹ、Chiên Đàn遺跡目前仍在進行考古挖掘中。

3. 平定遺跡群

自峴港往南約300km可抵達歸仁，歸仁周邊共有金塔（13～14世紀）、銀塔（11世紀初期）、銅塔（13～14世紀）、象牙塔（11世紀）、Hưng Thanh（10世紀初期）、Thủ Thiện（13～14世紀）、平林Bình Lâm（11世紀）8個遺跡聚集。Hưng Thanh、Thủ Thiện、平林這3個遺跡為建造於平坦地面的寺院，而其他的遺跡均建造於小丘陵上，並配置有伽藍，旅客若造訪此處，建議一定要登上銀塔Bánh Ít，從銀塔上可遠眺南海與歸仁市，景色絕美，天氣好的時候還能一併觀察其他遺跡的位置，雖然銀塔的牆面雕刻並不華麗，但是每個建築物的規模都很大，實地走一趟應可發現這是為了讓人從市中心就能遠眺這座建築物，才選擇這樣造型的緣故。

4. 婆那加遺跡群（→P.183）

由芽莊市沿著通往寺廟的大道往上走，芽莊河入海口流入廣南海的景色展開在眼前，距今1200年以前，這個地方仍屬於名為古笪羅的國家時，在西元774年及784年曾經2度遭到爪哇軍隊的攻擊，王國創建期所建造的木造寺院全部付之一炬，不僅如此，重要的寶物也全被帶走，看來「海上道路」在當時較現在更為貼近生活。

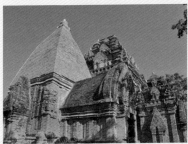

婆那加遺跡雖然規模小，但可以欣賞到相當大型的浮雕，從芽莊到此的距離也很近，交通很方便

爾後，王國建造了第一座以磚瓦及砂岩建造的寺廟，於山丘上密集地建造了500m見方的伽藍，8世紀～13世紀占婆的國王也持續建造了好幾座塔，但是僅存的只有主塔廟、副塔廟、迴廊等5棟建築。

這個遺跡的主要賣點之一，就是主塔廟內還遺留著的婆那加神像，在香煙繚繞的塔廟內，可見到有著10隻臂膀的婆那加神身穿華麗的服裝，盤腿坐在台子上。大部分占婆的遺跡都被越南人拋棄，雕像也是絕大多數都放到博物館收藏，但是這座寺廟由於與越南人的信仰相結合，勉強到今日都還被人祭祀著。

5. Pô Hài遺跡群

此遺跡群共包括了Pô Sah（→P.176）、Pô Đam、Hòa Lai這3個遺跡群，分布在占婆的中部都市到藩朗-塔占、藩切周邊，每個遺跡都是建於8世紀至9世紀中葉，在所有的占婆遺跡中可歸類為古老的建築，與柬埔寨境內吳哥王朝之前的建築有許多相似之處，重要性很高。Hòa Lai位於芽莊往南的國道1號線旁，牆面上精緻的雕刻非常值得一看；Pô Sah遺跡位於藩切東北方約7km，位於可眺望南海與市區的風光明媚之處。

6. 王國衰亡期的遺跡群

位於藩朗-塔占的婆克朗加萊Po Klong Garai（14世紀初期，→P.187）、Pô Romê（17世紀初期，→P.188）所建造的時代，占婆已經受到越族的壓迫，成為藩屬化的地方勢力，婆克朗加萊遺跡建築在平凡的小山丘上，由主塔廟與收納供品的倉庫（實物庫）、塔門所構成，十幾年前修復完成，門口有銷售占族的織品或服飾，可作為紀念品。

Pô Romê遺跡建於寧順省人煙稀少的不毛之地，是占族最後的遺跡，主塔廟是祭拜Pô Romê王，小塔廟則祭拜Pô Romê王的王妃及刻有葬禮時歌頌Pô Romê的碑文，不知是否因為是占族最後的遺跡的緣故，這座遺跡飄散著悲傷的氣氛。

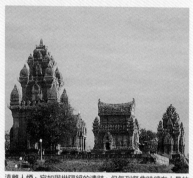

遠離人煙，宛如與世隔絕的遺跡，但每到祭典時總有大量的人潮，好不熱鬧（婆克朗加萊）

Column　　　占婆建築小知識

占婆建築的核心建築稱作塔廟，裡頭祭祀著神格化的王的林伽及濕婆神像等，圍繞著主塔廟還有其他的副塔廟、小塔廟、附屬建築物、城牆等。

占婆的印度教信仰，尤其是濕婆信仰強烈，塔廟中大多會放置象徵著女性的約尼Yuni，上頭則擺上象徵著男性的林伽Linga，塔廟是國王或貴族舉辦儀式的場所。以下介紹幾項占婆建築的特徵。

第一項特徵是占婆的宗教建築，都是以磚塊一塊塊堆疊起來支撐著上頭凸起的屋頂，同時也圍起內部空間，因此無法建造出寬敞的內部空間。為了要建造更大型的建築物，可看出隨著時代的演進，占婆的建築也有愈來愈高的趨勢。

第二項特徵是愈古老的建築牆壁就愈厚，這是由於隨著建築技術、結構的進步，牆壁的厚度也隨之減少的緣故。實際看過這些遺跡可以發現，愈老的建築給人的感覺愈厚重，占族人隨著結構技術的進步，朝著更輕盈的建築發展。從建築物上的雕刻也可印證這個現象，隨著時代演進，強調力量的雕刻就愈少見。

第三項特徵是占婆的宗教建築所使用的磚塊並非天然乾燥的產物，而是燒製磚塊，占族人將這種磚塊的各個接面磨合，並且在建築物的外型完成後，再於牆面上進行裝飾雕刻。占婆的宗教建築營造的工程若沒有一套明確且合理的分工系統，幾乎可說是不可能完成的。

（重枝　豐）

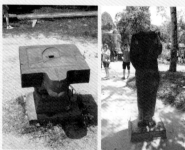

左／Group G的主塔廟所殘留的巨大約尼（美山）右／美山聖地內的站立人像，據考究應為守門天Dvarapala，但頭部已被奪走

越南歌謠

民歌與流行歌曲

越南的歌謠可以大分為「民歌Dân Ca」與「流行歌曲Nhạc Trẻ」兩類，簡單來說，民歌是演歌、民謠，而流行歌曲就是現代的大眾流行音樂，近年來也稱為V-POP。一般而言，民歌的歌詞與越南人的生活習習相關，比起以戀愛歌詞居多的流行歌曲，民歌受歡迎的時間更久。

年長者還是比較喜歡民歌，而年輕人則比較喜歡流行歌曲。

越南歌詞的轉變

1995年左右開始，由越僑※歌手掀起越南歌謠的一陣熱潮，一直以來寂靜無聲的越南歌謠界也因此開始變得熱絡，到了1997年，出身越南國內的歌手，例如男歌手藍長Lam Trường、女歌手紅絨Hồng Nhung、香清Phương Thanh等，讓越南的流行歌曲熱鬧非凡。

進入2000年之後，依然活躍於舞台上的是以抒情慢歌為主的男歌手Quang Dũng、以有男子氣概的歌聲與華麗的舞蹈見長的譚永興Đàm Vĩnh Hưng、女歌手則有以大眾流行歌為主的美心Mỹ Tâm等。除此之外，歌曲作品眾多且支持者橫跨廣大年齡層的Đức Tuấn，以及模特兒出身、成為許多廣告代言人，並且兼具優異歌唱實力的胡玉荷Hồ Ngọc Hà也展露頭角。

從2005年開始，越僑也能夠在越南國內發行CD，越僑歌手開始在越南歌謠界嶄露頭角。相反地，也是從這時候開始，越南國內的歌手開始頻繁地到海外公演，所以在海外也能夠現場聽到這些在越南受到喜愛的歌手歌聲。

而最近出道的新人音樂錄影帶（MV）也相當用心製作，已經能夠做出有水準的MV了。此外，隨著有線電視的發展，越南也開始有專門的音樂節目，MV的播放次數也增加了。在這些新人當中，也有受到K-POP影響並且著重視覺呈現與舞蹈的團體等。

在越南年輕人當中最受到關注的，是可以自己作詞作曲還跨足演戲、主持的人，其中女歌手當屬東兒Đông Nhi，男歌手則為山松Sơn Tùng M-TP，這兩人在亞洲的音樂頒獎典禮上囊括了各個獎項。另外，引領時尚潮流且外貌、歌唱實力兼具的阮福盛Noo Phước Thịnh。

除此之外，在越南的年輕人之間很流行嘻哈、饒舌歌曲，現在也出現許多唱越南語的饒舌歌手，男饒舌歌手karik與女饒舌歌手Sboi、kimmese等都受到年輕族群的喜愛。

此外，在越南不太有支持者的搖滾樂最近有年輕人開始在聽，電視上也有搖滾活動和大型搖滾比賽，推出搖滾風專輯並影響眾多年輕的越南搖滾界代表性樂團也陸續出道，像是傳奇性搖滾樂團Bức Tường（2016年主唱因癌症過世，得年41歲）等等。最近崛起的樂團有從2001年開始活躍的Microwave，以及Chillies和Ngọt。

歌王、歌后

譚永興（Đàm Vĩnh Hưng）
以充滿男子氣概的歌聲與華麗的舞蹈，魅惑觀眾。

紅絨（Hồng Nhung）
演唱已故的王牌作曲家鄭公山Trịnh Công Sơn的情歌最為拿手。

美心（Mỹ Tâm）
如鄰家大姊姊一般的氣質，以拿手的低音演唱歌曲相當受歡迎。

麗娟（Lệ Quyên）
推出許多歌曲，受到各個年齡層聽眾的喜愛。

人氣歌手

山松（Sơn Tùng M-TP）
現在人氣最高的歌手，也獲選擔綱電影男主角，推出眾多歌曲。

阮福盛（Noo Phước Thịnh）
顏值、時尚、歌唱實力都讓粉絲傾倒，在大阪拍攝的PV也很受歡迎。

東兒（Đông Nhi）
獲頒眾多獎項，也會作詞作曲，是年輕女歌手當中的No.1。

裴英俊（Bùi Anh Tuấn）
擁有清澈高亢嗓音的歌手，曾演唱過許多膾炙人口的民謠歌曲。

※越僑：指在世界各地生活的越南人。

至於民歌，現在在越南的歌謠界很難培育出新人，近年來受到名為波麗露Bolero、1950年左右在南部流行的拉丁美洲音樂（主要為倫巴、慢歌等）與民歌影響的歌曲也愈來愈受到歡迎。波麗露歌謠比賽有眾多不分男女老少的民眾報名，相當受到關注。男歌手當中歌王玉山Ngọc Sơn、Quốc Đại與年輕歌手光黎Quang Lê，女性歌手則以麗娟Lệ Quyên最受歡迎。

越南國內的作曲家

過去在越南，作曲家的地位高過歌手，然而近年來，歌手比作曲家更受到民眾的喜愛。

此外，歌手本身也開始嘗試作詞作曲，這類歌手也逐漸活躍起來。

越南歌謠界在過去可自由演唱各種歌曲，不過2007年開始有著作權問題，現在已經出現了未經同意不能任意在台上演唱的歌曲。

享受現場演唱

若提到越南的音樂重鎮，比起河內，胡志明市的地位更為重要。以前只有在大型歌廳才能聽到知名歌手的演唱，近年來在小型的民歌餐廳也聽得到，雖然最紅的歌手表演的地方有限，但是新人或中堅的歌手會在市區內各式各樣的地方表演，有時間的話不妨去看看。想要欣賞搖滾樂或饒舌歌等音樂類型的人，可以在近年來現場展演空間Live House愈來愈多的胡志明市，與越南的年輕人一起享受熱鬧氣氛。

有關數位音樂下載

以前會販售許多越南歌謠界的CD，但近年來發行CD需要大筆開銷，現今的年輕歌手主要會在網路等處上傳自己的歌曲與MV，並廣告收入作為重要的收入來源，主要網站請見下述資訊。雖然是越南文的網站，但一定要進去看看，下載最新的越南音樂。此外，在Youtube上的越南歌手官方頻道也可以聽到許多歌曲。

胡志明市內可欣賞現場演唱的場所

胡志明市內經常有知名歌手駐唱的民歌西餐廳
到有知名歌手駐唱的民歌西餐廳消費，部分餐廳可能會收取座位費，一般價格約40萬越盾（附1杯飲料）。
●Dong Dao
MAP P.126-2B　🏠164 Pasteur, Q. 1
☎（028）38296210、091-8488585（手機）
胡志明市內經常有知名歌手表演的戶外舞台歌謠秀
在市區公園的固定舞台等場所會舉辦歌謠秀，秀的內容包括歌唱、舞蹈及短劇，是非常庶民化的表演，入場費為10萬越盾～，可自備飲料。

●San Khau Ca Nhac Trong Dong　**MAP** P.123-2C
🏠12B Cách Mạng Tháng Tám, Q. 1
☎093-8699655（手機）、076-7396979（手機）
有人氣團與饒舌歌手表演的現場展演空間
想要聆聽受到越南年輕人喜愛的搖滾樂、繞舌歌的話，可以在網路搜尋表演曲風後再前往，飲料費10萬越盾～。
●Acoustic　**MAP** P.122-2B
🏠6E1 Ngô Thời Nhiệm, Q.3
☎081-6777773（手機）

在胡志明市、河內可購買CD的店家

●Phuong Nam書店　Nha Sach Phuong Nam
MAP P.127-2C　🏠B2, Vincom Center, 72 Lê Thánh Tôn, Q. 1　☎091-4129286（手機）

●Nguyen Hue書店　Nha Sach Nguyen Hue
MAP P.127-3C　🏠40 Nguyễn Huệ, Q. 1
☎（028）38225796

※最近可以購買CD的店非常少，品項也愈來愈少。

越南數位音樂下載網站

●Nhac.vn
URL nhac.vn

●Zing mp 3
URL zingmp3.vn

越南人的信仰

越南人信仰的基礎是相信萬物皆有靈的泛靈信仰，以及與靈溝通的薩滿教所構成的，再加上佛教、道教、儒教、基督教、伊斯蘭教等外來宗教。外來宗教中，以接觸最多的中國道教與儒教，加上作為漢文教材的中國大乘佛教與泛靈信仰、薩滿教所創造出的民間信仰較多。

五花八門的民間信仰

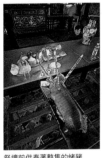

越南人的家裡都會有「神壇」，一般家庭的神壇大多是將一個架子吊放於牆壁高處，架子上放著幾個香爐，香爐祭祀的是各個家庭5代之前祖先、守護住家或建地不被妖魔入侵的土公、名為土地神的土地精靈，供

祭壇前供奉著整隻的烤豬

奉觀音或彌勒佛神像或畫像的家庭也不少，香爐裡裝滿了焚燒掃帚之後的灰燼，每到祖先的忌日或每月初一、十五都會點上下方是紅色竹籤的長線香祭拜，一般並不會將燒完只剩竹籤的線香馬上丟棄，所以大部分的香爐上都有許多的紅色竹籤，到了年底才會整理留下3根，其他用紙包起來流到河裡。此外，廚房內會有用3塊磚頭或石頭拼成的三角形爐灶，這個爐灶並不會使用，而是象徵2位男神與1位女神所構成的灶神，據說灶神每年農曆12月23日，都會到天上向玉皇大帝報告這家人的善惡，因此在這一天必須要祭拜活的鯉魚，作為灶神的交通工具，以及象徵神祇的紙作皇冠與鞋子。改革開放政策之後，因為越南經濟發展，各地開始出現新建的3、4層樓個人住宅，大多頂樓都設有類似宗祠造型的「神壇」，祭拜著觀音等的佛像，並為了防止從前住在當地的人的靈魂作祟，將之尊稱為先主一同祭拜。

另一方面，商店的高處所放置的佛壇大多只有祭拜土公的香爐，而且近來不只是商店，連國營的Guest House或博物館的公共建築，也都可以看見祭拜土公的神壇；商店的地板上經常可看見另一種箱形的神壇，裡頭供奉著綁著頭巾面帶微笑，有點鮪魚肚的「土地公」，以及有著白髮的「財神」，這

些神明最早是越南南部開始供奉，最近北部也經常有人供奉，所謂的土地公就是保護經營商店的商人的神明，而財神則是經商之人的守護神。土地公長得像日本七福神中的大黑天，據說這個神明是以南部農民的外型，加上彌勒佛所化身的

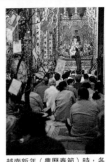

越南新年（農曆春節）時，各家寺廟都會湧入大批的參拜人潮（河內）

布袋和尚及道教的正一教教主張天師等重疊所創造出來的神明；財神的起源並不明確，大約與日本七福神中福祿壽的壽老人起源，也就是船底星座的Canopus神格化後的老人星有很深的關聯。越南的諺語如是說，「土地公的嘴會導引財神」。也就是說出產五穀、珠寶或寶石的豐饒大地可以創造出貨幣，而貨幣就是財產的根源，因此土地公也被視為財神的一種。

家家戶戶周邊的守護神

越南人的住家周邊也有各式各樣小型的祭拜場所，中南部的一般人家的庭院裡，會在一根大柱子上放置一片四方形的木板作為簡單的祭壇，這是名為「神桌」的拜天公物品，中南部也經常可以看到木製或磚造的柱子上，放著如百葉箱一般的小小的廟，這稱作「Am」，祭祀家附近因意外過世或不明原因死亡的人，以及守護家人的本命星。路邊名為「Miu」的小廟則是祭拜遭到殺害的死者或金木水火土五行等。榕樹等大樹的樹幹上也經常會吊著擺著香爐的小架子，或直接將

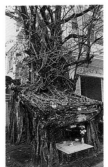

大量的線香插在樹幹上，主要是越南人相信，沒有人祭拜的死者亡靈會聚集到大樹裡，而藉此祭拜的緣故。

不論在家裡的庭院或路上，每逢農曆4月夏初、7月

因為相信死者的亡靈會聚集在大樹裡，而以鮮花及線香祭拜

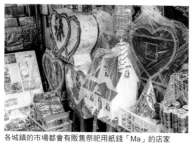

各城鎮的市場都會有販售祭祀用紙錢「Ma」的店家

夏末、12月年底及1月年初，越南人都會焚燒名為「Ma」的紙錢，以及紙做的金幣銀幣及衣服，以祭拜死者，尤其是7月15日被稱為亡者免罪的節日，與日本的于蘭盆節一樣舉行儀式，除了會燒紙錢之外，也會將白稀飯撒在地面上祭祀孤魂野鬼，之所以要祭拜孤魂野鬼，除了是追悼死者之外，也是基於若不好好供奉他們的話，擔心會有疾病纏身的恐懼而來。此外，各個家庭在除夕夜時，都會在庭院或路邊擺設簡單的祭壇，以紙錢摺的帽子、鞋子及酒、肉、線香祭祀，這是對值年的年神所進行的儀式，是越南當地恭送舊年的年神、迎接新一年年神的風俗習慣。

農曆每月1日與15日，尤其是1月15日的元宵節，當天許多越南人會到寺廟參拜，佛教寺院稱為「寺Chùa」，大型的神社稱為「祠Đền」，小型的稱為「廟Miếu」，兼具村落集會所的鎮守廟宇的稱為「殿Điện」，這些寺廟建築也有單獨以「寺」或「祠」

的，但就像形容越南的宗教建築的諺語「前神後佛」所描述的一般，越南的廟宇中前面是「祠」、後方是「寺」，或相反地前面是「寺」後方是「祠」，甚至是「祠」與「寺」只有一牆之隔相比鄰的建築也經常可見，或者是也有「寺」的後方還有一座供奉被稱作聖母或公主的女神們的「殿」建築。

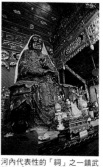

河內代表性的「祠」之一鎮武觀（Đền Quán Trấn Vũ）

越南有非常多的女神，北部以統治人間、穿著紅衣的玉皇大帝的女兒「柳杏聖母」為首，其他還有穿著綠衣、負責統治山岳與山林的上岸聖母、統治水中世界的水宮聖母等都是信仰的對象；中部則是盛行天依女神或主先聖母，起源自占族信仰的印度教烏瑪女神；南部有名的主處聖母或靈山聖母，是起源自高棉族所信仰的印度教神祇。

如上所述，越南的宗教有儒教及基於死後有靈魂存在的祖先崇拜、道教、基於泛靈信仰的女神信仰等，可說是極其多元的信仰體系，加上隨著經濟活動的活絡，也出現了新的財神信仰，例如北部的北寧省在1990年左右開始盛行主庫聖母信仰。

（大西和彥）

（→P.132）

✦ Column　　　　　共存的多元宗教

越南約有8成的國民是佛教徒（大乘佛教），有關佛教傳入越南的時間眾說紛紜，不過由於11～13世紀的李朝、13～15世紀的陳朝歷任皇帝身邊都有數位禪師，並將佛教定為國教，因此佛教信仰也隨之擴散至民間，與此同時，李朝透過採用科舉制度，積極推廣儒教，到了15～18世紀的黎朝，儒教反而占了上風。即使到了現在，人們的生活習慣與思考方式，例如對祖先要保持尊敬之心等，都還是根本性地受到儒教的深刻影響。

信徒數量次於佛教的是基督教，其中約有600萬人是天主教徒，新教徒只有約30萬人，天主教一般認為是由14世紀的傳教士帶入越南，在阮朝時代基督教曾遭到激烈鎮壓，也因此招來了法軍介入，最後導致越南成為法國殖民地，但基督教在法國殖民時期受到保護，可持續在越南境內傳教。爾後，在1954年的日內瓦協定確定越南南北分裂

後，許多基督教徒便自北方遷居至南方，現在也是南方的教徒數量、教堂數量較多。

另一方面，越南也出現了獨特的新興宗教，其中總部設在西寧省的高台教（→P.132）有著華麗的寺院建築，內部畫著一隻巨大的「天眼」為該教的象徵，高台教是融合了佛教、儒教、基督教、伊斯蘭教等宗教的混合宗教，主張的教義是高台神能帶給人類救贖。除此之外，還有信眾主要集中在湄公河三角洲安江省的和好教Đạo Hòa Hảo，和好教是佛教衍生的新興宗教，教祖被認為是釋迦牟尼佛轉世。

另外也還有占族信仰的伊斯蘭教、有著鮮艷寺廟的印度教、來自中國的天女信仰（天后宮）等，越南雖然是社會主義國家，但國內有著各式各樣的宗教支撐著人民的信仰。

越南語的特徵

越南雖然是多民族國家，但官方語言只有越南語一種，不過單一種越南語，北部、中部、南部的發音也各有不同，一般來說北部的發音較多濁音，愈往南部發音就愈柔和，文法和單字則沒有太大差異。目前官方語言一般所使用的是以河內為中心的北部越南語。

此外，越南語最大的特徵是沒有利用介係詞或女性名詞、男性名詞等來做詞類變化，甚至動詞或形容詞也沒有時態變化。

6 種聲調

越南語最困難的部分是有 6 種聲調（六聲），也就是說越南語的發音會高高低低，變化非常豐富，6 個聲調會利用符號標示在主要母音的上下方以進行區別，字母完全相同的詞彙也會因為音調不同而意思南轅北轍，要特別小心。以下就以ma這個單字舉例說明。

① ma 惡魔 平音
② mà 然而 尾音下墜
③ má 臉頰 尾音上揚
④ mả 墳墓 先緩緩下墜再上揚
⑤ mã 馬 繃緊聲帶將音調拉高，並停在最高音
⑥ mạ 苗 從一般的低音出發壓低喉嚨，再更低音結束

像這樣，以羅馬拼音的話幾乎都是Ma的單字，實際上是利用音調在做區隔，要發出正確的音調相當困難，不過就算一開始對方聽不懂，多講幾次一定能夠讓對方聽懂，所以不要放棄，要多多挑戰。

基礎文法結構

〈直述句〉
① A是B（A là B）
Tôi là người Đài Loan.　我是台灣人
② A要做～（主詞＋動詞＋受詞）
Tôi đi Hà Nội.
我要去河內
③ A想做～（主語＋muốn＋受詞）
Tôi muốn ăn cơm.
我想吃飯

④ A會做～（主語＋動詞＋được＋受詞）
Tôi nói được tiếng Việt.
我會說越南語
〈疑問句〉
① A是B嗎（A là B＋phải không?）
Anh là người Đài Loan phải không?
你是台灣人嗎？
② A要做～嗎（主詞＋có＋動詞＋受詞＋không?）
Anh có đi Hà Nội không?
你要去河內嗎？
〈命令句〉
① 去做～（主詞＋動詞＋受詞＋đi）
Anh đi Hà Nội đi.
去河內
〈時態〉
一般越南語並沒有時態變化，若想要強調時間點時，會在動詞的前面加上以下的副詞。
① 過去式　đã＋動詞
② 未來式　sẽ＋動詞
③ 現在進行式　đang＋動詞
④ 完成式　đã＋動詞＋rồi

越南語會話

以下的範例為求方便，第二人稱（你）都使用年輕男性的代名詞「anh」，實際對話時記得依照對方的性別、年齡等情況使用正確的代名詞。

基礎會話

※（　）內為南部用語

1 你好
Xin chào.

2 謝謝
Cảm ơn（Cám ơn）.

3 不客氣
Không có gì（Không có chi）.

4 對不起
Xin lỗi.

Google翻譯App：可將輸入的語言翻譯成108種語言的App，最實用的是相機翻譯功能，只要將相機對準影像，就能即時翻譯影像中的文字。當想要知道食品的成分表或產品的說明時，這個功能就非常好用。

5	請	17	請問你的職業是？
	Xin mời.		**Anh làm nghề gì?**

5　請
Xin mời.

6　不好意思
Xin lỗi.

7　是／不是
Vâng（Dạ）／Không.

8　再見
Tạm biệt.

9　請問你是誰？
Anh là người nước nào?

10　我是台灣人。
Tôi là người Đài Loan.

11　請問你叫什麼名字？
Anh tên gì?

12　我叫○○
Tôi tên là Sato.

13　請問你幾歲？
Anh bao nhiêu tuổi?

14　我22歲。
Tôi 22 tuổi.

15　你好嗎？
Anh khỏe không?

16　是，我很好。
Vâng（Dạ）, tôi khỏe.

17　請問你的職業是？
Anh làm nghề gì?

18　請問你的職業是？
Tôi là nhà kinh doanh.

19　我是大學生。
Tôi là sinh viên.

20　請問你家裡有幾個人？
Gia đình anh có mấy người?

21　3個人。
Ba người.

22　請問你會說英語嗎？
Anh nói được tiếng Anh không?

23　是，我會說。
Vâng（Dạ）, tôi nói được.

24　不，我不會說。
Không, tôi không nói được.

25　請你再說一次。
Xin anh nói lại một lần nữa.

26　請你說慢一點。
Xin anh nói chậm.

27　希望下次再見
Hẹn gặp lại.

28　請多保重。
Xin anh giữ sức khỏe.

我	tôi	姊姊	chị	工程師	kỹ sư
你	anh（年輕男性）	弟弟	em trai	留學生	lưu học sinh
	chị（年輕女性）	妹妹	em gái	台灣人	người Đài Loan
	ông（年長男性）	丈夫	chồng	越南人	người
	bà（年長女性）	妻子	vợ		Việt Nam
他	ông ấy／anh ấy	兒子	con trai	外國人	người nước
她	bà ấy／chị ấy	女兒	con gái		ngoài
父親	bố（ba）	上班族	nhân viên công ty	這個	cái này
母親	mẹ（má）	公務員	công chức	那個（近處）	cái đó
哥哥	anh	教師	giáo viên	那個（遠處）	cái kia

數字與星期、月份、時間

1 một　2 hai　3 ba　4 bốn　5 năm　6 sáu　7 bảy　8 tám　9 chín　10 mười

11 mười một　12 mười hai　13 mười ba　14 mười bốn　15 mười lăm

16 mười sáu　17 mười bảy　18 mười tám　19 mười chín　20 hai mươi

100 một trăm　1000 một nghìn　10000 mười nghìn　10萬 một trăm nghìn

※畫底線＿＿的單字會因為對話對象的性別、年齡而使用不同單字，請參考上方欄內「你」的部分（以下亦同）。

週日	chủ nhật	週一	thứ hai	週二	thứ ba	週三	thứ tư
週四	thứ năm	週五	thứ sáu	週六	thứ bảy		
今天	hôm nay	昨天	hôm qua	明天	ngày mai		

1月	tháng giêng	2月	tháng hai	3月	tháng ba	4月	tháng tư	5月	tháng năm
6月	tháng sáu	7月	tháng bảy	8月	tháng tám	9月	tháng chín		
10月	tháng mười	11月	tháng mười một	12月	tháng mười hai				

1小時	một tiếng	1分鐘	một phút	2小時10分	hai giờ mười phút	
1天	một ngày	1週	một tuần	1個月	một tháng	1年 một năm

疑問詞

何時	khi nào	誰	ai	為何	tại sao	多少	bao nhiêu
哪裡	ở đâu	什麼	cái gì	怎樣	nào	幾點	mấy giờ

在飯店

1 請問有沒有空房？
   Ở đây còn phòng trống không?

2 請問住宿 1 晚多少錢？
   Một đêm bao nhiêu tiền?

3 有沒有更便宜的房間？
   Có phòng rẻ hơn không?

4 有沒有附早餐？
   Có gồm cả ăn sáng không?

5 請讓我看房間。
   Xin cho tôi xem phòng.

6 請幫我換房間。
   Xin đổi cho tôi phòng khác.

7 我要住 3 個晚上。
   Tôi sẽ ở 3 đêm.

8 我有訂房。
   Tôi đã đặt phòng trước rồi.

9 我沒有訂房。
   Tôi không đặt trước.

10 請問早餐幾點呢？
    Mấy giờ có ăn sáng được?

11 請問退房時間是幾點？
    Mấy giờ tôi phải trả phòng?

12 冷氣壞掉了。
    Máy lạnh bị hỏng(bị hư).

13 請問是浴室有熱水嗎？
    Có nước nóng không?

14 我想要提早 1 天退房。
    Tôi muốn khởi hành sớm một ngày.

15 請讓我寄放行李。
    Xin giữ hành lý cho tôi.

16 我要退房。
    Xin tính tiền cho tôi.

17 請幫我介紹飯店。
    Xin giới thiệu khách sạn.

飯店	khách sạn	雙人房	phòng đôi	廁所	nhà vệ sinh	風扇	quạt máy
房間	phòng	單人房	phòng đơn	毛毯	chăn（mền）	鑰匙	chìa khóa
Guest House	nhà nghỉ	衣服送洗	giặt ủi quần áo	預約	đặt trước	櫃台	ti p tân
冷氣	máy lạnh	床單	khăn trải giường	毛巾	khăn tắm	肥皂	xà phòng
窗戶	cửa sổ	租借自行車	xe đạp thuê	浴室	tắm	洗髮精	dầu gội đầu

在餐廳

1 我想訂 4 個人的位子。
Tôi muốn đặt bàn cho bốn người.

2 請給我菜單。
Xin cho tôi xem thực đơn.

3 請問有推薦的菜色嗎？
Món nào ngon?

4 請問這是什麼樣的料理？
Món này là món gì?

5 請給我這道菜。
Cho tôi món này.

6 請問有沒有河粉？
Có phở không?

7 請給我河粉。
Cho tôi phở.

8 要喝什麼飲料呢？
Anh uống gì?

9 我想吃越南料理。
Tôi muốn ăn món ăn Việt Nam.

10 很好吃！
Ngon quá!

11 請給我 1 瓶啤酒。
Cho tôi thêm một lon bia.

12 請幫我結帳。
Tính tiền cho tôi.

餐廳	nhà hàng	白飯	cơm	河粉	phở	筷子	đũa
菜單	thực đơn	麵包	bánh mì	冰塊	đá	叉子	dĩa（nĩa）
牙籤	tăm xỉa răng	開水	nước suối	啤酒	bia	刀子	dao
湯匙	thìa（muỗng）	濕紙巾	khăn lạnh	杯子	cốc（ly）	碗	bát（chén）

購物

1 請問這是什麼？
Cái này là cái gì?

2 這個多少錢？
Cái này giá bao nhiêu?

3 太貴了！
Đắt quá!（Mắc quá!）

4 算便宜一點。
Xin bớt cho tôi.

5 我要買這個。
Cho tôi cái này.

6 我想要T恤。
Tôi muốn mua áo phông（thun）.

7 請拿那個給我看。
Xin cho tôi xem（coi）cái kia.

8 請找我零錢。
Xin tiền thối lại cho tôi.

9 請問哪裡有賣地圖？
Ở đâu bán hạt cà phê?

10 我想做越式旗袍。
Tôi muốn may áo dài.

11 請問幾天後會好？
Mất mấy ngày?

12 我想要紅色的。
Tôi muốn màu đỏ.

13 我不喜歡這個。
Tôi không thích cái này.

14 請問這個的材質是什麼？
Cái này bằng cái gì?

15 請問可以刷卡嗎？
Tôi trả tiền bằng thẻ tín dụng được không?

16 請問全部多少錢？
Tất cả giá bao nhiêu?

市場	quà đặc sản	錢	tiền	漆器	đồ sơn mài	貴	đắt（mắc）
越式旗袍	áo dài	地圖	bản đồ	古董	đồ cổ	便宜	rẻ
繪畫	tranh	咖啡豆	hạt cà phê	香菸	thuốc lá	大	lớn
絲綢	lụa	報紙	báo	打火機	bật lửa	小	nhỏ

1 請問同春市場在哪裡？
Chợ Đồng Xuân ở đâu?

2 很近嗎？
Có gần không?

3 要花多久時間呢？
Khoảng mấy phút?

4 我想去河內。
Tôi muốn đi Hà Nội.

5 請問到河內的車票多少錢？
Vé đi Hà Nội giá bao nhiêu?

6 請給我 1 張到河內的車票。
Cho tôi một vé đi Hà Nội.

7 請問需要預約嗎？
Có cần đặt trước không?

8 請問幾點出發呢？
Mấy giờ xe chạy?

9 請問這輛巴士是往頭頓嗎？
Xe này có đi Vũng Tàu không?

10 我要下車！
Tôi xuống !

11 請寫上地址。
Xin anh viết địa chỉ cho tôi.

12 請問這裡是哪裡呢？
Đây là ở đâu?

13 走路可以到嗎？
Đi bộ được không??

14 請在那裡右轉。
Xin anh rẽ tay（quẹo）phải.

15 （三輪車）1 小時多少錢？
Một tiếng giá bao nhiêu?

16 車票要在哪裡買呢？
Mua vé ở đâu?

售票處	quầy bán vé／phòng vé		巴士	xe buýt	車站	ga
巴士總站	bến xe buýt／trạm xe		火車	tàu hỏa	機場	sân bay
時刻表	bảng ghi thời gian		飛機	máy bay	自行車	xe đạp
博物館	bảo tàng		路	đường	摩托計程車	xe ôm
大使館	đại sứ quán		市場	chợ	筆直	đi thẳng
銀行	ngân hàng	教堂 nhà thờ	公園	công viên	右	phải
郵局	bưu điện	寺院 chùa	劇院	nhà hát	左	trái

1 請問這封信寄到台灣要多少錢？
Cái bức thư này gửi sang Đài Loan bao nhiêu?

2 請問寄到台灣幾天後會到？
Khoảng mấy ngày thư tới Đài Loan?

3 我想打電報。
Tôi muốn đánh điện.

4 請借我電話。
Xin cho tôi dùng máy điện thoại.

5 電話號碼是XX。
Số điện thoại là ××.

6 喂，這裡是○○
Alô, tôi là ○○.

7 請幫我接○○先生／小姐。
Cho tôi gặp anh ○○.

8 請問要到哪裡換錢呢？
Ở đâu đổi tiền được?

9 請幫我把美金換成越盾。
Tôi muốn đổi tiền đo la sang tiền Việt.

空運	đường hàng không	船運	đường thủy	郵票	tem	地址	địa chỉ
國際電話	điện thoại quốc t	快遞	gửi nhanh	景明信片	bưu thiếp	匯兌	đổi tiền
電話號碼	số điện thoại	包裹	bưu phẩm	手機	điện thoại di động	現金	tiền mặt
電話	điện thoại	信封	phong bì	手續費	tiền hoa hồng	美元	tiền đo la

466

1　我的相機被偷了。
Tôi bị ăn cướp máy ảnh.

2　我遺失了護照。
Tôi bị mất hộ chiếu rồi.

3　我遇到交通事故。
Tôi bị gặp tai nạn giao thông.

4　請幫我聯絡駐越南台北經濟文化辦事處。
Tôi muốn liên hệ với Văn phòng Kinh tế và Văn hóa Đài Bắc tại Việt Nam.

5　我想看醫生。
Tôi muốn đi khám bác sĩ.

6　我肚子痛。
Tôi bị đau bụng.

7　我感冒了。
Tôi bị cảm.

8　我發燒了。
Tôi bị sốt.

9　救命啊！
Cứu tôi với！

10　小偷！
Ăn cướp！

11　走開！
Đi đi！

12　請填寫○○的失竊證明。
Xin viết cho tôi giấy chứng nhận mất đồ.

13　請幫我叫警察（公安）。
Xin gọi công an cho tôi với.

14　我想去醫院。
Tôi muốn đi bệnh viện.

15　請問這裡有會講英語的醫生嗎？
Ở đây có bác sĩ nào nói tiếng Anh không?

16　請問是什麼病呢？
Tôi bị bệnh gì?

17　我噁心想吐。
Tôi buồn nôn.

18　我全身發冷。
Tôi rét.

19　我拉肚子。
Tôi tiêu chảy.

20　我牙齒痛。
Tôi đau răng.

21　請問這是什麼藥？
Cái thuốc này là thuốc gì?

22　請給我診斷證明。
Cho tôi giấy chuẩn đoán bệnh của bệnh viện.

遺失物申報證明書	giấy chứng nhận mất đồ	醫院	bệnh viện	手術	phẫu thuật	拉肚子	tiêu chảy
小偷	ăn trộm／ăn cướp	生病	bệnh（ốm）	藥	thuốc	愛滋	si đa
警察（公安）	công an	藥局	nhà thuốc tây	痛	đau	盲腸炎	viêm ruột thừa
補發	cấp phát lại	醫生	bác sĩ	癢	ngứa	瘧疾	sốt rét
護照	hộ chiếu	護士	y tá	感冒	cảm	登革熱	sốt xuất huyết
交通事故	tai nạn giao thông	血型打針	nhóm máu	食物中毒	ngộ độc thực phẩm	破傷風	uốn ván
海外旅遊保險	bảo hiểm du lịch nước ngoài	注射	tiêm	肝炎	viêm	骨折	gãy xương

玩樂・交友

1　請幫我介紹好吃的餐廳。
Xin anh giới thiệu cho tôi một tiệm ăn ngon.

2　可以幫你一起拍照嗎？
Chụp ảnh được không?

3　可以幫我拍照嗎？
Chụp giùm tôi.

4　請問你結婚了嗎？
Anh có gia đình chưa?

5　還沒。
Chưa.

6　請寫信給我。
Xin anh viết thư cho tôi.

7　開心嗎？
Vui không?

胡志明市

景點

餐廳

越南小百科

索引

河內

越南小百科

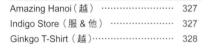

索引

地球の歩き方

越南　NO.67

U0094792

主編　Senior Editor
林昱霖

執行編輯　Editor
吳佳臻、吳嘉恩

作者　Writer & Editor
地球の歩き方編集室

譯者　Translator
吳佳臻

美術編輯　Designer
詹淑娟

封面設計　Cover Designer
羅婕云

中文版封面第一張小圖©Lawrence Murray
本刊所刊載之全部編輯內容為版權所有，
非經本刊同意，不得作任何形式之轉載或複製。
Copyright © Mook Publications Co., Ltd. All Rights Reserved.
版權所有・翻印必究
Printed in Taiwan

"CHIKYU NO ARUKIKATA –Vietnam 2023-2024"
Copyright © Arukikata. Co.,Ltd.
All rights reserved.
Original Japanese edition published by Arukikata. Co., Ltd.
This Traditional Chinese edition published by arrangement with
Arukikata. Co., Ltd., Tokyo in care of Tuttle-Mori Agency, Inc., Tokyo
through Keio Cultural Enterprise Co., Ltd., New Taipei City.

日版工作人員與圖片來源
Producer: Yuko Ikeda
Editors: Tami Okubo,Ayumi Kosaka(Asia Land Co.LTD)
Writers: Maki Itasaka
Researchers&Coordinators: Mika Takemori,Yuki Takano,Luu
Bich Dung
Designer: Ryoko Yamanaka
Proofreader: Etsuko Tomura
Cartographers: Yoshiaki Tsujino
Photographers: Mio Takenoshita,Naoto Ohike,Tomoko
Nishizawa,Shigeru Yuyama,Mitsuko Matsumoto,Noriaki
sugita,©iStock
Cover Designer: Akio Hidejima
Special Thanks: Kikumi Kawamura,Yutaka Shigeeda,Motoo
Furuta,kazuhiko Onishi,Kaoru Omi,Yoshifu Arita

國家圖書館出版品預行編目資料

越南 = Vietnam/地球の歩き方編集室作；吳佳臻譯. -- 初
版. -- 臺北市：墨刻出版股份有限公司出版：英屬蓋曼群島
商家庭傳媒股份有限公司城邦分公司發行, 2024.09
472面；13.5×21公分. -- (地球の歩き方;67)
譯自：地球の歩き方 ベトナム 2023～2024
ISBN 978-626-398-052-5(平裝)
1.CST: 旅遊 2.CST: 越南

738.39　　　　　　　　113010291

總經理　PCH Group President
李淑霞

社長　Managing Director
李淑霞

總編輯　Editor in Chief
汪雨菁

行銷經理　Marketing Manager
呂妙君

出版公司　Publication
墨刻出版股份有限公司
地址：115台北市南港區昆陽街16號7樓
電話：886-2-2500-7008
傳真：886-2-2500-7796
E-mail：mook_service@cph.com.tw
讀者服務：readerservice@cph.com.tw
網址：travel.mook.com.tw

發行公司　Publication(TW)
英屬蓋曼群島商家庭傳媒股份有限公司城邦分公司
地址：台北市104民生東路二段141號2樓B1
電話：886-2-2500-7718　886-2-2500-7719
傳真：886-2-2500-1990　886-2-2500-1991
城邦讀書花園：www.cite.com.tw
劃撥：19863813
戶名：書虫股份有限公司

香港發行公司　Publication(HK)
城邦(香港)出版集團有限公司
地址：香港九龍土瓜灣土瓜灣道86號順聯工業大廈6樓A室
電話：852-2508-6231
傳真：852-2578-9337
E-mail：hkcite@biznetvigator.com

馬新發行公司　Publication(M)
城邦(馬新)出版集團 Cite (M) Sdn Bhd
地址：41, Jalan Radin Anum, Bandar Baru Sri Petaling,
57000 Kuala Lumpur, Malaysia.
電話：(603)90563833
傳真：(603)90576622
E-mail：services@cite.my

製版　Production
藝樺彩色印刷製版股份有限公司

印刷　Printing
漾格科技股份有限公司

經銷商　Agency
聯合發行股份有限公司（電話：886-2-29178022）
金世盟實業股份有限公司

城邦書號
KJ0067

定價
NT$ 580元　HK$ 193

ISBN
978-626-398-052-5・978-626-398-051-8（EPUB）

2024年9月初版